ERICH
SCHMIDT
VERLAG

Revolution!

Deutschsprachige Kulturen im Umbruch 1918–1968

Herausgegeben von

Teresa Cañadas García
Carmen Gómez García
Linda Maeding

ERICH SCHMIDT VERLAG

Bibliografische Information der Deutschen Nationalbibliothek
Die Deutsche Nationalbibliothek verzeichnet diese Publikation in der Deutschen Nationalbibliografie; detaillierte bibliografische Daten sind im Internet über http://dnb.dnb.de abrufbar.

Weitere Informationen zu diesem Titel finden Sie im Internet unter
https://ESV.info/978-3-503-20692-6

Zitiervorschlag:
Cañadas García/Gómez García/Maeding (Hrsg.), Revolution!

Umschlaggestaltung unter Verwendung des Gemäldes „Kämpfende Formen" von Franz Marc. Standort: Sammlung Moderne Kunst in der Pinakothek der Moderne München. © bpk | Bayerische Staatsgemäldesammlungen.

ISBN 978-3-503-20692-6 (gedrucktes Werk)
ISBN 978-3-503-20693-3 (eBook)

www.ESV.info

Druck: Hubert & Co, Göttingen

Vorwort

Das Verhältnis der Deutschen zur Revolution ist bekanntlich keine Liebesgeschichte. Intellektuelle und politisch Denkende räsonierten immer wieder über die Geschichte Deutschlands als eine der verpassten Möglichkeiten – der durch Heine, Marx und andere geprägte Topos von der „deutschen Misere" entfaltete dazu eine äußerst einflussreiche Lesart. Revolution blieb lange Zeit eine Leerstelle.

Trotz des europaweit verbreiteten Eindrucks, die Deutschen seien politisch nicht auf der Höhe der Zeit, nahm das deutschsprachige Kulturleben aber die erdbebenartigen Wellen, die seit Ende des 18. Jahrhunderts von Phänomen und Begriff „Revolution" ausgingen, in vielfältiger Weise auf. So prägten die Ziele der gescheiterten Märzrevolution von 1848 nachfolgende Generationen von Schriftstellern und Schriftstellerinnen bis hin zu der unter ganz anderen Vorzeichen stehenden Novemberrevolution 1918.

Wohl wissend um das untergründige Fortwirken dieser hier nur angedeuteten Vorgeschichte, setzt der vorliegende Sammelband bei dieser auf den Trümmerfeldern eines ungeheuerlichen Krieges sich vollziehenden Revolution an. Sie ist – auch das ein Zeichen für das schwierige Verhältnis zu diesem historischen Erbe – im kollektiven Imaginären merkwürdig randständig geblieben, wenngleich im Jubiläumsjahr 2018 mancherorts der Versuch unternommen wurde, sie in Form von Anthologien, Ausstellungen und Studien wieder ins öffentliche Bewusstsein zu rücken.

Dass diese Revolution auch eine der Intellektuellen war, dass sie in die Zeit der historischen Avantgarden fiel, macht sie jenseits ihrer dramatischen Geschichte zu einem herausfordernden Sujet für die Kulturwissenschaften. Werden Revolutionen als Ereignisse mit einer gewaltsamen Eigendynamik aufgefasst, in denen sich Transformationsprozesse urplötzlich kristallisieren und der Gesellschaft einen neuen Erwartungsraum eröffnen, so müssen diese Beben selbstverständlich auch in der Literatur und Kultur aufzuspüren sein – sowohl unmittelbar, da zahlreiche Schriftsteller und Schriftstellerinnen hier Partei ergriffen oder zu Chronisten wurden, als auch über längere Zeiträume hinweg, in denen die Novemberrevolution aufs Neue erzählt, gedeutet und erinnert wurde.

Nachdem auch diese „deutsche Revolution" gescheitert war, wie Alfred Döblin in seinem ihr gewidmeten Romanzyklus schrieb, blieb es aber zunächst still um die an sie geknüpften emanzipatorischen Vorhaben – bis zur Studentenbewegung 1968, die revolutionäre Semantiken und Politiken wieder aufgriff, dabei aber die Stoßkraft der früheren Forderungen stärker ins Kulturell-Lebensweltliche rückte. Diese Daten: 1918 und 1968, Chiffren gleich, stecken den Zeit- und Erfahrungsraum ab, auf den sich die Beiträge des Sammelbandes beziehen. Die Novemberrevolution von 1918/19 hatte nicht nur die Ausrufung der Weimarer

Republik zur Folge: Vor dem Hintergrund enormer politischer Spannungen ging mit ihr auch ein neues Kapitel in der europäischen Geschichte einher. Künste und Wissenschaften, die eigene Traditionen in Frage stellten, erlebten eine ungewöhnliche Blüte; Expressionismus, Dadaismus, Neue Sachlichkeit oder Bauhaus sind nur einige der Bezeichnungen für die neuen Ausdrucksformen, die sich bis zur Machtergreifung der Nationalsozialisten in schneller Folge entfalteten. Die tiefgreifenden Neucodierungen des Verhältnisses zwischen Politik und Ästhetik blieben auch für folgende Generationen prägend, wenn auch die Radikalität der Diskurse in der Zeit nach 1945 politisch nicht mehr tragfähig war. Erst 1968 wurde „Revolution" geballt wieder aufgerufen, als im Kontext der Studentenbewegung ein neues Bewusstsein entstand, das die Strukturen von Herrschaft und Kapitalismus in Frage stellte. Die damals initiierten historischen Debatten trugen zur Konstitution einer veränderten Öffentlichkeit bei und bedeuteten damit auch die endgültige Verabschiedung der Nachkriegszeit.

Es gibt kaum Vorläufer für unser Unternehmen, die Novemberrevolution in eine Konstellation mit dem Aufbruch von 1968 zu setzen, und dies hat sicherlich gute Gründe. Aus der Perspektive der Geschichts- und der Politikwissenschaften mutet ein solches Konstrukt womöglich disparat an. Aus kulturwissenschaftlicher Sicht bietet sich ein Fokus, der im gerade skizzierten Bild einen Anfangs- und einen Endpunkt sieht, aber durchaus an. Schließlich sind Parallelen nicht zu übersehen: sie sind teils personeller Art – Herbert Marcuse nahm an den revolutionären Ereignissen 1918 teil, bevor er Jahrzehnte später, als sich neue Erwartungen an gesellschaftliche Transformationen knüpften, 1968 zu einer intellektuellen Ikone der Studentenbewegung wurde –, vor allem aber motivischer Art. Zu denken ist hier wieder an die Neuverhandlung von Leben und Kunst, die Autoren und Autorinnen im Umfeld beider Ereignisse umtrieb. Diese Parallelen möchten wir erstmals im Rahmen eines disziplinär und thematisch breit angelegten Sammelbandes angehen, der möglichst unterschiedliche Stimmen zu Worte kommen lässt und darüber durch die Zusammenstellung ein Deutungsangebot macht, ohne aber die beiden Chiffren 1918/19 und 1968 explizit zu konstellieren. Es bleibt der Leserschaft überlassen, mögliche kulturelle Analogien herzustellen, auch kulturelle Kontraste oder Interferenzen zu erkennen und auf diese Weise beide Komplexe in Bezug zu setzen.

Der Band umfasst Reflexionen über Phänomen und Begriff „Revolution" im deutschsprachigen Kontext aus verschiedenen geisteswissenschaftlichen Fachdisziplinen. Mit einem Schwerpunkt auf der Germanistik versammelt er in den Sektionen Literatur, Kunst und Kultur, Linguistik/DaF sowie Philosophie Beiträge von Experten und Expertinnen aus unterschiedlichen Ländern und Fachkulturen. Wenn dabei der Zeitraum zwischen der Novemberrevolution 1918/19 und der Studentenbewegung 1968 im Mittelpunkt steht, so zeichnen die Beiträge entweder übergreifende Entwicklungen und Parameter dieser das 20. Jahrhundert prägenden Ereignisse nach, oder widmen sich in Einzelstudien herausragenden Figuren und Texten dieser Jahrzehnte. Wie nicht unüblich für aus größeren Tagungen hervorgegangenen Publikationen, ist die Palette an vertretenen Thematiken und Ansätzen dabei so breit, dass Vorzüge und Gefahren nah beieinander liegen: Sie zeigt die große Assoziationskraft auf, die von diesem „Allgemeinbegriff" und seinen historischen Denotaten ausgeht, aber auch seine Elastizität, die die fehlende Schärfe des Revolutionsbegriffs deutlich hervortreten lässt. Reinhardt Koselleck hat in seiner vielbeachteten Beschreibung von „Revolution" als metahistorischem Kollektivsingular *und* als geschichtsphilosophischem Begriff genau darauf verwiesen.

Wir verstehen „Revolution" als einschneidende Zäsur, die Anspruch auf gesellschaftliche, politische und kulturelle Erneuerung einer Gemeinschaft erhebt, aber auch als spezifischen Modus historischer Erfahrung, der etwa in literarischen Texten verarbeitet und ästhetisiert wird. Tatsächlich stellen literaturwissenschaftliche Ansätze den Großteil der Beiträge in diesem Band. Die „deutsche Revolution" führte in eine äußerst labil verfasste Weimarer Republik, die aber Raum bot für eine reiche und heterogene literarische Szene. Fanden auch die revolutionären Vorhaben im politisch-gesellschaftlichen Bereich ein abruptes Ende, so lassen sich dennoch Umbruchsmomente in der Literatur seit 1919 nachverfolgen: Davon zeugen der politisierte Dadaismus, der frühe Brecht und die Neue Sachlichkeit. In den dieser Literatur gewidmeten Beiträgen geht es einerseits um die Revolution als literarisches Sujet (wie bei Alfred Döblin), andererseits aber auch um Autoren und Autorinnen als Aktivisten und Aktivistinnen bzw. Chronisten und Chronistinnen der Revolution (wie allen voran Erich Mühsam). Auch in den Beiträgen zu 1968 gibt es eine solche zweifache Auffächerung: 1968 als literarisches Thema, aber auch als autobiographisches Motiv der Erinnerung. Hinzu tritt die Bedeutung von 1968 als „Wahrnehmungsrevolution" (Gilcher-Holtey), die sich etwa in der Popliteratur formal-ästhetisch niederschlägt.

Neben der umstürzlerischen und gegen die etymologische Herkunft gerichteten Semantik von „Revolution" sind mit dem Begriff aber auch – neutraler formuliert – Paradigmenwechsel bezeichnet, wie sie die Linguistik und die noch junge Disziplin Deutsch als Fremdsprache kennzeichnen. Dieser Teil besteht aus drei Beiträgen, die sich der Thematik des Bandes über ganz andere Bahnen annähern (Disziplinenwandel, Sprachverwendung und Rhetorik 1968, Korpuslinguistik).

Im Bereich der Künste führte der Wunsch, sich von einer der Moderne abwehrend gegenüberstehenden bürgerlichen Kultur zugunsten einer umfassenden Erneuerung zu distanzieren, Ende 1918 zur Gründung der Künstlervereinigung „Novembergruppe". „Wir stehen auf dem fruchtbaren Boden der Revolution. Unser Wahlspruch heißt: Freiheit, Gleichheit, Brüderlichkeit", proklamierte deren Manifest. Zahlreiche Künstler und Künstlerinnen begannen nun, den möglichen politischen Wert ihrer Arbeit in der Werkproduktion zu fokussieren. Diese Neuorientierung, die auch 1968 kennzeichnet, wird in der Sektion zu Kunst und Kultur mehrfach angesprochen. Sie ging einher mit einem Wandel der Sensibilität, der zu einer neuen Darstellung von Wirklichkeit in der Kunst führte, gekennzeichnet durch große Genauigkeit und Pragmatismus, oder – wie im Fall des Bauhaus – durch den Wunsch, die verschiedensten Strömungen künstlerischen Schaffens zu integrieren. Auch andere Medien, für die Zeit seit der Weimarer Republik so zentrale wie Theater und Kino, aber auch Musik, werden hier abgedeckt. Dass sich die meisten Beiträge auf das frühere Datum beziehen, hängt sicher auch mit der Koinzidenz von politischer Revolution und kultureller Avantgarde zusammen, die 1968 so nicht gegeben war.

Der Band schließt mit einer kurzen Sektion zu Philosophie und Denken. Marx' Überzeugung, die Philosophie werde sich durch die Revolution zugleich verwirklichen und aufheben, erfuhr im 20. Jahrhundert ein vielfaches Echo und vor allem eine grundlegende Korrektur. Benjamins vielzitierten Worten zufolge sind Revolutionen gerade nicht, wie Marx vertrat, die „Lokomotiven der Weltgeschichte", sondern der „Griff nach der Notbremse", um eine durch die kapitalistische Logik bedrohlich nahe rückende zivilisatorische Katastrophe zu vermeiden. Die drei vertretenen Beiträge decken die Zeit der Weimarer Republik bis zur Gegenwart ab und zeigen, wie unterschiedlich „Revolution" hier auch ideologisch determiniert wurde.

Die Frage, inwieweit und auf welche Weise Literatur, Sprache und Kunst vor diesem Hintergrund gesellschaftlich wirken, stellten sich viele Kulturschaffende in der Weimarer Republik und später wieder in den 1960er-Jahren mit besonderer Dringlichkeit. Die „sonderbar leichten Tage der Euphorie", an die sich Hans Magnus Enzensberger im *Untergang der Titanic* erinnerte, sind lange verflogen. Und dennoch – es bleiben Bilder eines Aufbruchs, die in unterschiedlichsten Medien fach- und kulturübergreifend sehnsüchtig erinnert, ästhetisch konstruiert, kritisch hinterfragt oder auch demontiert werden, wie der vorliegende Band zu zeigen versucht.

Zurück geht er auf die XI. *Semana de Estudios Germánicos* an der Universidad Complutense in Madrid, die unter dem Motto „Revolution! 1918–1968" stand und im März 2020 stattfand, nur wenige Tage bevor die Pandemie uns in den Stillstand zwang. Vor diesem Hintergrund danken wir besonders unseren Autoren und Autorinnen für ihre unermüdliche Arbeit an den Texten und die diesem Publikationsvorhaben gewährte Geduld. Wir danken zudem unserer Universität, der Philologischen Fakultät sowie der Sektion für Deutsche Philologie für die großzügige ideelle und finanzielle Unterstützung.

Madrid, im Januar 2022 Die Herausgeberinnen

Inhaltsverzeichnis

Literatur

Lia Imenes Ishida

Revolution oder Krieg. Zur Geschichtsauffassung Georg Heyms

Georg Heym (1887–1912), eines der vielversprechendsten Talente der expressionistischen Generation, verstand sich als Revolutionär und verehrte vor allem die Französische Revolution und ihre Helden. Als er im Januar 1912 im Alter von 24 Jahren starb, hinterließ er eine Reihe von Werken und Skizzen über die Revolutionen von 1789 und 1848, ein Gedicht über den russischen Aufstand von 1905 und einige Tagebücher, in denen sich Passagen wie die folgende finden lassen: „Ich sehe mich in meinen wachen Phantasien, immer als einen Danton, oder einen Mann auf der Barrikade, ohne meine Jacobinermütze kann ich mich eigentlich garnicht denken" (DuS III: 164). Trotz seiner Revolutionsverehrung war Heym – der die Aufstände in Russland im Oktober 1917 und in Deutschland im November 1918 nicht mehr erlebte – fest davon überzeugt, dass seine eigene Zeit keine Revolutionen mehr hervorbringen würde. Gerade deshalb sehnte er sich nach einem Krieg, als ob diese beiden Ereignistypen austauschbar und einander gleichwertig wären.

Sowohl sein Wunsch nach einem Kriegsausbruch – um 1910 bereits eine reale Bedrohung – als auch die Gleichsetzung von Krieg und Revolution kommen in einigen Passagen seines Tagebuchs deutlich zum Ausdruck. Die oben wiedergegebene Passage beispielsweise, die vom 15. September 1911 stammt, führt Heym wie folgt weiter: „Ohne meine Jacobinermütze kann ich mich eigentlich gar nicht denken. Ich hoffe jetzt wenigstens auf einen Krieg. Auch das ist nichts" (DuS III: 164). Und ähnlich hieß es schon mehr als ein Jahr zuvor:

> Es ist immer das gleiche, so langweilig, langweilig, langweilig. Es geschieht nichts, nichts, nichts. Wenn doch einmal etwas geschehen wollte, was nicht diesen faden Geschmack von Alltäglichkeit hinterläßt. [...] Geschähe doch einmal etwas. Würden einmal wieder Barrikaden gebaut. Ich wäre der erste, der sich darauf stellte, ich wollte noch mit der Kugel im Herzen den Rausch der Begeisterung spüren. Oder sei es auch nur, daß man einen Krieg begänne, er kann ungerecht sein. Dieser Frieden ist so faul ölig und schmierig wie eine Leimpolitur auf alten Möbeln. (DuS III: 138–139)

Heyms ausdrücklicher Wunsch nach einem Krieg und seine Vorstellung, dass dieser ein Surrogat für die Revolution sein könnte, sind unangenehme Tatsachen, die einer Erklärung bedürfen. Die Fachforschung begnügt sich bis heute mit der Feststellung, dass die Motive der Revolution und des Krieges in Heyms Werk stark stilisiert sind und dass es ihm letztlich gar nicht um diese Ereignisse selbst ging, sondern nur um das Erlebnis, um den „Rausch der Begeisterung", die sie ermöglichen sollten. Diese Stilisierung der Gewalt schreibt die Forschung wiederum dem impulsiven Charakter Heyms zu, der nur auf seine unmittelbaren Erfahrungen reagiert habe, ohne tiefgreifend über die Wirklichkeit und seine eigene Zeit reflektiert zu haben (cf. Schneider 1967: 63–85, Korte 1981: 37, Krull 1984: 47–48, Fries 1994: 90–104).

Gegen die in der Forschung verbreiteten Annahmen wird im Folgenden argumentiert, dass sich in Heyms Werken eine komplexe und sogar systematische Geschichtsauffassung sowie eine sehr düstere Diagnose der eigenen Zeit niedergeschlagen haben. Tatsächlich betrachtet Heym, wie die oben wiedergegebenen Tagebucheinträge erkennen lassen, Revolutionen und Kriege als ästhetische Erlebnisse. Die Behandlung dieser Themen in seinen Tagebüchern und in seinen literarischen Werken ist einem vitalistischen Programm verpflichtet, das darin besteht, die Geschichte und die Wirklichkeit ästhetisch genießbar zu machen. Doch entspringen nicht nur Heyms vitalistische Ästhetik, sondern auch seine radikalsten Positionen, einschließlich der Befürwortung des Kriegs, seinem Verständnis der Geschichte und des historischen Moments, in dem er sich wähnte. Um dies zu veranschaulichen, werden im Folgenden drei zentrale Themen der Heym'schen Werke herausgegriffen: die Französische Revolution, die Großstadt und der Krieg. Sie repräsentieren jeweils drei Perioden in der Entwicklung der westlichen Zivilisation:[1] Die Französische Revolution entspricht ihrem Höhepunkt, während die Großstadt für die Epoche der Industrialisierung steht, in der die Revolutionen aus der Welt verschwunden sind. Schließlich bezeichnet der Krieg das Zeitalter der Selbstzerstörung der Zivilisation.

1. Die Französische Revolution

In seiner kurzen expressionistischen Phase, die ungefähr von Frühjahr 1910 bis zu seinem Tod knapp zwei Jahre später andauerte, produzierte Heym eine Reihe von Sonetten, eine Novelle und zwei Dramen-Fragmente, die sich der Französischen Revolution widmen. Auf den ersten Blick mutet die Wahl von kurzen Formen wie dem Sonett und der Novelle zur Behandlung eines so umfangreichen und komplexen Stoffs wie der Französischen Revolution kontraintuitiv an. Doch Heym konzentriert seine Darstellung auf punktuelle Episoden der Geschichte, die er in den Einzelwerken synthetisch und anschaulich wiedergibt, wenn auch oft von historischen Fakten abweichend (Seiler 1972). Welche Ereignisse wählte er aus? Drei seiner Werke über die Französische Revolution schildern Momente des Aufstands: Das Sonett „Le tiers État"

1 Der Begriff „Zivilisation" soll nicht missverstanden werden. In den nationalistischen Diskursen der Vorkriegsjahre wurde „Zivilisation" dem Kulturbegriff entgegengesetzt, wobei man den ersten mit Frankreich und England, den zweiten mit Deutschland in Verbindung brachte. Für Heym allerdings, der nicht für Nationalismus anfällig war, spielte dieses Gegensatzpaar keine Rolle. Er verstand die Zivilisation vielmehr als Resultat des gesamten historischen Prozesses und als eine Totalität, der alle Gegensätze und Widersprüche immanent sind.

bezieht sich auf die als Ballhausschwur bekannte Episode vom 20. Juni 1789;[2] das Sonett „Bastille" behandelt den Sturm der Massen auf die gleichnamige Festung am 14. Juli 1789 und die Novelle „Der fünfte Oktober" schildert den Beginn des Marsches von 3.000 Parisern auf das Schloss von Versailles im selben Jahr. Drei weitere Sonette beschreiben die Enthauptung von König Ludwig XVI. („Louis Capet"[3]) und die des Revolutionärs Maximilien de Robespierre („Robespierre") sowie die Verurteilung von Georges Danton („Danton").

Dieser fragmentarischen und scheinbar willkürlichen Darstellung der Französischen Revolution liegt die vitalistische Denkform zugrunde, die nicht nur Heym, sondern mehrere Autoren des Frühexpressionismus stark prägte.[4] In der Heym'schen Serie über die Revolution kristallisiert sich der Vitalismus als eine Form heraus, die sowohl den Ablauf der Ereignisse als auch die Einzelwerke strukturiert und somit der ganzen Darstellung Einheit verleiht. Nehmen wir als Beispiel das Gedicht „Louis Capet", in dem sich die Sonettform und die vitalistische Denkform am vollkommensten decken:

> Die Trommeln schallen am Schafott im Kreis,
> Das wie ein Sarg steht, schwarz mit Tuch verschlagen.
> Drauf steht der Block. Dabei der offene Schragen
> Für seinen Leib. Das Fallbeil glitzert weiß.
>
> Von vollen Dächern flattern rot Standarten.
> Die Rufer schrein der Fensterplätze Preis.
> Im Winter ist es. Doch dem Volk wird heiß,
> Es drängt sich murrend vor. Man läßt es warten.
>
> Da hört man Lärm. Er steigt. Das Schreien braust.
> Auf seinem Karren kommt Capet, bedreckt,
> Mit Kot beworfen, und das Haar zerzaust.
>
> Man schleift ihn schnell herauf. Er wird gestreckt.
> Der Kopf liegt auf dem Block. Das Fallbeil saust.
> Blut speit sein Hals, der fest im Loche steckt. (DuS I: 87)

Die Quartette stehen, dem traditionellen Gebrauch der Sonettform entsprechend, im Gegensatz zueinander. Das erste von ihnen, in dem das Schafott beschrieben wird, nimmt die Hinrichtung des Königs vorweg. Weder menschliche Figuren noch sonstige Lebewesen treten hier auf und die aufgeführten Gegenstände verweisen fast allesamt auf den Tod („Schafott", „Sarg", „Leib", „Fallbeil" etc.). Im zweiten Quartett, das der Beschreibung der sich am Schafott versammelten Masse von Schaulustigen gewidmet ist, vibriert das Leben. Die

---

2 An diesem Tag drangen die Vertreter des dritten Standes in den États Généraux in einen Spielsaal in Versailles ein und erklärten sich zur verfassungsgebenden Versammlung der Nation.

3 Louis Capet war der Spitzname, den Ludwig XVI. nach seiner Entthronung erhalten hat.

4 Die vitalistische Denkform kann in diesem Rahmen nicht näher dargestellt werden. Cf. dazu Martens 1971.

Menschenmenge, die sich auf den Dächern drängt, ist unruhig, laut und warm. Dieser Gegensatz zwischen Entmenschlichung und Tod einerseits und der lebendigen Masse andererseits erzeugt eine erwartungsvolle Spannung, die bis zum Ende der Quartette in der Schwebe bleibt: „Man läßt es warten". Erst im neunten Vers, unmittelbar nach der Zäsur also, die im Sonett traditionell den Übergang von den Quartetten zu den Terzetten markiert, bricht die sorgfältig erzeugte Spannung in einem heftigen Geschrei der Masse aus („Das Schreien braust"). Aber der Auftritt des Königs, im erbärmlichen Zustand, in der nächsten Zeile ist bereits eine Antiklimax. Es folgt eine rasche und unspektakuläre Hinrichtung, die mit einem grotesken Bild endet: „Blut speit sein Hals".

Viele der in „Louis Capet" beschriebenen Vorgänge weichen von dem historischen Geschehen ab (Seiler 1972: 118, 261–262). Doch Heym ging es nicht um eine Wiedergabe von Fakten, sondern um eine Strukturierung des Materials. Und die Struktur des Sonetts ist vitalistisch geprägt. Laut der vitalistischen Denkform wird die Geschichte von unbewussten und zwecklosen unterirdischen Energien – den Lebenskräften – angetrieben. Sie verläuft dennoch nicht gleichmäßig und linear, denn ihre treibenden Kräfte stoßen immer wieder auf feste Strukturen und Formen, die in früheren historischen Epochen hervorgebracht worden sind und nun den Fortschritt des Ganzen behindern. Der Widerspruch zwischen sich erneuernden Kräften und dem Widerstand von rückständigen Formen erzeugt eine wachsende Spannung. Wenn die Spannung nicht mehr zu halten ist, werden die aufgestauten Energien plötzlich freigelassen. Diesen besonderen Augenblick der Geschichte nennen die Expressionisten „Lebensaufbruch". Die dabei befreiten Lebenskräfte beseitigen die Hindernisse, die den Fortschritt der Geschichte zuvor aufgehalten hatten. Einmal freigesetzt, sind sie jedoch nicht mehr zu kontrollieren und verwandeln sich in zerstörerische Kräfte. Nichtsdestotrotz stellen die Aufbrüche für Vitalisten wie Heym die Höhepunkte der Geschichte dar, denn die hier freigesetzten Energien sind die Quelle des ersehnten Erlebnisses: der flüchtige, aber intensive „Rausch der Begeisterung". Im Fall von „Louis Capet" verkörpert die Figur des Königs, als Vertreter des *Ancien Régime*, die überholten Strukturen, die es zu beseitigen gilt, während die Massen mit ihren roten Standarten auf der Seite der geschichtlichen Tendenz stehen. Der Widerspruch dieser entgegengesetzten historischen Kräfte kulminiert dann in einen Ausbruch von Massenbegeisterung, welcher den Aufbruch versinnbildlicht.

Mit einigen Variationen findet man diese Form in der ganzen Serie Heyms über die Französische Revolution wieder. Denn ein solcher kritischer Augenblick der Freisetzung angesammelter Lebensenergien steht im Zentrum von fast jedem Gedicht der Serie und der Verlauf der Revolution ist als ein riesiger Lebensaufbruch dargestellt, der seinen Höhepunkt im Marsch nach Versailles am 5. Oktober 1789 findet und anschließend in einer Reihe von Enthauptungen verfällt. So schlägt die Revolution in Heyms Darstellung in ein Terrorregime um, das nicht einmal die eigenen Helden verschont.

Für einen Vergleich mit anderen von Heym behandelten Perioden der Geschichte ist es wichtig, auf die zentrale Rolle der Massen in seinen Werken über die Französische Revolution zu achten. Obwohl in der Darstellung der entscheidenden Episoden von 1789, dem Ballhausschwur, dem Sturm auf die Bastille und vor allem dem großen Marsch nach Versailles, einige prominente Figuren wie Maillard, Mirabeau und auch der König auftreten, sind es doch eindeutig die anonymen Menschenmassen, die hier als Protagonisten fungieren. Bei diesen Ereignissen gehen die Massen Seite an Seite mit der historischen Tendenz. Und noch bei den Hinrichtungen in den nachrevolutionären Jahren scheinen die begeisterten Massen, die immer noch ihre roten Standarten tragen, auf der Seite des Lebens und darum auch der Geschichte zu stehen.

Allerdings bedeutet das nicht, dass die revolutionären Massen selbst den historischen Verlauf steuern. Dem vitalistischen Denken zufolge wird die Geschichte von den Lebenskräften vorangetrieben und durch die widersprüchliche Entfaltung des Ganzen bestimmt. Die Massen dienen hierbei bloß als Vehikel für die unterirdischen und blinden Kräfte und sind nach dem von ihnen ausgelösten Aufbruch nicht in der Lage, die freigesetzten Energien zu kontrollieren. Darum sind die in den Hinrichtungssonetten auftretenden Menschenmengen bereits keine Protagonisten mehr und die zahlreichen unpersönlichen und passiven Konstruktionen in „Louis Capet" und „Robespierre" („Man läßt es warten", „hört man", „man schleift ihn schnell herauf", „er wird gestreckt" usw.) erwecken den Eindruck, dass eine unsichtbare Macht die Hinrichtungen vollstreckt (cf. Mautz 1972: 316–317). Schon hier werden die Massen zu bloßen Zuschauern der Geschichte.

2. Die Großstadt

Wenn die Französische Revolution bei Heym für eine vergangene Zeit steht, so fungiert die Großstadt in seinem Werk als Metonymie seiner eigenen Gegenwart, der Zeit der vollindustrialisierten Zivilisation. Beide Perioden stehen im Gegensatz zueinander: Die Revolution idealisiert der Dichter trotz allem Terror als eine erlebnis- und sensationsreiche Epoche. Und die Gegenwart?

Einer der Hauptunterschiede zwischen Heyms Darstellung dieser beiden historischen Perioden ist in den auftretenden Menschenfiguren zu sehen. Von den begeisterten und aufrührerischen Massen der Französischen Revolution ist in Heyms Städten keine Spur mehr. Stattdessen werden sie von apathischen Gestalten wie Krüppeln, Kranken, Irren und Horden von lebenden Toten bevölkert. Um zu verstehen, wie es zu dieser Veränderung kommen konnte, ist es nützlich, die Entstehung und Entwicklung der Heym'schen Großstadtlyrik und ihrer Bewohner zu betrachten. Seine ersten Werke dieser Gattung – eine Sonettreihe mit dem Titel „Berlin", an der Heym im Frühjahr 1910 zu arbeiten begann, – sind noch stark von der naturalistischen Großstadtlyrik inspiriert. Doch im fünften Gedicht der Reihe wird vielleicht zum ersten Mal ein poetisches Verfahren verwendet, das fast das gesamte reife Schaffen Heyms charakterisiert. So lautet die betreffende Stelle: „Wie eine schwarze Schar von großen Ratten,/So stehen die Schirme vor des Bahnhofs Mund" (DuS I: 94). Einerseits sind die Passanten völlig unter ihren Regenschirmen verschwunden, die wiederum mit Ratten verglichen werden, andererseits wird der Bahnhof als ein Monster personifiziert, das sie zu verschlingen droht. Diese Drohung ist in einer früheren Fassung desselben Textes sogar explizit: „Die Menge schluckt herein der Bahnhofsmund" (HKA I, 350). Es scheint also, dass Menschen und Dinge ihre Rollen getauscht haben. Die gleiche Umkehrung ist wieder im nächsten Sonett der Reihe anzutreffen, das später den Titel „Vorortbahnhof" erhielt (hier nur teilweise wiedergegeben):

Die Türen gehen auf. Die Gleise schrein
Vom Bremsendruck. Die Menschenmassen drängen
Noch weiß vom Kalk und gelb vom Lehm. Sie zwängen
Zu zwanzig in die Wagen sich herein.

Der Zug fährt aus, im Bauch die Legionen.
Er scheint in tausend Gleisen zu verirren,
Der Abend schluckt ihn ein, der Strang ist leer. (DuS I: 102)

Nun werden der Zug, die Gleise und der Abend personifiziert, während die in den Wagen eingequetschten Menschen zum Futter der Maschinerie gemacht werden („im Bauch die Legionen").

Der Unterschied zwischen der Periode der Französischen Revolution und dem industriellen Zeitalter besteht laut Heym also darin, dass die Lebenskräfte, welche einst die Massen belebten, nun auf die Seite der Gegenstände gewechselt sind, womit die vitalistische Welt auf den Kopf gestellt wurde. Der Vergleich mit dem Sonett „Bastille", das nur wenige Tage vor „Berlin V" und „Vorortsbahnhof" entstanden ist,[5] kann diese Umkehrung verdeutlichen. Dazu genügt ein Blick auf die Quartette des Gedichts, die wie die von „Louis Capet" durch den Gegensatz von Leben und Tod strukturiert sind:

Die scharfen Sensen ragen wie ein Wald.
Die Straße Antoine ist blau und rot
Von Menschenmassen. Von den Stirnen loht
Der weiße Zorn. Die Fäuste sind geballt.

Ins Grau des Himmels steigt der Turm wie tot.
Aus kleinen Fenstern weht sein Schrecken kalt.
Vom hohen Dach, wo Tritt der Wachen hallt,
Das erzne Maul der grau'n Kanonen droht. (DuS I: 86)

Im ersten Quartett werden die wütenden „Menschenmassen" beschrieben, die im Begriff sind, die Festung zu stürmen. Demgegenüber steht im zweiten Quartett der Turm des dunklen Gebäudes (im ersten Terzett heißt es: „Aus Turmes schwarzer Wand"), der sich vor dem Grund eines grauen Himmels erhebt. Die

5 „Bastille" ist Ende Juni 1910, „Berlin V" am 8. Juli und „Vorortsbahnhof" vermutlich zwischen Ende Juli und Anfang August 1910 entstanden (cf. HKA I, 328, 350 und 371).

Festung, die explizit mit dem Tod in Zusammenhang gebracht wird („der Turm wie tot"), steht hier eindeutig für die veralteten Strukturen des Ancien Régime, während die Massen, die mit den blau-weiß-roten Farben der zukünftigen Republik versehen sind, die historische Tendenz und die vitalistischen Kräfte verkörpern. Bei der Serie „Berlin" verhält es sich aber genau umgekehrt. Wieder wird ein großes Gebäude (der Bahnhof) einer Menschenmenge gegenübergestellt, aber jetzt gewinnt das Gebäude Leben („Bahnhofs Mund"), während die Menschen als Dinge und Tiere erscheinen, und zudem die Farbe des Todes erlangen („schwarze Schar").

Die Heym'schen Großstadtbewohner sind also dadurch gekennzeichnet, dass es ihnen an Lebenskraft mangelt. Im Laufe des Jahres 1910 wandte sich Heym allmählich von seinen naturalistischen Vorbildern ab, wodurch die Städte in seinen Gedichten immer weniger der sinnlichen Wirklichkeit ähnelten, welche die Naturalisten abzubilden versuchten, und stattdessen immer gespenstischer und symbolhafter wurden. In den typischen Großstädten von Heyms letzter Schaffensphase tauchen zwei neue Typen von ‚menschlichen' Figuren auf: zum einen als hässlich und grotesk erscheinende, aber immer noch relativ realistische Figuren wie Blinde, Bettler, Greise, Krüppel, Gefangene und Irre, zum anderen gespenstische Gestalten wie lebende Tote, Skelette und Selbstmörder. Trotz aller Unterschiede behalten diese beiden Typen das wesentliche Merkmal der Großstadtmassen und der Figuren der Sonettreihe „Berlin" bei, denn auch ihnen fehlt es offensichtlich an Lebenskraft. Die physischen und psychischen Einschränkungen der hässlichen Gestalten sind Metaphern, die auf das Verkümmern des Lebens hinweisen, und beim zweiten Typus ist die Devitalisierung wörtlich umgesetzt, so dass die Menschen schlicht als Tote dargestellt werden. So wird die Vorstellung, dass die Massen in der Großstadt und in der industrialisierten Zivilisation nicht mehr durch die Lebenskräfte belebt sind, in Heyms letzter dichterischer Phase bestätigt und sogar radikalisiert.

Die unmittelbare Folge des Verlusts der Vitalität der Menschen besteht darin, dass Revolutionen unmöglich geworden sind. Heym veranschaulicht diese Tatsache mit Ironie, indem er in einigen Großstadtgedichten alte Revolutionslieder zum bloßen Zeitvertreib für Krüppel und Tote werden lässt. In der „Vorstadt" zum Beispiel amüsieren sich ein Blinder und ein Lahmer mit der „Carmagnole":

> Ein Blinder dreht auf schwarzem, großem Bette
> Den Leierkasten zu der Carmagnole,
> Die tanzt ein Lahmer mit verbundener Sohle.
> Hell klappert in der Hand die Kastagnette. (DuS I: 134)

Und in „Berlin VIII" verbringen die Toten eines Friedhofs ihre endlose Zeit auf folgende Weise:

> Sie [d. h. die Toten] sitzen strickend an der Wand entlang,
> Mützen aus Ruß dem nackten Schläfenbein,
> Zur Marseillaise, dem alten Sturmgesang. (DuS I: 188)

Stellte schon der Enthusiasmus der Masse in den Hinrichtungssonetten nur eine verblasste Wiederholung des wirklichen Aufbruchs von 1789 dar, so sind die revolutionären Lieder in der Großstadt eine groteske Karikatur jenes Ereignisses, ein Surrogat des Surrogats. Das bedeutet aber nicht, dass das Leben selbst in Heyms Gegenwart verstorben ist, es hat bloß die Seite gewechselt.

3. Der Krieg

Der Zusammenhang zwischen Revolution und Krieg, den Heym in seinen Tagebucheinträgen herstellt,[6] legt nahe, dass er im Krieg die gegenwärtige Form des Lebensaufbruchs sah. In der Tat sind seine 1911 entstandenen Kriegsgedichte von derselben Sehnsucht nach Erlebnis und Enthusiasmus geprägt, welche auch die Werke über die Französische Revolution formt (cf. Martens 1971: 239–257, Korte 1981: 52–58). Allerdings scheinen seine Kriegsgedichte den Bezug zum historischen Geschehen verloren zu haben. Wenn die historischen Ereignisse schon in den Werken über die Französische Revolution stark stilisiert und ästhetisiert waren, so scheint sich der Krieg in dem gleichnamigen Gedicht in einer Phantasiewelt abzuspielen. Heyms berühmtes Werk „Der Krieg" wurde zwar anlässlich der zweiten Marokkokrise im Sommer 1911 verfasst (cf. Dammann et al. 1978: 40–71), die durchaus schon zum Ausbruch des Ersten Weltkriegs hätte führen können. Doch Heym schildert kein Schlachtfeld, auf dem sich feindliche Armeen gegenüberstehen, und auch keine Seeschlacht mit modernen aufgerüsteten Schiffen. Stattdessen allegorisiert er den Krieg als einen Riesen mit einer Fackel in der Hand, der aus dem Untergrund aufsteigt, um die Menschheit auszulöschen. Angesichts der technischen Entwicklung und des Ausmaßes der Aufrüstung aller europäischen Staaten zu diesem Zeitpunkt scheint diese Kriegsallegorie völlig unrealistisch und anachronistisch. Es lässt sich dennoch zeigen, dass gerade das biblische und mythologische Bildrepertoire, von dem Heym in seiner späteren Lyrik häufig Gebrauch machte, einen realen historischen Prozess versinnbildlichen soll: nämlich die Verselbständigung der Technik gegenüber der Menschheit. Für Heym stellt der Krieg das (notwendige) Resultat dieser Entwicklung dar.

Es wurde oben gezeigt, dass in Heyms Großstadtlyrik das Leben von den Menschen auf die Dinge überging. Genauer betrachtet, waren hier nicht beliebige Gegenstände vitalisiert, sondern vorzugsweise Artefakte und Gebäude, die den technischen Fortschritt symbolisieren. Bereits in „Berlin II", einem der allerersten Heym'schen Großstadtgedichte, erlangen industrielle Schornsteine einen ungewöhnlichen Anschein: „der Riesenschlote Nachtfanale" (DuS I, 58). In den einige Monate später entstandenen Sonetten „Berlin V" und „Berlin VI" erwachen Dinge zum Leben, die zum Komplex der modernen Verkehrsmittel zählen: der Bahnhof, die Gleise und die Züge. Und in dem berühmten Gedicht „Ophelia" vom November 1910 wird ein Kran personifiziert:

6 Neben den oben zitierten Tagebucheinträgen cf. das Gedicht: „Alle Alchimisten brennen voll Rauch ..." (DuS I: 354–355).

In dem ein Kran mit Riesenarmen dräut,
Mit schwarzer Stirn, ein mächtiger Tyrann,
Ein Moloch, drum die schwarzen Knechte knien. (DuS I: 161)

Bereits in dieser relativ frühen Phase der Heym'schen Großstadtlyrik erlangen die vitalisierten Gegenstände fremde und dämonische Züge. Sie sind ungewöhnlich groß („Riesenschlote", „mit Riesenarmen"), vielfach bedrohlich („Bahnhofs Mund", „dräut") und der Kran wird in „Ophelia" sogar mit einem mythologischen Wesen, dem Moloch, verglichen. Die entfremdete Erscheinung von gewöhnlichen Gegenständen erfüllt eine metaphorische Funktion: Sie deutet auf die Tatsache hin, dass die Technik der menschlichen Kontrolle entglitten ist und somit nicht mehr menschlichen Zwecken dient. Die riesige Statur der technischen Artefakte veranschaulicht ferner das Missverhältnis zwischen ihrer ungeheuren Macht und der Ohnmacht der Menschen, die sie erschufen. Schließlich kündigt sich in den dämonischen und bedrohlichen Zügen der vitalisierten Gegenstände ihre Zerstörungskraft an. So ist die verselbständigte Technik zu einem regelrechten Tyrannen geworden, der seine Untertanen verschlingt, versklavt („die schwarzen Knechte") und opfert.

Aus Heyms vitalistischer Perspektive sind es immer noch dieselben, unkontrollierbaren Lebenskräfte der vergangenen Epoche der Französischen Revolution, welche nun, in seiner Gegenwart, die Technik beleben. Aber der Umschlag der Lebenskräfte auf die Seite der Dinge zeitigt gewaltige Konsequenzen für die gesamten Zivilisation. Zunächst befinden sich nicht mehr die Menschen, sondern die technische Entwicklung an der Spitze der Geschichte. Dementsprechend sind die periodischen Aufbrüche auch nicht mehr von den Massen ausgelöst, sondern durch die Technik. Und schließlich hat die Zerstörungskraft der Lebensenergien durch die technische Entwicklung enorm zugenommen. Für Heym ist der Krieg der Aufbruch dieser vitalisierten Technik.

In dem Gedicht „Der Krieg" wird kein ausdrücklicher Hinweis auf die verselbständigte Technik gegeben. Es fällt dennoch nicht schwer zu erkennen, dass die Kriegsallegorie selbst eine Weiterentwicklung der Personifikation von technischen Artefakten und Industriebauten aus Heyms früherer Großstadtlyrik ist. Zwischen dem Kran aus dem Gedicht „Ophelia" und dem Krieg erschuf der Dichter eine Reihe von Dämonen und mythologischen Ungeheuern. Ein solches tritt zum Beispiel in dem im Dezember 1910 entstandenen Gedicht „Der Gott der Stadt" auf:

Auf einem Häuserblocke sitzt er breit.
Die Winde lagern schwarz um seine Stirn.
Er schaut voll Wut, wo fern in Einsamkeit
Die letzten Häuser in das Land verirrn.

Vom Abend glänzt der rote Bauch dem Baal,
Die großen Städte knien um ihn her. (DuS I: 192)

Dieser Baal, der Gott der Stadt, weist offensichtliche Ähnlichkeiten mit dem Moloch von „Ophelia" auf, nur sind bei ihm alle dämonischen Züge gesteigert.

Er ist so riesig, dass er auf einem „Häuserblocke" sitzt und nicht Menschen, sondern ganzen Städte zu seinen Füßen knien. Wie der Moloch hat auch der Baal eine schwarze Stirn, doch er bedroht nicht nur, sondern zerstört tatsächlich, indem er die Stadt in Brand setzt: „Er streckt ins Dunkel seine Fleischerfaust/Er schüttelt sie. Ein Meer von Feuer jagt/Durch eine Straße" (ibid.). Von „Ophelia" zum „Gott der Stadt" vollzieht sich zudem eine Veränderung, die für die Entstehung der Heym'schen Allegorien von großer Bedeutung ist: Während „Moloch" im ersten Gedicht bloß eine Metapher für den Kran war, ist der Baal ein selbständiges Wesen. Es ist zwar möglich, „Der Gott der Stadt" als bildhafte Darstellung einer gewöhnlichen Abenddämmerung in der Großstadt zu lesen, wobei der Baal für die hinter den Häusern versinkende Sonne steht. Allerdings wird die Sonne nicht genannt und der Bezug auf sie ist zudem für das Verständnis des Textes völlig entbehrlich. Der Gott hat sich hier von der sinnlichen Wirklichkeit, die eventuell als Ausgangspunkt des Gedichts diente, losgelöst und sich als Allegorie der Zerstörungskraft der industriellen Zivilisation verselbständigt.

Dass der Krieg ein Nachfolger der Personifikationen und Allegorien von Heyms Großstadtgedichten ist, lässt sich unter anderem an seiner gigantischen Statur („Einem Turm gleich") und an seiner Gestik erkennen, die der des Baals aus ‚Der Gott der Stadt' ähnelt: „Aber riesig über glühnden Trümmern steht [der Krieg]/Der in wilden Himmeln dreimal seine Fackel dreht" (DuS I: 347).[7] Wie der Gott der Stadt richtet der Krieg seinen Zorn vor allem gegen die Großstadt und ihre Bewohner, die neben ihm wie Insekten aussehen: „Und was unten auf den Straßen wimmelt hin und her,/Fegt er in die Feuerhaufen, daß die Flamme brenne mehr" (ibid.). So ist diese Personifikation des Kriegs allem Anschein nach eine weitere Allegorie der verselbständigten Technik und ihrer unkontrollierbaren Zerstörungskraft. Genau so ist dieses Gedicht auch von Heyms Zeitgenossen bei Ausbruch des Ersten Weltkrieges gedeutet worden. Im ersten Kriegsjahr schrieb der Schriftsteller Anselm Ruest (1968: 129) in einem Kommentar zu Heyms „Der Krieg": „Wohl holt das Leben sich immer Opfer, – aber erst das technisch gesteigerte scheint sie jetzt plötzlicher, grausamer, massiger zu fordern."

Der Ausbruch des Ersten Weltkriegs, den Heym nicht mehr erlebte, brachte die ungeheure Zerstörungskraft, die sich schon lange in allen europäischen Ländern angesammelt hatte, an die historische Oberfläche. Als dann das Massenmorden nicht mehr aufhören wollte, wurde unter expressionistischen Autoren ein Verständnis des Kriegs als notwendiges Resultat einer verselbständigten technischen Entwicklung fast zum Gemeinplatz. So reflektierte der Schriftsteller Svend Borberg 1918 in der Zeitschrift *Die weißen Blätter*: „Nach und nach

7 Das Bild der zum Himmel gehobenen Fackel geht nicht nur auf die „Fleischerfaust" des Gottes der Stadt, sondern bis auf den Turm der ‚Bastille' zurück („Ins Grau des Himmels steigt der Turm"). Es handelt sich hierbei um Urahnen von Heyms menschenunterdrückenden Ungeheuern.

kam man zu der Erkenntnis, daß die geradezu ungeheuren Mengen von mechanischen Kräften, die wir hatten ansammeln können, ohne doch völlig ihr Herr zu sein, nun losgelassen waren: nun mußte das Uhrwerk abschnurren, so weit es eben aufgezogen war" (Borberg 1918: 8–9). Heyms Gedicht „Der Krieg", mehrfach nachgedruckt und neu gelesen in den Kriegsjahren, beeindruckte die Zeitgenossen stark durch seine Hellsichtigkeit. In dieser Zeit wurde Heym unter den Überlebenden seiner Generation als eine Art Seher betrachtet (cf. Ruest 1968: 124–130, Zech 1968: 132–136, Pinthus 1968: 131–132), freilich nicht allein deshalb, weil er den Kriegsausbruch vorausgesagt, sondern weil er vielmehr die Bedeutung dieses Ereignisses zuerst und tiefer als jeder andere erkannt hatte.

Im Gegensatz zu der in der Heym-Forschung verbreiteten Ansicht enthalten Heyms Werke eine systematische vitalistische Auffassung der historischen Entwicklung. Sie lässt sich wie folgt zusammenfassen: Die Geschichte ist das Ergebnis der Entfaltung eines von Lebenskräften getriebenen Ganzen. Indem diese Kräfte auf Hindernisse stoßen, werden periodisch Aufbrüche erzeugt. Der geschichtliche Verlauf der westlichen Zivilisation gliedert sich in drei Perioden: (1) die Zeit, in der die Lebenskräfte von den Massen verkörpert wurden und sich ihre Aufbrüche als Revolutionen manifestierten; (2) die Zeit der Verselbständigung der Technik, in der die Menschheit und die historische Tendenz auseinandergingen; und schließlich (3) das Zeitalter der Selbstzerstörung der Zivilisation durch den Aufbruch der verselbständigten Technik. Ebenso muss die Auffassung, dass die vitalistische Ästhetik Heyms eine unüberlegte Reaktion auf seine unmittelbaren Erfahrungen sei, korrigiert werden. Die Ästhetisierung der Zerstörung und der Gewalt in Heyms Werken sind in der Tat die Konsequenz seiner Diagnose, dass in der industrialisierten Zivilisation die Menschen zu bloßen Zuschauern ihrer eigenen Geschichte geworden sind. Da Heym fest davon überzeugt war, dass der Aufbruch der Technik nicht zu verhindern wäre, blieb ihm also nichts anderes übrig, als den Krieg als eine ästhetische Erfahrung zu erleben.

Bibliografie

Borberg, Svend, 1918: „Europas Herzfehler". *Die Weißen Blätter* 5 (1), 1–10.

Dammann, Günter/Schneider, Karl Ludwig/Schöberl, Joachim (Hrsg.), 1978: *Georg Heyms Gedicht „Der Krieg". Handschriften und Dokumente. Untersuchungen zur Entstehungsgeschichte und zur Rezeption.* Winter: Heidelberg.

Fries, Helmut, 1994: *Die große Katharsis. Der Erste Weltkrieg in der Sicht deutscher Dichter und Gelehrter.* Verlag am Hockgraben: Konstanz.

Heym, Georg, 1960: *Dichtung und Schriften. Gesamtausgabe.* Bd. 3: *Tagebücher Träume Briefe.* Karl Ludwig Schneider (Hrsg.). Ellermann: Hamburg/München. [DuS III]

Heym, Georg, 1962: *Dichtung und Schriften. Gesamtausgabe.* Bd. 2: *Prosa und Dramen.* Karl Ludwig Schneider (Hrsg.). Ellermann: Hamburg/München. [DuS II]

Heym, Georg, 1964: *Dichtung und Schriften. Gesamtausgabe.* Bd. 1: *Lyrik.* Karl Ludwig Schneider (Hrsg.). Ellermann: Hamburg/München. [DuS I]

Heym, Georg, 1993: *Gedichte 1910–1912. Historisch-kritische Ausg. aller Texte in genetischer Darstellung.* Bd. 1. Dammann, Günter/Martens, Gunter/Schneider, Karl Ludwig (Hrsg.). Niemeyer: Tübingen. [HKA I]

Korte, Hermann, 1981: *Der Krieg in der Lyrik des Expressionismus. Studien zur Evolution eines literarischen Themas.* Bouvier: Bonn.

Krull, Wilhelm, 1984: *Prosa des Expressionismus.* Metzler: Stuttgart.

Martens, Gunter, 1971: *Vitalismus und Expressionismus. Ein Beitrag zur Genese und Deutung expressionistischer Stilstrukturen und Motive.* Kohlhammer: Stuttgart et al.

Mautz, Kurt, 1972: *George Heym. Mythologie und Gesellschaft im Expressionismus.* 2. Aufl. Athenäum: Frankfurt a. M.

Pinthus, Kurt, 1968: „Erinnerung an Georg Heym (1916)". In: Schneider, Karl Ludwig/Burckardt, Gerhard (Hrsg.): *Georg Heym. Dokumente zu seinem Leben und Werk.* Ellermann: Hamburg/München, 131–132.

Ruest, Anselm, 1968: „Ein Toter Sänger des Kriegs (Georg Heym)". In: Schneider, Karl Ludwig/Burckardt, Gerhard (Hrsg.): *Georg Heym. Dokumente zu seinem Leben und Werk.* Ellermann: Hamburg/München, 124–131.

Schneider, Karl Ludwig, 1967: *Zerbrochene Formen. Wort und Bild im Expressionismus.* Wissenschaftliche Buchgesellschaft: Darmstadt.

Seiler, Bernd W., 1972: *Die historischen Dichtungen Georg Heyms. Analyse und Kommentar.* Fink: München.

Zech, Paul, 1968: „Wie Georg Heym diesen Krieg sah". In: Schneider, Karl Ludwig/Burckardt, Gerhard (Hrsg.): *Georg Heym. Dokumente zu seinem Leben und Werk.* Ellermann: Hamburg/München, 132–136.

Lia Imenes Ishida

Humboldt-Universität zu Berlin

E-Mail: lia_ishida@yahoo.com.br

Marc Arévalo Sánchez

Babusch und Valerio. Zur Figur des Narren in Brechts *Trommeln in der Nacht* und Büchners *Leonce und Lena*

1. Einleitung

Bertolt Brechts und Georg Büchners Werke sind eng mit dem Wort „Revolution" verbunden. Beide Autoren erlebten eine schwierige soziale Lage zu Beginn ihrer literarischen Tätigkeit und kritisierten „die herrschenden bürgerlichen Verhältnisse, die [...] zur Unterdrückung der Massen führen, und die es auf dem Weg in eine bessere, heilversprechende Welt zu überwinden gilt" (Päthe 2014: 259). Dass Georg Büchner einen großen Einfluss auf Brechts dramatische Produktion ausübt, steht also außer Zweifel.

Die Beziehung zwischen Büchners und Brechts Werken steht noch immer im Fokus der Forschung.[1] Zu erwähnen ist hier die Arbeit Eiden-Offes (2014), die den Einfluss des Lustspiels *Leonce und Lena* auf das Werk Brechts untersucht. Dabei sei hier besonders die Übernahme der Clown-Gestalt zu erwähnen. Valerio, der das Clownhafte in Büchners Lustspiel repräsentiert, ist demnach in Brechts Baloun in *Schweyk im Zweiten Weltkrieg* wiederzuerkennen (cf. Eiden-Offe 2014: 213).

Das Clownhafte steht in enger Verbindung mit der Figur des Narren, die Michail Bachtin in seiner Karnevaltheorie darlegt. In seinem Werk *Rabelais und seine Welt* definiert er die Karnevalisierung der Literatur als die Schaffung einer Gegenwelt zur offiziellen Welt, zu Feiern wie Karneval, an denen die Ordnung und Ernsthaftigkeit der offiziellen Welt aufgehoben werden. Bachtins Theorie beruht auf der Spaltung der Gesellschaft in Unterdrücker und Unterdrückte, wobei letztere im „karnevalistischen Weltempfinden" (Bachtin 1990: 26) die Repression durch die ersteren parodieren. Die sozialen Hierarchien und die strengen Gesetze werden außer Kraft gesetzt. Es bedeutet demnach den Sieg über die Furcht und Angst im realen Leben und den Triumph des Materiell-Leiblichen, d. h. der menschlichen Grundbedürfnisse (Essen, Trinken, sexuelle Triebe ...). Die offizielle Wahrheit der Herrschenden wird durch die Wahrheit

1 Damit beschäftigte sich bereits die frühe Brecht-Forschung: Kaufmann (cf. 1963: 325–326) betont die Parallelen zwischen Brechts Kragler in *Trommeln in der Nacht* und Büchners *Woyzeck* und stellt fest, dass Brechts Kriegsheimkehrer die Aktualisierung von Franz Woyzeck sei. Die intertextuellen Bezüge zwischen beiden Werken werden ebenso von Stern (cf. 1969: 249–252) untersucht, der auf die Übernahme verschiedener Motive wie des roten Mondes im *Woyzeck* durch Brecht eingeht. Die Büchner-Brecht-Beziehung wurde in den letzten Jahren wieder zum Forschungsobjekt. 2013 fand die Tagung „Theater der Revolution. Brecht und Büchner" statt, deren relevanteste Beiträge im *Brecht-Jahrbuch 39* (2014) erschienen.

des Volks ersetzt. Im Mittelalter, auf dessen Lachkultur Bachtins Karnevaltheorie basiert, war der Träger dieser nicht offiziellen Wahrheit der Narr. Diese plebejische Gestalt war im Hof anwesend, um das Hofpersonal von seinem Amt abzulenken[2], sodass sie als „Bindeglied zwischen Hof und Volk" (Oberth 2015: 27) fungierte.

Der vorliegende Beitrag versucht zu zeigen, wie das Narrenmotiv, das Valerio in Büchners Lustspiel verkörpert, in Brechts frühem Stück *Trommeln in der Nacht* in der Figur des Journalisten Babusch wieder zu erkennen ist. Dazu soll untersucht werden, inwiefern Büchners Lustspiel und Brechts Stück als ‚Gegenwelten' im Sinne Bachtins gedeutet werden können. Zudem wird die Vermittler-Funktion des Narren zwischen unterschiedlichen sozialen Schichten anhand der Figuren Valerio und Babusch analysiert.

2. Zwei verkehrte Welten: *Leonce und Lena* und *Trommeln in der Nacht*

Die Schilderung einer verkehrten Welt in beiden Stücken schlägt sich sowohl gattungstheoretisch als auch inhaltlich nieder. Obwohl beide Dramen von den jeweiligen Autoren mit einer Gattungsbezeichnung versehen wurden, weisen Büchners Lustspiel und Brechts Komödie Merkmale auf, die ihre Gattungseinordnung in Anlehnung an Bachtins Karnevaltheorie infrage stellen.

Das Stück *Leonce und Lena* vollzieht die komplette Umkehrung der Ständeklausel in der deutschsprachigen Literatur. Nicht nur tritt das Hofpersonal in einer Komödie auf, sondern es wird zum Zentrum des Spottes. Es wird eine Gegenwelt zur realen Welt geschildert, in der puppenhafte Gestalten das Reich regieren und mittels der Funktionalisierung und Instrumentalisierung der Untertanen ihre Herrschaft verewigen. Obwohl nur in der Bauern-Szene darauf hingedeutet, schildert das Stück die Konfrontation der zwei entgegengesetzten Pole der Gesellschaft, dem Hof und dem einfachen Volk. Durch die Verbindung des Lustspiels mit dem Fragment *Woyzeck* wird der Klassenkonflikt deutlich. Die ärmsten Schichten der Gesellschaft avancieren zu Trauerspielfiguren, wodurch ihre Notsituation als wahre Tragödie der Zeit anerkannt wird. In diesem Sinne stellt Martin fest (cf. 2017: 110), dass Büchner mit seinem dramatischen Doppelprojekt[3] eine politische Aktualisierung der Ständeklausel vorgenommen habe.

---

2 Zu einer umfangreichen Geschichte des Narrenmotivs in der Literatur siehe Oberths Arbeit *Der Narr als Epochenmotiv* (cf. 2015: 65–126). Oberth setzt sich insbesondere mit dem Narrenmotiv in den Werken William Shakespeares auseinander. Sie führt aus, der Narr fungiere bei Shakespeare nicht nur als Vermittler der Wahrheit des Volks, sondern auch als metatheatralischer Kommentator.

3 Martin (2017) betrachtet Büchners letzte Dramen *Leonce und Lena* und *Woyzeck* als ein konzeptionelles Parallel- bzw. Doppelprojekt.

Eine ähnliche Konzeption ist in Brechts *Trommeln in der Nacht* zu erkennen. Stern betrachtet Brechts Drama als eine Satire der Gattung des bürgerlichen Trauerspiels (cf. 1969: 243–245). Die von Gustav Freytag beschriebene fünfaktige Struktur wird bei Brecht auf eine Komödie angewandt. *Trommeln in der Nacht* schildert das Leben der Familie Balicke, deren bürgerliche Tugenden der Sparsamkeit und des Fleißes *ad absurdum* geführt werden. Am Tag der Verlobung ihrer Tochter Anna mit Friedrich Murk, nachdem sie vier Jahre auf die Rückkehr ihres Ehemannes Andreas Kragler aus dem Krieg gewartet hatte, kommt der für tot gehaltene Soldat von der Front zurück. Es entfaltet sich ein Klassenkonflikt zwischen dem Kriegsgewinnler-Bürgertum und dem verarmten Soldaten, der mit der Spartakisten-Revolution in Berlin assoziiert wird (cf. Knopf 1996: 22). Durch die Gegenüberstellung der entgegengesetzten Folgen des Kriegs für die Balickes und für Kragler, der nach dem Krieg sein Vermögen und seine Frau verliert, wird die verkehrte Welt des Bürgertums in der Nachkriegszeit sichtbar.

Gerade aufgrund der karnevalesken Gattungsvermischung, die in beiden Werken zu beobachten ist, werden *Leonce und Lena* und *Trommeln in der Nacht* in der Forschung als Tragikomödien betrachtet. Musolf argumentiert, dass die Einführung grotesker Motive – wie des puppenhaften Charakters der Thronfolger und der entmenschlichenden Unterdrückung des Volks – Büchners Komödie in eine Tragikomödie verwandele (cf. 1986: 225). Dieselbe Funktion des Gattungswechsels verleiht Bartl den grotesken Motiven wie den Mensch-Tier-Gestalten in *Trommeln in der Nacht*, wo der animalisierte Kragler „als Leidender in einer Gesellschaft der komischen Figuren“ (Bartl 2006: 231) erscheine.

Zur Deutung der beiden Stücke als verkehrte Welten trägt zudem die Entlarvung der Handlung als bloßes Spiel bei. In Büchners Komödie deckt Leonce das Hofleben als eine bloße Unterhaltung auf: „morgen fangen wir den Spaß noch einmal von vorn an“ (DKV I, 128). Brechts Stück wird auch als ein „Spiel im Spiel“ (Knopf 1996: 23) entlarvt. Im letzten Akt stellt Kragler fest: „Es ist gewöhnliches Theater. Es sind Bretter und ein Papiermond“ (BFA, 228). Dadurch entpuppt sich die in beiden Stücken geschilderte ‚Wirklichkeit‘ als etwas Vorgespieltes, als eine Fassade.

3. Bindeglieder zwischen zwei sozialen Schichten: Valerio und Babusch als Narren

In diesen verkehrten Welten treten der Narr Valerio und der Journalist Babusch als Vermittler der Wahrheit des Volks auf. In *Leonce und Lena* erscheint Valerio als eine plebejische Figur im Hof des Königs Peter, die den Prinzen Leonce auf seiner Flucht vor der Eheschließung mit Prinzessin Lena begleitet. Er spielt die Rolle des Narren und verbindet dadurch Hof und Volk. Eine ähnliche Funktion übernimmt Babusch in *Trommeln in der Nacht*: Er fungiert als Bindeglied zwischen Bürgertum und Revolutionären, indem er die Balickes über die Ereignisse der Revolution informiert. In ihrer Funktion als Träger der Wahrheit des Volks weisen beide einige Ähnlichkeiten auf.

In den Gesprächen mit dem Prinzen Leonce zeichnet sich Valerio durch eine ständige Reduktion auf Essen und Trinken aus. Auch wenn Leonce romantische Bilder beschwört und versucht, seine Gefühle auszudrücken, reduziert Valerio alles auf die Befriedigung seines Hungers:

> Valerio. Ich weiß nicht, was Ihr wollt, mir ist ganz behaglich zu Muth. Die Sonne sieht aus wie ein Wirtshausschild und die feurigen Wolken darüber, wie die Aufschrift: „Wirtshaus zur goldenen Sonne". Die Erde und das Wasser da unten sind wie ein Tisch auf dem Wein verschüttet ist [...]. (DKV I, 115)

Diese ständige Reduktion auf Essen und Trinken ist dennoch nicht als bloßer Witz zu verstehen. Das wird angedeutet, als Valerio dem Prinzen vorwirft, „ein Buch ohne Buchstaben, mit nichts als Gedankenstrichen" (DKV I, 107) zu sein. Eiden-Offe betrachtet Valerios Erwähnung der Gedankenstriche – die der Zensur zur Markierung ungeeigneter Passagen dienten – als einen Hinweis Büchners, dass „hier mehr und anderes zu lesen gewesen sein wird als das, was tatsächlich dasteht" (Eiden-Offe 2014: 206). In Valerios konstanten Hinweisen auf das Körperliche wäre demnach eine Kritik an der Notsituation der ärmsten Schichten der Gesellschaft zu erkennen, wie in der Bauern-Szene und in Büchners *Woyzeck* dargestellt. Valerios Wortspiele, die alles auf das rein Materielle reduzieren, werden also „als Mittel der Kritik eingesetzt" (Morgenroth 1995: 74). Babusch übernimmt in *Trommeln in der Nacht* die Funktion Valerios, auf Hunger und Not hinzuweisen. Vergleiche mit Lebensmitteln sind beim Journalisten ebenso zu finden. Er beschreibt z. B. den Heimkehrer Kragler als „eine verfaulte Dattel", auch wenn er „einmal wie Milch und Apfel [war]" (BFA, 192). Weiße Milch und runder Apfel stehen der dunklen und dünnen Dattel gegenüber, was die äußerliche Veränderung Kraglers aufgrund seiner Kriegserfahrung in Afrika andeutet. Die Hinweise auf Lebensmittel stellen bei Babusch demnach nicht nur eine Reduktion auf Essen und Trinken dar, sondern sie spielen, wie bei Valerio, auf die schwierige Situation der ärmeren Schichten an. Konkret wird hier auf die Erfahrung des Krieges und die Konsequenzen für die überlebenden Soldaten hingewiesen: Seine helle Haut, einst weiß wie Milch, verdunkelte sich aufgrund des extremen afrikanischen Klimas und sein Körper, damals rund wie ein Apfel, ist vor Hunger dünner geworden.

Im Gegensatz zu Valerio äußert sich Babusch an bestimmten Stellen offen zu den ungerechten Bedingungen, unter denen das Volk lebt, obwohl er es als eine unwichtige Bemerkung hinzufügt:

> Übrigens das Pfund Aprikosen, butterweich, fleischfarben, saftig, kostet zehn Mark. Faulenzer, lasst euch nicht provozieren! Überall dunkle Schwärme, pfeifen, zwei Finger im Maul, in die taghellen Cafés! Als Fahnen haben sie sogenannte faule Häute! Und in den Tanzlokalen tanzt die Hautevolee! Na, prost Hochzeit! (BFA, 185)

Hier wird die Gegenüberstellung der beiden unterschiedlichen Klassen, zwischen denen sich Babusch befindet, deutlich. Der Hinweis auf den Preis der Aprikosen spielt auf die Schwierigkeiten der ärmeren Schichten an, sich aufgrund der steigenden Preise nach Kriegsende Nahrungsmittel zu besorgen. Dies wiederholt Babusch noch einmal im zweiten Akt und stellt fest: „Ich werde einen Artikel über die Preise schreiben. Und dann kann ich mir die Aprikosen kaufen. [...] Aber was sollen die andern machen?" (BFA, 191) Da deutet er wohl auf die Arbeitslosigkeit hin, die im (vor-)revolutionären Deutschland und besonders unter den Kriegsheimkehrern herrschte. Im Gegensatz dazu stehen die „dunkle Schwärme", die den Cafés und Tanzlokalen beiwohnen. Die Anspielung auf das deutsche Bürgertum, zu dem die Balickes gehören, ist offensichtlich.

Babuschs Anspielungen auf die schwere Situation der unteren Schichten nimmt Murk dennoch nicht zur Kenntnis: „Hemden, Aprikosen, Tiergartenviertel. Wann ist die Hochzeit?" (BFA, 191) Not und Arbeitslosigkeit sind für Murk sekundär. Seine Hochzeit mit Anna hat höchste Priorität, denn sie wird ihm erlauben, seine Geschäfte mit den Balickes zu festigen. Babuschs Anmerkungen werden nicht als Einblicke in die Wirklichkeit der deutschen Gesellschaft wahrgenommen, sondern als bloßes Scherzen eines Narren, der die hohen Klassen abzulenken versucht.

Die Vermittler-Funktion des Narren wird bei Babusch dadurch erweitert, dass er als Chronist der Revolution auftritt. Aus diesem Grund werden er sowie andere Nebenfiguren als rein funktionale Gestalten wahrgenommen, die eine Verbindung zwischen den Balickes und der Revolution ermöglichen.[4] Erst durch den Journalisten erfahren die Balickes von den Ereignissen der November- und Januaraufstände in Berlin. Sein erster Auftritt bestätigt dies: „Kinder, ihr seid gut verschanzt vor dem roten Hexensabbat! Spartakus mobilisiert. Die Verhandlungen sind abgebrochen. In 24 Stunden Artilleriefeuer über Berlin" (BFA, 183). Die Revolution, von der durch die Botenberichte Babuschs und anderer Nebenfiguren erzählt wird, dient dem Stück als Hintergrund.[5] Nochmals fungiert hier Babusch als Vermittler der Wahrheit des Volks. In dem Fall handelt es sich jedoch nicht um eine ‚nichtoffizielle' Wahrheit im Sinne Bach-

4 In der Forschung gibt es nur wenige Äußerungen zur Nebenfigur Babusch. Hier ist der Beitrag Pollocks (1988) zu erwähnen. Sie stellt fest, dass Babusch zusammen mit anderen Nebenfiguren wie dem Kellner Manke als erzählende Instanz fungiere, die dem Stück einen epischen Charakter nach Bachtins Roman-Theorie verleihe.

5 Auch wenn die November- und Januaraufstände 1918/1919 als sekundäre Ereignisse für die Entwicklung des Geschehens erscheinen mögen, spielen sie eine wichtige Rolle zur Deutung des Stücks. Kaufmann (1961: 321) führt aus, der Revolutionshintergrund weise eine „überpersönliche Wichtigkeit" auf, da die im Stück dargestellten Konflikte nicht vom Hintergrund abgelöst werden könnten. Die Gefahr, die die Ankunft Kraglers für die Balickes darstelle, entwickle sich parallel zum Ausbruch der Revolution, die ebenso die soziale und ökonomische Vorherrschaft des Bürgertums gefährde.

tins, sondern vielmehr um die Vermittlung der Unzufriedenheit des Volks den sozialen und politischen Verhältnissen gegenüber. Babuschs Berichte über die Ereignisse der Januar- und Novemberaufstände vergleicht Kähler mit den „Zeitungsberichte[n] der konservativen [...] Presse" (1989: 550). Babuschs Berichte bleiben tendenziell unparteiisch. Er informiert lediglich über die Situation in den Zeitungsvierteln, ohne ein Werturteil der Revolution auszusprechen. Eine Beurteilung der Revolution findet erst durch Herrn Balickes statt: „Ja, zum Teufel sind die Kerls denn nicht zufrieden?" (BFA, 183). Kurz danach bezieht er sich auf die Revolutionäre mit dem Wort „Hirnverbrannt!" (BFA, 184). Nur im letzten Akt lässt sich Babuschs Einstellung zur Revolution erkennen: „Sie fetzen Zeitungen in die Regenlachen, schreien Maschinengewehre an, schießen sich ins Ohr, meinen, sie machen eine neue Welt" (BFA, 220). Dabei lässt sich eine gewisse Desillusionierung der Revolution gegenüber erkennen. Babuschs Haltung könnte als ein Einblick in die Einstellung Brechts zur Revolution angesehen werden. Obwohl er immer eine gewisse Sympathie für die Unterdrückten zeigte (cf. Klotz 1996: 51 ff.), stellt er in *Trommeln in der Nacht* „die Revolution und ihre Anhänger in keinem positiven Licht" dar (Thomsen et al. 2006: 33).

Durch die Vermittlung der Wahrheit des Volks gelingt es den beiden Narren, die Kluft zwischen den entgegengesetzten sozialen Klassen sichtbar zu machen. Ihre Funktion beschränkt sich dennoch nicht nur auf das Verurteilen der Notsituation der Ärmsten, sondern es handelt sich grundsätzlich um eine Entlarvung oder eine Desavouierung der oberen Klassen. Valerio gelingt dies vollkommen durch die Automatenvorführung im dritten Akt. Die Erbprinzen treten als entindividualisierte Figuren auf, die nur als funktionalisierte Teile des absolutistischen Systems ihren Platz haben. Valerio deckt dies auf, indem er die beiden Thronfolger als „Automaten [...] [n]ichts als Kunst und Mechanismus, nichts als Pappendeckel und Uhrfedern" (DKV I, 125 f.) vorstellt. Die Instrumentalisierung der Menschen durch die Herrschenden offenbart Valerio mittels des Maskenmotivs:

> Peter. Wer seid Ihr?
>
> Valerio. Weiß ich's? *Er nimmt langsam hintereinander mehrere Masken ab.* Bin ich das? oder das? oder das? Wahrhaftig ich bekomme Angst, ich könnte mich so ganz auseinanderschälen und -blättern.
>
> Peter. *verlegen.* Aber – aber etwas müßt Ihr dann doch sein?
>
> Valerio. Wenn Eure Majestät es so befehlen. Aber meine Herren hängen Sie alsdann die Spiegel herum und [...] sehen Sie mich nicht so an, daß ich mich in Ihren Augen spiegeln muß, oder ich weiß wahrhaftig nicht mehr, wer ich eigentlich bin. (DKV I, 125)

Die Einführung grotesker Elemente wie Automaten und Masken erlaubt Valerio, den entmenschlichenden Charakter des absolutistischen Systems bezüglich der Unterdrückung und Instrumentalisierung der unteren Schichten zu veranschaulichen. Gerade diese von Valerio aufgedeckte Ausbeutung entspricht dem Werkzeug der Herrschenden, um die bestehenden sozialen Hierarchien zu verfestigen.

Babusch erfüllt die entlarvende Funktion des Narren, indem er das frivole und leichtsinnige Leben des deutschen Bürgertums demaskiert. In seinem ersten Auftritt deutet er darauf hin, als er über die ausgebrochene Revolution in den Zeitungsvierteln berichtet und gleichzeitig dem Paar zur Verlobung gratuliert:

> BABUSCH. *Schüttelt Anna und Murk die Hände.* Spartakus hat enorm Waffen gehamstert. [...] Ja, die Anna. Laßt euch nicht abhalten! Hierher kommt nichts! Hier ist'n stiller Herd! Die Familie! Die deutsche Familie! My home is my castle. (BFA, 184)

Mit dem englischen Sprichwort[6] setzt Babusch das Haus der Familie mit einem Schloss (*castle*) gleich, mit einer Art Elfenbeinturm, der zwar den Schutz vor der Revolution symbolisiert, aber auch die Kluft zwischen Bürgertum und Proletariat, zwischen Luxus und Elend. Darin isoliert sich das deutsche Bürgertum von der äußeren Welt. Der Luxus und die Bequemlichkeit des bürgerlichen Lebens hindert die Balickes daran, der sozialen Not der unteren Schichten bewusst zu werden. Die Revolution hält sie nämlich nicht davon ab, in die Picadillybar zu gehen, um die Verlobung ihrer Tochter zu feiern. Selbst wenn Babusch Herrn Balicke fragt: „Und Spartakus?" (ibid.) und auf die potenzielle Gefahr, an so einem Tag feiern zu gehen, hindeutet, antwortet Balicke: „Schießt andere in den Bauch, Babusch. Geh mit in die Picadillybar! Toilette, Frauenzimmer!" (ibid.). Hier bestätigt Balicke den sozialen Abgrund zwischen Proletariat und Bürgertum: Dem Elend und dem Überdruss an sozialer Ungerechtigkeit stehen der Luxus und die Frivolität des Bürgertums gegenüber. Die Revolution wird von „andere[n]" gemacht, weshalb die sozialen Unruhen die Verlobungsfeier nicht verhindern sollten. Ganz im Gegenteil: Dass die Verlobung am selben Tag wie die Januaraufstände[7] stattfindet, betrachtet Murk als „eine Nacht wie ein Roman" (BFA, 189).

4. Entlarvungsmechanismen und Umgang im sozialen Zwischenraum

In ihrem Agieren an der Schwelle zwischen unterschiedlichen sozialen Klassen weisen beide Narren gewisse Gemeinsamkeiten auf.

6 Ursprünglich geht dieses Sprichwort auf ein Urteil von Sir Edward Coke (1552–1634) zurück, das das Recht eines Menschen bestätigte, den men of the King den Eintritt in die eigene Wohnung zu verweigern, wenn sie keinen legitimen Grund dafür hatten.

7 Auch wenn Brecht in der Personenauflistung feststellt, „das Drama spiel[e] in einer Novembernacht" (BFA, 176), werden im Stück die Januaraufstände 1919 in Berlin geschildert. Bestätigt wird das durch eine Nebenfigur (Der besoffene Mensch), die singend kommentiert: „Im November war ich rot, ja rot/Aber jetzt ist's Januar" (BFA, 238).

Bei der Entlarvung der Leichtfertigkeit der oberen Klassen bedienen sich sowohl Valerio als auch Babusch der karnevalesken Kategorie der Profanation.[8] Valerio entlarvt den automatisierten Charakter des Hofpersonals, indem er zwei maskierte Menschen als Thronfolger heiraten lässt. Die Hochzeitszeremonie, die eines der „dynastischen Grunderfordernisse monarchisch-absoluter Machterhaltung" (Berns 2013: 69) darstellt, wird hier parodiert. Das Profanationspotenzial dieser Zeremonie wird dadurch betont, dass Valerio der Hochzeit einen kirchlichen Charakter zuschreibt. Als Narr zitiert er aus dem Korintherbrief: „Glaube, Liebe, Hoffnung" (DKV I, 126).[9] Zudem schließt er seinen Monolog mit dem „Wörtchen" „Amen" (ibid.). Babusch bedient sich dieses Mechanismus, indem er die Kunst profaniert. Zu Beginn des dritten Akts, als Anna, Murk und Babusch die Kneipe betrunken verlassen, bezieht sich der Journalist auf diese Szene als den „ganze[n] Walkürenritt" (BFA, 206). Diese Szene zeigt jedoch kaum Gemeinsamkeiten mit dem Eintritt der gefallenen Helden in das Walhall auf. Das Werk Wagners, das zu jener Zeit zu einem der repräsentativsten Vorlieben des bürgerlichen Geschmacks zählte, wird hier parodiert und als Werkzeug zur Desavouierung genutzt.[10]

Solche Entlarvung und Desavouierung der oberen Klassen erfolgt allerdings nur aufgrund einer gewissen Superiorität der beiden Figuren hinsichtlich der anderen. Freilich handelt es sich nicht um eine soziale bzw. ökonomische Überlegenheit, sondern um eine *savoir-faire*-Superiorität. Valerios überlegene Position beruht auf seiner Fähigkeit, die Mechanismen des Systems zu durchschauen, um darin handeln zu können. In diesem Sinne sieht Morgenroth in Valerios Sprache Zeichen dieser Superiorität (1995: 74f.). Seine Sprachwitze stehen der leeren Sprache des Hofpersonals gegenüber. Seine Überlegenheit basiert ebenso darauf, dass die anderen Figuren seine Wortspiele als „nichts als ein schlechtes Wortspiel" (DKV I, 107) verstehen, sodass er die Kritik an der Monarchie und an seinem Personal einschmuggeln kann.

---

8 Damit bezeichnet Bachtin „die karnevalistische Ruchlosigkeit, das System der karnevalistischen Erniedrigungen und ‚Erdungen'" und die „Parodien heiliger Texte und Aussprüche" (Bachtin 1990: 49). Dabei ist eine Tendenz zur Reduktion auf das Materiell-Leibliche zu beobachten. Der Profanationsbegriff durchläuft also bei Bachtin eine gewisse Säkularisierung.

9 Der Originalsatz in der Bibel lautet: „Nun aber bleiben Glaube, Hoffnung, Liebe, diese drei; aber die Liebe ist die größte unter ihnen" (1.Kor 13, 13). Da die Triade als Amplificatio zu verstehen ist, könnte Valerios Umkehrung der Begriffe Hoffnung und Liebe darauf hindeuten, dass die Liebe in der inszenierten Hochzeit und im System der despotischen Monarchie eine sekundäre Rolle spielt. Die Hoffnung auf das Verewigen der absolutistischen Macht erhält somit Vorrang.

10 Stern (cf. 1969: 252–254) führt aus, die Wagnerparodie schlage sich im dritten Akt auch sprachlich nieder, insbesondere in den Redepartien des Kellners Manke. In diesem Sinne teilt er Weissteins (1963: 258) These, dass die frühen Stücke Brechts einen gewissen anti-wagnerischen Stil aufweisen.

Babuschs Überlegenheit ist im Stück daran zu erkennen, wie er die restlichen Figuren anredet. Mehrmals richtet er sich an die Balickes und an Murk mit den Wörtern „Kinder" oder sogar „Säuglinge": „Fabelhaft viel los. Das ganze Orchestrion fliegt in die Luft. Säuglinge, organisiert euch!"[11] (BFA, 185). Durch solche Anrede deckt Babusch die Naivität und Unbekümmertheit der Familie Balicke den ausbrechenden sozialen Unruhen gegenüber auf. Babuschs Bewusstsein von den ungerechten sozialen Verhältnissen, wie er durch die Anspielung auf die steigenden Preise bestätigt, befördert ihn in eine überlegene Position. Sein Name könnte ferner auf diese Superiorität hindeuten. Der Name „Babusch"[12] erinnert an das russische Wort *babushka* – ein Diminutiv für „Großmutter" –, das sich nicht nur auf die familiäre Verwandtschaft beschränkt, sondern sich auch auf eine stereotypisierte alte Frau bezieht. Babusch' Überlegenheit würde demnach mittels einer familiären und das Alter betreffenden Bezeichnung signalisiert, was gleichzeitig durch seine Anrede der Balickes mit den Wörtern „Kinder" und „Säuglinge" betont würde.

Ein weiterer Verknüpfungspunkt bezieht sich auf ihren ambivalenten Charakter. Obwohl beide Narren die oberen Schichten desavouieren und ihr jeweiliges frivoles und leichtsinniges Leben entlarven, zeigen sie Spuren einer gewissen Anpassung an den *modus vivendi* der oberen Klassen. Auch wenn Valerio durch seine Automatenvorführung den entmenschlichenden Charakter des Hoflebens aufdeckt, profitiert er von seiner Überlegenheit, um zum Staatsminister ernannt zu werden: „Prinz, bin ich Minister, wenn Sie heute vor Ihrem Vater mit der Unaussprechlichen, Namenlosen, mittels des Ehesegens zusammengeschmiedet werden?" (DKV I, 120). Babuschs Anpassung schlägt sich insbesondere sprachlich nieder. Obwohl er ständig auf die Ereignisse der Revolution und die Notsituation der unteren Schichten hinweist, verwendet er erniedrigende Bezeichnungen, wenn er sich auf die Revolutionären bezieht, wie z. B. „Lichtscheues Gesindel!" (BFA, 184). Er übernimmt auch die groteske Behandlung Kraglers durch Herrn Balicke und animalisiert den Heimkehrer und die Revolutionären, indem er sie „Wölfe" nennt. Dennoch verteidigt er kurz danach den Kriegsheimkehrer und ermuntert ihn, die Gründe für seine Rückkehr bekanntzugeben. Die Animalisierung Kraglers wird durch eine Anerkennung seiner sozial aussichtslosen Lage ersetzt. Babusch identifiziert ihn als „de[n] Leidtragende[n]" und verteidigt ihn vor den demütigenden Angriffen von Herrn Balicke und Murk: „Haltet euer Maul! Er ist der Leidtragende hier! [...] Eine Rede muß er halten dürfen. Das Recht hat er" (BFA, 192). Durch Babuschs Bestehen

11 Kähler (1989: 562) sieht hier eine Allusion auf die Losung der Arbeiterbewegung: „Proletarier aller Länder, vereinigt euch!" Dabei wird Babuschs sozialentlarvende Funktion deutlich, indem er die Losung der Arbeiterbewegung als Demütigungswerkzeug zur Demaskierung des frivolen Lebens des Bürgertums verwendet.

12 Der Name Babusch könnte auch auf den Journalisten und Theaterkritiker Julius Bab anspielen. Dafür spricht vor allem, dass Babusch an einigen Stellen auch „Bab" genannt wird (cf. Kähler 1989: 560).

auf Kraglers Recht, eine Rede halten zu dürfen, versucht er, sich von den Erniedrigungsversuchen seitens der Balickes zurückzuziehen und den Heimkehrer als lebendes Individuum wiederherzustellen. Trotz seines ambivalenten Charakters ergreift Babusch Partei für Kragler, der sich wie folgend gegen die Angriffe der Balickes verteidigt:

> KRAGLER. Geh weg da! Jetzt habe ich's satt! Was menschlich! Was will diese besäufte Hirschkuh! Ich bin allein gewesen und will meine Frau haben. Was will dieser weinerne Erzengel! Willst du ihren Unterleib verfeilschen wie ein Pfund Kaffee? Wenn ihr sie mit Eisenhaken von mir reißt, ihr zerfleischt sie nur! (BFA, 201)

Babusch kommentiert diese Verteidigungsversuche: „Ihr haut ihm die Zähne ein, und er spuckt sie euch ins Gesicht!" (ibid.). Dadurch bestätigt er seine Sympathie für Kragler. Babusch preist ihn für die Desavouierung des Bürgertums sowie für die Entlarvung der systematischen Erniedrigung als Mittel zur Befestigung des sozialen Status.

Die definitive Parteiergreifung Babuschs für Kragler findet im letzten Akt statt, als der Journalist den Heimkehrer mit Anna wiederzuvereinen versucht. Genauso wie Valerio fungiert Babusch als derjenige, der das getrennte Paar wiedervereint. Valerio agiert als Marionettenspieler und lässt die beiden Erbprinzen *in effigie* heiraten, so wie Babusch Kragler dazu ermuntert, sich der Revolution abzuwenden und mit seiner Frau zu gehen:

> BABUSCH. *Klatscht quer über den Kampfplatz zu Kragler hin* [...]. Sie sind der liebe Gott, Sie haben gedonnert. Die Frau ihrerseits ist schwanger, sie kann auf dem Stein nicht sitzen bleiben, die Nächte sind kühl, vielleicht sagen Sie was ... (BFA, 222)

Dabei lässt sich allerdings ein Versuch Babuschs erkennen, seine Position in der bürgerlichen Gesellschaft zu bewahren. Er hätte also ein gewisses Interesse am Scheitern der Revolution, da die Besetzung des Zeitungsviertels seine Existenz gefährden würde.

5. Schlussbetrachtung

Nach der komparatistischen Analyse der beiden Figuren lässt sich in Anlehnung an Bachtins Karnevaltheorie feststellen, dass Brechts Babusch eine kontextgeprägte Aktualisierung der Figur des Narren in *Leonce und Lena* darstellt. Während Valerio den Abgrund zwischen Volk und Adel sichtbar macht, fungiert Babusch als Brücke zwischen Proletariat und Bürgertum, sodass die Funktion des Narren dem jeweiligen Kontext angepasst wird. In diesem Sinne übernehmen beide Figuren die sozialentlarvende Funktion des Narren: Valerio desavouiert das stark funktionalisierte System der Monarchie, das sich auf die Ausbeutung der Ärmsten stützt, während Babusch das isolierte und leichtsinnige Leben des Bürgertums demaskiert. Die Markierung der Klassenunterschiede findet in beiden Stücken im Kontext einer (vor-)revolutionären Atmosphäre statt, die gerade wegen dieses sozialen Unterschieds zu eskalieren droht.

Von den Ansichten Musolfs (1986) und Bartls (2006) ausgehend, die jeweils *Leonce und Lena* und *Trommeln in der Nacht* als Tragikomödien ansehen, bliebe noch zu erforschen, inwieweit Babusch und Valerio in ihren Rollen als Narren zur Gattungsdiskussion der jeweiligen Stücke beitragen. In dieser Hinsicht ähnelt die Rolle des Narren der Funktion der von Guthke (cf. 1968: 84) definierten ‚Kommentator-Figur', die eine epische Nacherzählung der Begebenheiten vornimmt und den potenziellen tragischen Charakter einer komischen Handlung oder die Komik einer tragischen betont.

Bibliografie

Bachtin, Michail, 1990: *Literatur und Karneval. Zur Romantheorie und Lachkultur*. Fischer: Frankfurt a. M.

Bartl, Andrea, 2006: „‚Der Mund möchte lachen, das Auge weinen': Das Tragikomische im Werk Frank Wedekinds und des jungen Bertolt Brecht". In: Hillesheim, Jürgen/Brockmann, Stephen (Hrsg.): *Der junge Herr Brecht wird Schriftsteller. Brecht-Jahrbuch* 31. University of Wisconsin Press: Madison, 219–238.

Berns, Jörg J., 2013: „Zeremoniellkritik und Prinzensatire. Traditionen der politischen Ästhetik des Lustspiels Leonce und Lena". In: Neymeyr, Barbara (Hrsg.): *Georg Büchner. Neue Wege der Forschung*. WBG: Darmstadt, 69–87.

Brecht, Bertolt, 1989: *Bertolt Brecht. Große kommentierte Berliner und Frankfurter Ausgabe. Stücke 1*. Werner Hecht et al. (Hrsg.). Suhrkamp: Frankfurt a. M. [BFA].

Büchner, Georg, 2015: *Dichtungen. Text und Kommentar*. Bd. 1. Poschmann, Henri und Rosemarie (Hrsg.). Deutscher Klassiker Verlag: Frankfurt a. M. [DKV I].

Eiden-Offe, Patrick, 2014: „Lazzaroni. Zu einer Poetik der verwischten Spur in Büchners ‚Leonce und Lena' und bei Brecht". In: Rippey, Theodore F. (Hrsg.): *Der kreative Zuschauer. Brecht-Jahrbuch* 39. University of Wisconsin Press: Madison, 196–216.

Guthke, Karl S., 1968: *Die Moderne Tragikomödie: Theorie und Gestalt*. Vandenhoeck & Ruprecht: Göttingen.

Kähler, Hermann, 1989: „Trommeln in der Nacht". In: *Bertolt Brecht. Große kommentierte Berliner und Frankfurter Ausgabe. Stücke 1*. Werner Hecht et al. (Hrsg.). Suhrkamp: Frankfurt a. M., 549–567.

Kaufmann, Hans, 1961: „Drama der Revolution und des Individualismus. Brechts Drama ‚Trommeln in der Nacht'". *Weimarer Beiträge: Zeitschrift für Literaturwissenschaft, Ästhetik und Kulturwissenschaften* 7 (2), 316–331.

Klotz, Volker, 1996: *Bertolt Brecht. Versuch über das Werk*. Königshausen & Neumann: Würzburg.

Knopf, Jan, 1996: *Brecht-Handbuch: eine Ästhetik der Widersprüche. Theater*. Metzler: Stuttgart.

Martin, Adriane, 2017: „Subversion der Dramenkonvention. Büchners Doppelprojekt Woyzeck/Leonce und Lena". In: Gillett, Robert et al. (Hrsg.): *Georg Büchner. Contemporary perspectives.* Rodopi: Leiden/Boston, 103–120.

Morgenroth, Matthias, 1995: *Formen und Funktionen des Komischen in Büchners Leonce und Lena.* Heinz: Stuttgart.

Musolf, Peter M., 1986: „Parallelism in Büchner's ‚Leonce und Lena'. A Tragicomedy of Tautology". *The German Quarterly* 59 (2), 216–227.

Oberth, Iris, 2015: *Der Narr als Epochenmotiv und metatheatrale Reflexionsfigur bei Shakespeare. „I am indeed not her fool but her corrupter of words".* Büchner: Darmstadt.

Päthe, Thorben, 2014: „Theatralische Passionen: zur Liturgie der Revolution bei Bertolt Brecht und Georg Büchner". In: Rippey, Theodore F. (Hrsg.): *Der kreative Zuschauer. Brecht-Jahrbuch* 39. University of Wisconsin Press: Madison, 258–284.

Pollock, Della, 1988: „The Play as Novel: Reappropriating Brecht's Drums in the Night". *Quarterly Journal of Speech* 74, 296–309.

Stern, Guy, 1969: „Brechts ‚Trommeln in der Nacht' als literarische Satire". *Monatshefte* 61 (3), 241–260.

Thomsen, Frank et al., 2006: *Ungeheuer Brecht: eine Biographie seines Werks.* Vandenhoeck & Ruprecht: Göttingen.

Weisstein, Ulrich, 1963: „From the Dramatic Novel to the Epic Theater. A Study of the contemporary background of Brechts Theory and Practice". *Germanic Review* 38 (3), 257–271.

Marc Arévalo Sánchez

Universitat de Barcelona

E-Mail: marc.arevalo@ub.edu

Marisa Siguan

Revolutionen in der Sprache: Wortzerstörung und Sinnkonstruktion bei Hugo Ball und Kurt Schwitters

1901 wollte Lord Chandos nie wieder schreiben: Es fehlten ihm die Worte, sie hatten den Bezug zur Wirklichkeit verloren. Sie führten nicht in die Welt und ermöglichten Kommunikation, sondern sie führten ins Leere. Mit wunderschönen, wortreichen Formulierungen schrieb Hofmannsthal über die Unmöglichkeit des Schreibens, und fand dafür eine melancholische, nostalgische und bilderreiche literarische Sprache. Einige Jahre später, mitten im Krieg, sind die jungen, in Zürich versammelten Dada-Autoren längst über diese melancholische Sprachkritik hinweg. Die Wirklichkeit des Krieges hat auch die Traditionen in Trümmer gelegt, die Sprache selber wird zum Gegenstand der Zertrümmerung, der Verspottung der Tradition.

Bekanntlich gilt der 5. Februar 1916 mit der Eröffnung des Cabaret Voltaire in der Spiegelgasse in Zürich als Geburtsstunde des Dadaismus. Es hatten sich dort avantgardistische Künstleremigranten aus ganz Europa zusammengefunden, die in die neutrale Schweiz vor dem Krieg und dem Kriegsfanatismus geflohen waren; dezidierte Pazifisten und Antinationalisten, die, höchstens und wenn überhaupt, mit dem Anarchismus sympathisierten, weil die bürgerlichen Parteien, bis hin zu den Sozialdemokraten, den Krieg bejahten. Damit flohen sie auch vor einer Sprache, die von Patriotismus und Militarismus durchdrungen war, und sich in den Zeitungen als wüste Kriegspropaganda niederschlug.

Hugo Ball war Gründungsmitglied; Tristan Tzara, Hans Arp, der Maler Christian Schad, der anarchistische Dichter Walter Serner, der Arzt und Dichter Richard Huelsenbeck wirkten mit. Wenn man Dada-Ausstellungen oder -Prospekte betrachtet, bekommt man sehr schnell den Eindruck, dass es so viele Dada-Ismen wie Dadaisten gab, denn jeder ging eigene Wege und fand eigene Lösungen, was den Definitionsunwillen und das Spielerische, Anarchische der Bewegung ausmachte. Aus je eigener karnevalistischer Zerstörungshaltung entsteht aber tatsächlich Neues, neue Sinnzusammenhänge mit utopischen Projektionen, die direkt in Zusammenhang mit der Kriegserfahrung und der Novemberrevolution standen.

Wenngleich Gründer des Cabaret Voltaire, hatte Hugo Ball selbst ein schwieriges Verhältnis zu Dada. Schon am 15 September 1916 schreibt er an Tristan Tzara: „Ich erkläre hiermit dass aller Expressionismus, Dadaismus und andere Ismen schlimmste Bourgeoisie sind“ (Ball 2003: 128). Tristan Tzara konnte ihn dann doch noch zum Dadaismus zurückholen, und beide leiteten die Galerie Dada von März bis Mai 1917; danach brach Ball endgültig mit den Dadaisten, so dass Kurt Schwitters später von ihm schrieb, er sei nie ein Dadaist gewesen.

Hugo Ball, 1886 geboren, war in einer streng katholischen Familie aufgewachsen, er studierte Germanistik, war Dramaturg der Münchner Kammerspiele, Kriegsfreiwilliger, nach den entsetzlichen Kriegserfahrungen Emigrant und Anarchist in Zürich. Nach seiner jugendlichen Revolte konvertierte er in den 1920er-Jahren zu einem konservativen Katholizismus und lebte als einfacher Bauer bis zu seinem Tod 1927 im Tessin. Er war mit der Chansonsängerin Emmy Hennings verheiratet.

In seinen Tagebuch-Memoiren, *Flucht aus der Zeit* (1927), beschreibt Hugo Ball das kleine Kabarett als zum Platzen voll, wild, rauchverhängt. In den kurzen Monaten seiner Existenz hat es großen und skandalösen Erfolg gehabt. Das Gedicht, das Hugo Ball dafür erfand und in verschiedenen Vorführungen rezitierte, ist bekannt genug:

Karawane

jolifanto bambla ô falli bambla
grossiga m'pfa habla horem
égiga goramen
higo bloiko russula huju
hollaka hollala
anlogo bung
blago bung
blago bung
bosso fataka
ü üü ü
schampa wulla wussa ólobo
hej tatta gôrem
eschige zunbada
wulubu ssubudu uluw ssubudu
tumba ba- umf
kusagauma
ba – umf
(1920: 53)

Die Lautmalerei sperrt sich tiefsinnigen Gedichtinterpretationen, wir können aber immerhin Elefanten assoziieren, die zu „Jolifanten" geworden sind, im Karawanenaufmarsch und mit Rüsseln, die zu „Russulu" mutiert sind. Und wenn man diese Lautmalerei und ihren Verzicht auf konventionelle Sprache als Sprachkritik auffasst und mit ihr auch Zeitkritik in Verbindung bringt, kann man in den Elefanten- und Rüsselzügen auch eine Parodie auf Militärmärsche sehen, eine Satire der Kriegspresse, die tatsächlich Lüge und Propaganda verbreitete und als solche von Ball erlebt worden war: gegen die großen Phrasen der Kriegsbegeisterung und des Patriotismus, den Parolen des Nationalismus. Die Verweigerung der „normalen", „konventionellen" Sprache, der traditionellen Begriffe, wäre dann sowohl Sprachkritik wie auch Zeitkritik. Das bestätigen auch Balls Tagebuchaufzeichnungen über die Aufführungsform des Gedichtes:

> Ich habe eine neue Gattung von Versen erfunden, ‚Verse ohne Worte' oder Lautgedichte. [...] Die ersten dieser Verse habe ich heute Abend vorgelesen. Ich hatte mir dazu ein eigenes Kostüm konstruiert. Meine Beine standen in einem Säulenrund aus blauglänzendem Karton, der mir schlank bis zur Hüfte reichte, so dass ich darin wie ein Obelisk aussah. Darüber trug ich einen riesigen aus Pappe geschnittenen Mantelkragen, der innen mit Scharlach und außen mit Gold beklebt, am Halse derart zusammengehalten war, dass ich ihn durch ein Heben und Senken der Ellbogen flügelartig bewegen konnte. Dazu einen zylinderartigen, hohen, weiß und blau gestreiften Schamanenhut. [...]
>
> Ich hatte an allen drei Seiten des Podiums Notenständer errichtet und stellte darauf mein mit Rotstift gemaltes Manuskript, bald am einen, bald am anderen Notenständer zelebrierend. [...] Also ließ ich mich, da ich als Säule nicht gehen konnte, in der Verfinsterung auf das Podest tragen und begann langsam und feierlich [...] fleißig mit den Flügeln schlagend. Die schweren Vokalreihen und der schleppende Rhythmus der Elefanten hatten mir eben noch eine letzte Steigerung erlaubt. Wie sollte ich's aber zu Ende führen? Da bemerkte ich, dass meine Stimme, der kein anderer Weg mehr blieb, die uralte Kadenz priesterlicher Lamentation annahm, jenen Stil des Messgesangs, wie er durch katholische Kirchen des Morgen- und Abendlandes wehklagt ... Da erlosch, wie ich es bestellt hatte, das elektrische Licht, und ich wurde vom Podium herab schweißbedeckt als ein magischer Bischof in die Versenkung getragen. (Ball 1927: 105)

Das Gedicht wird zu einem Lamento, zu einer Wehklage, überwindet die Worte, die nicht mehr benennen, sondern nur in Fetzen Assoziationen ermöglichen. Die Gedichte ohne Worte zerstören die Worte, sie schaffen aber mit ihrem ikonoklastischen Impuls einen neuen Sinnzusammenhang. Als Einführung in den ersten öffentlichen Dada-Abend liest Ball eine Art Manifest vor, das seine Gedichte ohne Worte begleiten soll: „Diese Verse haben die Möglichkeit, allen Schmutz abzutun, der an dieser vermaledeiten Sprache klebt wie von Maklerhänden, die die Münzen abgegriffen haben" (zit. nach Lewer 2009: 29).

Mallarmé hatte vom Dichter verlangt, dass er den Worten die Reinheit wiedergibt, die sie verloren haben. Hier ist das aber nur mehr durch Lautmalerei, durch Wortverweigerung möglich, durch ein Lamento, das absurde, karnevaleske, und dabei auch quasi mystische Elemente enthält. Kubistischer Bischof und seltsam priesterlicher Singsang gehen zusammen mit dem Verlangen nach Reinheit der missbrauchten Worte.

In *Flucht aus der Zeit* schreibt Ball über seine dadaistische Periode und zeigt dabei sein Interesse an einer eigenen Art von Mystizismus. So wird zum Beispiel ein Abend von *Alter und neuer Kunst* in der Galerie Dada am 12. und am 19. Mai 1917 gefeiert, an dem Texte von Jacapone da Todi, Schwester Mechthild von Magdeburg, dem Mönch von Heilbronn und Jakob Böhme gelesen wurden. Dass es dabei um eine eigene Art von Mystik ging, die nicht mit der Kirche als Institution zusammenhing, sondern wohl eher mit dem priesterlichen Singsang des kubistischen Bischofs, ist offensichtlich. Immerhin hatte Ball für sein Cabaret den Namen von Voltaire in Anspruch genommen, dem Philosophen, der dachte, dass sich die Menschheit von der Macht der Religion und der Kirche befreien müsse.

Diese Art von mehr oder weniger mystischer Zeitkritik ist gleichzeitig auch Kulturkritik und Revolte. Man braucht nur das Gedicht „Totentanz“ zu lesen, das Ball 1916 in *Der Revoluzzer. Sozialistische Zeitung für Bildung und Unterhaltung* (Jahrgang 2, 1916: 22) veröffentlichte. Es parodiert Kriegspropaganda in der Tradition der *danse macabre* nach der Musik des Dessauer Marschliedes mit subversivem Effekt und wurde angeblich auch von den Franzosen als Anti-Kriegspropaganda benutzt.

> So sterben wir, so sterben wir,
> Wir sterben alle Tage,
> Weil es so gemütlich sich sterben lässt.
> Morgens noch in Schlaf und Traum
> Mittags schon dahin.
> Abends schon zu unterst im Grabe drin.
> [...]
> So morden wir, so morden wir.
> Wir morden alle Tage
> Unsre Kameraden im Totentanz.
> [...]
> (1916: 22)

In seinem auch in der Galerie Dada in Zürich 1916 gehaltenen Vortrag über Kandinsky gibt Ball eine von Katastrophen bestimmte Zeitdiagnose, die von drei Faktoren bestimmt wird: die Entgötterung der Welt durch die kritische Philosophie, die Auflösung des Atoms in der Wissenschaft und die „Massenschichtung“ der Bevölkerung in Europa. Der Vortrag metaphorisiert die Erfahrung des Kriegs und der eigenen Zeit als sinnlose Chaos-Katastrophe, und bezeugt die Welt der Maschinen und des technischen Fortschritts, die sich im Krieg als Instrument des Massenmordes erwiesen hat, als entsetzliche Gewalt:

> Gott ist tot. Eine Welt brach zusammen. Ich bin Dynamit [...].
>
> Die Welt zeigte sich als ein blindes Über- und Gegeneinander entfesselter Kräfte. [...] Maschinen entstanden und traten an Stelle der Individuen. [...]. Angst wurde ein Wesen mit Millionen Köpfen. [...] (Pörtner 1960: 136–140, zit. nach Müller et al. 1997: 209 ff.)

Die Künstler sind in diesem Kontext nach innen gerichtet, Ball beschreibt sie als zerrissen, zerstückelt, zerhackt, ihr Leben ein Kampf mit dem Irrsinn. Die Adjektive, die Ball benutzt, stammen aus einer vom Krieg geprägten Sprache, beschreiben einen Zustand der gewalttätigen Zerstörung. Und dieses Nach-innen-gerichtet-Sein vermischt sowohl Geistigkeit als auch Zerstörung, eine Zerstörung die als einzig angemessene Reaktion letzten Endes auch die Sprache ergreift:

> Die Künstler in dieser Zeit sind der Welt gegenüber Asketen ihrer Geistigkeit. Sie führen ein tief verschollenes Dasein. Sie sind Vorläufer, Propheten einer neuen Zeit. Ihre Werke tönen in einer nur erst ihnen bekannten Sprache. Sie stehen im Gegensatz zur Gesellschaft wie die Ketzer im Mittelalter [...]. (Ibid.)

Diese erstmal nur den Künstlern bekannte Sprache ist eine Sprache der Revolte, der Künstler wird als Dynamit beschrieben. Balls Lautgedichte, die sich den konventionellen Worten verweigern, betreiben Traditionszerstörung, so wie sie auch Marcel Duchamp mit seinem Mona Lisa-Readymade betreibt, oder Hans Arp, wenn er schreibt, dass Dada der Venus von Milo ein Önem gegeben habe (cf. Arp 1948: 48), oder wenn der Kölner Dadaist Johannes Baargeld schreibt, dass Cézanne Chewing Gum sei und Van Gogh aus dem Mund gerochen habe (cf. Baargeld/Ernst 1919: o. S.)

Hugo Balls kompliziertes Ringen auf seinem Weg zurück zu Gott führt ihn zu einem konservativen Katholizismus in den 1920er-Jahren. Auf diesem Weg spielt die Beschäftigung mit dem Bauernkrieg, mit der Figur von Thomas Müntzer und der gescheiterten deutschen Revolution eine wichtige Rolle. Im Januar 1915 erscheint ein Aufsatz von ihm über den Bauernkrieg in der Zeitschrift *Zeit im Bild*.[1] Dort wird Luther als extremer Reaktionär beschrieben und Thomas Müntzer als heroischer, anarchischer Revolutionär, Bilderstürmer, also Ikonoklast. Und die Ikonoklastik ist so gesehen kein Akt des Vandalismus, sondern der Revolution, des politischen Protestes. Ball sieht in seinen Tagebüchern einen direkten Weg, der von Luther zu Bismarck führt und letzten Endes verantwortlich ist für die Katastrophe von 1914. In seinem Text zur Reformationsfeier[2] mündet seine Analyse der Konflikte der Reformationszeit in einer kritischen Analyse der Gegenwart; als Aufgabe für die Philologen stellt er die Forderung nach einem Müntzer-Buch auf. Denn: „Die Resultate eines solchen Müntzer Buches würden zeigen, woher die religiös gestimmte Verlogenheit und Korruption des gegenwärtigen offiziellen Deutschlands stammt" (Ball 1988: 171).

Dass Ball dann schlussfolgert, eine radikale Lösung der politischen Frage sei nicht ohne eine Lösung der religiösen möglich, zeigt seine eigene Problematik, sein eigenes Ringen um die Religion. In seinem Text über den Bauernkrieg hatte er über die Wichtigkeit der Wanderprediger geschrieben, die widertäuferischen Prädikanten, die er die „Nihilisten der Bewegung" nennt. Laut Debbie Lewer nimmt Ball für seine Analyse des Bauernkrieges August Bebels Text von 1876 zum Vorbild und paraphrasiert fast den Absatz über die Wichtigkeit der Wanderprediger, wobei er den Zusatz über den Nihilismus einfügt. In seinem Roman *Tenderenda der Phantast*, der zwischen 1914 und 1920 geschrieben wird, beschreibt Ball die Dadaisten als „schwankende Häuflein dadaistischer Wanderpropheten, die die Kindlichkeit auf ihre Weise verkündeten" (Ball 1999: 27).

1 Cf. Ball 1988: 161–169: „Der grosse Deutsche Bauernkrieg 1525".
2 Cf. Ball 1988: 170 ff.: „Aufgabe für einen deutschen Philologen: Zur Reformationsfeier".

Letzten Endes geht Ball einen Weg, der ihn zum Asketismus und zum Rückzug aus der Welt führt – eine persönliche Revolte, die über Dada zum Künstler zurückführt, den er in seinem Kandinsky-Vortrag befürwortete: ganz nach innen zurückgezogen, seine Radikalität im Nachspiel von Ikonoklastik oder Kabarett, radikal auch in seiner Absage davon.

Das Cabaret Voltaire existierte knappe fünf Monate. In der kurzen Lebensdauer des Kabaretts aber wurden allerlei Performanzen inszeniert, die vom anarchischen, spielerischen, eben performativen Charakter des Dada beseelt waren. Dass dabei gegen die Nationalismen gezielt agiert wurde, und zwar von internationalistischen Autoren, die mit ihren performativen Aktionen auch Zeitkritik übten, zeigt eine Performanz wie das simultan in verschiedenen Sprachen brüllende Rezitieren des absurden Textes *L'amiral cherche une maison à louer*. Er wurde auf Deutsch von Richard Huelsenbeck, auf Englisch von Marcel Janco und auf Französisch von Tristan Tzara gebrüllt. Nur die letzte Zeile, „L'amiral n'a rien trouvé", wurde unisono auf Französisch artikuliert. Das kakophonische Spektakel der drei Männer, die simultan in drei Sprachen schrien, mag sowohl von Widerstand gegen die Nationalismen der im Krieg gegeneinander kämpfenden Nationen als auch von bewusstem Internationalismus zeugen, als provokatives Spiel.

Nach dem Krieg kehrten die Exilanten wieder in ihre Herkunftsländer zurück. Einige von ihnen gründeten dort Dada-Filialen: in Berlin gehören Richard Huelsenbeck und George Grosz dazu. Ein junger Künstler aus Hannover wollte zu den Berliner Dadaisten, wurde aber von ihnen abgelehnt, weil er ihnen zu jung und unpolitisch, zu spießbürgerlich erschien: Kurt Schwitters. Er entwickelte daraufhin einen eigenen Dadaismus in Hannover. Schwitters ist, so wie Ball, in gewisser Weise ein Außenseiter der Bewegung.

Er wurde 1887 in Hannover geboren, hatte in Künstlerakademien (Hannover, Dresden und Berlin) eine solide Malerausbildung erhalten, wurde Maschinenzeichner in einem Eisenwerk und auch Werbegrafiker der Stadt Hannover. Seine Familie hatte ihr Vermögen in Häuser gesteckt, von deren Vermietung er leben konnte. Dass ihn die Berliner Dadaisten für einen Kleinbürger hielten, lässt sich mit diesem ökonomisch gesicherten Dasein, aber auch mit seinem Aussehen und Lebenswandel erklären. Er sah nicht wie ein Bohemien aus und kleidete sich auch nicht so, er war dürr, todernst, sehr groß, er hatte sich eine Art Bauchladen gebaut, der aus zwei großen Mappen bestand, die eine hing ihm auf dem Rücken, die andere vor dem Bauch. Darin trug er seine Collagen und verkaufte sie für 20 Reichsmark. Er war sowohl Maler als auch Dichter, und seine Kunst, die er „Merzkunst" nannte, kann man als eine Art Gesamtkunstwerk, als Komposition und Schaffen von neuen Sinnzusammenhängen sehen. Schwitters „Merzkunst" hat ein universelles Weltbild zum Ziel, sieht sich als Vorschlag für eine neue Art, Zusammenhänge in der Welt zu schaffen, „die ganze Welt zu einem gewaltigen Kunstwerk umzugestalten": so schreibt er 1923 in einem Text über die Bedeutung des Merzgedankens in der Welt (Schwitters 1981: 133).

Diese Art, neue Kombinationen zu schaffen, ist grundlegend für sein 1919 gemaltes *Merzbild 9b, Das Grosse Ichbild* (siehe Abb. 1). Es befindet sich heute in Köln, im Museum Ludwig. Während des Krieges hatte Schwitters noch Landschaftsbilder in Öl gemalt. 1918, mit dem Kontakt zur Gruppe um Herwarth Walden und der Künstler um die *Sturm*-Zeitschrift in Berlin, wandelt sich seine Kunst auf eine radikale Art und Weise. Der Erfahrung der Kriegszerstörung und des Versuchs eines Neuaufbruchs entspricht seine „Merzkunst" als neue Kompositionstechnik mit gefundenen Materialien, er klebt und nagelt seine Bilder aus zufällig gefundenen Objekten zusammen. Schwitters stellt seine ersten Merzbilder 1919 in der Galerie der *Sturm*-Gruppe aus.

Merz ist die Mittelsilbe von Com-Merz-Bank, es evoziert Worte wie Kommerz, ausmerzen, Scherz, Nerz, März, usw. *9b* bezieht sich, mit der 9, auf die chronologische Reihenfolge der Bilder, so dass das *Grosse Ichbild* das 9. Merzbild ist. Mit dem Buchstaben B bezeichnete Schwitters vor allem Stillleben. Somit evoziert, wie Günther Blamberger erläutert, das 9. Merzbild sowohl Porträt (Ichbild) als auch Stillleben[3]. Tatsächlich ist es mit lauter unterschiedlichen Materialien komponiert, wie in einem Stillleben, nur sind diese Materialien irgendwelche wertlosen Fundstücke aus dem Alltagsleben: Zeitungs- und Plakatbruchstücke mit Textteilen, Geldscheine, eine Fahrkarte, Pappstücke. Die verschiedenen Materialien haben unterschiedliche Formen und Dicken und sind intensiv übermalt. Die Formen sind überwiegend geometrisch: rund, dreieckig, trapezförmig, oder spitz. Diese spitzen Teile zielen wie Keile mehr oder weniger auf die Bildmitte, in der zwei Kreise dominieren, ein gelbbrauner und ein grauschwarzer, der den hellen zum Teil verdeckt. Es entsteht der Eindruck einer Mondfinsternis, wobei der Mond vom Schatten der Erde verdeckt wäre. Aber der angebliche Mond ist auch eine Uhr, weil ihm zwei Zeiger eingesetzt sind; darin ist es fünf vor zwölf. Uhren sind im Kontext von Stillleben durchaus präsent und symbolisch aufgeladen als *memento mori*, auch die Mondfinsternis könnte man in diesen Kontext stellen; damit ergibt sich ein sehr dunkles, ein apokalyptisches Zeichen. Das Bild ist 1919 entstanden; ein Jahr nach Kriegsende ist das Zeitgefühl entsprechend pessimistisch. Das Fragmentarische der Fundstücke scheint auf das Fragmentarische der vom Krieg zerrütteten Lebensläufe und Lebensinhalte, auf das Kriegschaos hinzuweisen. Das Ichbild ist insofern ein Zeitbild, auch wegen der Art der im Bild versammelten Materialien: Banaler, nichtiger Alltag wird durch sie bezeugt.

3 Für die Analyse des Bildes folge ich den Ausführungen von Günther Blamberger (2018: 369–383).

Abb. 1: Merzbild 9b (Das Grosse Ichbild).

Quelle: Standort: Museum Ludwig, Köln, © Rheinisches Bildarchiv Köln.

Durch die Arbeit des „Merzens", des Kollagierens, werden die wertlosen Alltagsobjekte zu einem Kunstwerk gemacht, sie geraten damit vom Wirklichkeitsbereich in den Kunstzusammenhang. Die Wirklichkeit dringt in das Kunstwerk ein, und sie tut es nach einem Zufallsprinzip. Schwitters benutzt das zufällig gefundene Objekt, er lässt sich vom Zufallsprinzip der *objets trouvés* inspirieren. Dabei ist also nicht das persönliche, individuelle das Merkmal der Objekte, sondern gerade umgekehrt, das Nicht-Eigentümliche, Überindividuelle, auch Zufällige. Traditionell haben Porträts das Individuelle, Eigentümliche der abgebildeten Personen gezeigt. Selbstporträts von Künstlern sollten ihre ganz eigenen, unverwechselbaren Züge, ihre Individualität sowohl im Gesicht als in der Malkunst zeigen. Bei Schwitters ist der einzige Hinweis auf den Künstler sein

Geburtsjahr, das er mit allen anderen seiner Generation teilt. Ein Ichbild ohne Ich, wie Blamberger schreibt. Es verweigert den persönlichen Aspekt, der sich nur in der Art der Komposition zeigt, und malt sich gleichzeitig als in seiner Zeit stehend: ein Ichbild als Zeitbild, das zwar nicht den Künstler, aber doch seine Art der künstlerischen Arbeit zeigt.

Schwitters beschreibt sehr genau, wie seine Arbeit, das „merzen", funktioniert: Durch die Komposition werden die Alltagsobjekte aus ihrem Wirklichkeitszusammenhang gerissen und damit qualitativ neu gewertet:

> Das Wort Merz bedeutet wesentlich die Zusammenfassung aller erdenklichen Materialien für künstlerische Zwecke und technisch die prinzipiell gleiche Wertung der einzelnen Materialien. Die Merzmalerei bedient sich also nicht nur der Farbe und der Leinwand, des Pinsels, der Palette, sondern aller vom Auge wahrnehmbarer Materialien und aller erforderlichen Werkzeuge. Dabei ist es unwesentlich, ob die verwendeten Materialien schon für irgendwelchen Zweck geformt wurden oder nicht. Das Kinderwagenrad, das Drahtnetz, der Bindfaden und die Watte sind der Farbe gleichberechtigte Faktoren. Der Künstler schafft durch Wahl, Verteilung und Entformung der Materialien. (Schwitters 1981: 37)

Die Gegenstände werden in das Bild eingefügt, je nachdem, wie es das Bild verlangt. Durch die Komposition verlieren sie ihren individuellen Charakter, sie werden „entmaterialisiert", verlieren ihr „Eigengift", so formuliert es Schwitters, und werden so Material für das Bild. Das, was Schwitters „Entformung" des Materials nennt, leitet den weiteren Schritt ein, die Neubildung des Materials im Bild:

> Das Entformeln der Materialien kann schon erfolgen durch ihre Verteilung auf der Bildfläche. Es wird noch unterstützt durch Zerteilen, Verbiegen, Überdecken und Übermalen. Bei der Merzmalerei wird der Kistendeckel, die Spielkarte, der Zeitungsausschnitt zur Fläche, Bindfaden, Pinselstrich oder Bleistiftstrich zur Linie, Drahtnetz, Übermalung oder aufgeklebtes Butterbrotpapier zur Lasur, Watte zur Weichheit. (Ibid.)

Damit werden neue Sinnzusammenhänge geschaffen: Der Betrachter des Bildes soll nicht mehr den Wirklichkeitsbezug suchen, sondern das Bild als Totalität, eben als „Merzkunst" betrachten. Er soll nicht mehr den Pappdeckel als solchen in der Mitte des Bildes sehen, sondern den Kreis, den er beschreibt, die Farbe, die Anordnung der Teile und die Spannung zwischen ihnen, die konkrete Kunst, um dann diese Totalität möglicherweise weiter zu interpretieren und das Bild in den ästhetischen Zusammenhang der Zeit zu setzen. Wenn man es in einen vitalistischen Zusammenhang setzt, kann man symbolisch die helle Scheibe als Sonne und die dunkle als Mond interpretieren, und in dem abstrakten Kunstwerk auch einen Verweis auf den von Schwitters verehrten Zeitgenossen Johannes Molzahn (1892–1965) sehen, der kosmische Bilder gemalt hatte. Auch Herwarth Walden feierte in seiner Zeitschrift die kosmische Rotation: „Kreist doch selbst die Erde. Kreist doch die Welt. [...] Kunst greift über Menschheit hinaus, ballt Menschheit zusammen. Kunst kreist die Menschheit in ihrem

All." (Walden 1918: 67) Darüber hinaus stehen kosmische Bilder durchaus im zeitlichen Kontext der Avantgarde.

1920 schreibt Schwitters in einem Text über seine „Herkunft, Werden und Entfaltung":

> Ende 1918 erkannte ich, dass alle Werte nur durch Beziehungen untereinander bestehen, und dass Beschränkung auf ein Material einseitig und kleinlich sei. Aus dieser Erkenntnis formte ich Merz, zunächst als Summe einzelner Kunstgattungen., Merz-Malerei, Merz-Dichtung [...]. Mein letztes Streben ist die Vereinigung von Kunst und Nichtkunst zum Merz-Gesamtweltbilde. Zitate in der Dichtung, Kitschbilder als Teile von Gemälden, Aufnahme bewusst kitschiger und bewusst schlechter Teile in das Kunstwerk usw. (Schwitters 1981: 84)

Es erscheint nicht besonders erstaunlich, dass Merz mitten im Chaos von Nachkrieg und Novemberrevolution entsteht, dass in diesem Kontext die Frage, nach welchen Prinzipien Menschen und Werte definiert werden und wie sie sich zueinander verhalten, prägnant wird. Schwitters stellt sich, wie die Zürcher Dadaisten, gegen Nationalismen und stellt das Nationalitätsgefühl in Frage, weil es Kriege auslösen kann. Er plädiert für das Recht, eine Menschengemeinschaft frei auszusuchen, für den Internationalismus. So stellt er auch den Begriff ‚nationale Kunst' radikal in Frage: „Leider gibt es Nationen. Die Folge von Nationen sind Kriege. Die nationale Kunst soll dienen das Zusammengehörigkeitsgefühl der Menschen, die sich Nation nennen, zu stärken. Nationale Kunst hilft Kriege vorzubereiten" (Schwitters 1981: 199). Die Autonomie der Kunst hält er gegen das Nationalitätsgefühl, aber auch gegen eine parteiengagierte Kunst:

> Die Kunst wendet sich nur an den Menschen [...]. Es ist die vornehmste Aufgabe der Kunst, den Menschen zu bilden, zu erziehen, denn sie ist der Ausdruck des Menschheitsgefühls der edelsten unter den Menschen, manchmal wenigstens. [...] Kunst kann und Kunst darf nicht dienen. (Schwitters 1981: 199f.)

Das *Merzbild 9b*, das große Ichbild, ist kein Porträt im herkömmlichen Sinn, aber doch ein Nachweis von Schwitters Arbeitsweise und seiner Identität als Merzkünstler. Ein weiteres Beispiel für sein Kunstverständnis ist der *Merzbau*, den er in seiner Privatwohnung in Hannover mit Gips, Pappe, Papier, usw. gebastelt hat (siehe Abb. 2). Der Bau ging durch einen guten Teil der Wohnung und war voller Gipshöhlen, in denen Schwitters Erinnerungsstücke von Freunden und Verwandten aufbewahrte. Man könnte es als ein Gruppenbild ansehen, bei dem weder der Bauherr noch die Freunde anwesend sind, die nur durch vergessene oder verlegte Gegenstände repräsentiert werden: ein Bleistift von Mies van der Rohe, ein Haar seiner Frau, ein Schlips von Theo van Doesburg usw. Ichbild ohne ich, Gruppenbild ohne Gruppe, könnten wir sagen.

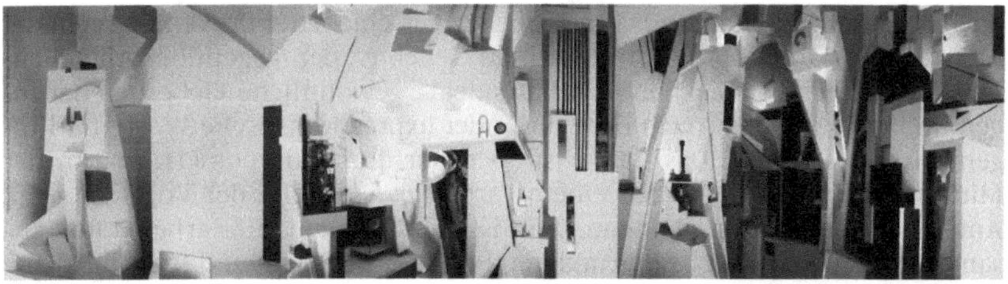

Abb. 2: Peter Biseggers Rekonstruktion von Schwitters *Merzbau* im Sprengel Museum Hannover.

Quelle: *http://merzbaurekonstruktion.com*, © Emil Schulthess, Zürich (1983).

Um zum Abschluss wieder zu einem Text zu kommen, möchte ich noch Schwitters' berühmtestes Liebes- und Porträt-Gedicht besprechen: „An Anna Blume" (1919).

O du, Geliebte meiner siebenundzwanzig Sinne, ich liebe
dir! – Du deiner dich dir, ich dir, du mir. – Wir?
Das gehört (beiläufig) nicht hierher.
Wer bist du, ungezähltes Frauenzimmer? Du bist – –
bist du? – Die Leute sagen, du wärest, – laß sie sagen,
sie wissen nicht, wie der Kirchturm steht.
Du trägst den Hut auf deinen Füßen und wanderst auf
die Hände, auf den Händen wanderst du.
Hallo, deine roten Kleider, in weiße Falten zersägt. Rot
liebe ich Anna Blume, rot liebe ich dir! – Du deiner dich
dir, ich dir, du mir. – Wir?
Das gehört [beiläufig] in die kalte Glut.
Rote Blume, rote Anna Blume, wie sagen die Leute?
Preisfrage:
1. Anna Blume hat ein Vogel.
2. Anna Blume ist rot.
3. Welche Farbe hat der Vogel.
Blau ist die Farbe deines gelben Haares.
Rot ist das Girren deines grünen Vogels.
Du schlichtes Mädchen im Alltagskleid, du liebes grünes
Tier, ich liebe dir! – Du deiner dich dir, ich dir, du mir, – Wir?
Das gehört [beiläufig] in die Glutenkiste.
Anna Blume! Anna, a-n-n-a, ich träufle deinen Namen.
Dein Name tropft wie weiches Rindertalg.
Weißt du es Anna, weißt du es schon?
Man kann dich auch von hinten lesen, und du, du Herrlichste
von allen, du bist von hinten wie von vorne: „a-n-n-a".
Rindertalg träufelt streicheln über meinen Rücken.
Anna Blume, du tropfes Tier, ich liebe dir!
(1973: 58)

Wenn man den Wortschatz anschaut, sollte man dieses Gedicht als Liebesgedicht klassifizieren, wobei mit der Grammatik gespielt wird und ein Ganzes, wie auch bei der Merzmalerei, aus Bruchstücken verschiedener Provenienz gebildet wird. Es gibt pathetische Aufrufe: „Oh du Geliebte", demgegenüber Alltäglichkeit: „Du schlichtes Mädchen im Alltagskleid", gewöhnliche Liebesbeteuerungen im Berliner Dialekt: „ich liebe dir", oder expressionistische Worterfindungen: „du tropfes Tier". Das Ganze ist aber klar durchkomponiert, und in der Mitte steht ein Rätsel, das aus einem Farbenspiel besteht: der Vogel ist grün, Anna Blume rot, natürlich, denn Grün ist die Komplementärfarbe zu Rot, zusammengesetzt aus den beiden anderen Primärfarben Gelb und Blau, die Anna Blumes Haar bilden.

DER STURM

MONATSSCHRIFT / HERAUSGEBER: HERWARTH WALDEN

AUFRUF! (ein Epos)

Was ist ein Abstinent? A-N-N-A

Kein anderer Beruf ist so eng mit dem Laufe der Jahreszeiten verknüpft.

Abstinent kann männlichen und weiblichen Geschlechts sein. Das letztere hat mehr Anlage dazu.

(FACHTIERARZT für HUNDEKRANKHEITEN.)

KU — Quarzlampenbehandlung („Höhensonne".) Elektrotherapie — Kupieren in Narkose — KU KU

Sprechzeit 10—12

[Zweigniederlage Berlin.]

Insbesondere wird Wert gelegt auf reifes politisches Urteil, hervorragend gewandte, klare und fesselnde

AusdrucksForm

Der hannoversche MALER Kurt Schwitters veröffentlicht in der Zeitschrift „DER STURM" nachstehende Dichtung:

und die Fähigkeit, den Ereignissen auf dem Fusse folgend alle Tagesfragen in leitenden Artikeln in erschöpfender und formvollendeter Weise zu behandeln. (LÄRM LINKS.)

An ANNA BLUME!

(Name und Verpackung gesetzlich geschützt.) (D. R. P. MERZ?) (D. R. G. M.)

/ / / / / / / / / / / / / / / / / / ARBEITER!

Je mehr die Untersuchungen und Veröffentlichungen über den Weltkrieg die verbrecherischen Taten des alten Regimes dem Volke zum Bewusstsein bringen (Gottverdammter Mistbauer, kannste nich hören?), desto frecher erhebt die Reaktion, die heute in der Deutschnationalen Volkspartei verkörpert wird (O, dit is een widerlichen Menschen, isses!), ihr Haupt. Ich ersehe darin den aus dem Innersten kommenden Ausdruck des Entschlusses aller vaterländischen Kreise, die Schwere dieser Zeit gemeinsam zu tragen (Zurück zur einsamen Mutter Roma!), bis das Bittere der uns auferlegten Prüfung überwunden ist. (Militärdiktatur.) Angebote und Stilproben aus der letzten Zeit, Lebenslauf und Bild erbeten. (Der Verkehr wird durch Umsteigen aufrecht erhalten.)

(Es wird das Jahr stark und scharf hergehen.)

Die Menge versperrte die Strassen, und der Kraftwagen wurde in wenigen Minuten von der Menge angehalten, wobei beide Lokomotiven stark beschädigt wurden.

201

Abb. 3: *Anna Blume vermerzt*, in *Der Sturm* 1921, S. 60

Quelle: Universitätsbibliothek Heidelberg, *https://doi.org/10.11588/diglit.47209*

Die Komposition wird durch zahlreiche Wiederholungen und Korrespondenzen des Namens Anna oder der Deklinationsübung („Du“, „deiner“, „dich“, „dir“) unterstützt. Der Refrain „Das gehört beiläufig nicht hierher“ wird dreimal variiert, und teilt das Gedicht in vier Abschnitte, bzw. zwei Hälften: „In die kalte Glut“ gehört das, was die Leute in der ersten Gedichthälfte über Anna Blume sagen; denn in der zweiten Hälfte zeigt sich deutlich, dass das reale Mädchen Anna nicht existiert. Es entspricht keiner realen Person in der Wirklichkeit, es ist ein Wortgebilde aus Buchstaben-Material: „a-n-n-a, ich träufle deinen Namen“.

Auch dieses Gedicht ist Merzkunst, Komposition, und lässt sich auch weiter vermerzen. Anna Blume erscheint zum Beispiel im *Sturm* 1921 durch den Text gestreut, oder durchkomponiert (siehe Abb. 3). So als ob individuelle Porträts nicht mehr möglich wären, als ob man Leerstellen offerieren müsste, die den Leser irritieren, der sich fragen muss, inwiefern individuelle Menschen überhaupt abbildbar sind.

Mit der Merzkunst ist Schwitters nicht weit gekommen; die Zeit war gegen ihn und zeigte paradoxerweise, wie subversiv seine Kunst war: 1933 wurden seine Publikationen verbrannt, 1937 wurde seine Kunst als entartet ausgestellt. Er ging ins Exil nach Norwegen, wo er bis 1940 bleiben konnte, in letzter Minute floh er nach England, wo er als Deutscher zunächst 17 Monate in einem Internierungslager festgehalten wurde. Anschließend zog er in den Norden, in den Lake District, wo er in aller Armut in einer Scheune acht Jahre lang, von allen vergessen, lebte. 1948 starb er. Seine Kunst konnte einer ungerechten Zeit nicht widerstehen, ihr subversives Potential hat sich aber über die Zeiten erhalten und spätere Kunst inspiriert. Beide Autoren, Ball und Schwitters, Außenseiter, haben den spielerischen, anarchisch destruktiven Gehalt ihrer Kunst als Protestaktion und Zeitkritik gesehen, und damit neue Sinngebungen und zeitgemäße, auch utopische, Sinnkonstruktionen angestrebt.

> Schwitters, 1924–25: „Was ist Wahnsinn?“
>
> Wahnsinn lässt sich teilen.
> Wahnsinn ist dividierbar und multiplizierbar.
> Man lernt Wahnsinn am besten kennen, wenn man sich von ihm entfernt.
> Wahnsinn ist Politik.
> Dada ist gegen Politik, weil gegen Wahnsinn.
> Politik steht im Weltbild unserer Zeit.
> Möge selbiges Bild bald weichen und unserer Zeit freien Raum lassen.
> (1981: 200)

Bibliografie

Arp, Hans, 1948: *On my way: Poetry and Essays 1912–1947*. Wittenborn Schulz: New York.

Baargeld, Johannes Theodor/Ernst, Max (Hrsg.), 1919: *Bulletin D*. Köln.

Ball, Hugo, 1916: „Totentanz". *Der Revoluzzer. Sozialistische Zeitung für Bildung und Unterhaltung*, Zürich, 2 Jg., 22.

Ball, Hugo, 1920: „Karawane", In: Huelsenbeck, Richard (Hrsg.): *Dada Almanach*. Erich Reiss Verlag: Berlin.

Ball, Hugo, 1927: *Die Flucht aus der Zeit*. Verlag Duncker & Humblot: München/Leipzig.

Ball, Hugo, 1988: *Der Künstler und die Zeitkrankheit. Ausgewählte Schriften*. Schlichting, Hans Burkhard (Hrsg.). Suhrkamp: Frankfurt a. M.

Ball, Hugo, 1999: *Tenderenda der Phantast*. Meyer, Raimund/Schütt, Julian (Hrsg.). Haymon: Innsbruck.

Ball, Hugo, 2003: *Briefe 1904–1927*. Bd. 1. Schaub, Gerhard/Teubner, Ernst (Hrsg.). Wallstein: Göttingen.

Blamberger, Günther, 2018: „Ichbild ohne Ich. Über Kurt Schwitters *Merzbild 9b* im Museum Ludwig". *Figurationen des Porträts*. Morphomata Reihe Nr. 35, Köln, 369–383.

Lewer, Debbie, 2009: „Hugo Ball, Iconoclasm and the origins of Dada in Zürich". *Oxford Art Journal* 32 (1), 17–35.

Müller, Ulrich et al., 1997: *Geschichte der deutschen Literatur. Lesebuch. Vom Barock bis zur Gegenwart*. Klett: Stuttgart.

Pörtner, Paul, 1960: *Literatur-Revolution 1910–1925. Dokumente, Manifest, Programme*. Band 1: *Zur Ästhetik und Poetik*. Luchterhand: Darmstadt et al.

Schaub, Gerhard, 2012: *Hugo Ball – Kurt Schwitters. Studien zur literarischen Moderne*. Ergon: Würzburg.

Schwitters, Kurt, 1973: *Kurt Schwitters. Das literarische Werk*. Bd. 1: *Lyrik*. Lach, Friedhelm (Hrsg.). DuMont: Köln.

Schwitters, Kurt, 1981: *Kurt Schwitters. Das literarische Werk*. Bd. 5: *Manifeste und kritische Prosa*. Lach, Friedhelm (Hrsg.). DuMont: Köln.

Walden, Herwarth, 1918: „Das Begriffliche in der Dichtung". *Der Sturm* (9), 5. August 1918, 67.

Marisa Siguan

Universitat de Barcelona

E-Mail: marisasiguan@ub.edu

Roland Innerhofer

Revolution als Karneval. Rhetorik und Performanz von Dada Berlin

1. Manifeste

Für den Gründungsakt von Dada, den ersten Dada-Abend im Züricher Zunfthaus an der Waag, wurde ein symbolisches Datum gewählt: der 14. Juli 1916, der Tag der Französischen Revolution. Dada und Revolution gingen also von Anfang an eine intime Verbindung ein. Doch während in Zürich noch kunstästhetische Innovationen im Vordergrund standen, politisierte sich Dada im Zeitalter der Revolutionen nach dem Ende des Ersten Weltkrieges. Es ist besonders die Berliner Ausprägung von Dada, die sich ab 1918 intensiv mit der politischen Revolution auseinandersetzte. Richard Huelsenbeck, einer der Protagonisten von Dada Zürich, der schon 1916 nach Deutschland zurückgekehrt war, schrieb rückblickend über seine Haltung im Jahr 1918: „Ich trat selbstverständlich auf die Seite der Revolution." (Huelsenbeck 1994b: 72) Für die künstlerische Tätigkeit resultierte daraus: „Es galt nicht mehr die ‚richtige Kunst' zu machen. Kunst wurde nur Propagationsmittel für eine revolutionäre Idee." (Huelsenbeck 1994a: 40) Eine ähnliche Politisierung lässt sich in den dem Dadaismus verwandten avantgardistischen Strömungen des Ultraismus und Creacionismus in Spanien und Portugal und besonders in den sowjet-russischen Avantgarden beobachten. Im Folgenden wird jedoch zu zeigen sein, dass das Verhältnis zwischen Dada und politisch-sozialer Revolution komplexer ist, als es auf den ersten Blick scheinen mag.

Eines der frühesten Manifeste von Dada Berlin ist die am 18. Februar 1918 in der Galerie Neumann am Kurfürstendamm gehaltene Rede von Richard Huelsenbeck. Sie endet mit den Worten: „Es lebe die dadaistische Revolution." (Huelsenbeck 2005: 140) Dass diese aber nicht politisch gemeint war, geht aus der Rede deutlich hervor: Dada, so Huelsenbeck, „war nichts und wollte nichts", weshalb er Dada „dem Nichts" widme. (Ibid.) Von Anfang an bestand eine Spannung zwischen der Sympathie für den revolutionären Umsturz und einer nihilistischen Haltung, die jede Hoffnung auf einen Neubeginn verneinte. Schon 1917 bestimmte Huelsenbeck in dem Manifest *Der neue Mensch* seine Position in der Negation: „Alles soll leben – aber eins muß aufhören – der Bürger, der Dicksack, der Freßhans, das Mastschwein der Geistigkeit, der Türhüter aller Jämmerlichkeiten." (Huelsenbeck 1977a: 14)

Die Aktivitäten von Dada Berlin erreichten ihren Höhepunkt zu einer Zeit, als die deutsche Revolution bereits gescheitert war. Zu Beginn des Jahres 1919 wurden die Arbeiteraufstände und die räterepublikanischen Bewegungen durch die Allianz der sozialdemokratischen Parteiführer mit der Obersten Heeresleitung und den Freikorps niedergeschlagen. In Anbetracht dieses Bündnisses der höchsten sozialdemokratischen Funktionäre mit den alten Eliten wurde die Gründung der Weimarer Republik nicht als revolutionärer Akt wahrgenommen, sondern als „Wiederkehr der alten Mächte unter neuem Etikett". (Bergius/Riha 1977: 171) Ausgehend von einer antibürgerlichen Haltung beruhte die politische Strategie der Berliner Dadaisten auf der Parodie der zeitgenössischen politischen Sprache. In einem von Johannes Baader, Raoul Hausmann, Tristan Tzara, George Grosz, Marcel Janco, Hans Arp, Richard Huelsenbeck, Franz Jung, Eugen Ernst und A. R. Meyer unterzeichneten Flugblatt, das als Presseerklärung herausgegeben wurde, luden die Autoren zu einer Veranstaltung am 6. Februar 1919 im Kaisersaal des Weinhauses Rheingold in der Berliner Bellevuestraße ein, an der „der Oberdada – nämlich Johannes Baader – als Präsident des Erdballs" ausgerufen werden sollte (Baader 2005: 163). Das mit *Dadaisten gegen Weimar* betitelte Pamphlet der Gruppe, die sich als „dadaistischer Zentralrat der Weltrevolution" bezeichnete, endet mit der Ankündigung „Wir werden Weimar in die Luft sprengen. Berlin ist der Ort Dada. Es wird niemand und nichts geschont werden" und mit dem Aufruf „Man erscheine in Massen!" (Ibid.) In dem dem Flugblatt vorgestellten Pressetext reagierte die Autorengruppe auf den Artikel „Was darf Satire" von Kurt Tucholsky, der am 27. Januar 1919 im linksliberalen *Berliner Tageblatt* erschienen war, und berief sich auf die von Tucholsky gegebene Antwort, nämlich: „Alles" (Asholt/Fähnders 2005b: 434). Die Satire der Dadaistengruppe hatte eine doppelte Stoßrichtung: Zum einen wurde in einem parodistischen Maskenspiel die pathetische Sprache, die Nomenklatur der sozialistischen und kommunistischen Bewegungen – all „jene in feierlichem Ernst inszenierten Rituale der jungen deutschen Republik mit ihren Aufrufen, Erlassen, Wahlprozeduren und ihren Titelfetischismen" (Korte 2000: 73) – ad absurdum geführt. Insbesondere „wurde auch die Sprache einer durch Pateihierarchien und Zentralismus bürokratisierten Revolution karikiert." (Ibid.) Diese Verballhornung kommunistischer Praktiken kondensiert sich später zur „Proktatur des Diletariats" (Baader 1977: 124). Aber auch die bürgerlich-liberale Rhetorik wurde mit einem Zitat aus der im Ullstein-Verlag erscheinenden *Berliner Zeitung* vom 27. Januar 1919 aufs Korn genommen. Im Zitat heißt es in Hinblick auf die bevorstehende Präsidentenwahl, man solle sich nicht mit „der mechanischen Zielsicherheit der unbewußt ahnungsvollen Masse bescheiden, sondern das persönliche Genie suchen gehen [...]." (Baader 2005: 163) Als ein solches Genie, das die Menschheit beglücken soll, wird demgemäß der „Oberdada" proklamiert. Nicht zuletzt parodierte Dada Berlin die Vielzahl der selbsternannten Propheten und Vereinsgründer, die in der Nachkriegszeit ernsthaft behaupteten, mit ihren Philosophien und praktischen Anweisungen die Welt erlösen zu können. Im Kampf gegen die etablierten Mächte setzte Dada weniger auf den frontalen Angriff als auf Taktiken der karnevalesken Maskierung, der „Verschleierung, Tarnung und List" (Lindemann 2001: 25).

Diese Invektive wider den „Seriosismus" (Bruno Taut) kehrt in den Dada-Manifesten, Texten, Kunstwerken und Aktionen immer wieder. Programmatisch heißt es in Raoul Hausmanns 1919 erschienenem *Pamphlet gegen die Weimarische Lebensauffassung*, man müsse

> in die Bewußtseine die Wachsamkeit des Gelächters, der Ironie und des Nutzlosen schleudern [...]. Die Heiligkeit des Sinnlosen ist der wahre Gegensatz zur Ehre des Bürgers, des ehrlichen Sicherheitsgehirns, dieser Libretto-Maschine mit auswechselbarer Moralplatte. (Hausmann 2005a: 171)

Gegen einen verschlissenen und in der Kriegspropaganda missbrauchten Idealismus, gegen die in seiner Sicht entleerten bürgerlichen Phrasen vom „Guten", „Schönen" und „Wahren" setzte Hausmann sein Bekenntnis zum Mechanischen: „Wozu Geist haben in einer Welt, die mechanisch weiterläuft?" (Hausmann 1920: 2) Von der Macht des Geistes ist nur die bürgerliche Ideologie übriggeblieben, deren fatale Folgen sich im Ersten Weltkrieg offenbarten. Seinen Lesern rät Hausmann, sich von allen Illusionen einer Handlungsmacht zu verabschieden: „Sie werden einfach gespielt." (Ibid.)

Die anti-geistige Invektive des Dadaismus richtete sich gegen den Un-Geist, der sich in der totalen Konditionierung der Massen manifestierte. Daraus resultierte ein Schwanken zwischen Resignation und einer kämpferischen antibürgerlichen Haltung, die Dada Berlin in die Nähe des Kommunismus und des politischen Anarchismus rückte. Doch selbst die explizit politisch ausgerichteten Proklamationen lesen sich als Manifestationen einer permanenten Überbietung und einer karnevalesken Übertreibungskunst. So forderten Raoul Hausmann, Richard Huelsenbeck und Jefim Golyscheff in ihrem 1919 erschienenen Flugblatt *Was ist der Dadaismus und was will er in Deutschland?* „die internationale revolutionäre Vereinigung aller schöpferischen und geistigen Menschen der ganzen Welt auf dem Boden des radikalen Kommunismus", zugleich aber auch „die Einführung der progressiven Arbeitslosigkeit durch umfassende Mechanisierung jeder Tätigkeit" (Hausmann 2005b: 175). Damit wird mit einem Tabu des Sozialismus, nämlich der Wertschätzung der Arbeit, gebrochen. Als weitere Ziele werden nicht nur „die sofortige Expropriation des Besitzes [...] und kommunistische Ernährung aller", sondern auch „die Errichtung der Allgemeinheit gehörender Licht- und Gartenstädte, die den Menschen zur Freiheit entwickeln", genannt. (Ibid.) Nicht nur um sozioökonomische Revolution, sondern um eine fundamentale Umstülpung und Neuordnung der menschlichen Existenz ging es den Dadaisten: durch „Verpflichtung der Geistlichen und Lehrer auf die dadaistischen Glaubenssätze" oder „die Einführung des simultanistischen Gedichts als kommunistisches Staatsgebet." (Ibid.) In solchen Zwischenrufen meldet sich die „Stimme des dadaistischen ‚Non-Sense', [...] um nicht ganz vom Diktat des Politischen vereinnahmt zu werden." (Puff-Trojan 1993: 203) Dada wehrte sich dagegen, als bloße „kommunistische Transitgesellschaft" (Hausmann 1992a: 186) zu dienen. Bei aller Solidarität mit den Armen, bei allem Engagement für die Arbeitermassen wollten die Dadaisten nicht auf ihre ‚schöpferische' Subjektivität verzichten. Kommunismus verbindet sich bei ihnen mit einer umfassenden Revolutionierung der Lebensform, die alles, von der Ökonomie bis zur Sexualität, durchdringt und deshalb – nicht unironisch –

für die „sofortige Regelung aller Sexualbeziehungen im international dadaistischen Sinne durch Errichtung einer dadaistischen Geschlechtszentrale" (Hausmann 2005b: 175) plädiert. Wie schmal dabei der Grat zwischen Agitation und Verulkung war, zeigt auch die Forderung nach „sofortige[r] Durchführung einer großdadaistischen Propaganda mit 150 Cirkussen zur Aufklärung des Proletariats" (ibid.). Revolution und Jahrmarkt fallen in eins, wenn im selben Jahr Walter Mehring in seinem *Dada Prolog 1919* die deutsche Revolution wie folgt ausruft: „Hurra -r-r-r-r-a/Tatü – Tata!/Die deutsche Revolution!" (Mehring 1981: 43)

Dada sah zum einen den Kommunismus als Verbündeten im Kampf gegen das Bürgertum. Zum anderen stand Dada dem Kommunismus skeptisch gegenüber, sofern der Staat und die Arbeit ihm als tragende Säulen dienten. So griffen die Dadaisten besonders den nach dem Vorbild der Arbeiter- und Soldatenräte gegründeten „Arbeitsrat für Kunst" an. In seiner Satire *Vom neuen deutschen freien Reich* verspottete Hausmann die Vorstellung einer staatlich rational organisierten und mechanisierten Versorgung der Bevölkerung:

> Alles besorgen amtlich genau funktionierende Maschinen. So trete ich ein für die Inbetriebsetzung einer allgemeinen Beköstigungsmaschine, fahrbar von Haus zu Haus und von Etage zu Etage. Die Maschine klingelt an der Wohnungstür und ist durch eine sinnreiche Konstruktion befähigt, auf der Grundlage optisch-chemischer Reaktionen (Radiumstrahlen in Verbindung mit Photographie) das Essen nach der Haarfarbe des Wohnungsinhabers auszugeben [...]. (Hausmann 1992b: 30)

Die Satire verspottet die zeitgenössischen Steuerungs- und Regulierungsfantasien und ihr Telos, die Effizienzsteigerung durch Rationalisierung aller Lebensbereiche.

Der Grundsatz der dadaistischen Programmatik lautet – in Umkehrung des Aufsatztitels von Hugo von Hofmannsthal *Aufbauen, nicht einreißen* (1915) – „Einreißen, nicht aufbauen". Die radikale Verneinung, die Verweigerung positiver Zukunftsvisionen bildet ein charakteristisches Merkmal von Dada Berlin. Die Ablehnung jeder Moral zugunsten einer illusionslosen Betrachtung richtet das Augenmerk auf das Hässliche und Böse als Dominanten der Gegenwart. Solche radikale Negation verbindet sich mit einer Überbietungsrhetorik, mit der die Dadaisten ihre eigenen Positionen immer wieder in Frage stellen. Raoul Hausmann bekennt sich im Dezember 1919 in seinem Pamphlet *Der deutsche Spießer ärgert sich* zur Ironie, dass die wahren Dadaisten mittlerweile „Antidadaisten" seien, die sich für die vollkommene Abschaffung der Kunst einsetzten (Hausmann 2005c: 110). Huelsenbeck formuliert 1920 im Vorwort zum *Almanach Dada*: „Man muß Dadaist genug sein, um seinem eigenen Dadaismus gegenüber eine dadaistische Haltung einnehmen zu können." (Hausmann 1992a: 124) Abgelehnt wird aber in der Hauptsache ein bürgerlicher Kunstbegriff, nach dem Kunst als Erbauung fungiert: „Dada macht eine Art Anti-Kultur-Propaganda, aus Ehrlichkeit, aus Ekel, aus tiefstem Dégoût vor dem Erhabenheitsgetue des intellektuell approbierten Bourgeois." (Ibid.: 126) Wenn sich etwa Huelsenbeck als „Harlekin der Straße" (Korte 2000: 60) bezeichnete, so brachte er das Derbe und Sinnliche einer populären Komik gegen die sublimierte bürgerliche Kunst in Anschlag. Auch Hausmann zeichnete sich nach dem Zeugnis von Hans Richter durch „Wandlungsfähigkeit" aus und „trug stets eine untergründige Note von Humor, einen fantastischen Galgen- oder Haß-Humor" (Richter 1978: 110).

John Heartfield (eigentlich Helmut Herzfeld) und George Grosz (Georg Ehrenfried Groß) wenden sich in ihrer 1919 erschienenen Polemik *Der Kunstlump* gegen die Kunst, die sie als einen veralteten bürgerlichen Fetisch begreifen. Der „Kunstlump" ist Oskar Kokoschka, der als Professor an der Akademie der bildenden Künste in Dresden vor der Gefahr der Beschädigung von Gemälden durch revolutionäre Unruhen warnte. Im Gegenzug desavouieren die Dadaisten Kunst als kapitalistisches Kulturgut: „Wie begrüßen mit Freude, daß die Kugeln in Galerien und Paläste, in die Meisterbilder der Rubens sausen, statt in die Häuser der Armen in den Arbeitervierteln!" (Heartfield/Grosz 2005: 205) Schon im von Huelsenbeck 1918 verfassten *Dadaistischen Manifest* lehnten die Unterzeichner, zu denen auch noch die Züricher Dadaisten zählten, vehement den deutschen Expressionismus ab, dessen „abstrakt-pathetische Gesten [...] ein inhaltloses, bequemes und unbewegtes Leben zur Voraussetzung" hätten (Huelsenbeck 1977: 22–23). Wären die Expressionisten, so meint Hausmann in *Der deutsche Spießer ärgert sich*, „im geringsten revolutionär, sie müßten zunächst das eine begreifen, daß Kunst nicht ästhetische Harmonisierung bürgerlicher Besitzvorstellungen sein kann." (Hausmann 2005c: 184) Der Kommunismus erscheint als ein Verbündeter im Kampf gegen eine solche harmonisierende bürgerliche Kunstauffassung. Die Übernahme kommunistischer Schlagworte durch Dada kann als ein Experiment mit ungewissem Ausgang betrachtet werden. Es ging den Dadaisten um die Auslösung einer Revolte ohne genaue Ziele. Raoul Hausmann schrieb 1919:

> Den kommunistischen Elan gegen den Bürger und den Geistigen in die Kunstfabrik für Geistesauflösung. Warum spricht das kommunistische Manifest nicht von dem Geistesbourgeois, der mit seinen Ausscheidungen die Besitzperipherie sichert. (Hausmann 1977a: 56)

So schlägt in der dadaistischen Revolte die Anlehnung an die revolutionäre Rhetorik immer wieder unvermittelt in ihre Parodie um. Die revolutionären Gesten von Dada Berlin haben einen starken karnevalistischen Zug. Johannes Baader, der selbsternannte „Präsident des Weltalls", der „im Sattel des weißen Pferdes DADA" sitzt, führte nach dem Vorbild der Französischen Revolution eine neue Zeitrechnung ein: „wir hatten die alte Zeitrechnung abgeschafft und mit dem Jahr A = 1 die neue Zeitrechnung des wirklichen Weltfriedens begonnen." (Baader 1977a: 74)

Auch im Kampf gegen den Militarismus und gegen den rechten Terror der Freikorps in den Revolutionsjahren nach dem Ende des Ersten Weltkriegs bedienten sich die Dadaisten der Satire und Persiflage. In *Ein Schießgewehr voll Nächstenliebe*, erschienen 1919/20 in der Zeitschrift *Der Gegner*, lobt Hausmann die Ermordung der Spartakisten Karl Liebknecht, Rosa Luxemburg und Leo Jogiches sowie des Anarchisten Gustav Landauer als Wohltat, da die Ermordeten dadurch das Glück im Himmelreich gefunden hätten (cf. Hausmann 1977b: 89). Die Erschießung ist, so der satirische Text, „berechtigt", sofern sie „von einer rechtmäßigen Stelle" ausgehe und durch Vertreter der Ordnungsmächte wie etwa Offiziere erfolge (ibid.: 88). Sarkastisch wird hier die Haltung der Kirchen angeprangert, welche die Mordaktionen der Freikorps gegen die revolutionäre Arbeiterschaft und ihre Führer weitgehend guthießen und ihnen ihren Segen gaben.

2. Aktionen

Die Tendenz, die Grenzen der Institution Kunst zu sprengen, sie aus der Isolation herauszuführen und ins Leben zu überführen, war allen Avantgarde-Bewegungen gemeinsam, aber in Dada am radikalsten ausgeprägt. Kunst und Nicht-Kunst sind nicht zu trennen, jedes Gespräch, jede Haltung, jede Handlung kann zur Kunst erklärt werden. Mit dieser Ablehnung der traditionellen Kunst verband sich *erstens* eine Hinwendung zu Publikations- und Gebrauchsformen der Massenkultur und Werbung wie „Annonce, Plakat, Zeitungsmeldung, Schlagzeile, Parole, Telegramm, Postkarte, Programmzettel, Flugblatt". Insbesondere wurde „das Geschäftsgebaren der kapitalistischen Welt" (Bergius/Riha 1977: 172) ironisch zitiert. So wurden etwa zwischen den Artikeln der Zeitschrift *Der Dada* Annoncen für eine fiktive „DADA-Reklamegesellschaft" oder für eine ebenso fiktive Bank unter dem Motto „Legen Sie Ihr Geld in dada an" eingeschaltet.[1] *Zweitens* wurden zeitgenössische Medien wie Fotografie, Film und Typographie bevorzugt. Und *drittens* wurde die direkte Aktion, die (anti)künstlerische Tätigkeit von der Intimität des Cabarets, die noch für den Züricher Dadaismus kennzeichnend war, in die Öffentlichkeit, in die großen Säle und auf die Straße verlegt.

„Aktion, Aktion", so bezeichnete Raoul Hausmann im Rückblick den Grundsatz der Berliner Dadaisten. (Hausmann 1992a: 17) Er berichtet von einigen Aktionen Johannes Baaders: Am 17. November 1918 unterbrach er den Hofprediger Ernst von Dryander im Dom zu Berlin mit dem Ausruf: „Was ist Ihnen Jesus Christus? Er ist Ihnen Wurst!" (Ibid.: 63) 1919 begab sich Baader

> in die National-Versammlung Weimar, wo er die Sitzung unterbrach und die Ablösung der Regierung durch die Gruppe DADA forderte, und wo er sein Blatt ‚Die grüne Leiche' abwarf, in dem er die Ankunft des Ober-DADA auf dem weißen Pferde ankündigte, als Höchster Schiedsrichter des Jüngsten Gerichts, und daß man das Parlament mit Bomben in die Luft sprengen werde. (Ibid.: 18–19)

1 Zentralamt des Dadaismus, 1977: „Legen Sie Ihr Geld in *dada* an". In: Riha/Bergius 1977: 59–60.

Eine weitere Aktion macht das Clowneske des Dadaismus deutlich. Wie Franz Jung überliefert, erkannten Johannes Baader und Raoul Hausmann 1918 in der Straßenbahn den sozialdemokratischen Politiker und späteren Reichskanzler Philipp Scheidemann. Zusammen mit Freunden umringten sie ihn und erklärten ihn zum „Ehrendada" (cf. Jung 2000: 103–104). Diese Aktion wurde am 19. September 1918 in einer Mitteilung des Club Dada mit dem Titel *Scheidemann Mitglied des Club Dada* veröffentlicht. Solche zur Schau gestellte Hochstapelei ist nicht nur als purer Ulk, sondern zugleich als durchaus ernstzunehmende politische Intervention zu verstehen, die den theatralen Charakter auch der realen politischen Macht und ihrer Repräsentationsgesten offenlegt. Wenn die Dadaisten ihre eigenen Werke und Aktionen als „Bluff" bezeichneten, so entlarvten sie zugleich „alle behaupteten Wahrheiten [...] als Täuschungsmanöver". (Korte 2000: 67–68) Mit seinen ‚philosophischen Aktionen' verstand sich Dada „eher [als] ein Lebenszustand, [...] eine Form der inneren Beweglichkeit als eine Kunstrichtung" (Hausmann 1982: 95). Dieser Lebenszustand manifestiert sich in „karnevalistischen Clownerien" (Korte 2000: 68), im bewussten Bekenntnis zum Un-Sinn, der die hochtrabenden Sinnkonstrukte und Ideologien unterminiert. Dada beförderte damit eine Lachkultur, die alles Bestehende in Frage stellte und die Hohlheit machtgestützter Phrasen und Gesten demonstrierte.

Die dadaistischen Aktionen hatten oft einen spontanen und ephemeren Charakter. Ein Beispiel für diesen improvisatorischen Zug ist eine Performance, die Hausmann und Baader am 19. Juli 1919, dem 100. Geburtstag Gottfried Kellers, aufführten. Sie lasen mitten auf einer verkehrsreichen Straße im Berliner Bezirk Friedenau zufällig aufgeschlagene Auszüge aus dem *Grünen Heinrich* (cf. Hausmann 1992a: 63–64). Diese Aktion macht die Aporien der dadaistischen Öffentlichkeit ersichtlich: „Bemerkten wir nicht die Vorübergehenden? Jedenfalls bemerkten wir kein Zeichen vom Aufmerken des Publikums [...]." (Ibid.: 64) Diese Indifferenz gegenüber der eigenen Wirkung ist charakteristisch auch für die politische Aktivität von Dada Berlin. Doch nicht nur Hausmanns nachträglicher Bericht, sondern auch sein Bedauern, dass die Aktion „nicht gefilmt worden ist", da der Tonfilm damals noch nicht existierte, (Richter 1978: 127) zeugen davon, dass sich die Akteure nicht vollkommen mit der Flüchtigkeit solcher Aktionen zufriedengaben.

Die Verworrenheit der politischen Verhältnisse im Nachkriegsdeutschland zeigte sich besonders deutlich bei den Dada-Soireen, die in der Nachfolge der futuristischen Abende veranstaltet wurden (cf. Schmidt-Bergmann 1993). Wie diese waren die Dada-Abende durchaus beliebt, große Säle waren ausverkauft. Die Besucher der Dada-Vorstellungen wollten allerdings weniger die Kunst der Dadaisten kennenlernen, als selbst aktiv werden. Dada wurde zum Vorwand einer Enthemmung des Publikums, das seiner Gewaltbereitschaft mit der Zertrümmerung der Saaleinrichtung und tätlichen Attacken gegen die Dadaisten Luft machte. Huelsenbeck berichtet von einem von ihm zusammen mit Hausmann bestrittenen Abend am 1. März 1920 in der Prager Produktenbörse vor rund 2.500 Zuschauern:

> Die Tschechen wollten uns verprügeln, weil wir Deutsche waren; die Deutschen hatten es sich in den Kopf gesetzt, wir wären Bolschewisten, und die Sozialisten drohten uns mit Tod und Vernichtung, weil sie uns für reaktionäre Wollüstlinge hielten. (Huelsenbeck 1984: 134)

Anders als auf der früheren Station der Dada-Tournee in Dresden, wo Hausmann, Huelsenbeck und Baader in der Getreidebörse von jungen monarchistischen Männern aus dem Publikum auf offener Bühne verprügelt wurden (cf. Hausmann 1992a: 131–132), wurde der Abend in Prag zum unerwarteten Erfolg. Skurril verlief der Abend im Februar 1920 in Leipzig, der zweiten Station der Tournee: Am Anfang der Vorstellung trat ein wirklicher Polizeileutnant auf die Bühne, wurde aber vom Publikum für einen verkleideten Dadaisten gehalten und mit faulen Kartoffeln beworfen (cf. Hausmann 1992a: 133). Das Publikum war also schon soweit auf ein Maskenspiel eingestellt, dass es auch die uniformierte Obrigkeit als Teil der Inszenierung auffasste.

Eine im wörtlichen Sinn karnevaleske Aktion startete Dada im Januar 1921: der „Oberdada" lud „den Reichspräsidenten, alle Reichs- und Landesminister, Reichs- und Landtagsabgeordneten, Magistratsmitglieder und Stadtverordneten mit ihren Damen zum ersten, großen Faschings-Dada-Ball" im Marmorsaal am Zoo ein (Baader 1977b: 131) – in einem der größten und prunkvollsten Ballsäle Berlins. Das Ballkomitee setzte sich hauptsächlich aus Berliner Schauspielern und Kabarettisten zusammen, die Dadaisten Grosz, Hausmann, Huelsenbeck und Heartfield schienen im „Gegenkomitee" auf (ibid.) und demonstrierten damit ihre ironische Distanz – ein deutliches Signal für das Ende von Dada Berlin.

3. Dada-Politik

Den Abschluss der revolutionären Phase von Dada Berlin bildet die *Erste Internationale Dada-Messe* vom 30. Juni bis zum 25. August 1920 in der Berliner Galerie Dr. Otto Burchard. Die Hauptorganisatoren waren Raoul Hausmann, John Heartfield und George Grosz. Gezeigt wurden „Fotomontagen, Assemblagen und Plakate", die, so Hausmann, „alles übertrafen, was man bisher gesehen hatte." (Hausmann 1992a: 21) Die Ausstellung richtete sich gegen den deutschen Militarismus ebenso wie gegen die bürgerlichen Profiteure des Krieges. Besonders die Zeichnungen von George Grosz rechneten mit beißender Kritik und einem in höchstem Grade politischen Sarkasmus mit dem Nachkriegs-Establishment ab. Bloßgestellt wurden die Vertreter der Macht in Militär, Justiz, Kirche, in der Aristokratie und im Großbürgertum, in der Beamtenschaft und in den Bildungsinstitutionen: Sie erschienen als Täter, die für die zahllosen Opfer des Krieges verantwortlich waren. Aber auch „gegen die Doppelmoral kleinbürgerlichen Spießertums und nicht zuletzt gegen sozialdemokratische Kumpaneien mit dem ehemals kaiserlichen Militär- und Beamtenapparat" (Korte 2000: 84) richtete sich Grosz' ätzende Kritik.

Die Dada-Messe zog einen Prozess wegen Beleidigung der Reichswehr nach sich. Kläger war das Reichswehrministerium. Angeklagt waren Johannes Baader, Rudolf Schlichter, der Galerist Otto Burchard, George Grosz wegen seiner Mappe *Gott mit uns* und Wieland Herzfelde (eigentlich Herzfeld), der die Mappe im Malik-Verlag veröffentlicht hatte. Grosz wurde zu einer Geldstrafe von 300, Herzfelde von 600 Reichsmark verurteilt (cf. Bergius 1977: 3/72). In seinem Bericht über den Prozess in der Zeitschrift *Die Weltbühne* zeigte sich Kurt Tucholsky enttäuscht darüber, wie kleinmütig sich die Angeklagten vor Gericht geäußert hätten. Über Grosz schreibt Tucholsky: „Er sagte kein Wort, das auch nur einem Strich seiner Blätter adäquat gewesen wäre." (Tucholsky 1977: 128)

Die Ausstellung war ein Höhepunkt der Berliner Dada-Bewegung, aber zugleich auch ihr letzter gemeinsamer Auftritt. Die politischen Erwartungen der Bewegung erfüllten sich nicht. Hausmann schrieb unter dem Titel *Was die Kunstkritik nach Ansicht des Dadasophen zur Dada-Ausstellung sagen wird* (cf. Hausmann 1977c: 115–116) vorsorglich eine vernichtende Kritik. Dadaistische Selbstironie und Selbstridikülisierung kennzeichneten auch einige Exponate, etwa Hannah Höchs Fotomontage *Schnitt mit dem Küchenmesser Dada durch die erste Weimarer Kulturbauchepoche*, in der die Dadaisten in die „Kulturbauchepoche" miteinbezogen sind. (Korte 2000: 80) Solche Skepsis der eigenen Position gegenüber vertrug sich schwer mit den revolutionären Erlösungsphantasien, die diese Epoche prägten.

Rückblickend auf die Dada-Messe bemerkte Hausmann resigniert: „das Publikum machte nicht mit, keiner wollte Dada sehen." (Hausmann 1992a: 21) Besonders die Proletarier, für die sich Dada einsetzte, nahmen die Bewegung kaum zur Kenntnis. Zu groß war die Kluft zwischen deren Lebenswelt und dem Bohème-Leben der Dadaisten. Zugleich machten die Provokationen Dadas deutlich, wie sehr auch die KPD in einer pathetischen Kulturideologie befangen blieb. Die *Rote Fahne*, die Parteizeitung der Kommunistischen Partei, bezeichnete die Dada-Messe als „Sammlung von Perversitäten" und als „lächerlich klein, winzig und armselig belanglos [...] neben dem gewaltigen Befreiungskampf des Proletariats, in dem allein es *ernst* ist mit der Vernichtung der bürgerlichen Gesellschaft" (Korte 2000: 69–70).

In der Folge spaltete sich die Bewegung in eine stärker kommunistisch und eine anarchistisch orientierte auf. George Grosz, John Heartfield und Wieland Herzfelde näherten sich zeitweise der zu Silvester 1918 gegründeten Kommunistischen Partei (KPD). Grosz und Herzfelde dachten in ihrem 1925 erschienenen Manifest *Die Kunst in Gefahr. Ein Orientierungsversuch* die dadaistische Anti-Kunst politisch zu Ende: Der Künstler sollte Techniker oder Architekt werden, um den Aufbau der kommunistischen Gesellschaft zu unterstützen (cf. Grosz/Herzfelde 1979: 126–137). Schon 1920/21 hatte Wieland Herzfelde in seinem programmatischen Text *Gesellschaft, Künstler und Kommunismus* die

Nützlichkeit der Kunst in einer kommunistischen Gesellschaft radikal in Frage gestellt (cf. Herzfelde 1921). Kunst wird hier als narzisstisches Unterfangen, als bourgeoises Überbleibsel bloßgestellt, wofür in der künftigen Gesellschaft kein Platz sei.

In der Praxis gaben aber auch diese ehemaligen Dada-Protagonisten die Kunst nicht auf. Andere Dadaisten wehrten sich von Vornherein gegen eine vollkommene politische Vereinnahmung. Franz Jung wurde zwar 1919 KPD-Mitglied, aber schon 1920 aus der Partei ausgeschlossen. Er war Mitbegründer der räterepublikanisch ausgerichteten Kommunistischen Arbeiterpartei Deutschlands. In den späten 1920er-Jahren kehrte er zur Literatur zurück und versuchte, als Theaterautor Fuß zu fassen. Walter Mehring und Richard Huelsenbeck blieben parteilos und besonders als Satiriker der Kunst und Literatur verbunden. Raoul Hausmann erklärte sich 1921 zum „Présentisten" und forderte die „Erweiterung und Erneuerung der menschlichen Sinnes-Emanationen" im Hier und Jetzt (Hausmann 2005d: 232). Er führte dadaistische künstlerische Positionen und Aktionen in Zusammenarbeit mit Kurt Schwitters fort.

Die Aktionen, Soireen und Matineen von Dada Berlin fallen sämtlich in die Zeit zwischen 1918 und 1920, eine Zeit, die von revolutionären Unruhen und ihrer blutigen Niederschlagung, „von Elend, Hunger [...] und reaktionärem Terror" (Korte 2000: 69) gekennzeichnet war. Die Texte, Interventionen und Aktionen der Dadaisten zielten dabei auf einen Begriff von Revolution, der nicht im Politischen im engeren Sinne aufgeht. Es ging ihnen darum, einen neuen Rahmen zu finden, in dem das Politische gedacht werden konnte (cf. Miller 2009: 8). Sie strebten nach neuen Erfahrungen, die nicht auf einen hermetischen Kunst-Raum beschränkt bleiben, sondern in die Öffentlichkeit ausstrahlen, ja eine neue Form der Öffentlichkeit erzeugen sollten. Franz Jung nannte die frühen dadaistischen Aktionen in Berlin vor dem Ende des Weltkriegs eine „detaillierte Herausforderung, vom einzelnen zunächst an die einzelnen" (Jung 2000: 101–102). In solchen partikularen Provokationen artikulierte sich nach Jung die „Bereitschaft zur Revolution" (ibid.: 102). Doch in der kurzen Blütezeit des Berliner Dadaismus 1919/20 war die politische Revolution in Deutschland bereits gescheitert.

Durch alle Revolutionsrhetorik scheint hindurch, dass die dadaistischen Produkte und Aktionen einzigartige, einmalige Interventionen blieben. Insofern sind sie mehr Ausdruck einer individuellen oder kollektiven Rebellion als einer Revolution im strengen Sinn. In seinem 1919 erschienenen, im Erinnerungsband *Am Anfang war Dada* wiederabgedruckten Essay *Schnitt durch die Zeit* betont Hausmann seine Distanz zum Kommunismus. Hausmann beharrt auf dem Recht des Einzelnen, auf die „Selbstverantwortung des Ich vor sich selbst" (Hausmann 1992a: 117), deren Spannungsverhältnis zu den Erfordernissen eines Kollektivs nicht aufgelöst werden kann oder darf: „Dieses Ich ist der Empörer, der Autonom, aber er ist durch die Schule des Zentralismus, durch die Kompromiß-Stellungen des Kommunismus gegangen und stellt die Gesamtheit, Alle, vor die Forderung des eigenen Erlebens." (Ibid.) Solches Erleben macht der Autor stark gegen die „Produktion als Arbeit" (ibid.), die der Kommunismus lehre. Der anzustrebende Inhalt des Menschenlebens sei

> die Ausbreitung des eigenen Lebens, die volle Entfaltung seines Willens, [...] die Auflösung seiner Grenzen, [...] die Technik des Wissens um sich Selbst – die Revolution gegen die eigene Konvention wird der Krieg Aller gegen mich. (Ibid.)

In seiner Auffassung dieses unhintergehbaren und eben auch produktiven Konflikts zwischen Eigen- und Fremdbestimmung beruft sich Hausmann auf den „Revolutionär auf psychologischer Grundlage", den Psychoanalytiker Otto Gross (ibid.: 185). Zugleich setzt er sich vom Individualanarchismus eines Max Stirner ab, den dieser in seinem für die Avantgardebewegungen einflussreichen Werk *Der Einzige und sein Eigentum* (1844) entworfen hatte. Denn für Hausmann ist der Einzelne nicht nur Korrektiv der Gemeinschaft und ihrer Zwänge, sondern auch die Gemeinschaft bzw. die Notwendigkeit der „Gemeinschaftsbildung" (ibid.: 114) Korrektiv des ethischen Egoismus. So wird Stirners Individualanarchismus zur Zielscheibe für Hausmanns Satire *Puffke sehnt sich nach dem Mittelalter*. Die Kunstfigur Puffke, ein Schieber mit Seele, sehnt sich zurück in eine vorindustrielle Gesellschaft: „kurz der Puffke war so was, wie es Stirner im Individualanarchisten schildern wollte, aber nicht konnte: weil's Puffke schon lebendig war, bei Gott er war's, war ein absolutes, alleiniges Ich, ein Einziger!!" (Hausmann 1992c: 33). Individualanarchismus wird hier mit der Verantwortungslosigkeit des Profiteurs gleichgesetzt: er vertrage sich bestens mit den Schwarzmarkthändlern, die in der Notlage der Kriegs- und Nachkriegszeit die besten Geschäfte machten.

Ungeachtet dieser Kritik weist Stirners *opus unicum* eine Reihe von Grundzügen und Merkmalen auf, die in Dada widerhallen: so die Ironie, die immer wieder unvermutet auftaucht; oder die generelle Profanisierung als Empörung gegen und Befreiung von allem Heiligen, verstanden als das herrschende gesellschaftliche Wertesystem, das dem Einzelnen durch Erziehung eingeprägte Gewissen. In Otto Gross' Kritik an einer autoritären patriarchalen Gesellschaft und ihren Sozialisationsinstanzen zeigen sich auffallende Parallelen zu Stirners Gedanken (cf. Laska 2003). Wie Stirner setzte sich Gross in der Darstellung des Grundkonflikts zwischen dem Selbst und dem Anderen für die Emanzipation des Individuums von einer repressiven Moral ein. Diese Emanzipation wird in erster Linie als Befreiung des eigenen Inneren von fremden Instanzen verstanden. Selbstermächtigung stehe aber in einem Spannungsverhältnis zum Revolutionsgedanken, der nicht auf die Beseitigung jeder äußeren Macht, sondern auf die Installation einer neuen Macht und Herrschaft ausgerichtet sei. Während nach Stirner die Revolution die Errichtung neuer Institutionen anstrebe, greife die Empörung, verstanden als das Sich-Selbst-Emporheben, tiefer: sie ziele darauf, „Uns nicht mehr einrichten zu lassen, sondern Uns selbst einzurichten" (Stirner 1845: 430). Stirner beharrte also auf der Priorität der individuellen Befreiung vor jeder Art von „Volksbeglückung" (ibid.: 315).

Obwohl die Berliner Dadaisten sich punktuell dem kommunistischen Revolutionsgedanken annäherten, blieb auch für diese Dada-Strömung der Zwiespalt zwischen individualistischem Freiheitsdrang und der Einordnung in eine kollektive revolutionäre Bewegung kennzeichnend. Symptomatisch dafür ist die im Februar 1919 von Wieland Herzfelde in seinem Malik-Verlag herausgegebene Zeitschrift *Jedermann sein eigner Fussball* (cf. Riha/Bergius 1977: 45). Der Titel wandelte Herzfeldes Motto ab: „Laßt euch nicht treten. Bewegt euch selbst." (Füssel 2001: 167) Er denunzierte damit nicht nur die autoritären und restaurativen Tendenzen der jungen sozialdemokratischen Republik, sondern auch die Erfolglosigkeit kommunistischer Parolen, den Leerlauf ihres Verbalradikalismus. Im Angriff auf die bürgerliche Gesellschaft war für Dada Berlin – wie später auch für die Surrealisten – eine Revolutionierung des individuellen Bewusstseins die Voraussetzung einer fundamentalen gesellschaftlichen Veränderung. Die Zensur begriff sehr wohl die revolutionäre Sprengkraft der Dada-Bewegung: *Jedermann sein eigner Fussball* wurde, wie viele andere Dada-Zeitschriften, gleich am Erscheinungstag verboten (cf. ibid.)

4. Karneval

Dada folgte in seinen politischen Interventionen dem Modell des Karnevals, wie es Michael M. Bachtin beschrieben hat. Bachtin rekonstruiert eine auf die Antike zurückgehende und im Mittelalter sich ausprägende Tradition einer aggressiven Lachkultur, die die dominanten Ordnungen subvertiert und parodiert. Im Karneval werden die konventionellen Trennungen zwischen Schauspielern und Publikum, aber auch zwischen Kunst und Leben aufgehoben. Genau um eine solche Aufhebung ging es in den dadaistischen Aktionen und künstlerischen Aktivitäten. Das rebellische Narren- und Maskenspiel der Dadaisten, das die Hohlheit herrschender Hierarchien und Wertsysteme entlarvt, entspricht der von Bachtin festgestellten, befreienden karnevalistischen Enthemmung: „Das Lachen befreit nicht nur von der äußeren Zensur, sondern vor allem vom großen inneren Zensor, von der in Jahrtausenden dem Menschen anerzogenen Furcht vor dem Geheiligten, dem autoritären Verbot, dem Vergangenen und der Macht." (Bachtin 1990: 38–39) Die subversiven Elemente der Volkskultur, besonders die von Bachtin genannten karnevalistischen Kategorien der „Exzentrizität", der „Familiarisierung", der „Mesalliance" und der „Profanation" (ibid.: 49), sind auch für Dada kennzeichnend. In Dadas Texten und Aktionen werden das Geistige und das Derb-Sinnliche kontaminiert, heterogene Diskurse parodistisch und relativierend nebeneinandergestellt, damit herrschende Weltanschauungen und etablierte Rangordnungen verkehrt und ad absurdum geführt.

Mit seinen politischen Provokationen und seiner Parodie der politischen Semantik situiert sich Dada Berlin auf einer „Metaebene des Politischen" (Fähnders 2001: 73), etwa mit der Forderung des „dadaistischen Zentralrats", das simultanistische Gedicht als „kommunistisches Staatsgebet" einzuführen. In einem weiteren Sinn ist gerade diese fundamentale Kritik am politischen Jargon eine „hochpolitische Angelegenheit" (ibid.): Denn die dadaistischen Interventionen decken die Spielregeln politischer Rhetoriken und Strukturen auf, etwa der Rhetorik der Forderung, die auch in den linksgerichteten Bewegungen die Trennung zwischen Akteuren und passivem Publikum befördert. Eben solche Verhältnisse spielerisch umzukehren, zu revolutionieren, ist der Sinn der provokanten und paradoxen dadaistischen Interventionen.

Bibliografie

Arnold, Heinz Ludwig (Hrsg.), 2001: *Aufbruch ins 20. Jahrhundert. Über Avantgarden.* (Sonderband). Edition text + kritik: München.

Asholt, Wolfgang/Fähnders, Walter (Hrsg.), 2005a: *Manifeste und Proklamationen der europäischen Avantgarde (1909–1938).* Metzler: Stuttgart/Weimar.

Asholt, Wolfgang/Fähnders, Walter, 2005b: „Nachweise". In: Dies. (Hrsg.): *Manifeste und Proklamationen der europäischen Avantgarde (1909–1938).* Metzler: Stuttgart/Weimar, 427–446.

Baader, Johannes, 1977a: „Reklame für mich". In: Riha, Karl/Bergius, Hanne (Hrsg.): *Dada Berlin. Texte. Manifeste. Aktionen.* Reclam: Stuttgart, 72–75.

Baader, Johannes, 1977b: „Der Oberdada ladet den Reichspräsidenten ..." In: Riha, Karl/Bergius, Hanne (Hrsg.): *Dada Berlin. Texte. Manifeste. Aktionen.* Reclam: Stuttgart, 131.

Baader, Johannes et al., 2005: „Dadaisten gegen Weimar". In: Asholt, Wolfgang/Fähnders, Walter (Hrsg.): *Manifeste und Proklamationen der europäischen Avantgarde (1909–1938).* Metzler: Stuttgart/Weimar, 163.

Bachtin, Michail M./Kaempfe, Alexander (Übers.), 1990: *Literatur und Karneval. Zur Romantheorie und Lachkultur.* Fischer: Frankfurt a. M.

Bergius, Hanne, 1977: „Dada Berlin". In: *Tendenzen der Zwanziger Jahre. 15. Europäische Kunstausstellung Berlin 1977* (Katalog). Reimer: Berlin, 3/65–3/75.

Bergius, Hanne/Riha, Karl 1977: „Nachwort". In: Dies. (Hrsg.): *Dada Berlin. Texte. Manifeste. Aktionen.* Reclam: Stuttgart, 167–181.

Fähnders, Walter, 2001, „Avantgarde und politische Bewegungen". In: Arnold, Heinz Ludwig (Hrsg.): *Aufbruch ins 20. Jahrhundert. Über Avantgarden.* (Sonderband). Edition text + kritik: München, 60–75.

Füssel, Stephan, 2001: „Verlage der Avantgarde 1880–1930". In: Arnold, Heinz Ludwig (Hrsg.): *Aufbruch ins 20. Jahrhundert. Über Avantgarden* (Sonderband). Edition text + kritik: München, 155–170.

Grosz, George/Herzfelde, Wieland, 1979: „Die Kunst in Gefahr. Ein Orientierungsversuch". In: Schneede, Uwe M. (Hrsg.): *Die zwanziger Jahre. Manifeste und Dokumente deutscher Künstler.* DuMont: Köln, 126–137.

Hausmann, Raoul, 1920: „Dada in Europa". In: *Der Dada* 3, 2.

Hausmann, Raoul, 1977a: „Alitterel – Delitterel – Sublitterel". In: Riha, Karl/Bergius, Hanne (Hrsg.): *Dada Berlin. Texte. Manifeste. Aktionen.* Reclam: Stuttgart, 54–56.

Hausmann, Raoul, 1977b: „Ein Schießgewehr voll Nächstenliebe". In: Riha, Karl/Bergius, Hanne (Hrsg.): *Dada Berlin. Texte. Manifeste. Aktionen*. Reclam: Stuttgart, 88–90.

Hausmann, Raoul, 1977c: „Was die Kunstkritik nach Ansicht des Dadasophen zur Dada-Ausstellung sagen wird". In: Riha, Karl/Bergius, Hanne (Hrsg.): *Dada Berlin. Texte. Manifeste. Aktionen.* Reclam: Stuttgart, 127–129.

Hausmann, Raoul, 1982: „Was will der Dadaismus in Europa?" In: Ders.: *Bilanz der Feierlichkeit. Texte bis 1933.* Erlhoff, Michael (Hrsg.) Bd. 1. Edition text + kritik: München, 94–100.

Hausmann, Raul, 1992a: *Am Anfang war Dada.* Riha, Karl/Kämpf, Günter (Hrsg). Mit einem Nachwort von Karl Riha. Anabas: Gießen.

Hausmann, Raoul, 1992b: „Vom neuen deutschen freien Reich". In: Ders.: *Hurra! Hurra! Hurra! 12 politische Satiren.* Mit einem Nachwort von Karl Riha (Hrsg.). Anabas: Gießen, 29–32.

Hausmann, Raoul, 1992c: „Puffke sehnt sich nach dem Mittelalter". In: Ders.: *Hurra! Hurra! Hurra! 12 politische Satiren.* Mit einem Nachwort von Karl Riha (Hrsg.). Anabas: Gießen, 33–35.

Hausmann, Raoul, 1992d: *Hurra! Hurra! Hurra! 12 politische Satiren.* Mit einem Nachwort von Karl Riha (Hrsg.). Anabas: Gießen.

Hausmann, Raoul, 2005a: „Pamphlet gegen die Weimarische Lebensauffassung". In: Asholt, Wolfgang/Fähnders, Walter (Hrsg.): *Manifeste und Proklamationen der europäischen Avantgarde (1909–1938).* Metzler: Stuttgart/Weimar, 171–172.

Hausmann, Raoul, 2005b: „Was ist der Dadaismus und was will er in Deutschland". In: Asholt, Wolfgang/Fähnders, Walter (Hrsg.): *Manifeste und Proklamationen der europäischen Avantgarde (1909–1938).* Metzler: Stuttgart/Weimar, 175.

Hausmann, Raoul, 2005c: „Der deutsche Spießer ärgert sich". In: Asholt, Wolfgang/Fähnders, Walter (Hrsg.): *Manifeste und Proklamationen der europäischen Avantgarde (1909–1938).* Metzler: Stuttgart/Weimar, 184.

Hausmann, Raoul, 2005d: „PRÉsentismus. Gegen den Puffkeismus der deutschen Seele". In: Asholt, Wolfgang/Fähnders, Walter (Hrsg.): *Manifeste und Proklamationen der europäischen Avantgarde (1909–1938).* Metzler: Stuttgart/Weimar, 231–232.

Heartfield, John/Grosz, George, 2005: „Der Kunstlump". In: Asholt, Wolfgang/Fähnders, Walter (Hrsg.): *Manifeste und Proklamationen der europäischen Avantgarde (1909–1938).* Metzler: Stuttgart/Weimar, 203–206.

Herzfelde, Wieland (Hrsg.), 1977: „Jedermann sein eigner Fußball" [Titelblatt]. In: Riha, Karl/Bergius, Hanne (Hrsg.): *Dada Berlin. Texte. Manifeste. Aktionen.* Reclam: Stuttgart, 45.

Huelsenbeck, Richard, 1977a: „Der neue Mensch". In: Riha, Karl/Bergius, Hanne (Hrsg.): *Dada Berlin. Texte. Manifeste. Aktionen.* Reclam: Stuttgart, 13–14.

Huelsenbeck, Richard, 1977b: „Dadaistisches Manifest". In: Riha, Karl/Bergius, Hanne (Hrsg.): *Dada Berlin. Texte. Manifeste. Aktionen.* Reclam: Stuttgart, 22–25.

Huelsenbeck, Richard, 1984: *En avant Dada: Zur Geschichte des Dadaismus.* Edition Nautilus: Hamburg.

Huelsenbeck, Richard, 1994a: „Die dadaistische Bewegung. Eine Selbstbiographie" (1920). In: Ders.: *Wozu Dada. Texte 1916–1936.* Anabas: Gießen, 33–41.

Huelsenbeck, Richard, 1994b: „Von Dada zur Weltordnung" (1931). In: Ders.: *Wozu Dada. Texte 1916–1936.* Anabas: Gießen, 72–76.

Huelsenbeck, Richard, 2005: „Dadarede". In: Asholt, Wolfgang/Fähnders, Walter (Hrsg.): *Manifeste und Proklamationen der europäischen Avantgarde (1909–1938).* Metzler: Stuttgart, Weimar, 139–140.

Jung, Franz, 2000: *Der Weg nach unten.* 3. Aufl. Schulenburg: Hamburg.

Korte, Hermann, 2000: *Die Dadaisten.* 3. Aufl. Rowohlt: Reinbek bei Hamburg.

Laska, Bernd A., 2003: „Otto Gross zwischen Max Stirner und Wilhelm Reich". In: *3. Internationaler Otto-Gross-Kongress, Ludwig-Maximilians-Universität, München, 21.–23. März.* München, *http://sammelpunkt.philo.at/id/eprint/2367/1/gross.html,* abgerufen am 28.12.2020.

Lindemann, Uwe, 2001: „Kriegsschauplatz Öffentlichkeit. Die Sturmtrupps, Partisanen und Terroristen der künstlerischen Avantgarde". In: Arnold, Heinz Ludwig (Hrsg.): *Aufbruch ins 20. Jahrhundert. Über Avantgarden.* (Sonderband). Edition text + kritik: München, 17–36.

Mehring, Walter, 1981: „Dada Prolog 1919". In: Ders.: *Chronik der Lustbarkeiten. Die Gedichte, Lieder und Chansons 1918–1933.* Buchwald, Christoph (Hrsg.). Claasen: Düsseldorf, 43.

Miller, Tyrus, 2009: *Singular Examples. Artistic Politics and the Neo-Avant-Garde.* Northwestern University Press: Evanston/IL.

Puff-Trojan, Andreas, 1993: *Wien/Berlin/Dada. Reisen mit Dr. Serner.* Sonderzahl: Wien.

Richter, Hans, 1978: *DADA – Kunst und Antikunst. Der Beitrag Dadas zur Kunst des 20. Jahrhunderts.* Mit einem Nachwort von Werner Haftmann. DuMont: Köln.

Riha, Karl/Bergius, Hanne (Hrsg.), 1977: *Dada Berlin. Texte. Manifeste. Aktionen.* Reclam: Stuttgart.

Schmidt-Bergmann, Hansgeorg, 1993: *Futurismus – Geschichte, Ästhetik, Dokumente.* Rowohlt: Reinbek bei Hamburg.

Stirner, Max, 1845 [recte 1844]: *Der Einzige und sein Eigenthum.* Wigand: Leipzig.

Tendenzen der Zwanziger Jahre. 15. Europäische Kunstausstellung Berlin 1977 (Katalog), 1977. Reimer: Berlin.

Tucholsky, Kurt, 1977: „Dada-Prozeß". In: Riha, Karl/Bergius, Hanne (Hrsg.): *Dada Berlin. Texte. Manifeste. Aktionen.* Reclam: Stuttgart, 127–129.

Zentralamt des Dadaismus, 1977: „Legen Sie Ihr Geld in *dada* an". In: Riha, Karl/Bergius, Hanne (Hrsg.): *Dada Berlin. Texte. Manifeste. Aktionen.* Reclam: Stuttgart, 59–60.

Roland Innerhofer

Universität Wien

E-Mail: roland.innerhofer@univie.ac.at

Cristina Jarillot-Rodal

Der Club Dada und die Novemberrevolution: Unterstützung und Distanz zur revolutionären Sache in den Manifesten von Dada Berlin

Das literarisch-künstlerische Manifest wurde als Gattung aus dem Bereich der Politik in der zweiten Hälfte des 19. Jahrhunderts übernommen und erlebte seinen Höhepunkt mit dem Auftreten der Avantgarde. Ursprünglich den Fürsten vorbehalten, erhält das politische Manifest während der Französischen Revolution eine neue Dimension: Es wird von den Intellektuellen der Bourgeoisie übernommen, um ihre Forderungen zu verbreiten und damit indirekt die Volkssouveränität zu bekräftigen (cf. Jarillot 2010: 135–139). Diese Geste der Selbstlegitimierung wiederholt sich, als wiederum die literarischen Kreise der Belle Époque das Manifest übernehmen:

> Lorsqu'ils empruntent au politique, auquel il était jusque-là réservé, le terme de *Manifeste* pour faire connaître au monde leur programme de rénovation – sinon de 'révolution' – poétique, décadents et symbolistes opèrent un déplacement et un investissement de champ (de bataille) dont hériteront tour à tour, entre autres, futuristes, dadaïstes et surréalistes. Ce faisant, ils affirment que le poète est autre chose qu'un joueur de mots, que l'acte poétique, si 'restreint' soit-il, inscrit son efficace dans la Cité, et que le fait littéraire est *aussi* politique. (Béhar/Mourier-Casile 1983: 12)[1]

Die Verflechtung von Politik und Literatur ist somit in dieser Gattung vorgegeben. Nun wollen wir erörtern, inwieweit das spannungsreiche politische Geschehen der Weimarer Republik in den Manifesten des Berliner Dadaismus Eingang findet. Bei einer Bewegung, die sich die Aufhebung der Trennung zwischen Kunst und Leben auf die Fahne schreibt, kann man doch erwarten, dass so einschneidende Erlebnisse, die im Leben ihrer Protagonisten eine wichtige Rolle spielten, auch in der Gattung, in der sie ihr Selbstverständnis als Gruppe artikulieren, Niederschlag finden. Diese Forderung wird auch in einem der zentralen Texte der dadaistischen Bewegung in Berlin laut, im *Dadaistischen Manifest* von Richard Huelsenbeck:

1 „Wenn sie sich von der Politik, der sie zuvor vorbehalten war, den Begriff Manifest ausleihen, um der Welt ihr Programm der poetischen Erneuerung – wenn nicht gar der „Revolution" – bekannt zu machen, bewirken Dekadente und Symbolisten eine Verschiebung und eine Besetzung des (Schlacht-)Feldes, die der Reihe nach von Futuristen, Dadaisten und Surrealisten übernommen wird. Dabei behaupten sie, dass der Dichter etwas anderes als ein Wortspieler ist, dass der poetische Akt, wie „eingeschränkt" er auch sein mag, seine Wirksamkeit in die Stadt einschreibt und dass das literarische Handeln auch politisch ist." (Eigene Übersetzung).

> Die höchste Kunst wird diejenige sein, die in ihren Bewußtseinsinhalten die tausendfachen Probleme der Zeit präsentiert, der man anmerkt, daß sie sich von den Explosionen der letzten Woche werfen ließ, die ihre Glieder immer wieder unter dem Stoß des letzten Tages zusammensucht. Die besten und unerhörtesten Künstler werden diejenigen sein, die stündlich die Fetzen ihres Leibes aus dem Wirrsal der Lebenskatarakte zusammenreißen, verbissen in den Intellekt der Zeit, blutend an Händen und Herzen. (Huelsenbeck 1918: 36)

Die Politisierung des Berliner Clubs Dada gehört zu den etablierten Topoi der Dada-Forschung. Entstanden noch in den Wirren des letzten Kriegsjahres, entwickelten sich die dadaistischen Tätigkeiten parallel zu solch dramatischen Ereignissen wie der Novemberrevolution, der blutigen Niederschlagung des Spartakus-Aufstandes oder dem Kapp-Putsch.

Die aktive Teilnahme der Protagonisten der Berliner Bewegung am politischen Geschehen ihrer Zeit steht außer Frage: Die Gebrüder Wieland Herzfelde und John Heartfield traten in die Fußstapfen ihres Onkels und Vormunds, Joseph Herzfeld, Mitbegründer der Unabhängigen Sozialdemokratischen Partei Deutschlands (USPD) und dann Mitglied der ersten Stunde der Kommunistischen Partei Deutschlands (KPD) (cf. White 2013: 83). Ihr Verlag, Malik, veröffentlichte mehrere Zeitschriften, in denen sich dadaistische und politische Beiträge oder sogar offizielle Meldungen von verschiedenen kommunistischen Organisationen den Raum teilten, und die mehrmals verboten wurden aufgrund ihrer scharfen Kritik an der sozialdemokratischen Regierung. Die verlegerische Tätigkeit Wieland Herzfeldes führte zu seiner Verhaftung zwischen dem 7. und dem 20. März 1919 durch das Freikorps. Ohne das Eingreifen seines Freundes Harry Graf Kessler, das zu seiner Freilassung geführt hat, wäre er womöglich nicht mit dem Leben davongekommen (cf. Danzer 2012: 163). In der 2. Nummer der Zeitschrift *Die Pleite,* unter dem Titel „Schutzhaft", berichtet er monografisch über die Misshandlungen, die er und seine Mitgefangenen in den verschiedenen Hafteinrichtungen erlebt haben, und über mehrere willkürlichen Erschießungen (cf. Herzfelde 1919).

Auch andere prominente Berliner Dadaisten waren Mitglieder der KPD. George Grosz zum Beispiel hat stolz berichtet, seinen Mitgliedsausweis direkt aus den Händen von Rosa Luxemburg entgegengenommen zu haben (cf. Bru/Gilleir 2017: 462). Carl Einstein seinerseits hatte eine Führungsposition im Zentralen-Soldaten-Rat in Brüssel inne und nach seiner Rückkehr nach Deutschland wurde er zusammen mit seiner Frau am Tag der Ermordung von Karl Liebknecht und Rosa Luxemburg verhaftet. Seine Rolle in der KPD war immerhin so wichtig, dass er einer der sechs Redner am Grabe der Revolutionärin war (cf. White 2013: 282, Bru/Gilleir 2017: 468). Auch Franz Jung war ein Mitglied der ersten Stunde der KPD (cf. McBride 2018: 504).

Im Berliner Club Dada sind zwei ideologische Tendenzen zu beobachten: Neben dem kommunistischen Kreis um den Malik Verlag war die Gruppe um Raoul Hausmann eher anarchistisch-vitalistisch orientiert, was aber die parteipolitische Beteiligung nicht ausschloss. Raoul Hausmann und Johannes Baader waren kurz in den Tätigkeiten der UDSPD involviert. Insbesondere wurde Hausmann im Frühjahr 1918 wegen seiner Mithilfe bei der Verbreitung der verbotenen Denkschrift des Londoner Botschafters Fürst Lichnowsky verhört (cf. White 2013: 163). Es ist sogar möglich, dass er im Frühling 1918 vorübergehend in einer Villa in Steglitz, die von der UDSPD gemietet wurde, wohnte (cf. ibid.: 163–164). Hausmanns Lebensgefährtin, Hannah Höch, scheint sich aus der Parteipolitik herausgehalten zu haben, zeigt aber in ihrem Werk, insbesondere in ihren Collagen, eine kritische Sicht auf das politische Leben der Weimarer Republik. Was Richard Huelsenbeck betrifft, der den Funken Dadas von Zürich nach Berlin getragen hatte, könnte sein Fernbleiben sowohl von jeglicher Parteimitgliedschaft als auch von vielen der dadaistischen Veranstaltungen im Jahre 1919 durch seine Ausbildung als Militärarzt in Fürstenwalde erklärt werden, die jegliche politische Beteiligung ausschloss (cf. ibid.: 65–66).

Die Sympathien der Dadaisten für die Novemberrevolution und ihre direkte Beteiligung am Geschehen können also nicht geleugnet werden. Allerdings sind der Grad und die Ausrichtung ihres politischen Engagements doch unterschiedlich, was zu Spannungen in der Gruppe und zu ihrer progressiven Auflösung nach dem Höhepunkt der Ersten Internationalen Dada-Messe im Sommer 1920 führte.

> Angesichts der deutschen Situation in den Jahren 1918/19 verfolgen die Berliner [...] einen Kurs, der die Revolutionären Ereignisse mittels künstlerischer Aktionen zu begleiten und zu stützen sucht. Dieses Doppelprogramm lässt sich freilich nicht lange durchhalten: Ein Teil der Avantgarde bekennt sich bald zur Priorität der politischen Revolution, was nicht ohne Aufgabe wesentlicher Positionen des avantgardistischen Projekts möglich ist [...]. Ein anderer Teil geht allmählich zur politischen Avantgarde auf Distanz und versucht unter veränderten Bedingungen avantgardistische Positionen zu bewahren und weiterzuentwickeln. (Asholt/Fähnders 1997: 8)

Es stellt sich die Frage, inwieweit dieses politische Engagement in den Manifesten des Berliner Dadaismus Niederschlag fand, also in Texten, die eine zentrale Rolle bei der Festlegung der Gruppenidentität und der Ziele der Bewegung gespielt haben.

Eine Suche nach Erwähnungen der politischen Spannungen, bewaffneten Auseinandersetzungen, Verhaftungen und politischen Morde, die das Ende des Ersten Weltkriegs und den Übergang vom Deutschen Reich in die Weimarer Republik begleitet haben, im Korpus der zwischen 1918 und 1920 veröffentlichten Manifeste ergibt überraschenderweise relativ magere Ergebnisse. Zum Beispiel werden die Märtyrer des Spartakusaufstandes, Rosa Luxemburg und Karl Liebknecht, kein einziges Mal erwähnt, sehr wohl aber die Verantwortlichen für die Repression, Reichspräsident Friedrich Ebert und Reichsministerpräsident Philipp Scheidemann.

Das geschieht aber nicht, wie man erwarten könnte, in Kontexten, in denen ihre Verwicklung an der blutigen Niederschlagung der Revolten angeprangert wird oder sie zur Rechenschaft für die Ermordung der Anführer des Spartakusaufstands gezogen werden. Sie werden in ihrer Eigenschaft als Personifikationen einer bürgerlichen Republik und ihrer Werte benannt. Nicht sie stehen im Mittelpunkt der Kritik, sondern die Intellektuellen, die der Konnivenz mit der politischen Macht beschuldigt werden, deren Korruption sie durch ihre kulturellen Erzeugnisse legitimieren bzw. vertuschen. Ihre hochtrabenden Ideale werden als opportunistisch entlarvt und ihre Motivationen sind in den Augen der Dadaisten vorwiegend materieller Natur. So heißt es in Raoul Hausmanns „Pamphlet gegen die Weimarische Lebensauffassung":

> Diese Literatoren Versemacher leiden am Gallfluß ihrer traurigen Ernsthaftigkeit und bedeckten schon wieder als Aussatz die geistigen Beulen der Ebert-Scheidemann-Regierung, deren elende Phonographenwalzenmelodie sie kakophonisch unterstützten, wie sie einstmals für den preußischen Schutzmann begeisternd grölten. Konjunkturgemäß, dem Bourgeoisproletar zuliebe, und in weiser Voraussicht seines Kommens hatten sich einige der Geriebensten unter die Kategorie der Kopfarbeiter begeben – sie vollführten nun mit dem Verlangen nach Disziplin, Ruhe, Ordnung ein vornehmes Gesäusel am Bauche des Gottes Mammon. (Hausmann 1919: 163)

In diesem Manifest wird auf die Kontinuität zwischen den Werten der deutschen humanistischen Tradition, die mit Goethe und Schiller ihren Höhepunkt erreicht hat, und denen der von den Sozialdemokraten ins Leben gerufenen und ausgerufenen Republik, die nicht zufällig Weimar für den Sitz ihrer Verfassungsgebenden Nationalversammlung gewählt hat, hingewiesen.

> Noch kläglichere Folgen als der Alte Fritz zeitigten Goethe und Schiller – die Regierung Ebert-Scheidemann war eine Selbstverständlichkeit aus der dummen und habgierigen Haltlosigkeit des dichterischen Klassizismus. Dieser Klassizismus ist eine Uniform, die metrische Einkleidungsfähigkeit für Dinge, die nicht das Erleben streifen. Außerhalb aller Strudel des realen Geschehens hüllen ernsthafte Dichter, Mehrheitssozialisten, Demokraten die Belanglosigkeit in die starrenden Faltenwürfe würdiger Verordnungen: militärische Versfüße wechseln ab mit Arien der Güte und Menschlichkeit – aus dem sicheren Hinterhalt, den der Besitz einer Anzahl Banknoten oder ein Pfund Butter verleiht, taucht auf das Ideal aller Schwachköpfe: Goethes zweiter Faust. (Ibid.: 163)

Interessanterweise stehen in dieser Kritik eigentlich nicht soziale oder politische Fragen im Vordergrund, sondern der Vitalismus; was der als bürgerlich empfundenen Sozialdemokratie vorgeworfen wird, ist nicht das Elend im deutschen Reich oder der Kompromiss mit den alten Eliten, sondern die Flucht vom individualistischen Erleben. In diesem Kontext bezieht sich Hausmann auf den Kommunismus, den er begrüßt, aber nicht etwa, weil er sich ernsthaft mit der Durchführbarkeit einer bolschewistischen Revolution in Deutschland auseinandersetzt, sondern weil er sich über seine erschreckende Wirkung bei der Bourgeoisie freut. Es geht also nicht um den Wunsch nach einer grundlegenden sozialen Umwälzung, sondern lediglich um die Provokation:

> Der früher so christliche Deutsche ist Goethe-Ebert-Schiller-Scheidemannianer geworden – aus seinem Verwechslungsspiel von Besitz und Nutznießung reißt ihn nur mehr der Gotthilfliebekinderschreck des Bolschewismus. Der Kommunismus ist die Bergpredigt, praktisch organisiert, er ist eine Religion der ökonomischen Gerechtigkeit, ein schöner Wahnsinn: der Demokrat aber ist gar nicht wahnsinnig, er möchte leben auf Heller und Pfennig. (Ibid.: 164)

Das Manifest „Der Kunstlump", von John Heartfield und George Grosz, nimmt direkten Bezug auf die bewaffneten Auseinandersetzungen, die in Dresden am 15. März 1920, also knapp vor hundert Jahren, im Umfeld des Kapp-Putsches stattgefunden haben. Streikende Arbeiter und Putschisten lieferten sich Straßenkämpfe in unmittelbarer Nähe des Zwingers und eine Kugel traf Rubens Werk Bathseba am Springbrunnen.

Anlass zum Verfassen des Manifests waren aber nicht die Straßenkämpfe selbst, bei denen immerhin 59 Menschen das Leben verloren, sondern die Veröffentlichung eines Aufrufs durch den Maler und Professor der Dresdner Akademie der Künste Oskar Kokoschka. Der expressionistische Maler hatte sich als über den niederen politischen Leidenschaften stehend dargestellt und die Kämpfenden darum aufgefordert, in Zukunft ihre Auseinandersetzungen an Orten auszutragen, an denen sie keine Gefahr für das Kulturerbe darstellten, dem er einen viel größeren Wert für die zukünftigen Generationen beimaß als irgendwelchen ideologischen Differenzen.

Für Heartfield und Grosz war die Haltung Kokoschkas bezeichnend für die Rolle der Kulturschaffenden als Verteidiger der Interessen der Bürger. Mit ihren Kunstwerken leisteten sie einen Beitrag zur Aufrechterhaltung des Status Quo, indem sie die Proletarier mit schönen Idealen von ihrer unterprivilegierten Lage und der sozialen Ungerechtigkeit ablenkten und somit ihre Bereitschaft, klassenbewusst aufzutreten, einschläferten.

> Deshalb predigt man in den Bildwerken Flucht der Gefühle und Gedanken, weg von den unerträglichen Zuständen der Erde, zu Mond und Sternen, in den Himmel, läßt so die Maschinengewehre der Demokratie gewähren, die ja auch die Reise der Besitzlosen in ein reineres Jenseits bezwecken. Deshalb dichtet so ein Schwächling wie Rainer Maria Rilke, den die parfümierten Nichtstuer aushalten, „Armut ist ein großer Glanz von innen" (Stundenbuch). (Heartfield/Grosz 1920: 51)

Den Angriff auf Kokoschka wollen sie nicht als eine persönliche Angelegenheit verstanden wissen, sondern als Bloßlegung einer opportunistischen und merkantilistischen Kunstauffassung. Der Expressionist ist in ihren Augen symptomatisch für das, was sie als Kunst- und Kulturschwindel bezeichnen (ibid.: 55).

Die Meisterwerke der Vergangenheit sind für Heartfield und Grosz nicht unantastbar, denn zur Zeit ihrer Entstehung dienten sie vor allem den Repräsentations- und Zerstreuungsbedürfnissen der führenden Klassen. Ihre Haltung den alten Meistern gegenüber grenzt an das Ikonoklastische. Ihre Musealisierung ist eine Verschwendung an Objekte, die keinen Wert für die Gegenwart haben, höchstens dienen sie der Spekulation:

> In den Staatsgebäuden zur Pflege und Erhaltung der mittelalterlichen Inventare und Gebilde, eines Stabes überflüssiger Kunstbeamten, alles toten, heutigen Lebensbedürfnissen zuwidersprechenden Gerümpels, Geschreibsels und Gemale das bestenfalls nur historischen Nachschlagewert hat für Idioten und Nichtstuer, die die Dokumente der menschlichen Dummheit, bis in die greiseste Vergangenheit greifend, preisen zu müssen glauben, hängen die verstaubten „Werke“ der Rubens, Rembrandts, die für uns heute nicht den geringsten Lebenswert mehr bergen. Die Marktinteresse für den Bürger haben! In denen er sein Geld sicherte und festlegte. (Ibid.: 48)

Die Werke der klassischen Tradition haben in den Augen der Dadaisten mit der Lebenswelt der Proletarier der Weimarer Republik nichts zu tun, das Proletariat werde seine eigene Kunst produzieren, die einen Beitrag zu seinem Befreiungskampf leisten könne. Angesichts der elenden Lebensbedingungen der Arbeiter und des Verrats an der Novemberrevolution durch die Ebert-Scheidemann-Regierung und der Bedrohung durch rechtsextreme Putschversuche könne die Beschäftigung mit Kunst nur eine gefährliche Ablenkung bedeuten. Die Prioritäten waren für beide Dadaisten klar: „Wir begrüßen mit Freude, daß die Kugeln in Galerien und Paläste, in die Meisterbilder der Rubens sausen, statt in die Häuser der Armen in den Arbeitervierteln!“ (ibid.: 55).

Es ist kein Zufall, dass sich die Autoren in diesem Manifest, in dem zur Missachtung der westlichen Kunsttradition aufgerufen wird, positiv auf den italienischen Futurismus beziehen, dem sie im Vergleich zur Verlogenheit der expressionistischen Menschlichkeitsideale das Wissen um die Vergänglichkeit der eigenen Kunstproduktion hoch anrechnen (ibid.: 56).

Die bildzerstörerische Haltung, die sich im Kunstlump-Manifest abzeichnet, hat ausgerechnet bei den Kulturkritikern der Partei, zu der auch seine Autoren gehörten, der KPD, Befremden erregt. Den Dadaisten wurde vorgeworfen, dem Vandalismus Vorschub zu leisten und dem Volk ein unverzichtbares Erbe entreißen zu wollen. Es entfachte sich eine lebendige Debatte um die Funktion von Kunst im Klassenkampf, auf die wir hier nicht eingehen können und die ohnehin von der Forschung ausreichend untersucht worden ist.[2]

Auffällig in diesem Manifest ist die Nähe des Diskurses zur militanten Rhetorik der kommunistischen Bewegung der Zeit, die ständigen Aufrufe an die Arbeiter, und die Verwendung von direktiven Sprechakten, die durchaus ernst gemeint zu sein scheinen:

> Wir richten an alle, die noch nicht genug verblödet sind, die snobistische Aeußerung dieses Kunstlumpen gutzuheißen, die dringende Bitte, energisch Stellung dagegen zu nehmen. Wir fordern alle dazu auf, denen es nebensächlich ist, daß Kugeln Meisterbilder verletzen, da sie Menschen zerfetzen, die ihr Leben wagen, um sich und ihre Mitmenschen aus den Klauen der Aussauger zu erretten. (Ibid.: 53)

2 Für eine ausführliche Darstellung dieser Debatte cf. Michael 1994 und Doherty 2003: 75–83.

Der Humor, der spielerische Umgang mit der Sprache und die Infragestellung der gängigen Wertvorstellungen, ja sogar die ironische Selbstaufhebung der eigenen Aussagen, die so typisch für die Manifeste des Dadaismus sind, sind in diesem Text überhaupt nicht vorhanden. Merkwürdiger ist zudem, dass das Wort ‚Dada', das als Selbstbezeichnung und Kohäsionsmittel sonst allgegenwärtig ist, nicht einmal erwähnt wird. Insofern kann man sich fragen, ob wir tatsächlich vor einem dadaistischen Manifest stehen, oder ganz einfach vor einem Manifest, das von Menschen verfasst wurde, die sich zu dieser Zeit noch als Dadaisten verstanden.

Die im „Kunstlump" vermisste dadaistische Universalpersiflage ist im ursprünglich von Richard Huelsenbeck, Jefim Golyscheff und Raoul Hausmann unterzeichneten, aber wohl nur vom Letzteren verfassten Manifest „Was ist der Dadaismus und was will er in Deutschland?" tatsächlich vorhanden. Trotz der offensichtlichen Sympathien der Dadaisten für die revolutionäre Linke, wird nicht auf die Kritik an Aspekten wie dem revolutionären Pathos und einer gewissen Überbürokratisierung verzichtet, die sich in der Schaffung von Komitees und Unterausschüssen widerspiegelt und dem Geist der absoluten dadaistischen Freiheit widerspricht. Parodiert werden nicht nur die Kommissionsmeierei revolutionärer Gruppierungen (es ist die Rede von einem dadaistischen Zentralrat der Weltrevolution und das Manifest schließt mit der Unterschrift vom dadaistischen revolutionären Zentralrat, Gruppe Deutschland), sondern auch deren Anspruch auf Kontrolle aller Aspekte des Gemeinschaftslebens: „g) Errichtung eines dadaistischen Beirats in jeder Stadt über 5000 Einwohner zur Neugestaltung des Lebens" oder die „k) sofortige Regelung aller Sexualbeziehungen im international dadaistischen Sinne durch Errichtung einer dadaistischen Geschlechtszentrale." (Ibid.: 31) Auch die kommunistische Kulturpolitik, insbesondere das Agit-Prop Theater, wird persifliert, indem es dem Zirkus gleichgesetzt wird: „sofortige Durchführung einer großdadaistischen Propaganda mit 150 Cirkussen zur Aufklärung des Proletariats".

Die parodistische Selbstaufhebung der hier enthaltenen Forderungen bedeutet gleichzeitig eine Aufhebung der illokutiven Kraft, die für das Manifest als literarische Form, mindestens im Moment der Äußerung, typisch ist. Der Autor eines Manifests will das Publikum beeinflussen, will es zur Handlung bewegen. In der Oberflächenstruktur ist das auch in dem hier analysierten Text der Fall. Es werden Forderungen gestellt, es wird für konkrete Aktionen eingetreten. Sie werden durch kommissive Sprechakte eingeführt: „Der Dadaismus fordert:", „Der Zentralrat tritt ein für:". Diese Forderungen sind nicht ernsthaft realisierbar und offensichtlich nicht ernst gemeint. Die ersten drei könnten durchaus als Teil eines utopischen kommunistisch-vitalistischen Programms verstanden werden:

> 1. die internationale revolutionäre Vereinigung aller schöpferischen und geistigen Menschen der ganzen Welt auf dem Boden des radikalen Kommunismus,

2. die Einführung der progressiven Arbeitslosigkeit durch umfassende Mechanisierung jeder Tätigkeit. Nur durch die Arbeitslosigkeit gewinnt der Einzelne die Möglichkeit, über die Wahrheit des Lebens sich zu vergewissern und endlich an das Erleben sich zu gewöhnen,

3. die sofortige Expropriation des Besitzes (Sozialisierung) und kommunistische Ernährung aller, sowie die Errichtung der Allgemeinheit gehörender Licht- und Gartenstädte, die den Menschen zur Freiheit entwickeln. (Ibid. 1920: 29–30)

Spätestens aber nach den Punkten „a) die öffentliche tägliche Speisung aller schöpferischen und geistigen Menschen auf dem Potsdamer Platz (Berlin)" oder „b) die Verpflichtung der Geistlichen und Lehrer auf die dadaistischen Glaubenssätze" (ibid.: 30), sollte dem Zuhörer bzw. Leser klar sein, dass es sich dabei um keine geglückten Sprechakte handelt, denn die Aufrichtigkeitsbedingung (die Bedingung, dass der Sprecher oder die Sprecherin wirklich meint, was er oder sie sagt) seitens des Senders ist nicht gegeben. Überraschenderweise scheint diese Tatsache einem Teil der Forschung entgangen zu sein.[3]

Es geht also um ein Manifest, in dem die Formulierung eines illusorischen Programms dazu dient, die Legitimität der präskriptiven Sprechakte in Frage zu stellen und insbesondere die Konventionalität des politischen Diskurses aufzudecken. Dieses Manifest, das äußerlich nach allen Regeln der Kunst konstruiert ist, das den Leser nicht, wie so viele andere dadaistische Texte, durch sprachliche Verzerrung irritiert, hebt sich durch die Sinnlosigkeit seiner Forderungen selbst auf.

Zusammenfassend lässt sich sagen, dass, obwohl sich die Berliner Dadaisten in ihren Manifesten mit dem tagespolitischen Geschehen auseinandersetzen, die revolutionären Handlungen darin keine zentrale Rolle einnehmen. Auch wenn bewaffnete Auseinandersetzungen wie im „Kunstlump" direkt erwähnt werden, geht es nicht in erster Linie um eine Stellungnahme zu den Straßenkämpfen selbst, sondern eher um eine Abrechnung mit dem literarischen Feind, dem Expressionismus. Was auf dem Spiel steht, ist die eigene Position im literarisch-künstlerischen Feld im Sinne von Bourdieu (*champ de positions*), die Legitimierung des eigenen Anspruchs auf die symbolische Macht. Trotz der Beteuerungen Huelsenbecks [„Dadaist sein kann unter Umständen heißen, mehr Kaufmann, mehr Parteimann als Künstler sein – nur zufällig Künstler sein – […]" (Huelsenbeck 1918: 40)] oder der Behauptungen im „Kunstlump" [„Die Titulierung ‚Künstler' ist eine Beleidigung. Die Bezeichnung ‚Kunst' ist eine Annullierung der menschlichen Gleichwertigkeit. Die Vergottung des Künstlers ist gleichbedeutend mit Selbstvergottung." (Heartfield/Grosz 1920: 54)] scheinen die Dadaisten in ihren Manifesten mehr mit kunstinternen Gefechten beschäf-

3 Leticia Pérez Alonso nimmt diese Forderungen für bare Münze und interpretiert sie als ausdrückliche Unterstützung des Spartakusaufstandes. (Pérez Alonso 2018: 112–113).

tigt gewesen zu sein als mit den dramatischen Ereignissen in Deutschlands Straßen.

Bibliografie

Asholt, Wolfgang/Fähnders, Walter, 1997: „Projekt Avantgarde". In: Asholt, Wolfgang/Fähnders, Walter (Hrsg.): *„Die ganze Welt ist eine Manifestation". Die europäische Avantgarde und ihre Manifeste.* Wissenschaftliche Buchgesellschaft: Darmstadt, 1–17.

Béhar, Henri/Mourier-Casile, Pascaline, 1983: „Combats des mots". *Mélusine* V, „Politique – Polémique", 11–17.

Bernou, Anne, 2017: „Dada Berlin, destins du rebelle dans la cité. Retour sur la spécificité de la scène artistique berlinoise dans l'Europe des années vingt". *Synergies Pays Germanophones* 10, 77–87.

Bru, Sascha/Gilleir, Anke, 2017: „Red Rosa: On the Gender of the November Revolution in the German Avant-Gardes". *Modernism/Modernity* 24 (3), 461–483.

Danzer, Doris, 2012: *Zwischen Vertrauen und Verrat. Deutschsprachige kommunistische Intellektuelle und ihre sozialen Beziehungen (1918–1960).* V&R Unipress: Göttingen.

Doherty, Brigid, 2003: „The Work of Art and the Problem of Politics in Berlin Dada". *October* 105, 73–92.

Hausmann, Raoul, 1919: „Pamphlet gegen die Weimarische Lebensauffassung." *Der Einzige* I (14), 163–164.

Hausmann, Raoul/Huelsenbeck, Richard, 1920: „Was ist der Dadaismus und was will er in Deutschland?" In: Huelsenbeck, Richard: *En avant dada. Die Geschichte des Dadaismus.* Paul Steegemann: Hannover et al.

Heartfield, John/Grosz, George, 1919/20. „Der Kunstlump". *Der Gegner* 1 (10–12), 48–56.

Herzfelde, Wieland, 1919: „Schutzhaft: Erlebnisse vom 7. bis 20. März 1919 bei den Berliner Ordnungstruppen". *Die Pleite* 2, 3–16.

Huelsenbeck, Richard, 1918: „Dadaistisches Manifest". In: Huelsenbeck, Richard (Hrsg.), 1920: *Dada Almanach. Im Auftrag des Zentralamts der deutschen Dada-Bewegung.* Erich Reiss: Berlin, 35–41. Reprint, 1987: Edition Nautilus/Lutz Schulenburg: Hamburg.

Jarillot Rodal, Cristina, 2010: *Manifiesto y Vanguardia: los manifiestos del Futurismo italiano, Dadá y el Surrealismo.* Universidad del País Vasco: Bilbao.

Maftei, Stefan-Sebastian, 2010: „Between ‚Critique' and Propaganda: The Critical Self-Understanding of Art in the Historical Avant-Garde. The Case of Dada". *Journal for the Study of Religions and Ideologies* 9 (27), 219–245.

McBride, Patrizia C., 2018: „Berlin dada and the time of revolution". *PMLA. Publications of the Modern Language Association of America,* 133 (3), 491–507.

Michael, Klaus, 1994: „Kunstlump-Debatte". In: Barck, Simone/Schlenstedt, Silvia/Bürgel, Tanja/Giel, Volker/Schiller, Dieter (Hrsg.): *Lexikon sozialistischer Literatur: Ihre Geschichte in Deutschland bis 1945*. Metzler: Stuttgart/Weimar, 272–274.

Pérez Alonso, Leticia, 2018: „Police, politics, and anti-art: The case of Berlin Dada". *South Atlantic Review* 83 (3), 105–129.

White, Michael, 2013: *Generation Dada: The Berlin Avant-Garde and the First World War*. Yale University Press: New Haven/London.

Cristina Jarillot-Rodal

Universität des Baskenlandes

E-Mail: cristina.jarillot@ehu.eus

M. Loreto Vilar

Erich Mühsam ergänzen. Zenzl Mühsam als Chronistin der Novemberrevolution 1918 in München

Hunderttausend sterben, leiden –
Menschen töten und vernichten.
Pflicht und Liebe half uns beiden,
Glück und Frieden aufzurichten.
(Erich Mühsam: *Gefährtin*, 1915)

Aus der Biographie Erich Mühsams (1878–1934) ist über seine Eheschließung am 15. 9. 1915 wenig bekannt. Seine Ehefrau Kreszentia Elfinger (1884–1962), genannt Zenzl, blieb aber die getreue Partnerin des Anarchisten lange bis nach dessen Ermordung im KZ Oranienburg 1934, überstand nach ihrer Flucht aus Deutschland fast 20 Jahre Haft, Gulag und Verbannung in der Sowjetunion und verlebte anschließend noch acht Jahre unter strenger Überwachung in der DDR – stets um die Publikation der von ihr ins Exil geretteten Schriften ihres Gatten bemüht.

Besonderes Augenmerk soll hier jedoch nicht darauf gerichtet werden, sondern auf eine historische Episode, die Erich und Zenzl Mühsam gemeinsam erlebt und in verschiedener schriftlicher Form erfasst haben: die Ausrufung der Republik Bayern 1918 in München. Während der anarchistische Dichter die Ereignisse und seine Einstellung dazu u. a. im Brief vom 1. 12. 1918 an den Bremer Linksradikalen Johann Knief und im Bericht *Von Eisner bis Leviné* (1920) festgehalten hat, offenbart Zenzl Mühsam in ihren Briefen vom 25. 11. 1918 und vom 2. 4. 1919 an den dänischen Schriftsteller Martin Andersen Nexö und dessen Frau Grete[1] wichtige Details über die Wirkung und die unmittelbaren Folgen der politisch-agitatorischen Arbeit ihres Ehemannes, die Stimmung unter den Münchner Revolutionären sowie die Motive und Hoffnungen der Mitglieder des *Revolutionären Arbeiterrats* (RAR). Dadurch zeigt sich Zenzl Mühsam als aufmerksame Chronistin der Münchner Novemberrevolution 1918, ihre Beschreibung mag eventuell diejenige des anarchistischen Dichters ergänzen.

Im Folgenden sollen ihre zwei Briefe neu gelesen und deren Inhalt den Erinnerungen von Erich Mühsam gegenübergestellt werden, wodurch sich eine bis heute kaum wahrgenommene Perspektive eröffnen soll. Eine kurze Notiz über den politischen Kontext sei vorangestellt.

---

1 Erich Mühsam kam durch seinen Freund Gustav Landauer mit Martin Andersen Nexö in Kontakt. Die Familien freundeten sich an, als Nexö und seine zweite Frau Grete oft nach Meersburg am Bodensee, wo Landauers Freund und Mentor Fritz Mauthner lebte, und München zu Besuch kamen.

1. München, vom 7.11.1918 bis zum 13.4.1919

Im Rahmen der Friedensdemonstration auf der Münchner Theresienwiese am 7.11.1918, einer der verschiedenen Aktionen der Spartakus-Gruppe und der *Unabhängigen Sozialdemokratischen Partei Deutschlands* (USPD) um Kurt Eisner für die revolutionäre Beendigung des Ersten Weltkriegs, gelang es Erich Mühsam durch seine agitatorische Wirkung, die Soldaten des Leibregiments des bayerischen Königs Ludwig III. mit den revolutionär gesinnten Arbeitern zu verbinden, wobei er die Republik proklamierte. Am Tag darauf war es aber Eisner, der den König für abgesetzt erklärte und den Freistaat Bayern im Sinne einer parlamentarischen Demokratie offiziell ausrief (cf. Liske 2019: 100). Arbeiter- und Soldatenräte wurden sofort gebildet und Eisner wurde zum Ministerpräsidenten gewählt. Mühsam, der für die Durchsetzung des Rätesystems (Mühsam 1929: 14) war, wirkte im RAR und in der am 30.11.1918 von ihm gegründeten *Vereinigung Revolutionärer Internationalisten* (VRI).[2] Seine Forderung nach der Schaffung einer bayerischen Räterepublik konnte allerdings erst am 7.4.1919 durchgesetzt werden, während die Regierung des neuen Ministerpräsidenten Johannes Hoffmann (nach Eisners Ermordung am 21.2.1919) nach Bamberg floh. Die Herrschaft der revolutionären Räte um Ernst Niekisch (SPD), Ernst Toller (USDP) und Anarchisten wie Gustav Landauer und Erich Mühsam endete jedoch nach einer Gewalteskalation am 13.4.1919 mit der Proklamation einer zweiten Räterepublik, diesmal unter der Obhut der KPD, die am 7.4.1919 ferngeblieben war, und mit einem Vollzugsrat um Eugen Leviné und Max Levien. An demselben Tag wurde Mühsam verhaftet und im Juli wegen Hochverrat zu 15 Jahren Festungshaft verurteilt.[3]

Gleichzeitig begann eine Diffamierungskampagne durch der KPD nahestehende Linksradikale, in deren Zuge die Broschüre *Die bayerische Räterepublik. Tatsachen und Kritik* (1919) von Paul Werner (d.i. Paul Frölich) publiziert wurde. Infolgedessen hielt es Erich Mühsam im September 1920 in der Haftanstalt Ansbach für „durchaus notwendig", jene Schrift

> in ihrer tendenziösen Selbstgerechtigkeit, ihrem Bestreben, die Haltung der KPD unter allen Umständen als mustergültig vorzuführen und alle und alles zu verunglimpfen, was nicht von den Parteikommunisten ausging, durch eine kurze Zusammenfassung zu ergänzen, die es dem Außenstehenden erlaubt, sein Urteil durch Vergleich zu bilden oder zu revidieren. (Erich Mühsam 1929: 9)

---

2 Die VRI schloss sich zunächst an die Bremer *Internationalen Kommunisten Deutschlands* (IKD) an, und Anfang Januar 1919 (nach der Fusion der IKD mit dem *Spartakusbund* und der Gründung der KPD) an die Münchner Ortsgruppe der KPD.

3 Bis 1920 blieb Erich Mühsam in Ansbach, dann wurde er in die Festungshaftanstalt Niederschönenfeld überführt. Im Dezember 1924 wurde er – zugleich mit Hitler aus der Haftanstalt in Landsberg am Lech – amnestiert.

Das Ergebnis ist der persönliche Rechenschaftsbericht *Von Eisner bis Leviné* über die Revolutionsereignisse in München vom 7.11.1918 bis zum 13.4.1919, den Mühsam an Lenin (ibid., 7) und die „russischen Genossen" (ibid., 9) adressierte.

2. „Die Soldaten haben es gemacht". Die Sturmnacht

Die Vorfälle am Abend des 7.11.1918 in München fasst Erich Mühsam im Bericht *Von Eisner bis Leviné* wie folgt zusammen:

> Die Revolution in München brach zwei Tage vor der Berliner aus, am 7. November 1918 [...] Erst als – einige Stunden nach Auflösung des Meetings auf der Theresienwiese – die Volksbewegung mächtig anschwoll, sich ihr die gesamte Garnison unter Sprengung der Kasernen-Internierung anschloß und aus der Demonstration offensichtlich eine Revolution geworden war, zog Eisner daraus die Konsequenz, nachdem schon am Nachmittag von mir zuerst die Republik ausgerufen und zur Bildung von Arbeiter- und Soldatenräten aufgefordert war, am späten Abend die Wahl eines Soldaten- und Arbeiterrats vornehmen zu lassen und in der Nacht als dessen Vorsitzender im Landtagsgebäude die „sozialistische Republik" zu proklamieren [...] Da ich bis in die späte Nacht hinein Straßenagitation trieb, war ich bei der Bildung des Arbeiterrats nicht zugegen und erfuhr erst am nächsten Morgen von den Vorgängen im Landtag. (Erich Mühsam 1929: 12)

Hier legt Erich Mühsam nicht nur auf die Ausrufung der bayerischen Republik Wert, sondern vor allem darauf, dass er als erster öffentlich die Republik verkündet hat, woraus gewiss seine prinzipielle Missachtung der institutionellen Symbolik herauszulesen ist. Sehr deutlich kommt hier aber auch seine Empörung über das taktische Vorgehen von Kurt Eisner bei der offiziellen Ausrufung im Landtag zum Ausdruck. In diesem Sinne belegt der weniger objektive Unterton seines Briefes vom 1.12.1918 an Knief auch die ideologisch-politischen Unterschiede zwischen Mühsam und Eisner in der entscheidenden Nacht vom 7. zum 8.11.1918:

> [I]ch war am 7. November nachmittags gegen ¾ 6 der erste Mensch Deutschlands, der öffentlich die Absetzung der Dynastien und die Errichtung einer freien bayerischen Räterepublik proklamierte. [...] Wir [...] kamen zur Leiberkaserne. [...] Meine Frau ließ sich auf ein Militärlastauto hinaufheben, auf dem etliche Soldaten die rote Fahne schwangen. Dann kroch ich auch hinauf und hielt an die zusammengeströmten Soldaten und das Publikum eine Rede, in der ich zur Revolution aufrief und die Republik verkündete. Jetzt war die Revolution plötzlich da. Man rief mich zum Führer aus [...] Ich habe an dem Abend von meinem Auto aus 7 Reden im Freien gehalten. [...] [Eisner] proklamierte um ½ 12 Uhr nachts dasselbe, was ich 6 Stunden früher proklamiert hatte – ich war noch agitierend auf der Straße und wusste gar nichts von der offiziellen Sache im Landtag. So war der Verlauf in München. Es ging fast ohne Blutvergießen ab und war zuerst sehr schön. (Erich Mühsam 1984: 310)

Anders als in diesen beiden Texten findet sich im Brief vom 25.11.1918 von Zenzl Mühsam an die Nexös kein Verweis auf die Person, die an jenem historischen Datum die bayerische Republik ausgerufen hat. Von größerem Belang scheint der Gattin des Anarchisten der kollektive Hintergrund der Proklamation zu sein: „Wir Bayern oder vielmehr wir in der Hauptstadt München machten in der Nacht vom 7. auf den 8. November Bayern zur Republik" (Zenzl Mühsam 1995: 9), schreibt sie. Darüber hinaus preist Zenzl Mühsam die unerhört mutige Soldatenerhebung, die den revolutionären Wendepunkt markiert hat: „Die Soldaten haben es gemacht" (ibid.). Entsprechend werden hier weder die erste, inoffizielle Verkündigung der Republik durch Erich Mühsam vor der Leibkaserne in der Türkenstraße noch die zweite, offizielle Ausrufung durch Kurt Eisner im Landtag erwähnt.

Auffallend im Schreiben Zenzl Mühsams an das Ehepaar Nexö ist zudem die emotionale Bewertung des Aufstandes, der zur Proklamation der Republik geführt hat: „Nexö, es war herrlich, oh, das hätten Sie erleben sollen" (ibid.), kommentiert die Absenderin. Es ist die spontane, gefühlvolle Art, die ihre Darstellung charakterisiert, eine Darstellung, in der sie sich selbst als regelrechter Ansporn zur agitatorischen Arbeit Erich Mühsams gestaltet. Nach der detailreichen Beschreibung der Demonstration auf der Münchner Theresienwiese („mindestens 200 000, die Stimmung war ganz ruhig, es sprachen Eisner, Auer usw. Die Soldaten wollten nicht mehr hören, haben die roten Fahnen entrollt", ibid.) und deren Auflösung („ganz still, kein Nieder mit dem König, es sah traurig aus", ibid.), informiert Zenzl Mühsam nämlich über den „kritischen Moment" (ibid.) an der Kaserne in der Türkenstraße, wo die Leibgarde des Königs war, indem sie die vorher zitierte Schilderung der Ereignisse im Brief ihres Gatten an Knief ergänzt: „[I]ch sprang auf das Verdeck des Autos, nahm die rote Fahne und schrie Hoch der Friede und die Revolution, die Soldaten kamen zurück [...] dann zogen wir Mühsam rauf, der eine wundervolle Rede an die Soldaten richtete, da stürmten die Soldaten aus der Kaserne" (ibid.). Aus der Perspektive Zenzl Mühsams scheint folglich ihre eigene Rolle als Agitatorin aktiver gewesen zu sein als in der Wiedergabe derselben Szene seitens des Anarchisten, dessen Rede von der Frau allerdings in höchst emotiver Weise als „wundervoll" bezeichnet wird.

Ab diesem Moment wird der Brief von Zenzl Mühsam an Nexö zu einer Art Chronik der revolutionären Höhepunkte jener Nacht, wobei die vielen Ansprachen ihres Gatten mit Angabe der genauen Uhrzeiten und der verschiedenen Orte erwähnt werden. Von größerem Stellenwert ist indessen die Insistenz der Frau auf die Wirkung der agitatorischen Reden des Anarchisten bei den Soldaten sowie auf dessen von ihr als „menschlich" charakterisierte Einstellung:

> In der Feldartilleriekaserne wurden wir mit unserer roten Fahne mit Jubel empfangen, es war schon dunkel, so um halb acht Uhr, dann fuhren wir von einer Kaserne zur anderen. Alle Posten nahmen wir mit und Mühsam wurde von den Soldaten zum Führer ausgerufen. Zum Schluß, so um 9 Uhr nachts, kamen wir in die Inf. II-Kaserne, hier sah die Geschichte drohend aus, [...] da krachte es, die haben auf uns geschossen. [...] Mühsam benahm sich dabei gut, er redete einfach auf die Soldaten los, die geschossen haben. Sie hörten dann auf, [...].

> Dann hielt Mühsam eine Ansprache, vom rein menschlichen Standpunkt [...]. Dann ging ich [...] heim. [...] Einen ernsten Sturm auf die Kaserne verhinderte Mühsam, indem er seine Soldaten zur Menschlichkeit mahnte, [...] dann fuhr Mühsam mit den Soldaten zum Bahnhof, wo sie von einer ungeheuren Menge mit Jubel empfangen wurden, und Mühsam sprach dann am Bahnhof zu den Menschen. Er kam nachts um halb ein Uhr nach Hause und konnte keinen lauten Ton mehr reden. Das war die Nacht, die uns zu Republikanern machte. (Ibid.: 9–10)

Denn für Zenzl Mühsam als Antimilitaristin („der Militarismus wurde von uns selbst getötet. Das fällt weg, den deutschen Militarismus gibt es nicht mehr. Er ist tot, ganz tot", ibid., 10) ist die Tatsache ausschlaggebend, dass die Sturmnacht, in der sie erstmals „erlebt [hat], wie es ist, wenn Kugeln um den Kopf fliegen" (ibid.), kein Blutbad war (cf. Liske 2019: 95–96). Ihr zufolge ist dies Erich Mühsam zu verdanken, der die Soldaten ständig „zur Menschlichkeit mahnte". Allerdings mag ihre emotionale Berichterstattung in diesem Punkt, als sie die einzigen drei Opfer der Nacht aufzählt, sicherlich zu wohlwollend-beschönigend erscheinen:

> Der Feldwebel, der das Militärgefängnis zu bewachen hatte, wurde von den rebellischen Soldaten totgemacht, weil er sie mit Revolverschüssen empfangen hatte, wie sie ihre Kameraden befreien wollten, dann wurde ein Offizier erschossen, und ein Soldat kam durch eigene Unvorsichtigkeit ums Leben. Das sind die Opfer unserer Revolution. (Ibid.: 10)

Dass Erich Mühsam sich demnächst mit Leib und Seele der Durchsetzung des Rätesystems widmet, weiß seine Gattin, die sich liebevoll um den Schlafmangel des Anarchisten Sorgen macht („Mühsam ist im Arbeiterrat. Die ersten Tage arbeitete er im Kriegsministerium, er hatte die ersten drei Tage kaum zwei Stunden geschlafen", ibid.), schließlich zu schätzen und zu bewundern, denn sie identifiziert sich völlig mit diesem Ziel.

3. „Er hat viel, viel geleistet, viel Blut verhindert". Im RAR

Unmittelbar nach der Bildung des RAR am 7./8.11.1918 in München beginnt dessen direkte Konfrontation mit der Regierung Eisner, worüber Erich Mühsam im Bericht *Von Eisner bis Leviné* informiert:

> Er [der RAR] hatte sich spontan aus den am Umsturz aktiv beteiligten Proletariern in der Stärke von etwa fünfzig Personen konstituiert, die sich um die damals ungeheuer populäre Person Eisners geschart hatten. Dieser „Revolutionäre Arbeiterrat" war und blieb die stärkste treibende Kraft der bayerischen Revolution bis zum April 1919. [...] Während Eisner am 9. November eine „rein sozialistische" Regierung mit sich selbst als Ministerpräsidenten und dem Verräter [Erhard] Auer als Minister des Innern formierte, schritt der „Revolutionäre Arbeiterrat" (diesen Namen behielt er bei) sofort zur praktischen Arbeit. Schon am zweiten Tag seines Bestehens machte er von seinem Kooptierungsrecht Gebrauch, indem er – sehr gegen Eisners Wunsch – mich in seine Mitte berief. [...]

> Eisner, der formell immer noch Vorsitzender dieser kleinen Organisation war, sich aber nie als solcher betätigte (nur einmal – im Januar – wurde er direkt vorgeladen, um sich wegen seiner höchst zweideutigen Politik zu rechtfertigen), mußte bald erkennen, daß er in diesem Organ seinen gefährlichsten Gegner zu fürchten hatte. (Erich Mühsam 1929: 12–13)

Grundstrukturell relevant für den Konflikt ist zweifellos der überparteiliche Charakter des RAR,[4] denn er trägt dazu bei, dass argwöhnische Haltungen sich zu ideologisch-politischen Streitigkeiten – und Machtkämpfen – zwischen SPD, USPD, Anarchisten und, ab Januar 1919, KPD[5] entwickeln, die die Praxis der

---

4 Cf. Erich Mühsam in *Von Eisner bis Leviné*: „Die Mitglieder des RAR gehörten größtenteils der USP [USPD] an. Landauer, ich und noch zwei oder drei Arbeiter waren als Anarchisten bei keiner Partei. Mehrere Genossen – und keineswegs die schlechtesten – waren formell noch Mitglieder der Scheidemann-Partei [SPD]. Wir fragten auch niemanden, ob und wo er organisiert sei, sondern beurteilten alles nach den Beobachtungen, die wir mit den einzelnen machten. Bedingung war einfach der Wille, die Revolution bis zur Durchführung des Sozialismus auf der Grundlage des Rätegedankens weiterzutreiben. Die Kommunistische Partei Deutschlands existierte noch nicht. Der Spartakusbund bestand als linker Flügel der USP [USPD], hatte aber in Bayern keine erklärten Zugehörigen" (1929: 13–14). Bekanntlich war Erich Mühsam gegen Parteien, Parteiprogramme und Parteidisziplinen – dass er trotzdem Mitglied der KPD war (von September bis Oktober 1919) mag ihn schließlich nur als vorurteilslosen, selbstständigen bis eigenwilligen Revolutionär zeigen, der bereit war, keinen Weg des Kampfes für Freiheit und Gerechtigkeit unbetreten zu lassen, wobei er ständig für die Einigkeit aller linken und linksradikalen Organisationen plädiert hat (cf. den Tagebucheintrag vom 11.9.1919 in: *https://mühsam-tagebuch.de/tb/diaries.php*). Cf. auch die folgenden Verse des Pamphletgedichts *Streit und Kampf* (1920 entstanden): „Schlagt zwanzig Freiheitstheorien/euch gegenseitig um die Ohren/und singt nach hundert Melodien –/doch gilt es in den Kampf zu ziehen,/dann sei der gleiche Eid geschworen!/Aktionsprogramm, Parteistatut,/Richtlinien und Verhaltungslehren –/schöpft nur aus allen Quellen Mut!/Ein jedes Kampfsystem ist gut,/das nicht versagt vor den Gewehren!" (Erich Mühsam 2016: 348).

5 Erich Mühsams sozialistisches Konzept ist in der unbekümmert provokanten Aussage enthalten: „Wir müssen den Karren dahin zurückführen, wo er, von Marx geschoben, in den Dreck fuhr, in dem er jetzt erbarmungslos drinsteckt" (im Essay *Aufruf zum Sozialismus*, in: *Kain. Zeitschrift für Menschlichkeit*, Jg. 1, Nr. 3, Juni 1911, 37). Die Parole: „Wir wollen Anarchisten sein" (im Aufsatz *Im Geiste Bakunins*, in: *Kain. Zeitschrift für Menschlichkeit*, Jg. 4, Nr. 3, Mitte Juni 1914, 35) fasst andererseits seine ideologische Einstellung aufs Beste zusammen. Seine scharfe Kritik an der KPD kommt im folgenden Auszug aus dem Tagebucheintrag vom 28.10.1919 (Abschrift vom Brief an den Genossen Heinrich Lauffenberg) zum Ausdruck: „Die Haltung der Zentrale der KPD macht es Genossen, die in der Revolution eine lebendige Aeußerung des Volkswillens zum Kommunismus erkennen, eine geschichtliche Energie, die sich nicht von Paragraphenschustern an einen Leitfaden für Musterschüler binden läßt, unmöglich, in dem Käfig zu bleiben, in dem jene Bonzen und Philister den Kampf

Regierungsarbeit erschweren. Das Hauptargument für die Gegnerschaft von Kurt Eisner und dem RAR ist aber das jeweils anvisierte Regierungsmodell. Während jener ein parlamentarisches System anstrebt, versucht dieser, eine Räterepublik durchzusetzen. Das sind Positionen, die sich nach der Ermordung von Eisner am 21. Februar und in den darauffolgenden stürmischen Wochen bis Anfang April 1919 radikalisieren, nicht zuletzt angesichts der Obstruktion der KPD, wie in der zweiten Hälfte des Berichtes *Von Eisner bis Leviné* von Erich Mühsam klar dargelegt wird.

Darüber schreibt aber auch Zenzl Mühsam im Brief vom 2.4.1919 (beendet am 3.4.1919) an die Nexös in Dänemark, indem sie diese Entwicklung zunächst rein quantitativ bewertet: „In der Zwischenzeit, meine Teuren, haben wir viel, viel erlebt" (Zenzl Mühsam 1995: 11), beginnt sie. Dann würdigt sie nicht nur die politisch-agitatorische Arbeit, sondern auch – wieder – die Menschlichkeit ihres Ehemannes, „dem sein Herz rein blieb" (ibid., 12). Und sie schreibt auch: „Er wird die Gesetze nicht zu hart machen" (ibid.), nachdem er, wie Zenzl Mühsam ferner informiert, einen Posten als Staatsbeamter im Ministerium für Entmobilisierung hat annehmen müssen, „damit wir leben können" (ibid.). Denn dass die Arbeit im RAR „für das Glück der Zukunft auch ohne Gewinn" (ibid.) geleistet werden muss, verschweigt die Frau nicht. „Mühsam arbeitet Tag und Nacht" (ibid., 11), er kommt „hungrig und müde heim [...]" (ibid., 12), schreibt sie weiter, und verkündet noch emotionaler: „[I]ch würde ein Loblied auf Mühsam singen, wenn es nicht lächerlich wäre als seine Gattin. Er hat viel, viel geleistet, viel Blut verhindert, [...]." (Ibid.: 11)

Das hat zunächst zu familiären Unstimmigkeiten und Reibungen geführt: „[D]ie werte Familie des Erich Mühsam will uns den Zuschuß entziehen, um uns zu zeigen, warum wir gegen das Kapital kämpfen" (ibid.), bedauert Zenzl Mühsam mit tadelndem Unterton.[6] Darüber hinaus hat der Einsatz des Anarchisten für die Räterepublik eine Hasskampagne gegen ihn entfesselt: „[Erich Mühsam] wird bespuckt, wir sind abgeschmiert von den Bolschewiki, ungezählte Millionen von Rußland usw. [...] Die Zeitungen schreiben den [?]testen Blödsinn von E.M.s Gemeinheit, und in den Bauernblatteln steht auch, was für ein grenzenloses Schwein er ist" (ibid.), wobei Zenzl Mühsam, die aus einer niederbayerischen Gastwirtsfamilie stammt, sogleich an die schwierige Lebensmittelbesorgung denken muss: „[D]a sieht es dann sehr schlecht mit dem Hamstern aus" (ibid.). Denn Erich Mühsams Ehefrau kochte gut und gerne, und

um Freiheit und Kommunismus zu Disziplin, Führervertrauen, stupidem Gehorsam und zu allem dressieren möchten, woran die alte Sozialdemokratie zugrunde gegangen ist." (In: *https://mühsam-tagebuch.de/tb/diaries.php*).

6 Über die Familie Erich Mühsams schreibt Otten (1996: 10): „Die Heirat mit der katholischen Zenzl am 15.9.1915 kostete Mühsam freilich einen Teil des väterlichen Erbes, denn sein unerbittlicher Vater hatte testamentarisch festgelegt, daß Mühsam erst dann über die den Pflichtteil überschreitende Summe verfügen dürfe, wenn er eine Jüdin heirate, in den erlernten Apothekerberuf zurückkehrte oder das 60. Lebensjahr erreicht habe."

muss den Anarchisten zudem mit ihrem optimistischen Charakter auch ständig ermuntert haben, was ihr Text durchschimmern lässt: „Aber so ganz schlimm ist es doch noch nicht. [...] wenn eines versagt, kommt ein anderes, und so ist es eben da auch" (ibid.), schreibt sie.

Die Intrigen müssen allerdings lebensbedrohliche Züge angenommen haben: „Wie oft bekommt E.M. Briefe, wenn er nicht aufhört, für die Räterepublik einzutreten, wird er nicht mehr lange leben" (ibid., 12), informiert Zenzl Mühsam. Immerhin scheint die Gegnerschaft der literarischen Zirkel um Erich Mühsam, die seine Gattin im Brief – wohl aus Fremdscham – nur flüchtig erwähnt, viel schwerer zu verkraften gewesen zu sein: „Was E.M. schon von seinen literarischen Freunden zu erleiden hatte an Schmähungen und Verleumdungen, darüber wollen wir schweigen." (Ibid.)

Das Hauptanliegen Zenzl Mühsams in diesem Brief an Nexö – und worin der Text mit dem Bericht *Von Eisner bis Leviné* des Anarchisten völlig übereinstimmt – ist die Bezeugung des ehrlichen Engagements des RAR für „ein neues Deutschland" gegenüber der Heuchelei und dem Opportunismus der Regierung Eisners:

> [D]ie Regierung, die die Angst vor dem Kapitalismus nicht losbekommt, wird wohl fallen, warum? Weil diese *Führer* Minister werden und gleich vergessen, was Elend ist, wenn das Elend vor der eigenen Tür verschwunden ist. [...]
>
> Er [Erich Mühsam] ist offizielles Mitglied des Revolutionären Arbeiterrats, dieser Revolutionäre Arbeiterrat ist ein Gebilde von jenen, die am 7. Nov. 18 in der Sturmnacht aktiv etwas geleistet haben. Es ist die Seele der Revolution. Es sind jene, die in der Regierung sind und immer die Forderungen der Revolution vertreten, die ewig erinnern, daß wir ein neues Deutschland wollen. [...] Es ist die Intelligenz. (Ibid.: 11–12)

Mehr noch: Die fruchtbare Wirkung der Arbeit des RAR für die Etablierung eines Systems auf der Basis von Gerechtigkeit, Freiheit und Frieden in Deutschland, ist laut Zenzl Mühsam Anfang April 1919 schon sichtbar:

> Die Arbeiter begreifen allmählich, um was es geht, hören nicht mehr kritiklos ihre Führer, wir Bayern haben die Revolution in den Fluß gebracht, und wir werden uns vor dem preußischen Militarismus nie mehr beugen. [...]
>
> München entwickelt sich zusehends. Ich bin fast stolz auf meine Landsleute. Es wird nicht gestohlen, es wird nicht geplündert, es ist alles ruhig, und diese Ruhe wird den Reichen unheimlich. (Ibid.)

Angesichts dessen schreibt Zenzl Mühsam voller Zuversicht und Zukunftshoffnung wenige Tage vor der Proklamation der Räterepublik Baiern am 7. 4. 1919: „Auf jeden Fall wird man nicht aufhören, bis das Elend aus der Welt geschafft. Wir wollen einmal zeigen, was es heißt, gründlich und ganz aufzuräumen mit dem, was uns in dieses Elend gebracht hat." (Ibid.: 12)

4. „Herr, verzeih Ihnen, sie wissen nicht, was sie tun". Abgesang

Die Briefe von Zenzl Mühsam von November 1918 und April 1919 an die Freunde Nexö in Dänemark müssen als historische Dokumente der Münchner Novemberrevolution gelesen werden. Darin zeichnet sich nicht nur die fürsorgend-menschliche Natur, sondern auch das politische Engagement der loyalsten Mitstreiterin des anarchistischen Dichters Erich Mühsam ab.

Einerseits gewähren die Briefe Einsicht in den Charakter der Absenderin. Wie sie Erich Mühsam liebte, für ihn kochte und sich um ihn Sorgen machte. Wie sie auch für ihren Sohn Siegfried Elfinger (1902–1962) sorgte („der Bub ist jetzt gut erholt", ibid.) und für ihren ehemaligen Lebenspartner, den Maler und Bildhauer Ludwig Engler (1875–1922): „dem sein Vaterland [im Ersten Weltkrieg] das letzte nahm, seine Gesundheit" (ibid.). Wie sie sich für die Adressaten und ihre Kinder in Dänemark interessierte. Wie sie sogar noch über den Frühling in München zu informieren wusste: „Schnee ist bei uns seit drei Tagen, einen Meter hoch liegt er in der Stadt." (Ibid.: 11)

Andererseits kommt in diesen Briefen aber auch die absolute Identifikation Zenzl Mühsams mit der revolutionären Gesinnung ihres Gatten zum Ausdruck. Sie bewundert und lobt nicht nur seine Menschlichkeit, seine soziale Sensibilität, seinen Antimilitarismus und sein ehrliches Engagement für die Weltrevolution jenseits jeglicher Parteizugehörigkeit, sondern auch seine physische Ausdauer und seine hohe Belastungskapazität im Kampf gegen das Elend des Proletariats und für Freiheit und Gerechtigkeit. In ihrer emotional beladenen Darstellung der Münchner Revolution 1918 nimmt zudem ein neues, politisch viel aktiveres Bild der Frau an der Seite des anarchistischen Dichters Form an, ein Bild, das sich nach dessen Verhaftung am 13.4.1919 nur noch stärker profiliert. Denn Zenzl Mühsam muss Anfang Mai noch erleben, wie die zweite Räterepublik unter kommunistischer Führung von Regierungssoldaten und Freikorps niedergeschlagen wird, und wie das Blutvergießen nicht mehr zu vermeiden ist: Es herrscht dann Bürgerkrieg.

A posteriori zieht Erich Mühsam im Rechenschaftsbericht *Von Eisner bis Leviné* folgenden Schluss, in dem es zugleich um politische Reflexion und scharfe Kritik geht:

> So offen ich bekenne, daß die kommunistischen Genossen im Prinzip im Recht und wir im Unrecht waren, glaube ich doch heute [im September 1920] noch, daß ihr taktisches Verhalten in jenen Tagen und während der ganzen Woche vom 6.–13. April verhängnisvoll fehlerhaft war und daß die rechtzeitige Unterstützung der revolutionären Elemente in der Räteregierung gegen die Sabotage der Sozialdemokraten einen, wenn nicht siegreichen, so doch in jeder Hinsicht vorteilhafteren Verlauf der ganzen Revolutions-Episode herbeigeführt hätte. Die Beteiligung der Kommunisten in Nordbayern beweist, daß durchaus nicht alle Genossen der KPD unser Vorgehen als Farce betrachteten. Die Verwirrung aber, die durch die Gegenorder der Parteileitung in München entstand, trägt in starkem Maße die Schuld daran, daß sich die Konterrevolu-

> tion schnell und ungefährdet sammeln konnte. Die Teilnahme der Partei an der Räteregierung von Anfang an hätte, selbst wenn die schärfste Kritik gegen die Initiatoren zugleich eingesetzt hätte, das revolutionäre Proletariat in Einigkeit und Begeisterung aufstehen lassen. (Erich Mühsam 1929: 69)

Demgegenüber ist im Brief vom 17. 5. 1919 von Zenzl Mühsam an das Ehepaar Nexö lediglich der traurige Unterton des Leidens wahrzunehmen. Aus der Münchner Novemberrevolution zieht die Katholikin darin folgendes Fazit:

> Viel Kampf und Leid liegt seit dem 7. Nov. 18 hinter mir. Viel Sorge um die Nächsten, die an das Gute im Menschen glauben. Trotz allem, was kam, glaube ich noch mehr an das Gute im Menschen wie einst. Die letzten Wochen, die hart waren, machten aus Eurer Zenzl einen Menschen, der klar sein Ziel sieht, die weiß, daß vom Tage der „Hosianna in der Höhe" bis „Ans Kreuz mit Ihm" nur acht Tage liegen. Trotzdem, [...] möchte auch ich fast gottergeben sagen: „Herr, verzeih Ihnen, sie wissen nicht, was sie tun." (Zenzl Mühsam 1995: 14)

Bibliografie

Erich-Mühsam-Gesellschaft e. V.: *Die Lebensdaten Erich Mühsams, http://www.erich-muehsam.de/?cat=tabellebensdat*, abgerufen am 13. 1. 2020.

Liske, Markus, 2019: *Sechs Tage im April. Erich Mühsams Räterepublik.* Verbrecher Verlag: Berlin.

Mühsam, Erich, 1910–1924: *Tagebücher, http://www.mühsam-tagebuch.de/tb/index.php*, abgerufen am 12.2.2020.

Mühsam, Erich (Hrsg.), 1911–1929: *Kain. Zeitschrift für Menschlichkeit, http://kain.muehsam.de*, abgerufen am 31. 1. 2020.

Mühsam, Erich, 1929: *Von Eisner bis Leviné. Die Entstehung der bayerischen Raeterepublik.* Fanal-Verlag Erich Mühsam: Berlin-Britz.

Mühsam, Erich, 1979: *Fanal. Aufsätze und Gedichte von Erich Mühsam 1905–1932.* Kreiler, Kurt (Hrsg.). Klaus Wagenbach: Berlin.

Mühsam, Erich, 1984: *In meiner Posaune muß ein Sandkorn sein. Briefe 1900–1934.* Bd. 1. Jungblut, Gerd W. (Hrsg.). Topos: Vaduz.

Mühsam, Erich, 2016: *Gesammelte Werke.* Jazzybee Verlag Jürgen Beck: Altenmünster.

Mühsam, Zenzl, 1995: „Zenzl Mühsam. Eine Auswahl aus ihren Briefen". *Schriften der Erich-Mühsam-Gesellschaft* 9, 9–85.

Otten, Uschi, 1995: „Ein Vermächtnis und seine Erfüllung". *Schriften der Erich-Mühsam-Gesellschaft* 9, 92–99.

Otten, Uschi, 1996: *„Den Tagen, die kommen, gewachsen zu sein.* Zur Lebensgeschichte Zenzl Mühsams". *Schriften der Erich-Mühsam-Gesellschaft* 11, 8–31.

M. Loreto Vilar
Universitat de Barcelona
E-Mail: mlvilar@ub.edu

Alfred Prédhumeau

Döblins Revolutionstheorien in *November 1918*

1. Döblin und die Revolutionen

Alfred Döblin (1878–1957) war in seinem Leben Zeitzeuge mehrerer politischer Umwälzungen, von denen einige das Attribut „revolutionär" verdienen: z. B. der Übergang 1918 vom feudal-militaristischen wilhelminischen Regime zu einer Republik, dann 1933 zu einer Diktatur der schlimmsten Art mit der Machtübergabe an die Nazis; 1939–1940 der Wechsel in Paris von einer parlamentarischen Demokratie zu einer faschistischen Diktatur französischer Machart; nach seiner Rückkehr aus dem amerikanischen Exil, als französischer Offizier, beteiligt er sich ab 1945 am Demokratisierungsprozess in Westdeutschland, während er beobachten muss, wie seine Heimatstadt Berlin geteilt und die östliche Region des Landes 1949 in einen sowjetisch geprägten Staat der Einparteien-Diktatur umgeformt wird.[1]

In seinen publizistischen und literarischen Arbeiten hat der Schriftsteller diese Veränderungen verarbeitet und kommentiert. Dabei hat er nicht nur die Stilmittel deutscher Literatur revolutioniert – so gesehen vergleichbar mit Joyce, Dos Passos oder Céline – sondern hat auch, auf verschiedenen Ebenen, versucht, diese Prozesse metaphysisch, philosophisch und politisch zu analysieren. Anders jedoch als viele seiner Schriftstellerkollegen hat er sich nicht an intellektuellen Engagements gegen die extreme Rechte in Deutschland beteiligt, bzw. seine Versuche, sich zu beteiligen, scheiterten – siehe dazu die „Gruppe 1925" (cf. Schoeller 2011: 288)[2] oder die Gruppe, die sich in der Folge von *Wissen und Verändern!*[3] (cf. Döblin 1931) oder jene, die sich in Paris um Schwarzschild und Koestler als antikommunistische antifaschistische Organisation gebildet hatte.[4] Dieses Nicht-Engagement mag darauf zurückzuführen sein, dass der Autor seine politischen Auffassungen in letzter Instanz immer seinen ontologischen Problemstellungen untergeordnet hat, eine Subsidiarität,

---

1 Biographische Details hinsichtlich der Verarbeitung dieser Ereignisse durch Döblin entnimmt man Schoeller 2011.

2 Die „Arbeitsgemeinschaft der Schriftsteller 1925" wurde auf Initiative von Rudolf Leonhard von linksliberalen und kommunistischen Schriftstellern gebildet. Vornehmliches Ziel war es, sich der zunehmenden Zensurmaßnahmen der Justiz zu erwehren.

3 *W&V* schließt an *Berlin Alexanderplatz* an und erhält von kommunistischer Seite eine ähnlich negative, polemische Resonanz. Cf. Prédhumeau 2019: 223–224, dort gehe ich auf die umfangreiche Rezeption von *W&V* ein.

4 Arthur Koestler, Leopold Schwarzschild und Manès Sperber z. B. partizipierten an dem Gründungsversuch in Anlehnung an *Die Zukunft* des kommunistischen Dissidenten Willi Münzenberg.

die, und das wird in *November 1918* besonders deutlich, das Politische ins Mystisch-Metaphysische gleiten ließ.

Seine unmittelbar politischsten Essays, *Wissen und Verändern!*, *Prometheus und das Primitive* (Döblin 1938) oder *Konfuzius* (Döblin 1940) verbleiben erstaunlich unpräzise, was das Engagement gegen den aufkommenden bzw. herrschenden Nationalsozialismus betrifft, oder ratlos und unverbindlich, wenn auch in der Analyse häufig treffend.

2. Döblin und Landauer

Der Landauersche Ursprung manch seiner Analysen wird immer spürbar bleiben: Döblin muss dessen Theorien bereits vor dem Ersten Weltkrieg zur Kenntnis genommen haben, da er über Martin Buber und Fritz Mauthner mit zwei von Landauers engsten Mitstreitern zumindest philologisch liiert war; Buber z. B. war Lektor für dessen *Wang-lun* (Döblin 1915) und lehnte später das Lektorat von *Wadzeck* (Döblin 1918) ab, Landauer war Mauthners Redakteur für dessen Sprachkritik, Döblin Mauthners enthusiastischer Rezensent. Alle vier waren philosophisch über den mystischen Sprachskeptizismus verbunden, mit Spinoza und Nietzsche als philosophische Quellen.

Döblin kannte mit Sicherheit Landauers Revolutionsbroschüre (Landauer 1907), die dieser im Auftrag von Martin Buber verfasst hatte, er kannte auch dessen Edition von Meister Eckharts Predigten, die Buber nach Landauers Ermordung wieder herausgegeben hatte, sowie Bubers Texte zur jüdischen Mystik. Sie fungieren als Quellen für Döblins Revolutionsanschauungen und Mystikkonzeptionen.

Aus Landauers Revolutionsschrift sowie dessen *Aufruf zum Sozialismus* (Landauer 1911/19) hat Döblin mehrere marxismuskritische Optionen der Gesellschaftsanalyse übernommen, während Landauer seine Kritik der Schrift von La Boëtie *„De la servitude volontaire"* (1576) entnommen hatte. Landauers Revolutionstext kann man vom Ende her lesen, wenn er näher auf die Analyse der Knechtschaft durch den 16-jährigen Autor eingeht: Die *„servitude"* steckt in uns – und im deutschen Habitus steckt sie besonders heftig. Landauer wird diese deutsche kulturpolitische Besonderheit bis zu Luther zurückverfolgen, eine Lesart des deutschen „Sonderwegs", die von Döblin übernommen wurde und die er bis zu seiner Broschüre über den *Nürnberger Lehrprozess* von 1946 nicht variieren wird. In *November* äußern sich mehrere Protagonisten, u. a. auch Rosa [Luxemburg] dergestalt, so zum Beispiel auch Motz zu Radek:

> Viele kommen von auswärts her und sehen sich die deutsche Revolution an. Diese Disziplin. [...] Und sie parieren auch. Aber natürlich muß einer da sein, dem sie parieren können. Und das haben sie sich bei dieser ganzen Revolution nicht überlegt. [...] Wie wollen sie mit aller Disziplin Revolution machen? [...]

> Jeder, der gedient hat, wird Ihnen bestätigen: Disziplin allein genügt nicht. Man muß auch Offiziere haben. Und die hat man verjagt. Da haben Sie ein Bild von der deutschen Revolution. (III: 370)[5]

Die Masse hat bei Döblin, anders als bei Le Bon, keine Seele, oder, anders als bei Freud, leidet an keiner Kollektivneurose, die sie zum Handeln drängte, nein, sie benötigt einen Führer, der den Resonanz-Prozess[6] in Gang setzen und halten kann, damit für die Bewegungen Aktionsformen und Ziele definiert werden können. – Der Autor grenzt sich hier deutlich von Rosa Luxemburgs Theorie der Spontaneität der Massen ab (Luxemburg 1906). Der Döblinsche Radek stellt fest, dass Liebknecht nicht in der Lage sei, Führung zu übernehmen: „Ihn grauste, das ist der deutsche Michel in Lebensgröße. Ich kaufe dem Mann nachher eine Zipfelmütze. Heiliger Strohsack, hier ist alles verloren."[7] (II/2: 414)

Aus Landauers Theorien übernimmt Döblin konstant die Ablehnung des Staates als Organisationsmodell der Gesellschaft – anders als beim Karlsruher Philosophen entwickelt er jedoch kein sozialistisches oder andersgeartetes Gegenmodell. Im Gegenteil: die Ablehnung von staatlich strukturierten Gesellschaftsmodellen ist weitreichend.[8] Nur in *Berge Meere und Giganten* (Döblin 1925) sowie am Ende der *Babylonischen Wandrung* (Döblin 1933) schimmert die Alternative einer Gemeinschaft der Gemeinschaften nach dem Landauerschen Muster durch. Die Revolution selbst ist in dieser nicht-teleologischen Zielsetzung eine nicht näher definierte Abfolge von Ereignissen, die auf jeden Fall aus drei Phasen besteht: die politische – kann an einem Tag geschehen –, die ökonomische – wird Monate oder Jahre brauchen –, die kulturelle, das ist die entscheidende, wie bei Landauer, muss darin bestehen, sich des inneren Untertans der Individuen, die die Masse bilden, zu entledigen. Hier greift bei Landauer und Döblin der mystische Prozess, der bei ersterem die Verinnerlichung der Welt zum Gegenstand hat, also eine spinozistische panentheistische Konstruktion, während Döblin auf die Verinnerlichung der Natur und später von Gott oder Göttlichkeiten rekurrieren wird.

Döblin, wie Landauer, lehnt das Konzept des Klassenkampfes und deshalb auch jenes der Diktatur des Proletariats ab, er scheint generell dem Klassenbegriff

5 Es wird nach der Fischer-Taschenbuch-Ausgabe von 2013 zitiert. Hier äußert sich ein gewisser Motz Karl Radek gegenüber, aber dieser formuliert deutlich erkennbar Döblins Meinung.

6 Der Resonanz-Begriff spielt in Döblins psychologischen und soziologischen Auffassungen eine zentrale Rolle, auf die hier nicht näher eingegangen werden kann.

7 Bei Döblin weicht die Rolle Liebknechts als Phantast – jedoch: als liebenswerter Phantast – deutlich von jener ab, die der historische Radek oder die stalinistische – später die DDR- – Geschichtsschreibung diesem in der Novemberrevolution zugewiesen haben.

8 Es sei jedoch darauf hingewiesen, dass im „Konfuzius-Essay" das Modell einer staatlichen Regulierung und Regierung skizziert wird, das vernunft- und ethikbasiert einen staatlichen Gesellschaftskonsens zu ermöglichen scheint.

skeptisch gegenüber zu stehen. Das Wort „Klasse" ist eine Metapher und deshalb, nach Nietzsche (1896)[9], eine Lüge, die versucht, einzelne und unterschiedliche Schicksale in einem Signifikanten als Kollektivsingular unterzubringen. Dennoch werden in *November* diese Schicksale deutlich mit einer Soziologie der Klassen im deutschen Reich parallelisiert: die Monarcho-Militaristen, die Besitzenden, die Arbeiterschaft und die Intellektuellen. Hier Döblins Arbeiter:

> Was eine Großstadt ist, hatten sie allmählich hervorgebracht, mit schwerer Arbeit, mit zähem Bemühen, es war durch ihren rastlosen Fleiß unter ihren Fingern so entstanden. Denn sie arbeiteten, arbeiteten unermeßlich, kannten nur Arbeit, wollten nur Arbeit, dürsteten und hungerten nur nach Arbeit. [...] Sie lungerten trist herum, wenn sie keine Arbeit fanden. Sie sannen auf Gelderdienst. Viele verlangten nach Ehre, nach Üppigkeit, und das waren alles Triebfedern zum Arbeiten. (I: 291)

Die Klassenbeschreibungen scheint Döblin entsprechend der Schriften von Theodor Geiger (Geiger 1926) übernommen zu haben. Alle diese Klassen sind in *November* durch Individuen vertreten, die sich über den Ablauf der revolutionären Ereignisse verständigen bzw. nicht verständigen werden. Das politische Schema, das dabei zur Anwendung kommt, ist jenes von Carl Schmitt „Freund-Feind", bzw. die Variante „Freund-Freund", die literarisch nach dem Polyphonie-Modell der Äquipollenz der Standpunkte präsentiert werden. – Hier kann nur auf Döblins reichhaltiges literaturtheoretisches Werk verwiesen werden, aber auch in *November* selbst kann man deutliche hermeneutische Hinweise finden. Diese Präsentationsform hat für den Leser zunächst den Vorteil, dass er sich unabhängig von seiner Vor-Meinung ein Bild der Revolution und ihrer Akteure machen kann, hat aber auch den nicht unerheblichen Nachteil, dass die Leserschaft sich durch eine Vielzahl von Meinungen durcharbeiten muss, ohne in den Genuss einer Erklärung zu kommen – „wie das alles geschehen konnte" –, des eigentlichen Ziels also von Döblins Epos.

3. Luxemburg und Lenin

Wenn die Anklänge an Landauer nur im Hintergrund von *November* wirken und Landauer selbst nur einen sehr kurzen Auftritt hat, nimmt Rosa Luxemburg, zumindest im letzten Band der Trilogie, eine zentrale Stellung ein. Hier muss allerdings hinzugefügt werden, dass diese Stellung ihr erst in der letzten Schreibphase von *November* zugestanden wurde: bis dahin war Karl [Liebknecht] der zentrale revolutionäre Gegenpol von Friedrich Ebert – der ursprünglich als Namensgeber des zweiten Bandes fungieren sollte. Diese späte Einführung Luxemburgs hat Döblin gezwungen, im letzten Band ein erstes Buch von ca. 120 Seiten mit biographischen Angaben zu seiner Protagonistin für die Zeit von 1914–1918 voranzustellen. Anschließend setzt er wieder mit

9 *Wahrheit und Lüge* ist der Text, der Nietzsche mit Mauthner und Landauer verbindet und so auch mit Döblin.

den Ereignissen um die Volksmarinedivision am 21. Dezember 1918 ein. (III: 121)

Im biographischen Teil geht Döblin kurz auf einige theoretische Elemente der Schriften von Luxemburg ein: So verwendet er die Juniusbroschüre (Luxemburg 1916), um Luxemburgs Kritik der Sozialdemokratie zu thematisieren und auf die pathetische Formel des *Kommunistischen Manifests* zurückzugreifen. Döblin zitiert:

> Der Wahnwitz des Krieges wird erst aufhören und der blutige Höllenspuk wird verschwinden, wenn die Arbeiter in Deutschland, in England und Rußland endlich aus ihrem Rausch erwachen, einander brüderlich die Hände reichen und den bestialischen Chorus der imperialistischen Hyänen überdonnern mit dem alten Schlachtruf der Arbeiter: Proletarier aller Länder, vereinigt euch. (III: 12)

Gleich zu Beginn stehen Zweifel an Lenin: „[Er] hat sich an den deutschen Generalstab verkauft und durfte durch Deutschland nach Rußland fahren." (III: 11–12) Unter der Überschrift „Lenin macht seine Revolution" unterstreicht Döblin mit der Szene der Auflösung der Konstituante (III: 21–28) die Berechtigung von Rosas Skepsis. Diese Episode ist stilistisch von Ironie und Sarkasmen geprägt und liest sich wie ein Drehbuchskript. Der Autor lässt die Nacht der Auflösung der Konstituante von Lenin zusammenfassen. Dieser sagt zu Trotzki:

> „Heute Nacht", Lenin lachte fröhlich, „ja, ich hätte sie [die Deputierten] auch gerne gesehen. Sie hatten sich lange Reden ausgedacht, Reformen hatte jeder einen Stoß in der Tasche. Und dann kommt mein kleiner Kommandant gähnt und meckert: „Ich bin müde, ich bin doch so müde", und dreht ihnen das Licht aus." (III: 28)

Die Episode ist vor allem ein Vorgriff auf die Debatte auf dem Gründungsparteitag der KPD an Silvester 1918 über die Beteiligung der Partei an den Wahlen zur verfassungsgebenden Versammlung: revolutionäre Entschlossenheit oder unproduktives Debattieren, ist das die Alternative? Herrschaft der Räte oder parlamentarische Demokratie, ist das der Konflikt?

Döblin referiert Lenins sozial-anthropologische Zielsetzung des neuen Menschen als Ergebnis der Revolution:

> Der Mensch so wie er ist taugt nichts. Die Menschen sind dumm und weich, sentimentale Dummköpfe mit bürgerlicher Bequemlichkeit, Mystiker, Fromme und Faultiere, und darum Verbrecher. Gegen diese Menschen muß man einen Ausrottungskrieg führen. In Stücke schlagen muss man die Überreste der alten Tyrannei, nicht bloß ihr Heer [...] sondern auch und vor allem und an erster Stelle ihre versteckten Bastionen, die in den Köpfen, die alten Denkformen, die Ideen, die Ideale, die Glauben, die Religionen, die Metaphysiken, die Gefühle. (III: 71–72)

Deutlich wird hier, dass die kulturelle Revolution nach Landauer und Döblin ein totalitäres Risiko beinhaltet, das die Grundlage für Döblins Antikommunismus, den er bereits in *Wissen* formuliert hatte, bildet. Der Autor lässt eine russische Anarchistin den Kern einer (seiner?) Totalitarismustheorie formulieren: „Es gibt keinen Unterschied zwischen dem Massenmörder und Menschenschlächter Ludendorff und Lenin: beiden bedeuten Menschen nichts.“ (III: 75) Döblin listet in der Folge Lenins Repressionsmaßnahmen zur Unterdrückung oppositioneller Gruppen auf. Diese 1942–43 entwickelte Folie verweist auf Hitler und Stalin. Döblin wird aus Luxemburgs Kritik an den Bolschewiki zitieren, in verkürzter Form. Seine Rosa erkennt das Verdienst der Bolschewiki an, die Entscheidung zu ihren Gunsten herbeigeführt zu haben, dadurch dass diese

> [...] von Anfang an diejenige Taktik proklamiert und konsequent verfolgt [...] haben, die allein die Revolution retten konnte. Die ganze Macht in die Hand der Arbeiter- und Bauernmasse, das war der Schwertstreich, mit dem der gordische Knoten durchhauen, die Revolution aus ihrem Engpass geführt und vor ihr das freie Blachfeld einer ungehemmten Entwicklung geöffnet wurde. (III: 104)

Döblin überzeichnet allerdings deutlich die Abscheu, die Rosa vor Lenin empfindet: „Was ist er? Ein General, ein Diktator, einer von früher, mit der Arbeitsmethode von früher, er ist kein Sozialist, sondern ein Bürger.“ (III: 104) Diese Kritik ist nichts anderes als ein weiterer Hinweis auf Döblins anti-kommunistische und anti-stalinistische Anschauungen – seine deutliche Abgrenzung von jenen, die wie Heinrich Mann oder Lion Feuchtwanger meinten, in einer Allianz mit Kommunisten den Nationalsozialismus besiegen zu können. Seine Rosa wirkt wie eine links-sozialistische Kritikerin, die notierte:

> Im Grunde Cliquenwirtschaft. Gewiß Diktatur – aber von einer Handvoll Politiker, kurz: Diktatur im bürgerlichen Sinn. [...] Die wirkliche Diktatur, unsere Diktatur, besteht in der Anwendung der Demokratie, nicht in ihrer Abschaffung. (III: 105)

Döblin übernimmt hier Teile aus Paul Frölichs Luxemburg-Biographie (cf. Frölich 1939: 312–313); dieser hatte selbst verkürzt aus Luxemburgs Schrift (cf. Luxemburg 1922: 157–163) zitiert, die Paul Levi veröffentlicht hatte. – Zur Geschichte der Veröffentlichung und Interpretation dieser nicht unumstrittenen Schrift siehe Pipers Luxemburg-Biographie (cf. Piper 2018: 586–614).

4. Gründungskonferenz der KPD

Döblin widmet der Gründungskonferenz im letzten Band von *November* ein längeres Kapitel (III: 287–302). Diese fand an Silvester-Neujahr 1918/19 in Berlin statt und Rosa Luxemburg versuchte dort in einem längeren Referat (cf. Weber 1993: 171–201), den Delegierten (laut Döblin 114 Personen) u.a. ihre Revolutionstheorie zu erläutern. Vor dieser Konferenz hatte sie einen Programmentwurf für den Spartakusbund verfasst, der in der *Roten Fahne* veröffentlicht worden war.[10] Döblin begegnet ihren Ausführungen mit Skepsis und dem Vorbereitungsdokument, das in der *Roten Fahne* veröffentlicht worden war, mit Spott: „Ein greifbarer Unsinn" meint er. (III: 287) Rosa verficht eine Linie der Geduld, in Abgrenzung zum Willen derer, die, wie Lenin, sofort alles auf eine Karte meinen setzen zu können. Für Rosa heißt es jedoch: Beteiligung an den Wahlen, Aufklärung der Massen, denn:

> Spartakus will die Macht ergreifen, allein mit dem unbestrittenen Willen der großen Mehrheit, der proletarischen Massen von ganz Deutschland, welche erst das Ziel und die Kampfmethoden der Spartakisten aufnehmen müssen. Es ist ein langer Weg. Der Sieg des Spartakusbundes steht nicht am Anfang, sondern am Ende der Revolution. (III: 288–289)

Das ist im Grunde die Quintessenz dessen, was Döblin aus dem Vorbereitungstext Luxemburgs exzerpiert hat. Die Geduldstrategie verfängt nicht und der Autor baut eine kurze Szene auf, in der Rosa von Delegierten bedrängt wird. Sie versucht, diesen die Gesetze des Kräfteverhältnisses zu erläutern und gibt sich auf die Frage „Wer ist für uns, wer ist gegen uns?" selbst die Antwort:

> Gegen uns die ganze Legalität, Regierung und Vollzugsrat. Wir haben, sagt ihr, die Volksmassen, die Proletarier. Aber die sind noch nicht genug aufgeklärt darüber, was wir wollen und wer wir sind, und noch nicht genügend organisiert. [...] Ihr müßt Geduld haben, sonst gefährdet ihr alles. (III: 292)[11]

Aufklärung und Organisation wären demnach die zwei Voraussetzungen für eine siegreiche Revolution. Auch hier erfolgt wieder eine verkürzte Fassung dessen, was eine revolutionäre Situation nach Rosa Luxemburg ausmacht, insbesondere kommt Luxemburgs Fokussierung auf die Arbeiter- und Soldatenräte zu kurz. Döblin erwähnt in diesem Zusammenhang auch nicht, dass auch die Räte von der Mehrheits-SPD dominiert waren und dass die auf dieser Konferenz anwesenden Delegierten nur eine verschwindend kleine Minderheit der Arbeiterschaft vertraten, von der Restbevölkerung ganz zu schweigen.

Döblin referiert kurz die theoretische Rede von Rosa Luxemburg und insistiert auf ihrem dogmatischen Marxismus, der, anders als bei Lenin, keinen Raum für politischen Voluntarismus lässt, sondern eindeutig auf die ökonomische Basis jeglicher gesellschaftlichen Entwicklung rekurriert:

> Sie glaubt nicht. Es ist gegen die Theorie. Sie glaubt nicht an Siege und Niederlagen, die nicht aus einer ökonomischen Umwälzung kommen. Die große Umwälzung ist noch nicht da. Das Land ist davon noch nicht erfaßt. Die Situation ist noch nicht reif. Bei einer wirklichen Umwälzung, so lautet ihr

10 „Was will der Spartakusbund?" *Die Rote Fahne* vom 14. 12. 1918, erste und zweite Seite. Döblin hatte sich in den USA darum bemüht, Zugang zu Ausgaben der Zeitung der KPD sowie Materialien zu bekommen. Siehe z. B. den Brief an Hermann Kesten v. 10. 2. 1942. Cf. Döblin 1970: 270.

11 Es sei hier angemerkt, dass in den Parteitagsprotokollen diese Aussage von Luxemburg nicht zu finden ist. Cf. Weber 1993.

> Dogma, fallen mit der kapitalistischen Wirtschaft auch die Kommandostellen, die Generale und die Regierung. Man braucht sie nicht besonders umzustürzen. (III: 294)

In diesem Referat wird offensichtlich, dass Döblin Luxemburg dafür kritisiert, ihre marxistisch-ökonomischen Kenntnisse aus der Parteischule Kautzkys entnommen zu haben – das Warten auf den „großen Kladderadatsch" ist die Kurzformel, die dieses theoretische Herangehen karikierend, aber treffend kennzeichnet. Döblin zitiert weiter, dass Luxemburg unterstreicht, dass der 9. November eine politische Revolution war, die noch zu einer ökonomischen reifen müsse. Ergänzend hält Luxemburg dagegen, dass sie noch nicht einmal eine politische gewesen sei, denn „eine gerade Linie läuft von dem kaiserlichen Reichskanzler Max von Baden zum Kaiserlichen Reichskanzler Ebert [...], hinter denen unbeweglich im Hintergrund Hindenburg steht, bereit jeden Augenblick hervorzutreten." (III: 295) Die Rednerin propagiere eine Unterminierungsarbeit, geduldig, langsam, und weigere sich, eine Zeitprognose zu wagen, wie lange es dauern würde „Schritt für Schritt den Herrschenden ihre Gewaltmittel zu entreißen." (III: 295)

Dieser behutsamen Strategie stellt Döblin Radek entgegen, die Stimme Lenins auf dem Parteitag, der Beifallsstürme entfesselte, als er Öl ins Feuer der revolutionären Ungeduld goss, die Diktatur des Proletariats und die Weltrevolution beschwor und somit die Delegierten auf Aktionen einstimmte, die im Januar zu selbstmörderischen Zuspitzungen führen sollten. Es kann hier nicht darum gehen, den Wahrheitsgehalt dieser Gegenüberstellung zu prüfen,[12] geht es doch vor allem darum, zu untersuchen, wie Döblin literarisch die Erklärung für den 30. 1. 1933 einleiten möchte, bzw., wenn man seiner Poetologie folgt, wie sich diese ihm aufdrängte.

Döblin konfrontiert uns also mit einer dogmatischen Gesellschaftsanalyse durch Luxemburg, die die Ökonomie über alles stellt, die, gepaart mit einer verkürzten politischen Diagnose, bei der Max von Baden, Ebert und Hindenburg eine reaktionäre Front bilden, geradlinig, nach den Erkenntnissen der „vergangenen Zukunft", zu Hitler führt. Als weiterer belastender Faktor kommt eine abenteuerliche revolutionäre Taktik hinzu, die, nach Rosas Lesart, in putschistischer Manier und auf direktem Wege eine Serie von Niederlagen verursachen wird. Liebknecht wird daraus schlussfolgern, dass die Leute Taten sehen wollen. Es entspannt sich eine Debatte zwischen Liebknecht und Luxemburg über die Rolle der Massen im revolutionären Prozess – und der Rolle Lenins in

---

12 Eine Lektüre der Rede Radeks im Protokoll der Gründungskonferenz lässt diese überspitzte Zusammenfassung durch Döblin nicht zu. Radek äußert sich ausführlich zur Lage in Russland und polemisiert heftig gegen die SPD-geführte Regierung und die Entente. Cf. Weber 1993: 67–86. Komintern-Dokumente deuten darauf hin, dass Radek deutlich vor überstürzten Aktionen warnte. Cf. z. B. seinen Brief an die KPD-Zentrale v. 9. 1. 1919 in Weber 2015: 66–67.

Russland. Döblin legt Rosa nun eine Verurteilung in den Mund, die weit über das hinausgeht, was sie geschrieben hatte:

> Du mußt nicht glauben, Karl, ich lasse mir irgendeinen Lenin mit Massenerschießungen von dir oder den Parteigenossen vor die Nase schieben. [...] Man weiß ja, welche Pläne ihr schon schmiedet, nachdem wir abgedankt haben und nachdem keine Theorie mehr gilt, sondern bloß der sogenannte Wille der Masse [...]. Ich verspreche dir, ihr werdet euren Willen nicht durchsetzen. Es wird hier keinen Aufstand geben, weil er dumm ist, eselsdumm, weil er nicht möglich ist, weil wir die Zukunft sind, weil er ein Verrat an der Arbeiterklasse wäre, und weil der, der ihn ausführt, ein Verräter an der Arbeiterklasse wäre. (III: 301)

Döblin greift mit „Verrat an der Arbeiterklasse" in den stalinistischen Formelbestand, um Liebknecht die Verantwortung an der kommenden Niederlage im Januaraufstand zuzuschieben. 1942–43 geschrieben, ist dies natürlich eine Umkehr der parteikommunistischen Verurteilung der Luxemburgschen Theorien und der Wertschätzung Liebknechts durch die herrschende stalinistische Geschichtsschreibung, denn es hält sich bis heute in diesen Kreisen die Mär von der Machbarkeit der Putschversuche in den frühen Monaten der Weimarer Republik zur Installierung einer Räteherrschaft und Diktatur des Proletariats. Döblins Skizze der Debatte ist auch insofern fragwürdig, als in Rosa Luxemburgs Theorieansatz zur Revolution die „Spontaneität" der Massen eine herausragende Rolle spielte, während Liebknecht eher als jener gesehen werden kann, der der Partei eine führende Rolle zubilligen würde.

5. Die Niederlage

Döblin beschreibt den Versuch, den revolutionären Prozess mit der Konstituierung des Revolutionsausschusses am 6. Januar 1919zu beschleunigen. Genüsslich berichtet er von der Posse vor dem Kriegsministerium, wo den Revolutionären der Einlass zwecks Besetzung desselben verweigert wurde, weil eine Unterschrift fehlte, und diese unverrichteter Dinge wieder abzogen. (cf. III: 351) Ebert setzt nun „den Bluthund" ein: Noske. Die Handlungsfähigkeit ist auf die Regierung übergegangen, obwohl Döblin eindrucksvoll die Massendemonstration der Zweihunderttausend im Tiergarten zeichnet. Er fragt: „Die Massen sind da, wo sind die Führer?" Sie sind abwesend, denn sie debattieren. (III: 360)

Nach Döblin beteiligt sich die Revolutionärin Luxemburg nicht an dieser Aktionsphase, analysiert jedoch kaltblütig, dass der Revolutionsausschuss keinen Plan habe, sondern nur „lauter kleine zersplitterte Aktionen." Sie fragt: „Soll das das Proletariat sein? Ich sehe nur Banden, von denen ich noch nicht einmal weiß, ob sich nicht noch andere Leute als Proletarier daran beteiligen." (III: 526) Radek und Luxemburg fordern Liebknecht auf, die Aktionen abzubrechen. Er denkt nicht daran, wirft ihnen und Leo Jogiches vor, ihn im Stich gelassen zu haben. Er droht: „Das werdet ihr eines Tages vor der Geschichte zu verantworten haben.", was eine deutliche Anspielung auf die stalinistische Verurteilung der Theorien Rosa Luxemburgs und auf den Radek-Prozess während der Moskauer Säuberungen Ende der dreißiger Jahre ist. (III: 527) Rosa Luxemburg erhält den Auftrag, einen Artikel in der *Roten Fahne* zu veröffentlichen, der sich von den Aktionen der Putschisten distanziert. Sie hält sich nicht an den Auftrag und schreibt zwei Unterstützungsleitartikel: „Versäumte Pflichten" und „Das Versagen der Führer" am 8. bzw. 10. Januar 1919. (Luxemburg 2000: 519–526) Grundlage ihrer Schrift ist ihre Theorie der Spontaneität der Massen, die Revolution nur lernen können, indem sie Revolution machen. Döblin fasst diesen Gedankengang in einem Satz zusammen: „Und außerdem sei die Bewegung spontan aus den Massen entstanden." (III: 528)

In einer letzten Diskussion vor ihrer Ermordung prallen die taktischen Divergenzen zwischen Luxemburg und Liebknecht aufeinander: Laut Liebknecht geht es um den Gegensatz Theorielastigkeit *versus* Realitätssinn. Es sei falsch gewesen, die entstehende Bewegung mit Theorie und Programm zu überfrachten, man hätte erst das alte Regime mit Ebert und Scheidemann erledigen sollen:

> Sturz der Hohenzollern und der Bande hinter ihnen. Unsere Stoßkraft wäre immens gewesen. Wir hatten mehrere Hunderttausend am 6. Januar. Aber mit diesen Parolen wären uns Millionen zugeflossen. Mit ihnen hätten wir alles machen können. Dann wären wir Demokratie, die überwältigende Mehrheit des Volkes gewesen. Statt dessen haben wir uns durch Theorien und Dogmen klein gemacht. Wir haben uns zu einer Sekte verengt. (III: 618)

Im Übrigen wirft er Rosa vor, sie habe sich ganz für Demokratie entschieden, „Nationalversammlung, Parlament und so weiter." (III: 619) Sie wolle nicht einmal die proletarische Herrschaft dem Volk aufdrängen, solange sie nicht sicher sei, die Mehrheit der Massen auf ihrer Seite zu haben.

Der Konflikt zwischen den zwei möglichen revolutionären Strategien ist nicht auflösbar: Entweder man geht nach dem Leninschen Muster vor, indem man Losungen nutzt, die dem Volk aus der Seele sprechen, und ergreift die Macht ohne Rücksicht auf demokratische Bedenken, oder man geht nach dem „Lehrbuch" vor und lernt aus Niederlagen. Rosa fasst ihren Standpunkt zusammen:

> Bei uns ist alles, wenigstens auf unserer Seite, unbekannt und unklar. Alles ist im Entstehen, du weißt nicht, wie viele folgen, du hast es schwer, Vorbereitungen auch für morgen zu treffen. Kein Wunder, wenn da proletarische Revolutionen von Niederlage zu Niederlage schreiten. (III: 618–619)

Diese Freund-Freund-Divergenz erfährt eine emotionale Zuspitzung, als Rosa bei der Lektüre des *Vorwärts* entdeckt, dass Liebknecht Mitglied der „Revolutionsregierung" war. „Die blutige Rosa schwang ihren ‚Vorwärts' und wütete wie in den besten Tagen", (III: 620) eine Szene, die historisch belegt ist und von mehreren Zeitzeugen in unterschiedlichen Versionen dargestellt wird, die Döblin also möglicherweise kannte. (Piper 2016: 661–662)

Döblin scheint sich in letzter Instanz der Meinung Liebknechts anzuschließen. Dieser gewinnt in der Diskussion über seinen letzten Artikel in der *Roten Fahne* vom 15. Januar die Oberhand: die eschatologischen Züge des Textes „Noch ist der Golgathaweg der deutschen Arbeiterklasse nicht beendet, aber der Tag der Erlösung naht" (III: 658) verzücken Rosa förmlich, sie bittet Liebknecht um Verzeihung: „Du hattest recht. Wir hätten mit dir gehen sollen." (III: 660)

6. Spartakisten – Satanisten

Im vorletzten Buch des Epos, dem achten, kurz vor dem Showdown, erlaubt sich Döblin durch den ‚Ästheten' Liebknecht eine erneute Hermeneutik-Lektion: Dieser berichtet Luxemburg, dass er seiner Frau *Paradise Lost* von Milton geschenkt habe. (III: 668–673) Karl hat den Text so verstanden, dass Satan ein sympathischer Held ist, der zeigt, wie man mit einer Niederlage umzugehen hat: Er ist ein Engel, der unbeugsam bleibt, sich nicht niederkniet, der nicht dienen kann und will. „Das ist ein Satan aus unserem Stoff, so daß man sich kaum eine bessere Verkörperung der Menschenwürde vorstellen kann." (III: 668–669) Karl fasst auch den erotischen Aspekt des Textes zusammen und kann seine Begeisterung kaum verhehlen. (III: 671)[13] Seine Schlussfolgerung ist jedoch eine politische. Seine rhetorische Frage lautet: „Was ist groß an ihm?" Antwort:

> Sein unentwegter Protest. Nichts erschüttert Satan. [...] Keine Strafe verändert ihn. Der Zorn des Herrn auf ihn läßt nicht nach. Aber auch das Nein des Satans endet nicht. [...] Allen Gewalten zum Trotz sich erhalten und nimmer sich beugen. (III: 672)[14]

Karl bezieht als Quelle für seine Lektüre neben Goethe ebenfalls Kant und Kierkegaard mit ein (cf. III: 671),[15] aber eine weitere verborgene Quelle dieser Lektüre ist ein anderer anarchistischer Denker: Michail Bakunin, der in *Gott und der Staat* schrieb:

13 Döblin kannte offenbar den Band der Briefe Liebknechts an seine Frau. Dort heißt es: „Wäre ich frei, ich schenkte Dir die schönste Milton-Ausgabe und wir würden uns ganz allein zusammen auf Dein Sofa setzen und den vierten Gesang lesen. Und am Abend wäre ich der Satan im neunten Gesang, aber ein vom süßen Taumel gänzlich Besiegter. So müssen aber Phantasien und Hoffnungen die Wirklichkeit ersetzen." (Liebknecht 1919: 122).

14 Goethe muss hier für Liebknechts „Satanismus" drei Gedichtzeilen zur Verfügung stellen, der selbst La Fontaines „Aide-toi/le Ciel t'aidera" variiert, denn „Hercule veut qu'on se remue/Puis il aide les gens": Wenn der (politische) Karren im Dreck steckt, muss man selbst anpacken ....

15 Karl sagt: „Du mußt lesen, Rosa, bis zu welchem Maß Satan sein Werk gelingt [...], das Werk der *Aufhellung* der Massen [...]. Und dann ist natürlich die Unschuld weg, [...] und sie haben mit ihrem *Bewußtsein* [...] *Krankheit und Tod* [dazu eingetauscht.]" (Hervorhebung durch den Verf.).

> Aber da kam Satan, der ewige Rebell, der erste Freidenker und Weltenbefreier. Er bewirkt, daß der Mensch sich seiner tierischen Unwissenheit und Unterwürfigkeit schämt; er befreit ihn und drückt seiner Stirn das Siegel der Freiheit und Menschlichkeit auf, indem er ihn antreibt, ungehorsam zu sein und die Frucht vom Baum der Erkenntnis zu essen.[16]

Döblin kann diese Verbindung zum russischen Anarchisten direkt oder über Carl Schmitts *Politische Theologie* (Schmitt 1922) hergestellt haben, denn Schmitt stellt sehr deutlich in seiner Analyse von Bakunins „Satanismus" dessen Naturphilosophie in den Vordergrund – eine Verbindung, die Döblins Naturkonzeption sehr entgegenkommt.[17]

Eine skeptische Rosa schlussfolgert: „Nennen wir uns dann also nicht mehr Spartakisten, sondern Satanisten." (III: 672)

Es schließt sich also der Kreis von der Landauerschen Mystik zu Bakunins „Satanismus", der auch in Rosas mystisch-satanischen Krisen eine literarische Verarbeitung erfährt. (Cf. Prédhumeau 2019 und 2021) Im letzten Band nehmen diese Krisen immer breiteren Raum ein und sollen aus Döblins Perspektive suggerieren, dass unter Zuhilfenahme eines faustischen Paktes, der Rosa von Satan angeboten wurde, eine kommunistische Machtergreifung möglich gewesen wäre. Final steckt in dieser Darstellung die Behauptung, dass die kommunistische Führung, aus Mangel an Erfahrung, an Willen gepaart mit Pragmatismus oder Macht-Zynismus, an der Niederlage der Rätebewegung in den Januar-Tagen 1919 mitverantwortlich sei. Somit wäre sie auch – in Kombination mit dem Vergehen der skrupellosen SPD-Führung, die in Allianz mit der Reichswehr und den Freikorps jene Rätebewegung physisch zerschlagen hatte – verantwortlich an der restaurativ-reaktionären Phase ab 1930 und damit an der Machtübergabe an die Nazis.

Die Frage, die sich nach eingehender Lektüre von *November* aufdrängt, lautet demnach, ob Döblin einen Beitrag zur Erklärung des „Wie-das-alles-geschehen-konnte" geleistet oder ob er nicht doch monumental-episch an einer plausiblen Antwort vorbei geschrieben hat. Auf diese Frage werden geneigte Leserinnen und Lesern von *November 1918* mit hoher Wahrscheinlichkeit sehr unterschiedliche Antworten geben.

Bibliografie

Bakounine, Michel, 1882: *Dieu et l'État.* Imprimerie Jurassienne: Genève.

Döblin, Alfred, 1915: *Die drei Sprünge des Wang-lun. Chinesischer Roman.* Fischer: Berlin.

Döblin, Alfred, 1918: *Wadzecks Kampf mit der Dampfturbine.* Fischer: Berlin.

16 Zitiert nach: *https://www.anarchismus.at/anarchistische-klassiker/8-michail-bakunin/7-bakunin-gott-und-der-staat.* Original: Bakounine 1882.

17 Diese Verbindung mit Döblins *Das Ich über der Natur* und *Wissen und Verändern!* kann hier leider nicht vertieft werden.

Döblin, Alfred, 1931: *Wissen und Verändern! Offene Briefe an einen jungen Menschen.* Fischer: Berlin.

Döblin, Alfred, 1938: „Prometheus und das Primitive". *Mass und Wert 1,* Bd. 3, 331–351.

Döblin, Alfred, 1940: *The Living Thoughts of Confucius.* Presented by Alfred Döblin. Longmans: New York.

Döblin, Alfred, 1970: *Briefe 1.* Graber, Heinz (Hrsg.). Walter-Verlag: Olten.

Döblin, Alfred, 2013: *November 1918. Eine deutsche Revolution. Erzählwerk in drei Teilen. Bände I–III.* Fischer: Frankfurt a. M.

Fiedeler, Hans (d.i. Döblin, Alfred), 1946: *Der Nürnberger Lehrprozess.* Neuer Bücherdienst: Baden-Baden.

Frölich, Paul, 1939: *Rosa Luxemburg: Gedanke und Tat.* Éditions internationales: Paris.

Geiger, Theodor, 1926: *Die Masse und ihre Aktion. Ein Beitrag zur Soziologie der Revolutionen.* E. Enke: Stuttgart.

Junius (d.i. Rosa Luxemburg), 1916: *Die Krise der Sozialdemokratie.* Union: Zürich.

Landauer, Gustav, 1907: *Die Revolution.* Rütten & Loening: Frankfurt a. M.

Landauer, Gustav, 1919: *Aufruf zum Sozialismus. Ein Vortrag.* 2. verm. u. verb. Auflage. Cassirer: Berlin.

Liebknecht, Karl, 1919: *Briefe aus dem Felde, aus der Untersuchungshaft und aus dem Zuchthaus.* Verlag der Wochenschrift die „Aktion": Berlin.

Luxemburg, Rosa, 1906: *Massenstreik, Partei und Gewerkschaften.* Im Auftr. d. Vorst. d. sozialdemokrat. Landesorganisation Hamburgs u. d. Vorst. d. sozialdemokrat. Vereine v. Altona, Ottensen u. Wandsbek. Dubber: Hamburg.

Luxemburg, Rosa, 1922: *Die russische Revolution: eine kritische Würdigung.* Aus dem Nachlaß hrsg. u. eingel. von Paul Levi. Verlag Gesellschaft und Erziehung: Berlin Friedenau.

Luxemburg, Rosa, 2000: *Gesammelte Werke. Band 6.* Hrsg. v. der Rosa-Luxemburg-Stiftung, wissenschaftliche Leitung: Annelies Laschitza. Karl Dietz Verlag: Berlin.

Nietzsche, Friedrich [1896], 2019: *Über Wahrheit und Lüge im außermoralischen Sinn.* Hrsg. von Kai Sina. Reclam: Stuttgart.

Piper, Ernst, 2018: *Rosa Luxemburg. Ein Leben.* Blessing: München.

Prédhumeau, Alfred, 2019: *Alfred Döblin „November 1918", révolution et mystique.* Thèse. Université-Toulouse Jean Jaurès.

Prédhumeau, Alfred, 2021: „Mystique et révolution: Rosa L. d'Alfred Döblin". In: Maillard, Christine/Goldblum, Sonia (Hrsg.): *Discours mystiques et théories du psychisme: une approche interculturelle/Mystik und Psyche im interkulturellen Vergleich.* Hors-série 16 *Recherches germaniques,* 105–121.

Schmitt, Carl, 1922: *Politische Theologie. 4 Kapitel zur Lehre von der Souveränität.* Duncker & Humblot: München/Leipzig.

Schoeller, Wilfried F., 2011: *Alfred Döblin. Eine Biographie.* Carl Hanser Verlag: München.

Weber, Hermann (Hrsg.), 1993: *Die Gründung der KPD. Protokoll und Materialien des Gründungsparteitages der Kommunistischen Partei Deutschlands 1918/1919*. Dietz Verlag: Berlin.

Weber, Hermann et al. (Hrsg.), 2015: *Deutschland, Russland, Komintern. II. Dokumente (1918–1943)*. Archive des Kommunismus – Pfade des XX. Jahrhunderts. Band 6/1. De Gruyter: Berlin.

Alfred Prédhumeau
Université-Toulouse Jean Jaurès
E-Mail: a.predhumeau@gmail.com

Jean-François Laplénie

Unmögliche Revolutionsromane. Ernst Glaesers *Frieden* (1930) zwischen engagierter Literatur, historischem Roman und neusachlicher Nüchternheit

1. Die schwierige Erinnerung an eine „ungeliebte" Revolution

Im Jahre 1927 scheint in Deutschland nach anfänglichen Krisen die Staatsform der Republik gesiegt zu haben, die Demokratie seit 1924 stabilisiert und die Erinnerung an die Streiks, Versammlungen, Massendemonstrationen, Straßenkämpfe, Morde und Blutbäder, die kaum zehn Jahre zuvor, zwischen November 1918 und dem Sommer 1919 und später noch in Berlin, Bayern, an der Ruhr und andernorts stattgefunden haben, scheint im Rausch der „Goldenen Zwanziger" aufgegangen zu sein. So zumindest kann eine Szene aus Ernst Tollers desillusioniertem Drama *Hoppla, wir leben!* (1927) gelesen werden, in welcher der Protagonist, der ehemalige Revolutionär Karl Thomas, zwei Kindern die „deutsche Revolution" zu erklären versucht. In der nun eingerichteten Republik können sich die zwei Schulkinder, deren Namen Fritz und Grete für das gesamte deutsche Volk stehen, durchaus nicht vorstellen, warum und wie eine Revolution in Deutschland stattfinden konnte, und nennen schließlich den verzweifelten Karl Thomas „dumm" (Toller 2015: 44, 118).

Dass die Ereignisse vom November 1918, die Weihnachts-, Januar- und Märzkämpfe von 1918/19 in einer so kurzen Zeit wirklich in Vergessenheit geraten sind, entbehrt aber jeder Grundlage. In den letzten fünfzehn Jahren hat sich indes die Geschichtsschreibung wiederholt mit der schwierigen Erinnerung an die Revolution beschäftigt (cf. Niess 2013: 26–106) und dabei die Gründe für ihre „nahezu allseitige posthume Unbeliebtheit" (Schildt 2010: 224) herausgearbeitet. Besonders während der Weimarer Republik blieb ihr „[e]in prominenter Ort in der Gedenkkultur [...] verwehrt" (Gallus 2010: 16), aber in der Periode 1927–1933, um die es in diesem Beitrag geht, liegt sie noch gar nicht „im Schatten der Erinnerungskultur" (ibid.: 14), sondern erscheint vielmehr als ein „umkämpfte[r] Erinnerungsort[ ]" (Braune/Dreyer 2019: XV). Jede ihrer Phasen, von der doppelten Ausrufung der Republik durch Philipp Scheidemann und Karl Liebknecht am 9. November 1918, der blutigen Unterdrückung der Januaraufstände 1919, der Räterepublik in München im April 1919 bis hin zu den Unruhen im Ruhrgebiet und dem Kapp-Lüttwitz-Putsch 1920, wurde von den politischen Kräften der Weimarer Republik „in der Polarität von Verantwortung und Verrat" (Sabrow 2019: 316) aufgefasst: War sie für die SPD eine widerstrebend ‚adoptierte' Revolution, so wurde sie von der KPD als ‚verpasste' und verratene Chance betrachtet, während sich im rechten Lager die Dolchstoßlegende als Deutungsmuster etablierte. So standen die „Deutungskämpfe" (Braune/Dreyer 2019: XV) sowohl dem Vergessen als auch der Historisierung im Wege. Dennoch kann der Romancier Theodor Plievier im Nachwort zu seinem ‚Revolutionsroman' *Der Kaiser ging, die Generäle blieben* (1932) der Meinung sein, dass „[d]ie geschichtlich so bedeutungsvollen Ereignisse im Herbst 1918 [...] weiten Kreisen unbekannt geblieben" und dass „die Erinnerung an jene Zeit durch falsche Darstellungen verschüttet worden" sind (Plievier 2018: 380).

Die literarische Behandlung der deutschen Revolution steht also von vornherein in einem erinnerungspolitischen Kraftfeld, und die Werke, die unter diesen Umständen entstanden, sind zur Zeit ihrer Veröffentlichung und in ihrer späteren Rezeption auch von den ideologischen Konstellationen abhängig gewesen. Außerdem hat sich in der Forschung keine allgemeine Kategorie der ‚Revolutionsliteratur' durchgesetzt, sondern einige Kapitel werden stark beleuchtet, wie etwa die „ästhetische Mobilisierung" (Pyta 2019: 134) der Dichter oder das anerkannte ‚Revolutionsdrama'. Auf dem Gebiet der Romanliteratur hingegen hat sich so gut wie kein ‚Revolutionsroman', mit Ausnahme von Alfred Döblins dreiteiligem „Erzählwerk" *November 1918* (1948–1950), im heutigen Kanon erhalten. Dafür verantwortlich sind, so die These hier, nicht bloß das Schwinden der revolutionären Ereignisse aus dem kollektiven Gedächtnis, sondern auch literarische Gründe, welche die Darstellung der Revolution in Romanform erschweren und in manchen Fällen unmöglich machten. Am Beispiel eines in der Literaturwissenschaft oft kritisch bewerteten Romans, Ernst Glaesers *Frieden* (1930), soll dieses unmögliche Gleichgewicht von politischer ‚Tendenz', reportagehafter Nüchternheit und (zeit)historischer Deutung veranschaulicht werden.

2. Revolutionsromane zwischen historischem Roman, Zeitroman, engagierter Literatur und neusachlichem ästhetischem Programm

In den Revolutionsromanen der Weimarer Republik sind deutlich „zwei markante ‚Ballungen' um 1920 bzw. um 1930" (Kittstein/Zeller 2009: 22) zu erkennen. War in der unmittelbar postrevolutionären Zeit das Motiv der Revolution in Lyrik, Drama und Roman stark vertreten (cf. Kiesel 2019: 249–269), so waren diese Werke noch im Schock und im zeitnahen Echo auf die Ereignisse entstanden. Sie versuchen, die hoffnungsvolle Aufbruchsstimmung oder die Gewalt literarisch zu verarbeiten. Für den ungefähr zehn Jahre später einsetzenden zweiten Moment erstarkenden Interesses liefern zunächst redaktionelle und verlagspolitische Erwägungen eine naheliegende Erklärung. In einer Sammelrezension mehrerer dieser Werke, die 1930 in der *Neuen Rundschau* unter der Überschrift *Romane zwischen Krieg und Frieden* erschien, schreibt Hans Arno Joachim, dass die „Romane, die zur Zeit den Frieden im Schilde führen" – er bezieht sich hier ausdrücklich auf Ernst Glaesers Roman – „keine Friedensromane" sind, sondern „der Kriegsromane zweiter Teil" (Joachim 1930b: 833). Tatsächlich handelt es sich bei den meisten um Nachkriegsromane, welche die

Welle der außerordentlich erfolgreichen Kriegsromane von 1927–1929 fortsetzen. So ist Ludwig Renns Roman *Nachkrieg* (1930) die auch im Titel sofort erkennbare Fortsetzung von *Krieg* (1928), Ernst Glaesers *Frieden* (1930) der Folgeroman des Bestsellers *Jahrgang 1902* (1928) und Erich Maria Remarques *Der Weg zurück* (1931) der zweite Teil von *Im Westen nichts Neues* (1929). Der Leser dieser Fortsetzungen trifft auf Personen, die er aus dem ersten Roman kennt, und die aus der Erfahrung der Schützengräben unmittelbar in den Ausnahmezustand der revolutionären Ereignisse übergehen. Diese Orientierung am Büchermarkt ist der linken Literaturkritik nicht entgangen. So bemerkt Ludwig Marcuse in *Das Tagebuch*, dass „die Kriegsbücher [...] jetzt abgelöst [werden] von den Nachkriegsbüchern" (Marcuse 1930: 1717), und in der *Weltbühne* verweist Tucholsky ironisch auf das „Heer der Mitläufer, die jede geistige Strömung umschwirren" (Tucholsky 2003: 514).

Neben verlagsstrategischen Gründen fällt aber die politische Funktion ins Gewicht, welche die literarische Verarbeitung der Revolution gerade zur Zeit ihres allmählichen Verschwindens aus dem unmittelbaren kollektiven Gedächtnis erfüllt. Indem Romanschriftsteller sich für den Stoff der deutschen Revolution entscheiden, stehen sie zwischen ihrer Gegenwart – den Krisenjahren am Ende der Zwanziger – und der geschilderten Epoche (1918/19), die gerade im Begriff ist, Geschichte zu werden. In ihrem Panorama der Revolutionsromane unterstreichen Ulrich Kittstein und Regine Zeller, dass „in diesen Romanen [...] keine abgeschlossenen, gleichsam historisch ‚erledigten' Ereignisse geschildert" werden, vielmehr „geht es auch ihnen meist erkennbar um Orientierungsbedürfnisse der Gegenwart, um Reflexionen über denkbare Auswege aus einer wieder als außerordentlich krisenhaft erfahrenen Lage" (Kittstein/Zeller 2009: 22). Daraus ergibt sich eine unsichere oder vielleicht auch hybride Gattungszugehörigkeit, die bei den meisten Revolutionsromanen um 1930 zwischen dem historischen Roman, dem politisch engagierten Roman und dem damals als Gattung sehr aktuellen Zeitroman (Becker 2000: 138–170) schwankt. Pointiert bemerkt Tucholsky, dass die Literatur „hinter der Zeit nur um etwa zehn Jahre zurück" ist, wobei klar wird, dass dieser zeitliche Abstand eher als zu kurz („nur") denn als zu lang zu betrachten ist.

Eben auf den Unterschied von historischem und Zeitroman geht Marcuse in Bezug auf Glaeser und Ludwig Renn ein.

> Es besteht ein natürlicher Unterschied zwischen den Kriegsbüchern und den Nachkriegsbüchern. Die Periode Krieg war abgelaufen, als sie beschrieben wurde. Es war leicht möglich, den Krieg darzustellen: weil er einen Anfang hatte und ein Ende und ein Gesicht, das sich, weil es nicht mehr der Zeit unterworfen war, nicht wandelte. Der Nachkrieg aber: das ist 1918 *und* 1930; das ist ein ständiger Fluß, der sich nicht so leicht verfestigen läßt, weil er durch jeden Tag ein neues Gesicht erhält. (Marcuse 1930: 1717)

Die zehn Jahre zurückliegende Zeit der Revolution eignet sich also nur teilweise für eine historische Darstellung. Erst recht verlangt ein solcher Stoff „den Dichter, der weniger Historiker ist als Politiker" (Joachim 1929: 845). Sogar Theodor

Plievier, der von allen Romanciers der Revolution am deutlichsten den historischen Charakter seines Romans hervorhebt und betont, er habe „diesem Versuch, Geschichte zu schreiben, Romanform" gegeben, wobei sich bei allem Rückgriff auf „exaktes Material" ein „lebendiges Gesamtbild [...] ergeben" sollte, gibt zu, dass neben den dokumentarischen Quellen auch „eigenes Erleben" (Plievier 2018: 380–381) eingearbeitet wurde. Auch die Kritiker von Glaesers Roman räumen ein, er habe „das Gesicht einer Gesellschaft, wie es zu einem bestimmten Zeitpunkt aussieht, fixieren" wollen (Marcuse 1930: 1717). Dabei ist die zeitliche Nähe zu jenem „Zeitpunkt" so groß, dass die Revolutionsromane bei ihren Lesern „rezeptionsästhetisch auf den ‚Realitätseffekt' bzw. das Wiedererkennungspotential [setzen]" dürfen (Ramponi 2009: 274), was wiederum gegen die historische Geschlossenheit des Stoffes spricht. Das Risiko ist dann die allzu unmittelbare, zu wenig „gestaltete" Wiedergabe der zu erkennenden Fakten, was sowohl Tucholsky als auch Marcuse in ihren Rezensionen zu *Frieden* mit dem durchaus beleidigenden Wort „Zeitung" anprangern (Marcuse 1930: 1718; Tucholsky 2003: 515). Der von Hans Vilmar Geppert dem historischen Roman zu Grunde gelegte „Hiatus von Fiktion und Historie" (Geppert 1976: 34) nimmt in diesem Kontext die doppelte Bedeutung an, dass einerseits der Leser, der 1918/19 auch Zeuge der revolutionären Ereignisse gewesen ist, in den Romanfiguren mögliche Identifikationsfiguren finden kann, und dass andererseits zumindest unterschwellig die Romane einen teilweise uchronischen Charakter haben: Indem sie den Leser in den Fluss der Ereignisse zurückversetzen, legen sie auch narrative Möglichkeiten als vorstellbare, „wünschbar ander[e]" (Platt 2017: 16) Alternativen zum tatsächlichen Geschehen nahe. Die Revolutionsromane liefern also ein Beispiel für Stefan Neuhaus' provokative These, der historische Roman sei „eine Sonderform des Zeitromans" (Neuhaus 2001: 209); und die treffende Formulierung Ramponis in Bezug auf Plievier könnte auf die gesamte Produktion der Revolutionsromane um 1930 erweitert werden: „Zeit- und Thesenroman[e] [...] präziser: eine zeitversetzte, romanhafte Geschichtsdeutung" (Ramponi 2009: 274).

Der Entstehungskontext scheint also eine Festlegung der Gattungszugehörigkeit der Revolutionsromane zu erschweren. Diese literarischen Produktionen sind einem Druck sowohl buchmarktstrategischer als auch politischer und ästhetischer Natur ausgesetzt, und jeder Roman stellt einen Kompromiss zwischen diesen verschiedenen, mal widersprüchlichen, mal kumulativen Einwirkungen dar. So fordern etwa die verlagsstrategischen Erwägungen von den Autoren dieselbe Schlichtheit und Popularität, welche die Kriegsbücher von 1927–1929 kennzeichnete. Daraus erklärt sich zum Teil, warum in ihnen „konventionelle realistische, illusionsstiftende narrative Techniken [dominieren]" (Kittstein/Zeller 2009: 38). Diese Merkmale ließen sich wiederum auch durch das in der zweiten Hälfte des Jahrzehnts durchgesetzte Gebot der Nüchternheit und ‚Sachlichkeit' erklären, welches Sabina Becker als „Ästhetik der neusachlichen Literatur" rekonstruiert hat (Becker 2000, 116–129 und 187–196). In diesem ästhetischen Kontext ist es ebenso nicht verwunderlich, dass so viele

Autoren auch fiktional einen Protagonisten inszenieren, der reportageartig über die Ereignisse berichtet (so Glaeser oder Renn).

In scheinbarem Widerspruch zu dieser proklamierten Nüchternheit hat der evidente politische Gehalt des Stoffes eine politisch gefärbte, mehrheitlich linke Behandlung nach sich gezogen (cf. Kittstein/Zeller 2009: 23–24). Auch unter diesem Aspekt spielen die Strukturen des literarischen Felds eine ausschlaggebende Rolle, insbesondere die Diskussionen innerhalb des der KPD nahestehenden Bunds proletarisch-revolutionärer Schriftsteller (cf. Ramponi 2009: 286) und die Erwartungen an die linke Romanproduktion, die aus diesen Debatten hervorgingen. Diese Auffassungen sind aber nicht bloß politischer Natur: Die Möglichkeit des individuellen Handelns, die Rolle der Rationalität und Irrationalität in der Motivation von Handlungen, die Rolle des Kollektivs und der Masse sind zugleich Fragen der Politik und der Romanästhetik.

3. Ernst Glaesers *Frieden*: ein misslungener Revolutionsroman?

Dass jeder Revolutionsroman als eine Kompromissbildung zu verstehen ist, heißt aber nicht, dass allen gefundenen Lösungen der gleiche Wert beigemessen werden soll. Unter der Produktion um 1930 hat Ernst Glaesers Roman *Frieden*, erschienen 1930 bei Gustav Kiepenheuer, sowohl bei der zeitgenössischen Literaturkritik, als auch in der späteren Forschung wenig Beifall gefunden. Nicht zuletzt wirft die Tatsache, dass der Schriftsteller nach der Verbrennung seiner Bücher 1933 und fünfjährigem Exil in das nationalsozialistische Deutschland zurückkehrte und sich dort mit dem Regime abzufinden schien, ein recht dubioses Licht auf den Menschen und sein Werk (cf. Koebner 1975: 192–193; Schneider 1984: 179–182). Thomas Koebners Überblick seines Œuvres lässt aber auch Bedenken an der literarischen Qualität der Bücher aufkommen. Ohne diese berechtigten Kritikpunkte abzustreiten, wollen wir hier diesem Revolutionsroman eine eingehendere Aufmerksamkeit schenken.

1930 hatte sich Ernst Glaeser im literarischen Betrieb schon einen Namen gemacht. Er ist tatsächlich *Jahrgang 1902*, wie der Titel seines Debüts von 1928 lautet, und verleiht seinen ersten Büchern autobiographische Züge. Als Mitarbeiter bei der *Frankfurter Zeitung* und Dramaturg am Neuen Theater in Frankfurt a. M. steht er politisch links und unterzeichnet 1930 den Wahlaufruf des Bundes proletarisch-revolutionärer Schriftsteller, dem er angehörte, zugunsten der KPD, wobei „sein Engagement für die sozialistischen Ideen und realpolitischen Maßnahmen […] nicht allzu tief gegangen sein [wird]" (Koebner 1975: 202). Tatsächlich wurde ihm seine Position „between the fronts" (McCown 1982) vorgeworfen und auch in Verbindung mit Inhalt und Form seiner Romanproduktion gebracht (cf. Zeller 2009: 192–195).

Glaesers außerordentlich erfolgreicher Roman *Jahrgang 1902* wurde daher oft als Psychogramm einer zur resignierten Untätigkeit verurteilten Generation rezipiert, die den Krieg auf Distanz erlebte. Der Folgeroman *Frieden*, der ein ähnliches Anliegen verfolgt, übernimmt denselben unbenannten heranwachsenden Ich-Erzähler sowie einige Figuren (Zeller 2009: 182) und lässt dieses erzählende Ich als passiven Zuschauer die revolutionären Ereignisse zwischen November 1918 und Januar 1919 in D. [Darmstadt] und Umgebung beobachten. Nur ein längerer Epilog im 15. (eigentlich 16.) Kapitel spielt im September 1919. Obwohl die Revolution in fast jeder Situation des Romans besprochen wird, führt er nicht sie im Titel, sondern den Begriff des Friedens, der sich allmählich als ihr Gegensatz entpuppt.

Trotz des Engagements des Autors aufseiten der KPD wurde der Roman von der linken Kritik, etwa von Ludwig Marcuse oder Kurt Tucholsky, scharf kritisiert. Die von der späteren literaturwissenschaftlichen Forschung aufgegriffenen Kritikpunkte betreffen Figurencharakterisierung, erzähltechnische Entscheidungen und Wirkungsabsicht des Romans. Bemängelt wird erstens die typisierende Stilisierung: Schon Marcuse beschrieb die Figuren als „Exponenten ihres gesellschaftlichen Ortes: Max Frey ist *der* bürgerliche Revolutionär; die Mutter ist *die* idealistische Bürgerin, und so fort" (Marcuse 1930: 1717). Diese schematisierende Figurenkonstellation deckt sich weitgehend mit dem „gesamte[n] Spektrum der Positionen in Bezug auf die Revolution" (Zeller 2009: 183), die jeweils durch sprechende Namen und typisierende Physiognomie unterstrichen werden: Beispielsweise verkörpert Oberbuchhalter Klein in seiner „Phantasieuniform" den kleinbürgerlichen Monarchisten, der am Anfang des Romans vom Arbeiter- und Soldatenrat symbolisch entwaffnet und gedemütigt wird (cf. Glaeser 1930: 15–20). Der Fabrikant und Schieber heißt Ziel, Kleinbürger führen Namen wie Volk oder Münz, und der anarchistische entlaufene Bürgersohn heißt letztlich Max Frey.

Zweitens wird die Erzähltechnik des alle Ereignisse und Aussagen registrierenden Beobachters zwar eher positiv als „Kaleidoskop" der Revolution (Zeller 2009: 192) beschrieben, aber die dadurch entstandenen künstlichen und unwahrscheinlichen Situationen als Unzulänglichkeiten empfunden: Der Erzähler mischt sich in sämtliche wichtigen Situationen und Diskussionen ein (Zeller 2009: 185) und darf alles mithören: „er stört nirgends" (Joachim 1930: 835). Die personale Perspektive wird also inkonsequent zur beinahe auktorialen Erzählhaltung. Dabei – so der dritte Vorwurf – verbleibe dieser Erzähler in einer ausschließlich passiven und resignierten Haltung, verbiete sich sowohl eine klare ideologische Entscheidung als auch jedwede politische Aktion (cf. Zeller 2009: 186–190) und sehe bloß dem Scheitern der aktiven Revolutionäre ‚tatenarm' zu. Der Tod des Spartakisten Adalbert König wird tatsächlich nicht einmal direkt beschrieben, sondern in der alten Form des Botenberichts von einem Offizier erzählt (cf. Glaeser 1930: 331–332). Alles trägt zum Eindruck bei, dass die Revolution umsonst gewesen sei (cf. Zeller 2009: 186). Auch Tucholsky gibt 1930 zu, er könne trotz gelungener einzelner Sequenzen „mit diesem Buch wenig anfangen": „alles ist vieldeutig, schillernd [...]. Was soll das alles? Ich habe es nicht verstanden." (Tucholsky 2003: 518) Bei allem guten Willen und politischem Engagement des Autors versage letzten Endes *Frieden* als linker Revolutionsroman.

4. Schillernde Perspektive, Fragmentierung und „mittlerer Held"

Es geht hier nicht darum, die Mängel des Buchs zu leugnen, und auch nicht darum, eine Ehrenrettung seines Autors zu versuchen. Die hier vertretene These ist aber, dass die von Glaeser in der Darstellung der Revolution (ungeschickt) gewählten Mittel auch eine Folge der ‚unmöglichen' Position des Revolutionsromans um 1930 zwischen politisch engagierter Literatur, tradierten Gattungen und aktuellen ästhetischen ‚Moden' sind. Die „schillernd[e]" Erzählperspektive, die zwischen wenigen dozierenden auktorialen Stellen und sonst neutralem Registrieren politischer Positionen schwankt, kann als unbeholfener Kompromiss zwischen politischer Tendenz und historischer Darstellung aufgefasst werden. Dass Glaesers Erzähler zuweilen als „Raisonneur" (Tucholsky 2003: 517) auftritt und etwa über die Kommunikationsstrategie der Regierung und die „psychologische Situation" (Glaeser 1930: 291) aufklärt, ist bei weitem kein Einzelfall und zeugt von dem unklaren Status des Textes zwischen marxistischer Orthodoxie, expliziter politischer Botschaft und „soziologische[r]" Perspektive (Marcuse 1930: 1717), wobei die meisten Kommentatoren auch auf die unscharfe Trennung der Standpunkte zwischen dem unerfahrenen heranwachsenden Erzähler und diesen dogmatisch kommentierenden Einschüben hingewiesen haben. Literarisch unmöglich erscheinen Kurt Tucholsky diese Stellen: „dies ist gesagt, nicht gestaltet. [...] Der Schriftsteller monologisiert." (Tucholsky 2003: 517)

Dahingegen erscheint der „vieldeutig[e]" Perspektivismus im Nebeneinander der Positionen auch als ein Versuch, das politische Spektrum von 1918/19 im Rückblick erfahrbar zu machen. Wenn auch „der Eindruck des Wirrwarrs angesichts der vielen Meinungen [...] dem Ich-Erzähler ebensowenig wie dem Leser erspart" (Koebner 1975: 201) bleibt, so muss doch auf die Verwandtschaft einer solchen Technik mit der Darstellung der überkomplexen modernen Welt in zeitgenössischen Großstadtromanen und den damit einhergehenden ästhetischen Parolen von Simultanität und Polyphonie hingewiesen werden. Zwar sind einige solcher Szenen durchaus gelungen, wie zum Beispiel die neblige Eröffnungsszene am Bahnhof, in der sowohl die Personen- und Atmosphärenschilderung als auch die längere Retardierung zur Stimmung einer unruhigen Spannung beitragen. Dennoch setzt eine solche polyphonische Darstellungsweise zwangsläufig einen gewissen Grad an Typisierung voraus, der auch in das neusachliche Programm passt (cf. Mörcher 1995: 115), und in den meisten Szenen leidet der Roman unter der Fragmentierung der Standpunkte. Wenn der Ich-Erzähler zum Beispiel im gleichen Kapitel sukzessive den streng marxistischen Positionen Adalbert Königs und dem ästhetizistischen Standpunkt der eigenen Mutter zuhört – und dabei bemerkt: „Ich stand zwischen diesen Gesprächen [...], ohne mich für eine Anschauung zu entscheiden" (Glaeser 1930: 65) –, dann soll offenkundig die Aufeinanderfolge der Stimmen zu einem ironischen Dialog der Positionen führen. So widerlegen sich revolutionäre und gegenrevolutionäre Parolen gegenseitig (z. B. ibid.: 232–245) und die Polyphonie entartet in Kakophonie. Sehr treffend bemerkt Koebner, dass nicht die Technik des Nebeneinanders an sich problematisch ist, sondern die Tatsache, dass der Erzähler in seinem Eifer, das Scheitern der Revolution zu erklären, mehrheitlich ihre Gegner zu Wort kommen lässt, sodass „bereits durch die [ihnen] zugemessene Textquantität" die explizite politische Botschaft zugunsten der Revolution unhörbar wird. Fragmentierung als ‚modische' Erzähltechnik lässt sich also mit typisierenden Vereinfachungen schwierig kombinieren, die ideologische Froschperspektive des naiv-„tumb[en]" (Marcuse 1930: 1718) Erzählers ebenso schwierig mit politischer Botschaft. Die soziologische Beobachtung der Beweggründe jeder sozial-politischen Position und ihre nahtlose Aneinanderreihung erschwert die menschliche Tiefe der Charaktere, die nur in einzelnen Szenen – so die kurze Sequenz über Großfabrikant Ziels Liebe zu den Hühnern (cf. Glaeser 1930: 125–127) – und manchmal auch ungeschickt – über Max Freys sexuellen Komplex (cf. ibid.: 157–159) – skizziert wird: „So haben die Nachkriegsbücher im Gegensatz zu den Kriegsbüchern etwas Fragmentarisches, Vieldeutiges; und etwas Spezielles – trotz der universalen Buchtitel ‚Frieden' und ‚Nachkrieg'". (Marcuse 1930: 1717) Im unentschiedenen Schwanken zwischen den Gattungen – *Frieden* trägt nicht einmal die Bezeichnung ‚Roman' – und ästhetischen Dispositiven wird sowohl dem Erzähler als auch dem Leser die Geschichte im doppelten Sinne „unverfügbar" (cf. Koselleck 1979: 260–277): Vor ihr stehen beide sowohl machtlos als auch ohne Deutungsmöglichkeit da.

Eben in diesem Aspekt ist die Nähe von *Frieden* zur Tradition des Romans des 19. Jahrhunderts sichtbar. Obwohl Glaeser in verschiedenen Massenszenen (cf. Glaeser 1930: 89–92; 198–200; 209–216) das politische Potential der Masse zu zeigen versucht, bleibt in seiner Darstellung das für die Form des Romans unabdingbare Individuum im Zentrum (cf. Schneider 1984: 184), hier in der Form des „tumben" namenlosen Ichs. Die Position des Protagonisten als „Zaungast" (Joachim 1930: 835) der Geschichte entspricht derjenigen zahlreicher paradigmatischer Romanhelden, wobei Glaesers schon bemerkte Verwandtschaft mit Stendhal (cf. Mörcher 1995: 124–126) erneut sichtbar wird. Der Ich-Erzähler erinnert nämlich an den Protagonisten von *La Chartreuse de Parme* (1839), Fabrice Del Dongo, der am Anfang des Romans die Schlacht bei Waterloo verpasst. Nicht nur nimmt er an der für Franzosen ‚historischsten' aller Schlachten nicht teil, sondern er vermag es nicht einmal, deren Bedeutung zu erfassen: „Il n'y comprenait rien du tout" (Stendhal 2014: 181). Dass bei Glaeser der namenlose Protagonist auch nichts davon versteht, entspricht wohl der historischen und politischen Position einer Jugend, deren Orientierungslosigkeit er schon in *Jahrgang 1902* dargestellt hatte. Auch er bekommt die historischen politischen Diskussionen nur mit, indem er draußen unter dem Fenster liegt und horcht (etwa die Sitzung des Arbeiter- und Soldatenrates; cf. Glaeser 1930: 37–43). Darüber hinaus hebt Georg Lukács in seiner Studie zum historischen Roman hervor, dass ein solcher „mittlerer Held" (Lukács 1965: 40–48) eine Grundstruktur der Gattung seit Walter Scott ausmacht. Nicht nur als registrierender und erlebender Beobachter ist eine solche „mittelmäßige" Figur für die Darstellung wichtig, sondern „[i]hre Aufgabe ist es, die Extreme, deren Kampf den Roman erfüllt, durch deren Aufeinanderstoßen eine große Krise der Gesellschaft dichterisch zum Ausdruck gebracht wird, miteinander zu vermitteln. Durch die Fabel, deren handlungsmäßiger Mittelpunkt dieser Held ist, wird ein neutraler Boden gesucht und gefunden“ (cf. ibid.: 43–44). Einen solchen „neutralen Boden“ zwischen den Perspektiven auf die Revolution schafft tatsächlich der recht „mittelmäßige“ Glaesersche Antiheld. Für seine Position des „Voyeurs“, der „dem Frieden nur zuzusehen“ (Joachim 1930: 273) imstande ist, liefert also die Gattungsgeschichte des historischen Romans Gründe, dem *Frieden* teilweise zuzuordnen ist.

5. Kunst in der Sackgasse: Möglichkeit und Unmöglichkeit des Revolutionsromans um 1930

Die Schwierigkeit der adäquaten Darstellung der Revolution im Medium des Romans scheint Glaeser nicht gänzlich entgangen zu sein und nimmt im Roman die Form einer scharfen Kritik an Kunst, Künstlern und Künstlerfiguren an. Die meisten Kommentatoren sehen in der Antibürgerlichkeit die deutlichste Botschaft im Roman, und tatsächlich erscheinen die meisten Figuren der Bourgeoisie in der von Koebner erkannten dreifachen Figur des Beamten, des Intellektuellen und des Kleinbürgers (cf. Koebner 1975: 200–204) in einem sehr negativen Licht. Die geldgierigen und opportunistischen Kleinbürger, die „Kleinkrämer“ und „Kofmiche“ (Glaeser 1930: 319 und 192) ernten aber die schärfste Kritik (cf. Koebner 1975: 201). So wird ihre Friedensbegeisterung von 1918 ihrer Kriegsbegeisterung von 1914 gleichgestellt (cf. Glaeser 1930: 53–57); in den Plünderungsszenen tritt ihr egoistischer Individualismus überdeutlich zu Tage (cf. ibid.: 89–92). Die kleinbürgerlichen Jäger und Förster der milizenartigen Bürgerwehr werden in mehreren Saufereien inszeniert, und in den bürgerkriegsähnlichen Straßenkämpfen am Ende des Romans erscheinen sie blutrünstiger als die Freikorpssoldaten. Als in der letzten Sequenz vor dem Epilog der Spartakist Adalbert König die Passion Christi nachlebt – „Er zuckte nicht, wenn sie ihn anspuckten“ (ibid.: 326) –, sind eben diese Kleinbürger am Tod des revolutionären Märtyrers verantwortlich (cf. ibid.: 331–332). Diese pauschal durch Geldgier und geradezu fanatischem Ordnungsdenken charakterisierte Kategorie wird viel mehr als etwa der Großfabrikant Ziel oder sogar das eher verschonte Militär für das Scheitern der Revolution verantwortlich gemacht.

Diese Schuldträger werden jedoch im letzten Kapitel ausgeblendet und durch eine andere Kategorie ersetzt, und zwar die der Künstler. Den Großteil dieses Epilogs nimmt nämlich die Darstellung eines Künstler-Faschingsballs ein, der sich wie eine wirklichkeitsfremde „Parodie“ (Koebner 1975: 201) liest. Die Entfremdung von der Wirklichkeit wurde aber schon im Verlauf des Romans durch die Weltflucht beider Elternfiguren des Erzählers vorweggenommen: Die Mutter sucht in der klassizistischen Ästhetisierung Zuflucht vor tagespolitischen Krisen (cf. Glaeser 1930: 59–62), während der Vater gerade am Tag der Unterdrückung der Spartakisten in D. seinen Sohn auf einen Ausflug ins Gebirge mitnimmt (cf. ibid.: 296–308) und schließlich das Ende der Januarkämpfe im Alkoholrausch verschläft (cf. ibid.: 336). Der Ich-Erzähler selbst, anstatt mit den Revolutionären in D. zu bleiben, entscheidet sich, „nach Hause [zu] gehen" – so das Leitmotiv, das sowohl im ersten als auch im letzten Satz des Romans auftaucht – und findet auch auf dem Rückweg in einer Liebesszene im Wald ein zeitweiliges Vergessen: „Wir wollen glücklich sein" (ibid.: 347).

Die noch verhüllte Kritik am Eskapismus nimmt aber im letzten Kapitel eine dezidiert satirische Färbung an. Zunächst begegnet der Erzähler in einem Künstlercafé seinem Freund Max Frey, Sohn aus gutbürgerlichem Haus, der sich zunächst für die Spartakisten aktiv eingesetzt hatte, später verhaftet und schließlich freigesprochen worden war, als gepudertem Bohemien, der sich von einer reichen Gönnerin aushalten lässt und eine ekstatische Weltflucht predigt (cf. ibid.: 341–350). Er führt dann den Ich-Erzähler in eine Künstlerorgie ein, in der immer wieder auf Expressionismus und Avantgarde angespielt wird: modische Parolen („Ekstase", ibid.: 359), Ausdruckstanz (cf. ibid.: 356–358), „Sezession" (ibid.: 360), Frank Wedekind oder Max Reinhard (ibid.: 386 und 357). Auch die Revolution wird zur Farce und Travestie: Die Künstler tragen „russische Blusen", einer sogar ein „Matrosenkostüm" (ibid.: 370); ein Schauspieler soll das Revolutionsdrama *Dantons Tod* des ebenfalls hessischen Dramatikers Büchner proben (cf. ibid.: 366–367). Am Höhepunkt des Festes wird unter Tumult die Kunst-Revolution proklamiert: „ein Bild von uns wirkt mehr als zwanzig Barrikaden" (ibid.: 373). Das Motiv der Antikunst ist deutlich zu erkennen, das im revolutionären Kontext von den Berliner Dadaisten George Grosz und John Heartfield in ihrem Pamphlet *Der Kunstlump* (April 1920) formuliert worden war. Im scharfen Gegensatz zum phrasenhaften Umsturzpathos der Künstler erscheint die „unbegreifliche Nüchternheit" (ibid.: 379) des russischen Illegalen, dem zum Schluss des Romans das Wort gegeben wird und der den Ausschluss der Künstler und Intellektuellen aus der Partei und der Revolution fordert. Somit lässt sich nur zum Teil mit Regine Zeller sagen, dass der Intellektuelle „von jeder Verantwortung freigesprochen [wird], sich an der Revolution beteiligen zu müssen" (Zeller 2009: 191). Vielmehr wird – allerdings mit einer gewissen resignierten Sehnsucht nach Tat und Aktion – über die Grenzen des intellektuellen Engagements für die Revolution reflektiert.

Eine solche Reflexion schlägt sich notwendigerweise auf die Möglichkeit des Revolutionsromans selbst nieder. War diese Gattung von vornherein von Spannungen gekennzeichnet, die sie zwischen den Polen der politischen Literatur, des Zeit- bzw. des historischen Romans und der neusachlichen nüchternen Reportageästhetik schwanken ließ, so wird diese unsichere ästhetische Position auch im Roman selbst widergespiegelt. Nicht nur erscheint der Einsatz der Kunst selbst als seicht und letzten Endes wirkungslos, sondern auch die literarische Darstellung verpasst zwangsläufig den Kern der Revolution. So wird das Schicksal des bürgerlichen Revolutionärs Max Frey für die Presse deshalb wertvoll, weil es sich wie „sentimentale Abenteurerromane [sic!]" (ibid.: 339) liest, während das „Schicksal [der mitangeklagten Arbeiter] nicht interessant" war (ibid.: 341). In den Worten des Illegalen kann im Endeffekt ein „Bürgersöhnchen" (ibid.: 51) wie der Erzähler die Revolution nur „künstlerisch abreagieren", indem er „Romane schreib[t]" (ibid.: 381). So lässt sich vermuten, dass sich Ernst Glaeser bei allen Unzulänglichkeiten seines Revolutionsromans der Schwierigkeiten wohl bewusst war, mit denen ein solches Unterfangen behaftet sein mochte: der im gewählten literarischen Dispositiv nahezu unmöglichen Darstellung von politischen Kräften, individuellen Standpunkten und kollektiven Vorgängen.

Bibliografie

Becker, Sabina, 2000: *Neue Sachlichkeit.* Band 1: *Die Ästhetik der neusachlichen Literatur (1920–1933).* Böhlau: Köln.

Braune, Andreas/Dreyer, Michael, 2019: „Die wiederentdeckte Revolution". In: Dies. (Hrsg.): *Zusammenbruch, Aufbruch, Abbruch? die Novemberrevolution als Ereignis und Erinnerungsort.* (Weimarer Schriften zur Republik 6). Franz Steiner: Stuttgart, IX–XXV.

Gallus, Alexander, 2010: „Die vergessene Revolution von 1918/19 – Erinnerung und Deutung im Wandel". In: Ders. (Hrsg.): *Die vergessene Revolution von 1918/19.* Vandenhoeck & Ruprecht: Göttingen, 14–38.

Geppert, Hans Vilmar, 1976: *Der „andere" historische Roman: Theorie und Strukturen einer diskontinuierlichen Gattung.* Niemeyer: Tübingen.

Glaeser, Ernst, 1930: *Frieden.* Gustav Kiepenheuer: Berlin.

Joachim, Hans Arno, 1929: „Historische Romane". *Die Neue Rundschau* 40 (6), 844–848.

Joachim, Hans Arno, 1930a: „Romane des Nachkriegsmenschen". *Die Neue Rundschau* 41 (2), 267–272.

Joachim, Hans Arno, 1930b: „Romane zwischen Krieg und Frieden". *Die Neue Rundschau* 41 (12), 833–839.

Kiesel, Helmuth, 2019: „Die literarische Verarbeitung der Novemberrevolution in der Weimarer Republik". In: Braune, Andreas/Dreyer, Michael (Hrsg.): *Zusammenbruch, Aufbruch, Abbruch? die Novemberrevolution als Ereignis und Erinnerungsort.* Franz Steiner: Stuttgart, 249–269.

Kittstein, Ulrich/Zeller, Regine, 2009: „Die Novemberrevolution in der Romanliteratur". In: Dies. (Hrsg.): *„Friede, Freiheit, Brot!": Romane zur deutschen Novemberrevolution.* (Amsterdamer Beiträge zur neueren Germanistik 71). Rodopi: Amsterdam et al., 7–39.

Koebner, Thomas, 1975: „Ernst Glaeser. Reaktion der ‚betrogenen' Reaktion". In: Wagener, Hans (Hrsg.): *Zeitkritische Romane des 20. Jahrhunderts: die Gesellschaft in der Kritik der deutschen Literatur.* Reclam: Stuttgart, 192–219.

Koselleck, Reinhart, 1979: *Vergangene Zukunft: zur Semantik geschichtlicher Zeiten.* Suhrkamp: Frankfurt a. M.

Lukács, Georg, 1965. *Der historische Roman. Georg Lukács Werke.* Bd. 6: *Probleme des Realismus, III.* Luchterhand: Neuwied.

Marcuse, Ludwig, 1930: „Der Nachkriegs-Frieden". *Das Tagebuch* 11 (43), 1717–1719.

McCown, Edna Carolyne, 1982: *Ernst Glaeser: Between the Fronts; a Study of His Work*. Diss.: State University of New York at Stony Brook.

Mörchen, Helmut, 1995: „Vorkriegszeit, Pubertät und Krieg in deutscher Provinz. Ernst Glaesers Jahrgang 1902 als Roman wider Willen". In: Becker, Sabina/Weiss, Christoph (Hrsg.): *Neue Sachlichkeit im Roman: neue Interpretationen zum Roman der Weimarer Republik*. Metzler: Stuttgart, 112–130.

Neuhaus, Stefan, 2001. „Zeitkritik im historischen Gewand? Fünf Thesen zum Gattungsbegriff des Historischen Romans am Beispiel von Theodor Fontanes Vor dem Sturm". In: Durrani, Osman/Preece, Julian (Hrsg.): *Travellers in time and space: the German historical novel*. Rodopi: Amsterdam et al., 209–225.

Niess, Wolfgang, 2013: *Die Revolution von 1918/19 in der deutschen Geschichtsschreibung: Deutungen von der Weimarer Republik bis ins 21. Jahrhundert*. De Gruyter: Berlin/Boston.

Niess, Wolfgang, 2019: „Die ungeliebte Revolution. Die verdrängte und politisierte Erinnerung an 1918/19 im geteilten Deutschland". In: Braune, Andreas/Dreyer, Michael (Hrsg.): *Zusammenbruch, Aufbruch, Abbruch? die Novemberrevolution als Ereignis und Erinnerungsort*. Franz Steiner: Stuttgart, 289–307.

Platt, Martin, 2017: „Deutschland 1918/19. Die unerklärte Revolution". In: Braune, Andreas/Dreyer, Michael (Hrsg.): *Republikanischer Alltag: die Weimarer Demokratie und die Suche nach Normalität*. (Weimarer Schriften zur Republik 2). Franz Steiner: Stuttgart, 3–18.

Plievier, Theodor, 2018: *Der Kaiser ging, die Generäle blieben: ein deutscher Roman*. Wachholtz: Kiel/Hamburg.

Pyta, Wolfram, 2019: „Revolution als ästhetische Mobilisierung. Kulturhistorische Betrachtungen zur Novemberrevolution". In: Braune, Andreas/Dreyer, Michael (Hrsg.): *Zusammenbruch, Aufbruch, Abbruch? die Novemberrevolution als Ereignis und Erinnerungsort*. Franz Steiner: Stuttgart, 133–160.

Ramponi, Patrick. „Die Novemberrevolution als Dokument? Theodor Pliviers Der Kaiser ging, die Generäle blieben (1932) und die Unmöglichkeit von Parteiliteratur". In: Kittstein, Ulrich/Zeller, Regine (Hrsg.): *„Friede, Freiheit, Brot!": Romane zur deutschen Novemberrevolution*. Rodopi: Amsterdam et al., 269–290.

Sabrow, Martin, 2019: „Verhasst – verehrt – vergessen. Die Novemberrevolution in der deutschen Gedächtnisgeschichte". In: Braune, Andreas/Dreyer, Michael (Hrsg.): *Zusammenbruch, Aufbruch, Abbruch? die Novemberrevolution als Ereignis und Erinnerungsort*. Franz Steiner: Stuttgart, 309–324.

Schildt, Axel, 2010: „Der lange November – zur Historisierung einer deutschen Revolution". In: Gallus, Alexander (Hrsg.): *Die vergessene Revolution von 1918/19*. Vandenhoeck & Ruprecht: Göttingen, 223–244.

Schneider, Sigrid, 1984: „Von der Verfügbarkeit des Geistes: über Ernst Glaeser". In: Köpke, Wulf/Winkler, Michael (Hrsg.): *Deutschsprachige Exilliteratur: Studien zu ihrer Bestimmung im Kontext der Epoche 1930 bis 1960.* (Studien zur Literatur der Moderne, 12). Bouvier: Bonn, 179–192.

Stendhal, 2014: *Œuvres romanesques complètes,* Bd. 3. Ansel, Yves et al. (Hrsg.), (Bibliothèque de la Pléiade, 16). Gallimard: Paris.

Tucholsky, Kurt, 2003: „Frieden [Peter Panter. *Die Weltbühne,* 26/1930, 51; 16. 12. 1930]". *Gesamtausgabe: Texte und Briefe.* Bd. 13: *Texte 1930.* Kiefer, Sascha (Hrsg.). Rowohlt: Reinbek bei Hamburg, 514–518.

Zeller, Regine, 2009: „Die Revolution durch ein Kaleidoskop betrachtet: Ernst Glaesers ‚Frieden' (1930)". In: Kittstein, Ulrich/Zeller, Regine (Hrsg.): *„Friede, Freiheit, Brot!": Romane zur deutschen Novemberrevolution.* (Amsterdamer Beiträge zur neueren Germanistik 71). Rodopi: Amsterdam et al., 181–195.

Jean-François Laplénie

Sorbonne Université, Paris

E-Mail: jean-francois.laplenie@sorbonne-universite.fr

Şebnem Sunar

„Einen Augenblick hoffte man"[1]: Aufstieg und Fall des modernen Menschen in der Literatur der Neuen Sachlichkeit

1. Krise als Emblem der Moderne

„Krise" ist eines der wichtigsten Schlagwörter der Moderne und damit ein Strukturelement der modernen Gesellschaft. Selbst der Begriff „Moderne" wirft eine Reihe von Problemen auf, die sich auf Kunst, Kultur und Gesellschaft auswirken und sich dadurch auf das Selbst- und Weltverständnis sowie auf die konkreten Lebenslagen der Individuen beziehen. Die Moderne sorgt für einen Umbruch in den Bereichen des individuellen, gesellschaftlichen und kulturellen Lebens gegenüber der bisher bekannten und daher vertrauten, gewissermaßen harmonischen Welt. Schon begriffsgeschichtlich ist festzustellen, dass die Moderne dazu neigt, Widersprüche zu erzeugen. In diesem Zusammenhang verfolgen manche Theoretiker bedeutende Einflüsse bis ins späte 19. Jahrhundert zurück, während sich andere hauptsächlich auf die künstlerischen Aufbrüche nach dem Ersten Weltkrieg konzentrieren. Dementsprechend weisen beispielsweise Malcolm Bradbury und James McFarlane auf die „oblique nature of Modernism" (Bradbury/McFarlane 1991: 30) hin, die es nicht ermöglicht, für den historischen Umbruch einen Anfang zu bestimmen oder einen exakten Zeitpunkt festzusetzen. Das bringt mit sich, dass der Terminus Moderne unkritisch als stilistische Abstraktion verwendet wird, um eine Vielzahl künstlerischer Bewegungen wie Impressionismus, Expressionismus, Dadaismus, Surrealismus etc. zu umfassen, die wiederum eine Vielzahl unterschiedlicher Stilrichtungen beherbergen. Es versteht sich von selbst, dass das breite Spektrum dieser künstlerischen Bewegungen widersprüchliche Prinzipien enthält, die jeweils einen entsprechend differenzierten Ansatz verfolgen. Infolgedessen betonen Bradbury und McFarlane, dass viele dieser Ismen miteinander verflochten sind und sich größtenteils überlappen, was zu einer „doubtful synthesis of many movements" (Bradbury/McFarlane 1991: 44–45) führt, die in ihren eigenen Wirkungsräumen klar definierbar sind und sich aber voneinander radikal unterscheiden.

Schaut man sich die Synthesis näher an, von der Bradbury und McFarlane sprechen, offenbart sich, dass der Terminus Moderne für unterschiedliche Denk- und Stilformen auf widersprüchlichen Ebenen benutzt wird und somit sozusagen Krisenalarm klingeln lässt. Das Widersprüchliche an der Moderne ist bekanntlich kein neues Phänomen, sondern gehört zu den Kennzeichen der Moderne konstitutiv dazu: Es durchzieht die Moderne, bildet das Fundament

1 Rilke an Gräfin Aline Dietrichstein, 6. 8. 1919.

aller modernen Erfahrungen und prägt somit ihren Charakter. Schon bei Marx und Nietzsche, diesen beiden Denkern des 19. Jahrhunderts, lässt sich die Betonung der Widersprüchlichkeit feststellen. So konträr auch beide Philosophen in ihren theoretischen Positionierungen sind, konkretisieren sie jeweils ein spezifisches Krisenbewusstsein, dem man so nur in der Moderne begegnet und das demnach auch symptomatisch für moderne Gesellschaften ist. Das Krisenbewusstsein, das vor allem in Form eines Lebensgefühls des Unbehagens auftritt – jedoch keinesfalls als das einzige Kriterium gilt – ist bei beiden Philosophen verbindend und erscheint als elementares Leitmotiv.

Das betrifft den dramatischen Wandel, der die Gesellschaften Europas spätestens seit dem 19. Jahrhundert zu Krisenlandschaften macht. Vor diesem Hintergrund entwickelt sich das *Manifest der kommunistischen Partei* von Marx und Engels. Diese programmatische Schrift aus dem Jahr 1848 weist auf den Zusammenbruch aller bisherigen Verhältnisse hin, von dem kein Bereich der modernen Gesellschaft ausgenommen bleibt. Erinnern wir uns an das berühmte Zitat darin:

> Die fortwährende Umwälzung der Produktion, die ununterbrochene Erschütterung aller gesellschaftlichen Zustände, die ewige Unsicherheit und Bewegung zeichnet die Bourgeoisepoche vor allen anderen aus. Alle festen eingerosteten Verhältnisse mit ihrem Gefolge von altehrwürdigen Vorstellungen und Anschauungen werden aufgelöst, alle neugebildeten veralten, ehe sie verknöchern können. Alles Ständische und Stehende verdampft, alles Heilige wird entweiht, und die Menschen sind endlich gezwungen, ihre Lebensstellung, ihre gegenseitigen Beziehungen mit nüchternen Augen anzusehen. (Marx/Engels 1972: 465)

Diese Zeilen spiegeln ein Krisenszenario wider: Marx und Engels erkennen schon hier das neue Erscheinungsbild der kapitalistisch modernen Gesellschaft, die in ihrer dynamischen Entwicklung auf Kosten des Alten bzw. des Traditionellen eine große Sensibilität für das Neue fordert. Spätestens im Jahre 1848, nachdem das *Kommunistische Manifest* erschien, stand ganz Europa in Flammen. Was dieses revolutionäre Feuer ausgelöst hat, war laut Marx die krisenschwangere Herrschaft der bürgerlichen Gesellschaft, die periodisch von der kapitalistischen Wirtschaft erschüttert wird. Und zehn Jahre später formuliert er in seiner Schrift *Zur Kritik der politischen Ökonomie* seine Auffassung von Krise, die sich im Laufe der Zeit in seinem Denken zum allgemeingültigen Gesetz entwickelt hat:

> Die Handelskrisen während des 19. Jahrhunderts [...] waren nicht mehr einzelne ökonomische Phänomene, [...] sondern die großen Weltmarktsungewitter, worin der Widerstreit aller Elemente des bürgerlichen Produktionsprozess sich entladet. (Marx 1951: 200)

Es ist dieser Widerspruch, dieses Krisenbewusstsein, worauf das marxsche Denken fußt, und aus diesem Bewusstsein ergibt sich sein sozialistisches Programm, in dem die wirtschaftliche Krise unvermeidlich zum Zerfall bzw. zur Niederlage des Kapitalismus führen werde. Durch ständig auftretende und immer wiederkehrende Krisenzustände stürzt die kapitalistische Gesellschaft in sich zusammen, und das bedeutet im marxschen Fall, dass die Logik der kapitalistischen Produktionsweise selbst den Verfall der kapitalistischen Gesellschaft verursacht.

Dass die Moderne im Endeffekt sich selbst gefährdet, bildet in diesem Szenario den Krisenhintergrund. Die Idee einer von innen zerstörten Moderne wurde bald auf die Jahrzehnte jeweils vor und nach der Jahrhundertwende ausgedehnt und erstreckte sich auf alle Wendepunkte des modernen Denkens. „Wir haben keine Wahrheit mehr" (Einstein 1980: 23) – so beginnt ein Essay des Kunsthistorikers Carl Einstein aus dem Jahr 1909. Dieser Anfang lässt gleich den Einfluss Nietzsches erkennen, der auf die moderne Kultur um die Jahrhundertwende einwirkte. Bereits 1873 definiert Nietzsche in seiner Abhandlung „Über Wahrheit und Lüge im außermoralischen Sinne" die Wahrheit als ein rhetorisches Mittel, als „ein bewegliches Heer von Metaphern, [...] die nach langem Gebrauch [...] fest, canonisch und verbindlich dünken" (1980: 880–881). Die Wahrheit wird – so Nietzsche – als eine Illusion, als eine Lüge entlarvt, und dies spiegelt nicht nur eine plötzlich auftauchende Sprachproblematik wider, wie es bei ihm verstanden wird, sondern ruft zugleich auch eine Krise in der Wahrnehmung des Selbst und der Welt hervor. Seine *Fröhliche Wissenschaft* von 1882 vertieft die Thematik der Krise, indem er auf einen neuen Aspekt verweist: nämlich die Todeserklärung Gottes.

> Wohin ist Gott? [...] ich will es euch sagen! Wir haben ihn getödtet, – ihr und ich. Wir alle sind seine Mörder! Aber wie haben wir diess gemacht? Wie vermochten wir das Meer auszutrinken? Wer gab uns den Schwamm, um den ganzen Horizont wegzuwischen? Was thaten wir, als wir diese Erde von ihrer Sonne losketteten? Wohin bewegt sie sich nun? Wohin bewegen wir uns? Fort von allen Sonnen? Stürzen wir nicht fortwährend? Und rückwärts, seitwärts, vorwärts, nach allen Seiten? Gibt es noch ein Oben und ein Unten? Irren wir nicht durch ein unendliches Nichts? Haucht uns nicht der leere Raum an? Ist es nicht kälter geworden? Kommt nicht immerfort die Nacht und mehr Nacht? Müssen nicht Laternen am Vormittag angezündet werden? Hören wir noch nichts vom Lärm der Totengräber, die Gott begraben? Riechen wir noch nichts von der göttlichen Verwesung? – Auch Götter verwesen! Gott ist tot! Gott bleibt tot! Und wir haben ihn getödtet! (Nietzsche 1988: 480 ff.)

Die Idee eines von der Moderne abgeschafften Gottes bringt nichts weniger als eine neue Welt zum Vorschein: eine Welt ohne Garanten der Einheit des großen Ganzen. Durch den Tod Gottes verliert nicht nur der Einzelne seine bisher sinnvolle Bestimmung, sondern verschwindet auch noch die letzte Spur einer einheitlich transparenten, klaren, verständlichen Welt. Das alles wird nun durch den Tod Gottes aufgehoben. Spätestens seit Nietzsche wendet sich also das Krisenbewusstsein der Kategorie „Wahrheit" zu, und ohne die Existenz der Wahrheit – genauer: ohne den Glauben an die Existenz der Wahrheit – entsteht keine verbindliche Moral mehr, an die der Mensch sich noch halten könnte.

2. Krise und Krisenerfahrung in der neusachlichen Literatur

„Perhaps nothing illustrates the identity crisis through which bourgeois society passed in this period better than the history of the arts from the 1870s to 1914" (1989: 219), schreibt Eric Hobsbawm in seinem Buch *The Age of Empire*. Vor diesem Hintergrund mutet es nicht befremdlich an, dass Künstler und Autoren den leidenden Menschen in möglichst stark deformativen Formen ausdrücken, wie es beispielsweise im Expressionismus der Fall war. Die Ära, von der Hobsbawm erzählt, verkommt zu einer Zeit, in der Hoffnungen sich in Ängste verwandeln. Das ist eine Zeit, in der alles anders als erwartet ist und Frieden nur noch Aufstand, Krieg und Revolution hervorruft.

Aus diesem Bild folgt etwas Essenzielles: die Zerrissenheit traditioneller Vorstellungen vom geschlossenen Ich. Von der Ganzheit des Subjekts und einer harmonischen Welt ist nun nicht mehr die Rede, und die Konsequenz erscheint als Verlust des Gesamtbildes: nämlich ein Splitterbild des Ichs. Mitten in einer unharmonischen Welt erlebt das moderne Subjekt nicht nur die Einsamkeit, sondern es ist auch zerrissen,[2] verfügt nicht über die Mittel, die Welt und sich selbst zu deuten. Ein ähnliches Bild beschreibt unter anderem auch Franz Werfel, wenn er 1914 über die Krisenerscheinungen der modernen Zivilisation schreibt:

> Wir sind alle hineingestellt in eine fürchterliche Unübersehbarkeit, der Reichtum der Einsichten und Organismen trug Verzweiflung und Wahnsinn in uns hinein, wir stehen machtlos der Einzelheit gegenüber, die keine Ordnung zur Einheit macht, es scheint, das *Und* zwischen den Dingen ist rebellisch geworden, alles liegt unverbindbar auf dem Haufen, und eine neue entsetzliche Einsamkeit macht das Leben stumm. (Werfel 1914: 903)

Werfels Worte beschreiben die individuelle Krisenerfahrung einer sich verändernden, ihren Zusammenhalt verlierenden Welt und des entsprechend sich auflösenden Selbst. Ihm fehlen die alte Ordnung und die Orientierung, an die man sich gebunden weiß. Eine Krisenlage solcher Art zeigt, dass die Moderne einen grundlegenden Bruch mit vorhergehenden Denk- und Handlungsarten aufweist. So gesehen impliziert die Moderne nicht nur eine Abkehr vom Vergangenen, sondern auch ein Bewusstsein der Krise, das die Individuen bzw. die kulturelle Landschaft unvorbereitet trifft.

Krise und Krisenerfahrung sind bereits da, bevor die Neue Sachlichkeit auftritt, die als Literaturströmung der Weimarer Republik oft mit dem Begriff der Krise

---

2 Es ist bemerkenswert, dass die drei großen Krisentheoretiker der Moderne, Marx, Freud und Nietzsche (später auch Lacan), das Subjekt als gespalten bezeichnen. Gespalten ist das Subjekt bei Marx zwischen seinem ideologischen Bewusstsein und den sozio-ökonomischen Realverhältnissen, bei Freud zwischen Bewusstem und Unbewusstem bzw. dem Ich und Über-Ich und bei Nietzsche zwischen verstandesmäßigem Apollinischen und rauschhaftem Dionysischen. Das lacansche Subjekt schwankt ähnlich zwischen imaginären und symbolischen Ordnungen.

gleichgesetzt wird. Die durch die Novemberrevolution von 1918 entstandene Weimarer Republik wird in der Geschichtsschreibung oft im Zusammenhang mit dem Krisenbegriff erwähnt. Die wirtschaftliche Not nach dem Ersten Weltkrieg und die steigende Zahl der Arbeitslosen, Notverordnungen sowie die nahenden Schritte des Nationalsozialismus werden meistens als Krisenauslöser diagnostiziert. Doch diesen Zusammenhang kann man auch so interpretieren, dass die erste deutsche Republik gar nicht die Krise verursachte, sondern sich bereits mitten in der Krise befand, d. h. selbst aus einer Krisenzeit, nämlich aus dem verlorenen Ersten Weltkrieg, entstand.

Ohne dieses Erlebnis des Dazwischen kann der Geist der Weimarer Republik nicht objektiv verstanden werden. Zu bemerken ist hier, dass die Weimarer Republik mitten im Zusammenbruch, aus den Notbedingungen und der bereits vorhandenen Krise heraus errichtet werden musste. Als eine der Hauptströmungen der Weimarer Republik und des frühen 20. Jahrhunderts versucht die Neue Sachlichkeit, in Kunst und Literatur genau dieses Dazwischen darzustellen und konzentriert sich dabei auf die beobachtbare Seite des Lebens.

Die Neue Sachlichkeit, die möglichst viele Facetten der existenzbedrohenden Lage vermittelt und Menschen in ihrem Alltag gewissermaßen zu dokumentieren versucht, unterscheidet sich mit ihrem Konzept deutlich von vorherigen Kunstbewegungen. Die modernen Kunstbewegungen vor und während des Ersten Weltkriegs – und insbesondere der italienische Futurismus, der deutsche Früh- und Spätexpressionismus, der Dadaismus – ergeben sich eher aus einem zivilisatorischen Untergangsgedanken und knüpfen somit unmittelbar an den Krisenzusammenhang an, der bereits eine Collage aus kapitalistisch-industrialisierter, urbanisierter Lebenswelt, düsteren Kriegslandschaften und Weltuntergangsszenarien zusammenstellt. Diesbezüglich sind sie nicht abtrennbar von den sozial- und weltpolitischen Transformationsprozessen des frühen 20. Jahrhunderts, die die ganze Welt massiv erschüttert haben. Unter diesem Aspekt betrachtet, sind diese Bewegungen als Krisenerscheinungen der modernen, aufklärerisch-rationalen Zivilisation zu identifizieren, die in manchen Fällen auch dystopische Visionen abbilden. Dagegen grenzt sich die Neue Sachlichkeit durch ihren Realitätsverweis von den vorhergehenden Strömungen deutlich ab. Zwar muss die neusachliche Ästhetik „als die letzte Phase jener literarischen Moderne verstanden werden, die sich in Auseinandersetzung mit den Prozessen der Industrialisierung und Urbanisierung seit 1890 konstituiert." (Becker 1995: 15) Entsprechend einer der industrialisierten Welt adäquaten urbanen Literatur operiert diese Moderne jedoch mit Begriffen wie Objektivität, Beobachtung der äußeren Wirklichkeit und Antipsychologismus. Der Zeitroman bietet sich hier als optimale Romanform an. Indem die neusachlichen Romane auf Zeitlichkeit, Faktizität und Alltagsfluss fokussieren, klassifizieren sie sich als Zeitromane, und „als solche erfüllen sie die programmatischen Forderungen nach Authentizität der Darstellung, nach Aktualität und Gesellschaftsanalyse." (Becker 1995: 10)

Immerhin spiegeln diese Romane ein bestimmtes Gefühl der Zeit wider und folgen einem bestimmten Grundmuster: Nach Momenten voller Hoffnung und Erwartung geraten die Figuren in Phasen nachhaltiger Enttäuschung und Unsicherheit. Die Protagonisten der neuen Sachlichkeit suchen sich einen Ort für ihre Hoffnungen: Viele Romanfiguren dieser Strömung kommen auf ihrer Suche genau aus diesem Grund nach Berlin – in die Großstadt.

3. Metropole als Ort von Krise und Verfall

Denn: Großstadt lockt. In diesem Sinne verwandelte sich Berlin in der Weimarer Republik schnell zu einem Anziehungspunkt. Mit seiner hervorragenden Kulturszene war Berlin das neue Paris für Künstler und Literaten. „Wherever they started, it was in Berlin that they became, and Berlin that made them, famous." (Gay 2001: 202–203) Als der Ort für Talent, Glanz und Glamour ist Berlin „mehr als eine Messe wert" (Zuckmayer 1969: 263) und offenbart sich somit als neue Kulturmetropole der Welt. Laut Zuckmayer präsentiert sich jedoch diese Metropole den Zuwanderern folgendermaßen:

> Diese Stadt fraß Talente und menschliche Energien mit beispiellosem Heißhunger, um sie ebenso rasch zu verdauen, kleinzumachen und wieder auszuspucken. Was immer in Deutschland nach oben strebte, saugte sie mit Tornado-Kräften in sich hinein, die Echten wie die Falschen, die Nullen wie die Treffer, und zeigte ihnen erst mal die kalte Schulter. (ibid.)

Die neusachlichen Romane und ihre Protagonisten spiegeln genau das wider. Nach Berlin kommen sie in der Hoffnung auf eine gutbezahlte Arbeit und eine bessere Lebensperspektive. Sie kommen entweder aus kleinstädtischen bzw. ländlichen Milieus, die als beengt wahrgenommen werden, wie wir in *Das kunstseidene Mädchen* von Irmgard Keun sehen, oder sie stammen aus ärmlichen, sogar kriminellen Verhältnissen, wie es beispielsweise in Döblins Berlin-Roman der Fall ist. Doch übt die Metropole am Ende meistens Macht auf die kleinen Menschen aus, die ihre Hoffnungen auf die Großstadt setzen:

> Die Häuser, die Häuser wollen wieder einstürzen, die Dächer wollen über ihn her, das gibt es nicht, damit sollen die mir nicht kommen, es wird den Verbrechern nicht gelingen, wir brauchen Ruhe. [...] es wird bald losgehen, ich werde etwas tun, eine Kehle fassen, nein, nein, ich werde bald umkippen, hinschlagen, einen Moment noch, einen Moment. Und da hab ich gedacht, die Welt ist ruhig, es ist Ordnung da. [...] es ist etwas nicht in Ordnung in der Welt. (Döblin 1980: 132)

Das sind die hilflosen Worte von Franz Biberkopf in Alfred Döblins *Berlin Alexanderplatz*. Nach seiner Entlassung aus der Tegeler Strafanstalt kehrt der Kleinkriminelle nach Berlin zurück und beginnt seinen Kampf gegen das Leben, mit dem Ziel, in Zukunft Konflikte zu vermeiden. In *Berlin Alexanderplatz* folgen wir ihm in eine chaotische Umgebung. Sein stärkster Gegenspieler ist die Großstadt an sich. Obwohl Berlin „noch den Stempel des verlorenen Krieges [trug]" (Zuckmayer 1969: 264), hat die Stadt sich nach der Gründung der Republik an die neuen Umstände angepasst, die im Roman durch technischen Fortschritt repräsentiert werden. Der einfache Mensch steht hingegen auf der anderen Seite und fühlt sich von seiner Umwelt entfremdet und taumelt in seiner Einsamkeit von einem Entfremdungsmoment in den nächsten: So wird Berlin den Lesern ständig in Aufrissen und Ausschnitten gezeigt, und diese ermöglichen es nicht, die gesamte Stadt als ein Ganzes zu sehen und zu begreifen. Durch die sich in hoher Geschwindigkeit abwechselnden Straßen, Geschäfte, Schildertafeln und Werbeslogans wird einerseits das komplexe, moderne Großstadtleben beschrieben, während andererseits die Schlagzeilen der Lokalzeitungen das politische Klima bekannt machen. Die moderne Großstadt, die Weltmetropole Berlin in ihrer Dazwischen-Phase, nährt sich vollkommen von dieser Collage und findet entsprechend keine einheitliche Basis, auf der der Einzelne sich aufrichten kann.

Konkret zeigt sich hier die Schwierigkeit im Umgang mit großstädtischem Leben. Auf eine mehr oder weniger ähnliche Schwierigkeit stößt Doris, die Protagonistin aus Irmgard Keuns Roman *Das kunstseidene Mädchen*. Wie in *Berlin Alexanderplatz* ist die Handlung zeitlich gegen Ende der Weimarer Republik angesiedelt. Doris, eine achtzehnjährige junge Frau aus der Unterschicht einer mittleren Stadt, wurde entlassen und arbeitslos. In einem unbedachten Moment stiehlt sie einen teuren Pelzmantel. Infolgedessen kann sie nicht mehr in ihrer kleinen Heimatstadt bleiben und flieht spontan nach Berlin. In Berlin träumt sie immer mehr vom Glanz, was in ihrer Alltagssprache eine glänzende Film- oder Theaterkarriere, aber teilweise auch eine wohlhabende Ehe bedeutet. Doch erfüllt sich dieser Traum in Metropolen eher selten, und so sind ihre Beziehungen auch nie von Dauer. Es bleibt ihr nichts anderes übrig, als zwischen Männerbekanntschaften und Obdachlosigkeit hin und her zu irren. „Auf den Glanz kommt es nämlich vielleicht gar nicht so an" (Keun 2018: 219), und eine erträumte bessere Zukunft, eine neue Lebensrichtung oder eine feinsinnigere Gestaltung ihres eigenen Lebensweges zu begründen, gelingt ihr nicht.

Wie wir gesehen haben, gehört Krise wesentlich zur Moderne und ist nicht ihre Folge, sondern das geistige Symptom derselben. Biberkopf und Doris sind Figuren, die beide von der Krise betroffen sind. Die Geschichte des Franz Biberkopf in *Berlin Alexanderplatz* ist in diesem Zusammenhang eine Erfahrung der Welt unter den Voraussetzungen des Großstadtlebens. Biberkopf ist ein Kleinkrimineller, der sich das Ziel setzt, anständig zu leben. Doch kann er sich nicht in die ihn umgebende Gesellschaft integrieren.

Die Alltagswelt und die Großstadt an sich verhindern nicht nur Biberkopfs Einordnung in der Gesellschaft. Auch die junge, naive Doris in *Das kunstseidene Mädchen* leidet darunter. Ihre Flucht in die Metropole Berlin bedeutet, allein für sich verantwortlich zu sein. Beide sehen sich mit der modernen Massengesellschaft der Großstadt mit ihrem Erscheinungsbild des desorientierten, anonymen Menschen konfrontiert, und rasch bereitet diese Massengesellschaft ihre Auflösung, ihren Verfall vor. Beide verschwinden in der Massengesellschaft. Denn Großstädte sind meistens keine Orte für Hoffnung, an denen man soziale und ökonomische Freiheit erreichen kann. Weder sind sie die Orte, in denen

Menschen zu ihrer Selbstverwirklichung gelangen können, noch sind sie die utopischen Entwürfe, wie man sie im 19. Jahrhundert in manchen Fällen zu imaginieren pflegte. Im Gegenteil: Schon ein Jahrhundert später symbolisieren Metropolen Massen und Chaos, Armut und Ausgrenzung. In dieser Hinsicht konstituieren sich Großstädte als chaotische urbane Räume, an denen es zu gesteigerter gesellschaftlicher und individueller Spaltung kommt. Sie sind repräsentativ für die Massengesellschaft, wo sich der Einzelne im Chaos der Orientierungslosigkeit verliert. In dieser Hinsicht repräsentiert sich das Berlin der Weimarer Jahre als eine Stadt der extremen Krise, wo sich das Selbst in fortschreitender Auflösung befindet.

Bibliografie

Becker, Sabina, 1995: „Neue Sachlichkeit im Roman". In: Becker, Sabina/Weiss, Christoph (Hrsg.): *Neue Sachlichkeit im Roman: Neue Interpretationen zum Roman der Weimarer Republik.* Metzler: Stuttgart/Weimar, 7–27.

Bradbury, Malcolm/McFarlane, James, 1991: „The Name and Nature of Modernism". In: Bradbury, Malcolm/McFarlane, James (Hrsg.): *Modernism: A Guide to European Literature 1890–1930.* Penguin Books: London, 19–55.

Döblin, Alexander, 1980: *Berlin Alexanderplatz. Die Geschichte vom Franz Biberkopf. Roman.* Suhrkamp: Baden-Baden.

Einstein, Carl, 1980: „Der Snobb". In: Baacke, Rolf-Peter/Kwasny, Jens (Hrsg.): *Werke*: Bd. 1. Medusa Verlag: Berlin, 23–27.

Gay, Peter, 2001: *Weimar Culture. The Outsider as Insider.* W.W. Norton & Company: New York/London.

Hobsbawm, E. J., 1989: *The Age of Empire: 1875–1914.* Vintage Books: New York.

Huebner, Friedrich Markus, 1982: „Der Expressionismus in Deutschland". In: Anz, Thomas/Stark, Michael (Hrsg.): *Expressionismus: Manifeste und Dokumente zur deutschen Literatur 1910–1920.* Metzler: Stuttgart, 3–13.

Keun, Irmgard, 2018: *Das kunstseidene Mädchen.* Roman. Zeitverlag Gerd Bucerius: Hamburg.

Marx, Karl, 1951: *Zur Kritik der politischen Ökonomie.* Dietz Verlag: Berlin/DDR.

Marx, Karl/Engels, Friedrich, 1972: „Manifest der Kommunistischen Partei". In: *Werke,* Bd. 4. Dietz Verlag: Berlin/DDR.

Nietzsche, Friedrich, 1988: „Die fröhliche Wissenschaft". In: Colli, Giorgio/Montinari, Mazzino (Hrsg.): *Sämtliche Werke. Kritische Studienausgabe in 15 Einzelbänden*: Bd. 3. De Gruyter, dtv: München et al.

Nietzsche, Friedrich, 1980: „Ueber Wahrheit und Lüge im aussermoralischen Sinne". In: Colli, Giorgio/Montinari, Mazzino (Hrsg.): *Sämtliche Werke. Kritische Studienausgabe in 15 Einzelbänden*: Bd. 1. De Gruyter, dtv: München et al.

Rilke, Rainer Maria, 1987: *Briefe.* Zweiter Band. Insel Verlag: Frankfurt a. M.

Werfel, Franz, 1914: „Aphorismus zu diesem Jahr". *Die Aktion* 4, 5. Dezember 1914. Sp. 902–905.

Zuckmayer, Carl, 1969: *Als wär's ein Stück von mir. Horen der Freundschaft.* Fischer: Berlin.

Şebnem Sunar

Istanbul Universität

E-Mail: sunars@istanbul.edu.tr

Cornelius Mitterer

Politische Lyrik in den Jahren 1918 und 1968. Ein Vergleich ausgewählter Revolutions-Gedichte von Kurt Tucholsky, Rudolf Leonhard, Günter Grass und Helga M. Novak

Ausgehend vom Thema der 2020 in Madrid abgehaltenen XV Semana de Estudios Germánicos *Revolution! 1918–1968* setzt sich dieser Beitrag mit der Frage auseinander, welche poetologische Dimension revolutionärer – und damit dezidiert politischer – Lyrik zugrunde liegen kann. Ist Dichtung, die sich mit ‚Revolution' befasst, in der Lage, den intendierten Systemwechsel auch ästhetisch ansprechend produktiv zu machen? Und unterscheidet sich die um 1918 entstandene Lyrik von der, die im Zuge der 68er-Bewegung geschrieben wurde? Zur Beantwortung dieser Fragen werden insgesamt vier lyrische Beispiele miteinander verglichen.

Zunächst erfolgt allerdings ein Überblick über Entstehung und Merkmale politischer Dichtung sowie über die damit verbundenen Debatten rund um den Autonomiegehalt von Literatur. Anschließend werden Standpunkte zur Politikfähigkeit von Dichtung speziell der Jahre 1918 und 1968 beleuchtet. Für die theoretische Herangehensweise wird auf das Verhältnis von Fiktionalität und Faktualität sowie auf die besondere Kommunikationssituation in der Lyrik Bezug genommen. Mit Blick auf den Begriff „Performativitätsfiktion" (Hempfer 2014: 30–45), der auf kommunikative Strukturen in der Lyrik abzielt, soll zuletzt der Frage nach einer spezifischen Poetik der hier behandelten Revolutions-Gedichte auf den Grund gegangen werden.

1. Was ist politische Dichtung und wann entstand sie?

Politische Dichtung geht als genuin künstlerische Ausdrucksform des *homo politicus* bzw. *zóon politikón* bis auf die Antike zurück (cf. Grimm 2008a: 7). Zwar konstatiert der Literaturwissenschaftler Nikolaus Wegmann, dass „[e]ine durchlaufende, auf gesellschaftliche oder weltanschauliche Postulate hin deutbare Geschichte der Politischen Dichtung" nicht existiere (2003: 121). Gleichzeitig räumt er aber ein, dass sich „historische Konjunkturen" feststellen lassen, „in denen sie [die politische Dichtung, CM] in der jeweiligen literarischen Kommunikation prominent ist. Literarische Epochen erweisen sich so als historisch je spezifische Arenen, in denen auch die Literatur in die politische Auseinandersetzung einbezogen wird." (Ibid.)

In der Tat treten politische Diskurse in literarischen Texten besonders häufig in Umbruchsjahren auf (cf. Viëtor 1958: 7–8), also rund um die im europäischen Bewusstsein historisch relevanten Daten 1789, 1848, 1918, 1968 und zuletzt 1989. Politische Dichtung beschränkt sich jedoch keineswegs auf nur diese

Zeiträume; Grimm geht von einer diachron gleichbleibenden Aktualität politischer Grundformen wie Freiheit, Recht und Selbstbestimmung in der Literatur aus, die je nach historischem Hintergrund unterschiedlich stark ausgeprägt waren und künstlerisch verarbeitet wurden (cf. Grimm 2008b: 108).

Das Politische stellt spätestens seit der Sattelzeit eine mögliche dichterische Komponente dar, die in allen Gattungen erprobt wurde, gerade auch in der Lyrik. Sie ist aufgrund ihrer formalen Charakteristik, die etwa im Protestlied Wolf Biermanns oder Franz Josef Degenhardts ihre Entsprechung fand, prädestiniert für die Verbreitung kritischer Inhalte.

Im Kontext des hier dargelegten Themas ist es zunächst wichtig, auf die Funktionalisierung der Literatur im 18. Jahrhundert hinzuweisen. Dieser Prozess bildet den Ausgangspunkt für eine zunehmend auch kunstexterne bürgerliche Beanspruchung literarischer Texte mit dem Ziel, Aufklärungsideale medial zu vermitteln und zu verbreiten (cf. Jung 2007: 73). Seitdem gilt die Frage nach der Vereinbarkeit von engagierter Dichtung und künstlerischer Autonomie zugleich als Wesensmerkmal und Streitpunkt politischer Literatur. Vertreter einer autonomen Kunstauffassung stehen bis heute Akteuren gegenüber, die mit ihrem künstlerischen Schaffen (ebenfalls) politische Wirkung erzielen wollen.

Die Indienstnahme der Literatur kann ganz unterschiedliche Ausmaße annehmen. Das Spektrum reicht von der persönlich motivierten, unabhängigen Meinungsäußerung zu weltanschaulichen Themen über den Einsatz literarischer Kommunikation zu propagandistischen Zwecken bis hin zu staatlich gelenkter Agitprop. Die Übergänge dazwischen sind fließend und die Ansichten von Dichterinnen und Dichtern zu politischer Literatur durchaus volatil. Selbst bekannte Vertreter einer sonst systemaffirmativen Lyrik wie Johannes R. Becher stellten das Postulat der unbedingt politisch anschlussfähigen Dichtung zumindest in Frage (cf. Günther 2017: 486).

Christine Lubkoll ordnet das Attribut ‚politisch' vier Bereichen literarischer Kommunikation zu:

1) Der erste Bereich umfasst den Sachgehalt bzw. Referenzbezug; das heißt ganz einfach, Literatur ist dann politisch, wenn sie politische Themen behandelt, sprich Ereignisse, Akteure oder Visionen und Stoffe, die einen konkreten Bezug zur außerliterarischen Wirklichkeit offenbaren, beispielsweise zur Revolution.

2) Schreib- bzw. sprachlich-ästhetische Ausdrucksweisen können außerdem politisch intendiert sein. Darstellungsformen, die politische Themen kommunizieren und Machtdiskurse offenlegen, sind Teil politischer Literatur.

3) Ein weiterer zentraler Bereich politischer Dichtung ist die Wirkungsabsicht: Lubkoll bezeichnet Literatur dann als politisch, wenn Autorinnen und Autoren ihren Texten eine engagierte Absicht zuschreiben und Einfluss auf gesellschaftliche Prozesse nehmen (wollen).

4) Nicht zuletzt bilden auch Rezeption und Einordnung eigenständige Bereiche: Die Art und Weise der Wahrnehmung von Literatur als Beitrag am politischen

Diskurs oder als Einflussfaktor auf das politische Feld sind ausschlaggebend für die Politikfähigkeit von Dichtung (cf. Lubkoll 2018: 283).

Zusammengefasst beschreibt Lubkoll Literatur dann als politisch, wenn sie zumindest eine der vier Kategorien, Wirklichkeitsbezug, Sprache bzw. Ästhetik, Wirkungsabsicht oder die Rezeption, betrifft.

Das entscheidende Spannungsfeld in der anhaltenden Debatte rund um Möglichkeiten und Grenzen politischer Dichtung ergibt sich aus der Überschneidung der oben genannten Kategorien 1, 2 und 3, also Thema, Ästhetik und Wirkung. Der Zusammenhang zwischen formaler Umsetzung und engagierter Intention berührt die eingangs aufgeworfene Frage nach den ästhetischen Potentialen politischer Dichtung. In Anschluss an Lubkolls Einordnung konzentriert sich der Beitrag auf jene zwei Bereiche politischer Lyrik, die im Folgenden als Wirklichkeitsabbildung und Wirkung bezeichnet werden.

Die Auswahl der hier behandelten Gedichte erfolgt aufgrund der Thematisierung von Revolution und Protest (bei Lubkoll Punkt 1): Die Gedichte nehmen Bezug auf historische, politische, soziale oder lebensgeschichtliche Wirklichkeiten und bilden sie literarisch ab (Punkt 2). Sie enthalten insofern eine Wirklichkeitsaussage, als sie nicht (ausschließlich) fiktiv sind, sondern reale Protagonistinnen bzw. Protagonisten (z. B. Politiker), Parteien (die SPD) oder historische und aktuelle Begebenheiten (die Revolution) kritisch thematisieren. Die aus der Wirklichkeitsdarstellung generierte Botschaft soll unmissverständlich sein, bei möglichst vielen Menschen ankommen und einen über die ästhetische Wirkung hinausgehenden, engagierten Effekt erzielen (Punkt 3).

Ein prominentes Beispiel für die Verbindung von Wirklichkeitsabbildung und politischer Wirkungsabsicht stellt die Lyrik Johannes R. Bechers dar, der nach dem Tod Josef Stalins – in voller Kenntnis der von ihm verantworteten Massenmorde – religiös verklärte, panegyrische Huldigungsdichtung auf die Person des Diktators verfasste (cf. Günther 2017: 461–477).

Politische Literatur bewegt sich stets zwischen Autonomie und Heteronomie. In beiden Fällen funktioniert sie als Resonanzkörper, der gesellschaftlich relevante Schwingungen der jeweiligen Zeit imstande ist aufzunehmen, zu verstärken und ästhetisch zu überformen. Im zeitlichen Umfeld der Jahre 1918 und 1968 ist, bleibt man bei diesem Bild, eine intensive politische Resonanz in den Künsten bemerkbar. Das Theater der 1920er-Jahre zeigte sich bisweilen von der 1917 im Zuge der Oktoberrevolution entstandenen russischen Avantgarde beeinflusst; 1968 wurde politische Lyrik vor allem als Protestlied breit rezipiert (cf. Girschner-Woldt 1971: 7; Grimm 2008a: 7) und erlangte populärkulturelle Bedeutung.

Dichterische Erzeugnisse der Zwischenkriegszeit unterscheidet von der lyrisch tätigen 68er-Generation jedoch, dass sie die fundamentale Zäsur des Holocaust nicht erfahren haben. Theodor W. Adorno sprach sich angesichts der unsagbaren Gräueltaten des Hitlerregimes gegen ein politisches Engagement und für die Autonomie der Kunst aus, da die massenwirksame Ästhetisierung der Politik entscheidend zur Verbreitung totalitärer Ideologien beigetragen habe. Eine sehr viel tiefer greifende Wirkung entfalte Literatur, die sich dem direkten Verständnis ein Stück weit entzieht und fern jeglicher Propaganda steht, so der Philosoph (cf. Adorno 1981: 410 und 422). Zu dem Zeitpunkt, als Adorno seine streitbare Haltung als Antwort auf Sartres Aufruf zum Engagement kundtat, hatten er und andere Vertreter des 1923 gegründeten Frankfurter Instituts für Sozialforschung ein Umdenken vollzogen, dem die Erfahrungen von Nationalsozialismus, Auschwitz und Exil vorausgegangen waren. Nachdem ihre Schriften mit der 68er-Revolte zunächst wiederentdeckt und breit rezipiert worden waren, distanzierten sich die rebellierenden Studierenden wieder von den schwer zugänglichen Texten der Frankfurter Schule und suchten unter anderem in Mao Zedong das sehr viel handfestere Vorbild für eine in die Praxis übersetzte politische Theorie der Revolution (cf. Benicke 2010: 9–11).

Schriftstellerinnen und Schriftsteller bezogen in Anbetracht der sich formierenden außerparlamentarischen Opposition Stellung zum Verhältnis von Engagement und Kunst. Während sich Heinrich Böll in den 1970er-Jahren zunehmend politisch engagierte, hatte Hans Magnus Enzensberger bereits 1962 die Einflussnahme auf und durch Dichtung zurückgewiesen. Der politische Zug der Lyrik liege einzig in ihrer Autonomie, ihre Aussage bleibe stets hinter der ästhetischen Qualität zurück, wie Enzensberger in seinem 1964 veröffentlichten Essay *Poesie und Politik* festhält. Ein scheinbar unpolitisches Gedicht wie Bertolt Brechts „Der Radwechsel" übertreffe engagierte Dichtung seiner Meinung nach ebenso in politischer Hinsicht, denn:

> Bedeutet Politik den Gebrauch der Macht zu den Zwecken derer, die sie innehaben, so hat Brechts Text, so hat Poesie nichts mit ihr zu schaffen. Das Gedicht spricht mustergültig aus, daß Politik nicht über es verfügen kann: das ist sein politischer Gehalt. (Enzensberger 1964: 132)

Poesie entziehe sich dem Zugriff des Politischen, generiere aber genau daraus ihre politische Haltung, so Enzensberger. Allerdings ist Literatur trotz eines vermeintlichen Autonomieanspruchs stets Teil literarischer und damit gesellschaftlicher Kommunikation, sobald sie rezipiert wird. Daher scheint ein Ausscheren aus dem politischen Kontext nur dann möglich zu sein, wenn Texte dem Publikum vorenthalten werden, was wiederum nicht im Interesse engagierter Dichterinnen und Dichter liegen kann. Zur spezifischen Kommunikationsstruktur politischer Lyrik gehört, dass politische Texte und ihre Autoren gelesen sowie verstanden werden wollen (cf. Grimm 2008b: 115).

2. Revolutionsdichtung als Performativitätsfiktion

Klaus W. Hempfer entwickelte ausgehend von der literarischen Äußerungsstruktur eine „performative Lyriktheorie" (Hempfer 2014: 10). Dabei verwirft er zunächst die Annahme, dass sich Gattungen anhand des Redekriteriums voneinander unterscheiden ließen. Die Einzelrede sei ebenso wenig ein Spezifikum der Lyrik wie die „vereinzelte" Rede, also die monologisch gestaltete, unbeantwortete Äußerung in Gedichten (cf. ibid.: 14). Ausgehend von der antiken griechischen Dichterin Sappho zeigt Hempfer, dass in der Lyrik seit über zweieinhalb Jahrtausenden literarische Äußerungen vorliegen, die „wegen ihrer Distinktivität als prototypisch lyrisch" gelten können (ibid.: 30). Wesentliches Merkmal der Gattung sei die von ihm so bezeichnete „Performativitätsfiktion". Darunter versteht Hempfer eine spezifische „Äußerungsstruktur", die sowohl dialogische als auch monologische Formen impliziert, sich aber von narrativen wie dramatischen Texten unterscheidet. Hempfer argumentiert, dass das im Gedicht Ausgesprochene eine eigenständige Realität innerhalb des Gedichtes konstituiere (cf. ibid.: 32). Während Erzählungen eine Geschichte vermitteln, erzeugt die lyrische Sprechinstanz das, worüber sie gerade spricht. Dabei weist Lyrik eine bzw. multiple Stimmen auf, welche Situationen so zu schildern imstande sind, als würden sich diese im Akt der Rezeption erst zutragen. Für Leserinnen und Leser entsteht so der Eindruck, einer Situation oder einem Ablauf von Ereignissen unmittelbar beizuwohnen. Diese kommunikative Simultaneitätsstruktur, die, wenn man so will, eine fiktive Welt sprechend (oder das Gesprochene lesend) erschafft, nennt Hempfer „Performativitätsfiktion". Die Koinzidenz von Sprechsituation und besprochener Situation sei ausschlaggebend für das Zustandekommen dieser spezifischen Äußerungsstruktur:

> Entscheidend ist vielmehr die Struktur der Äußerung, die darauf basiert, dass die Situation, die der Sprechakt repräsentiert, sich simultan zu diesem konstituiert, dass es also eine gemeinsame *hic-et-nunc*-Deixis für das Sprechen und die im Sprechen entworfene Situation gibt oder anders formuliert: Im Augenblick des sprachlichen Vollzugs ereignet sich das, was die Sprecherin (nicht die Autorin, dies wäre logisch unmöglich) sprachlich artikuliert. (Ibid.: 31)

Freilich ist die sprachlich erschaffene Welt eine inszenierte Realität und somit fiktiv; aus diesen Überlegungen leitet sich auch Hempfers neologistisches Kompositum *Performativitäts-Fiktion* ab. Im Aufsatz „Lyrik und Fiktion(alität)" veranschaulicht er dieses speziell für die Lyrik geltende Phänomen anhand der Apostrophe. Jene rhetorische Figur sei gekennzeichnet durch die Abwendung von

> einer realiter möglichen Kommunikationssituation (mit dem Leser, der Geliebten usw.) hin zu einer Kommunikation mit Entitäten, mit denen aus unterschiedlichsten Gründen nicht kommuniziert werden kann, weil sie ‚unbelebt', ‚übernatürlich', am Kommunikationsort nicht anwesend [...] sind. (Hempfer 2019: 14)

Der im Zitat genannte kommunikative Aspekt der „Performativitätsfiktion" ist der Bezugspunkt für die folgende Analyse der Revolutions-Gedichte, denn diese lyrischen Beispiele stellen aufgrund ihres Bezugs zur Wirklichkeit und wegen der Wirkungsabsicht einen adressatenbezogenen Kommunikationsrahmen her. Die Gedichte versuchen sprachlich die politischen Themen virulent zu machen, von denen sie inhaltlich handeln.

3. Beispiele politischer Lyrik

3.1 Kurt Tucholsky: „Revolutions-Rückblick (Ich schau zurück)" (1919)

Die performative Interaktion zwischen ganz unterschiedlichen Instanzen ist in Kurt Tucholskys „Revolutions-Rückblick" augenscheinlich. Gleich das erste Wort des vier Strophen umfassenden Gedichts ruft ein lyrisches Ich auf, das die verpasste Gelegenheit zum Systemwechsel aus subjektiver Betroffenheit reflektiert:

> Ich schau zurück. Die Pressegenerale/ergriff vor einem Jahr der große Schreck./Die O H L verstummt mit einem Male./Vorbei. Die Phrase lag im Dreck./Vorbei die Pläne und die dicken Thesen,/vorbei die plumpen Renommisterein –/Behüt dich Gott, es wär zu schön gewesen,/behüt dich Gott, es hat nicht sollen sein! (Tucholsky 1960: 515)

Die Rückschau auf das Ende der revolutionären Bewegung von 1918 wird durch die dreimalige Wiederholung des an die erste Position der Verse vier, fünf und sechs gestellten Adverbs „vorbei" bewusst gemacht (ibid.). Ein kommunikativer Bruch erfolgt hingegen in den letzten beiden Versen mit der Hinwendung an eine nicht näher definierte Instanz, deren Position sowohl im Text als auch außerhalb der innertextlichen Struktur, sprich im Lese- und Rezeptionsbereich, liegen könnte: „Behüt dich Gott, es wär zu schön gewesen,/behüt dich Gott, es hat nicht sollen sein!" (Ibid.)

Die hier durch unmittelbare Ansprache erzeugte Kommunikation erhält durch die Anrufung Gottes eine ironische Ebene, würde sich doch ein Verfechter linksrevolutionärer Ideale wohl kaum ernsthaft auf göttliche Kräfte berufen. Das „behüt dich Gott"-Ritornell erstreckt sich über alle vier Strophen, doch wird die Anaphern-Struktur der drei ersten Strophen am Schluss von der onomatopoetischen Nachahmung der Polizeisirene unterbrochen. Als Assonanz der ersetzten Wortfolge vertieft die Sirene das Ironie-Verhältnis zwischen anrückender Staatsmacht und Stoßgebet: „Tatü-tata – es wär zu schön gewesen,/behüt dich Gott, es hat nicht sollen sein!" (Ibid.: 516)

Strophe zwei bezieht Soldaten in die dialogische Äußerungsstruktur mit ein („Soldaten vor!"), die dritte Strophe beklagt mit der viermaligen „wir dachten schon"-Wiederholung die denkbar nahe, schließlich jedoch verpasste Möglichkeit des politischen Wandels (ibid.). Von den revolutionären Idealen nimmt die letzte Strophe Abschied: Das nostalgische „Fahr wohl" richtet sich an die personifizierte Novemberrevolution. In böser Vorahnung blendet das Gedicht zuletzt auf jene Arbeiter und Soldaten über, die „noch die Wacht am Rhein" singen. Nicht minder antizipierend ist die – aus heutiger Perspektive als Unkenruf zu wertende, an Adolf Hitler gemahnende – Interrogatio: „Kommt diesem Lande niemals denn ein Retter?" (Ibid.)

Tucholskys „Rückblick" entwirft eine kommunikative Situation, die, im Sinne Hempfers, als Performativitätsfiktion bezeichnet werden kann. Die Dialogizität erstreckt sich vom lyrischen Ich über belebte wie unbelebte Entitäten bis zu nicht eindeutig zuordenbaren Personen oder personifizierten historischen Ereignissen. Die ästhetische Form geht mit der inhaltlichen Aussage konform; diesen Zusammenschluss von *discours* und *histoire* verdeutlicht das Veröffentlichungsjahr des Gedichts (1919). So wird lesend die Sehnsucht nach politischer Veränderung (*histoire*) im doppelt fiktiven Setting (*discours* als zeitlich abgeschlossenes Ereignis *und* als Thema eines Gedichtes) erlebt und wieder verabschiedet („Fahr wohl, fahr wohl"). Am Ende verhallt die vielstimmige Dialogstruktur so, wie auch die Hoffnungen auf tiefgreifende gesellschaftliche Veränderungen durch die Revolution unerfüllt bleiben mussten.

3.2 Günter Grass: „Gesamtdeutscher März" (1967)

Ein Gedicht, das, ähnlich wie Tucholskys Verse, Realitätsbezüge herstellt, Wirklichkeit abbildet und eine Sprechsituation aufruft, ist „Gesamtdeutscher März" von Günter Grass. Die Performativität wird über den fiktiven Rahmen hinaus mit der einleitenden Widmung an den damaligen Vorstand des Sozialdemokratischen Hochschulbundes in Münster, Gustav Steffen, erzeugt (cf. Grass 1987: 197). Dieser hatte im Vorfeld der Bundestagswahl von 1965 Grass auf seiner Wahlreise begleitet und ein stärkeres Ineinandergreifen von Politik und Dichtung gefordert (cf. Günter Grass Stiftung Bremen). Grass selbst trug zu diesem Zweck immer wieder „Gesamtdeutscher März" auf Wahlveranstaltungen vor (cf. Grimm 2008b: 105).

Dieses Gedicht erzeugt mithilfe von zahlreichen Metaphern eine gesellschaftspolitische Momentaufnahme Deutschlands und greift zu diesem Zweck die Geschichte des Landes auf. In den vielen sprechenden Bildern verdichten sich unterschiedliche Zeitebenen, die in einen kommunikativen Rahmen gebettet sind, der sich allerdings erst im letzten Vers als ein solcher zu erkennen gibt. Grass arbeitet mit intertextuellen wie interhistorischen Verweisen auf Heinrich Heine, den Vormärz, die gescheiterte Bürgerrevolution von 1848, die Pariser Kommune, und er antizipiert den ein Jahr später einsetzenden Prager Frühling (cf. Girschner-Woldt 1971: 33–36; Grimm 2008b: 105). Das Gedicht vergleicht die politische Großwetterlage seit dem 18. Jahrhundert mit den Verhältnissen der Gegenwart. Auch wenn aus heutiger Sicht eine Distanz von mehr als fünfzig Jahren zur ersten Publikation besteht, konstituiert sich die Welt des Gedichts und ihre politische Aussage im Akt des Lesens ohne größere Verständnisprobleme.

Durch die Wahlempfehlung am Ende der letzten Strophe distanziert sich das lyrische Ich ein Stück weit vom Modus des uneigentlichen Sprechens und setzt einen politisch engagierten Schlusspunkt, der den Autor in die fiktive Kommunikationsstruktur des Gedichtes rückbindet. An dieser Stelle ist die Performativitätsfiktion nach Hempfer aufgehoben, sie wandelt sich zu einer Performativitätsrealität, die sich auf das Jahr 1967 direkt bezieht. Das lyrische Ich wird zur Stimme von Günter Grass, dem Schriftsteller und Wahlkämpfer für die SPD: „Bald wird das Frühjahr, dann der Sommer/mit all den Krisen pleite sein, –/

glaubt dem Kalender, im September/beginnt der Herbst, das Stimmenzählen;/ich rat Euch, Es-Pe-De zu wählen." (Grass 1987: 198)

Bis heute besteht der Vorwurf, Grass habe während seines Engagements für Willy Brandt nur mehr nebenbei Gedichte verfasst und „zugunsten der eindeutigen Aussage auf alles Poetische" verzichtet (Winkler 2015). „Literatur, die sich offen zur Parteinahme bekennt, verstößt gegen die normativ gesetzte autonome Kunst und wird als bloß rhetorische bzw. agitatorische Unternehmung ausgegrenzt", so Wegmann, der daraus den Schluss zieht:

> Den Titel *Politische Dichtung* verdient dann nur eine Literatur, die kritisch, subversiv, oppositionell oder prinzipiell widerständig ist, während eine [...] affirmative Literatur [...] als bloße Ideologie ausgegrenzt wird. (2003: 121)

Dies trifft auf „Gesamtdeutscher März" zu. Die Auflistung referenzbezogener Metaphern neigt zur Inhaltsleere. Relativ einfach zu dekodierende Bezüge reihen sich in großer Fülle aneinander, um vor allem der Linie des Gesinnungsgenossen zu begegnen. So kritisiert Girschner-Woldt in ihrer Analyse: „Nur wer die gemeinte Realität kennt und selbst ähnlich beurteilt wie dieses Gedicht, kann die Wahlempfehlung als plausible Folgerung aus dem Vorhergegangenen betrachten." (1971: 36) Politisch Andersdenkende werden per se ausgeschlossen, wodurch aber die Möglichkeit verpasst wird, den Dialog über ideologische Gräben hinweg zu suchen und ein Umdenken im politischen Gegenlager anzuregen.

3.3 Rudolf Leonhard: „Prolog zu jeder kommenden Revolution" (1920)

Wie sehr sich literarische Texte der Gattungszuordnung entziehen können, wird anhand von Rudolf Leonhards „Prolog zu jeder kommenden Revolution" ersichtlich. Einerseits erfüllt das Gedicht eine formale Minimalbedingung lyrischer Texte: Es ist in Verse gebrochen. Zudem weicht die Syntax deutlich von der alltagssprachlichen Norm ab, gleich der erste Vers beginnt mit der Inversion „Ausatmen die Sümpfe ihren Frieden." (Leonhard 1959: 263) Andererseits legen Titel und Nennung eines Chores in Strophe vier die Fährte zum antiken Drama.

Zu den allgemeinen Aufgaben des Prologs zählt unter anderem die Erörterung ideologischer, didaktischer oder sozialkritischer Anliegen. Der Verweis auf den selbstreflexiven Prolog und einen Chor, der zwischen Darstellung und Rezeption vermittelt, eröffnet eine kommunikative Dimension, die der Performativitätsfiktion entspricht. Laut Hempfer erzählt lyrisches Sprechen nicht, „was geschehen ist, sondern konstituiert im Sprechen, worüber gerade gesprochen wird, oder anders formuliert: Lyrisches Sprechen basiert auf der Simultaneität bzw. Koinzidenz von Sprechsituation und besprochener Situation." (Hempfer 2014: 32). Diese Koinzidenz ist durch die chorische Form gegeben, die den Weg des Volkes zu Freiheit, Gleichheit, Brüderlichkeit und Gerechtigkeit – den auch optisch herausgestellten Parametern des Gedichts – wiedergibt.

Bezeichnend für diese Verlebendigung ist die emphatische Sprache in Leonhards Gedicht, die auf Performanz abzielt. Die lediglich vier Verse umfassende erste Strophe liest sich wie ein formaler Hinweis auf die Ruhe vor dem Revolutionssturm. Der umarmende Reim bleibt darin intakt und der Rhythmus einheitlich (cf. Leonhard 1959: 263). Die letzten beiden Verse der zweiten Strophe kündigen durch den Einsatz der Apostrophe eine Peripetie an: „[...] Ihr fühlt das Blut schon sieden,/so lebt, und wißt, daß bald aufwärts die Flamme speit." (Ibid.)

Die letzte Strophe beschleunigt durch Exklamationen sowie mithilfe rasch aufeinanderfolgender Redesituationen den Kommunikationsfluss. Dieser Aufbruchsgestus drückt sich optisch durch die sehr viel längere und formal freiere – wenn auch nicht ganz ungebundene – Strophe vier aus (ibid.: 264–265). Das gemeinschaftsstiftende Personalpronomen „wir" überwiegt am Ende, und die Schlussstrophe wiederholt mehrfach das Wortfeld ‚Mensch', jenes emphatische Epizentrum expressionistischer Revolutionslyrik.

3.4 Helga Novak: „vom Deutschen und der Polizei" (1967)

Wolf Biermann bezeichnete die deutsch-isländische Schriftstellerin Helga Novak, mit bürgerlichem Namen Maria Karlsdottir, als größte Dichterin der DDR. Aufgrund regimekritischer Texte verlor sie 1966 ihre Staatsbürgerschaft und ging daraufhin in die Bundesrepublik Deutschland. Nach der Wende wurde bekannt, dass Novak als inoffizielle Mitarbeiterin für das Ministerium für Staatssicherheit tätig war (cf. Bessen 2014).

Ihr 1967 veröffentlichtes Gedicht „vom Deutschen und der Polizei" steht für den politischen Impetus der frühen Phase, welcher später einer Hinwendung zur Naturlyrik wich. Die Performativitätsfiktion ergibt sich hier aus zwei Redesituationen: erstens aus dem informellen Gespräch zwischen zwei alten Freunden, die sich darin einig sind, dass die Polizei Dichter überwacht, dabei auf Spitzeldienste zurückgreift, Nazis hofiert und gegen demonstrierende Wehrdienstverweigerer, Atomwaffengegner und „Rote" mit Gewalt vorgeht. Die Freunde kommunizieren in einem von Neologismen geprägten, ganz eigenen Idiom, das durch den Austausch intimer Codes Vertrautheit und Solidarität suggeriert: „riefen die Polizei: Schmerbacken Kinderträumespuk./Industriellenbüttel die haussuchen bei Dichtern/Telefon abhören Denunzianten und Spitzel liebkosen/Flüchtigen Zech-Brüdern und Nazis Blumen streuen" (Novak 1967: 56).

Die zweite Redesituation setzt ein, während einer der beiden Freunde beobachtet, wie der andere von der Polizei abgeführt wird. Der Beobachter „sagt deutlich" und in nun allgemeinverständlicher Diktion: „irgendetwas wird der schon verbrochen haben" (ibid.). Diese Rede richtet sich entweder monologisch als Selbstgespräch nach innen, kann aber ebenfalls als Leser/-innen-Ansprache verstanden werden. In diesem Fall werden die Rezipientinnen und Rezipienten zu unmittelbaren Zeugen des Verrats, wodurch die Performativitätsfiktion ein an die Leserschaft gerichteter Appell zu mehr Solidarität und Protest gegen staatliche Repressionen ist.

4. Fazit

Auch wenn die lyrikspezifische Form des uneigentlichen Sprechens in jedem der im Beitrag behandelten Gedichte unterschiedlich ausfällt, so eint sie doch die Wirklichkeitsabbildung und Wirkungsabsicht. Allerdings ließen sich Unterschiede in der Zugänglichkeit und Verständlichkeit feststellen. Während für Tucholskys Gedicht das von ihm selbst aufgestellte Diktum gilt, Literatur solle „gereimtes […] Parteimanifest" (Tucholsky 2001: 543) und demnach allgemeinverständlich sein, entzieht sich Rudolf Leonhard einer allzu raschen Dekodierbarkeit. Er verarbeitet den Revolutionsstoff durch eine hermetische Sprache und entzieht sich somit allzu einfacher Interpretationen.

Den Vorwurf der Parteipropaganda musste sich schon zu Lebzeiten Günter Grass gefallen lassen, der in „Gesamtdeutscher März" seine Botschaften in verständliche Metaphern kleidet, politisch Andersdenkende mit seiner Wahlempfehlung vermutlich aber nicht erreichen konnte. Helga Novak macht in ihrem Gedicht Anleihen bei der Konkreten Poesie, die formalästhetische Aspekte stark zentriert, legt diesem aber eine ebenfalls klar und schnörkellos vorgebrachte, engagierte Intention mit Wirklichkeitsbezug zugrunde.

Ein Ergebnis der Untersuchung ist, dass die übereinstimmende Poetik dieser Revolutions- und Protestgedichte in einer kommunikativen Ausrichtung liegt, die Klaus Hempfer als Performativitätsfiktion bezeichnet. Diese auf die sprachliche Interaktion abzielende Ausdrucksweise (etwa durch die Apostrophe) korrespondiert mit zentralen Themen der hier vorgestellten Gedichte: Mit Gemeinschaft, Solidarität und mit dem Wunsch nach gesellschaftspolitischem Wandel.

Es wäre lohnenswert, diese Beispiele für Revolutionslyrik mit anderssprachigen Gedichten oder mit lyrischen Texten zu vergleichen, die im Zuge der ‚Wende' entstanden sind. „Jede revolutionäre Bewegung befreit auch die Sprache", so Christa Wolf in ihrer am 4. November 1989 auf dem Berliner Alexanderplatz gehaltenen wendekritischen Rede (Wolf 1990: 119). Möchte man ihren Befund auf die im Beitrag diskutierten Gedichte übertragen, so erscheint Sprache dort am freiesten, wo der politische Referenzbezug, also die *histoire*, gegenüber dem *discours* am deutlichsten zurücktritt. Dies ist vor allem in Rudolf Leonhards „Prolog" der Fall, ein Gedicht, das von biografischen Implikationen und Wirklichkeitsabbildungen weitestgehend entkoppelt bleibt. Alle vier lyrischen Texte verarbeiten lebensgeschichtliche Erfahrungen und politische Begebenheiten, doch Leonhards Teilnahme an den revolutionären Kämpfen in Berlin im Jahr 1918 (cf. Emmerich 1985) klingt in „Prolog" nur indirekt an, sodass dieses Gedicht den größten Autonomiegehalt entfaltet, ohne jedoch seine politische Botschaft zu verbergen.

Bibliografie

Adorno, Theodor Wiesengrund, 1981: „Engagement". In: Tiedemann, Rolf (Hrsg.): *Theodor W. Adorno: Noten zur Literatur.* Suhrkamp: Frankfurt a. M., 409–430.

Benicke, Jens, 2010: *Von Adorno zu Mao. Über die schlechte Aufhebung der antiautoritären Bewegung.* ça ira-Verlag: Freiburg.

Bessen, Ursula, 2014: „Helga M. Novak – Essay". In: *Munzinger Online/KLG – Kritisches Lexikon zur deutschsprachigen Gegenwartsliteratur, www-munzinger-de.uaccess.univie.ac.at/document/16000000424,* abgerufen am 12.1.2021.

Emmerich, Wolfgang, 1985: „Leonhard, Rudolf". In: *Neue Deutsche Biographie* 14, *https://www.deutsche-biographie.de/pnd118727559.html#ndbcontent,* abgerufen am 11.1.2021.

Enzensberger, Hans Magnus, 1964: „Poesie und Politik". In: id.: *Einzelheiten II. Poesie und Politik.* Suhrkamp: Frankfurt a.M.,113–137.

Girschner-Woldt, Ingrid, 1971: *Theorie der modernen politischen Lyrik.* Volker Spiess Verlag: Berlin.

Grass, Günter, 1987: „Gesamtdeutscher März". In: Neuhaus, Volker (Hrsg.): *Günter Grass. Werkausgabe in zehn Bänden.* Bd. 1: *Gedichte und Kurzprosa.* Luchterhand: Darmstadt et al., 197–198.

Grimm, Gunter E., 2008a: „Vorwort". In: id. (Hrsg.): *Politische Lyrik. Deutsche Zeitgedichte von der Französischen Revolution bis zur Wiedervereinigung.* Reclam: Stuttgart, 7–10.

Grimm, Gunter E., 2008b: „Systematisch-historische Übersicht über die deutsche politische Lyrik". In: id. (Hrsg.): *Politische Lyrik. Deutsche Zeitgedichte von der Französischen Revolution bis zur Wiedervereinigung.* Reclam: Stuttgart, 108–147.

Günter Grass Stiftung Bremen – Medienarchiv Webdatenbank: *Bundestagswahl 1965: Auf Wahlreise mit Günter Grass, https://webdatenbank.grass-medienarchiv.de/receive/ggrass_mods_00001062,* abgerufen am 11.1.2021.

Günther, Hans Christian, 2017: *Das Politische und die Dichtung.* Bd. 2: *Die Neuzeit.* Traugott Bautz Verlag: Nordhausen.

Hempfer, Klaus W., 2014: *Lyrik. Skizze einer systematischen Theorie.* Franz Steiner Verlag: Stuttgart.

Hempfer, Klaus W., 2019: „Lyrik und Fiktion(alität)". In: *Recherches Germaniques* 14: *Modellanalysen zur Lyrik der Frühen Moderne 1890–1930,* 56–77, online: *https://journals.openedition.org/rg/1188,* Absätze 1–25, abgerufen am 11.1.2021.

Jung, Werner, 2007: *Poetik. Eine Einführung.* Fink: Paderborn.

Leonhard, Rudolf, 1959: „Prolog zu jeder kommenden Revolution". In: Pinthus, Kurt (Hrsg.): *Menschheitsdämmerung. Ein Dokument des Expressionismus.* Rowohlt: Hamburg, 263–265.

Lubkoll, Christine, 2018: „Flucht und Vertreibung als Fokus politischer Literatur. Neue Bestimmungen von ‚Exilliteratur' in der Gegenwart (Ulrike Draesner, Jenny Erpenbeck, Abbas Khider)". In: Lubkoll, Christine/Illi, Manuel/Hampel, Anna (Hrsg.): *Politische Literatur. Begriffe, Debatten, Aktualität.* Metzler: Stuttgart, 283–305.

Novak, Helga M., 1967: „vom Deutschen und der Polizei". In: id.: *Colloquium mit vier Häuten. Gedichte und Balladen.* Luchterhand: Neuwied/Berlin, 56.

Tucholsky, Kurt, 1960: „Revolutions-Rückblick (Ich schau zurück)". In: Gerold-Tucholsky, Mary/Raddatz, Fritz J. (Hrsg.): *Gesammelte Werke.* Bd. I: *1907–1924.* Rowohlt: Reinbek bei Hamburg, 515–516.

Tucholsky, Kurt, 2001: „Gebrauchslyrik". In: Maack, Ute (Hrsg.): *Kurt Tucholsky. Gesamtausgabe. Texte und Briefe.* Bd. 10: *Texte.* Rowohlt: Reinbek bei Hamburg, 543–548.

Viëtor, Karl, 1958: *Deutsches Dichten und Denken von der Aufklärung bis zum Realismus. Deutsche Literaturgeschichte von 1700 bis 1890.* De Gruyter: Berlin.

Wegmann, Nikolaus, 2003: „Politische Dichtung". In: Müller, Jan Dirk (Hrsg.): *Reallexikon der deutschen Literaturwissenschaft.* Bd. 3. De Gruyter: Berlin/New York, 120–123.

Wolf, Christa, 1990: „Sprache der Wende". In: id.: *Reden im Herbst.* Aufbau: Berlin/Weimar, 119–121.

Winkler, Willi, 2015: „Günter Grass, der Parteisoldat". *Süddeutsche Zeitung,* 14. 4. 2015, *https://www.sueddeutsche.de/politik/dichtung-und-engagement-der-parteisoldat-1.2433438,* abgerufen am 11. 1. 2021.

Cornelius Mitterer

Universität Wien

E-Mail: cornelius.mitterer@univie.ac.at

Dolors Sabaté

Literarische Variationen des „Prinzip Hoffnung" bei Lenka Reinerová

Die literarische Verarbeitung der eigenen Traumaerfahrung ist ein wiederkehrendes Thema im Erzählwerk der aus Tschechien stammenden Autorin Lenka Reinerová. Besonders im Werk *Alle Farben der Sonne und der Nacht* (2002) liefert Reinerová das Zeugnis ihrer Gefangenschaft, als im historischen Kontext der 1950er-Jahre die tschechoslowakische Dissidenz zum Gegenstand der stalinistischen Säuberungen geworden war. Dem vergangenheitsbezogenen Blick der Autorin werden in diesem Werk die folgenden Worte Stefan Zweigs vorangestellt, so wie sie im Roman *Die Welt von Gestern* stehen:

> Ich musste wehrloser, machtloser Zeuge sein des unvorstellbaren Rückfalls der Menschheit in längst vergessen gemeinte Barbarei mit ihrem bewussten und programmatischen Dogma der Antihumanität. [...] Aber paradoxerweise habe ich auch in ebenderselben Zeit [...] dieselbe Menschheit im Technischen und Geistigen sich zu ungeahnten Taten erheben sehen, mit einem Flügelschlag alles in Millionen Jahren Geleistete überholend [...]. (Zweig 2018: 5)

Das Zweig-Zitat ist nicht belanglos, sondern erhält eine symbolische Dimension im Rahmen der Erzählung. Einerseits hallt im Titel *Alle Farben der Sonne und der Nacht* die träumerische Schönheit der Van Gogh'schen Dämmerungen wider und das Werk thematisiert die Dimension des Traumas, wobei das Schicksal des rätselhaften Dr. B., Hauptfigur der *Schachnovelle,* nachgebildet wird. Andererseits offenbart das Zweig-Zitat, dass sogar in der Nacht der Barbarei die Gegenwärtigkeit eines zukünftigen Lichts zu spüren ist, ein felsenfestes Prinzip, auf das sich Reinerovás Existentialität gründet und das zugleich Leitmotiv ihres Werkes ist.

Die Lesart, die hier vorgeschlagen wird, entspringt dem von Ernst Bloch (1885–1977) geprägten „Prinzip Hoffnung". Somit wird hier die Hypothese aufgestellt, dass Reinerovás Erzählung *Das Traumcafé einer Pragerin* (1996) eine widerstandsfähige Position reproduzieren könnte, die durch den moralischen Imperativ des „Prinzip Hoffnungs" inspiriert ist. Dass die ethischen Prinzipien Blochs in Reinerovás Werk präsent sind, hat bereits Corinna Schlicht in ihrer umfangreichen und detaillierten Studie über das erzählerische Werk der Schriftstellerin festgestellt (cf. Schlicht 2003). Ihre Analyse der Erzählung *Das Traumcafé einer Pragerin* widmet sich jedoch eher der Erläuterung des Verhältnisses der Traumfiktion zur tschechischen Geschichte und zur Biographie Reinerovás. Eine stärkere Berücksichtigung der heutigen Realität Prags, das vom globalen Kapitalismus ständig verändert wird, könnte die ethische Dimension der Erzählung deutlicher erhellen und somit die literarische Verarbeitung des moralischen Imperativs „Prinzip Hoffnung" verdeutlichen. Unserer Meinung nach beruht Reinerovás Widerstandsfähigkeit auf der Überzeugung, dass ein anderes globales Modell möglich ist.[1] Dafür blickt sie mit Nostalgie auf das sozialhumanistische Gesellschaftsideal der exilierten Linken. In dieser Hinsicht ist Reinerovás Rede im Deutschen Bundestag anlässlich der Gedenkstunde für die Opfer des Nationalsozialismus aufschlussreich:

> [W]ir müssen viel mehr Verständnis für die Andersartigkeit riesiger Massen der Bevölkerung unseres Planeten aufbringen, um einem solchen Unglück, wie es in letzter Zeit der Terrorismus darstellt, rechtzeitig und gründlich beikommen zu können. Denn dass wir friedlich miteinander leben wollen und können, ist vielleicht eine Selbstverständlichkeit, die allerdings unterstützt und behütet werden muss. Es scheint mir, dass wir immer noch zu wenig Verständnis für die Lebensart, die Tradition und den Glauben eines sehr großen Teils unserer Mitmenschen auf diesem Planeten aufbringen. Das geschriebene Wort sollte dabei so wirksam wie nur möglich mithelfen." (Reinerová 2008)

Zusammen mit Benjamin und dem Zweigespann Adorno/Horkheimer stellte Bloch die Praxis des hegemonischen Sowjetmarxismus infrage und entfaltete anregende historische Analysen darüber, wie die Geschichte in den Totalitarismus gemündet hatte. Im Gegensatz zu dem Pessimismus seiner Zeitgenossen schlug er eine Geschichtsauslegung vor, die auf der menschlichen Fähigkeit beruhte, sich in der Gegenwart zu verändern.[2] Auf ihn und auf seine Überlegungen zu den Tagträumen wird in diesem Aufsatz Bezug genommen.

Blochs Interpretation der Geschichte ist mit dem Wort Utopie verbunden, das bereits im Titel seines ersten großen Werkes *Geist der Utopie* (1918) steht. Bei Bloch hat die Utopie nichts mit den Schimären, dem Unerreichbaren oder dem Unwirklichen zu tun. Seine Vorstellung von Utopie hängt mit einer Vision der Welt im Prozess zusammen, die einer Tendenz zur Humanisierung folgt. Zwi-

---

1 *https://www.bundestag.de/parlament/geschichte/gastredner/reinerova/rede_reinerova-246980*, abgerufen am 13.10.2021.

2 Blochs Denken ist unzweifelhaft an Walter Benjamins Überlegungen zur Geschichte sowie an seine Vorstellungen von der Rolle der Subjektivität in der Revolution der Zukunft geknüpft. Benjamin formulierte seine geschichtsphilosophischen Thesen im Rahmen des faschistischen Europas, insbesondere angesichts der realen Bedrohung von Nazideutschland. In seinen Gedanken offenbart sich ein Degradierungsprozess in der Gegenwart, an dem Benjamin festmacht, dass der Ausnahmezustand zur Regel geworden ist. Die Allianz von Kapitalismus und Technik hat zu einer pervertierten Moderne geführt, in der die Natur bis ins Extrem beherrscht worden ist. Am Ende dieser Beherrschung steht für Benjamin die Barbarei, die Herrschaft des Menschen über den Menschen. Zu dieser kapitalistischen Moderne ist man mithilfe des gemeinen Mannes gelangt, der sich *en masse* der herrschenden Gesellschaftsschicht unterworfen hat. Daher, so schlussfolgert Benjamin, ist der Durchschnittsbürger ein Mittäter der Barbarei. Er hat seine Unterwerfung gegen seine Verantwortungslosigkeit für die Zukunft eingetauscht. Für den kritischen Marxismus, einschließlich Ernst Bloch, kann die Verwandlung des bestehenden Zustands nur durch die Revolution des Subjekts erfolgen.

schen 1938 und 1947 im US-amerikanischen Exil konzipiert Bloch *Das Prinzip Hoffnung* (in mehreren Bänden ab 1954 erschienen), eine Lesart der Geschichte, die zeigt, dass die Hoffnung lohnenswert und zugänglich ist und dass die Zukunft von dem abhängt, was wir wählen. Auch wenn er die Entfremdungsgefahr berücksichtigt, die die kapitalistische Moderne durchzieht, erkennt er an, dass in der Menschheitsgeschichte auch viele Möglichkeiten verwirklicht wurden. *Das Prinzip Hoffnung* ist teilweise die Geschichte dieser Utopien, die er von der Antike über das Mittelalter bis zur Moderne durchforstet. Innerhalb dieser utopischen Dimension der Menschheit interessiert sich Bloch besonders für die „kleinen Tagträume" in der Gegenwart – alltägliche Fantasien, die zugleich ein Zukunftstraum sind. Die Träume, die sich im Wachzustand bei vollem Bewusstsein einstellen bzw. vom Träumer selbst aktiv aufgerufen und ausgestaltet werden, sagt Bloch, sind Äußerungen dessen, wonach wir uns sehnen und von dem wir uns wünschten, dass es anders wäre (cf. Dietschy/Zeilinger/Zimmermann 2012: 580). Auf diese Weise ist die Zukunft über Wunschvorstellungen und Tagträume Teil der Gegenwart. Für Bloch ist die Zukunftsmöglichkeit in der Gegenwart angesiedelt. Er schlägt einen militanten Optimismus vor, nicht einen Utopismus, der auf einer kontemplativen Theorie der Welt gründet. Es reicht nicht aus zu warten, man muss die gegebenen Umstände verändern, damit neue entstehen und so utopische Projektionen entwickelt werden können. Nach Bloch spielt das Erlernen der Hoffnung eine entscheidende Rolle in diesem produktiven Prozess der Weltveränderung. Es geht darum, hier und jetzt hoffen zu lernen, damit eine andere Moderne möglich wird und das Prinzip Hoffnung der Barbarei den Weg abschneidet.

Leben und Werk der Lenka Reinerová sind deutliche Beispiele dieser neuen revolutionären ethischen Praxis, die auf der Verwandlung des Individuums in der Gegenwart beruht. Während sie in ihrer Jugend für die Widerstandsbewegung kämpfte, entwickelt sich ihre Haltung später zur Praxis der Resilienz hin. Die Strategie, die Reinerová in ihren Texten vorlegt, ist die literarische Erarbeitung kleiner Tagträume, in denen die utopische Dimension offengelegt wird. Aus diesem Blickwinkel wird hier Reinerovás Erzählung *Das Traumcafé einer Pragerin* betrachtet.

Reinerovás Texte sind in hohem Maße autobiographisch und stützen sich auf die Erinnerungen der Autorin, die die Vorkriegszeit, die Stationen ihrer Flucht, ihre Exiljahre in Mexiko, ihre Rückkehr nach Europa und ihre Erfahrungen in der kommunistischen Tschechoslowakei umfassen. Die ideologische Dimension und der dokumentarische Ton ihres Erstlingswerks *Grenze geschlossen* (1958) machen in ihrem Werk der 1980er-Jahre den Weg frei für eine neue Poetik, in der die Erschaffung von Traumwirklichkeiten eine vorrangige Rolle spielt. Reinerovás ästhetische Praxis materialisiert sich in der poetischen Konstruktion von „imaginären Brücken", einem Prozess der Hybridisierung, der sich auf verschiedenen Ebenen abspielt.[3] Einerseits bedeutet diese Hybridisierungsstrategie die fortwährende Verschmelzung derjenigen Kulturen, die ihre Biographie prägen: die deutsch-tschechische und die mexikanische. Aus Sicht der erzählten Zeit manifestiert sich die Hybridisierung in dem subjektiven Umgang mit der Chronologie, was bedeutet, dass Vergangenheit und Gegenwart mit einer bestimmten Intentionalität vermischt werden. Nach Corinna Schlicht ist dies eine konstitutive Strukturform von Reinerovás erinnerndem Erzählen. Wichtig ist dabei die dynamisierende Rolle der Anekdote, die dazu dient, erinnerte Begebenheiten lebendig zu gestalten und historisch einzuordnen. (cf. Schlicht 2003: 237)

In *Das Traumcafé einer Pragerin* verdichten Tagträume die vergangenen Erlebnisse der Ich-Erzählerin Lenka, und in ihnen lässt sie ihre Sehnsucht nach Menschen und Orten der Vergangenheit fließen. Sie streift durch ihre Erinnerungen und verweist auf ihre Erlebnisse, indem sie sie mit den historischen Ereignissen ihrer Zeit verknüpft. Die Erzählung ist ein persönliches Porträt der tschechischen Hauptstadt, in dem die Autorin die kulturelle Tradition des Cafés als Zufluchtsort vor der Gentrifizierung umschreibt. Ein Stadtspaziergang bringt sie dazu, das Prag ihrer Jugend zu evozieren, ein multikultureller und mehrsprachiger Raum, in dem das Café die Quintessenz des kulturellen Lebens ausmachte.[4] Es handelt sich um einen Tagtraum, der sich im Wachzustand bei vollem Bewusstsein entfaltet. Hier träumt eine Erzählerin ihre persönliche Phantasie, in der Persönlichkeiten aus der Vergangenheit aufleben. Die Erzählung beginnt mit der folgenden rhetorischen Frage:

---

3 Der metaphorische Ausdruck „imaginäre Brücken" wird in der Erzählung *Zweite Landung auf Mexiko* (Reinerová 2003: 223–269) erwähnt. Darin erzählt die Autorin, wie sie und Ergon Ewin Kisch täglich auf ihrem Weg zur Arbeit einen Gruß auf Tschechisch austauschen. Im Text wird darauf hingewiesen, dass der Klang der tschechischen Sprache es ermöglicht, „imaginäre Brücken" in die Prager Vergangenheit zu schlagen (Reinerová 2003: 239). Leclerc zufolge ist es von Bedeutung, dass die tschechische Sprache ausgerechnet die Kraft besitzt, Identitätsbindungen zu schaffen, was die deutsche Sprache im Kontext von Reinerovás Entwurzelung nicht zulässt. (cf. Leclerc 2008: 764–765).

4 Kaffeehäuser in Prag und im Exil gehören zu Reinerovás Raumimaginarium. In der Habsburger Monarchie und während der ersten tschechoslowakischen Republik spielten sie eine wichtige Rolle im Leben der Prager Bevölkerung. Die rund hundert Cafés waren nicht nur Restaurationsbetriebe, vor allem hatten sie eine wichtige Rolle als gesellschaftliche und intellektuelle Treffpunkte. Zu den meist besuchten Cafés bei Reinerová gehörte *Metro* (cf. Reinerová 2010: 10), ein Café, das von links orientierten Künstlern aufgesucht wurde. Im Exil zeigte sich die Stimmung in den Cafés als eine Ambivalenz zwischen amüsierendem, aktivierendem Gespräch unter Gleichgesinnten und reinem Zeittotschlagen. Bei Reinerová sind Kaffeehäuser wichtige Elemente der nationalen und individuellen Identität.

> Wohin, so frage ich mich oft, wenn ich durch mein Prag streife, wohin sind die Kaffeehäuser verschwunden, in denen man über einer Tasse schwarzen Kaffees [...] einen halben oder beinahe den ganzen Tag diskutieren und Pläne schmieden, viel erfahren, interessante Menschen beobachten oder auch kennenlernen, Freundschaften schließen oder gar eine große Liebe finden konnte? (Reinerová 2003: 7)

In der Wirklichkeit des aktuellen, globalisierten Prags, stellt die Erzählerin das Verschwinden der Kaffeehaus-Kultur fest, mit allen damit verbundenen Implikationen in Bezug auf den Identitätsverlust einer Stadt, deren Geschichte eng an diese kulturelle Realität geknüpft ist. Angesichts dieses Umstands initiiert das nostalgische Erzähl-Ich die imaginäre Konstruktion einer subjektiven Realität, in der nationale Identität, kulturelle Tradition und individuelle Vergangenheit miteinander verschwimmen. Reinerovás Prager Tagtraum bildet einen Kontrapunkt zur aktuellen städtischen Gentrifizierung. Das Stadtbild zeigt, wie der wirtschaftliche und kulturelle Neokolonialismus die urbane Landschaft unerbittlich erobert. Das Ergebnis ist das Verschwinden von Erinnerungsräumen und die allmähliche Verschleierung des historischen Gedächtnisses. Der globale Kapitalismus hat die menschliche Seite der Stadt ausgelöscht und die Solidarität von gestern ist durch das Profitdenken von heute widerlegt worden.

> Nunmehr befindet sich hier ein feines Restaurant mit entsprechend feinen Preisen, das Restaurant Mucha heißt, mit unserem Landsmann, dem Maler Alphonse Mucha, wohl aber nur den Namen gemein hat; ferner der Laden einer Firma mit Gesundheitskost namens Country life und gegenüber meinem einstigen Wohnhaus eine elegante kleine Cafeteria. In den letzten Vorkriegsjahren gab es dort ein Stundenhotel, auf dem Gehsteig davor standen abends die Mädchen herum, und die häufigsten Passanten in der kurzen Straße waren neben ihren Kunden Literaten, aus Hitlers Drittem Reich emigrierte Antifaschisten und Egon Erwins Prager Freunde, die alle bei Mutter Kisch Kaffee und Kuchen, und falls notwendig, auch tatkräftige Hilfe bekamen. Internationaler Tourismus? Davon träumte die Melantrichgasse damals noch nicht einmal. (Reinerová 2003: 9)

Prag empfängt den Massentourismus mit offenen Armen und verkauft seine Identität an das Großkapital. Selbst seine intellektuellen Bezüge werden in den Dienst des Marktes gestellt, sie sind lediglich ein Lockmittel, um die Massen anzuziehen – Kafka ist in diesem Sinne ein Schlager:

> In letzter Zeit sind sie zu einer Art Wahrzeichen von Prag geworden, Herr Kafka. Nein wirklich, das springt einem in die Augen. Macht es Ihnen Spaß, daß Sie nun von jungen Mädchen aus Italien und Spanien, Deutschland und Amerika sozusagen auf dem Herzen getragen werden? Haben Sie gesehen, wie Ihr Porträt auf weißen und seegrünen, himbeerfarbenen und azurblauen T-Shirts auf touristischen Busen wippt? Aber selbst das genügt Ihren Verehrerinnen und Verehrern an der Schwelle des 21. Jahrhunderts nicht. [...] Keine Antwort. (Reinerová 2003: 18)

Angesichts der perversen Auswirkungen der Globalisierung wird der tägliche Traum der Erzählerin aufgerichtet. Reinerovás Traumwelt ist über den herrlichen Prager Kirchenkuppeln angesiedelt, einem ätherischen parnassähnlichen Raum, in dem sich alte Freunde und Bekannte der Autorin wie in der Vergangenheit miteinander unterhalten. Aus thematischer Sicht entsteht der besondere Prager Traum aus den Unterhaltungen, die die Erzählerin mit den namhaften Kunden des imaginären Cafés führt, Unterhaltungen, die oft Selbstgespräche sind, da ihre Gesprächspartner selten etwas erwidern. Diese verweilen meistens stumm, außerhalb von Raum und Zeit, der gegenwärtigen Wirklichkeit der Stadt entfremdet. In diesen Selbstgesprächen werden Erlebnisse und historische Ereignisse erinnert, zu denen die Erzählerin ihre persönlichen Gefühle äußert. Andererseits finden in diesem Traumuniversum auch Menschen Eingang, die dem persönlichen Leben der Autorin angehören, etwa ihre Mutter oder ihr Ehemann, Theodor Balk, wenngleich die meisten Akteure des imaginierten Cafés Persönlichkeiten aus dem Prager Kulturleben sowie aus Intellektuellenkreisen sind. In diesem imaginären Raum verschmilzt die Zukunft der Nation mit dem persönlichen Schicksal, so dass die Grenzziehungen zwischen Geschichte und Biographie überschritten werden.

Unter den renommierten Kunden des Cafés sind Egon Erwin Kisch, Max Brod, Franz Kafka, Jaroslav Foglar, Helene Weigel, Anna Seghers oder Ernst Bloch selbst. Die Geflüchteten aus Nazideutschland erhalten einen eigenen Raum im Traumcafé. Wie die Erzählerin selbst erkennt, ist die Zahl von Gästen fremder Herkunft groß. Ihr imaginärer Raum ist offen und tolerant wie Prag in der Vergangenheit, als die Stadt allen, die es brauchten, Asyl anbot (Reinerová 2003: 34). Die Erzählung erlaubt es, private Anekdoten und geschichtliche Ereignisse tiefgründiger zu erfassen. Aus der Gegenwart heraus nuanciert und kommentiert die Erzählerin Gespräche, versieht persönliche Anekdoten mit liebevoller Ironie und enthüllt auf diese Weise die illusorische Dimension des Prager Traums. Mit ihrer Sicht der Vergangenheit wird das Bewusstsein genährt, dass der Traum ein Trugbild ist, eine ersehnte Realität, ergreifend und unwirklich.

Die Protagonisten des Traums leben in der Vergangenheit und ihre Zerbrechlichkeit macht sie zu magischen Wesen, „Schutzengel" zwischen dem Menschlichen und dem Göttlichen, in einer Welt, in der es schwierig ist, an die Existenz Gottes zu glauben. Durch ein Neuschreiben von Rilkes elegischer Tradition – der Dichter ist ebenfalls in Reinerovás Parnass anwesend – drückt die Erzählerin ihre Hoffnungen auf eine Zukunft ohne Unterschiede zwischen den Menschen aus:

> Schutzengel für mich? Welcher Gott könnte sie mir denn schicken? Und in welcher Sprache sollte ich ihn anrufen? Im Deutsch meiner Mutter, im Tschechisch meines Vaters oder im Hebräischen meiner Vorfahren? Aber vielleicht bedient sich der liebe Gott an der Schwelle des künftigen Jahrtausends einer neuen, uns noch unbekannten Sprache, um alle Bewohner der Erde über ihre unvernünftigen künstlichen Grenzen hinweg einem ertragbaren Miteinander zuzuführen. Ein solcher Gott wäre fürwahr unser Erlöser. In Prag hat er sich noch nicht gezeigt. (Reinerová 2003: 8)

Im vorigen Zitat wird auf das Ideal einer noch unbekannten Sprache verwiesen, deren Aufgabe es ist, die Menschheit über nationale Grenzen hinweg zu vereinen. Auf diese Weise führt die Erzählung eine utopische Dimension ein. Die Sprache zwischen dem erzählenden Ich und den schützenden Engeln wird als eine Form der Kommunikation dargestellt, die Zeichen nationaler Identität übertritt und Menschen zusammenbringt. Mit dieser Überlegung weist Reinerová auf die Möglichkeit einer idealen Sprache hin, die noch nicht verwirklicht wurde, aber als Hoffnung schon existiert. Der utopische Charakter des Tagtraums wird am Ende der Erzählung noch verstärkt, wenn der Caféraum als eine von Spiegeln umgebene Bühne vorgestellt wird, in der sich die Kontinente reflektieren. Die Wände des Traumcafés sind von Spiegeln bedeckt, die kein Bild von sich selbst widerspiegeln, sondern die Vision der fünf Kontinente projizieren. Man sieht, wie die Sonne über Afrika aufgeht oder der Mond über Amerika, man sieht Weiden in Australien, Hochgebirge in Asien und Sonne, Mond und Sterne über Europa. (cf. Reinerová 2003: 47) In dieser kosmischen Projektion, in der die Natur das einzige Phänomen ist, das die Zeit regiert und den Raum der fünf Kontinente in einem einzigen Universum vereint, befindet sich der Keim der Utopie: ein menschliches Zusammenleben in Harmonie mit der Natur. Der Tagtraum der Ich-Erzählerin enthält die Möglichkeit, dass Differenzen und Grenzen verschwimmen. Das Wort Heimat verliert seine territoriale Dimension und wird im Traum zur Manifestation vom Noch-Nicht in Blochs Sinne.[5] Antagonistische kulturelle Traditionen, unterschiedliche Religionen und ideologisch weit entfernte Protagonisten der Geschichte kommen zusammen:

> Auch Menschen kann man dort sehen und alle Tiere. Noah verkostet soeben zum ersten Mal einen Schluck Kaffee, und Neptun, sein zeitweiliger Gastwirt, sieht ihm dabei wohlwollend zu. Franz Kafka plant gemeinsam mit Jaroslav Hašek eine Radtour durch den Himalaja, die Seghers bittet Konfuzius um ein Gespräch unter vier Augen, mein Mann Theodor Balk versucht Doctor Faustus, der ja auch in die Medizin pfuschte und mitunter in Prag weilte, zu einer gemeinsamen Reportage über diese Stadt zu überreden, Egon Erwin Kisch schreibt mit Max Brod eine kritische Überlegung über das geistige Leben konfessionsloser Gespenster ... Warum sollte Unmögliches hier nicht möglich sein? (Reinerová 2003: 47)

Reinerová übt einen militanten Optimismus aus, der sich in ihrer narrativen Produktion widerspiegelt. Tatsächlich erwacht das erzählende Ich am Ende der Narration aus dem Tagtraum und kehrt zur urbanen Realität der Stadt Prag zurück. Diese Rückkehr in die Alltagswelt entfernt die Ich-Erzählerin jedoch

---

5 In Bezug auf diesen Aspekt möchten wir hier auf Carme Bescansas Interpretation der Idee der Heimat bei Reinerová verweisen, ein Ort, der nicht mit Verlust verbunden ist, als ein Raum der Geborgenheit und Kontinuität, sondern als ein Raum der Möglichkeit für die Konstruktion von etwas Neuem und Besserem. (cf. Bescansa 2016: 195–208).

nicht von ihrem Traum, den sie nicht als abgebrochen, sondern als unterbrochen betrachtet. (cf. Reinerová 2003: 48)

Als Zusammenfassung der hier durchgeführten Interpretation kann der Schluss gezogen werden, dass in der Erzählung *Das Traumcafé einer Pragerin* eine Ich-Erzählerin, alter ego der Autorin, eine Fiktion innerhalb der Fiktion darstellt, durch die sie ihre ethische Position gegenüber der Welt und den Ereignissen der Geschichte bekannt gibt. Reinerová schafft ein Universum, in dem Vergangenheit und Gegenwart zusammenwachsen. In diese zeitliche Verschmelzung sind auch Geschichte und Biographie selbst integriert. Auch eine Reflexion über kulturelle Identitäten ist in den Traum der Erzählerin miteinbezogen. Dafür ist die Tradition der Kaffeehäuser literarisch ausgearbeitet und in einen idealen Raum eingeschrieben, der im Gegensatz zur urbanen Realität Prags steht. Prags Gegenwart beweist, dass die Einzigartigkeit der Stadt zugunsten eines homogenisierenden Kapitalismus geopfert wird. Reinerovás Traum ist ihre Antwort auf respektlose und ungezügelte neokoloniale Marktstrategien, die Städte entpersönlichen. Die Kritik an Massentourismus als falsches Interkulturalitätsmodell ist unbestritten. Der Prager Traum als Paradigma einer friedlichen, toleranten, mit der Natur respektvollen Koexistenz lässt an den Utopismus von Bloch denken, sofern er einen Wunsch widerspiegelt, der noch nicht realisiert ist, aber in den Tagträumen besteht.

Bibliografie

Bescansa Leirós, Carme, 2016: „*Doing home*. Lenka Reinerovás performative Heimatentwürfe". In: Gajdis, Anna/Manczyk-Krygiel, Monika (Hrsg.): *Der imaginierte Ort, der (un)bekannte Ort. Zur Darstellung des Raumes in der Literatur*. Peter Lang: Frankfurt a. M. et al., 195–208.

Bescansa Leirós, Carme, 2017: „Von Flügeln und Wurzeln: die Heimat als identitätsstiftende Kategorie bei Alice Rühle-Gerstel und Lenka Reinerová". In: Bascoy, Montserrat/Silos Ribas, Lorena (Hrsg.): *Autobiographische Diskurse von Frauen 1900–1950*. Königshausen & Neumann: Würzburg, 237–247.

Bloch, Ernst, 2004: *El principio esperanza 1*. Übers. von Felipe González Vicén und hrsg. von Francisco Serra. Trotta: Madrid.

Dietschy, Beat, 2019: „Heimat ist auf keiner Landkarte zu finden: Was von Ernst Bloch für den Umgang mit einem heimtückischen Begriff zu lernen ist". *JahrbuchDiakonieSchweiz*, 3, 75–91, *https://doi.org/10.22018/JDS. 2019. 5*, abgerufen am 13. 10. 2021.

Dietschy, Beat/Zeilinger, Doris/Zimmermann, Rainer E. (Hrsg.), 2012: *Bloch-Wörterbuch. Leitbegriffe der Philosophie Ernst Blochs*. de Gruyter: Berlin/Boston.

Glosiková, Viera; Meisßgeier, Sina/Nagelschmidt, Ilse (Hrsg.), 2016: *„Mir hat immer die menschliche Solidarität geholfen". Die jüdische Autorinnen Lenka Reinerová und Anna Seghers*. Frank & Timme: Berlin.

Höhne, Steffen, 2009: „Böhmische Erinnerungsarbeiten. Zum Werk Lenka Reinerovás (17. 5. 1916–27. 6. 2008)". *brücken – Germanistisches Jahrbuch Tschechien Slowakei*, 17, 9–17.

Klein, Manfred, 2014: *Antizipation und Noch-Nicht-Sein. Zum Heimatbegriff bei Ernst Bloch*. disserta Verlag: Hamburg.

Leclerc, Hélène, 2008: „L'exil mexicain de Lenka Reinerová". *Études Germaniques*, 2008/4, 761–772.

Leclerc, Hélène, 2010: „‚Mein Spezialfach kann man an keiner Hochschule studieren. Man kann es nur sein. Ich bin ein Zeitzeuge'. Témoignage et transmission dans l'œuvre littéraire de Lenka Reinerová (1916–2008)", *http://journals.openedition.org/germanica/1047*, abgerufen am 13. 10. 2021.

Ramos Centeno, Vicente, 2000: *Bloch (1885–1977)*. Ediciones del Otro: Madrid.

Reinerová, Lenka, 2003: *Das Traumcafé einer Pragerin*. Aufbau: Berlin/Weimar.

Reinerová, Lenka, 2004: *Alle Farben der Sonne und der Nacht*. Aufbau: Berlin/Weimar.

Reinerová, Lenka, 2008: Gedenkrede im Deutschen Bundestag, *https://www.bundestag.de/parlament/geschichte/gastredner/reinerova/rede_reinerova-246980*, abgerufen am 13. 10. 2021.

Schlicht, Corinna, 2003: *Lenka Reinerová: Das erzählende Werk*. Autoren im Kontext. Duisburger Studienbögen 4. Karl Maria Laufen Verlag: Oberhausen.

Salmhofer, Gudrun, 2009: *„Was einst gewesen ist, bleibt in uns." Erinnerung und Identität im erzählerischen Werk Lenka Reinerovás*. Studien Verlag: Innsbruck/Wien.

Zweig, Stefan, 2018: *Die Welt von Gestern. Erinnerung eines Europäers*. LiwiVerlag: Göttingen.

Dolors Sabaté

Universidad de Santiago de Compostela

E-Mail: dolors.sabate.planes@usc.es

Juliane Fehlig

Die ‚ewige Stadt': Wolfgang Koeppens *Der Tod in Rom* (1954) und Rolf Dieter Brinkmanns *Rom, Blicke* (1979) im Vergleich

1. Einleitung

Wolfgang Koeppen (*1906 in Greifswald, †1996 in München) zählt zu den wichtigsten Autoren der deutschen Nachkriegsliteratur. Rolf Dieter Brinkmann (*1940 in Vechta, †1975 in London) wird als Dichter der sogenannten deutschsprachigen Popliteratur der 1960er-Jahre gefeiert. Das literarische Schaffen dieser beiden gegensätzlichen Autoren umrahmt nicht nur zeitlich die Studentenbewegungen von 1968, sondern hat auch, zumindest in zwei ausgewählten Werken, einen gemeinsamen Schauplatz: Rom, die ‚ewige Stadt'. In Rom als Handlungsort, so meine These, finden Koeppen und Brinkmann nicht zufällig ideale Voraussetzungen für eine revolutionäre Kritik an ihrer jeweiligen Gegenwart. Interessant ist hierbei, dass sich in Rom aus dem Unbehagen gegenüber der bundesdeutschen Gesellschaft und Politik scheinbar eine allumfassende Kritik an der westlichen Welt entwickelt. Im Folgenden möchte ich deshalb zunächst die Stadt Rom in der deutschen Literaturgeschichte verorten und anschließend auf die beiden Autoren und ihre ausgewählten Werke eingehen.

Rom hat ohne Zweifel eine große Bedeutung in der Weltgeschichte sowie in der deutschen Literaturgeschichte erlangt, nicht zuletzt durch die Tatsache, dass Rom als antikes politisches und christlich religiöses Machtzentrum bis heute bedeutendste auch neuzeitliche Kulturschätze der Menschheit vereint. Rom wird deshalb auch die ‚ewige Stadt' genannt. Als Pilgerort ist sie sozusagen prädestiniert, so auch für deutschsprachige Künstler spätestens seit der ‚Grand Tour', also den aristokratischen Bildungsreisen ab dem 16. Jahrhundert, die in Form von Reisetagebüchern ihre Niederschrift fanden. Goethes *Italienische Reise* (1816) ist der wohl bekannteste Reisebericht und gilt als wegweisend für die nachfolgende Italienliteratur.

Aber schon Ende des 19. Jahrhunderts begibt sich ein im Laufe der Industriellen Revolution erstarktes Bürgertum auf die Reise nach Italien und aus der vormals aristokratischen ‚Grand Tour' entwickelt sich der moderne Tourismus. In den 1950er- und 60er-Jahren wird Italien u. a. dank der gemeinsamen faschistischen Vergangenheit beider Länder zum beliebten Reiseziel für die bundesdeutschen Wirtschaftswunder-Touristen, die teilweise zum ersten Mal im eigenen Auto in den Süden fahren (cf. Jost 1989: 499). Dabei werden die antiken Ruinen in Rom weniger stark in Reiseprospekten angepriesen als z. B. der Strand und die Sonne von Capri, aus dem einfachen Grund, dass Ruinen jeglicher Art an die Trümmer der deutschen Nachkriegszeit erinnern (cf. Kramer 1999: 25). Die Restaurationspolitik unter Konrad Adenauer und der beliebte

Italienurlaub gehen in dieser Zeit Hand in Hand – und der Blick einiger Schriftsteller auf Italien, auf den Süden als Sehnsuchtsort, beginnt sich zu verändern.

2. Wolfgang Koeppen und *Der Tod in Rom* (1954)

Wolfgang Koeppen schreibt zu Beginn der 1950er-Jahre seine ‚Trilogie des Scheiterns', bestehend aus den Romanen *Tauben im Gras* (1951), *Das Treibhaus* (1953) und *Der Tod in Rom* (1954). Alle drei Werke üben eine teils unterschwellige, teils deutliche Kritik an der bundesdeutschen Gegenwart unter der Restaurationspolitik Adenauers. Seine Protagonisten sind zum Großteil reisende, handlungsunfähige Beobachter der Missstände der Nachkriegszeit (cf. Thabet 2002: 32).

Anders als seine Schriftstellerkollegen der Gruppe 47 schreibt Koeppen keine Trümmerliteratur, sondern folgt der Tradition der Moderne. Seine literarischen Vorbilder sind Kafka, Proust, Joyce oder Döblin, dessen Montagetechnik er übernimmt (cf. Rothmann 2009: 307) und seine Werke weisen eine Vielzahl intertextueller Bezüge auf, u. a. zu Thomas Manns *Der Tod in Venedig* (1911). Die ‚Revolution', die ‚radikale Veränderung', findet bei Koeppen also nicht unbedingt auf der Form-Ebene statt, sondern inhaltlich. Er spricht nicht, wie so viele andere zu Beginn der 1950er-Jahre, vordergründig von den Kriegserfahrungen und der Zerstörung Deutschlands (cf. Rothmann 2009: 294), sondern von der unmittelbaren Gegenwart, bestimmt vom aufkommenden sogenannten Wirtschaftswunder und von der Wiederaufrüstung der neu gegründeten BRD. Mit seiner oft radikal düsteren Kritik an Politik und Gesellschaft der Adenauer-Ära findet er in den 1950er-Jahren jedoch wenig positive Resonanz (cf. Brink-Friederici 1990: 25). In seinem Artikel *Der Fall Wolfgang Koeppen* von 1961 behauptet Marcel Reich-Ranicki über den 1954 erschienenen Roman *Der Tod in Rom*:

> Ein Teil der Presse ignorierte das Buch, der Rest sah in ihm lediglich einen gegen Faschismus, Neofaschismus und die Wirtschaftswunderwelt gerichteten politischen Zeitroman, dessen Aggressivität von manchen Rezensenten als höchst überflüssig empfunden wurde. Wenige Jahre später konnte man sich davon überzeugen, dass Koeppens Visionen des nazistischen Erbes und der deutschen Gegenwart keineswegs aus der Luft gegriffen und dass seine Diagnosen nicht eben überspitzt waren. (Reich-Ranicki 2017: 87)

Es ist zu betonen, dass Koeppen erst 1962, also fast zehn Jahre nach Erscheinen seiner Roman-Trilogie, seine erste literarische Auszeichnung erhält, nämlich den Georg-Büchner-Preis. Man kann also sagen, dass sein Werk zu Beginn der 1960er-Jahre und noch mehr im Zuge der 68er-Studentenbewegung und ihrer öffentlichen Auseinandersetzung mit der nationalsozialistischen Vergangenheit eine ganz neue Relevanz erlangt. Die Gründe hierfür lassen sich anhand der Romanhandlung erklären.

In *Der Tod in Rom* lässt Siegfried Pfaffrath, ein junger westdeutscher Komponist, seine Zwölftonmusik vom bekannten Dirigenten Kürenberg in Rom uraufführen. Gleichzeitig flüchtet er vor seiner nationalsozialistischen, bürgerlichen Familie und seiner Vergangenheit. Doch in Rom trifft die Familie unverhofft aufeinander und Siegfried verfolgen seine Erinnerungen an die traumatische Jugend in Nazi-Deutschland. Sein Vater, der nach 1945 im Amt gebliebene Oberbürgermeister einer Kleinstadt, seine Mutter und sein jüngerer Bruder Dietrich, ein Opportunist und Karrierist, wollen sich in Rom mit Siegfrieds Onkel Gottlieb Judejahn treffen. Der ehemalige SS-General, der in Abwesenheit in Nürnberg zum Tode verurteilt wurde, lebt seit einigen Jahren in der arabischen Wüste und verdient mit internationalem Waffenhandel und als militärischer Ausbilder antisemitischer Islamisten viel Geld. Er möchte mithilfe seines Schwagers, dem Oberbürgermeister, seine Rückkehr ins ‚Dritte Reich' planen und Hitlers Erbe antreten. Gottlieb Judejahns Frau Eva und sein Sohn Adolf, ein Priesterschüler, der den Glauben an Hitler nach 1945 für den Glauben an Gott eingetauscht hat, sind beide unabhängig voneinander auch in Rom. Der Zufall treibt alle Figuren in zwei Schlüsselszenen zusammen. Am Ende erschießt Gottlieb Judejahn in seinem antisemitischen Wahn die jüdische Frau des Dirigenten Kürenberg. Judejahn stirbt daraufhin selbst an den Folgen eines Herzinfarkts im Angesicht der gegen die Germanen triumphierenden römischen Krieger auf Bildern im antiken Thermenmuseum.

2.1 Vergangenheit und Gegenwart in *Der Tod in Rom*

Zur Erzählperspektive lässt sich sagen, dass sich der Roman durch einen ständigen Perspektivwechsel der Figuren auszeichnet, deren Gedanken und Gefühle von einem auktorialen Erzähler wiedergegeben werden, wobei Siegfried die einzige Figur ist, die eine Ich-Perspektive einnimmt. Man kann also behaupten, dass ihm die Rolle des Protagonisten zukommt. In Koeppens Roman vergegenwärtigen sich also die Erinnerungen der Figuren an das nationalsozialistische Deutschland in der ‚ewigen Stadt' Rom. Signifikant ist, dass es im gesamten Text nur eine einzige wichtige Figur gibt, nämlich die Italienerin Laura, die tatsächlich aus der römischen Gesellschaft stammt. Alle anderen sind deutsche Touristen, Künstler oder Arbeitsreisende vor römischer Kulisse und alle bringen ihre Vergangenheit mit, die dort verhandelt wird. Die Vergangenheit beherrscht also gewissermaßen die Gegenwart. Konkret bedeutet das die Kritik des Autors am Zustand der 1949 gegründeten BRD, in der der Nationalsozialismus latent unter dem Deckmantel der parlamentarischen Demokratie weiterlebt. Der Kalte Krieg, der allgegenwärtige Kampf der Westmächte gegen den Kommunismus, die damit verbundene Wiederaufrüstung und Westintegration, die Koeppen bereits in seinem Roman *Das Treibhaus* (1953) thematisiert hat, aber auch das ‚Wirtschaftswunder' haben den Prozess der Entnazifizierung schon früh entschärft. Heute wissen wir, dass viele, die zu den Funktionseliten im Nationalsozialismus zählten – Mediziner, Unternehmer, Juristen, Journalisten und Offiziere – ihre Karrieren nach 1945 fortsetzen konnten (cf. Frei 2001). Diese Erkenntnis wurde von den Studierenden im Zuge der 68er-Bewegung als Skandal angeprangert und durch Demonstrationen an die Öffentlichkeit getragen.

In Wolfgang Koeppens Roman ist sie schon zu Beginn der 1950er-Jahre ein Thema. Exemplarisch ist hier der Vater des Protagonisten zu nennen, Friedrich Wilhelm Pfaffrath, der nach 1945 im Amt gebliebene Oberbürgermeister einer namenlosen Kleinstadt, ein „Helfer und Förderer der Brandstiftung und des Mordes" (Koeppen 2001: 158), der nun als gewöhnlicher Tourist in Rom Urlaub macht. Die Reise seiner Familie wird wie folgt beschrieben:

> [Sie saßen] im Gesellschaftsraum der von Deutschen bevorzugten Herberge, und schon hatten sie Anschluss an andere Italienreisende gefunden. Landsleute gleicher Schicht und gleicher Ansichten, Davongekommene, einmal vom Schreck Geschüttelte und dann Vergessende wie sie, Volkswagenbesitzer, Mercedesfahrer, an deutscher Tüchtigkeit Genesene und nun wieder willkommene Devisenbringer, sie unterhielten sich, tranken auch süßen Wermutwein, und auf den Tischen lagen Straßenkarten und Reisehandbücher, denn man beratschlagte Ausflüge, wollte nach Tivoli und nach Frascati, aber auch zur wiederaufgebauten Abtei von Cassino, die Schlachtfelder waren zu besichtigen und waren diesen Menschen kein Grauen [...]. (Koeppen 2001: 31)

Die deutschen Italienreisenden bekommen hier offensichtlich ein ganz neues Profil. Sie besuchen nicht die Kunstschätze des Abendlandes oder das bukolische ‚Arkadien' wie einst Goethe, sondern die Schlachtfelder des Zweiten Weltkriegs, um der Heldentaten und der gefallenen Kameraden zu gedenken. Besondere Bedeutung erlangt im Roman in diesem Zusammenhang auch Siegfrieds Onkel, der SS-General Gottlieb Judejahn. Zusammen mit seiner Frau Eva, die seit Hitlers Tod schwarze Trauerkleidung trägt, und dem Waffenhändler Austerlitz, steht Judejahn für die skrupellose Gewalt und Vernichtung allen Lebens. Zu Besuch in Rom wohnt er interessanterweise „in einem Botschafter- und Minister-Hotel, in einem Atlantikpaktgeneralsquartier, einem US-Steelpräsidentenhaus" (Koeppen 2001: 21) und erinnert sich an die ‚guten alten Zeiten' unter Mussolinis Herrschaft:

> Es war ein Scherz von Judejahn, und Judejahn scherzte gern, gerade in diesem Hotel abgestiegen zu sein, wenn auch mit einem Pass, in dem sein Name nicht sein Name und sein Geburtsland nicht sein Geburtsland war, aber das Dokument war im übrigen echt, war diplomatisch visiert, er war wer, Judejahn, war immer wer gewesen und war es wieder. Er konnte es sich leisten, hier zu hausen und die Erinnerungen an seine großen Tage zu genießen: unter diesem Dach hatte er residiert, von hier hatte er Botschaften in den Palazzo Venezia geschickt, in der Halle des Hauses hatte er befohlen, die Geiseln zu erschießen. (Koeppen 2001: 22)

Siegfrieds Onkel Judejahn und sein Vater Pfaffrath profitieren beide, in vollem Bewusstsein, von der US-amerikanischen Unterstützung beim Wiederaufbau Westdeutschlands. Pfaffraths skrupelloser Plan ist es sogar, dem ehemaligen SS-General Judejahn ein Amt in der neu gegründeten Bundesrepublik zu verschaffen:

> [...] die Zeit des Gehängtwerdens war ein für allemal vorbei, für sie wenigstens, die Amerikaner waren zur Vernunft gekommen, hatten nun den richtigen Blick für die deutschen Verhältnisse und die deutsche Brauchbarkeit, und

> Haßgefühle und Racheurteile waren schon lange nicht mehr klug und fein. Roosevelt war tot und kommunistisch kollaborationsverdächtig. Und wer war Morgenthau? Ein Nebbich! Wer's überlebt hatte, mochte weiterleben. Und für Judejahn fand sich vielleicht eine Stellung im Landwirtschaftlichen Verband, später konnte man weitersehen [...]. (Koeppen 2001: 32)

Im Roman gibt es noch viele weitere Textstellen, die den analytisch-kritischen Blick Wolfgang Koeppens auf das politische Zeitgeschehen bezeugen, von denen man annehmen kann, dass sie eine konservative Leserschaft aufs Höchste provozierten und von ihr „als höchst überflüssig empfunden wurde[n]" (Reich-Ranicki 2017: 87). Erst Jahre nach Erscheinen von Koeppens Roman-Trilogie werden die Missstände von der 68er-Studentenbewegung im großen Stil an die Öffentlichkeit getragen und die Generation der Väter, Täter und Mitläufer an den Pranger gestellt.

In *Der Tod in Rom* wird die rebellierende Jugend durch zwei Figuren ausgedrückt: zum einen durch den Priesterschüler Adolf, Gottlieb Judejahns Sohn, zum anderen durch den erfolgreichen jungen Komponisten Siegfried, Pfaffraths Sohn. Die beiden jungen Männer haben sich von ihren Familien losgesagt und suchen ihr Glück im Glauben an Gott und an die Kunst. Anders als die Studierenden der 68er scheuen sie jedoch den Kontakt zu ihren Eltern bzw. brechen ihn sogar komplett ab. Siegfried begründet dies folgendermaßen:

> [...] weil sie mir eine militärische Erziehung aufbrummten, weil sie einen Krieg anfingen, weil sie Leid brachten, weil sie unendlich zerstörten, weil sie aus unserer Heimat ein Land der Intoleranz, der Dummheit, des Größenwahns, des Zuchthauses, des Richtblocks und des Galgens machten. Weil sie Menschen getötet haben oder behaglich in ihren Häusern blieben, obwohl sie wussten, dass Menschen getötet wurden. (Koeppen 2001: 131)

Ungewollt treffen die beiden Söhne nun unabhängig voneinander in Rom auf ihre Familien. Adolf Judejahn erwartet seine Priesterweihe, während Siegfried seine Zwölftonmusik vom Dirigenten Kürenberg aufführen lässt. Durch die Wahl des Schauplatzes Rom gewinnt das Zusammentreffen an zusätzlicher Bedeutung.

2.2 Rom als Schauplatz bei Koeppen

Der Ich-Erzähler beschreibt Rom aus der Sicht von Siegfried als chaotische und laute Stadt, als eine Art touristisches Babylon, das ihn anzieht und fasziniert. Genau diesen multikulturellen Tumult scheint Siegfried als eine Art Erlösung von seinen Kriegserinnerungen und letztendlich auch von seiner Familie zu empfinden. Es gibt eine zweiseitige Passage im Roman, in der er gedankenstromartig aufzählt, was er an Rom alles liebt:

> [...] auch ich liebe sie, liebe die alten Götter, liebe die Schönheit, die, lange in der Erde verborgen, wieder ans Licht kam, liebe das Maß und die glatte kühle Steinhaut der alten Gestalten, aber noch mehr liebe ich Rom, wie es lebt, wie es ist und mir sich zeigt [...], ich liebe das Volk am Abend vor den Haustüren, seine Scherze, seine ausdrucksvollen Gesten, seine Begabung für die Komödie,

> sein Gespräch, das ich nicht verstehe [...], ich liebe das Drängen, Reiben, Stoßen, Schreien, Lachen und die Blicke auf dem Corso [...]. (Koeppen 2001: 50)

In Gottlieb Judejahns Augen ist dieses neue, kosmopolitische Rom abscheulich. Er sehnt sich nach dem ‚Duce' zurück und ist angewidert von den Einheimischen und Touristen aus aller Welt:

> Er näherte sich den Kaffeehäusern der Via Veneto, und da saßen sie nun, nicht nur die mißgeachteten Südländer, die Allerweltsländer saßen hier, hockten beisammen wie einst am Kurfürstendamm, saßen da, spielten Friede und Erden und beschmusten sich, die Entwurzelten, die Internationalen, die Unvölkischen [...] Schmutz, Pack, Juden und Judenknechte! (Koeppen 2001: 36)

Für ihn ist die Stadt tot, „reif zum Abservieren, der Duce war geschändet, die Geschichte hatte Rom verlassen und mit ihr der zu rühmende Tod" (Koeppen 2001: 61).

Italien und Rom wecken im Roman aus Sicht der Figur Siegfried also einerseits die romantischen Sehnsüchte nach einem besseren Leben in der Fremde, genauer gesagt im exotischen Süden. Andererseits weckt der Schauplatz Rom in Figuren wie Judejahn und Pfaffrath auch Erinnerungen an das faschistische Italien Mussolinis und an Kriegsschauplätze, die von deutschen Touristen und Generälen nach 1945 besucht werden. Rom als Handlungsort gibt des Weiteren Eindrücke von der gegenwärtigen westlichen Politik der 1950er-Jahre, die es möglich macht, dass alte, führende Nationalsozialisten wie die Pfaffraths und Judejahn in teuren Hotels übernachten oder mit Limousinen durch die Stadt fahren.

3. Rolf Dieter Brinkmanns *Rom, Blicke* (1979)

Im Gegensatz zu Koeppens Roman drückt sich in Rolf Dieter Brinkmanns Text-Bild-Collage *Rom, Blicke* (1979) die revolutionäre Kritik an seiner Gegenwart nicht unbedingt auf der Handlungsebene oder durch die Figurenkonstellation aus. Es gibt darin keine klassische Handlung, da es sich um eine autobiographische Materialsammlung aus Briefen, Tagebucheinträgen, Reisebeschreibungen, Zitaten, Fotos, Kartenmaterial, Zugtickets etc. handelt.

Brinkmanns mehrmonatigen Aufenthalt 1972/73 als Stipendiat der Villa Massimo in Rom hat er in *Rom, Blicke* minutiös, gewissermaßen durch die Lupe wahrgenommen, protokolliert. Dabei ist seine Haltung der Stadt Rom gegenüber von vornherein durch Abneigung geprägt, zumal er auch nur aus Geldnöten das Künstler-Stipendium angenommen hat (cf. Kramer 1999: 41). Rom als literarischer Schauplatz ist also im Gegensatz zu Koeppens Roman nicht frei gewählt. Brinkmanns negative Vorstellungen vom Süden und von der ‚ewigen Stadt' werden Tag für Tag bestätigt. Rom ist für ihn ein Symbol des bereits untergegangenen ‚Abendlandes':

> Das Viertel rundum leblos, lungernde Jugendliche, umgekippte schwarze Plastiksäcke voll Abfälle/genaugenommen stolpert man durch nichts als Ruinen, und zwischen diesen Ruinen scharrt das alltägliche Leben zwischen Abfällen nach einigen lebenswerten Brocken [...] ein Leben in staubigen Resten der abendländischen Geschichte/: dazwischen Mietskasernen und Polizeiquartiere, Unkrautfelder und das Hotel Ritz. (Brinkmann 2006: 30)

Goethes ‚Arkadien' bedeutet für Brinkmann die Vorhölle. Die italienische Sonne ist Symbol für Trägheit und Unbeweglichkeit. Die antiken Ruinen sind für ihn Schrott, die religiöse Kunst ist Kitsch und alles Historische ist in seinen Augen obsolet und funktionslos. Die ‚ewige Stadt' Rom empfindet er als „Kloake der Moderne" (Sorg 2008: 238).

Dabei richtet sich sein Blick gezielt auf alles, was nicht als Postkartenmotiv taugt: der sich sammelnde Müll auf verstaubten Straßen, der endlos lärmende Verkehr, die allgegenwärtigen Auswüchse des modernen Massentourismus:

> rotgesichtiges fleischerhaftes Glotzen aus Touristenbussen, Busse vollgestopft mit deutschen Rentnern, Diabetikern, Magenkranke, mit fußkranken Rentnerinnen, die dich aus den Fenstern anstarren, Vorgarten-Greise auf Sight-Seeing-Tour. (Brinkmann 2006: 33)

In seiner Materialsammlung kommt die lokale Bevölkerung jedoch auch nicht besser weg als die Touristen. Was für den Protagonisten Siegfried in Koeppens Roman *Der Tod in Rom* ein Segen ist, ist für Brinkmann ein Fluch:

> [...] ständiges Grimassieren südländischen Temperaments, [...] wildes Gedränge und Gewühle auf den staubigen Straßen. [...] Blicke in Kellerlöcher, wo sie kellnern und schneidern. Dann die hohen quäkenden italienischen Frauenstimmen. Straßenszenen, die ein durchgehender Non-Stop-Horror-Film der Sinne und Empfindungen sind. (Brinkmann 2006: 33–34)

Wie düstere Gestalten aus einem Horrorfilm wirken auch die antiken römischen Skulpturen, deretwegen die Touristen nach Rom kommen: „Im Park überall verstümmelte Figuren, der einen fehlen Arme, die hat statt eines Kopfes nur ein rostiges Stahlrohr, das aus dem Hals kommt, abgeschlagene Nasen, herausgehauene Augen, zerfressene Rümpfe, durchgesägte Körper." (Brinkmann 2006: 33)

3.1 Rom als Schauplatz bei Brinkmann

In der Literaturkritik wurde Brinkmanns Werk daher zunächst als „Brandschrift wider die Italiensehnsucht der Deutschen" (Lange 2000: 256) und als Protest gegenüber der touristischen, kleinbürgerlichen, kapitalistischen Wahrnehmung und Vermarktung des Südens und der Italienliteratur, allen voran Goethes, den Brinkmann abwertend als „Göthe" bezeichnet, verstanden.

Man darf beim Lesen dieser Beschreibungen nicht vergessen, dass Brinkmann zwar als Pop-Dichter der 1960er-Jahre bekannt geworden ist, der die amerikanische Underground-Lyrik in Deutschland bekannt machte. Weniger bekannt ist jedoch die Tatsache, dass er sich bereits Anfang der 1970er- Jahre von der

Popkultur abgewendet hat, um einen konsumkritischen Subjektivismus bis Nihilismus zu propagieren, so auch in seinen sogenannten Materialbänden, zu denen *Rom, Blicke* gehört, das erst 1979 nach seinem Unfalltod veröffentlicht wurde. Die literarische Strömung der ‚neuen Subjektivität', zu der man *Rom, Blicke* und auch die Alltagslyrik von Brinkmann zählen kann, grenzt sich bewusst von der engagierten politischen Literatur der 68er-Bewegung ab und stellt Probleme des Privatlebens in den Mittelpunkt (cf. Rothmann 2009: 351 ff.). Wenn man diesen Aspekt berücksichtigt, bekommt die Tatsache, dass Brinkmann nicht freiwillig in Rom ist, eine besondere Bedeutung. Als Dichter leidet er permanent unter Geldnot und lebt von den wenigen Stipendien und Auszeichnungen, die er erhält. Er befindet sich in einer Schreib- und Sinnkrise und fühlt sich fremd in Rom, der ‚ewigen Stadt', die voller extrinsischer Reize und historischer Bedeutung ist. Er wünscht sich ein einfacheres Leben und schreibt an seine Frau Maleen: „Ich wünsche mir oft so sehr einen Ort, an dem wir zusammenleben können, ohne diese andauernde Einmischung einer hässlicher werdenden, auch psychisch hässlicher und verrotteter werdenden Umwelt" (Brinkmann 2006: 26).

Vor diesem Hintergrund kann man also nicht wirklich davon ausgehen, dass Brinkmann die westliche Welt, das ‚Abendland', wie er es selbst nennt, aus einem politischen oder historischen Bewusstsein heraus kritisiert und angreift. Vielmehr dienen ihm Rom und die antiken Ruinen als Spiegel seiner eigenen Befindlichkeiten, seiner persönlichen Krise, die er minutiös Wort für Wort und per Fotografie in seiner Collage auf Papier bringt. Er will seine Gegenwart greifen und gibt dabei Zeugnisse eines banalen und einsamen Lebens: Speisekarten, Kassenzettel, Werbeanzeigen, pornographische Fotos aus Zeitschriften, Ansichtskarten zwischen Tagebucheinträgen und Briefen an Freunde und Familie. Eine gewisse stilistische Ähnlichkeit zur Nachkriegsliteratur lässt sich in manchen Passagen von *Rom, Blicke* durchaus erkennen. „Die asyndetisch zusammengedrängten, umgangssprachlichen Ellipsen, Kurz- und Einwortsätze sind Ausdruck einer angestrengten Bemühung um einfache Wahrhaftigkeit" (Rothmann 2009: 295) und prägten den Stil der Trümmerliteratur nach 1945. Auch Brinkmann ist mit seiner einfachen Sprache auf der Suche nach einer ‚Wahrhaftigkeit' des Augenblicks, nur sind die Trümmer, vor denen er steht, nicht die des Zweiten Weltkriegs, sondern die des Römischen Reichs. Gleichzeitig ist er aber auch Zeuge der italienischen Verhältnisse zu Beginn der 1970er-Jahre. Italien erlebte nach dem Zweiten Weltkrieg, ähnlich wie die BRD, ein von den USA mitfinanziertes ‚Wirtschaftswunder' und Bevölkerungswachstum, das zum rasanten und auch chaotischen Anwachsen der Großstädte führte (cf. Woller 2010). Brinkmann erlebt in Rom also eine monströse Mischung aus der gegenwärtigen, von den USA geprägten Konsumgesellschaft und der antiken Ruinenlandschaft des untergegangenen Römischen Reichs, gepaart mit Kunstschätzen der Renaissance, der allseits präsenten katholischen Kirche(n) und der faschistischen Architektur Mussolinis, der wiederum einen Kult um die Antike und das Römische Reich pflegte. Viele der antiken Fundstätten Roms, die heute zu Touristenmagneten mutiert sind, wurden erst während der faschistischen Herrschaft Mussolinis freigelegt (cf. Bodenschatz 2013).

Insofern vereint Rom, die ‚ewige Stadt', alles, was einen konfliktiven literarischen Schauplatz ausmacht: die Vergangenheit und Gegenwart eines politischen und religiösen Machtzentrums, dem man sich auch als nihilistisches Individuum wie Brinkmann nicht entziehen kann.

Auch Wolfgang Koeppen will seine Gegenwart (be)greifen, allerdings ist seine Sicht wesentlich politischer und allegorischer als die Brinkmanns. In seinem Roman *Der Tod in Rom* dient die ‚ewige Stadt' zwar auch als Spiegel, jedoch beschränkt sich dieser nicht nur auf die unmittelbare Gegenwart eines Subjekts, sondern auf die gesamte deutsche Nachkriegsgesellschaft und auf deren Vergangenheit, Gegenwart und Zukunft.

4. Fazit

Wolfgang Koeppen thematisiert bereits Anfang der 1950er-Jahre in seiner ‚Trilogie des Scheiterns' jene personellen Kontinuitäten vom ‚Dritten Reich' zur Bundesrepublik, die als wesentlicher Kritikpunkt von der 68er-Studentenbewegung Jahre später auf die Straße und an die Öffentlichkeit getragen wurden. Die Stadt Rom dient ihm im Roman in diesem Zusammenhang als idealer Schauplatz, weil ihre antiken Ruinen, das Weltkulturerbe der Menschheit, zum einen an einen bombardierten Kriegsschauplatz erinnern, weil Rom zum anderen auch eine faschistische Vergangenheit unter Mussolini hat und diese auch in der Architektur sichtbar ist. Hinzu kommt, dass Rom ein Magnet des modernen Massentourismus geworden ist, der sich nach 1945 Stück für Stück dank des sogenannten Wirtschaftswunders auch in der Bundesrepublik entwickeln konnte. Rom als Quelle künstlerischer und religiöser Inspiration spielt bei Koeppen ebenfalls eine wichtige Rolle.

Während die Stadt Rom bei Wolfgang Koeppen also vielschichtig aus der Perspektive verschiedenster Figuren dargestellt wird, entwickelt sich bei Rolf Dieter Brinkmann auf den ersten Blick zunächst in Rom eine allumfassende Kritik an der westlichen Welt, am touristischen Konsumzeitalter und der Unterhaltungswelt der 1970er-Jahre. Während der Süden in Koeppens Roman zumindest aus der Sicht des Protagonisten Siegfried noch als Sehnsuchts- und Zufluchtsort zu dienen scheint, wird der Süden bei Brinkmann von Anfang an „als kaputte abendländische Zeit- und Raummetapher entlarvt" (Kramer 1999: 37), die keine Sehnsucht zulässt. Auf den zweiten Blick erkennt man aber, dass hinter den kulturpessimistischen Parolen vor allem auch eine Selbstinszenierung und ein Kampf gegen sich selbst stattfindet (cf. Lange 2000: 280). Vor diesem seelischen Hintergrund scheint Rom für Brinkmann eben doch nur irgendeine Stadt zu sein, „kein besonderer Ort wie bei Goethe, eher ein Umweg, um nicht zu sagen ein Abweg" (Lange 2000: 266).

Aber auch in Koeppens Roman trügt der Schein. Dem Protagonisten Siegfried gelingt die Flucht vor seiner Familie nicht. Er muss sich ihr und seiner Vergangenheit in Rom stellen. Der ‚schöne europäische Süden' verliert auch hier seine Unschuld. Am Ende des Romans beschließt Siegfried, nach Afrika weiterzureisen und eine neue Symphonie zu schreiben. Dennoch überwiegt auch bei ihm die Resignation:

> Vielleicht möchte ich immer ein Ausländer sein, ein bewegter Zuschauer. Aber andere brauchen ihr Zuhause und wenn es ein Vaterland gäbe ohne Geschrei, ohne Fahnen, ohne Aufmärsche, ohne betonte Staatsgewalt, eine gute Verkehrsordnung nur unter Freien, eine freundliche Nachbarschaft, eine kluge Verwaltung, ein Land ohne Zwang, ohne Hochmut gegen den Fremden und den Nächsten, wäre es nicht auch meine Heimat? Ich werde sie nicht finden. Ich glaube nicht daran. (Koeppen 2001: 133)

Der Wunsch, einen Ort der Ruhe und des Friedens zu finden, ist in beiden Werken tonangebend. Die ‚ewige Stadt' dient Koeppen und Brinkmann dabei als eine Art Gegenentwurf, an dem sie bzw. die Figuren sich aufreiben. Rom ist also ein bewusst gewählter bzw. unfreiwillig betretener schicksalhafter historischer Schauplatz, der zum einen als ein Spiegel für die Missstände in der deutschen Nachkriegsgesellschaft dient, zum anderen als Spiegel für das verletzliche Seelenleben eines Schriftstellers in der Sinnkrise. Beide Werke eint die Tatsache, dass sie als Bruch mit der deutschen Italienliteratur nach Goethe und der Verherrlichung des Südens gelesen werden müssen. Sie nutzen Rom als einen stellvertretenden Ort, um innere und äußere Konflikte auszutragen.

Bibliografie

Bodenschatz, Harald, 2013: *Städtebau für Mussolini: auf dem Weg zu einem neuen Rom.* DOM Publ.: Berlin.

Brink-Friederici, Christl, 1990: *Wolfgang Koeppen: die Stadt als Pandämonium.* Peter Lang: Frankfurt a. M. et al.

Brinkmann, Rolf Dieter, 2006: *Rom, Blicke.* Rowohlt: Reinbek bei Hamburg.

Frei, Norbert (Hrsg.), 2017: *Hitlers Eliten nach 1945.* München: dtv.

Jost, Herbert, 1989: „Selbst-Verwirklichung und Seelensuche. Zur Bedeutung des Reiseberichts im Zeitalter des Massentourismus". In: Brenner, Peter J. (Hrsg.): *Der Reisebericht: die Entwicklung einer Gattung in der deutschen Literatur.* Suhrkamp: Frankfurt a. M., 490–507.

Koeppen, Wolfgang, 2001: *Der Tod in Rom.* Suhrkamp: Frankfurt a. M.

Kramer, Rainer, 1999: *Auf der Suche nach dem verlorenen Augenblick: Rolf Dieter Brinkmanns innerer Krieg in Italien.* Ed. Temmen: Bremen.

Lange, Wolfgang, 2000: „Auf den Spuren Goethes, unfreiwillig: Rolf Dieter Brinkmann in Italien". In: Lange, Wolfgang/Schnitzler, Norbert (Hrsg.): *Deutsche Italomanie in Kunst, Wissenschaft und Politik.* Fink: München, 255–281.

Reich-Ranicki, Marcel, 2017: *Meine deutsche Literatur seit 1945.* Pantheon: München.

Rothmann, Kurt, 2009: *Kleine Geschichte der deutschen Literatur.* Reclam: Stuttgart.

Sorg, Bernhard, 2008: „Die Stadt – ein Slum von tausend Wüsten stumm und kalt'. Rolf Dieter Brinkmanns Rom-Erfahrung". In: Czapla, Ralf Georg (Hrsg.): *Die verewigte Stadt: Rom in der deutschsprachigen Literatur nach 1945.* Peter Lang: Frankfurt a. M. et al., 237–256.

Thabet, Sahbi, 2002: *Das Reisemotiv im neueren deutschsprachigen Roman: Untersuchungen zu Wolfgang Koeppen, Alfred Andersch und Max Frisch.* Tectum: Marburg.

Woller, Hans, 2010: *Geschichte Italiens im 20. Jahrhundert.* Beck: München.

Juliane Fehlig

Universitat de València

E-Mail: juliane.fehlig@uv.es

Yuuki Kazaoka

Ingeborg Bachmanns Gedichtfragment „Die ital. Kommunisten". Zum Verhältnis von Literatur und Ideologie

1. Einführung

Vorliegender Aufsatz möchte das Verhältnis von Literatur und Ideologie in der Nachkriegszeit an dem konkreten Beispiel von Ingeborg Bachmanns Gedichtfragment „Die ital. Kommunisten" betrachten. Dieses Gedichtfragment entstand Hans Höller (2002: 7) zufolge „Anfang der sechziger Jahre" und wurde erst lange nach Bachmanns Tod, im Jahre 2002, veröffentlicht. Untersucht werden soll an dieser Stelle Bachmanns Umgang mit dem titelgebenden Kommunismus. Die Fragestellung soll lauten, wie sich Bachmanns Haltung zum Kommunismus in ihrem literarischen Schaffen widerspiegelt, oder anders: Wie positioniert sich Bachmann *als Schriftstellerin* gegenüber dem Kommunismus? So etwa spricht Bachmann im Gedichtfragment „Die ital. Kommunisten" wörtlich gar nicht den Kommunismus selbst an, sondern die Kommunisten. Durch diese Wortwahl wird nicht die Ideologie selbst, sondern die Menschen, die diese Ideologie vertreten, werden in den Mittelpunkt gerückt.

Vor der Analyse des Gedichtfragments werden zuerst drei wichtige Texte von Bachmann betrachtet, die inhaltlich mit „Die ital. Kommunisten" eng verknüpft sind. Bei dem ersten Text handelt es sich um eine Reportage Bachmanns aus den fünfziger Jahren. Damals arbeitete Bachmann als Korrespondentin bei einem deutschen Radiosender. Darauf folgt ein persönlicher Brief Bachmanns an ihren Freund Hans Werner Henze von 1965. Der dritte Text ist ein Interview Bachmanns aus dem Jahr 1973.

2. Römische Reportage (1954–1955) und die italienischen Kommunisten

Wie betrachtete Bachmann die italienischen Kommunisten in den fünfziger Jahren? Von 1954 bis 1955 arbeitete Bachmann als Korrespondentin bei Radio Bremen. Sie lebte auf Einladung von Hans Werner Henze von 1953 bis 1957 in Italien, zuerst auf der Insel Ischia, dann in Neapel und schließlich in Rom. Von 1958 bis 1962 pendelte sie aufgrund ihrer Beziehung mit Max Frisch zwischen Rom und Zürich. Nach einem mehrjährigen Aufenthalt in Westberlin kehrte sie im Jahre 1965 wieder nach Rom zurück. Sie blieb dort bis zu ihrem Tod 1973.

In der erwähnten Rundfunkreportage beschäftigt sich Bachmann mit Italiens Kommunistischer Partei. Bei der Lektüre des Berichts (cf. z. B. Bachmann 1998: 62, 68) gewinnt man den nicht sehr schmeichelnden Eindruck, die Bewegung habe nicht wirklich für die Arbeiter gearbeitet, sondern viel Zeit und Mühe für den Machtkampf aufgewendet. Bachmanns kritischer Blick drückt sich etwa in folgendem Satz aus: „Die Betriebsratswahlen in industriellen Großbetrieben Italiens haben gezeigt, daß die Arbeiter einer ideologischen Politik im Stil der klassenkämpferischen Theorie des 19. Jahrhunderts müde zu werden beginnen." (Bachmann 1998: 65) Wie bereits von der Forschung festgestellt wurde (cf. Albrecht 2002: 248–249), fallen in Bachmanns Reportagen Wörter auf, die der Sprache des Antikommunismus zuzuordnen sind. Dass Bachmanns politische Einstellung damals einseitig antikommunistisch war, darf daraus jedoch nicht geschlossen werden. Erhellend ist, wie Bachmann als Korrespondentin über andere politische Richtungen berichtet. Insbesondere werden Christdemokraten mindestens so scharf kritisiert wie die Kommunisten (cf. Bachmann 1998: 29). Insgesamt ergibt sich das Bild, dass Bachmann nicht einer bestimmten politischen Ideologie anhängt, sondern sich von der Politik im Ganzen zu distanzieren versucht. Interessant dabei ist, dass Bachmann nicht nur politische Gruppierungen, sondern auch die bürgerliche Gesellschaft kritisch betrachtet (z.B. Bachmann 1998: 11 oder 40). Im Gegensatz zu dieser wohlhabenderen Gesellschaftsschicht werden die Arbeiter so beschrieben:

> [...] Aber selbst diese „Herzensfrage" [das Triestproblem zwischen Italien und Jugoslawien nach dem Zweiten Weltkrieg, Anm.] verliert an Bedeutung, sobald sie nicht propagandistisch aufgeworfen wird. Die Italiener haben mit ihren Alltagssorgen genug zu tun. Die Arbeitslosigkeit ist noch immer nicht geringer geworden, und die Preissteigerungen haben noch nicht aufgehört [...]. Man weiß, daß siebzig Prozent der italienischen Arbeiter nicht mehr als 200 DM im Monat verdienen. Ein großer Teil der Bevölkerung kann sich für einen Stundenlohn zum Beispiel nur 100 g Butter oder 1 kg Spaghetti oder 1 kg Brot oder 125 g Rindfleisch oder 1 kg Obst kaufen. (Bachmann 1998: 13–14)

Die verbreitete Armut wird mit den konkreten Beispielen im letzten Satz dieses Zitats vor Augen geführt. Die Politik scheint den Arbeitern nicht wirklich zu helfen.

3. Bachmanns Einstellung gegenüber der Politik in einem Brief von 1965

Eine für unseren Zusammenhang bedeutsame Aussage findet man in einem Brief Bachmanns an den Komponisten Hans Werner Henze vom 30. 8. 1965:

> [A]m 1. fahre ich nach Berlin zurück, und ich bin von einigen Dingen und vom Nachdenken sehr geplagt [...], und mein tormento [meine Qual, Anm.] bist in der Tat Du, bzw. dieses Bayreuth. [...] Mir ist ja nur bang Deinetwegen, weil ich nicht möchte, dass Du in eine trappola [Falle, Anm.] gehst, „trappola", soweit das Deinen Gedanken und deiner Figur zuwider ist. Sein muss. Ich bitte Dich darum, gegen die CDU, gegen die Bourgeoisie, den Revanchismus, den wieder hübsch aufblühenden Nationalismus zu sprechen, also dagegen, dagegen, mit Deinem ganzen Temperament, ohne Dich zu identifizieren mit einer Partei, die das kleinere Übel ist und über ein paar ehrenwerte Leute verfügt, die zu bedauern sind im Grund [...]. Alle meine Neigungen sind auf der Seite

> des Sozialismus, des Kommunismus, wenn man will, aber da ich seine Verirrungen, Verbrechen etc kenne, kann ich nicht votieren. Ich kann nur hoffen (hoffen, wie man hofft, wenn man weiss, verloren, verloren, für immer verloren), dass im Lauf der Zeit das Gesicht der einzigen Revolution dieser Zeit die menschlichen Züge annehmen wird, die nie ein System annehmen wird [...]. (Bachmann/Henze 2004: 266–267)

Mit dem Ortsnamen Bayreuth wird dabei auf eine Wahlveranstaltung der SPD am 4.9.1965 verwiesen. Im selben Monat fand in der Bundesrepublik Deutschland eine Bundestagswahl statt, die der SPD einen Stimmengewinn bescheren sollte, allerdings blieb die Partei vorerst in der Opposition. Erst ein Jahr später, 1966, nachdem die bürgerliche Koalition zerbrochen war, würde die SPD einen ‚fliegenden Wechsel' in eine Koalition mit der CDU/CSU machen, die erste Große Koalition der Bundesrepublik. In einem Brief an Henze vom 26.7.1965 berichtet Bachmann, dass sie Günter Grass getroffen habe. Grass wünschte sich, dass Henze an der Wahlveranstaltung teilnehme. „Wir [Bachmann und Grass] haben lang gesprochen", schreibt Bachmann. „Ich bin also der Diplomat mit Restriktionen [...]." (Bachmann/Henze 2004: 259) An dieser Briefpassage lässt sich die zunächst zögerliche Haltung der Schriftstellerin ablesen. Im selben Brief zeigt sich Bachmann jedoch auch klar der Sozialdemokratischen Partei zugeneigt. Sie betont darin die Notwendigkeit, die SPD zu wählen, und schreibt: „Denn sonst wird es wohl vor die Hunde gehen". Deutlicher hätte die Schriftstellerin den starken und festen Entschluss, die SPD zu unterstützen, kaum ausdrücken können. Wenn die Partei im Brief vom August als „das kleinere Übel" bezeichnet wird und Bachmann schreibt: „da ich seine Verirrungen, Verbrechen etc kenne, kann ich nicht votieren" (Bachmann/Henze 2004: 266–267), kommt wiederum deutlich ihre Skepsis zum Vorschein. Bachmann versucht offenbar, Distanz zu wahren. Sie zeigt sich kritisch gegenüber dem „System", hier konkret gegenüber einer Partei, die eine Ideologie vertritt, wobei für Bachmann die Grenzen zwischen Sozialdemokratie und Sozialismus/Kommunismus zu verschwimmen scheinen (die Kommunistische Partei war seit 1956 in Westdeutschland ja verboten). Neben der Diskussion über das „System" fällt die Formulierung „menschliche Züge" auf, was Assoziationen mit dem später geschichtlich bedeutsam werdenden Wort „Sozialismus mit menschlichem Antlitz" aus dem Jahre 1968 hervorruft.

Vor allem spricht aus dem Brief Bachmanns Besorgnis um Henze. Nicht nur die Wörter wie „geplagt" oder „bang", sondern auch die italienischen Wörter „tormento" und „trappola" stehen für Bachmanns Sorge über eine mögliche parteipolitische Vereinnahmung. Der Grundton dieses Briefs wäre wohl als appellierend zu beschreiben. Dies lässt sich etwa an folgenden Wendungen festmachen. Erstens: „[...] zuwider ist. Sein muss". Diese rhetorische Selbstkorrektur mit dem Wort ‚müssen' akzentuiert die Aussage der Autorin. Zweitens: „[...] also dagegen, dagegen, mit Deinem ganzen Temperament". Vor dieser iterativen Formulierung wird das Wort ‚gegen' bereits wiederholt. Dann wird diese Formulierung emphatisch gesetzt, um den Adressaten nochmals anzusprechen. Drittens: „(hoffen, wie man hofft, wenn man weiss, verloren, verloren, für immer verloren)". (Bachmann/Henze 2004: 266–267) Die Wiederholung des Worts „verloren" signalisiert den starken Willen Bachmanns, allem Übel zum Trotz weiter zu hoffen.

4. Bachmanns Aussage über Italien in einem Interview von 1973

1973, kurz vor ihrem Tod, äußerte sich Bachmann in einem Interview ein weiteres Mal über Italien:

> Da ich nun so viele Jahre in Italien bin, hab' ich es in vielen Phasen erlebt. Es hat einen großen Sprung nach vorn getan, und aus einem Land, das eine so große Vergangenheit hat, ist ein sehr modernes Land geworden, mit einer neuen Jugend, die es nach vorne treibt. Mit den Problemen eines anderen Landes sich zu identifizieren ist immer sehr schwer, weil man zu Hause diese Probleme nicht kennt. Die Probleme Italiens glaub' ich heute ziemlich gut zu kennen, und es ist nicht eine Identifikation, sondern es ist ein Mitdenken und ein Mitgehen mit diesen Menschen, die mit mir sprechen, spontan und sehr offen, und für die es etwas gibt, was sie noch Klassenkampf nennen. Denn die Arbeiter hier sind sehr intelligent von Natur aus. Sie wissen, wer sie sind, sie wissen, was sie zu tun haben, und sie haben ein ungeheuer starkes Bewusstsein von dem, was nicht sein darf und was sein sollte. Und diese Leute liebe ich. (Bachmann 1983: 143)

Der erste Satz – „Da ich nun so viele Jahre in Italien bin, hab' ich es in vielen Phasen erlebt" – rekurriert auf Bachmanns Leben in Italien seit 1953, das ich eingangs umrissen habe. Hinter der Formulierung „in vielen Phasen" stecken also politische und soziale Ereignisse, die Bachmann vor Ort miterlebt hatte. Des Weiteren fällt der zweite Satz – „Es hat einen großen Sprung nach vorn getan" – auf. Da die Aussage im Weiteren von den Arbeitern in Italien handelt und der oftmals ideologisch beanspruchte Begriff „Klassenkampf" fällt, ist naheliegend, dass mit dem „Sprung nach vorn" der italienische Kommunismus oder Sozialismus gemeint ist. In der Tat war Italien jenes Land im Westen, in dem der Kommunismus – beispielsweise auf der Ebene des Parlaments – am mächtigsten war. Die Worte „mit einer neuen Jugend" rufen die Assoziation mit der Studentenbewegung hervor. Die Protestbewegung gegen die Reform an der Universität Turin verbreitete sich 1967 im ganzen Land. Im selben Jahr wurde der Generalstreik von drei großen Gewerkschaftsbünden geplant. Der Streik wurde abgeblasen, jedoch weitete sich die Arbeiterbewegung neben der Studentenbewegung aus. Hinzu kommt die spezifische italienische Auslegung des Sozialismus, das heißt die Distanzierung von der Sowjetunion etwa durch die Kritik an der gewaltsamen Unterdrückung des Prager Frühlings im Jahre 1968 oder der Appell zum Dialog mit der katholischen Kirche im Jahr 1963. Im Oktober 1973 – Bachmann verstarb im selben Monat – erfuhr man vom „Historischen Kompromiss" der Kommunistischen Partei, der für die Zusammenarbeit mit den Christdemokraten steht, jedoch sowohl zum Untergang des Kommunismus in Italien führte als auch die sogenannten „bleiernen Jahre" zur

Folge hatte. Bachmann erwähnt auch im Interview die Gewalt in Italien, die sich nach ihrem Tod noch radikalisieren sollte: „Schlimm geworden ist es, seit hier der Terror anfängt." (Bachmann 1983: 143) Seit dem Terroranschlag in Mailand 1969 erstarkte im Land der Terrorismus.

Kennzeichnend für diese Textpassage ist Bachmanns Umgang mit dem politischen, ideologischen Vokabular. Zum Beispiel: „Es hat einen großen Sprung nach vorn getan" oder „für die es etwas gibt, was sie noch Klassenkampf nennen". Das thematische Wort „Arbeiter" hätte man in diesem Zusammenhang öfter erwarten können, aber es wird nur einmal verwendet. Stattdessen wird das Wort „mit" hervorgehoben: „es ist ein Mitdenken und ein Mitgehen mit diesen Menschen, die mit mir sprechen, spontan und sehr offen". Bachmanns Wortwahl zeigt den Versuch, ohne konventionelle politische Wörter die eigene Stellung zum Ausdruck zu bringen. Bachmann agiert auch betont vorsichtig, wenn sie über Italien spricht. Sie weist deutlich darauf hin, Italien aus der Position einer Ausländerin, aus einer Außenseiter-Perspektive, zu betrachten: „Mit den Problemen eines anderen Landes sich zu identifizieren ist immer sehr schwer, weil man zu Hause diese Probleme nicht kennt". Durch diese Geste wird Bachmanns Aussage über die italienischen Arbeiter aber auch individueller. Es wäre nämlich leicht, die Arbeiter von einem bestimmten politischen Standpunkt zu betrachten. Das stereotype Bild der ‚ungebildeten' Arbeiter wird durch die Worte „Denn die Arbeiter hier sind sehr intelligent von Natur aus" gebrochen. Uns begegnet überdies der entscheidende Satz: „Und diese Leute liebe ich".

Während die Aussagen aus dem Interview an die Öffentlichkeit gerichtet waren, bringt Bachmann in den privaten Briefen sicherlich offener ihre Gedanken zum Ausdruck. Trotz des zeitlichen Abstands zwischen den Stellungnahmen kann man eine konsequente Haltung feststellen, zu der das Mitgefühl der Schriftstellerin mit den Menschen gehört, aber keine Identifikation mit der Ideologie und deren System. Dies lässt sich zum Beispiel deutlich an der Passage „also dagegen, dagegen, mit Deinem ganzen Temperament, ohne Dich zu identifizieren mit einer Partei, die das kleinere Übel ist und über ein paar ehrenwerte Leute verfügt, die zu bedauern sind" erkennen. Auch die Formulierung „es ist nicht eine Identifikation, sondern es ist ein Mitdenken und ein Mitgehen mit diesen Menschen, die mit mir sprechen, spontan und sehr offen, und für die es etwas gibt, was sie noch Klassenkampf nennen" belegt Bachmanns über lange Distanz hinweg anhaltendes Reflektieren.

5. Gedichtanalyse

Wie beeinflusst nun Bachmanns außerliterarische Auseinandersetzung mit dem Kommunismus ihr literarisches Schaffen, genauer gesagt, das Gedichtfragment „Die ital. Kommunisten"? Das Gedicht sei im Folgenden zitiert:

„Die ital. Kommunisten"

Ob sie recht oder unrecht haben
ich habe noch mit ihnen gefühlt,
wenn sie unrecht hatten, konnte ich
mit ihnen reden.
Sie schiessen nicht, sie verwenden
nicht nur Wort, sondern
ihren Verstand, ihr Gefühl.
Sie vergessen nicht, wenn
es um die Veränderung geht, dass es
noch Dinge gibt, die nicht
leichter davon werden, sie
vergessen nicht, was da ist und
leidet unter uns, Liebe, Schönheit,
Reinheit, sie sind nicht besser
als andre Leute auch, nur
denken sie auch daran, das
dies alles da ist und für uns
und es soll nicht vergessen
sein. Meine Freunde, denn
ich habe sie nicht gewählt,
es hat sich ergeben, dass jeder
der hier mein Freund ist, zu
ihnen gehört,

Ich habe immer gesehen,
dass sie ein Herz haben, und
dass eher ihr Verstand aussetzen
könnte als ihr Herz, aber
ich wünsche, sie wären eine Lektion
dem Gleichdenken, der Andersdenkenden,
nicht weniger als den Gleichdenkenden.
(Bachmann 2002: 3–5)

Wie bereits eingangs festgestellt, ist das Fragment nach Höller wahrscheinlich Anfang der sechziger Jahre entstanden. Die Zeile „Sie schiessen nicht" könnte auch einen Hinweis auf die Entstehungszeit liefern. Das heißt, das Gedichtfragment müsste zumindest vor jenen „bleiernen Jahren" in Italien verfasst worden sein, die 1969 begannen. 1960 erschien der Erzählband *Das dreißigste Jahr*, und nach der zweiten Gedichtsammlung im Jahr 1956 publizierte Bachmann ihre Gedichte nur sporadisch. Die Autorin verlagerte den Schwerpunkt ihres literarischen Schreibens nun auf Erzählungen, allerdings hinterließ sie dennoch zahlreiche unveröffentlichte Gedichtfragmente.

Das Fragment „Die ital. Kommunisten" ist als Handschrift überliefert. Hans Höller besorgte die Edition. Unklar ist, ob das dritte Wort in Z. 2 als „noch" zu lesen ist. Vom Inhalt her könnte man auch ‚mich' statt „noch" ergänzen. Darüber hinaus sollte es in Z. 6 statt „Wort" wohl ‚Worte' heißen und sollte anstelle von „das" in Z. 16 wohl die Konjunktion ‚dass' stehen.

Vor der Untersuchung sei noch auf zwei erklärungsbedürftige Textstellen hingewiesen: Die Bezeichnung als die „Andersdenkenden" (Z. 29) bezieht sich konkret auf die italienischen Kommunisten. Bemerkenswert ist die grammatisch verworrene Formulierung „eine Lektion/dem Gleichdenken, der Andersdenkenden,/nicht weniger als den Gleichdenkenden". „[E]ine Lektion" stellt hier die Lektion der Andersdenkenden dar, das heißt, „der Andersdenkenden" ist als *Genetivus subiectivus* zu lesen. Die Lektion wird zwei Dativen erteilt: „dem Gleichdenken" und „den Gleichdenkenden". Das „Gleichdenken" stellt die Denkweise dar, die zugleich die der Sprechinstanz in diesem Fragment ist. Die „Gleichdenkenden" wären diejenigen, die, gleich der Sprechinstanz, in der kapitalistischen Welt leben und denken.

In Bezug auf den Kapitalismus kann eine weitere Aussage Bachmanns angeführt werden:

> [...] was wir haben, ist nichts. Reich ist man, wenn man etwas hat, das mehr ist als materielle Dinge. Und ich glaube nicht an diesen Materialismus, an diese Konsumgesellschaft, an diesen Kapitalismus, an diese Ungeheuerlichkeit, die hier stattfindet, an diese Bereicherung der Leute, die kein Recht haben, sich an uns zu bereichern." (Bachmann 1983: 145)[1]

In diesem Zitat übt Bachmann scharfe Kritik am Kapitalismus als ausbeutendem System. Wird diese Aussage bei der Interpretation der letzten drei Gedichtzeilen in Betracht gezogen, dann erschließt sich die Logik der „Lektion", von der im Gedicht die Rede ist.

Zweitens ist auf die Konjunktion „denn" in Z. 19 hinzuweisen. Die Konjunktion wird kausal eingesetzt, aber der Zusammenhang ist nicht recht klar. Diese Unklarheit geht möglicherweise darauf zurück, dass dieser Teil, Z. 19–23, nicht vervollständigt wurde. Dies wird daran deutlich, dass Z. 23 mit einem Komma endet. Vielleicht ist das „denn" aber auch so zu erklären: Zu den Kommunisten gehören nur die Freunde der Sprechinstanz und nicht diese selbst, denn diese hat die Kommunistische Partei nicht gewählt.

Was fällt nun außer den kommentierten Zeilen an diesem Gedichtfragment auf? Und wie verbinden sich die Charakteristika des Gedichtfragments mit Bachmanns persönlichen Überlegungen über die Ideologie, den Kommunismus? Man kann hier vier Besonderheiten nennen. Erstens: Das Pronomen „sie". Zweitens: das Fehlen ideologischer Begriffe. Drittens: das Negationswort „nicht". Und viertens: die Vergangenheitsform. Ich möchte der Reihe nach auf diese Punkte eingehen.

Die Verwendungsweise des Pronomens „sie" ist sehr auffällig. Insgesamt 14-mal wird „sie" (inklusive „ihnen") gebraucht, während der Singular „ich" nur fünfmal auftaucht. Darüber hinaus wird das Wort ‚Kommunist' nur im Titel verwendet, nicht aber im Gedichttext selbst. Diese Wortwahl wirkt so, als ob die

1 Bereits Höller („Ingeborg Bachmann" 2002: 7) verbindet „Die ital. Kommunisten" mit Bachmanns Aussage 1973.

Sprechinstanz möglichst vermeiden würde, sich der Bezeichnung ‚Kommunist' zu bedienen oder sich an den ideologischen Begriff anzulehnen. Dieser Gesichtspunkt verbindet sich mit der zweiten Besonderheit, dem Fehlen ideologischer Ausdrücke, um die Kommunisten zu definieren. Die Sprechinstanz unterstreicht stattdessen das „Gefühl", das letzte Wort in Z. 7. Interessanterweise wird nicht „Verstand", sondern „Gefühl" als Schlusswort gewählt. Wenn die Zeile mit dem Wort „Verstand" schließen würde, würde mehr das Geistig-Ideologische hervorgehoben. Durch das „Gefühl" wird versucht, die Kommunisten aus anderer, aus einer menschlichen Sicht zu begreifen. Das „Gefühl" verknüpft sich darüber hinaus mit der Aussage der Sprechinstanz: „ich habe noch mit ihnen gefühlt" (Z. 2).

Ähnlich wie das „Gefühl" wird das „Herz" in Z. 25 und 27 betont, das wieder neben den „Verstand" (Z. 26) gestellt wird und für die Kommunisten als offenbar entscheidenderer Faktor zum Tragen kommt. Hinter diesen Zeilen steckt die Redewendung ‚das Herz setzt mir aus'. Durch die Bezugnahme auf diese Metapher wird das Bild einer dynamischen Bewegung vermittelt. Darüber hinaus wird impliziert, dass sich die Kommunisten mehr nach ihrem „Gefühl" und ihrem „Herz[en]" als nach ihrem „Verstand" verhalten.

Die Zeilen 12–14, „was da ist und/leidet unter uns", nämlich „Liebe, Schönheit,/Reinheit", zählen zur selben Wortgruppe wie „Gefühl" und „Herz". Diese Komponenten werden laut der Sprechinstanz von den Kommunisten ernst genommen. Eine ähnliche Behauptung wird in Z. 15–17 wiederholt und damit betont. Man kann hier an Antonio Gramscis Briefe denken. Henze erwähnt tatsächlich Gramsci in einem Brief an Bachmann vom 3. 3. 1969. Er schreibt: „Darin [im Buch] sollte etwas über die Situation des Künstlers in dieser Zeit zum Ausdruck kommen, [...]. Auch unter diesem Gesichtspunkt wird Kuba für mich wichtig sein. Und dann erinnere Dich an Gramsci [...]". (Bachmann/Henze 2004: 280) Zwar taucht Gramscis Name nur dieses eine Mal im Briefwechsel auf, aber die Worte – „erinnere Dich an Gramsci" – zeigen, dass Bachmann und Henze über dieses Thema vorher gesprochen haben müssen. Die Worte beweisen auch: Für Henze ist das Besprochene von Bedeutung und stellt eine gemeinsame Grundlage für die beiden dar. Gramscis Briefe aus dem Kerker erinnern an die auffälligen Wörter dieses Gedichtfragments. Dort geht es nämlich nicht um eine Ideologie, sondern zum Beispiel um Gramscis Liebe für die Familie.

Die Wörter „leide[n]", „Liebe", „Schönheit" oder „Reinheit" neben „Gefühl" und „Herz" werden üblicherweise nicht mit Ideologie in Verbindung gebracht. Vokabular, das a priori mit dem Kommunismus und den Kommunisten assoziiert ist, wären Wörter wie zum Beispiel „Arbeiter", „Klassenkampf", „Revolution", „Gleichheit" oder „Freiheit". So lässt sich zum Beispiel denken, dass das Wort „Veränderung" in Z. 9 durch das Wort „Revolution" ersetzt worden wäre, wenn das Gedichtfragment durch die Ideologie des Kommunismus beeinflusst wäre oder sich in den Dienst des Kommunismus stellen wollen würde. Es geht in Z. 8–11 schlicht darum, dass die ‚einfachen' Kommunisten sich bewusst sind, dass mit einer kommunistischen Revolution nicht das Paradies ausbricht. Man denke an die schwierigen politischen Prozesse, die Revolutionen in der Geschichte oft gefolgt sind. Die „Dinge" hier rufen aber nicht nur solche Assoziationen mit der Politik hervor. Wie Höller („Ingeborg Bachmann" 2002: 8) argumentiert, beziehen sich die „Dinge" auf „was da ist und/leidet unter uns, Liebe, Schönheit,/Reinheit". Die Kommunisten sind sich also dessen bewusst: Die Veränderung nimmt den Menschen ihr inneres Leid nicht.

Auch die Wörter „Gleichdenken", „Gleichdenkende" und „Andersdenkende" werden statt des expliziten politischen Vokabulars eingesetzt. Dass die typisch ideologischen Wörter nicht gebraucht werden, ist meines Erachtens die herausragendste Auffälligkeit des Gedichtfragments. Diese Schreibtendenz ist auch aus dem Interview von 1973 herauszuhören, wo es konkret heißt: „[...] für die es etwas gibt, was sie noch Klassenkampf nennen". Hinter Bachmanns Wortwahl steckt ihre kontinuierliche Betrachtung der politischen Ideologie – des Kommunismus – und ihrer Anhängerschaft *von außen*, das heißt ohne Identifikation mit der Ideologie. Dies lässt sich auch an dem behandelten Brief an Henze ablesen.

Mit dieser Denkweise Bachmanns hängt auch der dritte Aspekt, und zwar das Negationswort „nicht", zusammen. Neben dem Pronomen „sie" kommt auch das Negationswort „nicht" häufig vor, genauer gesagt achtmal.[2] Auffällig ist, dass die Sprechinstanz zur Definition der Kommunisten gehäuft das Wort „nicht" verwendet, das heißt, diese werden *ex negativo* charakterisiert. Das letzte „nicht" in Z. 20 ist jedoch anders als die anderen, weil sich hier nicht die dritte Person, sondern die erste Person als Subjekt mit der Negation verbindet: Die Zeile „ich habe sie nicht gewählt" wird erst durch die Wiederholung der Negation auffällig und könnte alleine keine so große Aufmerksamkeit auf sich ziehen. Zudem findet diese Zeile Resonanz in den Briefworten Bachmanns: „[...] kann ich nicht votieren". Bachmanns private Haltung zum Kommunismus spiegelt sich in dieser Gedichtzeile wider. Indem das Negationswort strategisch in das Gedicht eingebettet wird, wird Bachmanns persönliche Auseinandersetzung mit der Ideologie auch in der Literatur weiterbearbeitet.

Als vierte Auffälligkeit habe ich die Vergangenheitsform genannt. Konkret geht es um die ersten vier Zeilen: „Ob sie recht oder unrecht haben/ich habe noch mit ihnen gefühlt,/wenn sie unrecht hatten, konnte ich/mit ihnen reden." Bemerkenswert ist, dass der Anfang des Gedichtfragments von der Vergangenheit geprägt ist. Diese Wahl des Tempus zeigt nicht nur den bloßen Rückblick auf die Vergangenheit, sondern artikuliert eine Distanzierung von den Kommunisten. Wie das Negationswort „nicht" hat auch das Präteritum („konnte", „hatten") die wichtige Funktion, die Sprechinstanz vom Kommunismus abzugrenzen.

2 Zwar erwähnt auch Höller das häufige Pronomen „sie" und die Negation. Jedoch wird nicht darauf eingegangen, warum diese sprachlichen Mittel verwendet werden.

Warum mündet jedoch das Gedichtfragment nicht im vollständigen Respekt vor den Kommunisten, also auch vor dem Kommunismus? Warum wird der Respekt von dem Vorbehalt „ich habe sie nicht gewählt" begleitet? Was schlägt sich in dieser Sichtweise, die sowohl im Interview als auch im Briefwechsel zu finden ist, wo es um die Sozialdemokratie geht, nieder? Eine Erklärung dafür könnte im Verhältnis zwischen Literatur und Ideologie in den dreißiger Jahren liegen. Damals wurde die Literatur durch den Nationalsozialismus missbraucht und ausgenutzt, um dessen politische Ideologie zu verbreiten und zu rechtfertigen. Diese Vergangenheit hat sicherlich einen prägenden Einfluss auf Bachmanns Schreiben.

6. Schlussfolgerung

Neben den Reportagen der fünfziger Jahre wurden zwei Aussagen der Autorin mit einigem zeitlichem Abstand, aus den Jahren 1965 und 1973, betrachtet. Die Aussage aus dem Jahr 1965 ist einem persönlichen Brief an Henze entnommen, während die andere Aussage aus dem Jahr 1973 aus einem öffentlichen Interview stammt. Trotz des zeitlichen Abstandes zeigt Bachmann in beiden Aussagen eine konstante Haltung. Zu dieser Haltung gehört, nicht auf die bloße Ideologie fixiert zu sein, sondern sich vorwiegend mit den Menschen, die dieser Ideologie folgen, auseinanderzusetzen. Darüber hinaus ist es für die Schriftstellerin wichtig, dass man unter jenen Menschen den eigenen Standpunkt nicht vergisst und diesen weiterdenkt. Im behandelten Brief an Henze hebt Bachmann die Wichtigkeit des Weiterdenkens hervor: „[...] wir sind stark, nicht, wenn wir ‚eingehen' auf das Gegebene, sondern wenn wir weiterdenken. Mein ganzes Bemühen ist: weiterdenken." (Bachmann/Henze 2004: 268) Mit dem „Gegebene[n]" kann man zum Beispiel die Ideologie verbinden, da im Brief von der politischen Einstellung Bachmanns die Rede ist. Die Kommunisten mit den typischen Phrasen und Schlagwörtern zu kennzeichnen, würde darauf hinweisen, dass man nicht selbst weiterdenkt, sondern andere Meinungen ohne Kritik akzeptiert. Die Problematik, wie man als Schriftsteller oder durch das literarische Schaffen auf Ideologien reagieren kann, kennzeichnet auch das Gedichtfragment. Am Gedicht habe ich mehrere sprachliche Mittel analysiert, konkret das konsequente Vermeiden von Vokabular aus dem Umfeld der Ideologie sowie die Verwendungsweise von Pronomen, Negationswörtern und des Tempus. Anhand dieser sprachlichen Mittel lässt sich zeigen, wie Bachmann ihre zentrale Aussage aus dem Brief und dem Interview ins literarische Schreiben übersetzt.

Bibliografie

Albrecht, Monika, 2002: „Die Entwicklung der Nachkriegsgesellschaft." In: Albrecht, Monika/Göttsche, Dirk (Hrsg.): *Bachmann-Handbuch. Leben – Werk – Wirkung*. Metzler: Stuttgart/Weimar, 246–252.

Bachmann, Ingeborg, 1983: *Wir müssen wahre Sätze finden. Gespräche und Interviews*. Koschel, Christine/Weidenbaum, Inge von (Hrsg.). Piper: München/Zürich.

Bachmann, Ingeborg, 1998: *Römische Reportagen. Eine Wiederentdeckung*. Mit einem Nachwort versehen von Jörg-Dieter Kogel (Hrsg.). Piper: München/Zürich.

Bachmann, Ingeborg, 2002: „Die ital. Kommunisten". *kolik* 18, 3–5.

Bachmann, Ingeborg/Henze, Hans Werner 2004: *Briefe einer Freundschaft*. Höller, Hans (Hrsg.). Mit einem Vorwort von Hans Werner Henze. Piper: München/Zürich.

Höller, Hans, 2002: „Ingeborg Bachmann: ‚Die ital. Kommunisten'. Ein Kommentar anlässlich der Erstveröffentlichung des Gedichts". *kolik* 18, 6–8.

Yuuki Kazaoka

Kitasato University

E-Mail: yuukikaz@kitasato-u.ac.jp

Nikolaos-Ioannis Koskinas

Revolution und Geschichte in Peter Weiss' *Marat/Sade* und Heiner Müllers *Der Auftrag*

Die Französische Revolution zählt zu den zentralen, doch zugleich heterogensten Ereignissen der europäischen Geschichte. Eigentlich ist sie in Anbetracht ihrer dynamischen, bis in die Gegenwart anhaltenden Wirkungsgeschichte „kaum mit einem anderen historischen Ereignis vergleichbar." (Schulin 1988: 11) Nach dem aktuellen Stand der Geschichtsforschung lässt sich dies darauf zurückführen, dass die Französische Revolution das Laboratorium der Moderne (cf. Thamer 2004: 7) schlechthin bildet, das Urereignis, welches die Vormoderne von der Moderne trennt. Sie hat sich in den verschiedensten Erinnerungskulturen als Epochenumbruch in Sachen Politik, Gesellschaft, Wirtschaft und Kultur eingebrannt, so dass man die gesamte neuzeitliche Geschichte als ein „Zeitalter der Revolution" (Koselleck 1995: 69) bezeichnen könnte.

Der Begriff „Revolution" stammt ursprünglich aus der Astronomie. Vor der Französischen Revolution bedeutete „Revolution" die immer wiederkehrende, die „gesetzmäßig und kreisförmig verlaufende ‚revolvierende' Bewegung der himmlischen Körper" (Arendt 1965: 50) und politisch die Wiederherstellung der früheren Zustände, die „Rückkehr" zur alten Ordnung (cf. ibid.).

Es gehört also zu den größten Paradoxien der Geschichte, dass das Wort „Revolution" eigentlich „Restauration" meint. Erst im Handeln der Französischen Revolutionäre entstand etwas radikal Neues, eine Revolution im heutigen Sinne, die niemand vorausgesehen hatte und Bezugspunkt für alle Revolutionen seitdem sein sollte. Seit 1789 hat sich die „Revolution" zum metahistorischen Begriff, zum Kollektivsingular verdichtet, der die Abläufe aller einzelnen Revolutionen in sich zu versammeln scheint (Koselleck 1995: 76).

Nach Hannah Arendt signalisierten die Ereignisse in Frankreich von 1789 bis 1799 die Geburt des wahren „revolutionären" Geistes, des „Verlangen[s], zu befreien und der Freiheit, selbst eine neue Stätte zu gründen" (ibid.: 42). Befreiung in diesem Kontext heißt den Unterdrückten die Möglichkeit zu geben, frei zu handeln. Die fast übernatürliche Macht der Revolution negierte die Vorstellung von der ewigen Wiederkehr des Gleichen (cf. Leiteritz 1994: 3), indem sie den Weg für einen radikalen Wandel der Mentalitäten ebnete, der graduell zu großen Veränderungen im politischen und sozialen Handeln führen sollte.

Doch der revolutionäre Geist wurde rasch von den Aporien des revolutionären Instrumentalismus eingeholt. Die Revolutionäre stellten das Volk an die Stelle des Königs, der Allgemeinwille bildete den Ursprung der Gesetze. Armut und Elend der Sansculotten wurden jedoch nicht verringert. Das Elend der Massen und die ständige Bedrohung durch die Konterrevolution führten zum Umschlag der bürgerlichen Revolution in die *Terreur* und dann zum 18. Brumaire, zum Ende der Revolution und zur Alleinherrschaft Napoleons (cf. Leiteritz 1994: 3, Arendt 1965: 143 und 314–315). Viele politische und gesellschaftliche Ziele der Revolution blieben dabei unrealisiert.

Seit dem frühen 19. Jahrhundert wurde die Französische Revolution zum festen Teil des deutschen intellektuellen Erbgutes:

> Die Beurteilung der Revolution als Chance oder Menetekel bildet den Kern der philosophischen Systeme von Kant, Fichte, Hegel und Marx und beeinflusst im Zeichen der Krise das Denken Schopenhauers, Kierkegaards und Nietzsches. (Leiteritz 1994: 9)

Neben der Philosophie kann auch die deutsche dramatische Revolutionsdichtung auf eine lange Tradition zurückblicken. Bis heute bleibt Büchners *Dantons Tod* das wichtigste deutsche Drama, welches die Revolution und die Gründe ihres Scheiterns thematisiert.

Ab den 1960er-Jahren und vor dem Hintergrund des Kalten Krieges ist in der deutschen Dramatik eine Repolitisierungswelle und ein neu gewonnenes Interesse an der Revolutionsproblematik sowie an der Rolle von Literatur und Kunst in revolutionären Prozessen zu betrachten. Für Autoren wie Weiss, Müller, Hochhuth, Enzensberger, Grass u. a. ist die Zeit der Französischen Revolution alles andere als ein Stück toter Geschichte, sondern „noch immer ein geeignetes Medium, die unerledigten Fragen der europäischen Gesellschaft dramatisch ins Licht zu stellen" (Mennemeier 1975: 209). Der postrevolutionäre ästhetische Diskurs im geteilten Deutschland wurde in erster Linie von zwei Theaterstücken geprägt: Peter Weiss' *Marat/Sade* (1964) und Heiner Müllers *Der Auftrag. Erinnerung an eine Revolution* (1979).

Die Verfolgung und Ermordung Jean Paul Marats, dargestellt durch die Schauspielgruppe des Hospizes zu Charenton unter Anleitung des Herrn de Sade – heute meist kurz *Marat/Sade* genannt – ist eins der am meisten besprochenen deutschsprachigen Dramen nach 1945. In diesem Stück beruft sich Weiss auf das dramaturgische Mittel der Montage bzw. Collage. Elemente aus den verschiedensten Theaterformen und -traditionen wie Barock, Moritaten, *Commedia dell'arte*, Totales Theater (Musik, Tanz, Pantomime) und das „Geschichtsdrama" werden zu einem panoramaartigen Faszinosum verschmolzen. Bei diesem Versuch gelang es Weiss zudem, zwei der wichtigsten Theaterkonzeptionen des 20. Jahrhunderts in Verbindung zu bringen: das Epische Theater Brechts und das „Theater der Grausamkeit" Antonin Artauds.[1]

1 Als Erste verwies Susan Sontag auf diese auf den ersten Blick paradox scheinende Verknüpfung. Im Sonderheft von *Theater heute* 1963 beruft sich auch Peter Weiss selbst auf Artauds Thesen: „Der gewaltsame Angriff auf den Zuschauer, mit dem Ziel, ihm den Boden unter den Füßen wegzureißen und ihn mit den überstandenen Katastrophen zu konfrontieren, ist ein legales Mittel […]." (Braun 1967: 92).

Im Sinne eines Stücks im Stück umfasst das Werk drei Zeit- und Handlungsebenen: 1. Die Ermordung des Anführers und „Märtyrers" der Französischen Revolution Jean Paul Marat 1793 (also die Zeit der Französischen Revolution). Marat war, neben Robespierre und Danton, einer der einflussreichsten Vertreter der Montagne, die 1793 die Macht übernahm. Bis zu seiner Ermordung durch Charlotte Corday am 13. Juli desselben Jahres forderte er stets eine Radikalisierung der Revolution. 2. Die napoleonische Zeit, die die Wiederherstellung der Diktatur, aber auch den Aufstieg des Bürgertums signalisierte und in der der notorische Marquis de Sade in der psychiatrischen Klinik Charenton eingesperrt lebte. Dort, und das ist historisch belegt, war es ihm erlaubt, Bühnenstücke zu schreiben und vor dem faszinierten gutbürgerlichen Publikum aufzuführen. Konkreter gesagt spielt die zweite Ebene 1808, als de Sade im „Irrenhaus" mit seinen „irren" Darstellern die Ermordung Marats inszeniert.

Die letzte Zeit- und Handlungsebene schließlich ist die Jetztzeit der realen Zuschauer des Stückes, nicht nur also die Gegenwart des Entstehungsjahres, sondern alle Aufführungen von 1964 bis heute. Dieser letzteren Ebene wird besondere Aufmerksamkeit durch Unterbrechungen verliehen, wie etwa dem Verzicht auf die „vierte Wand" bzw. die direkte Publikumsansprache. Dieses Fehlen an strenger Tektonik, der ständige Wechsel zwischen den drei Handlungsebenen ist von immenser Bedeutung für die gesamte Ökonomie des Dramas. Der Zuschauer sieht nicht eine alte Geschichte, sondern findet in dieser alten Geschichte seine Fragen, seine Bedürfnisse. Das ist das, was Brecht Verfremdung nannte.

Ein weiterer gelungener Verfremdungseffekt im Werk ist die Verlegung des Geschehens in eine „Irrenanstalt" an sich. Geschichte erscheint hier als das Monströse, das Alptraumartige (Mennemeier 1975: 211). Weiss sucht, wie bereits erwähnt, Elemente des auf kritisches Mitdenken setzenden Epischen Theaters mit Zügen des „Theaters der Grausamkeit" wie etwa Körperlichkeit, Paradoxes und das Hervorkehren des Unbewussten und Traumhaften zu verschmelzen.

Im Stück gibt es eigentlich keine Handlung. Motor des Dramas ist der hybride geschichtsphilosophische bzw. künstlerisch-philosophische Dialog zwischen de Sade und Marat, die sich in Wirklichkeit nie getroffen haben, ein ideologisches Duell über menschliche Natur, Revolution und Verrat, Unterdrückung und Gewalt (cf. Sontag 1965: 132–133). Dieses spannende „Totengespräch" stellt, wie Weiss selbst hervorhebt, den „Konflikt zwischen dem bis zum Äußersten geführten Individualismus und dem Gedanken an eine politische und soziale Umwälzung" (Braun 1967: 8) dar.

Marat ist ein wahrer Revolutionär, in den Augen Weiss' „der einzige wirkliche Revolutionär" (ibid.: 93). Er ist Idealist und Utopist. Sein einziges Ziel ist die Veränderung, er will politisch eingreifen: „Gegen das Schweigen der Natur/stelle ich eine Tätigkeit/In der großen Gleichgültigkeit/erfinde ich einen Sinn/Anstatt reglos zuzusehen/greife ich ein" (MS: 38–39). Sein Glaube an das humanistische Potenzial des kollektiven demokratischen Handelns ist zwar erschüttert worden, aber er rechtfertigt immer noch die Revolution.

De Sades Haltung zur Revolution ist sehr ambivalent. Peter Weiss dazu:

> Er weiß nicht, auf welche Weise die Änderungen zu verwirklichen sind. Er befürchtet, daß der ideale sozialistische Staat, wie Marat ihn vorstellt, nicht erreicht werden kann. Wie ein moderner Vertreter des dritten Standpunktes befindet er sich zwischen dem sozialistischen und dem individualistischen Lager. (Braun 1967: 94)

De Sades Erinnerungsarbeit, seine künstlerische Wiederbelebung der Revolutionsgeschichte in Charenton, mündet in ein pessimistisches Geschichtsbild der (katastrophalen) ewigen Wiederkehr des Gleichen (cf. Dedner 2003: 263). Er sympathisiert mit der Revolution, aber in seinen Augen ist sie an ihren terroristischen Folgen und an ihrer Verkehrung durch Napoleon zugrunde gegangen (cf. Habermas 1967: 122), sie sei nichts Weiteres als Stufe einer Geschichte, die nur Unterdrückte und Unterdrücker kennt. Seine Reaktion auf eine derartige Welt ist der Rückzug in die Innerlichkeit, in die Welt der Phantasie, der Kunst und des Theaters: „mein Leben ist die Imagination/Die Revolution interessiert mich nicht mehr" (MS: 48).

Deswegen pfeift er auf „diese Bewegungen von Massen die im Kreis laufen" (MS: 58) und führt die revolutionären Ideale ad absurdum: „In Brüderlichkeit können wir verlausen und verdrecken. [...] In Gleichheit dürfen wir hier verrecken. [...] Wer hält uns zu Unrecht gefangen wer sperrt uns ein/Wir sind gesund und wollen in Freiheit sein" (MS: 22). Während Marat ein politischer Handlungsträger ist, ist de Sade ein unbeteiligt betrachtender, ein resignierter Individualist, der kaum an politische Veränderungen glaubt: „Ich glaube nur an mich selbst" (MS: 58).

Die bipolare Struktur des Stückes konfrontiert das Publikum mit zwei unterschiedlichen Weltanschauungen über Sinn und Unsinn von Revolution, die auf den ersten Blick unvereinbar scheinen. Doch der erste Blick täuscht. De Sade ist, wie Weiss selbst feststellt, „eine sehr moderne Figur" (Braun 1967: 101). Sein innerer Konflikt war in der Zeit der Entstehung von *Marat/Sade* hochaktuell und problematisiert die Frage nach der Funktion von Kunst in der bürgerlichen Gesellschaft (cf. Roberts 1986: 117), die Aporie, welche die gesamte Literaturproduktion der Bundesrepublik der 1960er- und 70er-Jahre gekennzeichnet, die zwischen den Gegenpolen sozialpolitisches Engagement und Innerlichkeit bzw. Resignation oszilliert. Auf der anderen Seite trägt die Gestalt des Marat deutliche Züge eines Vorläufers des Marxismus[2] und sein Bestehen auf die Prinzipien der Revolution trotz ihres Scheiterns erinnert an den philosophi-

2 In einem Gespräch im Frühjahr 1964 behauptet Weiss: „Marat war als politisch denkender Mensch seiner Zeit weit voraus. Er gehörte zu den Schöpfern des sozialistischen Gedankens, wie der dann einige Jahrzehnte später von Marx ausgearbeitet wurde." (Braun 1967: 93)

schen Diskurs um die Weiterentwicklung des Marxismus in den 1960er- und 70er-Jahren.

Der interessanteste Aspekt des Stücks ist jedoch, dass beide von derselben Basis ausgehen: Sie sind Außenseiter und Feinde des sich neu arrangierenden Bürgertums, indem sie die bisherige Gesellschaft zugunsten eines subjektiven Entwurfs (der erstere in der Theorie, der letztere in der Praxis) einer anderen, einer besseren Gesellschaft ablehnen. Beide verfolgen das – nach Hannah Arendt – wahre Ziel der Revolution: die Befreiung des Individuums. In Wirklichkeit sind Marat und de Sade keine Gegner. Ihr eigentlicher Antagonist ist Coulmier, der Leiter des Hospizes und Anhänger Napoleons, der im Stück die bürgerliche Restauration vertritt. Laut Habermas ist Coulmier „die Instanz der Verdrängung. Auf ihr ruht die Reputation einer Gegenwart, die ihre geschichtliche Kontinuität verleugnet." (Habermas 1967: 121)

Der ideologische Konflikt zwischen anarchischem Individualismus und sozialem Kollektivismus steht für Weiss' eigenen inneren Konflikt. In der Zeitschrift *Theater heute* (Sonderheft 1963) beantwortete er die Frage „Wie ist die heutige Welt auf dem Theater darzustellen?" wie folgt: „Zwischen den Extremen einer Revolte und dem Bekenntnis zur Verlorenheit spielen sich die Darstellungen der heutigen Welt ab." (Braun 1967: 91) Weiss unterstützt einerseits den von Marat geforderten sozialen Wandel, übersieht aber andererseits die Gefahr nicht, dass der Sozialismus zu einem totalitären System degenerieren könnte. Mit anderen Worten: Beide seiner Hauptfiguren vertreten den Autor (cf. Vanhelleputte 1994: 61). Zumindest zu Zeiten der Entstehung von *Marat/Sade* sah Weiss keine lebbare Alternative, er stand in der Mitte: Er war kein Kommunist, kein Sozialist, sondern Vertreter des dritten Standpunkts:

> Ich stehe aber nur in der Mitte. Ich vertrete den dritten Standpunkt, der mir selber nicht gefällt. [...] Ich schreibe, um herauszufinden, wo ich stehe, und deshalb muß ich jedesmal all meine Zweifel hineinbringen. Bis jetzt sehe ich noch keine Alternative, ich hoffe aber, eines Tages dahin zu gelangen. (Braun 1967: 99)

Die ästhetische Wiederherstellung der geschichtlichen Realität in einer Psychiatrieanstalt ist eine starke Metapher für unsere eigene „Irrenhauswelt", für die moderne „Welt des Wahnsinns" (Braun 1967: 99). Genau wie seine Hauptfigur de Sade geht der Autor von einer „Einheit der Geschichte" (ibid.: 104) aus, er selbst bezeichnete sein Revolutionsdrama als „ein aktuell-politisches Gegenwartsstück" (ibid.: 101). Weiss' Behandlung des historischen Stoffes sei „nicht Schilderung der Vergangenheit, sondern Schilderung der Gegenwart, in der die Vergangenheit wieder lebendig wird." (Ibid.: 103). In einer Welt der Verdrängung, der Lethargie und der Geschichtslosigkeit wird die Ästhetisierung zum einzigen Mittel, die verlorene Geschichte zu erinnern und zu aktualisieren bzw. Geschichte zu revidieren (cf. ibid.).

Der Autor lädt das Publikum zu einem Vergleich zwischen der Situation in den Jahren 1793 und 1808 – und 1964 ein. Der Mikrokosmos von Charenton entspricht dem Makrokosmos des restaurativen napoleonischen Frankreichs, aber auch der modernen bürgerlichen Gesellschaft. Die Parallelen zu 1964[3] sind für den Zuschauer unübersehbar: die Totalitarismen des 20. Jahrhunderts, das Versagen des Subjekts in der Zeit des Nationalsozialismus, der Zweite Weltkrieg und die Hekatomben von Opfern, die Teilung Deutschlands, die misslungene Vergangenheitsbewältigung in der restaurativen Adenauerära und die Gefahr eines erneuten Rückfalls in totalitäre Lebensverhältnisse. Jürgen Habermas hätte es nicht besser ausdrücken können:

> Die Moritat, die der Marquis de Sade unter den Augen seines Anstaltsleiters abspielen läßt, dient Szene um Szene der Enthüllung eines Verdrängungsprozesses; die Moritat, die der Autor Peter Weiss unter den Augen seiner Zeitgenossen abspielen läßt, dient der unerhörten Enthüllung desselben Komplexes. Uns wird die bare Einsicht zugemutet, daß die Französische Revolution ein sehr gegenwärtiges Element unserer unbewältigten Vergangenheit ist. (Habermas 1967: 121)

Angesichts der ewigen Wiederkehr des Gleichen, angesichts der fatalen Einheit der Geschichte ist eine qualitativ neue Authentizität moralisch-politischen Handelns erforderlich, die Frage nach der *condition humaine* muss erneut gestellt werden. Das Stück endet mit der Frage: „Wann werdet ihr sehen lernen/Wann werdet ihr endlich verstehen" (MS: 136). De Sade steht hoch auf seinem Stuhl und lacht triumphierend, denn die Vergeblichkeit der Frage bestätigt seine Weltanschauung. Heute, fast sechzig Jahre nach der Uraufführung, klingt diese Frage aktueller und schmerzlicher denn je.

Heiner Müllers *Der Auftrag* ist auch ein heterogenes Gewebe, ein eigenartiger, vielschichtiger „Dialog mit den Toten". Sein Stück ist ein Spiel mit den verschiedensten Textformen, es enthält viele intertextuelle Bezüge, Blöcke mit linearer Handlung, Lücken, Spalten, Sprünge und, wie *Marat/Sade*, viele Elemente aus Brechts Epischem Theater und aus Artauds „Theater der Grausamkeit". Das Ziel dabei ist, wie bei Brecht, eine neue Theaterästhetik, ein radikales politisches Theater, aber auch – analog zu Weiss – Disharmonie und produktiver Schock im Sinne Artauds: „Die Texte Müllers sind und bleiben [...] Garanten für Störung, für Verstörung im produktiven Sinn." (Hörnigk 1997: 268)

Wie in den meisten seiner späteren Texte verzichtet Müller hier auf die Einheit von Zeit, Ort und Handlung, auf die Fabel im klassischen Sinne. Es gibt keine konventionelle Handlung, sondern nur Fragmente eines Modells, welches die Französische Revolution in einem kolonialen Kontext darstellt. In der Binnenhandlung werden in den späten 1790er-Jahren drei jakobinische Agitatoren nach Jamaika geschickt, um die Verbreitung der revolutionären „Errungenschaften" zu garantieren und einen Sklavenaufstand gegen die Briten anzuführen. Doch bevor sie ihren Auftrag erfüllen können, erhalten sie die Nachricht

3 Peter Weiss dazu: „Das Thema der durch Napoleon betrogenen Französischen Revolution von 1793 hat mich lange beschäftigt, nicht zuletzt deshalb, weil der Gang der damaligen Ereignisse Parallelen in der Gegenwart der westlichen Welt findet." (Braun 1967: 101)

vom Ende der Revolution, denn Napoleon hat die Regierung in Paris übernommen und demzufolge ist ihre Mission bedeutungslos geworden. Während Sasportas, ein ehemaliger schwarzer Sklave, und Galloudec, ein französischer Bauer, weiterhin gegen die Unterdrückung kämpfen, verrät Debuisson die Revolution, indem er zu seinem früheren Leben als Sklavenhalter zurückkehrt.

Schon anhand des Untertitels „Erinnerung an eine Revolution" wird klar, dass in *Der Auftrag* nicht in erster Linie die Französische Revolution oder ihr gescheiterter Export in die „Dritte Welt" erinnert wird, sondern „Vorstellungsbilder der Revolution als solche, die in einer weniger dramaturgischen als vielmehr traumähnlichen Textur zusammengeführt, geschichtet und überblendet werden." (Eke 2009: 42)

Der (revolutionäre) Auftrag und der „Verrat" an ihm bilden den Motor des Dramas. Das Stück untersucht die Grenzen bzw. die selbstzerstörerische Dynamik der europäischen Revolution, der sozialistischen inklusive. Parallel zu einem Erklärungsmodell für das Scheitern der Revolution in Europa, welches in eine Fundamentalkritik an der europäisch-westlichen Zivilisation mündet, wird das Stück vom Aufkommen einer neuen Art von Revolution geprägt, die einen neuen Typus von Geschichte vertritt.

Im Spiel „Das Theater der Revolution" verkleiden sich Galloudec und Sasportas als Danton und Robespierre. Im Gegensatz zu Büchners Drama wird die Konfrontation zwischen Galloudecdanton und Sasportasrobespierre auf einen grotesken Beleidigungsaustausch reduziert. Der europäische, der weiße Intellektuelle, so wird suggeriert, sei unfähig, die Revolution durchzusetzen, denn er verfüge über eine privilegierte Position, fern von der konkreten Wirklichkeit der Massen, die ihr Blut auf den Straßen im Namen der Revolution vergießen. Die meisten revolutionären Experimente wurden politisch und gesellschaftlich nicht realisiert, sondern verwandelten sich graduell in etwas Mechanisches und Technokratisches, denn sie ermöglichten keine wirkliche Befreiung der Unterdrückten von Zwangsherrschaft, keine Neugründung der Freiheit, keine wirkliche *constitutio libertatis*.

Genau wie die Gestalt des de Sade in Weiss' Binnendrama geht Müller von einem pessimistischen transhistorischen Revolutionsmodell aus. Revolution schien den ewigen Kreislauf der menschlichen Geschichte aufzubrechen, doch in Wirklichkeit brachte sie diesen Kreislauf bloß in ein anderes Stadium. Der Begriff erhält hier seinen anfänglichen, seinen wörtlichen Sinn: des *re-volvere*, des Zurückdrehens des historischen Prozesses, eines „Wandel[s], der nichts Neues unter der Sonne hervorlockte." (Koselleck 1995: 70)

Müller fasste diesen Prozess unter dem Begriff „Vorgeschichte" zusammen. Darunter verstand er das „bis in die Gegenwart reichende Kontinuum von Unterdrückung und Inhumanität" (Dedner 2003: 232). In diesem Sinne untersucht er die Französische Revolution als eine der wichtigsten Stufen dieser „Vorgeschichte" der Menschheit. Im Stück stellt die Revolution keine Institutionalisierung einer neuen, humaneren Gesellschaft dar, sondern einen bloßen

Herrschaftsaustausch, der auf Gewalt und Unterdrückung gründet. Wurde die Welt bei Weiss als ein „Irrenhaus" dargestellt, so präsentiert Müller in allen Werken dieser späten Phase seines Schaffens die Welt als „Schlachthaus":

> Die Revolution hat keine Heimat mehr, das ist nicht neu unter dieser Sonne, die eine neue Erde vielleicht nie bescheinen wird, die Sklaverei hat viele Gesichter, ihr letztes haben wir noch nicht gesehn [...] und vielleicht war, was wir für das Morgenrot der Freiheit hielten, nur die Maske einer neuen schrecklicheren Sklaverei [...]. (A: 65)

Alle anderen nachfolgenden Revolutionen, auch der Sozialismus, nach Marx die Permanenzerklärung der Revolution, wiederholten das Schauspiel der Französischen Revolution und verhinderten den Ausstieg aus der katastrophalen „Vorgeschichte" bzw. den Beginn der „eigentlichen" Geschichte. Revolution lasse sich kaum vom Terror unterscheiden, den sie bekämpft: „DIE REVOLUTION IST DIE MASKE DES TODES DER TOD IST DIE MASKE DER REVOLUTION" (A: 50), heißt es in einer weiteren wichtigen Szene im Stück.

Dass Müller Geschichte als Kontinuum anhaltender Katastrophen entwirft, heißt indessen keinesfalls, dass er in seinen Texten das „Ende der Geschichte" konstatiert, wie es ihm oft vorgeworfen wurde. Ganz im Gegenteil versteht er Kunst als eine „Explosion der Erinnerung" (Müller 1985: 14). Seine Texte leisten Widerstand gegen Vergessenheit, Verdrängung und Geschichtslosigkeit: „Um den Alptraum der Geschichte loszuwerden, muß man zuerst die Existenz der Geschichte anerkennen. Man muß die Geschichte kennen." (Müller 1996: 78) Müllers Ziel war nicht die Auslöschung, sondern die Veränderung von Geschichte etwa im Sinne Brechts. Auch in *Der Auftrag* rückt er die Gretchenfrage seines Œuvres, wie dieser scheinbar natürliche Kreislauf der menschlichen Geschichte zu durchstoßen und durch etwas prinzipiell Anderes zu ersetzen sei, in den Mittelpunkt der Betrachtung: „[...] gesucht: die Lücke im Ablauf, das Andre in der Wiederkehr des Gleichen, das Stottern im sprachlosen Text, das Loch in der Ewigkeit, der vielleicht erlösende FEHLER". (Müller 1985: 13) Diese Suche nach dem prinzipiell Anderen stellt für Müller einen revolutionären Akt dar: „Das Einzige, was ein Kunstwerk kann, ist Sehnsucht wecken nach einem anderen Zustand der Welt. Und diese Sehnsucht ist revolutionär." (Müller 1996: 133)

Der weiße Intellektuelle Debuisson gibt seine „zweite Liebe", die „blutverschmierte" Revolution, auf, sagt sich von der Geschichte los und will nur noch seine „Erste Liebe" (alle Zitate aus A: 51), seine prärevolutionären Lebensverhältnisse und Privilegien zurück, indem er sich dem Glück des Vergessens und dem „Verrat" hingibt. Während Debuisson der Geschichte entgeht, denkt sie der einstige Sklave, der Schwarze Sasportas, als Einziger weiter. Im Beharren auf dem revolutionären „Auftrag" findet er, der Unterdrückte der Geschichte, den wahren Sinn seiner Existenz: „Die Heimat der Sklaven ist der Aufstand." (A: 68) Er erklärt das „Theater der weißen Revolution" für gescheitert, weil diese dem rationalistischen dualistischen Denken verfangen blieb: „Das Elend mit euch ist, ihr könnt nicht sterben. Deshalb tötet ihr alles um euch herum" (A: 56), ruft Sasportas den Europäern zu, bevor er in den sicheren Tod geht.

Doch sein Tod markiert einen Anfang, er eröffnet einen neuen Erwartungshorizont, eine Zukunftsperspektive. Müller verabschiedet sich vom ‚weißen' Revolutionsmodell zugunsten eines anarchischen Aufstands der „Dritten Welt", einer „schwarzen" Revolution: „Sasportas ist seine neue und zugleich seine letzte Hoffnung, seine Liebe und gleichzeitig sein Schmerz." (Hörnigk 1997: 257) Der Konflikt ist für Müller nicht mehr ein philosophischer zwischen Individuum und Kollektiv, wie es bei Weiss der Fall war, sondern ein „rassischer" und kultureller zwischen Unterdrückern und Unterdrückten, Kolonisierenden und Kolonisierten.

Der schwarze Revolutionär verkörpert in *Der Auftrag* eine grundsätzlich andere Auffassung von Revolution jenseits des eurozentrischen dualistischen Denkens. Geschichte als Bereich des rationalisierten politischen Handelns wird durch die endgültige Vision einer zeitlich unbestimmten Körper-Revolte der Unterdrückten im Bündnis mit den Natur-Landschaften der „Dritten Welt" ersetzt (cf. Eke 2009: 55–56). Sasportas' „Krieg der Landschaften", definiert durch die „Wälder, Berge, Meere und Wüsten" Afrikas, Asiens und Amerikas, mag aus der europäischen Perspektive der instrumentellen Vernunft „anarchisch" und „absurd" scheinen, doch diese „Andersartigkeit" stellt für Müller das Potential für eine wahre Revolution dar:

> Wenn die Lebenden nicht mehr kämpfen können, werden die Toten kämpfen. Mit jedem Herzschlag der Revolution wächst Fleisch zurück auf ihre Knochen, Blut in ihre Adern, Leben in ihren Tod. Der Aufstand der Toten wird der Krieg der Landschaften sein, unsre Waffen die Wälder, die Berge, die Meere, die Wüsten der Welt. Ich werde Wald sein, Berg, Meer, Wüste. Ich, das ist Afrika. Ich, das ist Asien. Die beiden Amerika bin ich. (A: 69)

Müller teilt mit Weiss (und mit Brecht) den Glauben, dass Kunst die Gesellschaft beeinflussen bzw. verändern kann. Im Gegensatz zu Brechts Fixierung auf eine vorentschiedene Wahrheit (Habermas 1967: 123–124) werden in beiden Werken, die im Rahmen der vorliegenden Studie diskutiert wurden, keine Lösungsversprechen, sondern unabgeschlossene Konflikte geboten. Doch Müllers „Arbeit an der Differenz" stellt zwar Geschichte als Katastrophe dar, lässt aber einen Schimmer von Utopie bestehen, als Hoffnung an die Nachgeborenen (cf. Hörnigk 1997: 267), denn – um im Müllerschen Duktus zu sprechen – der Weg ist nicht zu Ende, wenn das Ziel explodiert.

Bibliografie

Arendt, Hannah, 1965: *Über die Revolution*. Piper: München.

Braun, Karlheinz (Hrsg.), 1967: *Materialien zu Peter Weiss' „Marat/Sade"*. Suhrkamp: Frankfurt a. M.

Dedner, Ulrike, 2003: *Deutsche Widerspiele der Französischen Revolution. Reflexionen des Revolutionsmythos im selbstbezüglichen Spiel von Goethe bis Dürrenmatt.* Niemeyer: Tübingen.

Eke, Norbert Otto, 2009: „Humus Büchner: Dantons Tod in/und Heiner Müllers Der Auftrag". In: Dedner, B./Gröbel, M./Vering, E.-M. (Hrsg.): *Büchner Jahrbuch 11* (2005–08). De Gruyter: Berlin/New York, 39–62.

Habermas, Jürgen, 1967: „Ein Verdrängungsprozeß wird enthüllt". In: Braun, Karlheinz (Hrsg.): *Materialien zu Peter Weiss' „Marat/Sade"*. Suhrkamp: Frankfurt a. M.

Hörnigk, Frank, 1997: „Heiner Müller: ‚Seine Liebe heißt Sasportas – und sein Schmerz'". In: Röttger, Kati/Roeder-Zerndt, Martin (Hrsg.): *Theater im Schutt der Systeme: Dokumentation einer Begegnung zwischen dem Cono Sur und Deutschland.* Vervuert: Frankfurt a. M.

Koselleck, Reinhart, 1995: *Vergangene Zukunft. Zur Semantik geschichtlicher Zeiten.* Suhrkamp: Frankfurt a. M.

Lehmann, Hans-Thies/Primavesi, Patrick (Hrsg.), 2003: *Heiner Müller-Handbuch. Leben – Werk – Wirkung.* Metzler: Stuttgart.

Leiteritz, Christiane, 1994: *Revolution als Schauspiel. Beiträge zur Geschichte einer Metapher innerhalb der europäisch-amerikanischen Literatur des 19. und 20. Jahrhunderts.* De Gruyter: Berlin/New York.

Mennemeier, Franz Norbert, 1975: *Modernes deutsches Drama*, Bd. 2. Fink: München.

Müller, Heiner, 1983: „Der Auftrag. Erinnerung an eine Revolution". In: id.: *Herzstück.* Rotbuch: Berlin. [A]

Müller, Heiner 1985: „Bildbeschreibung". In: id.: *Shakespeare Factory* 1. Rotbuch: Berlin.

Müller, Heiner, 1996: *Gesammelte Irrtümer 1,3.* Verlag der Autoren: Frankfurt a. M.

Roberts, David, 1986: „Marat/Sade, or the Birth of Postmodernism from the Spirit of the Avantgarde". *New German Critique* 38, 112–130.

Schulin, Ernst, 1988: *Die Französische Revolution.* Beck: München.

Sontag, Susan, 1966: *Against interpretation and other essays.* Picador: New York.

Stockhorst, Stefanie, 2002: „Geschichtsfähigkeit als Menschheitstraum. Geschichtsphilosophische Perspektiven in Heiner Müllers dramatischer Historiographie In Literatur und Geschichte". In: Fulda, Daniel/Tschopp, Silvia Serena (Hrsg.): *Literatur und Geschichte. Ein Kompendium zu ihrem Verhältnis von der Aufklärung bis zur Gegenwart.* De Gruyter: Berlin/New York, 515–540.

Thamer, Hans-Ulrich, 2004: *Die Französische Revolution.* Beck: München.

Vanhelleputte, Michel, 1994: „Zeitgebundenheit und Zukunftsträchtigkeit von Peter Weiss' Marat/Sade". In: Heidelberger-Leonard, Irene (Hrsg.): *Peter Weiss. Neue Fragen an alte Texte.* Westdeutscher Verlag: Opladen, 51–63.

Weiss, Peter, 1964: *Die Verfolgung und Ermordung Jean Paul Marats, dargestellt durch die Schauspielgruppe des Hospizes zu Charenton unter Anleitung des Herrn de Sade.* Suhrkamp: Frankfurt a. M. [MS]

Werner, Hendrik, 2001: *Im Namen des Verrats. Heiner Müllers Gedächtnis der Texte.* Königshausen & Neumann: Würzburg.

White, John J., 1968: „History and Cruelty in Peter Weiss's Marat/Sade". *The Modern Language* 63 (2), 437–448.

Nikolaos-Ioannis Koskinas

Universität Athen

E-Mail: kosknik@gs.uoa.gr

Daria Šemberová

Germania Tod in Berlin von Heiner Müller als eine Auseinandersetzung mit der Revolution

1. Einleitung

In seiner Rede zur Verleihung des Mühlheimer Dramatikerpreises 1979 kommentierte Heiner Müller sein preisgekröntes Stück folgendermaßen: „Meine Hoffnung ist eine Welt, in der Stücke wie GERMANIA TOD IN BERLIN nicht mehr geschrieben werden können, weil die Wirklichkeit das Material nicht mehr dafür bereithält." (Eckardt 1992: 62) An diesem Drama arbeitete Müller von 1956 bis 1971. Das Stück erschien aber erst 1977 in einem Sonderheft des westdeutschen Periodikums *Theater heute* (Klussmann 1981: 396). Es besteht aus dreizehn Szenen, die sowohl historische Bilder aus der deutsch-preußischen Geschichte als auch ihr Pendant in der ostdeutschen Gegenwart darstellen. „[F]ormbestimmend" war für Müller die aristophanische Komödie durch ihre „Episoden-Reihung, die Verbindung von politischen und sexuellen Motiven, den Wechsel der [konventionellen] Geschlechtsrolle und durch den genauen Zeitbezug aller historischen und fiktiven Spielinhalte". (Klussmann 1981: 399) Im Vordergrund von *Germania Tod in Berlin* steht „die historische Erfahrung der verpassten, verordneten oder verspäteten Revolutionen [...] – von Friedrichs Rebellion gegen den Vater über die Aufstände nach dem Ersten Weltkrieg bis hin zur DDR-Gründung und dem Aufstand vom 17. Juni". (Wetzel 2019: 4–5) Das Leitmotiv des Dramentextes ist also „der Gedanke von der gescheiterten oder ausbleibenden Revolution." (Klussmann 1981: 399)

2. Der Begriff der Revolution

Die erste Szene des Dramas mit dem Titel *Die Straße 1* spielt in Berlin 1918 und ist nur eine Textseite lang. Im Vergleich zu den anderen Szenen, von denen manche sechs oder sieben Seiten zählen, ist sie sehr kurz und prägnant. Die erste Szene gibt den Ton an und führt in den Theatertext sehr anschaulich das Leitmotiv der Revolution ein. Die Handlung der zweiten Szene *Die Straße 2* ist hingegen in Berlin 1949 angesiedelt. Auch die zwei letzten Szenen mit den Überschriften *Tod in Berlin 1* sowie *Tod in Berlin 2* spielen in Berlin. Die deutsche Hauptstadt bildet damit einen historisch-räumlichen Rahmen des Stücks und steht metonymisch, als pars pro toto, für ganz Deutschland.

Wenngleich der Name Luxemburg im Dramentext nicht einmal erwähnt wird, stellen eine weitere wichtige Klammer des Dramentextes das Leben und der Tod Rosa Luxemburgs dar. Der Luxemburgismus, der sich nach dem polnischen Philosophen Leszek Kołakowski als eine besondere Variante des Marxismus definieren lässt (cf. Kołakowski 2013), ist m. E. von grundlegender Bedeutung für Müllers Auseinandersetzung mit der Revolution, und aus diesem Grund soll die theoretisch-revolutionäre Praxis von Rosa Luxemburg in die Textanalyse von *Germania Tod in Berlin* einbezogen werden. Da die Revolution das Leitmotiv des Dramentextes ausmacht, soll im Vorfeld der Szenenanalyse auf den Begriff der Revolution eingegangen werden.

Hannah Arendts Schrift *Über die Revolution* beginnt mit dem Satz: „Kriege und Revolutionen, so meinte Lenin [...], würden das Gesicht des zwanzigsten Jahrhunderts bestimmen." (Arendt 2013: 9) Während der Krieg als eine der ältesten Erscheinungen in der Geschichte des menschlichen Geschlechtes definiert werden kann und das Grundmotiv des frühesten erhaltenen Dramas der abendländischen Kultur, der *Perser* des Aischylos, darstellt, ist die Revolution zweifellos eine Erscheinung der Neuzeit. Krieg und Revolution finden jedoch nach der Auffassung der deutsch-amerikanischen Philosophin jüdischer Herkunft einen gemeinsamen Nenner in Form der Gewalt. Sie bemerkt dazu:

> Die [...] Unterschiede zwischen Krieg und Revolution – daß der Krieg sich auf die Notwendigkeit und die Revolution sich auf die Freiheit beruft, daß der Akzent des Weltgeschehens sich mehr und mehr von dem Ereignis des Krieges auf das der Revolution zu verlagern scheint – dürfen doch nicht verschleiern, daß wir es mit Phänomenen zu tun haben, die historisch in einem sehr engen Zusammenhang stehen. Das sie verbindende Glied ist die Gewalt. (ibid.: 19)

Das Problem der revolutionären Gewalt verbindet Arendt mit einem Neuanfang, nach dem jede Revolution strebt, und der bereits in den biblischen wie auch klassischen Überlieferungen (z.B. in den Brudermord-Erzählungen von Kain und Abel sowie von Romulus und Remus) gewalttätig ist. Die Revolution ist, so Arendt, das einzige politische Ereignis, das Menschen zur Auseinandersetzung mit einem Neubeginn zwingt.

Darüber hinaus betont die Philosophin, dass die Revolution untrennbar mit der sozialen Frage zusammenhängt und von daher als eine Erscheinung der Neuzeit betrachtet werden soll. Erst im 17. und 18. Jahrhundert begann man allmählich in Frage zu stellen, dass „Armut zu den Bedingungen gehört, unter denen den Menschen das Leben auf der Erde gegeben ist." (Ibid.: 25) Den Ursprung der sozialen Aspekte von Revolution sowie des Glaubens, dass man sein Leben selbst gestalten kann, lokalisiert Arendt in der Epoche vor der Amerikanischen Revolution. Ihrer Meinung nach haben bereits John Locke und Adam Smith entdeckt, dass „Mühe und Arbeit kein bloßes Zubehör der Armut [...], sondern im Gegenteil die eigentliche Quelle allen Reichtums" (ibid.) sind. Demzufolge ist die soziale Frage also eine inhärente Eigenschaft der revolutionären Umwälzungen, und aus diesem Grund hat sich, so Arendt, der eigentliche Revolutionsbegriff erst in der Zeit der großen Revolutionen im ausgehenden 18. Jahrhundert herausgebildet.

Von der sozialen Frage leitet die Denkerin den Begriff der Freiheit her, den sie auf zweierlei Art und Weise definiert. Sie unterscheidet zwischen einem negativen und einem positiven Begriff der Freiheit, die zwei unterschiedliche Modi des menschlichen Lebens darstellen. Die negative Freiheit bringt zum Ausdruck „das bloße Bestreben, sich von einem lastenden Zwang zu befreien." (ibid.: 39)

In diesem Sinne sind bürgerliche Rechte und Freiheiten „Resultate der Befreiung aus den verschiedensten Arten der Knechtschaft" und sie beinhalten „keineswegs den eigentlich positiven Gehalt dessen, was Freiheit nun wirklich ist." (ibid.: 38) Parallel zu diesem negativen Begriff erläutert Arendt ebenso einen positiven Begriff der Freiheit, der „de[n] Wille[n] zur Freiheit als einem positiven Lebensmodus" ausdrückt und damit „zu der Begründung einer neuen bzw. neu entdeckten Staatsform führte, nämlich zu der Konstitution der Republik." (ibid.: 39) Eine so definierte Freiheit, die „die Erfahrung des In-Freiheit-Handelns" (ibid.: 40) sowie des Neubeginns überträgt, sollte ein Attribut der Revolutionen werden.

Zusammenfassend lässt sich feststellen, dass Freiheitsvorstellungen und die Erhabenheit eines Neubeginns konstituierende Merkmale sind, die die Revolution von übrigen gewalttätigen Erscheinungen wie Umstürzen, Aufständen, Sklavenrevolten und Bürgerkriegen unterscheiden. Alle genannten Ereignisse teilen mit der Revolution das Element der Gewalttätigkeit und daher werden sie oft mit Revolutionen verwechselt. Arendt macht darauf aufmerksam, dass man Ursprünge des revolutionären Begriffs bei Machiavelli und „seine[r] ganz unklassische[n] Lehre von der positiven Rolle der Gewalt in der Politik" (ibid.: 46) finden kann. Nach dem italienischen Staatsphilosophen scheint „ein absoluter Anfang seinem Wesen nach Gewalt und Vergewaltigung zu erfordern" und damit „das legendäre Urverbrechen [...] noch einmal zu wiederholen." (ibid.) Nichtsdestoweniger war der Begriff der Revolution im Sprachgebrauch der Renaissance nicht geläufig. Stattdessen sprach man damals von Rebellionen, die jedoch keine Befreiung im revolutionären Sinne implizierten. Arendt schreibt dazu:

> Denn Befreiung im Sinne der Revolutionen meint, daß alle diejenigen, die – nicht nur in der Gegenwart, sondern überhaupt in der überlieferten Geschichte, nicht nur als Einzelne, sondern als Glieder der überwältigenden Mehrheit des Menschengeschlechts – im Stande der Armut und Unterdrückung gelebt hatten, nun plötzlich aus der Finsternis und der Untertänigkeit aufsteigen und selbst die Macht ergreifen sollen. (Ibid.: 48)

Die Befreiung laut der oben erläuterten Semantik, die eine angeborene Gleichheit der Menschen beinhaltet, war vor der Neuzeit nicht bekannt. Deswegen sollen Rebellionen und Aufstände, so Arendt, mit eigentlichen Revolutionen nicht verwechselt werden. Das Ziel der ersteren war nämlich „niemals eine Herausforderung der Autorität oder der bestehenden Ordnung als solcher; es ging immer um den Wechsel bestimmter Personen, die sich gerade an der Macht befanden." (ibid.)

3. Die Novemberrevolution im Lichte des Luxemburgismus

Die oben angeführten Passagen stehen im engen Zusammenhang mit dem Stück *Germania Tod in Berlin*. Die erste Szene des Dramentextes thematisiert nämlich die Novemberrevolution von 1918/19, die den Untergang des Kaiserreiches und dessen Umwandlung in eine parlamentarische Demokratie wesentlich beeinflusste. Am 28.11.1918 dankte Kaiser Wilhelm II im niederländischen Exil ab und mit seinem Rücktritt endete die konstitutionelle Monarchie in Deutschland. Die Frage nach der zukünftigen Regierungsform war jedoch immer noch unentschieden: Es entspann sich ein Wettstreit zwischen der parlamentarischen Demokratie und dem vom Spartakusbund verlangten Rätesystem. Der Kieler Matrosenaufstand, der die Novemberrevolution auslöste, begann bereits am 3.11.1918, nachdem die deutsche Seekriegsflotte den Befehl erhielt, einen großen Angriff gegen die doppelt so starke britische Navy zu richten. Der Arbeiteraufstand ergriff kurz danach das ganze Reich und am 6. November forderte der SPD-Vorsitzende und künftige erste deutsche Präsident Friedrich Ebert den Rücktritt des Kaisers. Die antimonarchistische, revolutionäre Stimmung erreichte Berlin am 9. November. An diesem Tag wurde die deutsche Republik zweimal ausgerufen, was „die zunehmende Polarisierung der Revolutionsbewegung" (Scriba 2015) verdeutlichte. Der SPD-Politiker Philipp Scheidemann rief um 14 Uhr von einem Fenster des Reichstages eine bürgerlich-demokratische Republik aus. Zwei Stunden darauf proklamierte Karl Liebknecht eine sozialistische deutsche Republik. Mittlerweile wurde Rosa Luxemburg aus dem Breslauer Gefängnis entlassen und nachdem sie am 10. November in Berlin angekommen war, übernahm sie sofort die Redaktion der *Roten Fahne*, des publizistischen Zentralorgans des Spartakusbundes. In den letzten zwei Monaten ihres Lebens verfasste sie 140 Druckseiten von Aufsätzen, programmatischen Schriften und politischen Reden (Brie 2019: 138). Im Artikel *Der Anfang*, der in der *Roten Fahne* am 18.11.1918 erschien, entfaltete Luxemburg ihre Hauptthese, die Michael Brie folgendermaßen zusammenfasst: „Die Abschaffung der Monarchie war nichts als das Niederreißen der Fassade für die Herrschaft der imperialistischen Bourgeoisie, der kapitalistischen Klassenherrschaft." (ibid.: 139) Luxemburg befürchtete damals, dass sich „aus einer möglichen sozialistischen Revolution schlicht eine bürgerlich-demokratische Revolution" (ibid.: 140) ergeben könnte und das wollte sie um jeden Preis, einschließlich eines Bürgerkriegs, verhindern.

Kurz darauf verfasste Luxemburg den programmatischen Text *Was will der Spartakusbund?*, der die Grundlage für die zum Jahreswechsel 1918/19 gegründete Kommunistische Partei Deutschlands schuf. In der Schrift versucht die Autorin, ihre Ansichten sowohl gegenüber den deutschen Parteien SPD und USPD als auch gegenüber den Bolschewiki abzugrenzen (ibid.: 142). Sie präsentiert eine eigene Auffassung des Kapitalismus, der „nicht vor allem ein ökonomisches Problem" sei, sondern „ein System, das die Zivilisation zerstört und mit der kulturellen Entwicklung der Menschheit nicht zu vereinbaren ist." (ibid.) Aus diesem Text stammt ihr berühmtes Zitat: „Sozialismus oder Untergang in der Barbarei!" (Luxemburg 2017) Diesbezüglich wird in der Forschung darauf hingewiesen, dass sie heutzutage – im Unterschied zu Hannah Arendt – nicht „eine Alternative *zum*, sondern *im* Sozialismus" (Auernheimer 2007: 700) verkörpert. Sowohl Michael Brie als auch Ernesto Laclau und Chantal Mouffe machen auf ein wichtiges Element des Luxemburgismus aufmerksam, das ihn von übrigen marxistischen Strömungen unterscheidet und das von Heiner Müller in *Germania Tod in Berlin* aufgegriffen wurde: „Die Einheit von ökonomischem und politischem Kampf – *das heißt die wirkliche Einheit der Arbeiterklasse* – ist eine Konsequenz d[er] Bewegung von Rückkoppelung und Interaktion. Diese Bewegung wiederum ist nichts anderes als der Prozeß der Revolution." (Laclau/Mouffe 2006: 39) Luxemburg betonte die Notwendigkeit der Verknüpfung von politischen und ökonomischen Interessen, weil nur deren Verbindung ihrer Ansicht nach zu einer vollen Demokratie führen kann. Anderenfalls entsteht eine Herrschaftsform, die von Andreas Fisahn als „halbierte Demokratie" bezeichnet wird. Der Autor schreibt dazu:

> Demokratie ist in der bürgerlichen Gesellschaft immer halbierte Demokratie, sie ist beschränkt auf die politische Sphäre, auf den Staat, und erstreckt sich nicht auf ‚das System der Bedürfnisse', also auf die Ökonomie. Während die politische Macht demokratisch, parlamentarisch konstituiert und legitimiert wird, bleibt die ökonomische Macht jenseits der demokratischen Legitimation und wird nicht demokratisch konstituiert. (Fisahn 2016: 333)

Die erwähnte „Trennung von politischer und ökonomischer Sphäre als konstituierendes Merkmal der bürgerlichen Gesellschaft" (ibid.) macht eine volle Demokratie im Grunde genommen unmöglich. Luxemburg legte daher den Akzent auf die Einheit von politischem und ökonomischem Kampf. Aus demselben Grund stellte sie eine durch den Spartakusbund geforderte sozialistische Revolution der bürgerlichen Revolution der SPD gegenüber. Diese Gegenüberstellung ist ein Schwerpunkt von *Germania Tod in Berlin*.

Die erste Szene des Dramentextes präsentiert einen Ausschnitt aus dem Berliner Alltagsleben mitten in der Novemberrevolution 1918. Die Hauptfiguren sind ein Mann, eine Frau, Kinder, ein Bäcker und ein Hetzer. Im Hintergrund hört man zwei Stimmen, die die Nachkriegsereignisse in der Hauptstadt kommentieren. Die Stimmen stehen für zwei unterschiedliche Ausprägungen der Revolution, eine sozialistische und eine bürgerliche, die im Ausgang Erfolg hatte. Der Mann ist aus dem Krieg als Invalide wiedergekehrt und hofft, dass sich politische und wirtschaftliche Verhältnisse in Deutschland bald ändern. Die Kinder haben Hunger und begegnen dem Bäcker, der ihnen ohne Geld kein Brot ausgeben will. Er sagt: „Mein Brot wächst nicht vom Himmel. Habt ihr Geld? Kein Geld kein Hunger. Ist es meine Welt?" (Müller 2001: 327) Die Aktualität dieser Frage in Bezug auf den Bereich der Sozialpolitik und die Idee eines bedingungslosen Grundeinkommens im Sinne eines „Mindesteinkommen[s], das jedem Menschen deswegen zusteht, weil er existiert" (Blaschke 2012: 11), könnte das Thema eines separaten Beitrags werden.

Kurz darauf fallen erste Schüsse der Revolution, die, nach der Auffassung von Arendt, sowohl Freiheit als auch einen Neubeginn verkörpern soll. Sie bringt jedoch weder das eine noch das andere. Die deutsche Arbeiterbewegung ist mindestens in zwei Gruppierungen zersplittert und die Spaltung macht einen Neubeginn unmöglich. Die sozialistische Revolution wird niedergeschlagen, Rosa Luxemburg und Karl Liebknecht werden am 15. Januar 1919 ermordet und die Weimarer Republik wird eine unbestreitbare Tatsache. In dem Theatertext von Müller ist die parlamentarische Demokratie nach 1918 kein Neubeginn, sondern lediglich eine Fortsetzung des Deutsches Kaiserreiches. Die Folge und historische Verlängerung der Spaltung der Arbeiterbewegung ist dann die Gründung von zwei deutschen Staaten 1949. Die zweite Szene *Die Straße 2* „zeigt den gleichen Schauplatz am Gründungstag der DDR, die das demokratische Erbe [...] der Novemberrevolution zu Ende führen wollte." (Schulz 1980: 129) Genia Schulz betont in diesem Zusammenhang, dass die beiden Szenen die Kräfte hervorheben, die die Revolution verhindern. Sie zählt dazu insbesondere kleinbürgerlichen Opportunismus, Geldgier sowie „das unbelehrbar reaktionäre Denken." (ibid.)

4. Der Arbeiteraufstand vom 17. Juni 1953

Die vorletzte Szene *Tod in Berlin 1* besteht aus nur sechs Zeilen, die ein Zitat aus Georg Heyms Sonett *Berlin VIII* sind. In den angeführten Terzetten, in denen der Dichter 1910 die Niederlage der Novemberrevolution antizipierte, setzt sich Müller mit der „Degeneration der kommunistischen Revolution" (ibid.: 137) auseinander. Die Schlussszene des Dramentextes *Tod in Berlin 2* knüpft an die achte Szene *Das Arbeiterdenkmal* an, die auf einer Baustelle spielt und in der der Arbeiteraufstand vom 17. Juni 1953 thematisiert wird. Der Aufstand wurde zunächst von „bewußten, an die Kampftradition der Arbeiterbewegung anknüpfenden Arbeitern" (ibid.: 133) organisiert, die keinen politischen Angriff auf den ostdeutschen Staat geplant hatten. Sie wollten nur „von ihrem verfassungsmäßigen Streikrecht" Gebrauch machen und „die Rücknahme der erhöhten Normen" (ibid.) bewirken. Beate Ihme-Tuchel weist jedoch darauf hin, dass die Demonstranten ebenfalls „den Rücktritt der Regierung, die Wiedervereinigung Deutschlands und freie Wahlen" (Ihme-Tuchel 2010) forderten. Schulz macht auf die Tatsache aufmerksam, dass zahlreiche Arbeiter ehemalige Nazis waren, die „im Rahmen der Entnazifizierung 1945 aus den Ämtern in die Produktion geschickt wurden." (Schulz 1980: 134) Sie sind im Stück die ersten, die an dem Streik teilnehmen wollen. Es gibt nur einen Bauarbeiter, der sich weigert, sich dem Streik anzuschließen. Hilse sabotiert den spontanen Aufstand und bekommt dafür eine Strafe: Zuerst wird er verbal beleidigt und dann körperlich mit Steinen beworfen, sodass er zum Denkmal einer komplizierten und schmerzhaften Geschichte der deutschen Arbeiterbewegung wird. Schulz kommentiert die Paradoxien des Arbeiteraufstandes in Bezug auf Müllers Stück folgendermaßen:

> Die Arbeiterklasse in der Produktion ist also wie in der Vorkriegszeit gespalten. Im Augenblick der Krise bricht das Verdrängte wieder hervor. Darum läßt Müller in dieser Szene die ehemaligen Nazis die ersten sein, die einen Streik begrüßen – unter demagogischer Berufung auf die alte Proletariertradition. [...] Der Bauarbeiter Hilse, die zentrale Figur auf dem Bauplatz (der DDR) am 17. Juni ist eine tragische Weiterführung [...] der Garbe-Gestalt aus dem *Lohndrücker*. Es ist der Arbeiter, der an seine Regierung glaubt und den spontanen Aufstand sabotiert, weil er sieht, daß Antikommunisten und alte Nazis den Streik wollen. (ibid.)

Auf eine im brechtschen Sinne dialektische Vorführung der „traumatische[n] Erfahrung des 17. Juni" (Klussmann 1981: 402) macht ebenfalls Klussmann aufmerksam. Er schreibt dazu:

> Der Streik und Aufstand der Bauarbeiter macht alle noch bestehenden Widersprüche offenkundig. Die Arbeiter wollen mit ihrer Aktion die DDR auf dem Weg zum Sozialismus vorantreiben. Überraschenderweise läßt sich HILSE nicht zur Teilnahme verführen, während der zum Arbeiter degradierte GENERAL sogleich mit einem Thälmann-Zitat dabei ist. HILSES Zurückhaltung hat ihren Grund in den höchst unterschiedlichen Gruppen und Motiven der Aufständischen. (Ibid.: 411)

In diesem Zusammenhang sollen ebenfalls die Erinnerungen Bertolt Brechts an die Vorkommnisse des Jahres 1953 angeführt werden, die der Dramatiker in einem Brief an seinen westdeutschen Verleger Peter Suhrkamp folgendermaßen formulierte:

> Die Straße freilich mischte die Züge der Arbeiter und Arbeiterinnen schon in den frühen Morgenstunden des 17. Juni auf groteske Art mit allerlei deklassierten Jugendlichen, die durch das Brandenburger Tor, über den Potsdamer Platz, auf der Warschauer Brücke kolonnenweise eingeschleust wurden, aber auch mit den scharfen, brutalen Gestalten der Nazizeit, den hiesigen, die man seit Jahren nicht mehr in Haufen hatte auftreten sehen und *die doch immer dagewesen waren.* [...] Gegen Mittag, als auch in der DDR, in Leipzig, Halle, Dresden, sich Demonstrationen in Unruhen verwandelt hatten, begann *das Feuer* seine alte Rolle wieder aufzunehmen. [...] Da schien es große Leute zu geben, die bereit waren, die Arbeiter von der Straße direkt in die Freiheit der Munitionsfabriken zu führen. Mehrere Stunden lang, bis zum Eingreifen der Besatzungsmacht, stand Berlin am Rand eines dritten Weltkriegs. (Brecht 1983: 657–658.)

Infolge des Aufstands wurden „republikweit bis zum 30. Juni 1953 6171 Personen" (Ihme-Tuchel 2010) verhaftet. Erhard Cziomer macht allerdings auf die Tatsache aufmerksam, dass ebenfalls drei SED-Beamte sowie 40 sowjetische Soldaten ums Leben gekommen sind. Die meisten von ihnen wurden hingerichtet, weil sie sich weigerten, auf Menschen zu schießen. Das Zentralkomitee der SED bezeichnete die Proteste zunächst als eine faschistische Provokation, die aus Westberlin gesteuert worden wäre. Gegen die Anführer und Teilnehmer des Arbeiteraufstands wurden monatelang, und in einigen Fällen sogar jahrelang, Ermittlungen durchgeführt, die die These über eine externe Provokation nicht bestätigten. (cf. Cziomer 1997: 144–145) Demzufolge lässt sich feststellen, dass der Arbeiteraufstand eine spontane Massenaktion innerhalb der DDR war.

Der Schriftsteller Erich Loest warnte zwar davor, „demonstrierende Arbeiter mit Faschisten in einen Topf zu werfen" (Opitz/Hofmann 2009: 316), aber die Tatsache, dass sich sowohl Kommunisten als auch ehemalige Nationalsozialisten in Müllers Stück gemeinsam am Aufstand beteiligen, beweist m. E., dass sich der Autor ernsthaft mit dem ontologischen Status des Menschen beschäftigte. Diesbezüglich soll an Jean-Paul Sartre und seine in Anlehnung an Martin Heidegger formulierte Differenzierung zwischen zwei grundsätzlichen Strukturen des

Seins angeknüpft werden. In seiner phänomenologischen Ontologie *Das Sein und das Nichts* unterscheidet Sartre zwischen dem An-sich und dem Für-sich. Das An-sich ist als „vollkommene Koinzidenz mit sich selbst durch einfache ‚Positivität' gekennzeichnet." (Roloff 2017: 102) Im Unterschied zum An-sich, „das ist, was es ist, ist das Für-sich seinem Wesen nach zeitlich, das heisst, es hat zu sein." (Schumacher 2014: 10) Hieraus ist ersichtlich, dass das Für-sich „durch den fortwährenden Entwurf, sich selbst als Sein zu begründen" (ibid.: 11) geprägt ist. Sartre schreibt dazu:

> Ich *bin* nicht der, der ich sein werde. Zunächst bin ich es nicht, weil Zeit mich davon trennt. Ferner weil das, was ich bin, nicht der Grund dessen ist, was ich sein werde. Schließlich weil überhaupt kein aktuell Existierendes genau das bestimmen kann, was ich sein werde. (Sartre 1991: 95)

Das Für-sich bei Sartre entspricht dem Dasein bei Heidegger und „ganz im Sinne Heideggers ist auch bei Sartre Dasein immer geworfenes und insofern als ‚Seinkönnen' bestimmt." (Roloff 2017: 102) Zusammenfassend lässt sich feststellen: „Eines der grundlegenden Themen in *Das Sein und das Nichts* ist die *Absage an eine* ein für alle Mal festgelegte *menschliche Natur*, die dem Subjekt auferlegt und der dieses unterworfen wäre." (Schumacher 2014: 13) Die dramatische Wiedergabe des dynamischen Charakters des menschlichen Für-sich ist m. E. eine der größten Leistungen, die Müller mit der Szene *Das Arbeiterdenkmal* vollbrachte.

5. Fazit

Die letzte Szene von *Germania Tod in Berlin* setzt Hilses Geschichte fort und schließt die Ereignisse um den 17. Juni 1953 symbolisch ab. Schulz betont jedoch, dass der Text dadurch „kreisförmig auf seinen Anfang zurückgeht, die gescheiterte Novemberrevolution, die Spaltung der Arbeiterbewegung und dann Deutschlands." (Schulz 1980: 137) In der Schlussszene liegt der Bauarbeiter Hilse auf dem Sterbebett. Die Ursache seines baldigen Todes sind jedoch nicht erlittene Verletzungen, sondern der im Krankenhaus diagnostizierte Krebs. Kurz vor dem Tod hat er eine Vision von Rosa Luxemburg, „eine poetische Vision der roten Rosa als Ophelia [...], und eine politische Vision von einem Tag der Einheit". (Ibid.: 138) Klussmann bemerkt dazu:

> So gewinnt mit der Schlußsequenz alles den Grad äußerster Deutlichkeit, was zuvor nur als leise Hoffnungsmelodie in Figuren, Aussprüchen, Fakten und Aktionen den Totentanz und seine schrille dunkle Musik begleitete. Die radikale Demontage deutscher Geschichte hat am Ende den Sinn, die Sehnsucht nach einer wirklichen sozialistischen Gesellschaft wachzuhalten oder neu zu erwecken. (Klussmann 1981: 413)

Müllers Dramentext ist zugleich eine detaillierte und unter einigen Gesichtspunkten kontroverse Analyse der Gründe, warum eine sozialistische Revolution in Deutschland gescheitert ist. Die Niederlage der Novemberrevolution und des Arbeiteraufstandes 1953 lässt sich auf den gleichen Ursprung zurückführen,

d. h. die fehlende Einheit der Arbeiterklasse. Diese Einheit verlangt jedoch, wie schon gesagt wurde, die von Luxemburg postulierte Einheit von ökonomischen und politischen Bestrebungen. Um die Wende 1918/19 musste die sozialistische Revolution versagen, denn „in der kapitalistischen Gesellschaft ist die Arbeiterklasse notwendig fragmentiert und die Wiederherstellung ihrer Einheit tritt nur ein durch den Prozeß der Revolution selbst." (Laclau/Mouffe 2006: 41) Müllers Text zeigt eindeutig, dass die Wiederherstellung der Einheit auch in der DDR misslungen ist und daher der Arbeiteraufstand 1953 keinen Erfolg hatte. Die Hoffnung ist aber im Stück verankert, und es handelt sich um die Hoffnung auf eine proletarische Revolution nach der Prognose Luxemburgs:

> Die proletarische Revolution kann sich nur stufenweise, Schritt für Schritt, auf dem Golgathaweg eigener bitterer Erfahrungen, durch Niederlagen und Siege, zur vollen Klarheit und Reife durchringen. Der Sieg des Spartakusbundes steht nicht am Anfang, sondern am Ende der Revolution. (Luxemburg 2017)

Bibliografie

Arendt, Hannah, 2013: *Über die Revolution*. Piper: München/Zürich.

Auernheimer, Gustav, 2007: „Revolution und Räte bei Hannah Arendt und Rosa Luxemburg". *UTOPIE kreativ*, H. 201/202 (Juli/August), 698–707.

Blaschke, Ronald, 2012: „Grundeinkommen – Was ist das? Eine kurze Begriffserklärung". In: Blaschke, Ronald/Otto, Adeline/Schepers, Norbert (Hrsg.): *Grundeinkommen. Von der Idee zu einer europäischen politischen Bewegung.* Mit einem Vorwort von Katja Kipping. In Kooperation mit Rosa-Luxemburg-Stiftung. VSA: Hamburg, 10–16.

Brecht, Bertolt, 1983: „Brief an Peter Suhrkamp vom 01.07.1953". In: Glaeser, Günter (Hrsg.): *Briefe 1913–1956*. Aufbau: Berlin/Weimar, 656–659.

Brie, Michael, 2019: „Die Novemberrevolution – ein gewaltsam abgebrochener Neubeginn". In: id.: *Rosa Luxemburg neu entdecken.* VSA: Hamburg, 137–152.

Cziomer, Erhard, 1997: *Zarys historii Niemiec powojennych 1945–1995* (Abriss der deutschen Nachkriegsgeschichte 1945–1995). Wydawnictwo Naukowe PWN: Warszawa/Kraków.

Eckardt, Thomas, 1992: *Der Herold der Toten: Geschichte und Politik bei Heiner Müller*. Peter Lang: Frankfurt a. M. et al.

Fisahn, Andreas, 2016: *Die Saat des Kadmos. Staat, Demokratie und Kapitalismus*. Westfälisches Dampfboot: Münster.

Ihme-Tuchel, Beate, 2010: „Der 17. Juni 1953 – ‚Aufstand' oder ‚Erhebung', Arbeiter oder Volk als Träger?". In: id.: *Die DDR*. 3. Auflage. WBG: Darmstadt [E-Book].

Klussmann, Paul Gerhard, 1981: „Heiner Müllers *Germania Tod in Berlin*". In: Hinck, Walter (Hrsg.): *Geschichte als Schauspiel: deutsche Geschichtsdramen: Interpretationen.* Suhrkamp: Frankfurt a. M., 396–414.

Kołakowski, Leszek, 2013: *Główne nurty marksizmu. Tom 2.* (Hauptströmungen des Marxismus. Band 2). Wydawnictwo Naukowe PWN: Warszawa [E-Book].

Laclau, Ernesto/Mouffe, Chantal, 2006: *Hegemonie und radikale Demokratie. Zur Dekonstruktion des Marxismus.* Hrsg. und übers. von Michael Hintz und Gerd Vorwallner. Passagen Verlag: Wien.

Luxemburg, Rosa, 2017: „Was will der Spartakusbund?" [1918]. In: dies.: *Gesammelte Werke.* Musaicum [E-Book].

Müller, Heiner, 2001: „Germania Tod in Berlin". In: ders.: *Die Stücke 2.* Suhrkamp: Frankfurt a. M., 325–377.

Opitz, Michael/Hofmann, Michael (Hrsg.), 2009: *Metzler Lexikon DDR-Literatur. Autoren – Institutionen – Debatten.* Metzler: Stuttgart.

Ringleben, Joachim, 2018: *Der lebendige Gott. Gotteslehre als Arbeit am Begriff.* Mohr Siebeck: Tübingen.

Roloff, Volker, 2017: „Jean-Paul Sartre". In: *Kindler Kompakt: Philosophie 20. Jahrhundert.* Metzler: Stuttgart, 102.

Sartre, Jean-Paul, 1991: *Das Sein und das Nichts. Versuch einer phänomenologischen Ontologie.* Hrsg. von Tr. König und übers. von H. Schöneberg. Rowohlt: Reinbek bei Hamburg.

Schulz, Genia, 1980: „Germania Tod in Berlin". In: dies.: *Heiner Müller.* J.B. Metzlersche Verlagsbuchhandlung: Stuttgart, 129–138.

Schumacher, Bernard N., 2014: „Philosophie der Freiheit: Einführung in *Das Sein und das Nichts*". In: ders. (Hrsg.): *Jean-Paul Sartre: Das Sein und das Nichts.* 2., bearbeitete Auflage. De Gruyter: Berlin/Boston, 1–20.

Scriba, Arnulf, 2015: *Die Revolution von 1918/19.* Deutsches Historisches Museum: Berlin, *https://www.dhm.de/lemo/kapitel/weimarer-republik/revolution-191819.html,* abgerufen am 20.12.2020.

Wetzel, Stephan, 2019: „Germania". In: *Germania nach Heiner Müller* unter der Regie von Claudia Bauer. Programmheft. Volksbühne: Berlin, 4–5.

Daria Šemberová

Karls-Universität Prag

E-Mail: daria.semberova@gmail.com

Magdalena Latkowska

Der Schriftsteller als Aktivist – das Jahr 1968 in vergleichender Ost-West-Perspektive

1. Einleitung

Als Günter Grass Mitte der 1960er-Jahre die Bundesrepublik Deutschland im Rahmen der Wahlkampagne für die SPD und Willy Brandt bereiste, hat noch wenig darauf hingewiesen, dass bald das ganze Land von den Turbulenzen der Studentenproteste ergriffen werden würde. Der Schriftsteller beschwerte sich in seinen Reden über die allgemein herrschende Passivität und den „Biedersinn" (Hermes 1997: 310). Lediglich ein paar Jahre später wendete sich die gesellschaftliche Stimmung radikal. Viele Menschen, vor allem Studierende, demonstrierten ihre Unzufriedenheit mit der Politik der Großen Koalition auf den Straßen. Die Forderungen der Protestierenden erweiterten sich allmählich und bald wurde neben der Abschaffung bestimmter Gesetze eine tiefere Demokratisierung aller Lebensbereiche postuliert. Der radikalere Flügel der Proteste rief zum Sturz des Systems auf und schrieb sich Parolen der Revolution auf die Fahnen. Während in vielen europäischen Ländern, in denen es zu vergleichbaren Ereignissen gekommen ist, wie z. B. in Frankreich, die Intellektuellen solche Demonstrationen aktiv oder zumindest passiv unterstützten, hatten die westdeutschen intellektuellen Kreise ein durchaus ambivalentes Verhältnis zu den Protesten. Nur wenige etablierte Schriftsteller – als ein Beispiel kann hier Peter Weiss erwähnt werden – ließen sich nämlich von den revolutionären Parolen mitreißen. Andere blieben bewusst unpolitisch und nahmen öffentlich keine Stellung zu den Ereignissen. Die wohl größte Gruppe unterstützte einige Forderungen der Protestierenden, blieb aber im Ganzen eher distanziert und kritisch, auch der anderen politischen Seite gegenüber.

2. Günter Grass und die Studentenproteste

Als repräsentativer Vertreter dieser Gruppe kann zweifelsohne Günter Grass gelten, der nach dem Ausbruch der Proteste zunächst seiner großen Freude darüber Ausdruck gab, dass die Gesellschaft politisch erwacht und nicht mehr ‚bieder' sei. Den positiven Unterschied zwischen einer solchen Einstellung und der von ihm kritisierten „Ruhe", „Anpassung" und „Ordnung" lobte er unter anderem in seinem Essay „Über die erste Bürgerpflicht", in dem er feststellte, dass „die Unruhe die erste Bürgerpflicht" und nicht die vom Staat verlangte „Ruhe" sei (Hermes 1997: 211).

> Der Bürger hat das Wahlrecht. Dieses Recht verbindet ihn direkt mit dem Staat. Indem der Bürger Steuern an Bund und Länder zahlt, ist er abermals mit dem Staat verbunden. Das vergisst der Staat gern, obgleich er vom Bürger lebt

> und diesen verpflichtet, Steuern zu zahlen. Legt der Staat dem Bürger außer Steuer- und Wehrpflicht weitere Pflichten auf? Schon auf der Schulbank ist es uns gesungen worden: Ruhe ist die erste Bürgerpflicht. (Hermes 1997: 203)

Grass unterstreicht auch, dass die Studentenbewegung ganz konkrete politische Errungenschaften auf ihrem Konto hat, zu denen z.B. der Anstoß zur Reform des Hochschulwesens gehört: „Auch wenn die politischen Fernziele des SDS nicht meine Ziele sind, erkenne ich seine Verdienste an, zum Beispiel in Sachen Hochschulreform, aber auch als antreibende Kraft innerhalb des Studentenprotests." (Grass 1968a: 5)

Es gab auch andere Punkte, in denen zwischen den Ansichten von Grass und den Protestierenden Einigkeit herrschte, z. B. im Protest gegen den von den USA geführten Vietnamkrieg. Grass hat persönlich versucht, in den Verhandlungen zwischen den Behörden in Berlin und den Protestierenden zu vermitteln, um die Organisation einer studentischen Demonstration gegen den Krieg in der Stadt zu ermöglichen. Diese Veranstaltung zu verbieten hielt Grass für falsch und untermauerte dies mit dem Argument, dass jegliche Verbote nur zur Eskalation der Spannung und schließlich auch zum Blutvergießen führen könnten (cf. Latkowska 2008: 119). Gleichzeitig setzte er aber an diesem Punkt seine Kritik am Radikalismus der Studierenden ein: „Ich war gegen den Vietnam-Krieg, gegen die Kriegsverbrechen der Amerikaner dort an Ort und Stelle; aber ich konnte nicht, was viele Studierenden taten, ich konnte mich nicht für Ho Chi Minh aussprechen." (Arnold 2003: 125) Aus seiner Distanz und seiner Position des „nicht ganz für die Sache sein" wurde ihm übrigens bei mehreren Gelegenheiten ein Vorwurf gemacht. Die gleichen jungen Menschen, denen er Vermittlungen in den Verhandlungen angeboten hat, nahmen es ihm übel, zu wenig beständig an die Einwohner Berlins zu appellieren, eine Debatte über Vietnam im Bundestag zu fordern (cf. Latkowska 2008: 119).

Neben dem Protest gegen den Vietnamkrieg gehörten auch die Kritik an den Medien des Springer-Konzerns zu den gemeinsamen Punkten zwischen den Studierenden, Grass und vielen anderen Intellektuellen. Es hieß, dass der Springer-Konzern durch Hetze und Verbreitung von Lügen in der Gesellschaft Hass gegen die Opposition schüre.

> Diese Menschenjagd kam nicht von ungefähr [...]. In allen Berliner Springer-Zeitungen, dagegen in keiner Studentenzeitung wurde zum „Härter werden", zum „Durchgreifen" aufgerufen. [...] Meine Kritik am SDS, die ich gerne und mit Argumenten fortführen möchte, muss verstummen, solange diese Minderheit unter den Augen der Polizei wie Freiwild gejagt wird. (Grass 1968b: Aktensignatur 1376)

Einige Intellektuelle kündeten schließlich im Rahmen der prominenten Gruppe 47 einen Boykott der Springer-Presse an, der nur von einem Schriftsteller, nämlich Martin Walser, gebrochen wurde und den dafür scharfe Kritik und Ächtung traf (cf. Grunau 1988: 21). Der Kreis der Unterstützer der Proteste innerhalb der Gruppe war zwar klein, aber die politische Polarisierung und Spaltung im Milieu der Schriftsteller dermaßen tief, dass die prominente

Gruppe 47 kurz nach den Studentenprotesten infolge der Meinungsverschiedenheiten darüber zerfiel. Die Mitglieder der Gruppe fungierten seitdem als Einzelpersonen und hielten entweder losen Kontakt zueinander aufrecht oder trafen sich in kleineren Gruppen. Der „deutsche Idealismus" der protestierenden Studierenden, wie ihn Grass zu bezeichnen pflegte, bewirkte also ernsthafte Veränderungen und sorgte für tiefe Spaltungen. Der Radikalismus und die ideologische Strenge der Jugend, die seiner Meinung nach in der deutschen Geschichte eine Tradition hatten und keine guten Folgen bringen konnten, verglich er mit der religiösen Dogmatik:

> Oft habe ich Vertreter des SDS oder der APO von Rosa Luxemburg sprechen hören, als sei diese Sozialistin die Heilige Klara gewesen, die in Karl Liebknecht ihren Franz von Assisi erkannt habe. Helden- und Heiligenverehrung, Kirchenväterlektüre und scholastische Streitgespräche sind Beweise für die restaurative Tendenz der westdeutschen „Neuen Linke". (Hermes 1997: 455)

Wie viele seiner Kollegen begriff sich nämlich Grass nicht als ein Radikaler und schon gar nicht als Kommunist, sondern als gemäßigter Sozialdemokrat und Anhänger der Evolution, der nicht zum Sturz des Systems beitragen will, sondern nach dessen Reform und Veränderung strebt. Er pflegte zu sagen: „Ich konnte nicht in einem Land, das einer Reform verlangte, nach Revolution schreien." (Arnold 2003: 125) Die „Revolution" im engen Sinne dieses Wortes hat in der BRD natürlich letzten Endes nicht stattgefunden, doch prägte der Gedanke des Protests die junge Generation – und zu einem gewissen Grad nicht nur diese – und führte zu einem Wandel der Weltanschauungen im politisch-gesellschaftlichen Leben und zum Umdefinieren vieler Werte.

Zusammenfassend lässt sich feststellen, dass es durchaus viele Berührungspunkte zwischen den protestierenden Studierenden und den linksorientierten Intellektuellen in Bezug auf die Weltanschauung und die politischen Ziele gab. Der Katalog der Gemeinsamkeiten ist vor allem auf – für viele Intellektuelle fundamentale – sozialliberale Werte des gemäßigten Flügels der Revolte zurückzuführen. Es war aber keinesfalls eine ‚große Liebe' und mit der Zeit zeichneten sich immer deutlichere Unterschiede zwischen dem Milieu der Intellektuellen und den protestierenden Studierenden ab, wobei ein Unterschied, nämlich die Generationenzugehörigkeit, eine natürliche Kluft darstellte. Die wurde jedoch von einigen älteren ‚Revolutionären' gern übersprungen, was Grass mehrmals ironisch auf den Punkt gebracht hat. Die Revolution, so Grass, sei nämlich eher die Sache der Jugend:

> Und neuerdings gibt es sogar den linken Opportunisten. Oft gehört er meiner Generation an; er kann es schlecht ertragen, schon vierzig Jahre alt zu sein und noch nichts für die Revolution getan zu haben. Also schreit er sich ins Stimmbruchalter zurück. Also lässt er sich einen Mao-look-Anzug maßschneidern. Also macht er sich lächerlich. (Hermes 1997: 337)

Auch einige ganz alte Menschen, pflegte er zu unterstreichen, unterstützten die Proteste, was er für noch komischer als das Engagement seitens seiner Generation hielt.

> Zum Teil grotesk wirkt das Bemühen siebzigjähriger Herren, den November 1918 mit Hilfe des Jugendprotests wenn nicht zu retten, dann noch als selige Jugenderinnerung zu feiern. Und interessant auch, dass sich das Pathos der Enkel - Generation eher mit dem Pathos der Großvater - Generation als mit dem trockenen und vordergründig pragmatischen Relativieren der Väter verträgt. (Arnold/Görtz 1971: 153)

Diese Kritik traf übrigens auch die wenigen Kollegen von Grass aus dem schriftstellerischen Milieu, die sich den Protestierenden angeschlossen hatten: „Einige Autoren überschätzten den berechtigten Protest als Revolution und verkündeten, die Zeit für die Literatur sei vorbei, es müsse jetzt die Revolution vorangetrieben werden. Auf der anderen Seite standen Autoren wie ich selbst, die diesen Blödsinn nicht mitgemacht haben." (Grunau 1998: 22)

3. Der Prager Frühling und die Neue Linke

Wie schon erwähnt, brachen 1968 auch in anderen europäischen Ländern, darunter in den Ostblockstaaten wie Polen und der Tschechoslowakei (aber nicht in der DDR), Protestbewegungen der Jugend und teilweise auch der Intellektuellen aus. Auch wenn sie unter ganz anderen politischen Bedingungen als im Westen stattgefunden haben und andere Gründe und Folgen hatten, spricht man trotzdem vom Jahr 1968 als einem universellen Phänomen. Im Falle der Tschechoslowakei verursachten die Proteste und die Reformversuche auf der Staatsebene ernsthafte politische Turbulenzen und führten zu internationalen Konsequenzen. Nach der Wahl der reformorientierten Regierung Dubčeks kam es zur militärischen Intervention durch die Armeen des Warschauer Paktes und zum Sturz der neuen Machthaber durch die eingreifenden Verbündeten. Auch westdeutsche Studierende haben dazu Stellung genommen, indem sie ihre Unterstützung für die Kollegen aus der Tschechoslowakei bekundeten. Gemäß Grass fehlte ihnen jedoch ein tieferes Verständnis der Situation:

> Während die tschechoslowakischen Reformer bei widrigsten Umständen und gegen Widerstände, die, wie sich gezeigt hat, immer noch unüberwindlich sind, ihre Reform zu etablieren versuchten, gefiel sich die westliche radikale Linke - auch die Neue Linke genannt - in romantisch-revolutionärer Gestik. (Hermes 1997: 348)

In einem seiner Essays beschrieb er ironisch den Besuch der Delegation des SDS in Prag, die den tschechischen und slowakischen Studierenden zu erklären versuchte, was Marxismus eigentlich bedeute.

> SDS-Delegationen fuhren nach Prag, um mit teutonischer Überheblichkeit den Tschechen und Slowaken mal ein bisschen Seminarmarxismus beizubringen. Die höfliche, aber insgesamt enttäuschte Reaktion der tschechoslowakischen Studenten auf den westdeutschen Besuch ist in dem Satz eines jungen Prager Historikers der Karls-Universität zusammengefasst: „Sie wissen überhaupt nichts, aber sie wissen alles besser". (Hermes 1997: 349)

Grass hat übrigens die Ereignisse in der Tschechoslowakei als eine Chance für den „dritten Weg" zwischen Sozialismus und Kapitalismus betrachtet und hoffte auf den Aufbau eines „demokratischen Sozialismus", der als Beispiel für andere Ostblockländer dienen und ihnen den Weg in die gleiche Richtung ebnen könnte. In einem seiner Essays aus dem Jahre 1968 unterstrich er die Verdienste des Prager Frühlings: „Die Tschechen und Slowaken haben uns ein Beispiel gegeben, wie, auf unblutige und evolutionäre Weise, ein Land aus den Belastungen des Stalinismus herausgeführt und einem demokratischen Sozialismus nähergebracht werden kann". (Hermes 1997: 327) Die gleiche Argumentationslinie nutzte er im Zusammenhang mit 1989, um gegen die Wiedervereinigung Deutschlands zu plädieren, auch wenn er später seine Position änderte und sich lediglich gegen die Art und Weise der Wiedervereinigung wandte.

4. Reaktionen der DDR-Intellektuellen auf den Prager Frühling

Die Ereignisse in der Tschechoslowakei bewirkten auch Reaktionen seitens der Schriftsteller aus der DDR, die gewöhnlich in Form von Erklärungen oder Stellungnahmen der Organisationen verfasst und in den Medien publiziert wurden. Sofort nach der militärischen Intervention des Warschauer Paktes am 26. August 1968 wurde im Schriftstellerverband eine Sondersitzung der Mitglieder einberufen, auf der über die Lage in der ČSSR berichtet wurde. Während der Versammlung überlegte man unter anderem, ob die vorgenommenen militärischen Maßnahmen in der Tschechoslowakei adäquat seien. In der schlussendlich gefassten „Erklärung des Schriftstellerverbandes" lesen wir unter anderem:

> [...] Im Namen des Deutschen Schriftstellerverbandes [...] erklären wir unsere Übereinstimmung mit der aktiven Friedenspolitik unseres Staates, der Partei der Arbeiterklasse und der Nationalen Front [...]. Auf dem Boden unseres sozialistischen Bruderlandes, der ČSSR, ist die bestehende gesellschaftliche Ordnung des Sozialismus bedroht, die in 20-jährigen Anstrengungen des tschechoslowakischen Volkes unter der Führung der KPČ errungen wurde. Sie mit allen Mitteln gegen die offenen und versteckten Feinde wie gegen die falschen Freunde zu verteidigen, ist eine notwendige Voraussetzung für den Frieden in Europa und den erfolgreichen Kampf der Sozialisten in aller Welt. (Letzte Fassung: Sign. 573)

Angesichts der militärischen Intervention erwies sich die Erklärung als dermaßen kontrovers, dass sie von einigen Schriftstellern, darunter Paul Wiens und Brigitte Reimann, nicht unterschrieben wurde. Reimann hat ihre Entscheidung folgendermaßen begründet: „Diesmal kein – wenn auch nur formaler – Gehorsam. Einige andere haben sich auch geweigert, wenige, ach, zu wenige". (Kätzel 2008: 186) In ihren Erinnerungen notierte sie, dass sie den Radioberichten vom Einmarsch der Truppen in die Tschechoslowakei „wie gelähmt" zuhörte: „Wieder mal deutsche Uniformen in Prag. Dubček und die führenden Leute sind verhaftet oder verschleppt, wer weiß, man erfährt nichts über ihr Schicksal" (ibid.). Dieser unerwartete und selten vorkommende „Ungehorsam" wurde von der Stasi aufmerksam beobachtet; mit Paul Wiens wurden ‚Klärungsgespräche' geführt, die ihn dazu bewegen sollten, seine Meinung zu ändern. Auch ein anderer Schriftsteller, Kurt Stern, sowie seine Gattin Jeanne hatten laut Stasi die gemeinsame Erklärung nicht unterschrieben und gaben eine gesonderte eigene Erklärung ab, in der stand, dass sie nicht von der Notwendigkeit der von den fünf sozialistischen Staaten getroffenen Maßnahmen überzeugt waren (Informationsbericht, Sign. 521). Es gab aber auch Einzelerklärungen, wie z. B. von Anna Seghers und Christa Wolf, in denen die Maßnahmen ausdrücklich unterstützt wurden:

> Mit meinen Gedanken und meinen Fähigkeiten war und bin ich auf Seiten der Mächte, die für das Wohlergehen der Menschen sind, für ihre Lebensfreude, ihr Wissen und Können, kurz, für den Frieden und den Sozialismus. Darum bin ich für die Vereinbarungen, die in Moskau zwischen der Sowjetunion und der ČSSR geschlossen wurden. Denn sie bilden einen Damm gegen die Kriegstreiber und sichern den Frieden und den Sozialismus. (AdK, Anna Seghers, 29. 8. 1968)

Einige Dissidenten und regierungskritische Intellektuelle haben aus ihrer skeptischen Einstellung zur militärischen Intervention in Prag keinen Hehl gemacht. Diese Meinungsäußerungen durften jedoch in der DDR nicht veröffentlicht werden und ihre Autoren mussten dafür mit Strafen rechnen. Zu ihnen gehörte Robert Havemann, dessen systemkritische Texte im Ausland veröffentlicht wurden. Er wandte sich sogar direkt an die tschechoslowakischen Reformer, indem er sagte: „Sozialisten und Kommunisten in aller Welt verfolgen heute mit wärmster Sympathie und von großen Hoffnungen erfüllt die politische Entwicklung in der ČSSR". (Prieß/Kural/Wilke 1996: 139) Die reformerischen Bemühungen der neuen Regierung in Prag wurden auch vom systemkritischen Wolf Biermann begrüßt, der den Ereignissen sein bekanntes Gedicht „In Prag ist Pariser Kommune" widmete, von welchem die Stasi berichtete (Biermann wurde 1976 ausgebürgert):

> In der direkten Beziehung mit der forcierten antisowjetischen Kampagne in den westlichen Staaten tritt Biermann offen als Vertreter der internationalen antisowjetischen und antikommunistischen Kräfte auf. Insbesondere beweist er dies mittels der geschriebenen und in den westlichen Ländern publizierten Gedichte und Lieder, welche die Ereignisse von 1968 glorifizieren, u. a. durch das Gedicht „In Prag ist Pariser Kommune". (Einschätzung über feindliche Angriffe ..., Sign. 0003)

Ein eher in Vergessenheit geratenes Phänomen ist ein kurzes, aber intensives Aufbegehren der Kinder von prominenten Intellektuellen (sowohl linientreuen als auch oppositionellen) und Parteifunktionären. Zu diesem Kreis gehörten u. a. die Söhne von Robert Havemann, Frank und Florian, der Sohn des Vizeministers für Kultur Horst Brasch, der junge Schriftsteller Thomas Brasch, die Tochter des Direktors des Instituts für Marxismus-Leninismus, Erika Berthold und die Großcousine von Helene Weigel, Sandra Weigel. Unmittelbar nach der Intervention in der Tschechoslowakei verbreitete diese Gruppe Flugblätter, deren Inhalt kritisch der UdSSR und der Intervention in der ČSSR gegenüber waren. Auf ihnen standen Parolen wie: „Deutsche raus aus der ČSSR", „Straft die Mörder Prags", „Ein Dubček für die DDR", „Freiheit für die KPČ", „Kein zweites Vietnam", „Stalin lebt" sowie: „Lasst Euch nicht verblenden", oder auch: „Hoch Dubček!!", „Warschau-Vertrag raus aus Prag!", „Für Ho Chi Minh und Dubček!" (AdK, Thomas Brasch Archiv, Sign. 1848). Diesen Aktionen wurde jedoch sehr schnell ein Ende gesetzt: Am 23. August 1968 wurden ihre Mitglieder gefasst, inhaftiert und nach den Prozessen bekamen sie strenge Gefängnisstrafen. In den archivarischen Unterlagen ist ein dramatischer Verlauf des Prozesses und des Verhörs von Thomas Brasch zu finden, nach dem er zu einer Gefängnisstrafe von zwei Jahren und drei Monaten wegen staatsfeindlicher Hetze verurteilt wurde:

> Er [Thomas Brasch] wird beschuldigt, im August 1968 in Berlin staatsfeindliche Hetze dadurch betrieben zu haben, indem er mit anderen Personen Hetzflugblätter herstellte und verbreitete, deren Inhalt die Maßnahmen sozialistischer Staaten in der CSSR diskriminierten und herabsetzten mit dem Ziel, die Bürger der DDR gegen die sozialistische Staats- und Gesellschaftsordnung aufzuwiegeln. Er wurde festgenommen, als er am 21.08.1968 in den Abendstunden über Hunderte solcher Hetzflugblätter im Stadtbezirk Prenzlauer Berg gebracht hatte [sic]. (Haftbefehl an Thomas Brasch, 27.08.1968)

5. Schlussfolgerungen

Den Protesten des Jahres 1968 lag europa- oder sogar weltweit (man denke an die USA) eine gewisse Kontestation des Systems zugrunde, die meistens von jungen Menschen und Intellektuellen betrieben wurde und die viele politische, gesellschaftliche und soziale Konsequenzen mit sich brachte. Auch in Deutschland sorgte der Protest für tiefgreifende Veränderungen im Bewusstsein und im Lebensstil weiter Teile der Bevölkerung und führte zu einem nachhaltigen politischen Wandel zugunsten der sozialdemokratischen Partei. Auch wenn das Milieu der westdeutschen Intellektuellen viele Postulate der Studentenproteste unterstützte, hatte es größtenteils ein durchaus ambivalentes Verhältnis zu vielen, vor allem radikalen Forderungen der Protestierenden. Als eher unkontrovers und sinnvoll wurden vor allem solche studentischen Initiativen wie die Hochschul- oder Medienreform eingeschätzt sowie eine allgemeine Forderung nach einer Demokratisierung des gesellschaftlichen Lebens. Die „revolutionären" Parolen zum Systemsturz wurden dagegen meistens abgelehnt und als zu radikal oder utopisch-idealistisch bezeichnet. Der damals politisch aktivste unter den Schriftstellern, nämlich Günter Grass, wurde trotz seines Engagements auf der Seite der Studierenden und trotz vieler gemeinsamer Punkte von den protestierenden Studierenden zum „Establishment" gezählt, ein Urteil, das sie auch über viele andere Schriftsteller seiner Generation fällten.

In der DDR gab es zwar keine vergleichbare Jugendbewegung wie in der BRD, doch fanden im Ostblock auch ernsthafte politische Turbulenzen statt. Der Prager Frühling in der Tschechoslowakei weckte Hoffnungen auf Demokratisierung zu beiden Seiten der Mauer. In der BRD hofften einige Intellektuelle auf den Aufbau des „demokratischen Sozialismus“. In der DDR setzten sich einige systemkritische Schriftsteller und ein Kreis junger Menschen gegen die militärische Intervention und das Ersticken der Reformen ein, während der Großteil der Intellektuellen in den offiziellen Stellungnahmen und in Einzelerklärungen doch für die offizielle Parteilinie plädierte.

Auch wenn die westdeutschen und die tschechoslowakischen Versuche von „Revolution“ in gänzlich unterschiedlichen politischen Kontexten erfolgten und daher schwer vergleichbar sind, lassen sie sich doch auf eine gemeinsame Basis zurückführen, die allen Revolutionen gemeinsam zu sein scheint: Sie gründen auf der Überzeugung der Menschen, dass die Welt ungerecht sei und somit sofort verändert werden müsse.

Bibliografie

AdK (Archiv der Akademie der Künste), Archiv des Schriftstellerverbandes, *Anna Seghers, Vorsitzende des DSV, Falkenstein, den 29. 8. 1968.*

AdK, Thomas Brasch Archiv, Sign. 1848.

Arnold, Heinz Ludwig, 2003: „Ausgehend vom Labesweg 13. Rückblick auf Günter Grass“, *Neue Rundschau* (4), 112–133.

Arnold, Heinz Ludwig/Görtz, Franz Josef (Hrsg.), 1971: *Günter Grass – Dokumente zur politischen Wirkung.* Text und Kritik: München.

Einschätzung über feindliche Angriffe gegen die Bereiche der Kultur und Massenmedien und über bekannte Verbreitungen feindlicher bzw. oppositioneller Personen zu Bürgern der CSSR, Berlin, BStU (Der Bundesbeauftragte für die Unterlagen des Staatssicherheitsdienstes der DDR), Archiv der Zentralstelle, MfS-HA (Ministerium für Sicherheit) XX, Nr. 12812, 6. 6. 1975, Sign. 0003.

Grass, Günter, 1968a: „Auch der SDS muss sich zur Einsicht bewegen lassen“, *Frankfurter Rundschau* (103) 5, 3. 5. 1968.

Grass, Günter, 1968b: *Rede vom 12. Februar 1968*, Archiv der Akademie der Künste in Berlin, Aktensignatur 1376.

Grass, Günter, 1997: *Günter Grass. Essays und Reden I, 1955–1969*, hg. von Hermes, Daniela. Steidl: Göttingen; darin: ders.: „Der Biedersinn gibt wieder den Ton an“, 310–328. – ders.: „Die angelesene Revolution“, 332–346. – ders.: „Über die erste Bürgerpflicht“, 203–211. – ders.: „Ideologischer Kreisverkehr“, 452–457. – ders.: „Die Prager Lektion“, 347–356.

Grunau, Skott (Hrsg.), 1998: *Gruppe 47. Nachkriegsliteratur zwischen Poesie und Politik.* Pädagogisches Institut: Nürnberg.

Haftbefehl an Thomas Brasch, 27. 08. 1968, BStU, MfS AU 339/90.

Informationsbericht, 29. 08. 1968, SV, AdK, Archiv des Schriftstellerverbandes, *Informationsbericht, Berichte und Informationen ZK der SED 1968*, Sign. 521, 52.

Kätzel, Uwe, 2008: „Geschlechterrolle und das 1968er Aufbegehren in der DDR". In: Ebbinghaus, Angelika (Hrsg.), *Die letzte Chance? 1968 in Osteuropa. Analysen und Berichte über ein Schlüsseljahr*, VSA-Verlag: Hamburg, 183–194.

Latkowska, Magdalena, 2008: *Günter Grass i polityka* (Günter Grass und die Politik). Wydawnictwa Uniwersytetu Warszawskiego: Warszawa.

Letzte Fassung, Berlin, 26. August 1968, Außerordentliche Sitzung, Lage in der CSSR, AdK, Archiv des Schriftstellerverbandes, 28. 8. 1968, Sign. 573.

Prieß, Lutz/Kural, Václav/Wilke, Manfred: 1996: *Die SED und der „Prager Frühling"*. Akademie Verlag: Berlin.

Magdalena Latkowska

Universität Warschau

E-Mail: m.latkowska@uw.edu.pl

David Österle

Erinnern und Vergessen – Geschichtserfahrung und Vergangenheitsbewältigung in Uwe Timms *Rot*

Dem Aufspüren von Diskrepanzen zwischen der unmittelbaren Erfahrung eines Ereignisses und der späteren Erinnerung daran misst Uwe Timm in seiner literarischen Auseinandersetzung mit der politischen Geschichte von jeher besondere Bedeutung bei. Anschauliches Zeugnis dafür legt er in seiner (auto-) biographischen Erzählung *Am Beispiel meines Bruders* ab (Timm 2003). Das, was sein 16 Jahre älterer Bruder, der sich als Mitglied der Waffen-SS freiwillig an die Ostfront begeben hatte und dort Tagebuch führte, nicht wissen konnte über den Krieg, das also, was seiner eingeschränkten Perspektive an der Front notgedrungenerweise entgehen musste, ist von Timm mit dem Wissen von heute in aller Behutsamkeit beigefügt. Die Erfahrungsschichten – der über das Diarium des Bruders und seinen Feldpostbriefen einsehbaren Vergangenheit und einer Gegenwart, die von Verdrängungs- und Aufarbeitungsdiskursen überlagert ist – sind sich damit nicht automatisch gegenübergestellt, sondern ergänzen sich, wie auch Aleida Assmann in ihrer Interpretation des Romans herausgearbeitet hat. (cf. Assmann 2006: 49)

Im Kontext der Studentenproteste unternimmt Timm eine literarische Wiederbegehung einer selbst miterlebten und 1973 bereits literarisch verarbeiteten Vergangenheit. Zwischen seinem Erstling *Heißer Sommer* und seinem Erinnerungsroman *Rot* liegt eine Zeitspanne von 27 Jahren, die nicht nur einen Wandel in der Wahrnehmung und Bewertung, sondern auch in der Frage nach den Möglichkeiten und Grenzen der literarischen Mediatisierbarkeit der Ereignisse deutlich macht. Dazwischen liegt *Kerbels Flucht* (1980), eine Erzählung, in der in aller Nüchternheit von der Desillusionierung der Studentenschaft in den 1970er-Jahren erzählt wird, vom Weg in die persönliche Depression, terroristische Radikalisierung und alternativ den Opportunismus. Der Autor lässt in seinem Werk damit einen ästhetischen Dialograum entstehen, der die generationalen Erfahrungen der Protestbewegung und ihrer Vorgänger- und Nachfolgegeneration zu mehreren Zeitpunkten stichprobenartig erfahrbar und diskutierbar macht. (cf. Rinner 2006: 91)

Der folgende Beitrag geht der Frage nach, wie in *Rot* das unmittelbare Erleben des Protests und die retrospektive Erinnerung daran ihre genuinen ästhetischen und diskursiven Ausdrucksformen erlangen. Argumentiert wird, dass sich in Timms Erinnerungsroman nicht allein der gesellschaftspolitische Distinktionsbedarf der Studentenschaft als Motor für die Ausbildung generationaler Identität erweist, sondern auch der ästhetisch begründete und verwirklichte Umgang mit Zeitbezügen. Indem Timms Figuren über ihr Traditionsverhalten Auskunft geben, bekräftigen sie ihre Haltung zum richtigen Umgang mit Geschichte, zur adäquaten Form des Erinnerns und Vergessens. Der Generationskonflikt, der in Timms Roman zur Darstellung gebracht ist, entfaltet sich damit maßgeblich über die unterschiedlichen Modi der Herstellung und Inbezugsetzung von Vergangenheit und Gegenwart.

1. Zwischen Vergangenheit und Gegenwart

Der Beerdigungsredner, Jazzmusiker und einstmalige 68er Thomas Linde soll für einen Weggefährten aus Studententagen auf dessen testamentarischen Wunsch hin eine Grabrede halten. Im Zuge seiner Recherchen über Aschenberger, von dem er seit seinem Auszug aus der Wohngemeinschaft nichts mehr gehört hatte, findet er in dessen Wohnung ein Paket mit Sprengstoff, mit dem dieser die Berliner Siegessäule in die Luft sprengen wollte. Der Fund zwingt den Ich-Erzähler Linde über seine Vergangenheit in der Studentenbewegung nachzudenken, und vor allem auch darüber, wohin seine eigenen Ideale und Ziele von einst verschwunden sind. Zuletzt verdichten sich die Andeutungen im Text, dass Linde damit sympathisiert, zum Stellvertreter von Aschenbergers unausgeführter Protestaktion zu werden.

Bei allem Respekt für seine ideologische Konsequenz ruft Aschenberger in Thomas Linde zu Beginn seiner Beschäftigung doch äußerst ambivalente Gefühle hervor. Dass er in seiner muffigen Souterrainwohnung wie ein „Grottenolm der Revolution lebte" (Timm 2001: 69), komplettiert symbolisch das Bild eines Mannes, für den es wegen seiner geringen Mobilität „im wiedervereinten Berlin keine Gegenwart" gab (Friedrich 2006: 41).

Wie sehr das revolutionäre Gedankengut von 1968 überkommen scheint, setzt der Roman zuvorderst über die Lektüreerfahrung der einstigen Mitglieder der Studentenbewegung ins Bild. Die Klassiker der Studentenproteste sind eine Generation später bereits zum „Altpapierlager linker Literatur" verkommen (Timm 2001: 69). Der von Aschenbergers Sohn bestellte Wohnungsauflöser, der nach dem Tod des Vaters dessen Hab und Gut nach Wertvollem durchstöbert, erklärt unverfroren:

> Gott, sagte er, alles blau, die Marx-Engels-Gesamtausgabe, Theorie des Realismus, Lukacs, Wirtschaftheorie, Erkenntnistheorie, Rubinstein. Das Zeug gibt's auf jedem Flohmarkt zwischen Stralsund und Gotha, auch für ne Mark, nimmt Ihnen niemand ab, also nee, die ganze linke Theorie ist hier im Osten wie bei einer Diarrhöe abgeprotzt worden. (Timm 2001: 63)

Ähnlich unbarmherzig verfährt auch Thomas Linde selbst mit der bibliophilen Tätigkeit seiner alten Genossen. Als er seinen einstigen Weggefährten Ulrich Krause in Vorpommern besucht, wo dieser als Schullehrer arbeitet und nebenbei ein privates APO-Antiquariat mit dem Schwerpunkt „Theorie und Literatur der Achtundsechziger" unterhält, vermerkt Linde süffisant: „Da standen und lagen sie in Holzregalen, grau und schon jetzt stockfleckig, die 68er Literatur, Bücher, die auf ihre Opfer warteten, um denen, die nach ihnen greifen, sie lesen, wie Vampire des Lebens auszusaugen." (Timm 2001: 390) Der belesene Erzähler ruft hier Erinnerungen an Hofmannsthals zeitgeistigen D'Annunzio-

Essay wach, in dem beklagt wird, dass die „Vampire" der Vergangenheit den „vergangenen Dingen" ein in die Gegenwart einwirkendes „unheimliches Eigenleben" eingeflößt hätten (Hofmannsthal 2014: 174). Die in die Jahre gekommenen Bücherschränke mit linker Literatur – so ließe sich der intertextuelle Referenzrahmen verstehen – hätten bei Aschenberger und Krause eine Schaffens- und Handlungshemmnis zur Folge.

Wenn hier die antiquarische Lektüretätigkeit der Alt-68er ins Visier genommen wird, dann verschränkt Timm die Kritik an der lebens- und kulturfeindlichen Übersättigung der Gegenwart mit Historie, wie sie sich bereits in Nietzsches zweiter *Unzeitgemässen Betrachtung* findet, mit der übermäßigen Theorieversessenheit der deutschen Protestkultur. Letztere durchzog nicht nur leitmotivisch Timms Erstling *Heißer Sommer,*[1] sondern gehört auch zu einem etablierten Erklärungsmodell der spezifisch deutschen Studentenproteste, welches durch die Arbeiten von Michael Kimmel und Wolfgang Kraushaar popularisiert wurde (cf. Cornils 2006: 62).

Im Unterschied zu Frankreich und den USA sei die Protestkultur der BRD im Allgemeinen über die Theorie-Diskussion und im Besonderen über das Bedürfnis eines „richtigen Bewusstseins" gekennzeichnet gewesen. Der intellektuelle Diskurs könne, so Kimmel, als „funktionales Surrogat für einen erfolgsversprechenden politischen Aktivismus" angesehen werden. (Kimmel 1998: 257) In der Theorie hätte die Theorie dann ganz in praktisches Handeln übergehen und sich damit auflösen sollen. Doch selbst die Lieferanten der Theorie wie Herbert Marcuse waren sich der Gefahr bewusst, dass man „über die intensive Diskussion der Notwendigkeit von Praxis die Praxis" sehr leicht vergesse (Prinz 1990: 33).

Nicht wenig aufschlussreich ist nun, dass sich in Timms späterem Roman der Bereich der Ästhetik – sowohl auf der Ebene der *Histoire* als auch des *Discours* – gegenüber *Heißer Sommer* massiv aufgewertet findet, was Ingo Cornils im Zusammenhang von *Rot* von einer „Entsorgung der Theorie" zu sprechen veranlasst (Cornils 2006: 62). Doch auch nach all den Jahren ist Uwe Timm und Thomas Linde die linke Theorie präsent, besonders die Arbeiten von Herbert Marcuse und die Hegemonialtheorie von Antonio Gramsci. Marcuses soziologisches Interesse richtete sich bekanntlich auf die Etablierung einer repressionslosen, von allen Herrschaftsverhältnissen gelösten Gesellschaft, welche seiner Meinung nach durch die Befreiung des Lustprinzips zu realisieren ist. Wie in „Versuch über die Befreiung" formuliert, entfalte sich diese nicht allein durch vernunftbasierte Reflexion und Aufklärung, sondern durch ästhetische Erfah-

---

1 In *Heißer Sommer* hieß es bereits: „Ohne Phantasie vertrocknet man doch, erregte sich Ullrich. Wie im Keller. Diese Diskussionen. Dieses Gequatsche über die Kategorien des Kapitals. Da trocknet man aus, da verdurstet man. Ohne Phantasie, ohne Spiel, was soll das für eine neue Gesellschaft werden? Lauter vertrocknete Seminarmarxisten. Die Langeweile. Das ist der gesellschaftliche Wärmetod." (Timm 2018: 239).

rung und schöpferische Praxis, wo diese eine Sensibilisierung der Sinne in Gang setzen (cf. Schäfer 2015: 200). Der Ästhetik kommt nach Marcuse damit nicht nur die Aufgabe einer (zwischenzeitlichen) Sublimierung zu, nein, sie soll in umfänglicher Weise als gesellschaftliche Produktivkraft, d. h. in ihrer „entsublimierten politischen Form" die (nachhaltige) Umgestaltung der Realität bewirken (Marcuse 1969b: 44).[2]

Gegen die Genuss- und Lustverächter der Studentenrevolte gerichtet, verfolgt Timm mit seinen literarischen Arbeiten das Ziel einer „sinnliche[n] Aufklärung" (Timm 1996: 109), wie es in seinen – Marcuse und Antonio Gramsci synthetisierenden – *Römischen Aufzeichnungen* heißt. Für *Rot* hat Timms „sinnliche Aufklärung" nun zur Folge, dass die sich darin entfaltenden Wahrnehmungs-, Erinnerungs- und Literarisierungsprozesse im Modus der Unmittelbarkeit und Nähe erfahrbar werden. Anschaulich wird diese Gegenwart des sinnlichen Erlebens dadurch etwa, dass Linde in seinem Erinnerungsprojekt ausgerechnet jene Episoden in den Sinn kommen (oder: er im autobiographischen Selektionsprozess jene Episoden bewusst wählt), in denen der diskursiv stattfindende Protest von musikalischen Eindrücken begleitet ist (cf. Albrecht 2006: 9–30). Nachdem sich Linde die Italienerin in Erinnerung gerufen hat, die mit ihrer Gesangseinlage im Hörsaal die Diskussion über Gramscis Hegemonialtheorie kurzfristig unterbrochen hatte, resümiert er pointiert: „Wir hätten mehr singen, weniger kategorial bestimmen sollen." (Timm 2001: 98) Die Bilder, die Linde in Erinnerung an die Besetzung einer Renault-Fabrik in Paris aufkommen, sind ebenfalls mit musikalischen Eindrücken verbunden: „Kapellen spielten, Blasmusik, aber auch ein Quartett [...], das Schönberg spielte und Eisler [...]", dann ein „Akkordeon-Orchester", das „Tanzmusik" spielte (Timm 2001: 447).

Strategien sinnlicher Vergegenwärtigung des Erzählten finden sich nicht nur auf stofflicher, sondern auch auf rezeptionsästhetischer Ebene: Indem Linde – der sich ganz nebenbei auch als Jazzmusiker und -kritiker im Rundfunk verdingt – die gesamte Erzählung hinweg auf Komponisten, Interpreten und Stücke aus dem Bereich des Jazz und der Klassischen Musik verweist, liefert er auch den Soundtrack zum Text, der Timms Leserschaft zum Mit- oder Nachhören ermutigt (cf. Albrecht 2006: 14). Die Evokation dieser Klangkulisse wie auch die Konzeption der Erzählung als Lindes finale Begräbnisrede machen die Leser/-innen des Texts zu Zuhörer/-innen und werten im Kontext literarischer Rezeption die auditive Wahrnehmung gegenüber dem Sehsinn maßgeblich auf.

2 Die Aufwertung von Sinnlichkeit sieht Marcuse nun auch als ein wesentliches Moment der internationalen Protestkultur, ‚der großen Weigerung' (Marcuse 1969b: 9), wie er in „Versuch über die Befreiung" schreibt: „Miniröcke gegen Apparatschiks, Rock ‚n' Roll gegen sowjetischen Realismus. Das Bestehen darauf, daß eine sozialistische Gesellschaft leichtfüßig und spielerisch sein kann und sollte, daß diese Qualitäten wesentliche Elemente der Freiheit sind; das Vertrauen in die Rationalität der Phantasie; das Verlangen nach einer neuen Moral und Kultur – bezeichnet diese große anti-autoritäre Rebellion eine neue Dimension und Richtung radikalen Wandels [...]." (Marcuse 1969b: 44).

Timm inszeniert die sinnlich-ästhetische Gegenwärtigkeit des Dargestellten zuletzt auch mithilfe einer Erzählsituation, welche auf der mimetischen Gleichzeitigkeit von Ereignis, Denken und Erzählen gründet. Nachdem Linde im Straßenverkehr unglücklich von einem Auto erfasst wird, gerät er kurz vor seinem Tod in einen Zustand halluzinogener Bewusstseinsauflösung, der schließlich auch die apokalyptische Vorstellung des Zusammenbruchs der Berliner Siegessäule zutage fördert: „[...] Erlösung, endlich Gegenwart, Sturz, Allgegenwart, Gewölk, sanftes Grau und darüber das Licht. Licht." (Timm 2001: 447)

Bei aller Akzentuierung von ‚Gegenwart' in *Histoire* und *Discours* des Textes – der Erzähler verzichtet doch auch nicht darauf, die Surrogate von Sinnlichkeit und Ästhetik zu identifizieren, die für die Gegenwartsgesellschaft aus marxistischer Perspektive charakteristisch sind. Dass die Bedürfnisse und Wünsche von den bestehenden Herrschaftsverhältnissen manipuliert werden, wie Marcuse in *Der eindimensionale Mensch* mit Blick auf die spätkapitalistische Gesellschaft erklärt, zeigen die Biographien von zwei ehemaligen 68ern. Abgetrennt von den Fäden ihrer revolutionären Vergangenheit haben sich beide ihr Leben ganz nach den marktkonformen Schönheits- und Genussidealen der Gegenwart eingerichtet. Da ist zum einen Lisa, die Ex-Frau Lindes, die sich aus Angst vor dem Älterwerden einer ganzen Reihe von Schönheitsoperationen unterzieht, anders gesagt: sich aus Angst vor den Spuren ihrer eigenen Historizität von Grund auf erneuert. Edmund, Lindes enger Freund aus den Revolutionstagen, hat aus dem Lustprinzip sogar ein Geschäft gemacht, indem er nun mit exklusiven französischen Weinen handelt – „Klassenkampf" ist für ihn „ein Wort aus der Steinzeit" (Timm 2001: 447). Was sich in Lisas und Edmunds absoluter Hinwendung zur Gegenwart ausdrückt, ist mit Marcuse gesprochen die „Euphorie im Unglück" (Marcuse 1969a: 27–28). Freilich kann man sich fragen, ob Timm hier didaktisch etwas übermotiviert agiert, wenn er ausgerechnet diese beiden Figuren im Roman „falschen Bedürfnissen" hinterherjagen lässt.

2. Wiederaufbau anstatt (Geschichts-)Aufarbeitung

In ihrem Versuch, ihre Existenz apodiktisch auf die Gegenwart auszurichten, treffen sich die ehemaligen 68er Lisa und Edmund paradoxerweise mit ihrer Elterngeneration. Als erfinderische und hemdsärmelige Kräfte im Prozess des Wiederaufbaus stehen für Thomas Linde sein Vater und seine beiden Onkel repräsentativ für jene Nachkriegsgeneration, die mit ihrem exkulpierenden Umgang mit der Geschichte jeder Form der Selbstkonfrontation aus dem Weg ging. Linde kritisiert seine Familie nicht nur dafür, in den Chor der nachträglichen Schuldbefreiung eingestimmt zu haben – „Niemand hatte etwas gewußt" (Timm 2001: 165) –, sondern auch an dem kollektiven Vertuschungsprojekt beteiligt gewesen zu sein. Sein Vater sei einer jener Architekten gewesen, die nach dem Krieg in unglaublichem Tempo das Land wiederaufgebaut hätten, aber stets mit der Intention, „die eigene Geschichte auszulöschen, indem man sie zubaute", so Susanne Rinner. Die auf Funktionalität ausgerichtete Bauweise seines Vaters offenbare vor allem das Bestreben, sich vom „Pomp der Nazis abzugrenzen", und verunmögliche damit eine seriöse Aufarbeitung (Rinner 2006: 90).[3]

Mit Rückgriff auf die Architekturhistorikerin und Designerin Bryony Roberts ließe sich die Baupraxis von Lindes Vater in metaphorischer Begriffsverwendung als *Tabula rasa* charakterisieren. Bei der *Tabula rasa* handelt es sich um eine im antiken Rom gebräuchliche, meist einseitig mit Wachs beschichtete Schreibtafel, die durch Abschaben der Schrift geglättet und damit neu beschrieben werden konnte. Während *Tabula rasa* das modernistische und irreversible Abtragen vorhandener Baustrukturen zugunsten neuer meine, zeichne sich die von Roberts bevorzugte *Tabula plena* (die volle Tafel; alternativ der volle Tisch) durch den konservierenden Zugriff auf das historische Zeichenmaterial aus, was sich in den Gestaltungsformen Umbauen, Erweitern und Verdichten ausdrücke (cf. Langdalen 2016: 172). Wenn sich Roberts die *Tabula plena* dabei „as a table after a dinner party, with the complex arrangements of plates, glasses and silverware positioned by a series of social negotiations" imaginiert (Roberts 2016: 5), dann wird damit deutlich, dass die konservierende Erweiterung weit größere Spielräume für die diskursive Verhandlung von politischen und ästhetischen Transformationsprozessen erlaubt. Die traditionsvergessene *Tabula rasa* hingegen lasse kaum einen Diskurs über Geschichte zu.

Wie mit den Elementen der Nationalhistorie umzugehen ist, die man lieber aus den eigenen Geschichtsbüchern tilgen würde, wird in *Rot* auch aus der Perspektive jener betrachtet, die an dieser zerstörerischen Geschichte selbst nicht teilhatten. Unter völlig anderen Vorzeichen praktizierte die Studentenschaft einen Umgang mit der Historie, der im Ergebnis jenem der Vätergeneration ähnlich war, die mit ihrer Schlussstrichmentalität einer allumfassenden Aufarbeitung der Geschehnisse und ihrer Täterschaft grundsätzlich entgegenwirkte. Durch die Zerschlagung der Geschichte beabsichtigten die Agenten der Studentenbewegung, als „Kollektiv" selbst zum „Subjekt der Geschichte" zu werden (Kusche 2008: 191), in dem man sich – in der Theorie jedenfalls – freie Hand in der Gestaltung von Gegenwart und Zukunft verschaffte. In *Heißer Sommer* zeigt sich dies (im Kleinen) etwa in der studentischen Umsturzaktion des Denkmals von Hermann von Wissmann (Timm 2018: 147),[4] der als Reichskommissar in Südwestafrika deutschen Unternehmen und Siedlern geholfen hatte, Territorien der Einheimischen zu übernehmen und die Betroffenen in der Folge auf brutale Weise auszubeuten; in *Rot* geht es um den Plan der Sprengung der symbolisch hoch aufgeladenen Berliner Siegessäule, die in der *dtv*-Ausgabe des Buchs sogar die Coverseite ziert.

Dass es die Siegessäule ist, die Aschenberger als Ziel seiner Protestaktion auserkoren hat, erklärt er damit, dass sich im Denkmal und in seinen baulichen Veränderungen repräsentativ die Kontinuität kriegerischer Aktivitäten

3 Linde verschränkt hier politische und ästhetische Argumente, wenn er die Bauten seines Vaters als „hässlich" bezeichnet (Timm 2001: 150 und 160).

4 An die Episode erinnert sich auch Thomas Linde in *Rot* (Timm 2001: 404).

Deutschlands widerspiegeln würde. Aschenberger führte Untersuchungen zur „Planung und Baugeschichte dieses Denkmals“:

> Nach dem Deutsch-Dänischen Krieg 1864, von dem preußischen König Wilhelm in Auftrag gegeben, mußte die Säule zwei Jahre später, nach dem Preußisch-Österreichischen Krieg, vergrößert werden, fünf Jahre danach, nach dem Sieg über Frankreich, befahl König Wilhelm, inzwischen zum Kaiser aller Deutschen ausgerufen, die Säule abermals zu vergrößern. (Timm 2001: 126)

Die Ruine der Siegessäule, so argumentiert Aschenberger sein metaphorisch überhöhtes Zerstörungsprojekt, würde so der „ruinöse[n] deutsche[n] Geschichte“ (Timm 2001: 127) gleichkommen (cf. Kusche 2008: 199). Der Hinweis auf das Zerstörerische bringt den auf der Siegessäule platzierten goldenen Engel zudem in die Nähe von Walter Benjamins „Engel der Geschichte“, der auch in *Rot* seine Erwähnung findet. In Benjamins Bildinterpretation von Paul Klees *Angelus Novus*, in dessen Besitz er war, entwickelt der Philosoph seine Kritik an der Vorstellung eines teleologischen Geschichtsverständnisses. Der Engel der Geschichte hat seinen Blick auf den Trümmerhaufen der Geschichte gerichtet, der sich vor ihm in fortlaufender Bewegung auftürmt, wird aber gleichzeitig von einem Sturm, der sich in seinen Flügeln verfangen hat, in die Zukunft befördert, sodass es ihm genauso wenig möglich ist, die zerschlagene Geschichte wieder neu zu ordnen wie gestaltend in die Zukunft einzugreifen: „Das, was wir den Fortschritt nennen, ist dieser Sturm“ (Benjamin 1974: 692), heißt es in seiner neunten These aus der Schrift „Über den Begriff der Geschichte“, die er kurz vor seinem Tod verfasste. In Benjamins Denkbild äußert sich die „radikale Kritik an der historischen Vernunft“ (Mosès 1994: 18), an der Idee einer auf Vollendung zusteuernden Menschheitsgeschichte, wie sie sich etwa in der christlichen Heilsvorstellung Gottfried Wilhelm Leibniz' („Theodizee“) ausgedrückt findet.

Auch der goldene Siegesengel in Berlin, so ließe sich die in *Rot* alludierte Analogie deuten, hat seinen Blick auf eine blutige Vergangenheit gerichtet und wird durch den Motor des Fortschritts – ausgedrückt in den baulichen Veränderungen des Denkmals – doch immer weiter in eine nicht weniger blutige Zukunft getrieben. Die melancholische Engelsgestalt steht damit plötzlich selbst für die kriegerische Kontinuität in der Geschichte Deutschlands.

3. Historistisches Geschichts(un-)bewusstsein

Als Linde jedenfalls von Aschenbergers Plan erfährt, die Siegessäule in die Luft zu sprengen, und der 23 Jahre jüngeren Iris schließlich davon erzählt, bringt sie ihr tiefes Unverständnis gegenüber gewaltvollem Protest zum Ausdruck: „Der hatte doch einen Sprung in der Schüssel. [...] Na hör mal. Diese Gewaltphantasien“ (Timm 2001: 129). Das heißt jedoch keineswegs, dass die Lichtkünstlerin einer aktionistischen Standort-Bestimmung der Berliner Siegessäule völlig ablehnend gegenübersteht. Als sich Linde und Iris gemeinsam auf die Aussichtsplattform der Siegessäule begeben, schlägt sie ihm gar vor, das Denkmal mit Licht-Projektionen zu „bespielen".

> Weißt du, was hierher muss? Licht! Kein Sprengstoff! Mit Laserschrift auf die Säule projizieren: Auszüge aus den Reden von Bismarck, aus Briefen von Kriegsfreiwilligen, Zitate aus *Mein Kampf*. Genau, wiederholte sie und lachte begeistert, genau das ist es. (Timm 2001: 135–136)

Mit den Lichtprojektionen und den projizierten Zitaten aus den Schriften der Politiker, Diktatoren und Kriegstreiber ließen sich die in der Siegessäule „verborgenen historischen Schichten" und damit eben jene Kontinuität des militärischen Gedankenguts in Deutschland freilegen. Während die Achtundsechziger die Zeichen einer unheilvollen Geschichte mit ihren Protestaktionen auszulöschen gedachten, will die den 68ern nachfolgende Generation mit den Mitteln der Ästhetik die historischen Ereignisse ‚beleuchten' (Rinner 2006: 84). Der Versuch der revolutionären *Umwälzung* der Verhältnisse in *Heißer Sommer* weicht hier einer gewaltfreien, schlicht-kommunikativen (Selbst-)Thematisierung.

Der Aufklärungsversuch, wie ihn Iris konzipiert, verläuft indes subjektlos: Hier sind es keine geschichtskundigen Interpreten wie der Touristenführer Aschenberger und der Begräbnisredner Linde, sondern die von ihren Urhebern losgelösten Zitatobjekte, die Aufklärung verschaffen sollen. Das Resultat der Aktion, würde eine solche wirklich realisiert werden, wäre durchaus ambivalent: Die Betrachter/-innen des Denkmals würden sich von den Textpassagen in ihrer unkommentierten und nicht-kontextualisierten Präsentationsform zwar einerseits angeregt fühlen, sich eigene Gedanken über die deutsche Geschichte zu machen (Rinner 2006: 84). Andererseits gelangt man mit der isolierten Ausstellung von Zitaten (und der Projektion von Licht) kaum unter die Oberfläche der historischen Gegenstände. Dass das ‚Material', mit dem sich Iris professionell beschäftigt, in Wahrheit nur der „Schein reflektierender Oberflächen, die Illusion von Wirklichkeit" ist, lässt die Lichtkünstlerin im Kontext des Romans zur Repräsentantin einer ganzen Generation werden. (Friedrich 2006: 42)

Zur Figur Iris passt auch, dass sich das Interieur ihrer Wohnung als Produkt eines ‚postmodernen Historismus' ausnimmt (Kantsteiner 2004). In der Welt von Iris wird Geschichte aus ihrem *konkreten* semantischen und symbolischen Funktionsrahmen gelöst. Die dekorativen Rückbezüge sind aus dem Gesamtzusammenhang der Epochenkontexte herausgeschnitten und dienen nur mehr als spielerische und assoziative Stimmungsträger für ihr Raumarrangement. Die Wohnungsbesichtigung wird vom Erzähler passend mit Querverweisen auf den Prunk und Pomp des Louis XIV – „ein Hauseingang wie in Versailles" –, wie den gründerzeitlichen Historismus kommentiert: „Ich dachte, ich trete ins Atelier von Makart. Ein purpurnes Troddelsofa mit goldbesticktem Meanderfries, zwei tigergeflammte Sessel, am Boden ein Eisbärenfell mit einem ausgestopften Kopf", erklärt dieser. Das Bad gleiche einer „Ludwig-Zwei-Grotte" und auf „zwei Konsolen stehen bombastische Vasen, an denen Wilhelm Zwo seine Freude gehabt hätte" (Timm 2001: 12–13). Wo sich Iris den Dingen gegenüber traditionslos und somit bezugslos zu verhalten weiß, fühlt sie sich angesichts des kontingenten und potentiell unendlichen Zeichenmaterials zu einer Auswahl nicht mehr bemüßigt. (cf. Adorno 1987: 181)

Ihr generationstypisches Geschichts(un)bewusstsein lässt sich allerdings nicht allein aufgrund ihres „verquasteten Bombast[s]" (Timm 2001: 13) in ihrer Wohnung charakterisieren.[5] Während Linde seiner Freundin die bemerkenswerte Gabe attestiert, die komplexe Geistesgeschichte in Zitatform derart ‚anzuverwandeln', dass es scheine, als habe sie diese auch wirklich intensiv studiert, steht er den historistisch-positivistischen Isolierungspraktiken selbst skeptisch gegenüber, wie er in einer seiner Reflexionen über die Kunst der Grabrede anklingen lässt:

> Auch da macht sich das Studium bezahlt, selbst wenn der Name Platon nie fällt und natürlich erst recht nicht der Name des Dialogs. Der Phaidon. Gräßlich. Die Amateure hantieren immer mit Namen, die Profis lösen die Inhalte auf, die muß man kennen, und zwar nicht nur aus dem Feuilleton, man muß sie verstanden haben. (Timm 2001: 46)

Wenn Linde sich nun selbst damit ironisiert, er habe die „Aufmerksamkeit" und „Zuneigung" von Iris durch zwei Zitate erworben, dann stellt er seine Geliebte nicht nur als eklektizistisch agierende Zitatsammlerin dar, sondern macht auch deutlich, dass ihre neutrale und relativistische Haltung gegenüber Zeit und Geschichte das Zustandekommen der Liebesbeziehung zu dem 21 Jahre Älteren durchaus begünstigte: „Vielleicht, wenn ich es positiv für mich wenden will, kann ich sagen, ich habe sie durch diese beiden Zitate gezwungen, über unseren Altersunterschied hinwegzusehen." (Timm 2001: 72–73)

Lindes Skepsis gegenüber der verbreiteten Praxis im Umgang mit Zitaten hat Konsequenzen für die Erzählweise des Romans. Während in *Heißer Sommer* – quasi als Crashkurs linker Theorie und Ausdruck der Zeitgenossenschaft des Autors – in Kursivdruck Zitate eingeflochten sind, hat Timm auf die dokumentarische Praxis in *Rot* vollends verzichtet (cf. Jurgensen 1995: 37). Wie bereits erwähnt, nimmt Timm in seinem späteren Roman in kaum geringerem Ausmaß auf die Arbeiten von Bakunin, Gramsci und Marcuse Bezug (cf. Cornlis 2001: 60–63). Die vielfältigen intertextuellen Verweise sind hier allerdings narrativ in den literarischen Text eingewoben, also ohne die Namen der Verfasser ‚sprachphotographisch' abzubilden (cf. Jurgensen 1995: 34). Es ließe sich mit Ingo Cornlis argumentieren, dass die Zitat- und Montagetechnik von *Heißer Sommer* im späteren Roman *Rot* bis zu ihrer Unkenntlichkeit verfeinert – d.h. ästhetisiert – wurde (cf. Cornlis 2001: 58–59).

---

5 Dagegen zeichnet sich der Hausstand von Thomas Linde durch Reduktion aus. Seine spartanisch eingerichtete Dachwohnung ist in erster Linie hinsichtlich seiner Transportabilität organisiert: „Müsste ich für eine plötzliche Flucht meine Sachen packen, ich würde nur drei Dingen, die ich dann zurücklassen müsste, nachtrauern" (Timm 2001: 15).

4. Verlebendigung der Erinnerung als Alternativmodell

In der Kritik an den Zeit- und Geschichtsentwürfen seiner unmittelbaren Umwelt, seines Vaters, engsten Freundes, seiner Exfrau, seiner neuen Geliebten und letztlich auch Aschenbergers, äußert sich – in gespiegelter Perspektive – Thomas Lindes eigenes historisches Bewusstsein. Seine geschichtsbezogenen Denk- und Handlungspraktiken zeichnen sich gerade dadurch aus, dass sie sich jeglicher Eindimensionalität verwehren und neben dem „Einerseits" auch ein „Andererseits" platzieren. Als Alternative zu den skizzierten Geschichtsmodellen entwickelt Linde das Konzept einer verlebendigenden Erinnerung als Scharnier zwischen der abgeschlossenen 68er-*Geschichte* und einer postmodern entleerten *Gegenwart*. Indem der schwer verletzt auf dem Boden liegende Beerdigungsredner die Erzählung als seine eigene Grabrede anlegt, ist mit der Erzählsituation symbolisch unverschlüsselt auch auf das Ende einer generationalen Erfahrung angespielt.[6] Andererseits widerspricht die Gattung des Nekrilogs mit seinem lebensbejahenden Symbolgehalt der pessimistischen Erzählsituation, wie auch Susanne Rinner im Kontext von Timms Roman herausgearbeitet hat (cf. Rinner 2001: 76 f.). Denn Bedeutung kommt der Grabrede in der Tradition der antiken Rhetorik vor allem deshalb zu, weil sie die Toten davor bewahrt, dem Vergessen überantwortet zu werden, so Aleida Assmann mit Verweis auf Simonides von Keos und dem mit ihm verbundenen Ursprungsmythos der Gedächtniskunst (cf. Assmann 1999: 161).

Lindes Erzählintention begründet sich so unübersehbar damit, eine Rückbesinnung auf die idealistischen Sinnpotentiale der 68er zu popularisieren, ohne jedoch die „auf Totalität abzielenden Theorieentwürfe von damals" unhinterfragt zur Richtschnur für den Umgang mit den Herausforderungen der Gegenwart zu erklären. Deutlich wird in Lindes Denken und Handeln, dass ihm im Zeichen des „kulturellen Synkretismus" der Gegenwart eindimensionale Identifikationsangebote fremd geworden sind (Fuchs 2003: 237). Das ‚Ende der Geschichte' und die Veränderung der politischen Kultur unter der Dominanz neoliberaler Imperative – Individualismus, Unternehmertum, Genuss – bedingt auch für die Generation Lindes das Ende kollektiver linker Handlungspraktiken

6 Auch mit intratextuellen Mitteln bricht Timm die Verbindungslinien zwischen den Studentenprotesten der 1960er-Jahre und der Gegenwart auf. Gerhard Friedrich liest Uwe Timms Erstling *Rot* dialogisch mit *Heißer Sommer* und weist dabei nach, dass der Großteil des studentischen Figurenarsenals seines Erstlings auch in *Rot* präsent ist. Der Protagonist und Ich-Erzähler Thomas Linde weist ihnen in seiner Erinnerungsarbeit – mit Ausnahme des einstigen Protagonisten Ullrich Krause – indes gänzlich neue Namen zu und erzeugt damit das Bild, dass ein nahtloser Anschluss an die Erzählung von damals so einfach nicht möglich ist (cf. Timm 2001: 38–41). Dass die persönlichen Erinnerungen Lindes gegen Ende hin immer unverlässlicher werden, sich mit kollektiven vermischen und schließlich in Auflösung geraten, kann hier als formale Übersetzung des Tatbestands interpretiert werden, dass sich das *erzählende* und *erinnernde* Ich in *Rot* von seinem *erzählten* und *erinnerten* entfremdet hat.

und damit eine Partikularisierung politischer Identität. Dass in dieser Gegenwart die Gefahr der Erregungsmüdigkeit förmlich an jeder Ecke lauert, verdeutlicht Linde anhand seiner eigenen, über die Jahre gewachsenen politischen Apathie, die ihn von dem *Ich* seiner Studententage völlig entfremdet hat: „ich hatte in Drachenblut gebadet, hatte einen Schutz gewonnen, der mich weniger verletzlich machte, also stärker, weil gleichgültiger." (Timm 2001: 207)

Dass es im Roman ausgerechnet die Tochter eines türkischen Gastarbeiters ist, die den Fortbestand des politischen Aktivismus in Deutschland sichert, stärkt den symbolischen Bedeutungshorizont, dass die Protestformen der Gegenwart angesichts des Kontinuitätsbruchs neuer Impulse bedurften. Während die Studentenproteste in Deutschland – im Gegensatz zu Frankreich etwa, wo sich Studentenschaft und Arbeiter/-innen gegenseitig solidarisierten – in hohem Maße selbstreferentiell auf den Theoriediskurs ausgerichtet waren, ist Nilgüns politisches Engagement äußerst praktisch auf die Verbesserung der Situation der Unterdrückten angelegt; so behandelt sie in ihrer Zahnarztpraxis etwa Geflüchtete ohne Krankenversicherung. (cf. Rinner 2006: 86 und 91)

So veranschaulicht Uwe Timm in *Rot* einmal mehr, dass sich die Literatur als ein tragfähiges Medium generations- und gesellschaftsübergreifender Gedächtnisstiftung und damit als zentraler Ort politischer Kommunikation erweisen kann. Es ist die Vielstimmigkeit und Multiperspektivität (der politischen Positionen und Sprecher/-innen), die den Roman zu jener offenen Bühne des Streits um die Möglichkeiten und Grenzen politischen Engagements in Vergangenheit und Gegenwart machen.

Nicht nur deshalb lässt sich *Rot* als Antwort darauf lesen, welche herausragende Rolle einer gedächtnisaffinen Literatur dabei zukommt, die Bedingungen politischer Veränderung zu diskutieren, und das gerade in einer Zeit, in der das kollektive politische Bewusstsein von 68 verjährt ist.

Bibliografie

Adorno, Theodor W., 1997: „Valéry Proust Museum". In: Tiedemann, Rolf (Hrsg.): *Kulturkritik und Gesellschaft I, Gesammelte Schriften.* Bd. 10. Suhrkamp: Frankfurt a. M. 1997.

Albrecht, Andrea, 2006: „‚Wir hätten mehr singen sollen'. Jazz, Politik und Sinnlichkeit in Uwe Timms *Rot*". In: Finlay, Frank/Cornils, Ingo (Hrsg.): *„(Un-)erfüllte Wirklichkeit". Neue Studien zu Uwe Timms Werk.* Königshausen und Neumann: Würzburg, 9–30.

Assmann, Aleida, 1999: „Zur Problematik von Erinnern und Erben". In: Schulz-Jander, Eva et al. (Hrsg.): *Erinnern und Erben in Deutschland: Versuch einer Öffnung.* Euregio: Kassel, S. 148–166.

Assmann, Aleida, 2006: *Generationsidentitäten und Vorurteilsstrukturen in der neuen deutschen Erinnerungsliteratur. Wiener Vorlesungen im Rathaus.* Bd. 117. Picus: Wien.

Benjamin, Walter, 1974: „Über den Begriff der Geschichte". In: Tiedemann, Rolf/Schweppenhäuser, Hermann (Hrsg.): *Walter Benjamin: Gesammelte Schriften.* Bd. I,2. Suhrkamp: Frankfurt a. M.

Cornils, Ingo, 2006: „Uwe Timm, der heilige Georg und die Entsorgung der Theorie". In: Finlay, Frank/Cornils, Ingo (Hrsg.): *„(Un-)erfüllte Wirklichkeit". Neue Studien zu Uwe Timms Werk.* Königshausen und Neumann: Würzburg, 55–71.

Friedrich, Gerhard, 2006: „Rot wie tot. – Zur Symbolik in Uwe Timms Roman *Rot*". In: Finlay, Frank/Cornils, Ingo (Hrsg.): *„(Un-)erfüllte Wirklichkeit". Neue Studien zu Uwe Timms Werk.* Königshausen und Neumann: Würzburg, 31–44.

Fuchs, Anne, 2003: „'ein netter Typ, kritisch, ja sogar irgendwie auch links'. Zu Uwe Timms Ethnographie der 68er Generation". In: Fuchs, Anne /Strümper-Krobb, Sabine (Hrsg.): *Sentimente, Gefühle, Empfindungen. Zur Geschichte und Literatur des Affektiven von 1770 bis heute.* Königshausen & Neumann: Würzburg, 227–241.

Hofmannsthal, Hugo von, 2014: „Gabriele D'Annunzio". In: Barth, Johannes et al. (Hrsg.): *SW XXXII: Reden und Aufsätze 1 (1891–1902).* Fischer: Frankfurt a. M.

Jurgensen, Manfred, 1995: „Die dokumentierte Fiktion: Heißer Sommer, Kerbels Flucht. Uwe Timms Zeugenbericht auf Widerruf". In: Durzak, Manfred/Steinecke, Hartmut (Hrsg.): *Die Archäologie der Wünsche. Studien zum Werk von Uwe Timm.* Kiepenheuer & Witsch: Köln, 27–46.

Kantsteiner, Wulf, 2004: „Postmoderner Historismus – Das kollektive Gedächtnis als neues Paradigma der Kulturwissenschaften". In: Jäger, Friedrich/Straub, Jürgen (Hrsg.): *Handbuch der Kulturwissenschaften.* Bd. 2: Paradigmen und Disziplinen. Metzler: Stuttgart/Weimar, 119–139.

Kimmel, Michael, 1998: *Die Studentenbewegungen der 60er Jahre. BRD, Frankreich, USA: Ein Vergleich.* WUV-Univ.-Verl.: Wien.

Kraushaar, Wolfgang, 2001: „Denkmodelle der 68er-Bewegung". *Aus Politik und Zeitgeschichte,* B22-23/2001, 14–27.

Kusche, Matthias, 2008: „Strategien mit Biographien: Dekonstruktion der Studentenbewegung bei F.C. Delius und Stephan Wackwitz, Utopie des Protests bei Uwe Timm". In: Zemanek, Evi/Krones, Susanne (Hrsg.): *Literatur der Jahrtausendwende. Themen, Schreibverfahren und Buchmarkt um 2000.* transcript: Bielefeld.

Langdalen, Erik Fenstad, 2016: „(Pre)Served at the Table". In: Otero-Pailos, Jorge/Langdalen, Erik/Arrhenius, Thordis (Hrsg.): *Experimental preservation.* Lars Müller Publishers: Zürich.

Marcuse, Herbert, 1969a: *Der eindimensionale Mensch. Studien zur Ideologie der fortgeschrittenen Industriegesellschaft.* Luchterhand: Darmstadt.

Marcuse, Herbert, 1969b: *Versuch über die Befreiung.* Suhrkamp: Frankfurt a. M.

Mosès, Stéphane, 1994: *Der Engel der Geschichte: Franz Rosenzweig, Walter Benjamin, Gershom Scholem.* Jüdischer Verlag: Frankfurt a. M.

Nietzsche, Friedrich, 2009: *Vom Nutzen und Nachtheil der Historie für das Leben.* Reclam: Stuttgart.

Prinz, Alois, 1990: *Der poetische Mensch im Schatten der Utopie: Zur politisch-weltanschaulichen Idee der 68er Studentenbewegung und deren Auswirkung auf die Literatur.* Königshausen & Neumann: Würzburg.

Rinner, Susanne, 2006: „Der Tod des Erzählers – Ein Nachruf auf die Erinnerung und das Vergessen der Studentenbewegungen in Uwe Timms *Rot*". In: Finlay, Frank/Cornils, Ingo (Hrsg.): *„(Un-)erfüllte Wirklichkeit". Neue Studien zu Uwe Timms Werk.* Königshausen und Neumann: Würzburg, 72–91.

Roberts, Bryony, 2016: *Tabula Plena: Forms of Urban Preservation.* Lars Müller Publishers: Zürich.

Schäfer, Hilmar, 2015: „Einleitung: Medien und Zeichen". In: Reckwitz, Andreas/Prinz, Sophia/Schäfer, Hilmar (Hrsg.): *Ästhetik und Gesellschaft. Grundlagentexte aus Soziologie und Kulturwissenschaften.* Suhrkamp: Berlin, 193–204.

Timm, Uwe, 1996: *Römische Aufzeichnungen.* Kiepenheuer und Witsch: Köln.

Timm, Uwe, 2000: *Kerbels Flucht.* Deutscher Taschenbuch Verlag: München.

Timm, Uwe, 2001: *Rot. Eine Erzählung.* Kiepenheuer und Witsch: Köln.

Timm, Uwe, 2003: *Am Beispiel meines Bruders.* Kiepenheuer und Witsch: Köln.

Timm, Uwe, 2018: *Heißer Sommer.* Deutscher Taschenbuch Verlag: München.

David Österle

Universität Wien

E-Mail: david.oesterle@univie.ac.at

Marta Fernández Bueno

Die Revolution vorspielen: *Toller* von Tankred Dorst

1. Einleitung

> Ich war auf der Suche nach Realität [...]. Ich wollte realistisch schreiben, was mir nicht gelang. [...] Erst mit 'Toller' [...] bin ich auf eine wirkliche Realität gestoßen und habe versucht, sie einigermaßen wörtlich in das Stück hineinzuschreiben.
> (*Trommler* 1981: 358)

Mit diesen Worten erklärt der deutsche Dramatiker Tankred Dorst (1925–2017) den radikalen Wandel in seiner Theaterkonzeption, den dieser Wunsch nach Authentizität im Umgang mit den Figuren und der sozialen Realität Mitte der 1960er-Jahre hervorbrachte. *Toller* (1968), das Drama, das hier besprochen werden soll, stellt diesen entscheidenden Wendepunkt dar. Von diesem Moment an werden seine Stücke zunehmend in dem, was Bekes (2007) den „realhistorischen Raum" nennt, verankert sein und eine Wende nehmen, die in seiner weiteren Produktion bis Anfang der 1980er-Jahre konstant bleiben wird: die Dramatisierung von Biografien historischer Persönlichkeiten, vor allem von Schriftstellern und Denkern, wobei der Fokus auf das Dilemma zwischen ihrem politischen Engagement und ihrer künstlerischen Autonomie gelegt wird. In späteren Titeln wie *Sand* (1971), *Eiszeit* (1973), *Goncourt oder Die Abschaffung des Todes* (1977) oder *Harrys Kopf* (1997) greift der Autor für sein künstlerisches Schaffen auf authentisches Material zurück, wie unter anderem Gerichtsakten und Protokolle. In all diesen Werken agieren die Protagonisten als Katalysatoren der Geschichte zu einem bestimmten Zeitpunkt, und *Toller* veranschaulicht diese Wende, wie in dieser Studie zu sehen sein wird.

Dorsts Suche nach Authentizität ist Teil eines Prozesses der historischen Bewusstmachung des Autors, der gleichzeitig mit dem Klima der sozialen Turbulenzen zu Ende des Jahrzehnts in der Bundesrepublik einsetzte. Dieser Umstand trug dazu bei, dass sich die Autoren der beiden deutschen Staaten für die revolutionären Versuche in der Geschichte jenes Landes und für die Ursachen deren Scheiterns interessierten (cf. Kienzle 1986: 980–981). Günter Grass veröffentlichte zum Beispiel zwei Jahre vorher *Die Plebejer proben den Aufstand.*

In diesem Kontext ist *Toller* angesiedelt, ein Stück im Format der „Geschichtsrevue" (Trommler 1981: 358), das seinem Autor die Projektion und Sichtbarkeit geben sollte, die er mit seinem bisherigen dramatischen Œuvre in Deutschland und im Ausland nicht erreicht hatte. In 38 Szenen thematisiert er das Verhältnis des expressionistischen Schriftstellers Ernst Toller (1893–1939) zu der ihn umgebenden revolutionären Realität (cf. Blumer 1975: 303), seinen politischen Aktivismus und sein Engagement für die bayrische Räterepublik.

Es wurden also zwei grundlegende Fragen umrissen, die ich in diesem Beitrag zu erläutern versuchen werde: einerseits der Wunsch nach Wahrhaftigkeit, der sich durch den Rückgriff entweder auf die von den Protagonisten gelebte historische Realität oder auf authentisches Material ausdrückt, und andererseits die Form, die das Stück annimmt. Fest steht, dass dieser Wunsch nach Realität paradoxerweise zusammen mit einer anti-realistischen Haltung besteht. „Diese Süchtigkeit nach Realem ist ohne die andere, ‚anti-reale' Haltung nicht zu denken." (Trommler 1981: 359) Der Keim der Inszenierung wird das Spiel zwischen Darstellung und Wirklichkeit sein (Trommler 1981: 357), daher der Titel dieses Aufsatzes. Wir werden nun sehen, wie diese dokumentierte Realität und ihre Fiktionalisierung miteinander in Einklang gebracht werden.

Wie Blumer (1975: 302) anmerkt, geht Dorst vor allem von letzterer aus, was die Wendungen in seiner künstlerischen Laufbahn zeigen. In der ersten Phase führten sie ihn dazu, auf die Parabelform zurückzugreifen. Angesichts seines Bedürfnisses nach Wirklichkeit bediente er sich dann der Geschichte und fand so eine realistische Dramaturgie. Der Wunsch, über diese Realität hinauszugehen, führte ihn schließlich 1981 dazu, ein „anti-realistisches" Drama wie *Merlin oder Das wüste Land* zu schreiben. Daher ist das Hauptanliegen dieses Autors, dass die Darstellung als eine solche Repräsentation wahrgenommen wird und nicht als nachgeahmte Realität. Warum aber sollte man dann auf die Geschichte zurückgreifen?

2. Historische Realität

Um die vorhergehende Frage zu beantworten, konzentrieren wir uns auf die Hauptfigur, die dem zu analysierenden Stück seinen Namen gibt. Mehrmals hat Dorst eingeräumt, warum er sich für die Figur Ernst Tollers interessierte: Jahre bevor er mit dem Schreiben an dem Stück begann, im Jahr 1963, hatte er dessen Autobiografie *Eine Jugend in Deutschland* (1933) gelesen. Dorst hält die Art und Weise, wie Toller die Ereignisse beschreibt, in die er eingetaucht war, für theatralisch, „dramatisch fiktionalisiert":

> So, wie Toller sie beschreibt, hatten sich die Ereignisse natürlich nicht abgespielt. Das war dramatisch arrangiert, die revolutionären Vorgänge hatten sich hier in Theaterszenen verwandelt. Toller dramatisiert sich selbst, er sieht sich im spotlight einer expressionistischen Menschheitsbühne als Leidender und als Held. (Blumer 1975: 303–304)

Dies definiert das Ziel, das Dorst mit seinem Werk verfolgt: Tollers Montage aufzudecken, um den Revolutionär, der nur eine Rolle spielt, zu entlarven. „Was mich an Toller interessierte, [war] der Vorgang der Selbstdramatisierung eines Menschen in einer bestimmten [...] Situation. [...] nicht den Dramatisierungen Tollers folgen, sondern sie denunzieren. Toller, der Schauspieler". (Dorst 1981: 23) Laut Blumer (1975: 307) hat eine solche „Denunziation" die Wirkung, die Revolution von 1919 lächerlich zu machen und den bürgerlichen Glauben zu stärken, dass die Revolution eine Art Sozialpathologie sei, die von bestimmten

Intellektuellen angeführt werde. Zum Beispiel: Die Anfangsszene, in der die Anführer den Text der Proklamation der Republik, ein authentisches Dokument, vorlesen und dann die Ressorts und Posten verteilen, sollte veranschaulichen, dass die Führer der Republik die Revolution „spielen", wie eine einfache Bande von Literaten, zum politischen Glauben konvertiert (Blumer 1975: 317); ihr Dilettantismus bei der Ämterverteilung sollte die Schwäche der neuen Regierung symbolisieren (Trommler 1981).

Dorsts Interesse an der Rolle Tollers in der gescheiterten Republik führte ihn zu Recherchen und Dokumentationen, die 1966 in der Herausgabe des Bandes *Die Münchner Räterepublik. Zeugnisse und Kommentar* ihren Niederschlag fanden. Einige Materialien daraus (Reden, Essays und Berichte der Revolutionsführer Landauer, Mühsam und Toller selbst) sollten später in das Stück eingefügt werden.

Walter Hinck (2000: 25) sieht in dieser Annäherung an das Historische durch die Figur, nicht durch die Erzählung, eine Parallele zu Büchner und seiner wohl bekannten Vision des Dramatikers, der im Gegensatz zum Historiker Folgendes bietet: „[...] statt Charakteristiken Charaktere und statt Beschreibungen Gestalten" (Büchner 1980: 272; Kässens 2000: 35). Diese Personalisierung, Subjektivierung oder Individualisierung historischer Prozesse hat dem Autor jedoch Kritik für seinen Umgang mit der Geschichte eingebracht, wie wir später noch sehen werden.

Im Jahr 2012 von der Journalistin Liz Perales interviewt, erklärte Dorst:

> [...] ich interessierte mich für den expressionistischen Dichter Ernst Toller, der zu einer Symbolfigur dieser Bewegung wurde [...]. Eigentlich wollte ich mich mit ihm identifizieren, ihn aber auch kritisieren". (Perales 2012)

Der Autor selbst erklärt, wie er diese Kritik angeht: „indem ich die überwältigende Realität dieser Zeit und dieser politischen Zustände gegen seine expressionistische, mir zu allgemeine Menschheitsliebe setzte". (Trommler 1981: 358) Durch seine Identifikation mit Toller stellt Dorst seine eigene frühere antirealistische Dramaturgie in Frage, so wie Toller sein poetisches und unpolitisches Schreiben in Frage stellte.

Wir werden jedoch sehen, wie es auf der anderen Seite Elemente gibt, welche die spektakuläre Dimension des Stücks verstärken, und wie Dorst in Wirklichkeit der Fiktion den Vorrang vor der historischen Realität einräumt, wenn er z. B. feststellt, dass, als er *Toller* oder *Eiszeit* schrieb, es sich für ihn weder um eine historische „Rekonstruktion" noch darum, „wie es wirklich war", handelte (Schlicht 1989: 33). Was Dorst interessiert, ist nicht so sehr die *Erzählung* eines historischen Scheideweges, als die *Haltung*, die Toller als Intellektueller und Schriftsteller einnimmt. Nach Bekes (cf. 2007) bestand die Idee darin, den Widerspruch zwischen Idealismus und Realität, den der Schriftsteller selbst verkörperte, aufzudecken. Für Dorst ist der Ausgangspunkt „immer eine Geschichte, eine Person, eine Konstellation [...]. Der Kern von allem ist Handlung" (Schlicht 1989: 38).

3. Das Dokumentarische

Wir haben bereits darauf hingewiesen, dass das Stück Spuren von authentischem Material enthält. Die Dokumente, die Dorst in sein Drama einfügt, sind vielfältiger Natur: Reden der Führer der Republik, wie bereits erwähnt, aber auch Fragmente von Werken, unter anderem von Ernst Toller. Zu diesem, sagen wir mal, „Recycling" lädt die Nähe zwischen bestimmten Kunstgriffen des expressionistischen Theaters ein, die Dorst in das Stück einbaut – wie etwa den allegorischen Einsatz großer Marionetten –, und seinen dramaturgischen Anfängen im Puppentheater; ein Format, das ihn in seiner späteren Produktion begleitet, wie ein langer, „unüberwindlicher Schatten" (Trommler 1981: 355).

Dieses Vorgehen könnte dazu führen, dass wir dieses Stück mit bestimmten Postulaten des dokumentarischen Theaters in Beziehung setzen, wie Kritiker wiederholt betont haben, allerdings nicht einstimmig. Ein Teil betrachtet es als ein Dokumentarstück angesichts seines zeitlichen Entstehungskontextes, als die prägenden Dramen des Dokumentartheaters auf die Bühne kamen. Diese These wäre durch die Tatsache gestützt, dass das Stück unter Verwendung einer Collagetechnik fiktionalisierte Elemente, Fragmente der historischen Realität — um mit Peter Weiss' Definition von „Dokument" zu sprechen — und dokumentarische Elemente in Form von Passagen aus bestimmten Dramen Tollers enthält, insbesondere *Masse-Mensch, Die Wandlung* und *Eine Jugend in Deutschland*, oder Zitate aus Schöpfungen oder Diskursen der realen Korrelate der auftretenden Figuren. Letzteres ist der Fall bei Mühsams Gedichtlied „Der Lampenputzer" oder dem hier auf den 6.4.1919 datierten Text der Proklamation der Räterepublik, der in das Stück eingefügt ist.

Was die Zitate aus Tollers Œuvre betrifft, so stellt Dorst nicht nur dar, wie die Figur es schreibt, indem er den Originaltext intertextuell in seinen eigenen integriert, sondern er bezieht auch „interdramatisch" die Darstellung des Werks mit ein, wodurch ein sich spiegelndes Theaterspiel innerhalb des Theaters entsteht und die fiktionale Dimension des Stücks verstärkt wird. Diese Art von Spiel war jedoch nicht neu bei Dorst: 1964 wurde eine Version von *Der gestiefelte Kater* mit dem Untertitel *Wie man das Spiel spielt* uraufgeführt. Man könnte daraus schließen, dass Dorst sich mit Tollers Theater tarnt und seine Theatersprache als Dramatiker übernimmt; er fügt sich auch in Tollers Zeit ein und bedient sich des für die Weimarer Republik charakteristischen politischen Kabaretts. Die anti-realistische und theatralische Darstellung der Geschichte würde dann zu einer archaisch-realistischen Darstellung werden, wenn wir diese andere Ebene der Konstruktion berücksichtigen.

Juancho Asenjo (Dorst 1991: 16), Herausgeber der spanischen Übersetzung von *Ich, Feuerbach*, zögert nicht, *Toller* in das dokumentarische Genre einzuschließen. Bekes (2007) widerlegt jedoch eine solche Zuschreibung aufgrund von Aussagen des Autors: „Das Stück will nicht [...] einen historischen Vorgang rekonstruieren — was Dokumentarstücke normalerweise wollen —, sondern es will Haltungen zeigen, die uns heute mehr betreffen als die Historie".

Der intertextuelle Charakter des Dramas ist offensichtlich und wird noch Jahre später auch *Harrys Kopf* kennzeichnen (cf. Fernández Bueno 2007: 209 ff.); etwas anderes ist, dass es die Grundsätze des dokumentarischen Theaters übernimmt, wie der Autor selbst erklärt: „Theater, das hieß für mich Erfindung, auch wenn Dokumente in diese Erfindung eingebunden sind. Ich [...] wollte mit Hilfe der Dokumente Realität in den Theaterabend einbringen" (Dorst 1998: 301). Die Zitate und eingefügten Dokumente fungieren nicht „wie im Dokumentarstück, als Belege für historische Wahrheit, sondern, wie alle diese Szenen und Dialoge, als Partikel der Wirklichkeit" (Dorst 1981: 28–29). Sie hatten eher eine illustrierende und realitätsstiftende Funktion, aber nicht aus der Perspektive des Historikers, sondern aus der des Autors: „Entscheidend ist, daß die historische Faktizität, jene von ihm so gesuchte ‚Realität' etabliert wird. In dieser ‚Realität' sucht er sich nicht als Historiograph zu bewähren, sondern als Autor, der ihr möglichst eingängige und aktuell verwertbare Aufschlüsse abgewinnt" (Trommler 1981: 364). In gewisser Weise schwingen hier Schillers Postulate zur poetischen und historischen Wahrheit mit.

Dass Dorst nie ein Dokumentarstück über diese Menschen schreiben wollte, beweist vielleicht die Korrespondenz, die er nach der Uraufführung des Stückes mit der Witwe von Leviné unterhielt, die ihm vorwarf, ihren verstorbenen Mann als brutalen Despoten dargestellt zu haben; die Priorität von Dorst war jedoch nicht die Anpassung an den historischen Leviné gewesen, sondern die Suche nach einem Antagonisten für Toller: „Von Leviné aus konnte ich Tollers Verhalten in Frage stellen, von der rechten, bürgerlichen Position her konnte ich es nicht". (Trommler 1981: 364)

4. Politisches Theater und außertheatralische Projektion

Und wie wurde dieses Stück im Schlüsseljahr seiner Uraufführung rezipiert? In dem bereits erwähnten Interview mit Liz Perales (2012) erinnert Dorst an die Diskrepanz zwischen seinem *Schreiben* und der *Lektüre* des Dramas: „Ich habe nie politische Werke im engeren Sinne geschrieben. Das Stück *Toller* [...] wurde jedoch als ein politisches Werk, als ein ‚Werk für den Augenblick' interpretiert". In einem früheren Interview hatte Dorst erklärt: „Alle unsere Stücke, die wir heute schreiben sind Stücke der 70er- und 80er-Jahre egal, ob sie zeitgenössisches oder historisches Kostüm haben. Sie sagen so oder so vornehmlich etwas aus über die Zeit, in der sie entstanden sind" (Schlicht 1989: 38). Trommler (1981: 356) hebt die metaphorische Funktion hervor, die das Rezeptionsumfeld dem Stück verlieh.

Nach der Reaktion der damaligen Opposition zu urteilen, bot das Drama tatsächlich ein Forum für die Reflexion über die Revolution und die Rolle der Intellektuellen in ihr (Trommler 1981: 368). Dorst wurde für die Manipulation nicht nur der historischen Korrelate, sondern auch der Fakten bei der Gestaltung der beiden Antagonisten verantwortlich gemacht. Darüber hinaus wurde Dorsts „spektakuläre" Vision der Revolution kritisiert, also das, was er an Toller kritisiert hatte: eine Rolle gespielt zu haben, wobei die Revolution auf bloße Repräsentation reduziert wurde (Trommler 1981: 368).

Die absurden und grotesken Züge und die übertriebene Theatralisierung verursachten Verfremdung und machten es schwer, eine positive Bilanz aus den auf der Bühne dargestellten Ereignissen zu ziehen. Die außerparlamentarische Opposition fragte sich, warum der Revueform Vorrang vor dem historischen Material eingeräumt wurde, was zweierlei hervorhob: die offensichtliche Historizität der Thematik und die ablehnende Wahrnehmung des Dramas durch einen Teil der Öffentlichkeit. Andererseits prangerte die außerparlamentarische Opposition die Tatsache an, dass das Volk als der wahre Protagonist der Revolution nicht zur Theaterpremiere eingeladen worden war, was den Aufstand selbst auf eine Unterhaltungsshow für die Bourgeoisie reduzierte. Auf dieses Paradoxon weist auch der Dramatiker Botho Strauß hin: „Besonders das Volk, auf das sich die Führer der Revolution dauernd berufen, erscheint nur am Rande als Statisterie, als Revolutionsstaffage." (Blumer 1975: 318) Ein Jahr nach der Uraufführung in Stuttgart warf die Berliner Presse eine ähnliche Frage auf: Sie fragte sich, ob das Stück nicht die anti-revolutionären Vorurteile des bürgerlichen Publikums verstärke, und in diesem Sinne wäre vielleicht eine ideologische Analogie zwischen dem Scheitern der Republik und dem dieses Stücks festzustellen.

5. Format des Stücks

Zunächst bezeichnete ich dieses Stück als eine aus 38 Szenen bestehende „Geschichtsrevue". Diese Form, bekennt der Autor 1968 in einem Essay über den theatralischen Ausarbeitungsprozess von *Toller*, erlaubte ihm, Szenen, Reden, Lieder und Handlung nebeneinander zu stellen, ohne Verbindungen oder Hierarchie – und gleichzeitig: „ich mußte nicht Geschichte dramatisieren". (Dorst 1981: 28)

Von *Toller* an nähert sich Dorst einer Ästhetik, die man als „kinematografisch" bezeichnen könnte, indem er seine Bühnenstücke als eine Abfolge von Szenen und Momentaufnahmen konzipiert, in einer kaleidoskopischen und unintegrierten Vision der Realität, die die Unterwerfung des Menschen unter die äußeren Umstände offenbart, bis er zu einer Marionette wird; unfähig, seine eigene Existenz zu verwalten. Eine Marionette wird auch Toller sein.

Andererseits verhindert die Fragmentierung der in Sketche umgesetzten Szenen die Spannung, während sie den Zerfall der Revolution zeigt (Dorst 1981: 28); eine dramatische Handlung wird nicht erzeugt oder ist nur durch den Verlauf der historischen Ereignisse gegeben, welche die Figur, die nicht in der Lage ist, die Kontrolle über die Situation zu gewinnen, weitgehend überwältigen. Dorst karikiert diesen Umstand z. B. durch die Verwendung von Masken in der Szene von Tollers Prozess.

Darüber hinaus verstärkt die Revueform die szenische, spektakuläre Dimension der Darstellung. Auch die verschärfte Theatralik und die groteske Komposition bestimmter Szenen akzentuieren ihre Wahrnehmung als Spektakel (Trommler 1981: 357). Die groteske Darstellung bestimmter Charaktere oder Situationen wurde jedoch auch als ein Zeichen für Dorsts „denunzierende" Haltung angesehen. Für Rainer Taëni (Blumer 1975: 307) akzentuiert diese „Groteskisierung" die Objektivität; die „gesteigerte Theatralik" entlarvt die Wirklichkeit deutlicher als das Dokument. Wenn wir dem das tragische Ende der Ereignisse hinzufügen, kommen wir zu dem Schluss, dass die „echte" Revolution nicht weniger grotesk war als Tollers theatralisierter Aufstand. (Blumer 1975: 307) Von dieser Prämisse ausgehend, würde die Farcen- oder Revueart gut zum Zweck passen, die Revolution grotesk darzustellen oder das an ihr Groteske hervorzuheben, indem sie „[das] disparate Nebeneinander von Gedanken und Handlungen [...], die scheinbar nicht zusammengehören", aufzeigt (Blumer 1975: 327).

Uraufgeführt wurde das Stück am 9.11.1968 in Stuttgart, „[ein] Ereignis der deutschen Nachkriegstheatergeschichte" (Trommler 1981: 355), vom Regisseur und Brecht-Schüler Peter Palitzsch sowie dem Bühnenbildner Wilfried Mink, die zusammen eine mächtige Bühnenmaschinerie aufbauten und Projektionen von dokumentarischen Szenen des Geschehens einfügten und damit narrative Elemente als ikonisches Zitat historischer Ereignisse in das dramatische Geschehen einführten; ein wohl bekannter Kunstgriff des brechtschen oder piscatorschen Theaters. Palitzsch' Inszenierung, die den revueartigen Ton mit kabarettistischen Szenen und der historischen Bedeutung der Ereignisse verband, wurde durch ein aus vier Teilen bestehendes Gerüst artikuliert, das den Übergang zwischen den Szenen begünstigte (Trommler 1981: 367); nicht umsonst verweist ein guter Teil der Bühnenanweisungen lediglich auf oben, unten, links, rechts und manchmal gleichzeitig auf mehrere Orte. Dies entsprach den Anordnungen des Autors, der die Hauptbühne unten, oben eine Art Galerie und auf beiden Seiten leicht erhöhte Seitenbühnen platzierte, was den polyphonen Charakter der Darstellung und auch der Ereignisse verstärkte. Die Figuren ziehen auf dieser Bühne umher. Auf einige von ihnen werden wir uns im Folgenden konzentrieren.

6. Dramatis Personae

Dorst konzipierte das Theater als „eine Art Experiment" (Bekes 2007), ein großes Labor, in dem der Mensch ein spannendes und unerschöpfliches Studienobjekt ist. Anstatt ihn unter die Lupe zu nehmen, um ihn zu sezieren, stellt er ihn auf die Bühne, damit er sich entblößen kann. Seine Figuren werden in einer aufgelösten Weise gezeigt, ohne teleologischen Eifer oder einen roten Faden, der die Ereignisse in einem gewissen Sinne erzwingt, sondern wie sie im Leben selbst sind (cf. Schulze-Reimpell 2000: 18).

Wir beziehen uns auf die erste Bühnenanweisung des Stücks, um die Dichotomie zwischen individualisierten und anonymisierten Charakteren aufzuzeigen, eine Trennung, die wir auch in den allegorischen Figuren von Tollers expressionistischem Theater feststellen können:

> Außer Toller, Leviné, Landauer, Dr. Lipp, Mühsam, Gandorfer, Paulukum, Reichert werden alle Personen von etwa 20 Schauspielern gespielt, so daß jeder dieser Schauspieler mehrere Rollen übernimmt: Studenten, Rotgardisten, adliger Herr, Gradl, Resl, Walter, Arbeiter, Generäle, Zeugen vor Gericht und so weiter. (Dorst 1968: 6)

Innerhalb der ersten Gruppe individualisierter Personen stechen folgende hervor: der Anarchist Landauer, dargestellt als eine Art Messias, ein guter Redner und Volkskommissar für Kultur; Mühsam, an dem Dorst das Zynische und Überspitzte hervorhebt; und Tollers Antagonist Leviné, dessen Profil eines Demagogen und Diktators *ex negativo* auf der Grundlage von Toller selbst definiert wird. In einer Eröffnungsszene wird ein Gewerkschafter ihn als „kleinen Lenin" definieren:

> Dr. Lipp. Kennt eigentlich jemand der Herrn diesen Leviné?
>
> Gewerkschaftler. Kleiner Lenin. Kommt direkt aus Berlin. Mit Rußlanderfahrung. (Dorst 1968: 7)

Und in einer späteren Szene, in einem der dialektischen Duelle zwischen Toller und seinem Antagonisten, wird ersterer ihn mit dem Revolutionär Robespierre vergleichen:

> Leviné. Sie müßten sich einmal entschließen, politisch zu denken.
>
> Toller. Alles, was ich gesagt und getan habe, ist doch politisch! Deshalb hat es ja auch so auf die Massen gewirkt.
>
> Leviné. Ich meine: kommunistisch.
>
> Toller. Robespierre! (Dorst 1968: 69)

Dieses Echo der Französischen Revolution hallt auch in der Szene nach, in der Mühsam auf einen Stuhl klettert und von oben den Text der Ausrufung der Republik vorliest und dabei die Gesten von Desmoulins oder Danton bei der Ausrufung der Französischen Revolution ausführt. (cf. Dorst 1968: 8–10)

Man könnte in Anlehnung an Blumer (cf. 1975: 314) fragen, inwieweit die Figuren es uns erlauben, die objektive Entwicklung der Handlung zu verstehen. Tatsächlich gibt es mehrere Aspekte, die dies verhindern. Dorst simplifiziert die Charaktere, indem er den emblematischen oder stereotypen Gehalt ihrer historischen Korrelate beibehält, was zu einem flachen oder sogar grotesken Porträt verkommt: „mit der Streichung von individuellen Besonderheiten, mit einer reinen Reduktion auf vermeintlich typische Charakterzüge läßt sich solch ein konkreter Typus nicht herstellen, das ergibt höchstens ein abstraktes Klischee". (Blumer 1975: 315) Botho Strauß (cf. Blumer 1975: 316) hat auch in ähnlicher Weise auf das Tandem hingewiesen, das Protagonist und Antagonist bilden. Er sieht in Toller das Stereotyp des Intellektuellen, der nichts als Verwirrung in die politische Sache bringt, und in Leviné die Karikatur des Politikers stalinistischer Prägung. Die Tatsache, dass die Personen losgelöst von ihrem sozialen und ökonomischen Kontext erscheinen, was ihr Verhalten zum Teil hätte erklären können, karikiert sie und macht sie lächerlich. Die Ursachen für das Scheitern der Revolution werden den Menschen zugeschrieben, ohne auf eine Analyse der verwobenen Motive einzugehen, die das revolutionäre Projekt stranden ließen. Und so werden die emblematischen oder grotesken Züge der Revolutionsführer zum Auslöser ihres Scheiterns.

Dies veranlasst Blumer dazu, Dorst zu beschuldigen, die Geschichte zu fälschen, indem er vorgibt, dass die oberflächlicheren Züge der beiden Antagonisten die objektive Realität repräsentieren. Strauß wiederum beklagt die Reduzierung der Charaktere auf Sinnübermittler und Verfälscher der Geschichte:

> Die politische Denunziation ist das – vielleicht unfreiwillige – Resultat der volumenlosen, etikettierenden Figurengestaltung, die zum (sic) anderen aber zu sehr persönlichkeitsgeprägten Konflikten dienen soll. In dem Bestreben, das Offizielle auf der Bühne für sich sprechen zu lassen, verarmen die Figuren zu funktionierenden Bedeutungsrapporteuren und repräsentieren so, um alle Rätsel der Person und Reflexion gebracht, verfälschte Geschichte. (zitiert in Blumer 1975: 317–318)

Dennoch glaubt Asenjo mit Recht, dass „Toller als ein Intellektueller, ein Dichter erscheint, der ohne Erfahrung Politik und Revolution ‚spielt', ohne über die notwendigen Instrumente oder Kapazitäten zu verfügen. [...] Toller war zu idealistisch und humanistisch, um ein Führer irgendeiner revolutionären Bewegung zu sein". (Dorst 1991: 17) Toller hört auf, ein Akteur der Revolution zu sein, und wird zum „Schauspieler der Revolution" (Hinck 2000: 26), und letztere degeneriert für ihn zu einer bloßen theatralischen Pose.

In der Szene 23 ruft Leviné den Protagonisten zu einer militärischen Intervention in Dachau und zum notwendigen Einsatz von Gewalt auf, und Toller inszeniert eine Art Opferung seiner pazifistischen Prinzipien: „Wenn es sein muss, will ich mit den Arbeitern untergehen". (Dorst 1968: 71) Die darauffolgende Bühnenanweisung, die von einem heroischen, mit Leviné geteilten Niedergang spricht, geht der Anklage des letzteren voraus: „Schauspieler". Dasselbe wird am Ende des Stückes von anonymen Stimmen wiederholt, in der Szene des Prozesses, in dem Toller des Hochverrats angeklagt und zu fünf Jahren Gefängnis verurteilt wird; ein vergleichsweise mildes Urteil, wenn man das Schicksal seiner Landsleute Landauer oder Leviné bedenkt. Darauf weist der Angeklagte in seiner Schlussrede hin: „Ich bin keiner von den Ihren! [...] Ich gehöre zu diesen Toten, die für ihre Träume gefallen sind, zu Landauer und zu Leviné, – ja, auch zu Leviné! Verurteilen Sie mich, meine Herren Richter!" (Dorst 1968: 105) Nach der Verkündigung der Verurteilung sagt die Figur des Kapitals: „Dieses Urteil ist ein Sieg humanitärer Gesinnung". (Dorst 1968: 106)

Die absolute Diskrepanz zwischen dem revolutionären Ideal und der Gewalt der Ereignisse, die wirkliche historische – und auch dramatische – Tragödie zeigt sich in der Schlussszene, in der die Namen der Arbeiter verlesen werden, die auf der Bühne vorgeführt werden, um einer nach dem anderen hingerichtet zu werden (Dorst 1981: 24): Es ist die durchschlagende Niederlage des humanitären Ideals, noch hervorgehoben durch den leichten, manchmal frivolen Ton und jene gewisse Inkonsistenz, die diesem theatralischen Experiment zugrunde liegt.

Bibliografie

Bekes, Peter, 2007: „Tankred Dorst. Essay". In: Ludwig, Arnold Heinz (Hrsg.): *Kritisches Lexikon zur deutschsprachigen Gegenwartsliteratur*. Edition text + kritik: München [CD-ROM].

Blumer, Arnold, 1975: *Das Dokumentarische Theater der sechziger Jahre in der Bundesrepublik Deutschland*. Diss. University of Cap Town.

Büchner, Georg, 1980: *Werke und Briefe*. dtv: München.

Dorst, Tankred, 1968: *Toller*. Suhrkamp: Frankfurt a. M.

Dorst, Tankred, 1981: „Arbeit an einem Stück". In: Walter, Hinck (Hrsg.): *Geschichte als Schauspiel. Deutsche Geschichtsdramen. Interpretationen*. Suhrkamp: Frankfurt a.M:, 22–29.

Dorst, Tankred, 1998: „Heine, möglicherweise". *Spectaculum 66*. Suhrkamp: Frankfurt a. M., 299–303.

Dorst, Tankred/Ehler, Ursula/Hacker, Jorge, 1991: *Yo, Feuerbach*, rev. de Juancho Asenjo. Asociación de Directores de Escena de España: Madrid.

Fernández Bueno, Marta, 2007: *„Harrys* Kopf. Un retrato de Heine por Tankred Dorst". In: Siguan, Marisa/Jordi, Jané/Riutort, Macià (Hrsg.): *Ein Mann wie Heine täte uns Not*. Sociedad Goethe en España: Barcelona, 203–216.

Hinck, Walter, 2000: „Wider die Simplifizierung. Tankred Dorsts literarische Geschichtsdeutung". In: Ludwig, Arnold Heinz (Hrsg.): *Tankred Dorst*. Edition text + kritik: München, 24–34.

Kässens, Wend, 2000: „‚Wir sind nicht die Ärzte, wir sind der Schmerz'. Das politische Theater des Tankred Dorst". In: Ludwig, Arnold Heinz (Hrsg.): *Tankred Dorst*. Edition text + kritik: München, 35–49.

Kienzle, Siegfried, 1986: „Tankred Dorst". In: Kienzle, Siegfried [et al.] (Hrsg.): *Reclams Schauspielführer*. Reclam: Stuttgart, 978–983.

Perales, Liz, 2012: Entrevista con Tankred Dorst: „Tras finalizar la utopía comunista presenciamos cómo el capitalismo se estrangula a sí mismo". *El Cultural*, 1. 8. 2012, digitale Ausgabe.

Schlicht, Michael W., 1989: „Gespräch mit Tankred Dorst". In: Schlicht, Michael W./Quandt, Siegfried (Hrsg.): *Szenische Geschichtsdarstellung. Träume über Wissen?* Wolfram Hitzeroth Verlag: Marburg, 33–41.

Schulze-Reimpell, Werner, 2000: „‚Das Theater braucht seinem Wesen nach das Interesse für die anderen'. Zu Tankred Dorsts Theaterkonzeption". In: Ludwig, Arnold Heinz (Hrsg.): *Tankred Dorst*. Edition text + kritik: München, 16–20.

Trommler, Hans, 1981: „Ein Schauspieler der Revolution. Tankred Dorsts *Toller*". In: Hinck, Walter (Hrsg.): *Geschichte als Schauspiel. Deutsche Geschichtsdramen. Interpretationen*. Suhrkamp: Frankfurt a. M.: 355–370.

Marta Fernández Bueno
Universidad Complutense de Madrid
E-Mail: martafb@ucm.es

Andrea Bartl

Blick zurück – im Zorn? Das Thema der 1968er-Revolution in der deutschsprachigen Gegenwartsliteratur

„Generation Ich [...] Von der Revolte zur Rendite", titelte *Der Spiegel* am 22.5.2000 und setzte fort: „Die 68er regieren – und ihre Kinder gründen Unternehmen" (Frank 2003: 236). Diese provokante Bilanz stand um die Jahrtausendwende nicht allein, fand doch generell in dieser Zeit eine starke mediale und literarische Auseinandersetzung mit der Studentenbewegung 1968 statt. Dies geschah natürlich einerseits im Kontext des Jubiläums 30 Jahre Studentenbewegung (cf. Bentz et al.), was gerade für die ehemaligen 1968er Anlass war, auf ihre Jugend und ihr Engagement in der Studentenbewegung zurückzuschauen. Dreißig Jahre bilden andererseits zudem genau eine Generation, d. h. im Jahr 1998 betritt die Generation der Söhne und Töchter der 1968er die literarische und publizistische Bühne und reflektiert ihrerseits die eigene Jugend und Herkunft in antiautoritären, alternativen Familienstrukturen ihrer 68er-Eltern. Daraus entsteht ein Spannungsfeld zwischen zwei unterschiedlichen Erinnerungsdiskursen, die sich maßgeblich auch in literarischen Texten entwickeln. Wie stellen Romane, die kurz vor oder nach der Jahrtausendwende erschienen sind, die Studentenbewegung dar? Was ist aus den Idealen der 1968er geworden? Wie lebten die Aktivist/-innen oder Beobachter/-innen der Studentenbewegung weiter? Wie erzogen sie ihre Kinder? Darüber reflektiert um 2000 eine Reihe von literarischen Prosatexten – geschrieben von beiden Generationen. Letztere sind schwierig zu benennen, zugleich sind für diese beiden Generationen viele Etiketten gefunden worden: „Kriegskinder und Wohlstandskinder", „Generation Revolte und Generation Golf", „Haschischraucher und Nutella-Esser" (cf. Andre 2011: 161–162; Frank 2003: 235). Der klareren Darstellung halber sei im Folgenden hier von den ‚1968ern' und den ‚1998ern' die Rede. Es geht einerseits um Autor/-innen, die die Revolte 1968 aktiv mitgestalteten und nun indirekt über ihre eigene Vergangenheit nachdenken, und andererseits um Autor/-innen, die kurz nach 1968 als Kinder der Revolutionäre geboren wurden und sich nun ebenfalls mit ihrer Jugend auseinandersetzen. Wie blicken diese beiden Generationen in ihren um 2000 publizierten Romanen auf 1968 zurück? Ist es ein Blick zurück in Dankbarkeit oder im Zorn?

1. Die 1968er-Generation

Kurz vor oder nach der Jahrtausendwende erschienen mehrere Prosawerke von Autor/-innen, die ca. 1940–1945 und damit mitten im Krieg geboren wurden und in ihrer Jugend in den späten 1960er- und 1970er-Jahren eng mit der Studentenbewegung in Kontakt waren. Auch ideologisch-politisch standen sie damals den utopischen Ideen einer alternativen sozialistischen Gesellschaftsordnung und sexuellen Befreiung nahe. Diese Autoren (übrigens handelt es sich im Grunde fast nur um Männer) sind um 2000 etwa 60 Jahre alt und schauen nun in Romanen, die aber oft autobiographische Elemente enthalten, auf 1968 zurück. Diese Rückblicke fallen überraschend kritisch aus. Bevor Uwe Timms Roman *Rot* detaillierter betrachtet wird, seien hier kurze Schlaglichter auf andere Texte geworfen, um das breite Panorama exemplarisch auszuleuchten.

1.1 Schlaglichter

Einer, der zurückschaut, ist Friedrich Christian Delius (geb. 1943); er war im Studium an der FU und TU Berlin sowie als Lektor in den Verlagen Klaus Wagenbach und Rotbuch mit der Studentenbewegung und deren Literatur eng in Kontakt und macht seitdem 1968 zum wiederkehrenden Thema seiner Prosa. 1997 erscheint die Erzählung *Amerikahaus und der Tanz um die Frauen*, 2004 der Roman *Mein Jahr als Mörder*. Das Setting von *Amerikahaus* ist hauptsächlich die erste große Demo 1966 vor dem Amerikahaus gegen den Vietnamkrieg mit z. T. gewalttätigen Auseinandersetzungen der Demonstranten mit der Polizei. Martin, die Hauptfigur der Erzählung, wirkt in der Gruppe der Demonstranten zunehmend als Einzelgänger, kann er doch seine humanitär-pazifistischen Ideale mit deren gewaltsamen Ausschreitungen nicht in Einklang bringen. Auch nimmt Martin nicht aus politischen, sondern privaten Gründen an der Demo teil: Seine Motivation liegt in seinem erotischen Begehren für all die ‚wilden', ‚sexuell sich befreienden' Studentinnen der Bewegung, was auch der selbstkritische Untertitel der Erzählung „der Tanz um die Frauen" spiegelt. Dadurch nimmt der Text eine Neu-Interpretation der Studentenbewegung als stark individualisierter Prozess und eben nicht als politisch aktives Kollektiv (cf. Kusche 2008: 192) vor und zeigt, dass die Einzelnen mit jeweils ganz unterschiedlichen, auch moralisch zu problematisierenden Zielen an der Bewegung beteiligt waren. *Amerikahaus* wirft hier einen selbstkritischen Blick auch auf die männliche Dominanz von 1968 und interpretiert des Weiteren die Studentenbewegung zur Adoleszenzphase einer individuellen Biographie um. Die 1968er-Studentenbewegung wird so für Martin (und weitere junge Männer) zu einer Art Jugend- und Reifephase, die irgendwie nötig war, um ein erwachsener Mann mit eigener Persönlichkeit zu werden, aber sich dann auch als reine Durchgangszeit herausstellte, die Martin überwinden musste (cf. ibid.: 192–193). Ähnliches deutet auch der Verweis auf eine klare temporale Begrenzung in dem Titel *Mein Jahr als Mörder* an. Diese ‚Reduzierung' der Studentenbewegung zur befristeten Reifungs- und Übergangsphase stellt ein häufiges Motiv in den Texten der Alt-68er um 2000 dar, das zudem stets aus dezidiert männlicher Perspektive erzählt wird: Es geht um eine Zwischenetappe auf dem Weg zur Mann-Werdung, zur Reifung zum Mann, was durchaus selbstkritisch ausgestellt wird. Eine Idealisierung der Studentenrevolte 1968 als nachhaltiger Umbruch, als kollektives Geschehen, als Durchbruch pazifistischer, linker Ideale wird so gebrochen. Hier in *Amerikahaus* und dann noch stärker in *Mein Jahr als Mörder* kritisiert der Ich-Erzähler auch den kollektiven Druck innerhalb der Studentenbewegung auf einzelne Mitglieder (wie ihn selbst) und fühlt sich „in einer Art inneren Opposition" (ibid.: 194). Die Studentenbewegung wird als Zwangskollektiv kritisiert, das Individualität und Selbstkritik nicht zulässt.

Mit ähnlichen Kritikpunkten, aber noch radikaler als Delius beschreibt Stephan Wackwitz (geb. 1952) die Studentenbewegung. Während sich Delius in seinen autobiographisch grundierten Erinnerungsbüchern eher als distanzierter Beobachter der 68er inszeniert, war Stephan Wackwitz auch nach eigenen Aussagen während seiner Studienzeit in Stuttgart im inneren Kern der Studentenbewegung aktiv (z. B. als engagiertes Mitglied des MSB, des Marxistischen Studentenbunds Spartakus, konkret von dessen Außenstelle an der Stuttgarter Universität) und fühlte sich dieser zugehörig. Im Rückblick schreibt aber auch er kritisch darüber – in seinem autobiographischen Roman bzw. Erinnerungstext *Neue Menschen* (2005), der gar als Abrechnung mit der 68er-Bewegung zu lesen ist. Die paratextuelle Gattungsbezeichnung „Bildungsroman" deutet schon an, dass auch hier wieder eine Entmachtung der Studentenbewegung vollzogen wird; sie wird nicht als großes, idealisiertes, singuläres, historisch übergreifendes Ereignis dargestellt, sondern als individuelle, vergängliche Übergangsphase in der jugendlichen Persönlichkeitsentwicklung eines Einzelnen. Heute ist diese Phase deutlich überwunden, ja nun wird im Rückblick mit den ehemaligen Genossen des MSB ins Gericht gegangen: Sie hätten zumeist individualistische, private, keine politischen Motive gehabt und statt gesellschaftsverändernder Taten nur langwierige Diskussionen unternommen (cf. ibid.: 195–196; zu anderen Texten Wackwitz' auch Hahn 2007: 140–147). Ein weiterer Kritikpunkt liegt in einer falschen Vergeistigung und Lebensfeindlichkeit des MSB. Nachdem der Ich-Erzähler den Eintritt in den MSB als Irrweg erkannt hat, hat er zudem Probleme, sich zu distanzieren, denn ein Austritt erscheint ihm unmöglich aufgrund des angeblich starken sozialen Zwangs des Kollektivs; der MSB sei eine „totalitäre Organisation" (Kusche 2008: 197). *Neue Menschen* stellt diesbezüglich eine extreme These auf: Die linke Gruppierung des MSB sei genauso autoritär organisiert wie der Faschismus. Sie basiere auf einer fatalen Sehnsucht nach autoritärer Ordnung. Damit könne (so Wackwitz im Rückblick) die Studentenbewegung im Grunde all das, was sie an den Nazi-Mitläufern kritisierte, selbst nicht überwinden.

Auch weitere Romane dieser Schriftstellergeneration, die um 2000 erscheinen, setzen sich mit 1968 kritisch und relativierend auseinander: etwa Bodo Kirchhoff (geb. 1948) mit *Parlando* (2001), Michael Schneider (geb. 1943) mit *Der Traum der Vernunft. Roman eines deutschen Jakobiners* (2001) (cf. Höfler 2009) oder – als einer der prominentesten Vertreter – Uwe Timm.

1.2 Uwe Timm: *Rot* (2001)

Die Studentenbewegung 1968 stellt für Uwe Timms Schreiben eine wichtige Verankerungs- und Reibungsfläche dar. Uwe Timm (geb. 1940) startet seine Tätigkeit als Schriftsteller im Gefolge dieser 1968er-Bewegung, über die er gut informiert war und an der er persönlich teilnahm. So war er beispielsweise befreundet mit Benno Ohnesorg, war Mitglied im Sozialistischen Deutschen Studentenbund (SDS), nahm 1968 an der Besetzung der Münchner Universität teil, hatte Kontakte zu politischen Autoren wie dem Autorenkollektiv „Hamburg linksliterarisch" etc. Die 68er-Bewegung ist für Timm so etwas wie der Beginn und Ausgangspunkt seines Schreibens, was über ein rein biographisches ‚Initiations-Erlebnis' hinausgeht. Vielmehr ist – so meine These – eine gedankliche und ästhetische Revolte, wie sie unter anderem durch die Auseinandersetzung mit der Studentenbewegung evoziert wurde, für Uwe Timms Gesamtwerk als Denkfigur inhaltlich wie strukturell durchgängig charakteristisch.

Vom Frühwerk an finden sich darüber hinaus auch thematisch immer wieder literarische Stellungnahmen zu 1968, etwa in Timms allererstem Roman überhaupt (*Heißer Sommer*, 1974) (cf. Andre 2011: 31–36; Prinz 1990, 150–211; Catani 2019: 164–171; Gamelas 2017) oder dann in der Folge in den Romanen *Kerbels Flucht* (1980) und *Rot* (2001). Neben dieser „1968er-Trilogie" (Catani 2019: 177) ist hier auch der autobiographische Text *Der Freund und der Fremde* (2005) zu erwähnen; er schildert die persönliche Erinnerung an Benno Ohnesorg, mit dem Uwe Timm auf demselben Internat in Braunschweig war.

Nach der frühen, zeitnahen Reflexion über 1968 in den Romanen *Heißer Sommer* und *Kerbels Flucht* nimmt Uwe Timm in dem Roman *Rot* (2001) Jahre später nochmals eine Neusichtung der 1968er Bewegung vor – privat im etwas fortgeschrittenen Alter und politisch nach dem Ende der DDR als sozialistischer Utopie. Auch in *Rot* blickt wie bei Delius und Wackwitz ein männlicher Ich-Erzähler (Thomas Linde), ein ehemaliger Sympathisant und Mitwirkender oder Mitläufer der Studentenbewegung, auf 1968 zurück. Dafür gibt es für Linde drei Auslöser: Er liegt zum ersten nach einem schweren Unfall im Sterben; sein Rückblick und damit das ganze Buch ist im Zwischenreich zwischen Tod und Leben, Träumen und Wachen geschrieben. Zum zweiten hatte Linde vorab als professioneller Trauerredner den Auftrag erhalten, eine Trauerrede über seinen früheren 68er-Genossen Aschenberger zu schreiben, und zum dritten wird eine Liebesbeziehung mit der sehr viel jüngeren Iris für ihn zum Ausgangspunkt der rückwärtsgewandten Reflexion, weil es damit zum Kontakt der Generationen kommt: Die 68er-Generation (Linde) trifft auf die 98er-Generation (Iris). Auch mit den Figuren Aschenberger und Linde werden zwei charakteristische Pole entworfen, konkret: zwei Modelle, wie man mit dem ideologisch-politischen Erbe der Revolte 1968 umgehen kann (cf. Jahraus 2007: 175). Linde hat zwar einzelne Elemente davon in sein Leben danach integriert, lebt aber im Großen und Ganzen recht bürgerlich. Aschenberger hingegen hat die Revolte radikalisiert und den Plan entwickelt, die Berliner Siegessäule in die Luft zu sprengen (was dann aber sein Tod verhindert). In diesem paradigmatischen Beziehungsgeflecht reflektiert Linde, sterbend und im Rückblick, die 68er-Bewegung.

Timms *Rot* zeigt zwar eine ähnliche Selbstkritik und Relativierung wie die Texte von Delius und Wackwitz, aber es ergeben sich doch auch Unterschiede. Die ‚gemeinsame' Kritik dieser Romane an der 68er-Bewegung lässt sich wie folgt pointieren: Die Revolte zeigte zu wenig und zu wenig nachhaltige Wirkung; Linde wirft einen recht illusionslosen Blick auf eine wohl doch nicht veränderbare Gesellschaft (cf. Kusche 2008: 198). Die Studentenbewegung hat zwar damals den Protest als Denk- und Aktionsmuster in die deutsche Geschichte neuerlich eingespeist, aber liegt heute als zeitlich begrenztes Interim hinter uns. Es handelte sich wohl doch nur um eine Jugend- und Entwicklungsphase, die es zu überwinden galt, aber die oft auch nicht recht überwunden wurde. Hier schließt sich Kritik an einem fast neurotischen Juvenilismus, an Lebensläufen mit geradezu zwanghafter Jugendlichkeit an (cf. Andre 2011: 159). Auch erweisen sich im Rückblick die 68er als „intellektualistische, aber leblose, ausgesaugte Generation" (Höfler 2009: 52).

Findet sich solche (Selbst-)Kritik auch bei Delius und Wackwitz, so ergeben sich in Timms *Rot* aber wichtige Unterschiede: Der Text zeichnet ein positiveres Bild von 1968, es ist kein Blick zurück im Zorn. Viele Ideale der Studentenbewegung werden nicht grundsätzlich relativiert; gerade die Denkfiguren des Protests und der Revolte behalten weiterhin als Ideal Gültigkeit (cf. Kusche 2008: 200). Auch zeigt Timms Roman, dass der Kontakt zwischen den Generationen der 68er und 98er durchaus funktionieren kann. Zwar ergibt sich auch dort ein gewisser Konflikt oder das Gefühl der Fremdheit (wie hier in der spannungsvollen Entfremdung zwischen Aschenberger und seinem Sohn, die sich nicht mehr annähern),[1] aber die Beziehung zwischen Linde und Iris ist dazu ein Gegenbild. Sie zeigt, dass dieser Generationenkonflikt nicht negativ enden muss, sondern durchaus zukunftsfähig ist (was sich beispielsweise in Iris' Schwangerschaft symbolisch verdichtet). Timms Roman zieht eine konziliante Bilanz und interpretiert die Liebe zwischen Linde und Iris als Bild einer zukunftsträchtigen „Versöhnung der Generationen" (Andre 2011: 151). Freilich wird dies (gerade für Leserinnen) mit stark männlichem Blick perspektiviert.

Auch hat sich in *Rot* – im Gegensatz zu den anderen hier besprochenen Romanen – die politische Revolte von damals nun dreißig Jahre später sehr produktiv ins Ästhetische, in die Kunst verschoben. Alle drei Hauptfiguren sind im Grunde Kunstschaffende und führen ihre Art der Revolte im Ästhetischen durch. Das sei hier am Beispiel des zentralen Motivs der Siegessäule erläutert. Linde ist ein Erzähler, konkret: ein künstlerisch-philosophischer Trauerredner. Am Ende hält er eine fiktive Trauerrede auf sich selbst und imaginiert dabei, wie die gesprengte Siegessäule in sich zusammenfällt. Aschenbergers Plan, die Siegessäule zu sprengen, hingegen ist – so meine These – als philosophisch-künstlerischer Akt bzw. als ein „ästhetisches Happening" im Gefolge von Joseph

1 Nach Aschenbergers Tod will der Sohn die Papiere aus dem väterlichen Arbeitszimmer entsorgen. Es sind dies für Aschenberger zentrale Dokumente: all die Literatur und Aufzeichnungen des Alt-68ers über sein Leben, seine Revolte, seine politiktheoretische Meinungsbildung durch Schriften von Karl Marx und Walter Benjamin. Für den Sohn ist es nur wertloses Altpapier. (cf. Andre 2011: 152; Horn 2014: 156–157).

Beuys angelegt, dessen Ergebnis ein neues Kunstwerk darstellt: „Als Ruine soll sie [= die gesprengte Siegessäule] an die ruinöse deutsche Geschichte erinnern und zugleich Mahnung sein." (Timm 2017: 95–96; cf. auch Aschenbergers künstlerisches Manifest: ibid.: 254) Auch Iris ist Künstlerin, sie plant ein Kunst-Happening an eben dieser Siegessäule, das sogar eine ähnliche Stoßrichtung hat wie Aschenbergers Pläne (ibid.: 393–394). Hinzu kommt die künstlerische Gestaltung des Romans selbst. *Rot* ist von einer experimentellen Erzählweise geprägt, die für das inhaltliche Thema der ästhetischen wie gesellschaftlichen Revolte auch eine neue erzählerische Form sucht. Diese versucht, die 68er-Vergangenheit zu erkunden und zu vergegenwärtigen (cf. Catani 2019: 178–181), um deren Konzept der Revolte ästhetisch fruchtbar zu machen.

Rot stellt damit eine dreifache Reflexion dar: (a) eine selbstkritische Reflexion der damaligen Studentenbewegung und ihrer Ideale, (b) eine selbstkritische Reflexion des heutigen, kritischen Rückblicks darauf (cf. Kusche 2008: 191) und (c) eine selbstkritische Reflexion des eigenen künstlerischen Erzählens in Bezug auf Vergangenes.

2. Die 1998er-Generation

Dass sich junge Autor/-innen um 1998 auf die Literatur um 1968 beziehen, ist keine Seltenheit, sondern ein breites Phänomen, zu dem übrigens bislang nur punktuell Forschungsarbeiten existieren. Eine umfassende Sichtung der komplexen Auseinandersetzungen zwischen diesen schriftstellerischen ‚Eltern- und Kindergenerationen' steht derzeit noch aus, daher sei hier nur angedeutet, dass sich die direkten Bezugnahmen der 1998er auf die Studentenbewegung 1968 und darin die Rolle der Eltern einordnen in einen größeren Rahmen ganz unterschiedlicher und vielfältiger Diskurs-Interaktionen. Ein weiteres Beispiel, wie die Literatur um 1998 die Literatur um 1968 weiterführt, variiert und revidiert, ist beispielsweise die so genannte Pop-Literatur der 2. Phase (wie Benjamin von Stuckrad-Barre, Christian Kracht und ihre Tristesse Royale-Gruppe), die sich deutlich mit der Pop-Literatur der 1. Phase und damit mit Autoren wie Rolf Dieter Brinkmann, Hubert Fichte, Jörg Fauser oder Wolf Wondratschek auseinandersetzt. Weitere künstlerische wie mediale Interaktionsstränge zwischen 1968 und 1998 zu untersuchen, wäre ein spannendes Forschungsfeld: sei es die Integration von E- und U-Kunst, von Pop und Klassik, von Underground und Overground; sei es eine Weiterführung der sexuellen Befreiung in hedonistischem Lebensgenuss oder in Konzepten der Asexualität; sei es die literarische und filmische Beschäftigung mit der RAF (cf. Hahn 2007; Strobel 2008; Erk 2017); seien es die Kritik am literarischen Werkbegriff und die Aufwertung von Selbstinszenierung, medialer Vermittlung und Performance; sei es die These von der Postmoderne als Reaktion und Gegenbewegung zur 1968er Revolte (cf. Andre 2011: 161–176) etc. Die Rückbindung an die späten 1960er- und 1970er-Jahre ist dabei mehr als nur modisches Zitat oder ironische Pose, auch wenn sie oft mit einer Abkehr vom linken Dogmatismus der 68er-Generation verbunden ist. Epochengeschichtlich läge somit eine neue, andere

Strukturierung der sogenannten Gegenwartsliteratur nahe, wie sie in anderem Kontext Sascha Seiler (unter Rückgriff auf Forschungsarbeiten von Thomas Anz) versuchsweise vorgenommen hat. Seiler stellte die These auf, die deutschsprachige Gegenwartsliteratur beginne bereits mit dem ideologisch-politischen wie literarischen Umbruch 1968 und gliedere sich danach durch zwei weitere Zäsuren, ja es ergebe sich eine deutliche Strukturierung (zumindest der ersten Jahrzehnte) der Gegenwartsliteratur durch die Jahreszahlen 1968 – 1989 – 2000 (cf. Seiler 2018). – Damit jedoch zum konkreten Fall der Texte, in denen die schreibenden Kinder der 68er in ihren Romanen einen (übrigens durchgehend kritischen) Blick auf ihre Jugend und ihre Väter und Mütter werfen. Erneut sei wieder zuerst schlaglichtartig ein Panorama ausgeleuchtet, bevor exemplarisch ein Roman, Zoë Jennys *Das Blütenstaubzimmer*, genauer in den Blick genommen wird.

2.1 Schlaglichter

Wie literarisieren die Autor/-innen dieser Generation die 1968er-Revolte ihrer Eltern? Die Journalistin und Radio-Redakteurin Annegret Kunkel (geb. 1971) beispielsweise rechnet in ihrem unter dem Pseudonym Sophie Dannenberg veröffentlichten Roman *Das bleiche Herz der Revolution* (2004) mit ihren Alt-68er-Eltern und deren Kindererziehung ab. Der Text ist ein bewusst unsachlich-parteiisch, hyperbolisch-satirisch verfasster Verriss der 68er-Revolution. Bereits die Einbettung der weiblichen Hauptfigur in eine Drei-Generationen-Folge wird zur Kritik an der Elterngeneration genutzt: Im Mittelpunkt des Romans stehen die Tochter Kitty, ihre Mutter aus der 68er-Bewegung und Kittys Großvater. Eine solche Einbettung in eine Drei-Generationen-Struktur findet sich in auffallend vielen Romanen um 2000 zu dieser Thematik; sie erweitert die Auseinandersetzung der Kinder mit ihren Eltern um eine weitere Generation, die der Großeltern. Diese Großeltern, die von den 68er-Eltern damals ja so massiv bekämpft wurden, werden für die Kinder der 68er nun zum wichtigen Anlaufpunkt. Nur bei diesen Großeltern finden die Enkelkinder einen Schutzraum, emotionale Anteilnahme und Aufmerksamkeit sowie Konzepte von Familie und positiv besetzter Mütterlichkeit bzw. Väterlichkeit. In dieser Beziehungskonstellation Enkelin – Mutter – Großmutter (bzw. hier bei Kunkel/Dannenberg: Großvater) stellt sich die Frage nach weiblicher Identitätsfindung im Konflikt mit der Mutter im besonderen Maße. *Das bleiche Herz der Revolution* wirft einen dezidiert weiblichen Blick auf die 68er-Generation und deren Wertesystem, Lebensmodelle und Erziehung sowie zugleich auf die Gegenwart der Jahrtausendwende.

Im Ganzen ist es ein kritischer, vorwurfsvoller, anklagender Blick – gerade auf die 68er-Eltern und deren Erziehungsmethoden. Die Grundthese dieses Romans (und weiterer Texte) lautet, dass die Kinder der 68er zu Opfern der falschen Erziehung durch ihre Eltern werden. Das mag mit einer gewissen Larmoyanz geäußert werden und die eigene Mitverantwortung für die Persönlichkeitsentwicklung erstaunlich gering ansetzen, die Kritik übertönt aber solch mögliche Gegenrede. Welche Kritikpunkte werden an den Eltern und damit den 68ern laut? Das als übersteigert bewertete Streben der Mutter nach Selbstverwirklichung und Emanzipation geht auf Kosten der Persönlichkeitsentwicklung der Tochter (cf. Andre 2011: 178). Generell wird Kritik an einer rigiden, einengenden Erziehung der 68er-Eltern geübt (cf. Löwer 2011: 166, 219–222; Stefański 2013: 88–102), die zwar andere Werte vermitteln als deren eigene Väter und Mütter, aber überraschenderweise doch zu ähnlich starren, beengenden Erziehungsmethoden greifen. Insbesondere empfindet Kitty den Wunsch der Eltern nach einer (so von ihr nicht gewollten) sexuellen Freizügigkeit (cf. Löwer 2011: 213–214) und Psychotherapie als Zwang, der an physischen und psychischen Missbrauch des Kindes durch die Eltern und deren 68er-Freunde grenzt. Auch das stete Ermahnen zu politischem Protest wird von Kitty als Manipulation statt als Erziehung zum freien und selbstverantwortlichen Denken wahrgenommen. Mehr noch: Das Drängen, sich mit der Nazi-Vergangenheit auseinanderzusetzen und generell ein politisches Bewusstsein zu entwickeln, schlägt bei Kitty und ihrer Generation in eine Verweigerungshaltung und Übersättigung gegenüber politischen Inhalten und Protestbewegungen um. Hinzu kommt eine emotionale Vereinsamung: Kitty erlebt die 68er-Elterngeneration als stark selbstbezogen und fühlt dort zu wenig Empathie und Aufmerksamkeit. Der Roman zeigt thesenartig zugespitzt, dass Kittys Generation dadurch Schwierigkeiten beim Aufbauen konstruktiver, nachhaltiger zwischenmenschlicher Bindungen hat, was auf eine generell „mangelnde Bindungsfähigkeit" (ibid.: 222) der Kinder hinweist. Im Ganzen stellt ihre Kindheit bei den 68er-Eltern bzw. hier v.a. bei der Mutter für Kitty ein negatives Erlebnis dar, was in ihr die Sehnsucht nach Zuneigung, Ordnung, Aufgehobensein bei der Großelterngeneration weckt. Die Sehnsucht der Tochter einer emanzipierten 1968er-Mutter geht paradoxerweise wieder zurück zum patriarchalen Familien- und Weltbild des Großvaters (cf. Andre 2011: 183), das von der Mutter und ihren Freunden einst so vehement bekämpft wurde.

Ähnliche, vielleicht noch radikalere Befunde finden sich auch bei David Wagner (geb. 1971), der in seinem autobiographisch grundierten Roman *Meine nachtblaue Hose* (2000) Auskunft gibt über seine Kindheit in den 1970er- und 1980er-Jahren in der BRD als Sohn von Eltern, die sich früher der 68er-Bewegung zugehörig fühlten und inzwischen ihr bürgerliches Auskommen gefunden haben: Der Vater ist nun Angestellter im Öffentlichen Dienst und die Mutter Ökonomin. Beide trennten sich, genauer: die Mutter zog aus dem Familienheim aus und ließ den Sohn beim Vater zurück, worunter der Sohn bis heute leidet. Auch hier finden sich ähnliche Kritikpunkte wie in fast allen Texten dieser Generation über ihre 68er-Eltern: Der Sohn inszeniert sich als Opfer des Selbstverwirklichungsstrebens seiner Eltern und erfährt durch die Dekonstruktion von Ehe und Familie, die die 68er-Generation dezidiert durchführt, eine leidvolle Desillusionierung. Der Ich-Erzähler hat in Bezug auf eine dauerhafte Partnerschaft oder familiäre Geborgenheit alle Ideale und Hoffnungen aufgegeben, ja leidet unter Problemen mit zwischenmenschlichen Bindungen und einem Gefühl der Entwurzelung. Als Gründe dafür zeigt der Roman einerseits die ideologischen Vorbehalte der Eltern gegenüber bürgerlichen Beziehungsformen der monogamen Partnerschaft und Familie, andererseits die schlechten Erfahrungen des Sohnes als Trennungskind. In dieser Hinsicht ist *Meine nachtblaue Hose* gleich in doppelter Weise ein Text über das „Scheitern des Projekts ‚Familie'" (ibid.: 196).

Zudem fühlt sich auch dieser Sohn von der 68er-Generation, hier v. a. dem Vater, missverstanden und kann keine gelingende Kommunikation mit den Eltern entwickeln, vielmehr versucht er stattdessen einen heimlichen Pakt mit der Großelterngeneration zu schließen (cf. ibid.: 195–196). Dieser Brückenschlag zu den Großeltern scheitert aber ebenfalls, was zu einem distanziert-zynischen Urteil des Enkels über seinen Großvater, den Unternehmer und früheren Nazi, führt. Der Sohn ist trotz allem einfach zu sehr Sohn seines 68er-Vaters, aus dessen Sichtweise er sich nicht lösen kann; zugleich findet er beim Vater und seiner Weltsicht aber auch weder Halt noch Geborgenheit. Die Folgen sind tragisch: ein umfassendes Schweigen zwischen den Generationen. Der Roman zeichnet diesbezüglich ein verstörendes Psychogramm der Kindergeneration der 68er: Der Sohn hat jede Hoffnung auf Familie und nachhaltige Partnerschaft verloren, er wächst zutiefst illusionslos auf. Trotzdem bleibt bei ihm eine kindliche Sehnsucht nach so etwas wie einer heilen Familie, nach Geborgenheit, Schutz, Integration bestehen. Diese Spannung mündet (trotz der Jugend der Hauptfigur) in Hoffnungslosigkeit und Zynismus. Ebenfalls kann er nicht die Kraft aufbringen, sich von seiner Familie, v. a. seinem parasitären Vater, zu lösen. Er zeigt vielmehr eine irritierende Identitätslosigkeit und Passivität, auch Bindungs- wie Utopielosigkeit, was für diese verlorene, alleingelassene Generation (zumindest in ihrer Jugendphase um 2000) paradigmatisch scheint. Denn noch weitere um 2000 entstandene Texte von Autorinnen und Autoren dieser Generation zeichnen Psychogramme solcher Art: Seien es rein fiktionale Texte wie der Erzählband *Sommerhaus, später* (1998), darin v. a. der Text „Diesseits der Oder",[2] von Judith Hermann (geb. 1970) oder *Houwelandt*

2 Judith Hermanns Erzählung „Diesseits der Oder" macht uns mit dem Alt-68er Koberling bekannt, der nun in einem abgelegenen, behaglichen Haus mit Frau und kleinem Sohn ein fast biedermeierlich anmutendes Leben führt. Letzte Reste seiner 68er-Haltung zeigen sich höchstens in seiner freien, kreativen Berufstätigkeit als Autor von Drehbuchdialogen. Unangekündigt kommt eines Tages die junge Frau Anna, die Tochter eines früheren 68er-Gefährten von Koberling, mit ihrem Freund vorbei. Im Gegensatz zu Koberlings inzwischen ‚bürgerlicher' Existenz lebt Anna das 68er-Lebensmodell ihres Vaters noch heute: zusammen mit ihrem ‚Hippie-Freund' permanent auf Reisen, ohne feste Arbeit und ohne geregeltes Einkommen. Dieser Besuch gibt Koberling den Impuls, über seine Jugend während der 1968er Studentenbewegung zusammen mit Annas Vater nachzudenken: „Widerliche, fast peinvolle Erinnerung an nächtelanges Kneipenhocken, an Idealaustausch, Illusionszertrümmerung, emporgezüchtete Gemeinschaftlichkeit. Verlogen, alles, denkt Koberling. Annas Clownsvater hat immer nur gewartet, bis ich aufgehört habe zu reden, damit er dann anfangen konnte mit seinen Utopien, seinen versponnenen Wirklichkei-

(2004) von John von Düffel (geb. 1966), seien es autobiographisch-satirische Texte wie *Das Dosenmilch-Trauma. Bekenntnisse eines 68er-Kindes* (2000) von Jess Jochimsen (geb. 1970), *Elternabend. Über unsere schwer erziehbaren Mütter und Väter* (2004) von Adriano Sack (geb. 1967) oder *Lenin kam nur bis Lüdenscheid. Meine kleine deutsche Revolution* (2005) von Richard David Precht (geb. 1964) (cf. Stefański 2013).

2.2 Zoë Jenny: *Das Blütenstaubzimmer* (1997)

Der Roman *Das Blütenstaubzimmer* (1997) der Schweizer Autorin Zoë Jenny (geb. 1974) war einer der ersten Texte dieser Art und wurde in den Medien als charakteristischer, prägender Roman für diese Generation inszeniert. Es handelt sich um einen Coming of Age-Text über eine junge Frau namens Jo und ihre Kindheit mit Alt-68er-Eltern. Wie bei David Wagners Roman trennt sich auch hier die Mutter vom Vater, zieht aus und verschwindet damit aus dem Leben der Tochter. Jo bleibt beim Vater, der aber auch, bedingt durch mehrere Jobs und mehrere Affären, oft abwesend ist und der Tochter kaum Aufmerk-

ten. Und ich genauso. Ich habe gegen ihn angeredet, ich wollte ihn unter den Tisch reden, und eigentlich hätten wir wirklich den Mund halten sollen." (Hermann 1999: 176) Wieder wird daher auch in diesem Text eine Reflexion über 1968 und dessen Folgen anhand eines Generationenkontakts angeregt: die 68er-Generation trifft auf die 98er-Generation. Hier liegt aber erzählerisch eine für die Generation 1998 interessante Sonderform vor, ist Hermanns Text doch in personaler Erzählhaltung eher am Vater (Koberling) als an der Tochter (Anna) orientiert. Was jedoch bleibt und sich mit Befunden in anderen Texten deckt, ist eine (hier freilich eher sanfte) Satire auf das Versanden der 68er-Revolte: Koberling selbst lebt inzwischen sehr bürgerlich und verdrängt sein früheres Revoluzzertum: Anna „interessiert ihn nicht. Ihr Clownsvater interessiert ihn nicht mehr." (ibid.: 171) Oder später: „Raus", sagt er, „raus jetzt. […] Ich will meine Ruhe haben." (ibid.: 178) Das Substantiv Ruhe ist natürlich geradezu ein Inbegriff jener Bürgerlichkeit, gegen die die 68er damals so stark kämpften. Auch lehnt Koberling Anna und ihren Hippie-Freund mit all jenen spießbürgerlichen Etikettierungen ab, die wohl früher sein Vater ihm selbst gegenüber benutzte: Annas Freund sei ja nur ein „Kiffer", Koberling bemerkt kritisch dessen „unglaublich verdreckte Jeans" und generelle Verwahrlosung (ibid.: 168), kurz: für ihn ist Annas Freund ein „Idiot" (ibid.: 170). Die ‚sanfte Satire' auf die Alt-68er, die nun so biedermeierlich leben, bekommt zugleich in Koberling eine psychologische Tiefe, ist doch dessen neue, scheinbar behagliche und stabile Existenz nur eine labile Konstruktion. Dahinter lauern Einsamkeit und tiefsitzende Ängste (ibid.: 174–175). Der ehemalige Rebell ist heute ein zynischer Einsiedler – ohne Hoffnungen, ohne Utopien. Seine 68er-Vergangenheit ist für Koberling im Rückblick nur „Selbstbetrug" (ibid.: 164), aber sein aktuelles Dasein in einer bürgerlichen Schutzzone bietet ihm auch kein nachhaltig glückliches Leben. Das alles wird Koberling durch den überraschenden Besuch von Anna – sozusagen einer Botin aus seinem früheren, nun verdrängten Leben – bewusst. Der Text liefert somit ein Psychogramm der Alt-68er-Generation im Kontakt mit ihren Kindern.

samkeit schenkt. Erst als Jugendliche nimmt Jo selbst Kontakt zur Mutter auf und besucht sie in einem Haus in Südeuropa. Der Versuch der Kontaktaufnahme mit der Mutter scheitert allerdings und auch der Vater hat inzwischen mit einer neuen Partnerin eine zweite Familie gegründet. Jo bleibt allein und entwurzelt zurück.

Wie bei den anderen hier genannten Texten fordert, so die Diagnose von Jennys Roman, die Suche der 68er-Eltern nach Selbstverwirklichung und neuen Beziehungsformen ein Opfer (cf. Andre 2011: 184): das eigene Kind. Das Bild der Eltern, hier v. a. der Mutter, lässt sich ebenfalls gut mit den weiteren Romanen vergleichen. Jos Mutter wird durch fehlende Aufmerksamkeit, Gefühlskälte und Egozentrik charakterisiert. Sie lässt sich bewusst von Jo nur Lucy, nicht Mutter nennen und lehnt für sich eine traditionelle Mutterrolle ab. Dahinter steht der Versuch der Mutter, die nicht erwachsen werden will (cf. ibid.: 185), ihrer Tochter gegenüber eher die Rolle der gleichaltrigen Freundin einzunehmen als die der Erziehungsberechtigten. Das Psychogramm des Romans zeigt aber deutlich: Jo bräuchte eine Mutter, keine egozentrische Freundin, und auch die Mutter wird in dieser zwanghaften Juvenilität nicht glücklich. Lucys bedingungsloses Streben nach Selbstverwirklichung und Freiheit wird „zum neurotischen Syndrom“ (ibid.: 186) der Mutter und zum entwicklungspsychologischen Defizit der Tochter. Solche impliziten Anklagen sind sicherlich nicht als postfeministische Revision der Frauenbewegung oder grundsätzliche Kritik an Bestrebungen der weiblichen Emanzipation um 1968 zu sehen, vielmehr als kritischer Blick auf „die *egozentrische Vulgarisierung* einer tragenden Idee der 68er-Bewegung und der sie fortführenden Frauenbewegung“ (Löwer 2011: 76. Hervorhebung durch die Verf.). Zudem ist selbst die nach Selbstverwirklichung, Freiheit und Emanzipation strebende Mutter Lucy noch stark von den Wünschen der Männer bzw. ihrer Partner abhängig (cf. ibid.: 77), was andeutet, dass in dieser Figur keine konstruktive Gleichstellung der Geschlechter entwickelt wurde, ja dass eventuell die 68er-Generation und ihre Revolte noch zu stark in patriarchalischen Strukturen dachte.

Das frustrierend-traumatische Verhältnis von Mutter Lucy und Tochter Jo konzentriert sich in Jennys Text in dem titelgebenden Motiv des Blütenstaubzimmers. Lucy zieht sich im Kontext einer psychischen, wohl depressiven Krise in ein abgeschottetes Zimmer zurück, das sie mit Blütenstaub füllt und zu dem Jo keinen Zutritt bekommt. Jo beobachtet ihre im Blütenstaubzimmer liegende Mutter durch ein Fenster:

> Sie regte sich nicht. Ich trat gegen die Tür, die sich auch nicht bewegte, als ich fluchend dagegenrannte. Das Mutterbündel, das ich durch das kleine Fenster anstarrte, lag da und schwieg. Das winzige, kaum sichtbare Beben des Atems in ihrem Körper war das einzige Lebenszeichen. Ich bat sie, mir wenigstens ein Zeichen zu geben, daß sie mir zuhörte; sie rührte sich nicht. Schließlich drohte ich ihr mit eiserner Stimme, die Ärzte einer psychiatrischen Klinik zu holen und nach ihrer Einlieferung das Haus in Brand zu stecken. Sie blieb bewegungslos, stumm, mit dem Gesicht nach unten auf dem Laken. Von Zorn gepackt, rannte ich in den Garten, nahm die Schaufel, die an der Mauer lehnte,

> und zertrümmerte die Kellerfenster. Das helle Klingen der zerspringenden Scheiben erfüllte während langer Sekunden die Luft. Erst als alle fünf Fenster eingeschlagen waren, warf ich die Schaufel hin und stieg in den Keller. Lucy hatte sich mittlerweile erhoben, ich sah sie nicht einmal an, sondern ging geradewegs zur Tür, um sie von innen zu öffnen. Mit kleinen Schritten folgte sie mir darauf in die Küche. Dort begann sie zu weinen. Alle Energie war aus mir herausgeschüttet, mir war, als hätte ich keinen Körper mit Knochen und Muskeln drin, sondern bestünde nur noch aus weicher haltloser Masse. Während Lucy am Tisch saß und weinte, schnitt ich verbissen, mit zitternden Knien, das Brot für unser Abendessen. (Jenny 1998: 24)

Diese Schlüsselszene konzentriert die ganze Beziehungstragik zwischen beiden Frauen. Die Mutter ist selbst nicht glücklich mit ihrem spezifischen Versuch der Selbstverwirklichung, aber ihre Egozentrik und Unerreichbarkeit lösen tiefe Einsamkeit und Frustration in der Tochter aus. Diese verspürt einen verzweifelten Drang danach, von der Mutter endlich wahrgenommen zu werden und in echten Kontakt mit ihr zu kommen. Auch zeigt sich hierin ein Rollentausch: Das ‚Kind' bzw. die jugendliche Tochter übernimmt eine versorgende, beschützende ‚Mutter-Rolle' für ihre lebensunfähige Mutter (cf. Löwer 2011: 70–71), mehr noch: Die Aktivität der Tochter löst zwar bei der Mutter eine Wende aus (sie kann sich erheben, sie kann Weinen zulassen), aber wie bei einem Energietransfer oder Vampirismus saugt das der Tochter die Kraft aus (cf. Andre 2011: 187). Auch sonst wird Jo erstaunlich kraftlos, depressiv, starr beschrieben. Nur in dieser Szene entwickelt sie (im Grunde einmalig) starke Aktivität, was beweist, wie groß ihr Wunsch ist, endlich von der Mutter wahrgenommen zu werden. Ein Versuch, der scheitert. Auch zu Gleichaltrigen ist Jos Kontaktaufnahme belastet. Neben der Unmöglichkeit, dauerhafte emotionale Bindungen einzugehen, ist auch der sexuelle Kontakt zu anderen erschwert – eine Reaktion auf die sexuelle Befreiung ihrer Eltern und auf das „neue" Zeitalter von AIDS (Jennys Roman ist einer der ersten einer späteren Reihe von Texten, die sich mit AIDS als Signum dieser Generation und ihrer Beziehungen auseinandersetzt) (cf. ibid.: 189).

Aus allem Genannten resultiert ein Psychogramm von Jo – und auch von ihrer Generation? Sie wird geprägt von Passivität, Traurigkeit, Einsamkeit, Bindungs- und Utopielosigkeit. Sie zieht sich zurück ins Innere, auch Private, und findet nicht zu politisch-gesellschaftlicher Aktivität (cf. Frank 2003: 239). Eine Revolte oder Rebellion gegen die Eltern ist den Jugendlichen schon deshalb nicht möglich, weil diese Eltern ihnen keine Nähe und Angriffsfläche bieten (cf. Andre 2011: 188). Daraus resultiert ein Grundmotiv, das Jos ganzes jugendliches Leben und das Dasein ihrer Generation – zumindest aus Sicht dieses Romans – kennzeichnet: das Warten. Auch das Ende des Romans bleibt offen: Jo löst sich zwar von den Eltern, sitzt aber in der letzten Szene wartend auf einer Parkbank (cf. ibid.: 193). Worauf wartet sie und wird das Erwartete je eintreffen? Das ist unklar. Sicherlich mag dieses Psychogramm von Jos Generation ungerecht und einseitig mit den auch positiven Errungenschaften der Frauen- und Studentenbewegung der 68er-Generation ins Gericht gehen und sicherlich ist Texten wie

Das Blütenstaubzimmer eine gewisse Larmoyanz und ‚Weinerlichkeit' nicht abzusprechen, dennoch: Sie zeichnen ein durchaus bedenkenswertes Bild der 1998er als Verlierergeneration der 68er-Revolte.

3. Fazit

Um 2000 kam es in der deutschsprachigen Gegenwartsliteratur zu einer starken Auseinandersetzung mit der Studentenbewegung 1968, dabei trafen in den einschlägigen Texten zumeist zwei Generationen aufeinander: sowohl in Bezug auf die Autor/-innen als auch in Bezug auf die literarischen Figuren. In der 1968er-Generation blickten Figuren und Autor/-innen, die in ihrer Jugend die Revolte 1968 aktiv mittrugen oder zumindest in der Nähe beobachteten, mit dem zeitlichen Abstand von 30 Jahren darauf zurück. In der 1998er-Generation blickten ebenfalls Figuren und Autor/-innen, die um 1970 herum geboren sind und mit Müttern oder Vätern der 68er aufwuchsen, mit dem zeitlichen Abstand von 30 Jahren auf ihre Jugend zurück.

Gemeinsam ist all diesen Texten (egal ob aus bzw. über Generation I oder II) Folgendes: Stets wird der Generationen-Kontakt der Väter/Mütter[3] und Söhne/Töchter zum konkreten Auslöser der Selbstreflexion bzw. des Rückblicks. Es ist durchgehend ein ‚kritischer' Rückblick auf die Studentenrevolte 1968; keiner der Texte (selbst nicht die noch relativ versöhnlichen Texte Uwe Timms) bleibt ohne deutliche Kritik an 1968. Dabei werden zum Großteil überraschend starke (und in dieser Eindimensionalität auch problematische) Stereotypisierungen und Schematisierungen der 68er-Generation (cf. Stefański 2013: 179) vorgenommen. Narratologisch fällt auf, dass der Ton dabei aber bewusst subjektiv und persönlich ist. Es sind fast immer Ich-Erzähler/-innen, die über 1968 bzw. ihre 68er-Eltern nachdenken, was somit zur dezidierten Individualisierung der 68er-Revolte führt. Die Studentenbewegung ist in den Rückblicken gerade kein nachhaltiges Kollektivereignis, sondern eine individuell erlebte, auch zeitlich begrenzte Phase. Zumeist enthalten die Texte beider Generationen auch deutlich autobiographische Züge, freilich ohne zu persönlich zu werden. Im Ganzen ist es damit eine persönliche Selbstreflexion, die

3 Interessanterweise ist übrigens die Schicht bzw. das soziale Milieu aller Texte ähnlich. Die 68er-Elterngeneration lebt nun in einem (gut-)bürgerlichen Umfeld, sie sind Akademiker/-innen, finanziell halbwegs wohlhabend, zumeist Selbständige mit kreativen oder juristischen Tätigkeitsfeldern (Drehbuchautor, Verleger, Designer, Rechtsanwalt, Trauerredner). Zwar haben sie Reste ihrer früheren Politisierung und Revolte noch in ihr Leben integriert, im Ganzen sind sie aber deutlich in bürgerliche Lebensverhältnisse zurückgekehrt, wie sie sie früher evtl. abgelehnt hätten. Auch Experimente in Bezug auf Partnerschaft, Sexualität und Wohnverhältnisse finden nicht mehr statt, vielmehr leben die Figuren in (zumindest äußerlich) festen Partnerschaften, oft sogar Ehen, und im Modell der bürgerlichen Kleinfamilie im Eigenheim. Allerdings handelt es sich zumeist um eine zweite (Patchwork-)Familie nach erfolgter Trennung (cf. Löwer 2011: 261–263 und 267–272).

zugleich generell die Individualisierung von Erinnerung ausstellt, ja Erinnerung und Geschichte stets als Konstrukt individueller Wahrnehmungen deutlich macht. 1968 wird dabei aus der kollektiven Geschichte Deutschlands herausgelöst und stattdessen in die Entwicklung eines Einzelnen eingebettet. Freilich schreiben diese Texte ihren erinnernden Figuren trotz aller Individualität oft durchaus repräsentative Züge für ihre Generation zu. Die Auseinandersetzung mit 1968 bzw. den 68er-Eltern steht somit im Spannungsfeld zwischen a) der politischen Tat und der gesellschaftspolitischen Bewusstseinsbildung und b) der privat-individuellen Persönlichkeitsentwicklung; dieses Spannungsfeld wird in allen Romanen reflektiert. Und deren Grundfrage lautet natürlich – egal ob in Bezug auf die Eltern oder deren Kinder –: Was ist heute noch übrig von der 1968er-Revolte?

Trotz dieser Gemeinsamkeiten ergab die Sichtung der Texte aber auch wichtige, zumeist altersabhängige Unterschiede. Wie bewerten die unterschiedlichen Generationen von Autor/-innen die Ereignisse im Jahr 1968?

Zunächst zur 1968er-Generation, den Autor/-innen der Väter- und Mütter-Altersstufe: In deren Texten wird die Studentenbewegung durchweg zu einem Jugendphänomen, evtl. gar (selbstkritisch) einer „Jugendsünde" (Kusche 2008: 191) uminterpretiert. Damit ist 1968 zeitchronologisch und entwicklungspsychologisch eine abgeschlossene Übergangsphase, die für die individuelle Persönlichkeitsentfaltung eines einzelnen wichtig war, aber jetzt längst überwunden ist. Dabei handelt es sich stets um die Entwicklung eines Jungen zum Mann; die untersuchten Romane weisen einen stark männlichen Blick auf das Phänomen 1968 auf. Auch das eigene Ich dieser (zumeist: Ich-)Erzähler wird im Rückblick uminterpretiert und die eigene Rolle zum schon damals kritischen, distanzierten Beobachter und Einzelgänger (cf. ibid.: 195) stilisiert. Kaum einer der Texte zeigt einen voll in der 68er-Bewegung aufgehenden Aktivisten. Trotz dieser Relativierung der eigenen Teilnahme zum randständigen Beobachter kommt es aber durchaus und durchweg zu einem kritischen Rückblick auf 1968, z. B. zur (Selbst-)Kritik am Ablauf der 68er-Bewegung, insbesondere an deren angeblichem Kollektivzwang. Keine wirkliche Selbstkritik hingegen stellt sich in den Texten ein, dass die von 1968 geprägten Erziehungs- und Selbstverwirklichungsmethoden evtl. für die Nachfolgegeneration nicht unbedingt einen konstruktiven Zuwachs an Freiheit bedeuten ... Eine solche teilnehmende Perspektive am Erleben der eigenen Kinder fehlt. Hier besteht ein blinder Fleck in allen untersuchten Texten aus Perspektive der 68er-Eltern. Vielmehr scheint dort eine Versöhnung mit der Generation der Kinder durchaus möglich, wie es z. B. in Uwe Timms *Rot* anhand der (stark männlich perspektivierten) Liebesbeziehung des ehemaligen 68ers zu einer jungen Frau entworfen wird.

Nun zur 1998er-Generation, den Autor/-innen der Söhne- und Töchter-Altersstufe: Diese Texte inszenieren die Kinder der 68er durchweg als Opfer der Egozentrik, bedingungslosen Selbstverwirklichung (cf. Stefański 2013: 178) und zwanghaften politischen Bewusstseinsbildung ihrer Eltern. Immer wieder werden emotionale Vernachlässigung durch die Väter und Mütter beschrieben, die bei den Söhnen und Töchtern zu Einsamkeit, Melancholie, Bindungs- und Utopielosigkeit und zu einem Rückzug ins Private, Innerliche, Vereinzelte führt. Auch eine tiefgreifende Verunsicherung in Bezug auf Sexualität ist zu spüren, die sich aus der sexuellen Befreiung der Eltern speist. Zugleich sprechen sich die Jugendlichen in ihren Selbstreflexionen eine größere Reife als den fast neurotisch dauerjugendlichen Eltern zu. In der Darstellung der Eltern-Kind-Beziehungen finden sich zudem ähnliche Motive und Muster: die Trennung der Eltern, genauer: der Auszug und dadurch Verlust der Mutter, die neuen Partnerschaften der Elternteile, deutlich jüngere Stiefgeschwister; darin manifestiert sich ein in der Elterngeneration bewusst herbeigeführtes Scheitern des Modells der Kleinfamilie, die aber in den Kinder-Figuren (und sogar z. T. in den Vater- oder Mutterfiguren selbst) zu großer emotionaler Enttäuschung darüber und einer unstillbaren Sehnsucht danach führt.

Die Kinder gehen mit der Erziehung durch die 68er-Eltern hart ins Gericht. Diese sei nicht eine Hilfestellung zur konstruktiven Selbstentwicklung und zu freiem Denken, sondern wird eher als autoritärer Zwang und ideologische Indoktrination empfunden (cf. Löwer 2011: 273–282). Im Gegensatz zu den Romanen der 68er-Generation gibt es in den Romanen der 98er-Generation keine Möglichkeit der Versöhnung oder konstruktiven Nähe und Kommunikation zwischen Eltern und Kindern; die einzige vage Hoffnung auf ein selbstbestimmtes, erfülltes Leben der Kinder liegt in der strikten Loslösung von ihren Eltern. Eine andere Hoffnung eröffnet sich im Überspringen der Vater/Mutter-Generation: Die Kinder suchen direkt oder indirekt Kontakt zu den Großeltern und erhoffen sich dort punktuell das Gefühl der Geborgenheit und die positive Ausübung der bei den eigenen Eltern schmählich vermissten Vater/Mutter-Rolle. Es bleibt freilich ein Problem bestehen: Diese Großeltern gehören zur Generation der Nazis und autoritären Kriegstreiber, vor der die Eltern immer gewarnt haben. Hinzu tritt, dass die Romane der 1998er-Generation eine dezidiert geschlechtersensible Reflexion über die Rolle der Frauen in der Studentenbewegung 1968, ihren Umgang mit der Mutter-Rolle und dessen Folgen für ihre Töchter anstellen.

Im Ganzen bleibt die Studentenbewegung 1968 und deren Konsequenzen für beide Generationen der Gegenwartsliteratur – für die studentenbewegten Väter und Mütter der 1968er-Generation und für ihre um 1970 herum geborenen Kinder der 1998er-Generation – ein überraschend wichtiger Bezugspunkt, zumindest wenn man die um ca. 2000 publizierten Romane betrachtet. Was bleibt, ist natürlich die Frage nach der nächsten Generation: den Enkelinnen und Enkeln der 68er, den 2028ern ... Werden sie in ihren literarischen Texten auch auf 1968 zurückblicken? Werden sie ins Gericht gehen mit ihren Vätern und Müttern, den überfürsorglichen Helikopter-Eltern? Oder werden im Gegenteil die 68er-Großeltern demnächst wieder als Vorbilder attraktiv werden: als coole Hippies, die wenigstens noch Werte hatten und dem Ideal der Revolte folgten? Das lässt sich derzeit noch nicht sicher sagen. Die Enkel der 68er sind zwar schon geboren und unternehmen gerade ihre ersten Versuche im literarischen Schreiben, aber ob und wie sie einmal auf ihre Jugend bei den Post-68ern zurückblicken werden und ob und wie sie sich mit ihren Großeltern, den 68ern, auseinandersetzen werden, das kann man heute noch nicht absehen. Im Jahr 2028 zum 60. Jubiläum von 1968 werden wir mehr wissen.

Bibliografie

Andre, Thomas, 2011: *Kriegskinder und Wohlstandskinder. Die Gegenwartsliteratur als Antwort auf die Literatur der 68er.* (Neue Bremer Beiträge 16). Universitätsverlag Winter: Heidelberg.

Bentz, Ralf et al. (Hrsg.), *1998: Protest! Literatur um 1968. Eine Ausstellung des Deutschen Literaturarchivs in Verbindung mit dem Germanistischen Seminar der Universität Heidelberg und dem Deutschen Rundfunkarchiv im Schiller-Nationalmuseum Marbach am Neckar: 9. Mai bis 30. November 1998.* (Marbacher Kataloge 51). Deutsche Schillergesellschaft: Marbach.

Catani, Stephanie, 2019: „Was bleibt vom heißen Sommer? Die 1968er-Bewegung in Texten Uwe Timms". In: Singh, Sikander (Hrsg.): *1968. Literatur und Revolution.* (Schriften des Literaturarchivs Saar-Lor-Lux-Elsass der Saarländischen Universitäts- und Landesbibliothek). Wehrhahn: Hannover, 161–188.

Erk, Corina, 2017: *De-/Konstruktionen der RAF im Post-2000-Kino. Filmische Erinnerungsarbeit an einem Mythos.* (Inter/Media 2). Fink: Paderborn.

Frank, Dirk, 2003: „Der Affekt gegen 68. Der Bruch mit der Protestgeneration in den Texten der Popliteratur". In: Neuland, Eva (Hrsg.): *Jugendsprache – Jugendliteratur – Jugendkultur. Interdisziplinäre Beiträge zu sprachkulturellen Ausdrucksformen Jugendlicher.* (Sprache – Kommunikation – Kultur. Soziolinguistische Beiträge 1). Peter Lang: Frankfurt a. M. et al., 235–250.

Gamelas, Inês, 2017: „Die 68er literarisierte Revolte in der BRD und in Frankreich: Widerstand und Protest in Uwe Timms *Heißer Sommer* (1974) und Robert Merles *Derrière la virte* (1970)". In: Bernardo, Ana Maria/Alves, Fernanda Mota/Abrantes, Ana Margarida (Hrsg.): *Vom Experiment zur Neuorientierung. Forschungswege der Germanistik im 21. Jahrhundert.* (Germanistik International 2). Frank & Timme: Berlin, 77–91.

Hahn, Hans-Joachim, 2007: „Die Studentenbewegung und die RAF als deutscher Familienroman. Jüngste literarische Erkundungen einer jüngeren Vergangenheit". *Seminar. A Journal of Germanic Studies* Bd. XLIII. Nr. 2, 134–148.

Hermann, Judith, 1999 [1998]: *Sommerhaus, später. Erzählungen.* 11. Aufl. Fischer: Frankfurt a. M. Darin besonders: „Diesseits der Oder", 167–188.

Höfler, Günther, 2009: „Politik und Sentiment. Aspekte des Mythos 68 im Gegenwartsroman". In: Knobloch, Hans-Jörg/Koopmann, Helmut (Hrsg.): *Der ‚gesamtdeutsche' Roman seit der Wiedervereinigung.* (Stauffenburg Colloquium 59). Stauffenburg: Tübingen, 45–62.

Horn, Anette und Peter, 2014: „Der Schriftsteller als Beerdigungsredner. Totenbeschwörungen in Uwe Timms *Rot*". In: dies.: *Die doppelte Vergangenheit der Gegenwart. Der deutsche Roman seit 2000.* (Beiträge zur Kulturwissenschaft 32). Athena: Oberhausen, 153–164.

Jahraus, Oliver, 2007: „Totenrede und Roman. Zu Medientheorie und Erzähltechnik in Uwe Timms *Rot*". In: Marx, Friedhelm (Hrsg., unter Mitarbeit von Stephanie Catani und Julia Schöll): *Erinnern, Vergessen, Erzählen. Beiträge zum Werk Uwe Timms.* (Poiesis. Standpunkte der Gegenwartsliteratur 1). Wallstein: Göttingen, 173–188.

Jenny, Zoë, 1998 [1997]: *Das Blütenstaubzimmer. Roman.* 7. Auflage. Frankfurter Verlagsanstalt: Frankfurt a. M.

Kamya, Julienne, 2005: *Studentenbewegung, Literatur und die Neuentdeckung der Fremde. Zum ethnografischen Blick im Romanwerk Uwe Timms.* (Mäander. Beiträge zur deutschen Literatur 6). Peter Lang: Frankfurt a. M. et al.

Kusche, Matthias, 2008: „Strategien mit Biographien: Dekonstruktion der Studentenbewegung bei F. C. Delius und Stephan Wackwitz, Utopie des Protests bei Uwe Timm". In: Zemanek, Evi/Krones, Susanne (Hrsg.): *Literatur der Jahrtausendwende. Themen, Schreibverfahren und Buchmarkt um 2000.* Transcript: Bielefeld, 191–200.

Löwer, Ingrid, 2011: *Die 68er im Spiegel ihrer Kinder. Eine vergleichende Untersuchung zu familienkritischen Prosatexten der jüngeren Autorengeneration.* (Presse und Geschichte. Neue Beiträge 61). edition lumière: Bremen.

Luckscheiter, Roman, 2001: *Der postmoderne Impuls. Die Krise der Literatur um 1968 und ihre Überwindung.* (Schriften zur Literaturwissenschaft 16). Duncker & Humblot: Berlin.

Nickel, Ingeborg, 2014: „Präsentationsformen imaginierter und authentischer Erinnerungsorte in der deutschen Literatur des 21. Jahrhunderts zur Studentenbewegung von 1968 und zum ‚Deutschen Herbst'". In: Díaz Pérez, Olivia C. et al. (Hrsg.): *Transformationen der Erinnerung und der Wirklichkeit in der Literatur.* (Asociación Latinoamericana de Estudios Germanísticos 2). Stauffenburg: Tübingen, 43–58.

Prinz, Alois, 1990: *Der poetische Mensch im Schatten der Utopie. Zur politisch-weltanschaulichen Idee der 68er Studentenbewegung und deren Auswirkung auf die Literatur.* (Epistemata. Würzburger wissenschaftliche Schriften. Reihe Literaturwissenschaft 60). Königshausen und Neumann: Würzburg.

Seiler, Sascha, 2018: „1968 – 1989 – 2000: ein Versuch über Zäsuren in der deutschen Gegenwartsliteratur". *Literaturkritik.de*, 20 (3), 138–144, abgerufen am 17.2.2020.

Stefański, Michał, 2013: *Die 68er-Generation vor Gericht. Untersuchungen zu den Konfliktkonstruktionen in den Texten der 85er-Generation.* (Kultur – Literatur – Medien. Posener Schriften zur Germanistik 1). Peter Lang: Frankfurt a. M. et al.

Strobel, Jochen, 2008: „Medienereignisse der 68er-Bewegung und des Terrorismus der 70er Jahre in der Gegenwartsliteratur: F. C. Delius, Ulrike Draesner, Leander Scholz, Uwe Timm". In: Heller, Heinz-B./Röwekamp, Burkhard/Steinle, Matthias (Hrsg.): *40 Jahre Erinnerung an 68 – Tyrannei der Jahreszahl?* (Augenblick. Marburger Hefte zur Medienwissenschaft 42). Schüren: Marburg, 20–42.

Timm, Uwe, 2017 [2001]: *Rot. Roman.* 12. Auflage. Kiepenheuer & Witsch: Köln.

Andrea Bartl

Universität Bamberg

E-Mail: andrea.bartl@uni-bamberg.de

Linguistik, Sprache und Deutsch als Fremdsprache

Michael Dobstadt

Von der kommunikativen über die interkulturelle zur symbolischen Kompetenz. Deutsch als Fremdsprache auf dem Weg von der Moderne in die Postmoderne

Vor einiger Zeit nahm ich an der TU Dresden an einem Kolloquium teil, in dessen Rahmen zwei Absolventinnen ihre Abschlussarbeiten, die sie im Fach Deutsch als Fremdsprache verfasst hatten, vorstellten. In der einen Arbeit ging es um Sprachstandsfeststellungen an Berufsschulen. Die Studentin hatte während eines Praktikums eine enorme sprachliche Heterogenität unter den Berufsschüler/-innen beobachtet und es sich daraufhin zur Aufgabe gemacht, ein Instrument zur Sprachstandsanalyse zu entwickeln. Sie wollte herausfinden, worin sich die Sprachkompetenzen von Berufsschüler/-innen mit Migrationshintergrund von denjenigen sogenannter Muttersprachler/-innen unterscheiden; das Ziel war, basierend auf den Ergebnissen Empfehlungen für die Sprachförderung abzuleiten. Die zweite Arbeit beschäftigte sich aus der DaF-Perspektive mit dem Begriff der Authentizität, also mit einem zentralen Begriff der kommunikativen Fremdsprachendidaktik (cf. Rösler 2012: 76; Riedner 2018). Demnach sollen Lernende, die – gemäß den Vorgaben des kommunikativen Ansatzes – auf reale Kommunikationssituationen vorbereitet werden sollen, im Fremdsprachenunterricht mit authentischer Sprache bzw. mit authentischen Texten konfrontiert werden. Außerdem sollen sie im Unterricht authentisch agieren, also als sie selbst sprechen.

Die beiden Arbeiten lagen thematisch weit auseinander. Dennoch haben sie mehr miteinander zu tun, als es zunächst den Anschein hat. Das machten die Irritationsmomente deutlich, die im Laufe der beiden Präsentationen auftraten. So zeigte sich die Verfasserin der Arbeit zur Sprachstandsanalyse überrascht von dem von ihr so nicht erwarteten Befund, dass die von ihr als muttersprachlich kategorisierten Schüler/-innen sich hinsichtlich ihrer Sprachkompetenzen vielfach kaum von den Schüler/-innen mit sogenanntem Migrationshintergrund[1] unterschieden; es aber nicht verstanden, warum es für sie in der Berufsschule Deutschunterricht geben solle: Sie – als Muttersprachler/-innen – seien der deutschen Sprache doch mächtig! Aus ihrer Sicht waren nur die anderen Schüler/-innen – eben diejenigen mit ‚Migrationshintergrund' – der Sprachförderung bedürftig.

Bei ihrer Kommilitonin, die das Thema Authentizität bearbeitete, erwuchs die Irritation aus ihren Versuchen, den Gegenstand ihrer Untersuchung zu bestimmen. Er erwies sich als kaum fassbar. Denn was macht einen Text zu einem authentischen Text? Wird er authentisch – und damit zu einem glaubwürdigen

1 Zu dem Begriff und seiner Problematik siehe Wikipedia 2021.

Repräsentanten der Zielsprache – durch die geographische, sprachliche, kulturelle – was immer man darunter auch verstehen mag – Verortung seines Produzenten oder seiner Produzentin in der sogenannten Zielkultur? Oder wird er authentisch dadurch, dass er nicht für Lerner/-innen, sondern für Sprecher/-innen des Deutschen verfasst ist? Demnach würde die Authentizität eines Textes nicht nur von den Umständen seiner Produktion, sondern auch von denen seiner Rezeption abhängen. Das erste Kriterium leuchtet in den Zeiten von Globalisierung, Migration, weltumspannender Kommunikation und den dadurch immer komplexer werdenden Zugehörigkeiten, die sich sprachlich in der Entwicklung von urbanen Ethnolekten wie dem Kiezdeutschen (cf. Wiese 2010), im Codeswitching und -mixing (cf. Jessner/Allgäuer-Hackl 2019), in der Existenz deutschsprachiger Communitys außerhalb der deutschsprachigen Länder (cf. Vázquez/Wallat 2021) etc. zeigen, nicht mehr so ohne Weiteres ein – denn wie lässt sich die sogenannte Zielkultur unter diesen Umständen noch eindeutig bestimmen und trennscharf von anderen ‚Kulturen' abgrenzen? In Bezug auf das zweite Kriterium wäre erstens zu fragen, ob die Authentizität eines Textes dann nicht schon durch seine Rezeption in einem didaktischen Kontext in Frage gestellt wäre (cf. Riedner 2018: 37). Zweitens variiert das zweite Kriterium die Problematik des ersten, insofern es auf der in die Kritik geratenen „Entgegensetzung von ‚native' und ‚non-native speaker'" (ibid.) und der damit verknüpften Annahme beruht, dass die Perspektive auf die Welt unter den Sprecher/-innen des Deutschen im Kern eine gemeinsame ist – eine Annahme, die ebenfalls nicht mehr zu überzeugen vermag (cf. Kramsch 2006). Und schließlich ist zu konstatieren, dass die kommunikative Fremdsprachendidaktik sich bei der Entwicklung von Lehr-/Lernmaterialien keineswegs an das von ihr so hochgehaltene Authentizitätsgebot hält. In heutigen DaF-Lehrwerken hat man es vielmehr mit einer fingierten Authentizität zu tun, insofern die Texte sprachlich zwar vereinfacht, aber dennoch so gestaltet sind, dass sie authentisch anmuten. Ein Beispiel aus dem Lehrwerk DaF kompakt zeigt Abb. 1.

Den Lernenden wird auf diese Weise das Gefühl vermittelt, mit originaler Sprache und originalen Texten zu arbeiten. Unabhängig davon, wie man dies einschätzt, wird man doch einräumen müssen, dass dies mit dem programmatischen Authentizitäts-Anspruch des kommunikativen Fremdsprachenunterrichts konfligiert. Letztlich bietet er den Lernenden eine durchaus raffiniert gemachte Kunstsprache an, ohne dies jedoch offenzulegen, kritisch zu reflektieren und ausgehend davon sein Authentizitätskonzept zu hinterfragen (cf. Riedner 2018).

Das Examenskolloquium war deshalb so spannend, weil im Zuge der Präsentation der beiden Arbeiten mithin vor aller Augen und Ohren nicht nur zentrale Grundbegriffe und Grundannahmen des kommunikativen Fremdsprachenunterrichts zu zerfallen begannen, sondern auch – und vor allem – die dahinterstehenden binären Oppositionen, wie z. B.:

2 Eine Urlaubsmail

a Lesen Sie die Urlaubsmail von Silke und Thomas an ihre Freunde. Wo machen sie Urlaub?

Liebe Ute, liebe Petra und lieber Frank,
hier kommt ein Urlaubsgruß! Das Hotel ist sehr gut und das Wetter ist super: Es gibt keinen Regen, nur Sonne und 32 Grad! Die Menschen sind sehr nett. Die Stadt ist klein (wir brauchen kein Auto!), aber schön und sehr interessant. Sie hat ein Museum, einen Markt und eine Kathedrale.
Heute gibt es hier ein Open-Air-Konzert. Die Band ist super. Das Konzert ist sicher gut. Wir haben leider noch keine Karten! (Hoffentlich sind die Karten nicht teuer!) Morgen machen wir einen Ausflug. (Der Ausflug beginnt schon um sechs Uhr morgens! ☹) Am Dienstag besuchen wir die Kathedrale. Und am Sonntag fahren wir nach Hause. Am 9. September planen wir einen Fotoabend, kommt ihr? Habt ihr Zeit? Sonja und Tom kommen auch.
Wir grüßen euch herzlich aus Kroatien
Silke und Thomas

b Wie ist der Urlaub? Lesen Sie die Urlaubsmail in 2a noch einmal und beantworten Sie die Fragen. ÜB: C 2d

1. Was finden Silke und Thomas interessant? → *Sie finden die Stadt interessant.*
2. Was hat die Stadt? → ______
3. Was brauchen Silke und Thomas noch? → ______
4. Was machen sie noch? → ______
5. Was planen sie? → ______

Abb. 1: Fingierte Authentizität im Lehrwerk DaF kompakt.

Quelle: Sander et al. 2011: 24.

- Muttersprache – Fremdsprache
- eigen (= eigenkulturell) – fremd (= fremdkulturell)
- integriert (= ‚kulturell' zugehörig) – nicht integriert (= ‚kulturell' nicht zugehörig)
- authentisch – unauthentisch bzw. künstlich
- eigentliches Sprechen – uneigentliches Sprechen
- kompetente Sprecher/-innen – inkompetente Sprecher/-innen
- die Sprache lernen – die Sprache gebrauchen

1. Der moderne Hintergrund von Deutsch als Fremdsprache und des kommunikativen Fremdsprachenunterrichts

Wie die Bezeichnung „Deutsch als Fremdsprache" andeutet, verortet das Fach sich selbst ebenso wie seinen zentralen Gegenstand – die deutsche Sprache – in einem Feld, das von einer der prominentesten dieser Oppositionspaare, der Dichotomie ‚eigen-fremd' bestimmt wird (cf. Dobstadt 2018). Doch so problematisch und prekär diese Dichotomie mittlerweile auch anmuten mag: Sie ist Teil jener Perspektive, durch die sich das Fach als modern ausweist. Und mit ihm die gesamte moderne, d. h. kommunikative Fremdsprachendidaktik. Claire Kramsch beschreibt deren Modernität folgendermaßen:

> Modernity, a product of the 18th-century Enlightenment, is characterized by all the features that FL teachers take for granted: the existence of nation-states, each with their national language and their national culture; the existence of

> standardized languages with their stable grammars and dictionaries that ensure the good usage of the language by well-educated citizens that FL learners are expected to emulate; the superiority of national languages over regional dialects and patois; the clear boundaries between native and foreign languages and among foreign languages so that one can clearly know whether someone is speaking French, German, or Chinese, standard Spanish or regional Spanish; the codified norms of correct language usage and proper language use that language learners have to abide by for fear of not being understood or not being accepted by native speakers. The language teaching profession in this sense has been a highly modernist profession. (Kramsch 2014: 297)

Der Hintergrund des in den 70er Jahren des 20. Jahrhunderts entstandenen Universitätsfaches Deutsch als Fremdsprache ist folglich die nationalstaatlich verfasste Moderne mit ihren einigermaßen trennscharf voneinander abgegrenzten, normierten und dadurch vereinheitlichten Nationalsprachen, die eine klare und eindeutige Unterscheidung zwischen der Muttersprache und den Fremdsprachen sowie deren Sprecher/-innen konstituieren; weshalb DaF/DaZ diese von Kramsch prägnant zusammengefassten Positionen bis heute im Wesentlichen teilt (dass eine Reihe von DaFler/-innen und DaZler/-innen sich mittlerweile mit ihnen nicht mehr identifizieren können und nach alternativen Konzeptualisierungen Ausschau halten, steht auf einem anderen Blatt). Dabei darf aber nicht übersehen werden, dass diese ‚modernen' Positionen als progressiv und emanzipatorisch galten und sich auch so verstanden; und dies erscheint auch gerechtfertigt insofern, als sie mit einem fremdsprachendidaktischen Modernisierungsschub von revolutionärer Qualität verbunden waren: der sogenannten „kommunikativen Wende" (Decke-Cornill/Küster 2015: 115).

Wenn man in der Geschichte der Fremdsprachendidaktik nach einer Zäsur und einem Paradigmenwechsel sucht, dann ist die ‚kommunikative Wende' der 1960er und 70er Jahre dafür eine der vielversprechendsten Kandidatinnen. Dass sie als revolutionär wahrgenommen und angesehen wurde, zeigt schon der Begriff der ‚Wende', der als das deutschsprachige Pendant zum lateinischen Ausdruck „revolutio" gelten kann (cf. Stötzel/Eitz 2002: 188). Revolutionär war, dass die zu vermittelnde Sprache nicht mehr als – grammatisches – System, sondern als soziale Praxis verstanden und fokussiert wurde. Daher konnte auch von einer „‚pragmatischen Wende'" (Ehlich/ten Thije 2010: 270; einfache Anführungsstriche im Orig.) gesprochen werden. Sprache wurde im Fremdsprachenunterricht nunmehr als ein Instrument mit genuiner Handlungsqualität thematisiert und fokussiert; zentraler theoretischer Bezugspunkt dafür war und ist die „Sprechakttheorie" (Barkowski 2014: 16). Die Folgen dieser Umstellung waren einschneidend. So rückte im Unterricht die grammatische Korrektheit in den Hinter- und der kommunikative Erfolg einer ‚Sprechhandlung' in den Vordergrund; für diese neue Leitvorstellung wurde der Begriff der kommunikativen Kompetenz geprägt, die bis heute eine der wichtigsten Zielvorstellungen des Fremdsprachenunterrichts ist, ablesbar etwa an ihrer Prominenz im Gemeinsamen europäischen Referenzrahmen (cf. Europarat 2001: 119). Mit ihr wurde die Fähigkeit in den Vordergrund gestellt, flexibel und kontextangemessen mit den eigenen kommunikativen Ressourcen umzugehen. Als revolutionär kann die ‚kommunikative Wende' aber auch insofern gelten, als sie in den größeren Kontext der politischen und gesellschaftlichen Aufbruchs- und Emanzipationsepoche der ausgehenden 1960er-Jahre gehört, in der nicht nur die Regeln der Grammatik, sondern auch die des Zusammenlebens auf den Prüfstand gestellt wurden. So stand sie programmatisch für den „democratic spirit of dialogue and interaction. It was meant to facilitate access and inclusion of nonnative speakers into communities of native speakers and thus pursued social and economic goals." (Kramsch 2006: 249) Die zentralen Stichworte lauteten Teilhabe und Partizipation, die auf ein modernes Gesellschafts- wie Subjektverständnis verwiesen, die nun auch in der Fremdsprachendidaktik und im Fremdsprachenunterricht Einzug hielten. Die in den 1980er- und 90er-Jahren hinzukommende Erweiterung um die Kategorie des (Inter-)Kulturellen (cf. Rösler 2012: 81 ff.) und damit die Weiterentwicklung des Konzepts der kommunikativen zur interkulturellen Kompetenz, war im Konzept der kommunikativen Didaktik bereits angelegt. Weil sprachliches Handeln stets bezogen auf Kontexte erfolgt (cf. Ehlich/ten Thije 2010), ist die kommunikative Kompetenz kontextbezogen zu denken; wobei als weiterer Kontext nun die ‚Kultur' hinzukam. Der Hintergrund dieser Erweiterung waren Erfahrungen von „interkulturellen Verständigungsproblemen und Missverständnissen" (Erll/Gymnich 2013: 6), den sogenannten „critical incidents" (Erll/Gymnich 2013: 119). Sie wurden als Beleg dafür genommen, dass Bedeutungen nicht transkulturell, sondern „kulturspezifisch geprägt [seien] und [...] die Lebenspraxis einer Gesellschaft" (Biechele/Padrós 2003: 47) reflektierten; weshalb – so die Annahme – kompetentes Kommunizieren „Fremdverstehen und Orientierungsfähigkeit in der fremden Kultur" (Biechele/Padrós 2003: 56) voraussetze. Nicht zuletzt ging es um den Bereich der Pragmatik, also um die Frage, „was in welcher Situation mit wem und auf welche Weise angemessen ist" (Ehlich/ten Thije 2010: 270). Allerdings ist diese Frage nicht eindeutig zu beantworten. Und damit verwandelte sich der enorme – und dringend nötige – Zugewinn an kommunikativer Flexibilität, den die kommunikative Wende gebracht hatte und der verknüpft war mit einer progressiven „ambitious educational agenda" (Kramsch 2006: 250), zu der im Zeichen der Vermittlung interkultureller Kompetenz der Perspektivenwechsel und die Einübung von Toleranz gegenüber dem ‚Fremden' und ‚Anderen' gehörte, in eine unbehebbare Schwachstelle; jedenfalls dann, wenn an der Vorstellung einer transparenten und damit letztlich vereindeutigbaren Bedeutung festgehalten werden sollte, wie es die Theorien tun, auf die sich der kommunikative und der interkulturelle Fremdsprachenunterricht beriefen; an ihrer Spitze die Sprechakttheorie (cf. Frank 1984: 508). Gestützt auf diese sieht es der kommunikative Fremdsprachenunterricht nicht als nötig an, Mehrdeutigkeit und semiotische Unentscheidbarkeit anders als bloße Störgrößen wahrzunehmen, mit denen man sich lieber nicht auseinandersetzt, weil die Beschäftigung mit ihnen zum Spracherwerb nichts beitragen kann (siehe auch das mehr als knappe Kapitel zur „Ästhetische[n] Sprachverwendung" [Europarat 2001: 61] im Gemeinsamen Europäischen Referenzrahmen). Damit offenbart der kommunikativ gewendete Fremdsprachenunterricht eine fundamentale Inkonsequenz, insofern er zunächst die Sprache durch die Verlagerung des Fokus auf den konstitutiv veränderlichen und die Norm permanent transzendierenden Sprachgebrauch entregelt, um dieser Entregelung anschließend sofort wieder eine – letztlich willkürliche – Grenze zu ziehen. Bei dieser Eindämmungs-Operation spielt die unterstellte Rückbindung der Sprache an eine von den Sprecher/-innen geteilte ‚Kultur' eine prominente Rolle. Diese wird zu einer Art semiotischen Anker erklärt, mit dessen Hilfe sich das vieldeutige und sich permanent selbst überholende Sprechen fixieren und vereindeutigen lässt. So heißt es in Band 3 des vom Goethe-Institut herausgegebenen Fortbildungslehrwerks „Deutsch Lehren Lernen": „Kommunikationsteilnehmende, die einer bestimmten gemeinsamen Kultur angehören, teilen dieses kulturspezifische Wissen, wodurch in der Regel eine problemlose Kommunikation möglich wird." (Barkowski 2014: 32) Die eingangs genannten binären Oppositionen zwischen fremd und eigen, kompetent und inkompetent, zugehörig und nicht-zugehörig usw. ergeben sich aus dieser Sichtweise; sie werden damit nicht nur zur Voraussetzung von Kommunikation, sondern auch zur konzeptuellen Grundlage des kommunikativen Fremdsprachenunterrichts erklärt: „Bei Fremdsprachenlernenden ist diese Kompetenz in der neuen Sprache nicht vorauszusetzen. Sie muss daher im Unterricht vermittelt und trainiert werden." (Barkowski 2014: 16). Deshalb scheint der Begriff der Kultur für den kommunikativen Fremdsprachenunterricht nach wie vor unverzichtbar zu sein, obwohl das dahinterstehende Kulturverständnis auch und gerade von Seiten des Faches Deutsch als Fremdsprache seit langem kritisiert und in Frage gestellt wird (cf. Altmayer 2006). Die hier zutage tretende Widersprüchlichkeit unterstreicht jedoch nur die Modernität des kommunikativen Fremdsprachenunterrichts, insofern sie in gewisser Weise die Moderne selbst charakterisiert, die – historisch gesehen – einerseits für Vielfalt, Veränderung und Dynamik und andererseits für deren Begrenzung und Einhegung steht:

> Aus poststrukturalistischer Perspektive erweist sich die Moderne [...] als ein Komplex, der auf eine historisch außergewöhnliche und radikale Weise eine Schließung von Strukturen, damit eine Schließung von Kontingenz betreibt (diese Schließungen selbst dabei als Fortschrittsprozeß repräsentiert) und der zugleich auf eine ebenso historisch außergewöhnliche Weise diese Schließungen immer wieder aufbricht, diese damit subvertiert und destabilisiert. (Reckwitz 2008: 232 f.)

Anders formuliert: der Konflikt zwischen Revolution und Reaktion ist also kein Konflikt zwischen Moderne und Vormoderne, sondern ein Konflikt innerhalb der Moderne und auf dem Boden der Moderne, selbst wenn der reaktionäre Teil dieser Konstellation sich immer wieder und immer noch in eine Zeit vor der Moderne – in ein imaginiertes Mittelalter z. B. – zurückträumt. Für die Moderne ist daher eine Grundspannung charakteristisch: einerseits die Vieldeutigkeit und Dynamik zu bejahen, der man sich verdankt, die man sogar – durch das Unterminieren und letztlich Sprengen der vormodernen, traditionellen Ordnungen – mit hervorgebracht hat; andererseits diese vieldeutige und dynamische Realität sogleich wieder vereindeutigen und stillstellen zu wollen, um sie beherrschen und steuern zu können, bevor sie – so die Befürchtung – vollends außer Kontrolle gerät und irreversibel zerfällt. In welche Dilemmata diese der Moderne inhärente Spannung auf dem Gebiet der Fremdsprachendidaktik dann führt, wenn sie unerkannt bleibt und nicht reflektiert wird, machen die eingangs vorgestellten Abschlussarbeiten deutlich. In ihnen manifestieren sich die Widersprüche einer fremdsprachendidaktischen Position, deren ‚moderne' Re-Homogenisierungen und d.h. Homogenitätsunterstellungen zur kulturell und sprachlich immer diverseren, hybrideren, uneindeutigeren Realität der Gegenwart nicht nur immer weniger passen, sondern die diese auch immer weniger ignorieren und verdrängen kann.

2. Moderne vs. Postmoderne

Daher ist es an der Zeit, diese moderne Position in Richtung einer postmodernen Position weiterzuentwickeln.[2] Postmoderne meint dabei nicht die Negation der Moderne und folglich keine Rückkehr in eine vorkommunikative Ära; sie meint vielmehr die Anerkennung und Bejahung jener Dynamik, Heterogenität und Vielfalt von Sprache(n) und von (durch Sprache[n] perspektivierte) Realität, durch die die Moderne immer schon postmodern war; denn – wie Jean-François Lyotard sagt – „der Postmodernismus [ist] nicht das Ende des Modernismus, sondern dessen Geburt, dessen permanente Geburt." (Lyotard 1990: 45) Ein Begriff, der für diese postmoderne Weiterentwicklung der modernen Fremdsprachendidaktik steht, ist die von Claire Kramsch in den Diskurs eingeführte „symbolic competence" (Kramsch 2006; cf. Riedner 2015). Mit ihr hält ein Konzept in die Fremdsprachendidaktik Einzug, das der Komplexität von sprachlicher Bedeutungsbildung und Kommunikation unter den Bedingungen von gesellschaftlicher Diversität und Mehrsprachigkeit programmatisch Rechnung trägt und sich dabei – passenderweise – selbst in ein nicht völlig eindeutiges Verhältnis zum Konzept der kommunikativen Kompetenz setzt, dessen emanzipatorische Intention es bewahren, dessen Fixierung auf Eindeutigkeit und Monolingualität (cf. Kramsch/Whiteside 2008) es aber programmatisch hinter sich lassen will. Ein zentraler Bestandteil des Konzepts ist die Aufmerksamkeit auf den sogenannten „symbolic gap" (Kramsch/Huffmaster 2008: 286): die symbolische Lücke. Mit diesen Begriffen verbindet sich die These, dass sich Kommunikation auf einem semiotisch konstitutiv unsicheren Grund bewegt, insofern Bedeutungen nicht abschließend fixiert und transparent gemacht werden können. Kommunikation wird dadurch aber weder verunmöglicht, noch gestaltet sie sich als Abfolge von ‚critical incidents', wie unter modernen Vorzeichen gedacht und gefürchtet wird. Vielmehr fordert sie – so stellt sich der Zusammenhang aus postmoderner Perspektive dar – die Fähigkeiten der Spre-

2 Cf. Kramsch 2013. Der Text von Kramsch war eine wichtige Inspiration für meine Überlegungen zur Verortung des Faches Deutsch als Fremdsprache im Spannungsfeld zwischen Moderne und Postmoderne.

chenden und der Lernenden heraus, die Lücke kreativ zu überbrücken. Denn aus der postmodernen Perspektive der *symbolic competence* besteht Verstehen nicht einfach im Nachvollzug von gegebenem Sinn; vielmehr impliziert es immer auch seine Verschiebung und Veränderung, weshalb es auch niemals – und das kann natürlich als heikel erscheinen – abschließend validiert und bestätigt werden kann; damit entspricht es strukturell dem literarischen Verstehen. Von daher ist es nur konsequent, dass Kramsch in der Auseinandersetzung mit literarischen Texten eine hervorragende Möglichkeit sieht, *symbolic competence* zu erwerben und zu üben (cf. Kramsch 2006). Als besonders effektive Übungsform gilt ihr dabei das literarische Übersetzen (cf. Kramsch/Huffmaster 2008), weil es sowohl für die symbolische Lücke sensibilisiere als auch die Fähigkeit schule, mit ihr kreativ und produktiv umzugehen. Dies möchte ich im Folgenden anhand eines deutsch-spanischen Übersetzungsbeispiels zeigen. Ich habe mich auch deshalb für ein Beispiel aus dem Bereich des literarischen Übersetzens entschieden, weil es ein von Juliane House entwickeltes Übersetzungskonzept für den kommunikativen Fremdsprachenunterricht gibt (cf. House 2010), das eine ausgezeichnete Folie bildet, vor der sowohl die Gemeinsamkeiten als auch die – minimalen, aber entscheidenden – Differenzen zwischen dem modernen und dem postmodernen Übersetzungs- und damit Sprachkonzept für den Fremdsprachenunterricht deutlich zu werden vermögen. House zufolge eignet sich die Aktivität des Übersetzens im Fremdsprachenunterricht deshalb so gut für den Erwerb von kommunikativer Kompetenz, weil sie entsprechend der Fokusverschiebung, die, wie oben skizziert, den kommunikativen Fremdsprachenunterricht kennzeichnet, für den Sprachgebrauch in Kontexten – House spricht von „Sprache-in-Funktion, Sprache-in-Kommunikation, Sprache-in-Situation (die Mikro-Sicht) und Sprache-in-Kultur (die Makro-Sicht)" (House 2010: 324) – zu sensibilisieren vermag. Und zwar ganz besonders dann, wenn verdeckt übersetzt wird; d.h. wenn die Übersetzung nicht in erster Linie dazu dienen soll, eine Hilfe zum Verstehen des Originaltextes bereitzustellen, sondern wenn sie für sich stehen soll; wenn es also darum geht, den Zieltext als ein dem Ausgangstext äquivalentes kommunikatives Ereignis zu konstruieren. Aus der Perspektive des Fremdsprachenunterrichts verspricht dieses Vorgehen eine hohe Effektivität, weil es die Lernenden stark motiviert, alle ihnen zur Verfügung stehenden sprachlichen und kulturellen (d.h. Deutungs-)Ressourcen zu mobilisieren. Denn sie müssen zunächst die Bedeutung und Wirkung des Textes im Ausgangskontext rekonstruieren und sich dann überlegen, welche sprachlichen Mittel es braucht, um diese Bedeutung und diese Wirkung im Zielkontext nachzubilden. Dass dies umfassende sprachliche und – wenn man so will – auch kulturelle Kenntnisse sowohl von der einen wie der anderen Seite fordert und herausfordert, liegt auf der Hand. Insofern leuchtet das dem Konzept zugrundeliegende fremdsprachendidaktische Kalkül ein; irritierend ist freilich, dass die literarische Übersetzung bei House keinerlei Erwähnung findet, obwohl sie den Paradefall der verdeckten Übersetzung darstellt. Weil sie sich besonders gut eignet, um die Unterschiede zwischen dem modern gerahmten und dem postmodern gerahmten Übersetzen im Fremdsprachenunterricht deutlich zu machen, greife ich – wie angekündigt – auf ein Beispiel literarischer Übersetzung zurück, nämlich auf die von Lina Almaín verantwortete Übertragung des 1998 von Ingo Schulze veröffentlichen Romans *Simple Storys* ins Spanische (cf. Schulze 2000; zum Folgenden siehe Dobstadt/Riedner 2014). Der Roman erzählt in 29 voneinander unabhängigen, aber durch das Personal miteinander verwobenen Kapiteln von der Zeit in Ostdeutschland zwischen Anfang 1990 und Mitte 1991. Im mit dem Wort „Spiegel" überschriebenen Kapitel 14 findet sich der folgende Abschnitt (links der Text von Schulze, rechts die Übersetzung von Almaín):

> Frank breitet ein kleines Handtuch vor dem Waschbecken aus. Auf beide Zahnbürsten drückt er Pasta aus der roten Elmex-Tube, füllt ein Glas mit warmem Wasser, legt ihre Bürste darüber und beginnt, sich die Zähne zu putzen. ‚Beauty Cosmetic – Pads Naturelle', liest er dabei auf der Packung, die neben dem Becken hängt. ‚Doppelkissen aus hautfreundlicher, blütenzarter reiner Baumwolle, mehrlagig, flusenfrei.' (Schulze 1998: 153)

> Frank extiende una toalla pequeña delante del lavabo. Aprieta el tubo de pasta dentífrica y la coloca sobre los cepillos de dientes, llena el vaso con agua tibia, coloca el cepillo de ella sobre el vaso y comienza a lavarse los dientes. ‚Beauty Cosmetic Pads Naturelle', lee sobre el envoltorio colgado al lado del lavabo, mientras se cepilla los dientes. ‚Copos desmaquillantes extra absorbentes, suaves, de puro algodón, 100 % ecológicos.' (Schulze 2000: 137)

Legt man House zugrunde, sollte Almaín beim Übersetzen folgendermaßen vorgegangen sein: Sie hat zunächst den deutschen Text als ein spezifisches kommunikatives Ereignis in einem spezifischen Kontext – Deutschland 1998, das auf das Jahr 1990/1991 zurückblickt – gedeutet, um sodann dieses kommunikative Ereignis im Spanischen des Jahres 2000 – das Jahr, in dem ihre Übersetzung erschienen ist – nachzubilden. Auffällig ist dabei, dass die im deutschen Text genannte Zahncreme Elmex im spanischen Text nicht auftaucht; stattdessen die Formulierung „100 % ecológicos", mit der die Beauty Cosmetic Pads Naturelle charakterisiert werden, die es auch im deutschen Text gibt, aber ohne den Zusatz „100 % ökologisch". Wie sind diese Asymmetrien zu interpretieren? Dazu gilt es zunächst den Ausgangstext zu deuten. Die darin erwähnte Person namens Frank erscheint in *Simple Storys* mehrfach; sie wird in dem Buch als ein ostdeutscher Politiker vorgestellt, der dem Westen und damit auch der Wiedervereinigung positiv gegenüber steht; und dies legt nahe, in den beiden erwähnten – und dadurch hervorgehobenen – Produktnamen einen Ausdruck dieser Hinwendung zum Westen zu sehen.[3] Das verdeckte Übersetzen erfordert es, diese Bedeutungsüberschüsse der beiden Badezimmeraccessoires zunächst zu erkennen, zu deuten und dann für sie ein spanisches Äquivalent zu finden; „100 % ecológicos" könnte dieses Äquivalent sein. Möglicherweise ist diese Zei-

3 Elmex ist ein Zahnpflege-Produkt aus der Schweiz (cf. *https://de.wikipedia.org/wiki/Elmex*). Die Beauty Cosmetic Pads – möglicherweise von einer Firma namens ‚Naturelle' – konnten nicht lokalisiert werden.

chenkette im spanischen Kontext des Jahres 2000 eher in der Lage, die symbolische Aufladung zu transportieren, die sich in der deutschen Ausgabe des Romans mit den Zeichen „Elmex" und „Beauty Cosmetic – Pads Naturelle" vermutlich verbindet: Westlichkeit und Modernität. Wenn diese Zuschreibungen zutreffen, dann verraten die Umbauten des Ausgangstextes beim Transfer ins Spanische eine hohe sprachliche und – wenn man so will – ‚kulturelle' Sensibilität und zugleich Kreativität der Übersetzerin, insofern sie sich erstens entschloss, den Begriff „Elmex" zu streichen, und zweitens den „Beauty Cosmetic Pads Naturelle" ein verdeutlichendes „100 % ecológicos" beizufügen. Obwohl an diesen Beispielen bereits die fundamentale Kreativität des Übersetzens sichtbar wird, dürfte ein/e dem kommunikativen Ansatz verpflichtete/r Übersetzer/-in bis hierher noch mehr oder weniger problemlos mitgehen können. Doch nun kommt der entscheidende Punkt, an dem sich das moderne vom postmodernen Verständnis trennt: Es ist der Punkt, an dem klar wird, dass in dieser – wie letztlich in jeder Übersetzungsentscheidung – ein Moment von Unvalidierbarkeit und Nichtobjektivierbarkeit steckt, mithin von Risiko, aber auch von Wirkungsanspruch. Denn es gibt keine eindeutige Regel und folglich auch kein sicheres Kriterium, auf das gestützt sich die Richtigkeit dieser übersetzerischen Entscheidungen hieb- und stichfest nachweisen ließe. Sie müssen sich vielmehr in der Sprachgemeinschaft bewähren; und zwar nicht nur in dem Sinne eines Wiedererkennens von existierenden Bedeutungen, sondern auch in dem Sinne einer Sinninnovation, die das Publikum überzeugt oder eben nicht. Und wenn es sie überzeugt, könnte es die spanische Sprache möglicherweise – minimal – verändern und bereichern. Spätestens an diesem Punkt ist das Gebiet der modernen kommunikativen Fremdsprachendidaktik verlassen und das Gebiet ihrer postmodernen Weiterentwicklung betreten. Diese zeichnet sich dadurch aus, dass sie das Moment der unerwarteten und unerwartbaren – und damit aus der Regel nicht ableitbaren und auf die Regel nicht zurückführbaren – Sinninnovation aus dem vermeintlichen Randbezirk der Sprache befreit, um ihren unauflöslichen, wenngleich spannungsvollen Zusammenhang mit der Konventionalität der Sprache, die im kommunikativen Fremdsprachenunterricht im Zentrum steht, aufzuzeigen; und damit deren Zentralität zu erschüttern und in Frage zu stellen. In Bezug auf die Übersetzung des Textes von Ingo Schulze meint dies, dass sich die Übersetzerin ihres Verständnisses des deutschen Ausgangstextes nicht sicher sein kann[4]; auch kann sie letztgültig

4 Tatsächlich gelangte die Zahncreme Elmex nicht erst nach 1989 in die DDR, sondern zuvor schon als Import, um später in Lizenz produziert zu werden (cf. *https://twitter.com/cerstinmahlow/status/1076442892581945344*; *https://picclick.de/leere-Verpackung-Schachtel-DDR-Zahnpasta-Elmex-VEB-Leipziger-142876173677.html*; Höge 1995). War Elmex 1990 also längst und restlos von der DDR angeeignet? Oder klang in diesem Namen immer noch oder schon wieder der westliche Ursprung des Produkts mit? Diesen Fragen geht noch eine grundsätzlichere Uneindeutigkeit voraus: Ist in Simple Storys von der DDR- oder von der BRD-Version der Zahncreme die Rede?

nicht wissen, ob ihre Übersetzung im Zielkontext ‚funktioniert'. Ihre Übersetzung ist und bleibt ein – linguistisches – Wagnis, dessen Erfolg konstitutiv unsicher ist. Der *symbolic gap* kann (und muss) zwar übersprungen werden, aber er verschwindet dadurch nicht. Nach Kramsch/Huffmaster ist das Übersetzen im Fremdsprachenunterricht eine deshalb so produktive Übung, weil es den auch im alltäglichen Kommunizieren stets vorhandenen, aber unsichtbaren – besser gesagt: unsichtbar gehaltenen – *symbolic gap* sichtbar und erfahrbar macht; und damit den Lernenden vor Augen führt, dass den vermeintlich stabilen Oppositionen, auf denen der moderne kommunikative Fremdsprachenunterricht sich gründet und organisiert, nicht mehr zu vertrauen ist. Und insofern wir dabei auch erfahren können, dass wir in Bezug auf alle Sprachen mehr oder weniger (in-)kompetent sind und bleiben werden (was allerdings weder bedeutet, dass wir nicht kommunizieren können; noch, dass wir nicht stets dazulernen können), ist auch die eingangs erwähnte Dichotomie von Kompetenz und Inkompetenz in Frage gestellt, die dem heutigen kompetenzorientierten Fremdsprachenunterricht ihren Stempel aufdrückt. Vor diesem Hintergrund ist es natürlich bemerkenswert, dass Claire Kramsch auf den Begriff der Kompetenz nicht verzichtet (cf. Kramsch 2006). Aber das zeigt nur, dass nicht der Kompetenzbegriff an sich das Problem ist, sondern seine moderne Interpretation. Um übersetzen zu können – und d.h.: um eine fremde Sprache sprechen zu können –, empfiehlt es sich natürlich, möglichst viel zu wissen; man muss sprachliche und kulturelle Regularitäten, Konventionen, mit anderen Worten: den ‚Code' möglichst gut kennen. Aber wie das Kennen und Beherrschen des Codes für ein überzeugendes Übersetzen nicht ausreicht, so verhält es sich auch in Bezug auf das Kommunizieren als solches: „Was der Andere mir sagen will, weiß ich nie anders als durch Konjizieren und Divinieren" (Frank 1984: 525) – also durch das – kreative – Erraten des Sinns, das diesen weniger abbildet und nachvollzieht, als dass es ihn poetisch ko-erfindet. Damit ist nichts anderes gemeint als das kreative Überspringen der symbolischen Lücke. Damit soll keineswegs nahegelegt werden, die Regeln, Normen und Konventionen zu ignorieren, wohl aber, sich von dem Zwang zu verabschieden, sich mit diesen zu identifizieren, anstatt mit ihnen spielen und kreativ umgehen zu dürfen. Genau in der Verabschiedung von diesem Zwang besteht in der Fremdsprachendidaktik die minimale – aber eminent folgenreiche – Verschiebung im Übergang von der Moderne zur Postmoderne, die in Bezug auf Sprache und Sprachenlernen auch eine Verschiebung weg vom modernen Ernst und hin zur postmodernen Ironie bedeutet (cf. Dobstadt 2020).

3. In der Postmoderne angekommen?

Ist die Fremdsprachendidaktik, ist das Fach Deutsch als Fremdsprache denn mittlerweile in der Postmoderne angekommen? Das ist zu bezweifeln – schon deshalb, weil die Begriffe ‚Moderne' und ‚Postmoderne' keine zeitliche Reihenfolge zum Ausdruck bringen, sondern für unterschiedliche Perspektiven auf die gemeinsame Welt stehen, die sich spätestens seit dem Ende des 18. Jahrhunderts immer wieder neu aneinander abarbeiten (cf. zu der Opposition zwischen Moderne und Postmoderne im Kontext der Fremdsprachendidaktik auch den in Anm. 2 erwähnten Text Kramsch 2013). Dass die postmoderne Perspektive nicht den fremdsprachendidaktischen Mainstream repräsentiert, belegt nicht zuletzt die zwar nicht völlig unhinterfragte, aber letztlich unangefochtene Dominanz des Gemeinsamen Europäischen Referenzrahmens, der für die Erhöhung der Planbarkeit, Transparenz und Effizienz des Fremdsprachenerwerbs und -unterrichts steht; und mithin für ein modernes Verständnis von Fremdsprachendidaktik. Deshalb ist er auch – entgegen seiner Behauptung (cf. Europarat 2001: 30) – keineswegs als neutral einzustufen. Letztlich operiert er vor dem Hintergrund einer vor allem ökonomisch verstandenen Globalisierung, auf die der Fremdsprachenunterricht die Lernenden vorbereiten soll. Nicht dies ist problematisch, wohl aber, dass diesem einen Ziel mittlerweile alle anderen Ziele untergeordnet werden, mit der Konsequenz, dass alles Widerständige, Problematische, Uneindeutige, Ambige und Ambivalente aus dem Fremdsprachenunterricht herausgehalten wird, wie auch die GER-zertifizierten Lehrwerke zeigen, die mehr und mehr touristischen Wohlfühlbroschüren ähneln.

Letztlich geht es hierbei um politische Fragen und Entscheidungen. Welches Verständnis von Gesellschaft, welches von Integration, von Teilhabe legen wir zugrunde, wollen wir zugrunde legen? Welches wäre notwendig, um den Herausforderungen der Gegenwart gerecht werden zu können? Wollen wir mehr Kreativität in der Gesellschaft zulassen? Mehr Dynamik? Mehr Veränderung? Sind wir bereit zu akzeptieren, dass die deutsche Sprache niemandem gehört, dass jede und jeder Lernende an jedem Punkt seines und ihres Lernprozesses an dieser Sprache mitarbeitet, sie also auch verändert? Sind wir bereit, uns von der jahrhundertelangen Fixierung auf Monolingualität zu verabschieden? Sind wir bereit, den Neuhinzukommenden nicht nur – nach einem Prozess der Integration und Assimilation – allenfalls Teilhabe zu gewähren, anstatt ihnen – und damit uns allen – das Recht auf poetisch-kreative Mitgestaltung – der Sprache, der Gesellschaft – zuzugestehen (cf. dazu Riedner/Dobstadt 2019)? Können wir uns auf die Vorstellung einlassen, dass eine „gemeinsame Sprache [...] nicht die Voraussetzung von Kommunikation [ist], sondern ihr Produkt" (Stephen Yarbrough, zit. nach Strasen 2008: 136)?

Diese Fragen können nicht allein vom Fach Deutsch als Fremdsprache, sie müssen letzten Endes von der Gesellschaft entschieden werden. Aber das Fach sollte sich in dieser Debatte deutlich vernehmbarer positionieren, und zwar im Sinne eines postmodernen Konzeptes von Fremdsprachendidaktik. Dieses Konzept würde – ich hoffe, das ist deutlich geworden – nicht einfach einen Bruch mit der Moderne bedeuten, aus der das Fach kommt, sondern es wäre eine selbstreflexive Weiterentwicklung im Lichte veränderter linguistischer, gesellschaftlicher, kultureller Bedingungen des Fremdsprachenlernens; und damit ein – überfälliger – Modernisierungsschritt.

Bibliografie

Altmayer, Claus, 2006: „Kulturelle Deutungsmuster als Lerngegenstand. Zur kulturwissenschaftlichen Transformation der Landeskunde". *Fremdsprachen Lehren und Lernen (FluL)* 35, 44–59.

Barkowski, Hans et al., 2014: *Deutsch als fremde Sprache*. Klett: Stuttgart (Deutsch Lehren Lernen 3).

Biechele, Markus/Padrós, Alicia, 2003: *Didaktik der Landeskunde*. Langenscheidt: Berlin.

Decke-Cornill, Helene/Küster, Lutz, 2015: *Fremdsprachendidaktik. Eine Einführung*. Narr Francke Attempto: Tübingen (3., vollständig überarbeitete und erweiterte Auflage).

Dobstadt, Michael, 2018: „Plädoyer für ein neues Verständnis des Begriffs ‚Fremd' in Deutsch als Fremdsprache." In: Dirim, İnci/Wegner, Anke (Hrsg.): *Normative Grundlagen und reflexive Verortungen im Feld DaF_DaZ**. Barbara Budrich: Opladen et al., 111–125.

Dobstadt, Michael, 2020: „Reflexiv-ironisches Erzählen als didaktisches Prinzip eines zeitgemäßen Fremdsprachenunterrichts". In: Riedner, Renate/Schiedermair, Simone (Hrsg.): *Literarisches und alltägliches Erzählen unter (fremd-)sprachendidaktischer Perspektive*. Iudicium: München, 186–203. Open Access: *https://www.iudicium.de/katalog/86205-631.htm*.

Dobstadt, Michael/Riedner, Renate, 2014: „Übersetzen im Kontext von Deutsch als Fremdsprache. Neue Perspektiven im Zeichen einer sprachreflexiven Auseinandersetzung mit dem ‚symbolic gap between languages'". In: Pasewalck, Silke et al. (Hrsg.): *Interkulturalität und literarisches Übersetzen*. Stauffenburg: Tübingen, 311–323.

Ehlich, Konrad/ten Thije, Jan, 2010: „Linguistisch begründete Verfahren". In: Weidemann, Arne et al.: *Wie lehrt man interkulturelle Kompetenz? Theorien, Methoden und Praxis in der Hochschulausbildung. Ein Handbuch*. transcript: Bielefeld, 265–283.

Erll, Astrid/Gymnich, Marion, 2013: *Interkulturelle Kompetenzen. Erfolgreich kommunizieren zwischen den Kulturen*. Klett Lerntraining: Stuttgart.

Europarat/Rat für kulturelle Zusammenarbeit, 2001: *Gemeinsamer Europäischer Referenzrahmen für Sprachen: lernen, lehren, beurteilen*. Langenscheidt: Berlin.

Frank, Manfred, 1984: *Was ist Neostrukturalismus?* Suhrkamp: Frankfurt a. M.

Höge, Helmut, 1995: „In kariöser Paradenthese". *taz, die tageszeitung* (4630) 29.5.1995: 24.

House, Juliane, 2010: „Übersetzen und Sprachmitteln". In: Fandrych, Christian et al. (Hrsg.): *Internationales Handbuch Deutsch als Fremdsprache. 1. Halbband*. De Gruyter: Berlin/New York, 323–331.

Jessner, Ulrike/Allgäuer-Hackl, Elisabeth, 2019: „Code-Switching". In: Fäcke, Christiane/Meißner, Franz-Joseph (Hrsg.): *Handbuch Mehrsprachigkeits- und Mehrkulturalitätsdidaktik*. Narr Francke Attempto: Tübingen, 37–41.

Kramsch, Claire, 2006: „From Communicative Competence to Symbolic Competence". *The Modern Language Journal* 90, 249–252.

Kramsch, Claire, 2013: „Culture in foreign language teaching". *Iranian Journal of Language Teaching Research* 1 (1), 57–78.

Kramsch, Claire, 2014: „Teaching Foreign Languages in an Era of Globalization: Introduction". *The Modern Language Journal* 98 (1), 296–311.

Kramsch, Claire/Huffmaster, Michael, 2008: „The Political Promise of Translation". *Fremdsprachen Lehren und Lernen (FLuL)* 37, 283–297.

Kramsch, Claire/Whiteside Anne, 2008: „Language Ecology in Multilingual Settings. Towards a Theory of Symbolic Competence." *Applied Linguistics* 29 (4), 645–671.

Lyotard, Jean-François, 1990: „Beantwortung der Frage: Was ist postmodern?" In: Engelmann, Peter (Hrsg.): *Postmoderne und Dekonstruktion. Texte französischer Philosophen der Gegenwart.* Reclam: Stuttgart, 33–48.

Reckwitz, Andreas, 2008: „Moderne. Der Kampf um die Öffnung und Schließung von Kontingenzen". In: Moebius, Stephan (Hrsg.): *Poststrukturalistische Sozialwissenschaften.* Suhrkamp: Frankfurt a. M., 226–244.

Riedner, Renate, 2015: „Das Konzept der symbolic competence (Claire Kramsch) im Schnittpunkt von Linguistik, Kulturwissenschaft und Fremdsprachendidaktik". In: Fandrych, Christian/Dobstadt, Michael/Riedner, Renate (Hrsg.): *Linguistik und Kulturwissenschaft: Zu ihrem Verhältnis aus der Perspektive des Faches Deutsch als Fremd- und Zweitsprache und anderer Disziplinen.* Peter Lang: Frankfurt a. M. et al., 129–150.

Riedner, Renate, 2018: „Authentizität in der Fremdsprachendidaktik – kritische Anmerkungen zu einem problematischen Konzept". *Deutsch als Fremdsprache* 55 (1), 34–43.

Riedner, Renate/Dobstadt, Michael, 2019: „‚Winks upon winks upon winks' – Plädoyer für eine literarische Perspektive auf Sprache und Kultur im Kontext von Deutsch als Fremd- und Zweitsprache". *Jahrbuch Deutsch als Fremdsprache* 42, 39–61.

Rösler, Dietmar, 2012: *Deutsch als Fremdsprache. Eine Einführung.* Metzler: Stuttgart.

Sander, Ilse et al., 2011: *DaF kompakt. A1, Kurs- und Übungsbuch.* Klett Sprachen: Stuttgart.

Schulze, Ingo, 1998: *Simple Storys. Ein Roman aus der ostdeutschen Provinz.* Berlin-Verlag: Berlin.

Schulze, Ingo, 2000: *Historias simples. Una novela sobre la antigua Alemania del Este.* Übers. von Lina Almaín. Destino: Barcelona.

Stötzel, Georg/Eitz, Thorsten (Hrsg.), 2002: *Zeitgeschichtliches Wörterbuch der deutschen Gegenwartssprache.* Olms: Hildesheim.

Strasen, Sven, 2008: *Rezeptionstheorien. Literatur-, sprach- und kulturwissenschaftliche Ansätze und kulturelle Modelle.* Wiss. Verl. Trier: Trier.

Vázquez, Valeria/Wallat, Nicolas, 2021: „Die deutsche Sprache in Paraguay: Gestern – Heute – Perspektiven". In: Voerkel, Paul/Gruhn, Heike/Uphoff, Dörthe (Hrsg.): *Germanistik in Lateinamerika: Entwicklungen und Tendenzen.* Universitätsverlag Göttingen: Göttingen (Materialien Deutsch als Fremd- und Zweitsprache 106), 375–396.

Wiese, Heike, 2010: „Kiezdeutsch – ein neuer Dialekt". *Aus Politik und Zeitgeschichte* 8, 33–38.

Wierlacher, Alois/Eichheim, Huber (Hrsg.), 1992: „Der Pluralismus kulturdifferenter Lektüren. Zur ersten Diskussionsrunde am Beispiel von Kellers Pankraz der Schmoller". *Jahrbuch Deutsch als Fremdsprache* 18, 373–540.

Wikipedia. Die freie Enzyklopädie (15.2.2021): *Migrationshintergrund.* Abgerufen am 26.2.2021, *https://de.wikipedia.org/wiki/Migrationshintergrund.*

Michael Dobstadt

TU Dresden

E-Mail: michael.dobstadt@tu-dresden.de

Berit Balzer

„Unter den Talaren Muff von tausend Jahren“: die Rhetorik auf Transparenten und Spruchbannern der 68er-Bewegung

1. Einleitung

Die Langzeitwirkung der Studentenunruhen und der gesamten 68er-Bewegung kam in erheblichem Maße über die Rhetorik zustande, die dem massiv eingesetzten Kommunikationsmittel der Spruchbanner zugrunde lag. Solche Plakate oder Transparente funktionierten ein wenig wie die heutigen Tweets, d. h., ihr ‚Zweck‘ ist, eine individuelle Meinung rasch kundzutun und Konsens unter dem Zielpublikum zu erheischen. Darüber hinaus sollten bestimmte Ideen übermittelt, verbreitet und im Kollektiv angenommen werden. Ein Transparent ist zwar in erster Linie ein optisches Mittel, welches eine appellative Funktion ausübt, aber wenn es bei Demonstrationen oder Kundgebungen eingesetzt wird, kann es auch als Vorgabe für den erwarteten oder erwünschten Sprechgesang von Seiten des Publikums dienen, über den dieses seine Zustimmung zu den verbreiteten Ideen äußert. In dieser Hinsicht lösen Parolen dann eine gewisse Reaktion aus, d. h. sie rufen zu Handlungen auf und treten somit in eine persuasive Dimension ein, indem sie lautstarke Zustimmung zu ihren Forderungen anstreben. Anhand einer Untersuchung von 32 weit verbreiteten sogenannten Sponti-Sprüchen soll bestimmt werden, welche pragmatische Wirkung die darin verwendete Sprache erzielte[1]. Damit sich der Zusammenhang zwischen Ursache und Wirkung besser erklären lässt, möchte ich die betreffenden Sprüche verschiedenen thematischen Oberbegriffen zuordnen.

2. Chronologie und geistiger Nährboden

Um zu verstehen, vor welchem Hintergrund die 68er-Unruhen entstanden, sollte man sich kurz folgende Tatsachen und Ereignisse vor Augen führen, die u. a. von Kraushaar (2001), Müller (2002), Busche (2003), Kleinert (2008) und Klimke (2008) näher beschrieben worden sind: Es handelte sich dabei um eine globale Bewegung, die ihren Ausgang in Kalifornien nahm, als die Studierenden von der UC Berkeley eine Protestaktion gegen die U.S.-Militärintervention in Vietnam starteten. Solch studentische Initiativen weiteten sich nicht nur in

1 Dokumentiert in: *https://www.augsburger-allgemeine.de/panorama/Die-Sprueche-der-68er-id1945501.html*, 19.2.2008 [abgerufen am 22.12.2020] sowie in *https://www.fh-muenster.de/ciw/downloads/personal/juestel/juestel/Sponti-Sprueche.pdf* [abgerufen am 22.12.2020] und *https://www.ekhn.de/aktuell/detailmagazin/news/spontisprueche-mit-viel-ernst-und-viel-spass.html* [abgerufen am 22.12.2020].

den USA aus, sondern führten an Universitäten der ganzen Welt zu offenen Stellungnahmen gegen eine bestimmte Politik und gegen vorherrschende Gesellschaftsstrukturen, die man unter den Schlagwörtern Antiautoritarismus, Antifaschismus, Antikapitalismus und Antiimperialismus zusammenfassen kann. Hierzu meinen Wolfrum und Hofmann (2018: 87): „68 war ein politisches, kulturelles und mentales Beben und firmiert zu Recht als großes, Generationen übergreifendes Narrativ." In Deutschland war im August 1961 die Berliner Mauer als ‚antifaschistischer Schutzwall' errichtet worden, was die Spaltung in zwei deutsche Staaten faktisch bestätigte und die Spannungen zwischen diesen vertiefte. Während mehrerer Monate des Jahres 1962 ging die sogenannte Spiegel-Affäre durch die bundesdeutsche Presse. *Der Spiegel* hatte am 10.10.1962 einen Bericht über ein NATO-Manöver mit dem Titel „Bedingt abwehrbereit" veröffentlicht und dadurch Materialdefizite in der Bundeswehr aufgedeckt. Mehrere Redakteure wurden demzufolge des Landesverrats beschuldigt. Kriminalbeamte durchsuchten Redaktionsräume, beschlagnahmten Material und das Nachrichten-Magazin blieb einen Monat lang geschlossen, was als klarer Angriff auf die Pressefreiheit gesehen wurde. Diese vierwöchige Staatskrise führte letztlich zum Rücktritt von Verteidigungsminister Franz-Josef Strauß. Während dieser Wochen kam es zu Protestaktionen gegen die Macht des Springer-Konzerns, insbesondere der *Bild*-Zeitung, die man der Hetze bezichtigte. In den Jahren 1963–65 fand in Frankfurt a. M. der Auschwitz-Prozess statt, der erstmalig nach Kriegsende eine öffentliche Debatte zur Aufarbeitung der NS-Vergangenheit nach sich zog; 1966 wurde die erste Große Koalition zwischen den beiden Volksparteien (CDU/CSU und SPD) geschlossen, was zu einer Entschärfung der Widersprüche durch Kompromisse führte. Der eskalierende Vietnam-Konflikt rief auch in Europa heftige Kontroversen hervor, die sich in Protestmärschen (march-ins), Sitzstreiks (sit-ins), Eindringen in Veranstaltungen (go-ins), Diskussionsveranstaltungen (teach-ins) äußerte, jedoch eine grundsätzlich gewaltlose Auflehnung (nach dem Muster Gandhis) gegen verknöcherte Gesellschaftsstrukturen mit sich brachte – all das mithilfe von Spruchbannern und Transparenten. Am 2.6.1967, während des Schah-Besuchs in Berlin, wurde von einem übereifrigen Polizisten – erst im Mai 2009 stellte sich heraus, dass Karl-Heinz Kurras zu diesem Zeitpunkt interner Mitarbeiter der Stasi war[2] – ein Todesschuss auf Benno Ohnesorg, Student der Freien Universität Berlin, abgefeuert. Ausgehend von Exil-Iranern, jedoch unterstützt von Gleichdenkenden, waren landesweite Protestkundgebungen organisiert worden. Weil ein friedlich Demonstrierender Opfer von gewaltsamer Repression geworden war und sein Mörder freigesprochen wurde, radikalisierte sich die Stimmung im universitären Bereich noch weiter. Am 1.11.1967 wurde eine Abstimmung an der FU Berlin gehalten, die zur Gründung der sogenannten Kritischen Universität führte (cf. Heer 2008). Am 11.4.1968 verübte der von der

2 Cf. auch Nevermann 2017: *https://www.deutschlandfunk.de/tod-von-benno-ohnesorg-das-war-wie-eine-bombe.680.de.html?dram:article_id=387741* (2.6.2017 [abgerufen am 22.12.2020]).

Deutschen Nationalzeitung angestachelte Hilfsarbeiter Josef Bachmann ein Attentat auf den Studentenführer Rudi Dutschke, welches dieser schwer verletzt überlebte. Im darauffolgenden Mai kam es tagelang zu Studentenunruhen in Paris, bei denen die Polizei mit Tränengas und Wasserwerfern einschritt. Am 30.5.1968 verabschiedete die Große Koalition unter Kurt Georg Kiesinger (CDU) die sogenannten Notstandsgesetze (deren Name den bösen Anklang an die gleichnamigen, zu Beginn des Nazi-Regimes 1933 eingeführten Gesetze hatte) und welche die Exekutive dazu autorisierten, die Grundrechte der Staatsbürger in bestimmten Gefahrensituationen auszusetzen. Als Reaktion auf die drohende Unterdrückung von Meinungsäußerung bildete sich im universitären Bereich der SDS (Sozialistischer deutscher Studentenbund) und die APO (Außerparlamentarische Opposition) heraus. Am 21.8.1968 erlebte die westliche Welt die Niederschlagung des ‚Prager Frühlings‘ durch sowjetische Panzer. Ende 1969 ebbte die studentische Protestbewegung ab, was ihre Präsenz in der Öffentlichkeit betraf, aber im Mai 1970 trat – als ihr letztes Auflodern – die RAF mit Terroranschlägen in Aktion.

3. Generelle Rhetorik der Sprüche

In der Folge soll die Durchschlagskraft der Sprüche auf den Transparenten, gegliedert nach den Themenkreisen, auf die sie Bezug nehmen, genauer untersucht werden. Einige lassen sich jedoch nicht ohne weiteres zuordnen, sondern veranschaulichen das generelle Klima der Zeit. Der Spruch „Unter den Talaren Muff von tausend Jahren“, der diesen Beitrag betitelt, greift gleichermaßen auf mehrere rhetorische Mittel zurück und steht emblematisch für die gesamte 68er-Bewegung. Mund (2018) formuliert dies so:

> Die Jugend begehrt auf – gegen überkommene Moralvorstellungen, gegen alte Nazigrößen an den Schaltstellen der Macht, gegen den ‚Muff von 1000 Jahren‘ unter den Talaren, wie Hamburgs Studenten, die für Mitbestimmung an den Unis demonstrieren, auf ein Transparent pinseln. Der Spruch wird zur meistzitierten Parole der Studentenbewegung, die eine Aufarbeitung der Nazi-Verbrechen verlangt, elitäre Strukturen anprangert und Traditionen an den Hochschulen in Frage stellt.

Zunächst einmal lässt sich feststellen, dass obiger Spruch – wie die weitaus meisten, was ihre diskursive Strategie betrifft – mit dem Endreim operiert (Talaren/Jahren), desgleichen auch in „Revolution ist machbar, Herr Nachbar“ oder in „Haut dem Springer auf die Finger!“. Darüber hinaus spielen Tropen wie die Katachrese – ein Stilmittel, das unstimmige sprachliche Bilder verbindet – und die Periphrase – die erweiternde Umschreibung eines Begriffes – eine entscheidende Rolle. So steht die Redewendung ‚jdm. auf die Finger hauen‘ allgemeinsprachlich für ‚jdn. für etwas rügen oder zur Rechenschaft ziehen‘, in diesem Fall den Springer-Konzern. Andererseits kombiniert sich als Katachrese weiter oben z. B. der verdächtige Modergeruch (Muff) mit altehrwürdiger Amtstracht, Revolution mit dem friedlichen Herrn Nachbarn, sowie das Adjektiv machbar (also unter gegebenen Voraussetzungen sich verwirklichen lassend) mit der Dringlichkeit einer Revolution. Viele Sprüche sind appellativer Art, zum Beispiel: „Stell dir vor, es ist Sonntag, und keiner kauft Bild!" In verballhornter Anlehnung an Carl Sandburgs „Stell dir vor, es ist Krieg und keiner geht hin"[3] wird indirekt zum Boykott der *Bild-Zeitung* aufgerufen. Oder „Alle, die jetzt aufgestanden sind, sollen sich widersetzen", wo außerdem ein Wortspiel mit Homophonie und Wortgrenze zwischen ‚wider-' und ‚wieder' entsteht. Auch die Antithese kommt bisweilen zum Tragen wie in „Du statt Sie", ein Spruch, der zu weniger Formalität und größerer Vertraulichkeit in den Umgangsformen aufruft. Bei der Sentenz „Wer kämpft, kann verlieren; wer nicht kämpft, hat schon verloren" haben wir es mit einer Paronomasie – einem Stilmittel, das Wörter miteinander verbindet, die semantisch oder etymologisch nicht zusammengehören, aber auch Bezugswörter mit demselben Wortstamm: verlieren/verloren – und einer Generalisierung (wer=jeder, der) sowie mit einer Parallelstruktur im Satzbau zu tun. Weiterhin eignen sich zahlreiche Sprüche aufgrund ihres Dreiklangs idealerweise zum Skandieren bzw. zum Sprechgesang in der Masse.

4. Emanzipation und sexuelle Befreiung

Die zweite Welle der Frauenbewegung ist insofern eng mit der Studentenbewegung verwoben, als die Auflehnung gegen überkommene Denkschemata und Gesellschaftsformen ein Beiprodukt der Erhebung war. Die Einführung der Pille zur Empfängnisverhütung (der sogenannten Anti-Baby-Pille) im Jahr 1960 in den USA und ein Jahr später in der BRD sorgte für einen fundamentalen gesellschaftlichen Umschwung, der die traditionellen Geschlechterrollen in Frage stellte. Publikationen wie Simone de Beauvoirs *Das zweite Geschlecht* (1949), Betty Friedans *Weiblichkeitswahn* (1963), Kate Millets *Sexualpolitik* (1970) und Germaine Greers *Der weibliche Eunuch* (1970) veranlassten viele Frauen dazu, ihren Platz in der Gesellschaft zu hinterfragen. Auch diese Revolution schlug sich in Parolen und Spruchbannern nieder. Als Visualisierung dieser Entwicklung möge der Tomatenwurf von Heike Sanders am 13.11.1968 gegen den männlichen Vorstandstisch des SDS dienen. Der Feminismus stellte somit auch vermeintlich ‚linke' Machtstrukturen in Frage. Gegen die traditionelle Familienorganisation entstanden Kommunen und Wohngemeinschaften als freie Alternativen zur hierarchischen, patriarchalischen Kleinfamilie, in denen alle Mitglieder gleichberechtigt sind. Die erste politisch motivierte Kommune 1 wurde am 1.1.1967 in West-Berlin gegründet und löste sich im November 1969 endgültig auf. Eine Reihe von Spruchbannern subsumieren sich unter diese Thematik. In „Wir reden nicht über die Pille, wir nehmen sie" liegt eine parallele Satzstruktur und Konterargumentation durch Negation des ersten Teils und Affirmation des zweiten vor. Aus definitiv maskuliner Sicht scheint hingegen der folgende Spruch entstanden: „Wer zweimal mit derselben pennt, gehört schon zum Establishment", der mit Endreim und Generalisierung (wer ..., der ...) operiert. Allerdings sind hier die Nutznießer der sexuellen Revolution

3 Aus: *The People, yes*, 1936: „Sometime they'll give a war and nobody will come".

wohl eher die Männer als die Frauen, weil der Partnerwechsel augenscheinlich für IHN eher in Frage kam als für SIE. Eine feminine Variante „Wer zweimal mit DEMSELBEN pennt ...“ ist jedenfalls in den Quellen nicht belegt. Der Spruch „Lieber geil als Cruise missile“ stellt dem Vorwurf der sexuellen Freizügigkeit den viel schlimmeren Vorwurf der Kriegstreiberei gegenüber und operiert sowohl mit dem Endreim als auch mit der ‚lieber als‘-Technik. Aus rhetorischer Sicht eignet sich diese Technik jedoch nur dann als Konter, wenn die eigene Schwäche offensichtlich ist und zugegeben wird, was für Kommunenmitglieder und Blumenkinder wohl unproblematisch war. Für den skandierenden Sprechgesang ist „Eins, zwei, drei, Pille frei“ ein gutes Beispiel, bei dem für die generelle Verfügbarkeit der Pille geworben wird. Desgleichen reklamiert „Mein Bauch gehört mir“ die freie Entscheidung jeder Frau für den Abbruch der Schwangerschaft, wobei die Redundanz des Possessivums ‚mein‘ und des Dativpronomens ‚mir‘ im Zusammenhang mit dem Verb ‚gehören‘ auf eine Selbstverständlichkeit hinweisen will. Seit 1871 stellte der Paragraph 218 des Strafgesetzbuches Abtreibungen grundsätzlich unter Strafe. Angedroht wurden bis zu fünf Jahre Zuchthaus, mindestens aber sechs Monate Gefängnis. In der DDR wurde am 9.3.1972 ein Gesetz zur Regelung des Schwangerschaftsabbruchs erlassen. Im heutigen Deutschland ist der Schwangerschaftsabbruch noch immer grundsätzlich rechtswidrig. Der Spruch „Das Private ist politisch“ stammt aus Kate Millets Doktorarbeit von 1969, *Sexual Politics*, und bezieht sich darauf, dass private oder familiäre Bereiche von nun an als politisches Streitobjekt debattiert werden sollten.

5. Rock und Protestsongs

Da es sich bei den 68er-Revolten vorwiegend um eine Jugendbewegung handelte, wurde sie von entsprechenden Darbietungen in der zeitgenössischen Musik begleitet und getragen. Sandmeyer (2008: 4) erklärt zu Recht: „Die langen Haare, die Pille, der Sex, die Musik, die neuen Frechheiten gegen Autoritäten – das alles zusammengenommen war wie Dynamit“. Zu nennen sind in diesem Zusammenhang die Titel von Bob Dylan: „The times they are a-changin‘“ (1964) und „Like a rolling stone“ (1965) sowie „My generation“ (1965) von der britischen Popgruppe *The Who* oder „Time is on my side“ (1966) des amerikanischen Soul-Sängers Wilson Pickett, die alle den Generationenwechsel zum Gegenstand haben. Als Protestsongs sind die Anti-kriegshymnen von Barry McGuire, „Eve of destruction“ (1965), und Joan Baez, „Saigon bride“ (1967), zu klassifizieren. Und schließlich sollte noch die psychodelische Tendenz im Zusammenhang mit den Drogenexperimenten der *Grateful Dead* erwähnt werden. Inwiefern Musiktexte auch Spruchbanner geprägt haben, ist bestenfalls über den rhythmisch-poetischen Reimcharakter zu erklären. Aber auf alle Fälle waren Rockgruppen und Liedermacher ständige Begleiter und akustische Kulisse bei der Mehrheit von Kundgebungen, Versammlungen und Popfestivals. Das dreitägige Woodstock-Festival im August 1969 gilt als mythischer Höhepunkt der US-amerikanischen Hippiebewegung. Sein Slogan war „3 Days of Peace & Music".

6. Drogenexperimente

In folgendem Spruch „High sein, frei sein, Terror muss dabei sein" wird nicht nur der Drogenrausch gelobt, sondern auch für Terroraktionen geworben. Der Dreiklang auf ‚sein' und das Echo des Diphtongs (high-dabei) unterstützt den skandierenden Tonfall. Bei „Auf deutschem Boden darf nie wieder ein Joint ausgehen" findet eine Verballhornung des pazifistischen Statements „Von deutschem Boden darf nie wieder ein Krieg ausgehen" statt – ein häufig Willy Brandt zugeschriebener Satz, den besonders ‚linke' Politiker immer wieder gern zitieren. Außerdem spielt seine Rhetorik mit der Paronomasie von ‚ausgehen' (‚erlöschen' oder ‚an einem bestimmten Punkt beginnen'). Dagegen wirkt der endreimende Spruch „Morgens ein Joint und der Tag ist dein Freund" eher versöhnlich und fast ärztlich beratend. Hinter der Konjunktion ‚und' verbirgt sich allerdings ein gewisses Kausalitätsdenken: ‚wenn ... dann'. In dieser gesamten Gruppe sind die Anglizismen ‚high' und ‚joint' als Novitäten der Zeit in der deutschen Sprache zu begreifen, deren korrekte Aussprache für den Reim schon damals wohl unabkömmliche Voraussetzung war.

7. Universitätsreformen

Gesellschaftliche Umwälzungen haben logischerweise auch Auswirkungen auf die Erziehung. Da die 68er-Bewegung auf den Universitätscampus entstand, waren auch die universitären Einrichtungen als erstes davon betroffen. Nichts sollte so bleiben wie es war, alles sollte nicht nur reformiert, sondern umgekrempelt werden, aber auf radikale Weise, ganz im Sinne einer Revolution. Der Spruch „Schlagt die Germanistik tot, färbt die blaue Blume rot!" personifiziert diese traditionsreiche Studienrichtung als überholt und deutet dabei das Symbol der Romantik (Novalis' Blaue Blume) um, indem sie ihm eine politische Färbung verleiht. Des Weiteren ist es ein Appell für gewaltsamen Umsturz und richtet sich an eine zweite Person Plural, ist also als Aufruf an Gleichaltrige und Gleichdenkende gedacht. Ebenso ist dies der Fall bei dem endreimenden „Werft das Gerümpel in den Tümpel!". Mit ‚Gerümpel' ist hier sicherlich nicht nur das Mobiliar der Klassenzimmer gemeint, sondern auch der Wissensstoff, der darin bisher verbreitet wurde und der, nach der Meinung der Studentenanführer, erneuerungsbedürftig war. Mit ‚Tümpel' wird implizit Bezug genommen auf den Tümpel oder Geröllhaufen der Geschichte. In „Wissen ist Macht. Wir wissen nichts. Macht nichts" liegt wiederum eine Paronomasie der Wortstämme (Macht – macht, Wissen – wissen) vor, die zusätzlich mit dem syntaktischen Chiasmus spielt und infrage stellt, ob die Machthaber wissen, was unter den Lernenden vor sich geht. Desgleichen spielt „Lehrstuhl=Leerstuhl" mit der Homophonie zwischen ‚lehr-' und ‚leer' und beschwört die Vakuität der bisherigen

Lehrstoffe herauf, die vom professoralen Gremium diktiert wurden und bei denen die Studierenden bislang kein Mitspracherecht hatten.

8. Vietnam-Krieg

Die generelle Ablehnung jeglicher Kriegsaktionen („Make love, not war“) übersetzte sich im Fall der 68er-Bewegung in Sympathie mit dem durch das U.S.-Militär geknüppelten Volk der Vietcong und ihrem ideellen Führer (Ho Chi Minh war von 1945–1969 Präsident Nord-Vietnams). Desgleichen schlug man sich auf die Seite der lateinamerikanischen Befreier aus diversen Diktaturen. Gute Beispiele für diesen Ruf nach Unterstützung sind die Parolen „Ho-ho-ho-Chi-Minh! (Che-che-che Guevara!)“, manchmal getrennt, aber oft im Zusammenhang genannt. Wir haben es mit Iteration und auch hier wieder skandierendem Sprechgesang zu tun. Ebenso operiert „Kommt runter vom Balkon, unterstützt den Vietcong!“ mit der parallelen Satzstruktur und dem stark appellativen Charakter dieses Aufrufs an Bürger, Nachbarn, Otto Normalverbraucher. Die Adressaten sollen ihre Bequemlichkeit verlassen und heraus zur Aktion schreiten. Eine Art von Rechtfertigung des bewaffneten Widerstands liegt vor bei „Wenn der Krieg ausbricht, war der Frieden offenbar ein Gefängnis“. Wir haben es wiederum mit einem Wortspiel mit den verschiedenen semantischen Dimensionen des Verbs ‚ausbrechen‘ (‚plötzlich beginnen‘ und ‚aus einem Gewahrsam entkommen‘) zu tun. Es handelt sich also, rhetorisch gesehen, um eine Paronomasie, während Krieg und Frieden, Freiheit und Gefängnis sich antithetisch gegenüberstehen. Hingegen erscheint der schon erwähnte Spruch „Stell dir vor, es ist Krieg und keiner geht hin“ als radikal pazifistisch und wirft utopisches Denken auf, so als ob man sich weigern könnte, an einem Massenauflauf teilzunehmen.

9. Auseinandersetzung mit der Nazi-Vergangenheit der älteren Generation

Im Zuge des Auschwitz-Prozesses erfuhr die Jugend neue Denkanstöße, welche sie in zahlreichen Fällen dazu antrieb, sich mit der ideellen oder aktiven Beteiligung ihrer Eltern und Großeltern an Naziverbrechen zu beschäftigen. Kundnani (2011: 227) sieht dies allerdings weniger klar: „[The 1968 generation's] ideology was a complicated and contradictory one that was influenced by a complex mixture of collective memories originating in the experience of World War II“[4]. Hinterfragt wurde unter anderem auch die Rolle der Justiz in der BRD und die fortdauernde Besetzung wichtiger Posten durch frühere NS-Beamte, welche schon während der Adenauer-Ära rehabilitiert und wieder ins Justizwesen eingegliedert worden waren. Wolfrum/Hofmann (2018: 90–91) bestätigen dies: „Indem die Studenten hartnäckig die personellen Kontinuitäten vom ‚Dritten Reich‘ zur Bundesrepublik thematisierten, trugen auch sie zu Prozessen der

4 Cf. auch Heer 2018.

Bewusstwerdung bei". Ebenso meint Heer (2018): „Die Autorität der Eltern, der Lehrer und Professoren ging auf breiter Front in die Brüche". Die Tatsache, dass die Witwe des ehemaligen Vorsitzenden des Volksgerichtshofs Roland Freisler noch lange Zeit aus der BRD Rente bezog (Marion Freisler erhielt bis zu ihrem Tode im Jahr 1997 eine monatliche Witwenrente als Kriegsopferversorgung, obwohl ihr 1945 verstorbener Mann Verbrechen gegen die Rechtsstaatlichkeit und Menschlichkeit begangen hatte) oder auch, dass der Rechtsanwalt und Bundeskanzler Kurt Georg Kiesinger ein früheres Mitglied der NSDAP gewesen war, motivierten immer wieder vehemente Attacken. Langenau (2017) weist ebenfalls darauf hin:

> 1966 wurde das ehemalige NSDAP-Mitglied Kurt Georg Kiesinger gar Kanzler. Das kann man als ‚großartige Integrationsleistung' verstehen, wie sogar der SPD-Politiker Egon Bahr lobte. Oder auch als unerträgliche Schlussstrich-Mentalität, wie viele Studenten das in den sechziger Jahren sahen.

Der Spruch „Unter den Talaren Muff von tausend Jahren" spielt auf dieses Unrecht an, wobei der Talar nicht nur die Amtstracht der Richter, sondern auch der Universitätsprofessoren war, und der Zusatz ‚von tausend Jahren' nimmt Bezug auf das von Hitler verkündete ‚tausendjährige Reich'. In diesem Sinne funktioniert auch der Spruch „Wer was von Justiz versteht, wird durch die Justizmühle gedreht". Er spielt einerseits vage an auf Plutarchs Sentenz, die Friedrich von Logau ins Deutsche übertrug: „Gottes Mühlen mahlen langsam, mahlen aber trefflich fein". Andererseits will er auch den Unterschied zwischen Gerechtigkeit und Justiz als Institution herausstreichen. Der Aufruf auf dem Spruchbanner „Treibt Bonn den Notstand aus!" bezieht sich auf Kiesingers Notstandsgesetze, aber es klingt im Verb ein Exorzismus, also eine Teufelsaustreibung mit. Schließlich fasst die Warnung „Trau keinem über dreißig!" die Misstrauenshaltung der jungen Generation gegenüber der älteren, historisch belasteten Generation zusammen. Eine weitere Parole arbeitet mit dem rhetorischen Rekurs der Substitution durch Antithese und erneut mit dem der Paronomasie: „Demonstrationen von Demokraten statt Nationen von Nazis". Und abschließend zu diesem Kapitel noch ein Spruch, der die Haltung der Revoluzzer gegenüber der Tagespolitik verdeutlicht: „Das Hemd hemmt den Politiker weniger als die weiße Weste". Er operiert mit Paronomasie (‚hemmen' im Sinne von ‚die Bewegung einengen' und zugleich im Sinne von ‚[sich] moralisch zurückhalten'), Homophonie, Alliteration, Synekdoche, Metonymie und will sagen, dass die Kleidung der Politiker keinen Aufschluss über deren Wert gibt. Das Hemd symbolisiert jedermanns Alltagskleidung, die weiße Weste einen vermeintlichen Schutzschild gegen den Verdacht der Korruption. Allerdings klingt hier auch das Prinzip des ‚Persilscheins' mit, also des beglaubigten Weißwaschens, der Absolution von jeglicher ‚braunen' Schuld. Manche Sprüche haben, wie man unschwer erkennen wird, eine recht vielschichtige Semantik, was ihre rhetorische Wirkung noch zusätzlich verstärkt.

10. Linker Terrorismus

Ob die Rote-Armee-Fraktion ein Abfallprodukt der 68er-Bewegung war oder ob sie notwendigerweise daraus hervorgehen musste, liefert weiterhin Stoff zu hitzigen Debatten, wie zum Beispiel bei Hahn (2007) und Strassner (2007) belegt. Die militante Gruppe der RAF hatte die bewaffnete Aktion für die Abschaffung repressiver Gesellschaftsstrukturen zur einzig sinnvollen Konsequenz erklärt. Dies sieht auch Hahn (2007: 134) so: „Die Geschichte der RAF als Angriff aus der Mitte der eigenen Gesellschaft bindet sie zurück an das sie begleitende soziale und politische Milieu der Studentenbewegung". Dass auch aus diesem geistigen Hintergrund Sprüche und Slogans hervorgingen, steht außer Frage. So zum Beispiel das berühmt gewordene Meinhof-Zitat „Protest ist, wenn ich sage, das oder das passt mir nicht. Widerstand ist, wenn ich dafür sorge, dass das, was mir nicht passt, nicht länger geschieht". Ulrike Meinhof war von 1960–1964 Chefredakteurin der Zeitschrift *Konkret* und veröffentlichte 1968 dort einen Beitrag unter dem Titel „Vom Protest zum Widerstand"[5]. Es liegen parallele Satzstrukturen vor, die antithetisch eingesetzt wurden (vielleicht in Anlehnung an das Zitat von Karl Marx): „Die Philosophen haben die Welt nur verschieden interpretiert, es kommt aber darauf an, sie zu verändern". Solche Auslegungen streben ein didaktisches Ziel an, fordern jedoch gleichzeitig zur militanten Eskalation auf. Der Spruch von Horst Mahler/Ulrike Meinhof „Politische Macht kommt aus Gewehrläufen" – der frühere RAF-Terrorist und heutige Neo-Nazi Horst Mahler zitierte 1971 Mao Tse-tung in Klaus Wagenbach, *Über den bewaffneten Kampf in Westeuropa*, mit diesem Satz – ist rhetorisch gesehen eine Metalepse im Sinne von Darstellung des Vorhergehenden durch das Nachfolgende und umgekehrt, ebenso wie Gudrun Ensslins und Jan Carl Raspes Sentenz „Der einzige Hebel, der wirkt, ist der Hebel am Gewehr", der noch dazu mit der Paronymie: Hebel (Stange [Archimedes[6]] oder Griff zur [Ent]-sicherung) spielt. Hier wird Gewaltanwendung gerechtfertigt. Noch anschaulicher ist in diesem Zusammenhang folgender Aufruf: „Macht kaputt, was euch kaputt macht!", ein Appellativ nicht nur zum Handeln, sondern ohne Umschweife zur Vergeltung (‚wie du mir, so ich dir' oder Talionsgesetz). Die Auswirkungen solcher Reklamationen wurden wenige Jahre später allzu deutlich spürbar. Am 7.4.1977 ermordete die RAF den Generalbundesanwalt Siegfried Buback; am 30.7.1977 verübte sie einen Entführungsversuch und späteren Mord an Jürgen Ponto, einem Frankfurter Bankier; am 18.10.1977 wurde der Arbeitgeberpräsident Hans Martin Schleyer nach einer spektakulären Kidnapping-Aktion und Forderung nach Freilassung von RAF-Gefangenen regelrecht hingerichtet, nachdem die damalige Bundesregierung unter Helmut Schmidt dieser Erpressung nicht nachgegeben hatte. Diese kritische Phase der

5 *Konkret* 5/1968, 5.
6 „Gebt mir einen Hebel, der lang genug, und einen Angelpunkt, der stark genug ist, dann kann ich die Welt mit einer Hand bewegen!".

Terroreskalation ist dann in der Geschichtsschreibung auch als ‚heißer Herbst' bezeichnet worden.

11. Fazit

Es stellt sich die Frage, was aus sozialgeschichtlicher Sicht von der Revolte noch übriggeblieben ist. Historiker sind sich einig, dass ein reformiertes Bildungssystem und das allgemeine Mitspracherecht noch heute greifbare Resultate der 68er-Bewegung sind. So zum Beispiel Wolfrum und Hofmann (2018: 91): „...die Revolte erzeugte langfristig eine Reformdynamik in Institutionen, Verbänden und Parteien aus dem gesamten politischen Spektrum, auch dem konservativen" oder auch Kappeler (2009: 32) in der Ankündigung seiner Publikation zum Projektstudium:

> Die Inhalte des Projektstudiums spiegeln nicht nur ökonomische, politische und kulturelle Prozesse der Gesellschaft wider – das Projektstudium ist selbst ein Ergebnis solcher Prozesse, ein Kernstück der durch die Studentenbewegung erzwungenen Hochschulreform.

Deren Marsch durch die Institutionen hat eine gewisse Demokratisierung nach sich gezogen und unsere westlichen Gesellschaften von vielen geistigen und legalen Zwängen befreit. Dafür stehen beispielhaft unsere heutigen Selbstbestimmungsrechte sowie die Frauenemanzipation und Familienrechtsreform. Eine weitere Frage wäre, ob die RAF eine notwendige Konsequenz dieser Forderungen oder lediglich deren Zerfallsprodukt war. Strassner (2007: 118) zieht die Bilanz: „Insgesamt bleibt eindeutig festzuhalten, dass es die terroristische Szene in der Bundesrepublik ohne die Studentenbewegung nicht hätte geben können". Das ganze Spektrum zwischen Friedensbewegung und kompromisslosem Terror scheint somit abgedeckt. Zum Fazit meines spezifischen Themas: In den 32 analysierten Sprüchen sticht die sprachliche Durchschlagskraft durch bestimmte rhetorische Mittel hervor. Dass es sich dabei um diskursive Strategien handelt, die generell auf die Bewusstseinsbildung des Publikums abzielten, steht wohl außer Frage. Ebenfalls scheint es mittlerweile bewiesen, dass solche Slogans in der Zeit, die uns beschäftigt, und noch weit darüber hinaus ihr Ziel perfekt erreichten.

Bibliografie

Busche, Jürgen, 2003: *Die 68er. Die Biographie einer Generation*, Berlin Verlag: Berlin.

Hahn, Hans-Joachim, 2007: „Die Studentenbewegung und die RAF als deutscher Familienroman. Jüngste literarische Erkundungen einer jüngeren Vergangenheit", *Seminar A Journal Of Germanic Studies* 43 (2), 134–148.

Heer, Hannes, 2018: „Wie wütende Studenten eine Revolte gegen das braune Erbe anstießen", *Der Tagesspiegel, webarchive.de,* 9.3.2018.

Kappeler, Manfred, 2009: „Projektstudium im Spiegel gesellschaftlicher Prozesse", *Sozial Extra1/2*, 32–35.

Kleinert, Hubert, 2008: „Mythos 1968", Bundeszentrale für politische Bildung, *https://www.bpb.de/themen/zeit-kulturgeschichte/68er-bewegung/52034/mythos-1968/*, zuletzt abgerufen am 22.12.2020.

Klimke, Martin, 2008: „1968 als transnationales Ereignis", bpb webarchive.

Kraushaar, Wolfgang, 2001: „Denkmodelle der 68er-Bewegung", *Aus Politik und Zeitgeschichte* B22–23, 14–27.

Kundnani, Hans, 2011: „Perpetrators and Victims: Germany's 1968 Generation and Collective Memory", *German Life and Letters* 64:2, 272–282.

Langenau, Lars, 2017: „Schlussstriche und Nebenwidersprüche", *Süddeutsche Zeitung.de* (2.6.2017).

Müller, Jan-Werner, 2002: „1968 as Event, Milieu and Ideology", *Journal Of Political Ideologies*, 7 (1), 15–37.

Mund, Heike, 2018: „Protestjahr 1968 – Wie die Kultur-Revolte Deutschland veränderte", Deutsche Welle, 3.5.2018, *https://www.dw.com/de/protestjahr-1968-wie-die-kultur-revolte-deutschland-veränderte/a-43615963*, zuletzt abgerufen am 22.12.2020.

Sandmeyer, Peter, 2008: „Die 68er: Aufstand der Jugend", *Stern*, Webarchive (14.1.2008).

Strassner, Alexander, 2007: „Die 68er-Bewegung und der Terrorismus in der Bundesrepublik", *Zeitgeschichte-online.de*, 99–119.

Wolfrum, Edgar/Hofmann, Birgit, 2018: „Die Revolution der Partizipation – das Erbe von 1968", *Zeitschrift für Politikwissenschaft* 28/1, 87–96.

Berit Balzer

Universidad Complutense de Madrid

E-Mail: balzerbe@filol.ucm.es

Paloma Sánchez Hernández

Eine korpusbasierte Studie in Bezug auf die iterative Aktionsart einiger suffigierter Verben im Deutschen[1]

1. Einleitung

Der linguistische Strukturalismus wird als wissenschaftlicher Paradigmenwechsel angesehen: Neue Methodologien zur Erforschung von Sprache sind am Anfang des 20. Jahrhunderts entstanden. Die europäischen Strukturalisten befassten sich mit der Semantik ab 1957, aber die theoretische Grundlegung als wissenschaftliche Disziplin stammt aus der Zeit zwischen 1900 und 1920. Vorher herrschte die diachronische Perspektive vor und hier liegt die Relevanz der neuen Methoden in der Bedeutungsanalyse. 1931 wird Jost Trier die Wortfeldtheorie verbreiten und Coseriu (1977), Geckeler (1971) und Pottier (1974) werden in den 1960er-Jahren als Hauptdarsteller der Komponentenanalysen gelten. Nach einigen Autoren ist die strukturalistische Semantik keine Bedeutungstheorie, sondern eine Theorie, um die Bedeutung zu analysieren. Dieser Beitrag ist eigentlich ein Beispiel einer Bedeutungsanalyse.

Wortbildung und Semantik sind zwei Disziplinen, die im Rahmen dieses Beitrags eine Rolle spielen. Hier geht es darum, das Merkmal [+ iterativ] bei suffigierten Verben zu erforschen. Innerhalb der Morphologie gibt es einen besonderen Raum für die Verben, die ein Suffix auf *-(e)r(n)*, *-(e)l(n)* besitzen, denn sie weisen eine besondere Konjugationsart im Verbsystem auf. Auch in Bezug auf die Wortbildung sind sie einzigartig, weil die Verbsuffigierung an sich eine geringere Bedeutung hat als die Verbpräfigierung. In Bezug auf die Semantik bilden diese Verben eine interessante Gruppe, die verschiedene Bedeutungen aufweist. Deshalb wird ihnen in Grammatiken oder Wortbildungshandbüchern immer ein besonderes Kapitel gewidmet. In diesem Beitrag geht es hauptsächlich um diese Verben und ihre iterative Bedeutung. Als Erstes definieren wir den Begriff ‚Aktionsart' und erklären die verschiedenen Aktionsarten. Es wird dabei ein besonderer Fokus auf die iterative Aktionsart gelegt. Für den empirischen Teil dieser Arbeit haben wir ein literarisches Korpus herangezogen, das auf E.T.A. Hoffmanns *Der goldne Topf* basiert. Dieses Werk wurde wegen der großen Produktivität solcher Art von Verben ausgesucht. Anhand dieses Korpus wurde einerseits erforscht, ob und wie diese Verben die iterative Nuance

---

1 Dieser Beitrag steht in direkter Verbindung mit dem Forschungsprojekt COMBIDIGILEX („La combinatoria en paradigmas léxico-semánticos en contraste. Estudio empírico y digitalización para el aprendizaje de lenguas extranjeras en contexto germano-iberorrománico"). Dieses Projekt wurde durch folgende Institutionen mit Drittmitteln gefördert: FEDER – Ministerio de Ciencia, Innovación y Universidad – Agencia estatal de Investigación FFI2015-64476-P/COMBIDIGILEX.

ausdrücken. Andererseits sollen morphologische Aspekte analysiert werden, wie zum Beispiel, zu welcher Wortart die Verbbasen gehören. Aus dieser Untersuchung ergibt sich der Versuch, anhand einer korpusbasierten Studie die iterative Konnotation dieser Verben zu beschreiben.

2. Theoretischer Rahmen

2.1 Was ist eine Aktionsart?

Helbig und Buscha (1987: 72) verstehen unter der Aktionsart des Verbs die Verlaufsweise und Abstufung des Geschehens, das vom Verb bezeichnet wird. Die Differenzierung des Geschehens erfolgt nach dem zeitlichen Verlauf (Ablauf, Vollendung, Anfang, Übergang, Ende) und nach dem inhaltlichen Verlauf (Veranlassen, Intensität, Wiederholung, Verkleinerung). Der zeitliche und inhaltliche Verlauf greifen oft ineinander.

Der Begriff der ‚Aktionsart' geht auf Agrells (1908) zurück (cf. François 1985). Flämig (1965: 6) unterscheidet folgende Aktionsarten:

1. Aktionsarten mit Phasenbedeutung:
   - *Durativ* (imperfektiv): bezeichnet ein Geschehen in seinem Verlauf ohne Begrenzung seiner Dauer.
   - *Terminativ* (perfektiv): bezeichnet ein Geschehen als zeitlich begrenzt. Diese Aktionsart kann untergliedert werden wie folgt: *Ingressiv*: bezeichnet das plötzliche Einsetzen eines Geschehens. *Inchoativ*: bezeichnet den Übergang in einen anderen Zustand. *Egressiv*: bezeichnet den plötzlichen Abschluss eines Geschehens. *Konklusiv*: bezeichnet einen allmählichen Abschluss. *Effektiv*: bezeichnet ein Resultat.
   - *Iterativ*: bezeichnet die Wiederholung eines Geschehens.
2. Aktionsarten mit quantitativer Bedeutung:
   - *Intensiv*: bezeichnet die Verstärkung eines Geschehens.
   - *Diminutiv*: bezeichnet die Abschwächung eines Geschehens.

Römer (cf. 2006: 182) zufolge stellt Flämig diese breite Aktionsartauffassung vor, weil sie einerseits die Aktionsartmarkierung nicht nur auf das Verb beschränkt und andererseits neben grammatischen auch lexikalische Mittel zur Bezeichnung der Aktionsarten zulässt. Nach Flämig (cf. 1965: 7) unterscheiden sich Tempora, Modi und Aktionsarten zum einen durch die systemhafte Gliederung der Tempora und Modi und die geringe Grammatikalisierung der Aktionsarten und zum anderen durch die Vielfalt der Ausdrucksmittel der Aktionsarten (Präfixe, Funktionsverbgefüge, Zeitbestimmungen, punktuelle Verben, faktitive Verben, imperfektive Verben in perfektivem Gebrauch, Hilfsverben, Partikeln, Tempus und Modus der Vollzugsstufe, Perfekt, Plusquamperfekt, Futur II, Partizip II (cf. Römer 2006: 184), deren Kollokationen den Zeitbezug des Satzes stufenweise verfeinern.

Steinitz sieht die Aktionsart als einen grammatischen Begriff, denn „er ist auf das Verbsystem bezogen und gliedert bestimmte grammatische Faktoren für bestimmte, die Verbbedeutung modifizierende Merkmale aus." (Steinitz 1981: 77)[2] Aktionsarten können nach Steinitz im Deutschen durch Präfixe, Suffixe und manche Funktionsverbgefüge markiert werden.

Zifonun, Hoffmann und Strecker vertreten auch diese Meinung: „Es ist jedoch sinnvoll, den Begriff der Aktionsart für das Wortbildungsphänomen zu reservieren. Aktionsarten werden durch Verbalpräfixe gegenüber den Basisverben eingebracht, peripher auch durch das Suffix *-(e)l(n)*: *lächeln, streicheln.*" (1997: 1861)

Darüber hinaus ist zu bemerken, was der Duden (2009: 408) in Bezug auf die Bezeichnungen „telisch" und „atelisch" verzeichnet:

> Im Wesentlichen deckungsgleich sind die Bezeichnungen „perfektiv" (lat. ‚abschließend') und „terminativ" (lat. ‚enden'). „Perfektiv" ist jedoch heute nicht mehr ganz geläufig als Bezeichnung für eine Aktionsart, und „terminativ" hat sich nicht richtig eingebürgert. Hier wird deshalb das Gegensatzpaar „telisch"/„atelisch" gegenüber „perfektiv"/„imperfektiv" bevorzugt, obwohl „telisch" anderswo in einem etwas eingeschränkteren Sinne gebraucht wird. Generell ist die Fachterminologie zum Thema Aktionsart sehr uneinheitlich und verwirrend.

Hier soll nicht erklärt werden, welche Terminologie in Bezug auf Aktionsarten existiert, es soll vielmehr der iterativen Bedeutung der suffixalen Verben der passende Rahmen gegeben werden.

2.2 Morphologische und semantische Klassifizierung der Verben auf *-(e)l(n), -(e)r(n)*

Vom morphologischen Standpunkt her sind Verben auf *-(e)l(n), -(e)r(n)* nach Helbig und Buscha (cf. 1987: 27–37) regelmäßige Verben, deren Konjugation von der normalen Konjugation abweicht (in der ersten Person Singular *ich radle*; in der ersten und dritten Person Plural *wir radeln, sie zwinkern*).

Aus der Perspektive der Verbwortbildung zählt der Duden (cf. 2009: 708) diese Verben zu den wenigen, die fähig sind, ein Suffix zu tragen. Das Suffix *-(e)r(n) (blinkern, zwinkern)* ist dem Duden zufolge unproduktiv, das heißt, es wird nicht für die Bildung neuer Verben benutzt. Nur diejenigen mit dem Suffix *-(e)l(n)*[3] dienen dem Duden (ibid.) nach dazu, neue Verben zu bilden: *menscheln, sporteln.*

---

2 Römer (2006: 185) nennt das eine enge Aktionsartenauffassung, weil Aktionsarten nach Steinitz keine Satzkategorie, sondern eine Verbkategorie sind und sie auch nicht allen Verben zugesprochen werden.

3 Nach Lohde (2006: 279) sind von diesen Suffigierungsformen diejenigen abzugrenzen, bei denen *-el* zum Substantivstamm gehört: *rodeln* (aus *Rodel*), *spiegeln* (aus *Spiegel*) (cf. Eichinger 2000: 155).

Als Basen für Suffixe treten Verben, Substantive oder Adjektive auf: An verbale Basen treten *-(e)l(n), -(e)r(n)*. Einfache Verben bekommen ein Suffix: *lachen – lächeln; blinken – blinkern* (ibid.). Donalies erwähnt auch okkasionelle Bildungen: *grinseln, unkeln, warteln* (2005: 122).

Das Suffix *-(e)l(n)* wird auch an substantivische Basen angehängt: *kriseln, radeln, sporteln* (Duden 2009: 708). Diese sind ebenso wie diejenigen mit verbalen Basen wenig produktiv und bis auf *eifersüchteln* haben sie nach Fleischer und Barz (cf. 2007: 310) simplizische Basen. Oft erhalten sie einen Umlaut (cf. Erben 1975: 72). Nach Kühnhold und Wellmann (cf. 1973: 23) bekommen 90 % der denominalen Ableitungen einen Basisumlaut. Nur unter den Bildungen aus Substantiven finden sich vereinzelte Abweichungen von dieser Regel (*radeln, schnapseln, wursteln*). Für die Deverbativa gibt es hingegen keine entsprechenden Regularitäten: *hüsteln, spötteln, töpfeln*, aber *hangeln, brummeln, krammeln* (40 % ohne Basisumlaut).

Einige Verben auf *-(e)l(n)* stammen von Adjektiven ab: *absürdeln, müdeln* (Glück und Sauer 1997: 85). Fleischer und Barz (2007: 316) erwähnen auch *-(e)l(n)* bei zwei durativen Verben – *ähneln* und *kränkeln*, wobei letzteres auch deverbal erklärbar ist – und bei *frömmeln, blödeln, klügeln* mit den Bedeutungen „fromm sein" oder „sich so benehmen, als sei man fromm" etc.

Nach Fleischer und Barz (cf. 2007: 309) werden keine Verben mit *-(e)r(n)* aus substantivischer Basis gebildet; sie erwähnen als Ausnahmen umg. *dreckern* und umg. *kleckern*. Verben, die auf *-(e)r(n)* enden, seien entweder Konversionen, bei denen *-er* Teil des Stammes ist *(hungern, trauern)*, oder Pluralendungen der nominalen Basen *(blättern, gliedern, löchern)* (cf. ibid.).

Dem Duden (2009: 708) zufolge sind Verben auf *-(e)l(n) und -(e)r(n)* atelisch.[4] Sie haben meist eine diminutiv-iterative Bedeutung.

Nach Fleischer und Barz (2007: 310) lassen sich die Derivate bei dem Suffix *-(e)l(n)* in zwei Wortbildungsreihen gliedern: 1. *etwas fälteln, häufeln, stückeln* (‚etwas in eine bestimmte Form bringen'); 2. die Reihe mit diminuierend-iterativer Bedeutung: *etwas fädeln* (synonymisch *auf-/einfädeln*), süddt./österr. *fensterln, frösteln*, (dagegen fachsprachlich *frosten*), *herbsteln, kriseln, kritteln*, umg. *radeln, sich schlängeln*, umg./scherz. *süffeln*, landschaftlich *werkeln*; mit Personenbezeichnungen als Basen existieren *französeln* (‚ein wenig in der Art eines Franzosen sprechen') oder *sächseln, schwäbeln*.

Nach Fleischer und Barz (cf. ibid.: 349) haben Verben auf *-(e)r(n)* mit iterativer Bedeutung die diminuierende Komponente nicht: *blinkern, schleckern*. Es gibt auch Idiomatisierungen wie *folgern, schlingern* und *steigern*. Eine kausative Bedeutung kann man in *jmdn. einschläfern* (vom intransitiven *einschlafen*) sehen.

4 Duden: „Atelische Verben beschreiben statische Zustände und Relationen oder dynamische Vorgänge, Prozesse, Aktivitäten, die keinen Kulminations- oder Endpunkt voraussetzen." (2009: 409) (siehe Punkt 2.1).

Die beiden Autoren erwähnen eine erhebliche Anzahl von Verben auf *-(e)l(n)*, die in den Bereich der Schallnachahmungen und ähnlicher mehr oder weniger expressiver, nicht mehr segmentierbarer Bildungen gehören: *babbeln, bimmeln, buddeln, gammeln, krabbeln, kribbeln, hätscheln, muddeln, munkeln, nuscheln, quabbeln, quasseln, quakeln, pickeln, pinkeln, rappeln, sabbeln, schwappeln, schunkeln, tätscheln, torkeln, watscheln, wimmeln, zappeln*. Sie bemerken kaum spürbare Unterschiede unter Paaren wie *babbeln – babbern, sabbeln – sabbern*, anders aber bei *wimmeln – wimmern* (ibid.).

Lohde (cf. 2006: 269) fügt dem eine pejorative Konnotation wie in *brummen – brummeln* ‚leise und undeutlich sprechen' hinzu. Er erwähnt auch eine weitergehende semantische Spezialisierung: *kuschen* ‚sich still hinlegen' – *kuscheln* ‚sich an jemanden anschmiegen' (ibid.).

Berufsbezeichnungen mit dem Suffix *-er* werden bei der Verbalisierung eben wegen des *-r-* uminterpretiert, etwa ‚die Tätigkeit nicht ernsthaft, sondern als Hobby ausüben, bzw. den Beruf laienhaft ausüben', wie *dichtern* (zu *dichten*), *schriftstellern, malern, gärtnern, tischlern, (zusammen-)schustern* u. a. (cf. Steinitz 1981: 93).

Interessant ist auch die Klassifizierung, die von Elsen (cf. 2011: 222) vorgenommen wird. So behält sie die iterative Bedeutung des Suffixes *-(e)l(n)* zusammen mit der diminutiven Konnotation in Beispielen wie *frösteln, kriseln, werkeln* mit Substantivbasis bei, die sie als nicht mehr produktiv bezeichnet, ebenso *brummeln, drängeln, hüsteln, deuteln, tröpfeln, lächeln, tänzeln* mit Verbalbasis. In Bezug auf das Suffix *-(e)r(n)* nennt sie *blinkern, folgern* und *steigern* mit Verbalbasis. Sie hält Fälle wie *blättern* und *gliedern* wegen der Pluralbasis und *mildern* wegen des Komparativs für Konversionen.

2.3 Der Begriff *iterativ*

Krifka (cf. 1989: 236) führt den Begriff *Iterativität* in Bezug auf die Opposition telisch-atelisch ein: „Damit wird ausgedrückt, daß ein Ereignis einer Klasse mehrfach eintritt. Es sei P ein Ereignisprädikat; das iterative Ereignisprädikat Q hierzu trifft auf Ereignisse zu, die sich aus mehr als einem P-Ereignis zusammensetzen." (cf. ibid.: 241–242) In diesem Zusammenhang stimmen Autoren wie Fabricius-Hansens (1986) Krifka zu (cf. Klein 1974: 111). Andere Autoren wie Nicolay lehnen es ab, eine Klasse iterativer Verben zu unterscheiden, denn von Iterativität zu sprechen, mache nur Sinn im Zusammenhang mit einer bestimmten Verwendung bzw. Interpretation von Sätzen, die nicht auf eine bestimmte Aktionsart beschränkt ist, sondern z. B. auch durch Frequenzadverbiale erzielt werden kann (cf. Nicolay 2007: 67).

Steinitz (1981) erklärt am Beispiel der Iterativität den bedeutungskonstitutiven und -modifizierenden Gebrauch eines semantischen Merkmals. Die Art der als Iterativität charakterisierten Quantifikation ist die der Wiederholung, was eine Gleichartigkeit der Vorgänge impliziert. Bei *flattern* bezieht sich die Iterativität hier auf die Folge des Elementarvorgangs *Flügelschlag*, die erst den komplexen

Vorgang *flattern* konstituiert; ohne Wiederholung kommt der Vorgang *flattern* nicht zustande, quantifiziert wird in der Domäne des internen Zeitbezugs. Bei einer syntaktischen Konstruktion wie *manchmal flattern* liegt eine doppelte temporale Quantifikation vor. Iterativität bezieht sich hier auf die Folge des Vorgangs *flattern*, der durch Quantifikation temporal modifiziert wird. Iterativität in der semantischen Repräsentation von Simplizia nimmt einen anderen Status ein als in morphologischen Ableitungen. Das entspricht genau der Charakterisierung bedeutungskonstitutiv/-modifizierend. Hier beschäftigen wir uns mit dem ersten Fall, d. h. Iterativität ohne syntaktische Konstruktionen.

3. Korpusbasierte Studie in Bezug auf die Iterativität

In E.T.A. Hoffmanns *Der goldne Topf* wurden 141 Verben (Wortformen) identifiziert, die auf *-(e)r(n)* oder *-(e)l(n)* enden. Für die vorliegenden Fragestellungen werden von dieser Anzahl nur die Belege mit iterativer Bedeutung in Betracht gezogen. In diesem Korpus wurden einerseits Wiederholungen der Belege mit einbezogen, da wir auch eine Schlussfolgerung in Bezug auf die Produktivität dieser Verben anbieten möchten. Andererseits wurden bei der Zählung der Belege auch Infinitive und die Partizipien I und II berücksichtigt. Substantivierte Verben wurden nicht berücksichtigt, da sie der Wortart der Substantive angehören.

Folgende Untersuchungen wurden an diesem Korpus vorgenommen:

1. Es wurden diejenigen Verben ausgewählt, die eine iterative Bedeutung aufweisen. Diejenigen Belege, die wirklich eine iterative Bedeutung haben, bilden das eigentliche Korpus dieser Studie. Innerhalb der Verben mit einer iterativen Bedeutung wird erforscht, ob diese auch diminutive Konnotationen besitzen.
2. Mittels der iterativen Bedeutung wird auch analysiert, wie diese Verbformen semantisch zu klassifizieren sind.
3. Schließlich wird anhand morphologischer Kriterien eine Einteilung nach den Basen vorgenommen, aus denen die Verben gebildet worden sind, d. h. denominal, deadjektival, deverbal. Die Möglichkeit, einen Umlaut zu erhalten, wird auch erforscht.

3.1 Semantische Kriterien: iterativ und diminutiv

Anhand der semantischen Kriterien wird geprüft, wie viele Verben aus den 141 Belegen eine iterative Bedeutung besitzen. Diese bilden die echte Beleganzahl des Korpus, da diese Studie auf den Belegen basiert, die hauptsächlich eine iterative Bedeutung haben.

Von den 141 Belegen weisen 119 eine iterative Bedeutung auf. Die restlichen 22 Belege haben keine iterative Bedeutung in der Semantik des Verbs (z. B. Verbformen wie *frösteln, fordern, erwidern, äußern, verhindern* etc.). Man kann daraus schließen, dass die meisten Verben auf *-(e)l(n)* oder *-(e)r(n)* eine iterative Bedeutung besitzen.

51 dieser Belege gehören zu den *-(e)r(n)*-Verben und 68 Belege zu den *-(e)l(n)*-Verben. Daraus kann man folgern, dass die *-(e)l(n)*-Verben mit iterativer Bedeutung im Korpus leicht produktiver sind als *-(e)r(n)*-Verben mit derselben Konnotation, wie im theoretischen Rahmen festgestellt wurde (Duden 2009: 708). Iterative Verben mit diminutiver Konnotation gibt es nicht allzu viele im Korpus. Aus den 119 Belegen ergeben sich *umschnüffeln, lächeln, flattern,* letztere auch mit Zusätzen *(hervorflattern, herausflattern, umflattern, entgegenlächeln). Flattern* wird als diminutiv im Vergleich zu dem Verb *fliegen* betrachtet. Diese Tatsache steht der Aussage von Fleischer und Barz (2007: 349) gegenüber, dass die Verben auf *-(e)r(n)* mit iterativer Bedeutung keine diminuierende Komponente besäßen.

3.2 Semantische Kriterien

Innerhalb der iterativen Verben (Wortformen) auf *-(e)l(n)* wurden 68 Belege gefunden (cf. Tab. 1).

murmeln[5], zischelt, raschelt, funkelnde (4), rischeln, rischelnd, raschelnd, murmelnd, zerbröckelten, lächelnde, winselt, murmelte (2), winseln, schmunzelnd (2), gehätschelt, funkelten, säuselten, winselte (2), funkelnden (4), funkelndes (2), entgegenlächelte, winselnd (2), säuselten, wackelten, lächelte (5), lächelnd (7), lächelnde, säuseln, umsäuseln, umschnüffelt, schlängeln (2), gerüttelt, schüttle, prasselnd (3), schlängelte (4), schlängelten (2), geschüttelt, schüttelte (3).

Tab. 1: Iterative Verben auf *-(e)l(n)*

Aus diesem Ergebnis ist zu schließen, dass die meisten Verben des Korpus „Vorgänge des Sprechens" *(murmeln, säuseln)*, „Gesten" *(winseln schmunzeln, lächeln)*, „menschliche Handlungen" *(hätscheln, wackeln)*, „Lichtverben" *(funkeln)*, „Geräusche" *(rischeln, rascheln, zischeln)* „Bewegung" (*schlängeln*) und „Gehör" (*prasseln*) ausdrücken; einige sind Schallnachahmungen wie *murmeln, zischeln, säuseln.*

Im Korpus besitzen nur die Verben *winseln* und *hätscheln* eine pejorative Bedeutung (cf. Duden online s/v: *winseln/hätscheln*).

Darüber hinaus sind 51 Verbformen auf -(*e)r(n)* gefunden worden, wie Tabelle 2 zeigt.

5 Es existiert zwar *die Murmel,* aber das Substantiv hat etymologisch und semantisch nichts mit dem Verb zu tun (cf. Lohde 2006: 279).

flüstern (2), flüstert, flüsterte, martern, stotterte, klippert, kickern[6] (2), plappern, kickerte, kickerten, hervorkickerte, zitternde, schnatterten, zitterte (2), wandern, zittert, plätscherten, herflackernd, knisterte, emporknisterte (2), knisternde (3), knisternden, plätscherte, herausgeflattert, umflatterten (2), flatterten (3), flackerten (2), flatterte (3), plätschernd, hervorflatterte, flatterndes, flackerndes, flattert, emporflackernden, flackernden, knisterndem, flackernde, plätschern, zwitschern.

Tab. 2: Iterative Verben auf *-(e)r(n)*

Die iterativen Verben sind vor allem „Geräuschverben“ wie *klippern, plätschern, knistern, flattern, zwitschern*, „Lichtverben“ wie *flackern*, „Verben des Sprechens“ wie *plappern, stottern, flüstern* und andere, die schwer zu klassifizieren sind, wie *zittern, kickern, wandern*.

Es gibt auch unter diesen Verben Schallnachahmungen wie *flüstern, klippern, plappern, plätschern, knistern, zwitschern, schnattern*. Nur *plappern* dient als Beispiel mit abwertender Nuance (cf. Duden online s/v: *plappern*).

3.3 Morphologische Kriterien

Mit der folgenden Einteilung wird gezeigt, ob die Verben des Korpus aus Substantiven (denominal), aus Adjektiven (deadjektival) oder aus Verben (deverbal) gebildet werden. Diese Information wurde dem DWDS[7] und dem Grimm'schen Wörterbuch[8] entnommen. Bei der Auflistung werden Wiederholungen nicht mitgezählt. Die Verben werden im Infinitiv aufgelistet (cf. Tab. 3).

denominal	**deverbal**	**deadjektival**
zerbröckeln: Brocken	murmeln: murmurare (lat.)	
schlängeln: Schlange	wackeln: wackeln (spätmhd.)	
funkeln: Funken	umschnüffeln: snuffen (niederdt.)	
	lächeln: lachen (mhd.)	
	schütteln: schütelen (mhd.)	
	zischeln: zischen	
	rascheln: raschen (schles.)	
	rischeln: raschen (schles.)	
	rütteln: rütteln (mhd.)	

6 Es existiert zwar *der Kicker*, aber das Substantiv hat etymologisch und semantisch nicht mit dem Verb zu tun (cf. Lohde 2006: 279).

7 DWDS: In: Wolfgang Pfeifer, *Etymologisches Wörterbuch des Deutschen* (1993), digitalisierte und von Wolfgang Pfeifer überarbeitete Version im Digitalen Wörterbuch der deutschen Sprache, *https://www.dwds.de/wb/Haus*.

8 DWB = *Deutsches Wörterbuch von Jacob und Wilhelm Grimm*. 16 Bde. in 32 Teilbänden. Leipzig 1854–1961. Quellenverzeichnis Leipzig 1971. Berlin-brandenburgische Akademie der Wissenschaften – Akademie der Wissenschaften zu Göttingen. *http://woerterbuchnetz.de/cgi-bin/WBNetz/wbgui_py?sigle=DWB&lemid=GL06267&mode=Vernetzung&hitlist=&patternlist=&mainmode=*.

denominal	deverbal	deadjektival
	prasseln: brestan (ahd.)	
	winseln: winsōn (mhd.)	
	schmunzeln: smunzen (mhd./md.)	
	hätscheln: hatschen (obd.)	
	säuseln: suizelen (nl.)	

Tab. 3: Denominale, deadjektivale und deverbale *-(e)l(n)*-Verbformen

Die meisten der *-(e)l(n)*-Verben sind deverbal (14 Verbformen). Drei Verben sind denominal und keine Form ist deadjektival. In diesem Sinne stimmt das Korpus mit dem theoretischen Rahmen dieses Beitrags überein, in dem u.a. laut Duden (cf. 2009: 708), Kühnhold und Wellmann (1973: 23) und Fleischer und Barz (cf. 2007: 316) *-(e)l(n)*-Verbformen denominale und deverbale Konstruktionen bilden. Was den Umlaut betrifft, so erhalten ihn nicht alle Formen, und zwar nur *schlängeln, zerbröckeln, umschnüffeln, schütteln, rütteln, lächeln, säuseln* und *hätscheln.*

Für die *-(e)r(n)*-Verbformen ergibt sich die Einteilung in denominal, deverbal und deinterjektional (cf. Tab. 4).

denominal	deverbal	deinterjektional
martern: martyrium (kirchenlat.), martira (ahd).	flüstern: vlisteren (mnd.)	plätschern: pflatsch, platsch, flatsch
	flackern: flogarōn (ahd.)	
	knistern: gnisteren (mnd.)	
	flattern: fladderen (nl.)	
	stottern: stōt(e)ren (mnd.)	
	klippern: klappern	
	kickern: kichern	
	plappern: plappern (frühnhd.)	
	zittern: zittarōn (ahd.)	
	schnattern: snateren (mhd.)	
	wandern: wantôn (ahd.)	
	zwitschern: zwitzern (ahd.) zwizzirôn	

Tab. 4: Deadjektivale, deverbale und deinterjektionale *-(e)r(n)*-Verbformen

Für die *-(e)r(n)*-Verbformen ergeben sich folgende Erkenntnisse: 12 Verben sind aus Verben abgeleitet. Eine Form, *plätschern,* ist aus der Interjektion *pflatsch, platsch, flatsch* abgeleitet, was nicht in der einschlägigen Literatur zu finden war. In Übereinstimmung mit Fleischer und Barz (cf. 2007: 309) existieren keine denominalen Ableitungen, da *rudern, donnern* und *jammern, schimmern, schlummern und klappern* Konversionen sind, bei denen *-er* Teil des Stammes ist. Eine Ausnahme bildet das Verb *martern,* das aus dem Lateinischen „martyrium" stammt.

4. Schlussfolgerungen

Aus dieser Untersuchung lassen sich folgende Schlussfolgerungen ziehen:

1. Unter den semantischen Kriterien zeigen die meisten Verben des Korpus (119 von 141, 84,4 %) eine iterative Bedeutung. Aus den 119 iterativen Beispielen sind 42,8 % *-(e)r(n)*-Verben und 57,1 % sind *-(e)l(n)*-Verben. Dieser Prozentsatz entspricht der Annahme des Dudens (cf. 2009: 708), demzufolge *-(e)l(n)*-Verben produktiver als *-(e)r(n)*-Verben sind. Unter den 119 Beispielen, die als Iterativ fungieren, gibt es nur sieben Beispiele, die diminutiv sind, und von diesen machen die eine diminutive Konnotation tragenden Verben nur 5,8 % aus. Dies steht der Aussage des Dudens (cf. ibid.) entgegen, der feststellt, dass diese Suffixe meist eine diminutiv-iterative Bedeutung besitzen.

2. Unter den Verben, die auf *-(e)l(n)* enden, lassen sich die Wortfelder in „Sprechen", „Gestik", „menschliche Handlungen", „Licht", „Geräusche", „Bewegung" und „Gehör" einteilen. Darüber hinaus finden sich auch Schallnachahmungen, wie *murmeln, zischeln, säuseln,* was nur einen kleinen Prozentsatz (4,4 %) ausmacht. Es lässt sich feststellen, dass entgegen Fleischer und Barz (cf. 2007: 349), denen zufolge eine erhebliche Anzahl dieser Art von Verben existiert, in dem hier untersuchten Korpus wenige onomatopoetische Verben auf *-(e)l(n)* mit einer iterativen Bedeutung in Erscheinung treten.

Die *-(e)r(n)*-Verben finden sich in den Wortfeldern „Geräuschverben", „Lichtverben" und „Verben des Sprechens". Schallnachahmungen machen bei diesen Verben 13,7 % aus. Der Prozentsatz ist somit höher als bei den Verben auf *-(e)l(n).* Trotzdem sind die Angaben von Fleischer und Barz (2007: 349) in Bezug auf Schallnachahmungen auch hier unzutreffend.

3. Analog zu Lohde (cf. 2006:269) existieren im untersuchten Korpus nur sehr wenige Beispiele, die eine abwertende oder pejorative Konnotation aufweisen. Das sind 2,9 % bei den Verben auf *-(e)l(n)* und 1,9 % bei den Verben auf *-(e)r(n).*

4. Für das Auftreten von Umlauten existiert keine Regel, so Kühnhold und Wellmann (cf. 1973: 23): Unter den denominalen Bildungen weisen *schlängeln* und *zerbröckeln* einen Umlaut auf, was der Behauptung von Kühnhold und Wellmann (cf. ibid.) nicht widerspricht, dass 90 % der denominalen Ableitungen einen Basisumlaut bekommen. Bei deverbalen Bildungen bestehen laut Kühnhold und Wellmann (cf. ibid.) auch keine Regularitäten. Im Korpus weisen nur *umschnüffeln, schütteln, rütteln, lächeln, hätscheln* und *säuseln* einen Umlaut auf, was diese Aussage bestätigt.

5. Es wurde auch eine morphologische Klassifizierung vorgenommen. Diese Klassifizierung soll erläutern, aus welchen Wortarten die Verbformen auf *-(e)l(n)* und auf *-(e)r(n)* stammen. Die *-(e)l(n)* Verbformen sind vorwiegend deverbal (20,5 %) und 4,4 % sind denominal gebildet. Dem Duden (cf. 2009:

708) zufolge sind denominale und deverbale Verben auf *-(e)l(n)* wenig produktiv, was sich im Korpus nicht widerspiegelt: Deverbale Bildungen sind hier produktiver als denominale Verben auf *-(e)l(n)*.

Unter den *-(e)r(n)* Verbformen sind 23,5 % deverbal. Es findet sich nur eine Form aus einer Interjektion: *plätschern*. In beiden Fällen sind deverbale Verbformen häufiger (mehr im Fall der *-(e)l(n)* Verben (11,7 %) als im Fall der *-(e)r(n)* Verben (10 %)).

Aus diesen semantischen Untersuchungen ergibt sich, dass Verbformen auf *-(e)l(n)* und *-(e)r(n)* ein unterschiedliches Verhalten haben, je nach dem Korpus, in dem sie analysiert werden. Die iterative Bedeutung bei diesen Verbformen dient einerseits dazu, eine Erzählung malerischer und bereichernder zu konzipieren, und andererseits trägt sie dazu bei, Sprachökonomie herzustellen, wo keine anderen Elemente als iterative Adverbien oder Partikeln zu verwenden sind. Darüber hinaus bringt dieser Beitrag zum Ausdruck, wie diese neuen semantischen Analysen, auf binären Oppositionen basierend, einen Wandel gegenüber der diachronischen Semantik des 19. Jahrhunderts bedeuten.

Bibliografie

Agrell, Sigurd, 1908: *Aspektänderung und Aktionsartbildung beim polnischen Zeitwort: ein Beitrag zum Studium der indogermanischen Präverbia und ihrer Bedeutungsfunktionen*. Diss. Lunds Universitet Årsskrift, new series I, IV.2. Hakan Ohlsson: Lund.

Coseriu, Eugène, 1977: *Principios de semántica estructural*. Gredos: Madrid.

Donalies, Elke, 2005: *Die Wortbildung des Deutschen. Ein Überblick*. Narr: Tübingen.

Duden, 2009: *Die Grammatik*. 8. überarbeitete Aufl. Duden: Mannheim.

Duden, *Duden online, https://www.duden.de/woerterbuch*, abgerufen am 20. 12. 2020.

DWB = *Deutsches Wörterbuch von Jacob und Wilhelm Grimm*. 16 Bde. in 32 Teilbänden. Leipzig 1854–1961. Quellenverzeichnis Leipzig 1971. Berlin-brandenburgische Akademie der Wissenschaften – Akademie der Wissenschaften zu Göttingen, *http://woerterbuchnetz.de/cgi-bin/WBNetz/wbgui_py?sigle=DWB&lemid=GL06267&mode=Vernetzung&hitlist=& patternlist=& mainmode=*, abgerufen am 20. 12. 2020.

DWDS, 1993: *Etymologisches Wörterbuch des Deutschen*, digitalisierte und von Wolfgang Pfeifer überarbeitete Version im Digitalen Wörterbuch der deutschen Sprache, *https://www.dwds.de/wb/Haus*, abgerufen am 20. 12. 2020.

Eichinger, Ludwig. M., 2000: *Deutsche Wortbildung. Eine Einführung*. Narr: Tübingen.

Elsen, Hilke, 2011: *Grundzüge der Morphologie des Deutschen*. De Gruyter: Berlin/Boston.

Erben, Johannes, 1993: *Einführung in die deutsche Wortbildungslehre*. 3. neubearb. Aufl. Erich Schmidt Verlag: Berlin.

Fabricius-Hansens, Cathrine, 1986: *Tempus fugit: Über die Interpretation temporaler Strukturen im Deutschen.* Schwann: Düsseldorf.

Flämig, Walter, 1965: „Zur Funktion des Verbs, III. Aktionsart und Aktionalität". *Deutsch als Fremdsprache* II (2), 4–12.

Fleischer, Wolfgang/Barz, Irmhild, 2007: *Wortbildung der deutschen Sprache.* Niemeyer: Tübingen.

François, Jacques, 1985: „Aktionsart, Aspekt und Zeitkonstitution". In: Schwarze, Christoph/Wunderlich, Dieter (Hrsg.): *Handbuch der Lexikologie.* Athenäum: Königstein/Ts., 229–249.

Geckeler, Horst, 1971: *Strukturelle Semantik und Wortfeldtheorie.* Fink: München.

Glück, Helmut/Sauer, Wolfgang, 1997: *Gegenwartsdeutsch.* 2. Aufl. Metzler: Stuttgart.

Helbig, Gerhard/Buscha, Joachim, 1987: *Deutsche Grammatik. Ein Handbuch für den Ausländerunterricht.* 10. unv. Aufl. VEB. Verlag Enzykopädie: Leipzig.

Hoffmann, E.T.A., 1982 [1819]: *Der goldne Topf. Ein Märchen aus der neuen Zeit.* E.T.A Hoffmanns Werke in drei Bänden. Bibliothek deutscher Klassiker: Weimar, 89–224.

Klein, Horst G., 1974: *Tempus, Aspekt, Aktionsart.* Niemeyer: Tübingen. (= Romanistische Arbeitshefte 10), 111.

Krifka, Manfred, 1989: „Nominalreferenz, Zeitkonstitution, Aspekt, Aktionsart. Eine semantische Erklärung ihrer Interaktion". In: Werner, Abraham/Janssen, Theo (Hrsg.): *Tempus-Aspekt-Modus.* Niemeyer: Tübingen, 227–259.

Kühnhold, Ingeborg/Wellmann, Hans, 1973: *Deutsche Wortbildung. Typen und Tendenzen in der Gegenwartssprache. 1. Hauptteil: Das Verb.* Pädagogischer Verlag Schwann: Düsseldorf.

Lohde, Michael, 2006: *Wortbildung des modernen Deutschen.* Narr: Tübingen.

Nicolay, Nathalie, 2007: *Aktionsarten im Deutschen. Prozessualität und Stativität.* Niemeyer: Tübingen (= Linguistische Arbeiten 514), 67.

Pottier, Bernard, 1974: *Lingüística general. Teoría y descripción.* Gredos: Madrid.

Römer, Christine, 2006: *Morphologie des Deutschen.* Francke UTB: Tübingen.

Steinitz, Renate, 1981: *Der Status der Kategorie „Aktionsart" in der Grammatik (oder: Gibt es Aktionsarten im Deutschen?).* Akademie der Wissenschaften, Zentralinstitut für Sprachwissenschaft: Berlin (= Linguistische Studien, Reihe, A: Arbeitsberichte), 93–94.

Trier, Jost, 1931: *Der deutsche Wortschatz im Sinnbezirk des Verstandes: die Geschichte eines sprachlichen Feldes.* Winter: Heidelberg.

Zifonun, Gisela/Hoffmann, Ludger/Strecker, Bruno, 1997: *Grammatik der deutschen Sprache.* Band 3. De Gruyter: Berlin/New York.

Paloma Sánchez Hernández
Universidad Complutense de Madrid
E-Mail: palomash@filol.ucm.es

Kunst und Kultur

Thorsten Carstensen

Gesund, wahrhaftig und deutsch: *Der Kunstwart* zwischen Lebensreform und Heimatpathos

Im späten 19. Jahrhundert formierten sich im deutschsprachigen Raum zahlreiche alternative Strömungen, deren Ideen unter dem Oberbegriff der Lebensreform bis in die Gegenwart ausstrahlen. Die neuen Bewegungen waren durchdrungen von dem unbedingten Willen, die Lebensverhältnisse im „Zeitalter der Nervosität" (Radkau 1998) auf teils radikale Weise umzugestalten: Ziel war es, die Alltagspraxis im Sinne von Einfachheit, Schönheit, Gesundheit und persönlicher Entfaltung zu revidieren, was wiederum, so die Hoffnung, eine Verschiebung gesellschaftlicher Normen zur Folge haben würde. Das thematische und ideologische Spektrum dieser Heilslehren reichte von der Freikörperkultur zur Reformpädagogik, von der Naturheilkunde zum Vegetarismus. Die Lebensreformer suchten die physischen Selbstheilungskräfte durch Licht- und Luftbäder zu stärken, fanden sich in Wander- und Tanzgruppen zusammen, forderten die Abschaffung des Korsetts, stellten ihre Ernährung auf Rohkost um, verzichteten auf Alkohol und gründeten Obstbausiedlungen und Gartenstädte. Waren es einerseits die Belastungen durch die fortschreitende Industrialisierung und Urbanisierung, die eine regenerative Pflege des Körpers besonders dringlich erschienen ließen, so stand die Orientierung an den Vorgaben neuer Gesundheitsprogramme andererseits auch im Zeichen eines allgemeinen Gefühls geistiger Erschöpfung (cf. Martynkewicz 2013).

Um die Verherrlichung einer primitiven Vormoderne ging es in den meisten Fällen nicht. Die alternative Moderne, die lebensreformerische Publikationen für ihre jeweilige Leserschaft skizzierten, war zwar durchaus eine „kompensatorische" (Barz 2015a: 18) Reaktion auf den herrschenden Fortschrittsglauben; sie basierte aber auf der „Versöhnung des eigenen Gesellschaftsideals mit der Technik" (Rohkrämer 1999: 32). So bereitete die Moderne den „Nährboden" für neue lebensreformerische Praktiken, die jedoch ihrerseits gewisse Modernisierungsprozesse beschleunigten (Fritzen 2006: 31–32). War die Lebensreform in ihren Anfängen eine „gelebte Außenseiterkultur" (Wedemeyer-Kolwe 2017: 153), deren radikale Vorstellungen sich zunächst als „kaum gesellschaftsfähig" (ibid.: 151) erwiesen, kam es in der Endphase des Wilhelminismus zu einer verstärkten Popularisierung zentraler reformerischer Praktiken. Wie sich diese Prozesse um 1900 im Kontext ästhetischer Debatten innerhalb der „Gebildeten-Reformbewegung" (Kratzsch 1969: 6) vollzogen, soll im Folgenden mit Blick auf die seit 1887 zweiwöchentlich erscheinende Zeitschrift *Der Kunstwart* erörtert werden.

Nach dem Ersten Weltkrieg wurden zwar einzelne Aspekte der Lebensreform – etwa hinsichtlich der Kleidungsfrage und der Freizeitgestaltung – vom kulturellen Mainstream der Weimarer Republik absorbiert. Mit der inhaltlichen Reduktion auf Lifestyle-Fragen entfernte sich die Bewegung allerdings immer weiter von ihrem eigentlichen kulturkritischen Anspruch (cf. Linse 1999). Trotz dieses historischen Bruchs lässt sich eine Kontinuität lebensreformerischer Ideen bis in die Gegenwart beobachten; am deutlichsten ist der Einfluss wohl in den deutschsprachigen Alternativmilieus zwischen 1968 und der Friedensbewegung der 1980er Jahre zu erkennen.[1] Dass dieses anhaltende kulturelle Erbe auch den Alltag unserer Gegenwart prägt und bestimmte Praktiken und Einstellungen in bürgerlichen Milieus zum guten Ton gehören, ist wohl unstrittig: Die Achtsamkeitskultur des frühen 21. Jahrhunderts wurzelt ebenso im lebensreformerischen Ethos wie die gegenwärtige Lust an der Darmreinigung, die Popularität solidarischer Landwirtschaftsnetzwerke oder die Kritik an Impfvorschriften.

1. Mediale Rezeption und Kommunikation der Lebensreform

Die ab ca. 1890 entstehenden Entwürfe einer ‚naturgemäßen' Lebensführung wiesen den Weg zu neuer Freiheit auf der Grundlage strenger Regelwerke. Da man in lebensreformerischen Kreisen die Auffassung vertrat, dass nachhaltiger gesellschaftlicher Wandel, wie die *Vegetarische Warte* konstatierte, „sich nur auf der Basis der Einzel-, der Selbstreform" (zit. nach Reuter 2003: 154) erreichen lasse – dass der Widerstand gegen Kapitalismus und Zweckrationalismus[2] seinen Anfang also durchaus bei der Ernte im eigenen Schrebergarten nehmen könnte –, erzielten Ratgeber zu unterschiedlichsten Themen bald fabelhafte Verkaufszahlen. Dem Selbsterlösungsprogramm dieser Weltanschauung, die in ihrer Kritik an den ‚Zivilisationsschäden' nicht selten sozialistische mit völkischen Elementen verband, begegnete die zeitgenössische Leserschaft auch in dem Turnratgeber *Der vollendete Mensch* (1905) des Berliner Impfgegners Reinhold Gerling: „Wollen wir den Weg zur Vollendung finden, so dürfen wir nicht den Führer und Erlöser allein hinter den Sternen suchen und nur aus fremden Welten das Heil erwarten. In uns schlummert die Kraft des Lebens und der Erlösung." (Gerling 1906: 33)

Neben solchen Ratgebern waren es vor allem Zeitschriften, die die lebensreformerische Weltanschauung rezipierten, kommunizierten und sich für ihre jeweiligen Belange aneigneten. Will man die Breitenwirkung der Lebensreform verstehen, ist ein Blick auf das Zeitschriftenwesen um 1900 deshalb besonders aufschlussreich.[3] Tatsächlich handelt es sich hierbei um ein „umfassende[s] Mediennetz" (Wolbert 2001a: 19), mit dessen Hilfe die reformerischen Botschaften in die Welt getragen wurden: So entstand „eine Form der gezielten Öffentlichkeitsarbeit […], die das heutige Zeitschriftenwesen vorwegnimmt" (ibid.).

1 Den weltanschaulichen Bezugnahmen, Parallelen und Unterschieden zwischen der Lebensreform um 1900 und den postmodernen Alternativmilieus der 1970er und 1980er Jahre widmen sich die Beiträge in Siegfried/Templin 2019.

2 Man könnte somit von einer anti-marxistischen Bewegung sprechen (cf. Rohkrämer 2019: 14–15).

3 Cf. zusammenfassend: Buchholz 2001.

Nahezu jede Gruppierung – von der Kleidungsreform über den Nudismus bis hin zum Heimatschutz – verfügte über ihr eigenes publizistisches Forum, das sowohl der ideologischen Selbstversicherung diente als auch dazu, die eigenen Bestrebungen nach außen hin darzulegen. Neben praktischen Erörterungen wurden oft kulturkritische Fragen zur Diskussion gestellt, wobei flankierende Werbeanzeigen für einschlägige Produkte – vegetarische Speisen, Reformbetten, Reformwäsche und Reformseife – wiederum darauf verwiesen, dass es nicht zuletzt darum ging, die neuen Ideen auch zu verkaufen. Verlässlich informierte die *Vegetarische Warte* über den gesundheitlichen Nutzen unterschiedlicher Gemüsekost, zugleich stellte sie aber auch strategische, oftmals philosophisch grundierte Überlegungen zur Verbreitung der vegetarischen Lehre an. In der Regel spiegelte sich im inhaltlichen Angebot einer Zeitschrift der synkretistische Charakter der jeweiligen Strömung. So positionierte sich das Monatsblatt *Kraft und Schönheit* als Speerspitze im Kampf für „jede gesunde Lebensreform", wobei man, wie es im Vorwort zum ersten Heft des Jahres 1914 unter der Überschrift „Was wir wollen" heißt, sich vor allem um „den körperlichen Verfall eines großen Teiles unseres Volkes" sorgte (zit. nach Buchholz 2001: 46). Die schon im Untertitel annoncierte „vernünftige Leibeszucht" erklärte die Zeitschrift zum Ausgangspunkt für eine umfängliche Gesundung, von der ausdrücklich auch die strapazierten Nerven der Leser profitieren sollten. Das erwähnte Vorwort bringt diesen Anspruch begrifflich auf den Punkt: „Wir sehen in der Körperkultur das vorzüglichste Mittel zur Abhärtung der Haut, Kräftigung der Nerven und Stählung der Muskeln." (Ibid.; cf. Wedemeyer-Kolwe 2004: 212) Zusammenhänge zwischen disparaten Gruppierungen stellten die einzelnen Zeitschriften derweil unter anderem durch die Illustrationen des berühmten Malers Fidus her (Barz 2015b). Auch die nach 1910 entstandenen Titelbilder für Neuausgaben mehrerer Romane Karl Mays wären vor diesem Hintergrund zu diskutieren. Identifikation stifteten aber vor allem die zahlreichen Selbstbeschreibungen, auf die man in den reformerischen Zeitschriften stößt. Ein typisches Beispiel hierfür findet sich 1909 in einem Beitrag in *Körperkultur*:

> Wir begegnen heute den verschiedenartigsten Versuchen einzelner Menschen und ganzer Gruppen von Menschen, die in ihre gesamte Lebenshaltung, in Kleidung, Ernährung, usw. neue und ungewöhnliche Bedingungen einführen, da sie die altgewohnte Lebensweise als Unzuträglichkeit empfinden. (Zit. nach Wedemeyer 2017: 23)

Während eine dezidiert reformerische Vereinszeitschrift wie die *Vegetarische Warte* sich nicht nur beharrlich für die Anliegen ihrer Mitglieder einsetzte, sondern diese im Gegenzug verbal in die Pflicht nahm,[4] bewegte sich der von

4 So heißt es in der *Vegetarischen Warte* in einem Beitrag vom 10. Juli 1907 (zit. nach Fritzen 2006: 125): „Die Ausbreitung des vegetarischen Gedankens muß eine Hauptaufgabe jedes überzeugten Vegetariers sein." Regelmäßig rief die Zeitschrift auch zur Gründung vegetarischer Restaurants und Siedlungen auf.

Ferdinand Avenarius herausgegebene *Kunstwart* im gedanklichen wie sozialen Milieu des liberalen Kulturprotestantismus. Allerdings war man durchaus darauf bedacht, sich breiteren Leserschichten zu öffnen. Insbesondere in Fragen der Bewertung von Literatur kam es dabei zu einer Übernahme des lebensreformerischen Diskurses. So setzte sich „das wichtigste Sprachrohr der Gebildeten-Reformbewegung im Wilhelminischen Zeitalter" (Ulbricht 2013: 114) für ein genussvolles Lesen solcher Bücher ein, die dem entfremdeten Menschen der Moderne den Weg *zurück zur Natur* weisen könnten – und damit auch zurück zu sich selbst. Und auch im *Kunstwart* argumentierte man, wenngleich natürlich weniger plakativ als in den einschlägigen Vereinszeitschriften, für jene „Rehabilitierung des Körpers", bei der es sich um den zweifelsohne „spektakulärste[n]" (Wolbert 2001b: 339–340) Aspekt der lebensreformerischen Erneuerung handelt.

2. Zur Geschichte des *Kunstwart*

Wie kaum ein anderes Medium um die Jahrhundertwende verstand es *Der Kunstwart*, einerseits dem Zeitgeist zu schmeicheln und sich andererseits als dessen Alternative zu präsentieren. Das Beispiel gerade dieser Zeitschrift offenbart, dass es sich bei der Lebensreform in der Tat auch um eine „Kulturheilbewegung" (Rothschuh 1983: 106) handelte. Von Beginn an fungierte die Halbmonatsschrift als Forum für jene eigentümliche Kombination von Zivilisationskritik und Lebenspathos (cf. Rasch 1967), die den zeitgenössischen reformerischen Diskurs prägte. In Leitartikeln, Rezensionen und Stellungnahmen zum Stand der Kultur plädierten Ferdinand Avenarius und seine festen wie freien Mitarbeiter dafür, das Echte und Gesunde in Kunst und Alltagsleben zu fördern. Die ästhetischen und gesellschaftspolitischen Diskussionen, die man in der Zeitschrift mit Leidenschaft und Tendenz zum unumstößlichen Urteil führte, wurden dabei regelmäßig auf einschlägige Leitbegriffe wie Natürlichkeit, Einfachheit, Wahrhaftigkeit, Ehrlichkeit, Schönheit und Veredelung zugespitzt.

Durch die schier inflationäre Verwendung solcher Schlagworte mit hohem Wiedererkennungswert war das semantische Milieu der Lebensreform selbst dann stets präsent, wenn eigentlich keine direkten thematischen Bezüge bestanden.[5] Das antikapitalistisch grundierte Unbehagen an der Moderne verband sich dabei mit nationalem Pathos,[6] was sich darin äußerte, dass die ästhetische Erziehung des Volkes bewusst in kulturpolitische Zusammenhänge gerückt wurde. Zur Galionsfigur einer kulturellen Erneuerungsbewegung im Geiste deutscher Tradition stilisierte man Albrecht Dürer. Vor diesem Hintergrund gründete Avenarius 1902 den *Dürerbund*, der fortan eine doppelte Funktion besaß: Er war nicht nur eine Weltanschauungsgemeinschaft, die sich der

5 Cf. zu diesem semantischen Umfeld Wedemeyer-Kolwe 2017: 30 ff.

6 Zur Geschichte und weltanschaulichen Ausrichtung des *Kunstwart* cf. nach wie vor die frühe Studie von Kratzsch (1969) sowie dessen neueren Überblick (2001).

„Erziehung zum deutschen Lebensstil" (Petzinna 2000) verschrieben hatte, sondern diente auch zum Absatz kultureller Erzeugnisse.[7]

Von anderen Rundschau-Zeitschriften, die gegen Ende des 19. Jahrhunderts entstanden, setzte sich der *Kunstwart* durch seine volkspädagogische Ausrichtung ab. Man wird schwerlich eine Ausgabe finden, die nicht die Dringlichkeit betont, der „Heranbildung des Menschen zum Kunstgenusse" (Göhler 1901: 360) bereits im schulischen Alltag Rechnung zu tragen. Avenarius wähnte sich in vorderster Front im „Ringen um eine edlere Ausdruckskultur" (Avenarius 1908: 65): Die Kunst, so die regelmäßig erhobene Forderung, müsse für die ästhetische Volksbildung – und damit letztlich für die Volksgesundheit – mobilisiert werden. Da der *Kunstwart* mit der Pflege des ästhetischen Lebens einen ganzheitlichen Ansatz verfolgte, war sein Untertitel „Rundschau über alle Gebiete des Schönen" keineswegs eine Übertreibung. Redaktionell bediente die Zeitschrift nämlich ein beeindruckend breites Spektrum: Neben Rezensionen und Aufsätzen in den Bereichen Literatur, Theater, Musik und Malerei standen polemische Essays zum gesellschaftlichen Wandel;[8] Auszüge aus literarischen Werken waren den Ausgaben ebenso beigefügt wie Notenbeispiele, Fotografien und Bildtafeln mit Kunstdrucken. Zudem umfasste die moralisch-ästhetische Volkserziehung auch Aspekte des alltäglichen Produktdesigns.

Wollte sich der *Kunstwart* zunächst, wie Ferdinand Avenarius 1887 in seinem Eröffnungsbeitrag ankündigte, in erster Linie „wichtigen Zeit- und Streitfragen unseres Kunstlebens" (Avenarius 1887: 1) widmen, entwickelte sich die Zeitschrift nach 1900 immer mehr zur Plattform für reformerische Ideen. So wusste sich der *Kunstwart* im Umfeld der kunstpädagogischen Reformbewegung (cf. Koszinowski 1985: 156–165), die im Zuge der leidenschaftlich geführten Debatten über eine Überbürdung an deutschen Gymnasien entstanden war (cf. Radkau 1998: 315–321), äußerst geschickt zu positionieren. Vehement plädierte man dafür, die Erziehung des Kindes auf dessen schöpferisches Potential auszurichten, anstatt sie den geltenden Leistungsprinzipien zu unterwerfen.[9] Bereits 1889 erläuterte Friedrich von Hausegger diese Vorstellung, indem er einen

7 Grundlegend: Kratzsch 1969: 336–363.

8 Zu den Tendenzen, die Avenarius verurteilte, gehörte insbesondere die fortschreitende Kommerzialisierung des Alltagslebens (cf. Hamlin 2005: 256–261).

9 Spätestens seit 1907 finden sich allerdings auch Beiträge, die einen deutlich schärferen Ton anschlagen. Exemplarisch für den völkisch-konservativen Umschwung in puncto Schulpolitik ist ein Artikel von Gottfried Traub, der im Mai 1912 angesichts vermehrter Meldungen von Schülerselbstmorden dazu auffordert, „dem wehleidigen Zug unsrer Zeit unbarmherzig ins Gesicht zu leuchten". Eine Senkung der schulischen Anforderungen, so Traub, käme weder dem einzelnen Schüler noch dem deutschen Volk zugute: „Gerade jede ehrliche Demokratie muß daran festhalten, daß auch die Jugend danach geschätzt werde, was sie kann, was sie leistet, und daß dieser Maßstab eher verschärft, als gemildert werde. Ein steigendes Volk steigt in seinen geistigen Ansprüchen. Ein verfallendes Volk weint sentimentale Tränen." (Traub 1912: 195).

Musikunterricht anmahnte, der die Musikalität des Kindes in der „Tiefe des Menschentums" lokalisiere. Eine solche Erziehung, die Musik stets auch als „nationales Erziehungsmittel" begreife, trage zur „Veredlung und Verfeinerung" des Menschen bei (Hausegger 1889: 49–50).

Diese Veredelung war es, die der Herausgeber Avenarius beständig in das Zentrum seines volkserzieherischen Programms stellte. Als die Zeitschrift im Jahr 1907 erstmals umbenannt wurde – sie hieß fortan *Kunstwart und Kulturwart. Halbmonatsschau für Ausdruckskultur auf allen Lebensgebieten* –, klang bereits im Untertitel an, dass sich das volkspädagogische Bemühen um eine sowohl ethische wie ästhetische Erneuerung keineswegs auf die Kunst beschränken sollte. Redaktionell widmete man sich noch stärker als zuvor Praktiken und Ideen, die im Umfeld der Lebensreform anzusiedeln sind (Carstensen 2016). Bereiche der täglichen Lebensführung wie Einrichtungs- und Ernährungsfragen wurden ebenso behandelt wie die neuesten Erkenntnisse der Reformpädagogik oder virulente Geschlechterfragen. Rubriken wie „Mann und Weib", „Körperpflege", „Bildung und Schule", „Heimatpflege" und „Naturschutz" boten dafür den journalistischen Rahmen.

3. Gesundung von Literatur und Leben: der Heimat-Diskurs im *Kunstwart* um 1900

Dass der städtische „Stubenhocker", wenn er seine Sommerfrische auf Rügen verbrachte, sich ausschließlich „schon anerkannte und rubrizierte Naturgenüsse" (Avenarius 1898: 359) verschaffen konnte, führte Ferdinand Avenarius auf jene fehlgeleitete ästhetische Erziehung des deutschen Volkes zurück, die der *Kunstwart* zu korrigieren hoffte. Der Mangel an künstlerischer Bildung habe konkrete Auswirkungen auf die Lebensqualität des Menschen, denn wer nicht von den deutschen Dichtern zur „Intimität des Naturgenusses" geführt worden sei, werde sich nie an den „reinen und tiefen Freudenquellen" (ibid.: 360) der Natur zu laben wissen:

> Denn auf das Führen zum *Leben* kommt es doch ohne alle Ausnahme an, das *Leben* ist der Endzweck, die Kunst das Mittel. Es muß uns allen ja ferneliegen, „Kunstkenner" oder „Künstler" bilden zu wollen, wir haben von beiden vielleicht übergenug. Kunst *genießen* zu können, das ist's, was wir möglichst vielen in dem Maße wünschen, als es sich eben erreichen läßt. (Avenarius 1904: 5; Herv. i.O.)

Die künstlerische Bildung der Leserschaft sollte nicht etwa dazu dienen, künftigen Künstlerinnen und Künstlern den Weg zu weisen. Vielmehr verstand Avenarius „Kunsterziehung" als Voraussetzung für das Erbringen kultureller Transferleistungen: Durch die Auseinandersetzung mit Kunst, Musik und vor allem Literatur, und zwar jener, die „sättigt und nährt", könne der Mensch lernen, „die Schönheiten [...] des Lebens selber in Natur und Heimat zu sehen und zu fühlen" (ibid.). In einem seiner häufigen Leitartikel bringt Avenarius dieses Verhältnis auf eine schillernde Formel, die auch die Beziehung zwischen lebensreformerischer Publizistik und Praxis zusammenfasst, wie sie sich im *Kunstwart* manifestierte: „Kunstgenuß als Führer zum Lebensgenuß." (Avenarius 1898: 361)

Gesundheit, Wahrhaftigkeit und Echtheit: So lauteten die Kriterien, nach denen der *Kunstwart* Literatur beurteilte. Folglich war man sich beispielsweise bewusst, dass Ludwig Anzengruber kein „Genie ersten Ranges" sei; seine „Gestaltungskraft", mit der er das österreichische Volksstück von seiner Tendenz zum „Rührdrama" befreit habe, sei jedoch „wie golden echt" (R., „Ludwig Anzengruber", 1889: 83). Neben Johann Wolfgang von Goethe erhob man Autoren wie Gottfried Keller, Eduard Mörike und Johann Peter Hebel in den Rang eminenter Leitfiguren, die auch „vom jüngeren Geschlechte der ernsten Schriftsteller als Mahner und Führer anerkannt" seien (Avenarius 1904: 2). Positive Resonanz erfuhren darüber hinaus die Texte von Emil Strauss, Hugo von Hofmannsthal und Thomas Mann. Hermann Hesses publizistischer Erfolg galt gar als „eins der erfreulichsten Zeugnisse für die Hebung unsres literarischen Geschmacks" (O.V., „Vorbemerkung", 1906: 186), wie es anlässlich des Abdrucks von Auszügen aus *Unterm Rad* in der Rubrik „Lose Blätter" hieß – eines mit „außergewöhnliche[r] dichterische[r] Kraft" gestalteten Buches, das der *Kunstwart* seinen Lesern „recht dringend" (ibid.: 187) ans Herz legte.

Untersucht man den ideologischen Beiklang der um 1900 im *Kunstwart* veröffentlichten Rezensionen und Lektüreempfehlungen, so werden zwei Tendenzen sichtbar. *Erstens* zeigt sich, dass das im Kontext lebensreformerischer Ideen entwickelte Literaturverständnis mit einer deutlichen Absage an die Décadence einherging. *Der Kunstwart* nahm damit auf einen Zweig populistischer Kulturkritik Bezug, der seit Friedrich Nietzsches *Der Fall Wagner* (1888) in aller Munde war. Der „décadent", so lautete Nietzsches Botschaft an die Nachwelt, verderbe Gesundheit und Kunst gleichermaßen (Linse 2001). Im *Kunstwart* begegnete man der modernen „Nervenkunst" mit einem Plädoyer für urdeutsche Kraft. Programmatischen Charakter hat in dieser Hinsicht Ferdinand Avenarius' Feuilleton „‚Gesundheit!'" in der Aprilausgabe 1899. Zwar gibt Avenarius zunächst zu bedenken, dass eine Literatur, die sich dem Thema Krankheit widme, nicht von vornherein abzulehnen sei. Die Vertreter der Décadence wehrten sich jedoch nicht gegen ihren Verfall. Avenarius spricht sich deshalb dafür aus, „den Unterschied zwischen gesunder und kranker Kunst doch wieder etwas entschiedener ins Auge zu fassen" (Avenarius 1899: 3–4), als dies zuletzt der Fall gewesen sei. Wie es sich für das volkserzieherische Programm des *Kunstwart* gehört, präsentiert der Herausgeber die Kriterien für eine solche Unterscheidung sogleich selbst:

> Gesunde Werke sind die, welche in letzter Folge der Erhaltung des Lebens dienstbar sind, gesund ist also auf unserm Gebiete, was unsre geistigen Organe stärkt, verfeinert und im rechten Ausgleich, im rechten Wechselleben erhält, gesund ist, was nicht schwächt und zerrüttet, sondern übt und erzieht. (Ibid.: 4)

Mit der Ablehnung der Décadence war *zweitens* ein offensives Werben für die Heimatkunst verbunden. Geradezu beispielhaft zeigen die Kunst- und Literaturkritiken im *Kunstwart*, dass völkisches Gedankengut im Diskurs der Lebensreform eine nicht zu unterschätzende Rolle spielte. Elemente einer deutschnationalen Ideologie[10] fanden in die Zeitschrift insbesondere dann Eingang, wenn Beiträge sich um eine Herleitung oder Bestandsaufnahme der deutschen Literatur und Kunst bemühten. So figuriert die heimatliche Landschaft immer wieder als Quelle der Inspiration sowie als Raum der seelischen Gesundung vom zivilisierten Leben in der Großstadt. Darüber hinaus ist sie aber auch Trägerin einer völkischen und zugleich ökologisch konnotierten Gesundung. Beispielhaft für diese ideologische Verwicklung ist das Pathos, mit dem sich im Jahr 1905 ein Aufsatz dem innig „mit dem deutschen Wesen verwoben[en] und verwachsen[en]" Wald widmet. Als Schauplatz typisch deutscher Kunstwerke – die Liste reicht von den *Nibelungen* über die romantischen Märchen und die Erzählungen Adalbert Stifters und Peter Roseggers bis hin zu den Opern Carl Maria von Webers und Richard Wagners – sei der Wald mit der Fähigkeit zur Volkserziehung ausgestattet (O.V., „Der Wald als Erzieher", 1906: 304).

Das volkserzieherische Programm eines anti-intellektuellen Kunstgenusses, wie es *Der Kunstwart* vertrat, ging einher mit der Sehnsucht nach kultureller Erneuerung. Gerade am Beispiel der Rezeption und Vermittlung von Literatur ist erkennbar, wie sehr sich der volkserzieherische Anspruch der Zeitschrift am lebensreformerischen Diskurs und der Vorstellung von „einem alternativen, einem besseren Leben" (Radkau 2013: 16) orientierte. Auch der *Kunstwart* beruft sich auf Schönheit – um die Jahrhundertwende „ein kulturkritisches Konzept" (Braungart 2007: 34) – als Heilmittel gegen die Auswüchse der modernen Zivilisation. Bereits um 1900 drückten sich in zahlreichen affirmativen Beiträgen zur Heimatliteratur die völkischen Konnotationen dieser Agenda aus; im Umfeld des Ersten Weltkriegs koppelte *Der Kunstwart* seinen Bildungsauftrag dann explizit an die Frage nach der Zukunft des „Deutschtums". Von der Erziehung des Volkes durch „echte", „wahrhaftige" Literatur versprach man sich eine sittliche Veredelung, die, so ließe sich prononcieren, als Grundlage erachtet wurde für eine kulturelle Erneuerung im Zeichen deutscher Heimat und Nation.

In den 1890er Jahren entwickelte sich der *Kunstwart* zum wichtigen publizistischen Forum der Heimatkunstbewegung.[11] In der Hoffnung, die gebildete Leserschaft möge „aus dem internationalen Literatensalon heim in die Gotteswelt"

10 Cf. auch die sogenannte „*Kunstwart*-Debatte" im Jahr 1912. Der Publizist Moritz Goldstein löste mit seinem Aufsatz „Deutsch-jüdischer Parnaß" und der Forderung nach einer dezidierten Trennung von deutscher und jüdischer Kultur eine breite Auseinandersetzung zwischen Zionisten und antisemitischen Deutschpatrioten aus (cf. Voigts 2016).

11 Zur publizistischen Situation der Heimatkunstbewegung cf. Rossbacher 1975: 16–19.

finden, lobte Avenarius die „kerngesunde Ursprünglichkeit" von mittlerweile in Vergessenheit geratenen Schriftstellern wie Karl Söhle (Avenarius 1897: 183), der seit 1893 als freier Kritiker für den *Kunstwart* arbeitete. In seiner Rubrik „Rundschau" empfahl der *Kunstwart* neben den Vertretern des Poetischen Realismus regelmäßig auch Heimatromane. Insbesondere der Schriftsteller und Literaturhistoriker Adolf Bartels, der um 1900 den Begriff der „Heimatkunst" in den öffentlichen Debatten verankerte (cf. Bartels 1970), erhielt dadurch eine Plattform, die es ihm ermöglichte, seine kompromisslosen Werturteile an die Leser zu bringen. Bis ihm sein offen zur Schau gestellter Antisemitismus zum Verhängnis wurde und Avenarius sich schließlich in einer Stellungnahme im *Kunstwart* von ihm distanzierte, war Bartels zwischen 1897 und 1902 häufiger Beiträger der Zeitschrift.[12] In einem durchaus polyphonen Diskurs wusste sich Bartels als völkisch denkender Anhänger einer Literatur „reindeutschen Ursprungs" (Bartels 1899b: 220) Gehör zu verschaffen, welche sich um die Darstellung des Einfachen und der „Liebe zur Heimaterde, zu den Menschen der Heimat" (ibid.: 221–222) bemühen solle. Unterdessen ergänzte sich Bartels' Plädoyer für eine Literatur, die „die Verbindung mit dem Leben" (Bartels 1899a: 140) betont, mit dem speziellen reformerischen Programm der Zeitschrift. Wesentliche Vorläufer der Heimatkunst sah Bartels in Mörike und Storm, in deren Gedichten das Typische der schwäbischen bzw. norddeutschen Landschaft zur Darstellung käme. Indes müssten die neuen Autoren einen deutlichen Schritt weitergehen: Wenn es ihnen gelänge, Lyrik und Romane zu verfassen, die ganz von den deutschen Landschaften durchdrungen wären, könnte die Heimatkunst nicht nur zur „Gesundung der Literatur" beitragen, sondern gar den Boden bereiten „für die große nationale Kunst" (Bartels 1900: 131).

Unterdessen bemühte sich Ferdinand Avenarius um eine Position des Ausgleichs. Seine regelmäßigen Bestandsaufnahmen widmete er zwar auch der Frage, ob und in welchem Ausmaß ausländische Einflüsse auf die einheimische Kunst zu spüren seien. Als reaktionär lassen sich seine Kommentare jedoch nicht ohne Weiteres werten. Im Oktober 1904 stellt er zufrieden fest, dass man sich in Deutschland vermehrt und bewusst regionalen Themen und Zusammenhängen widme, ohne dabei aber bedeutende Vertreter anderer Länder zu ignorieren. So habe sich eine Kunst entwickelt, deren bodenständiges Wesen eine gewisse Weltläufigkeit keineswegs ausschließe:

> Der Respekt vor den Großen der Fremde hat nicht gelitten, *jener* internationale Geist aber, der Abfälle aus allen Winkeln der Welt teils unverkocht teils in neugebackenen Pasteten uns guten Deutschen aufzutischen liebte, findet nicht mehr so viele, denen's schmeckt. Die „Heimatkunst" hat ihm Schaden getan, die ein Sich-Besinnen auf die schlichte Tatsache bedeutet, daß jeder das Beste nur dort gewinnen kann, wo er sich am besten auskennt. Sie ist auch schon freier geworden, die Heimatkunst, sie begnügt sich mit der Umschau

12 Fortan schreibt Bartels nur noch gelegentlich für den *Kunstwart*, bis er 1905/1906 ganz ausscheidet (cf. Kratzsch 1969: 121–122).

> von der behaglichen Bank am Hause nicht mehr, noch mit der vom Kirchturm, sie steigt schon auf Berge, wo der Blick zu den Horizonten schweift – nur, daß der Boden fest unter den Füßen bleibe. (Avenarius 1904: 1)

Im Kontext des Ersten Weltkriegs lässt auch Avenarius sich dazu hinreißen, die politischen Ereignisse als Anbruch einer „neue[n] Germanenzeit" (Avenarius 1914: 305) zu werten: „Wie der Einzelne braucht das Volk die großen Erschütterungen, um die trägen Lasten des Kleinlichen abzuwerfen, um sich nach Großem hin entschließen zu können." (Ibid.: 304) Im Bereich der Literaturkritik eignet sich die Zeitschrift in den kommenden Jahren immer stärker jenes konservative Heimatpathos an, das schon um 1900 durch die Aufsätze von Adolf Bartels eine prominente Rolle gespielt hatte und fortan unter anderem in den architekturtheoretischen Beiträgen Paul Schultze-Naumburgs zur Entfaltung gelangte.

4. Zwischen politischer „Kulturpflege" und der Suche nach „deutschem Adel": die Zeitschrift im Ersten Weltkrieg

Im November 1915 – die Zeitschrift versteht sich nun als „Kriegsausgabe" und trägt den Titel *Deutscher Wille* – lässt sich die zunehmende Priorisierung des Heimatdiskurses im *Kunstwart* in einem Aufsatz zum fünften Todestag Wilhelm Raabes beobachten. Verfasst ist der Text von Wilhelm Stapel (1882–1954), dem, als er 1911 in die Redaktion des *Kunstwart* eintrat, noch eine linksliberale Gesinnung attestiert werden konnte. Inzwischen befindet er sich bereits auf dem Weg zu jenem nationalkonservativen Autor, der ab 1919 die antisemitische Monatszeitschrift *Deutsches Volkstum* herausgeben und später mit einschlägigen Schriften wie *Die literarische Vorherrschaft der Juden in Deutschland: 1918 bis 1933* (1937) in Erscheinung treten wird. Schon Adolf Bartels hatte ja versucht, den im *Kunstwart* überaus geschätzten Raabe – in ihm, so Avenarius, lebe der Geist, „den wir zu verkörpern wünschen" (Avenarius 1906: 34) – in sein nationalistisches Literaturprogramm einzugliedern: In Raabes Romanen, so Bartels' steile These, bezeuge die deutsche Natur „ihr ewiges Lebensrecht" (Bartels 1901: 424–425). Für Stapel nun ist Raabes Hinwendung zu Schauplätzen in Übersee Teil einer künstlerischen Suchbewegung, die zwar „immerfort aus der Enge in die Weite drängt" (Stapel 1915: 87), letztlich aber ihr eigentliches Ziel nicht aus den Augen verliert – die leuchtende Wärme der deutschen Heimat:

> Ihre *Liebe* aber ist in den winkligen Straßen und auf den Plätzen unsrer alten Reichsstädte, über die der Schlag der Uhr vom hohen gotischen Kirchturm dröhnt, in den deutschen Handwerkerstübchen, den Trödlergäßchen, im Sternguckertürmchen, in irgendeinem verlorenen Dachzimmer fünf Treppen hoch. Und in einsamen Dörfern, am Waldbach oder am Meere, wo ein Menschenröttlein sich in der Natur zwischen ihren freundlichen und unholden Mächten eingeheimt hat. In knarrenden Mühlen und in weltfernen Schlössern. Auf dem staubigen Feldweg und an den gelben Roggenfeldern, über denen die Sonnenglut zittert. Im kühlen Waldwinkel und in der weiten sturm- und regengepeitschten Ebene. Unser deutsches Wald- und Feldleben in sei-

> nem Reichtum und seiner Kargheit, unsre Altstädte, in denen Jahrhunderte der Vergangenheit und neue Zeit wunderlich ineinander fließen, bei Raabe werden sie dir so deutlich, daß du sie vor dir hast. Du spürst die Sonne brennen und hörst den Regen klatschen, und just so und nicht anders, wie die Sonne in unsern deutschen Landschaften scheint und wie der Regen bei uns regnet. Du stehst leibhaftig zwischen dem alten Hausrat und riechst die Luft des Zimmers und den Duft der Blumen am Fenster. Der Modergeruch und die Holunderblüte des Kirchhofs umfängt dich wie gegenwärtig. Und bei allem ist das eigentümliche Gefühl: Heimat. (Ibid.; Herv. i.O.)

Genüsslich zitiert Stapel ein umfassendes Bildreservoir dörflicher Idyllik – vom gotischen Kirchturm bis zum Mühlengrund –, wie es der *Kunstwart*-Leserschaft wohl aus den Novellen Eichendorffs vertraut ist. Vom Posthorn, welches in der Literatur der Romantik von der Möglichkeit alternativer Lebensentwürfe kündet, fehlt hier freilich jede Spur. Stapel geht es jedoch nicht darum, Wilhelm Raabe zu einem Heimatdichter zu machen, der sein deutsches Vaterland verherrlicht habe – nichts sei ihm „wesensfremder" (ibid.: 88) gewesen als ein solcher Patriotismus. Stattdessen erscheint Raabe als Antwort auf die Frage, welchen Beitrag die Literatur zur Pflege dessen leisten kann, was der *Kunstwart* als hohe Sittlichkeit des „Deutschtum[s]" (ibid.) versteht. Folgt man Stapels Elegie, so tritt bei Raabe zur Gabe, dem Leser ein Heimatgefühl zu vermitteln, ein dezidiert sittliches Bewusstsein. Diesem Autor sei es nämlich daran gelegen, Figuren zu schaffen, die, „ewige[n] Lämpchen" gleich, „Licht und Wärme in die dunkle Welt" strömen. Dabei zeige er, dass „in uns allen im Tiefsten eine ewige Güte [wirkt], die die Seelen in der Not zueinander biegt". So kann Raabe als Gewährsmann für jene volkserzieherische Mission herhalten, wie sie *Der Kunstwart* von Beginn an für sich reklamiert hat:

> Dieses unbeschreibliche Weltgefühl, das sich in Raabes Menschen aus Chaos und Nacht emporringt, ist nicht nur ein Spiel für uns, es zündet in unserm wirklichen Leben, es ruft in uns eine wirkliche und wachsende Lebensstimmung wach, die wir als deutsch empfinden, die wir mit Raabes eigenem Wort „deutschen Adel" nennen können. Wir werden empfänglich für diese Liebe, wo immer sie uns in der Welt begegnet. (Ibid.: 88)

Wilhelm Raabe gilt denn auch nicht als patriotisch in dem Sinne, dass er das Deutschtum verherrlicht habe. Als Referenz kann er dienen, weil er bei aller Kritik am Hochmut und Bildungsstolz des deutschen Volkes dessen Geschichte nach dem „innern Licht des Menschenadels" (ibid.) abgesucht habe. Wie „Dürer, Luther, Fichte, Jakob Grimm" zählt Raabe damit zu jener Reihe von Männern, die mit ihren Werken zwischen Kunstgenuss und Lebensunmittelbarkeit zu vermitteln wissen – und deren „edle Menschheitskraft" (ibid.: 89) sich deshalb „mit keinem andern Worte bezeichnen läßt als mit „deutsch"" (ibid.: 88). Vom „ewigen Lebensrecht" der deutschen Natur, das Bartels aus dem Werk Raabes ableitete, mag bei Wilhelm Stapel nicht die Rede sein. Doch mit der im *Kunstwart* geläufigen These, die Literatur von Autoren wie Raabe sei als Beleg für die Befähigung des deutschen Volkes zu werten, „selbst der Erzieher der andern zu werden" (ibid.: 89), ist auch hier jener expansive Wille zur kulturellen Veredеlung benannt, dessen Entfaltung sich nicht zuletzt jenseits der nationalen Grenzen vollziehen soll.

Bibliografie

O. V. [Ferdinand Avenarius], 1887: „Unsere Künste. Zum Überblick". *Der Kunstwart* 1 (1), 1–4.

A. [Ferdinand Avenarius], 1897: „Ein neuer Erzähler". *Der Kunstwart* 11 (6), 182–183.

A. [Ferdinand Avenarius], 1899: „‚Gesundheit!'". *Der Kunstwart* 12 (13), 1–4.

A. [Ferdinand Avenarius], 1904: „Wo stehen wir?". *Der Kunstwart* 18 (1), 1–8.

A. [Ferdinand Avenarius], 1914: „Wie groß ist die Zeit!". *Kunstwart und Kulturwart* 27 (23), 301–305.

Avenarius, Ferdinand, 1898: „Naturgenuss auf Reisen". *Der Kunstwart* 11 (24), 358–361.

Avenarius, Ferdinand, 1906: „Dir, Wilhelm Raabe". *Der Kunstwart* 20 (1), 34–35.

Avenarius, Ferdinand, 1908: „Ostergedanken". *Der Kunstwart* 21 (14), 65–68.

Bartels, Adolf, 1899a: „Von der jüngsten deutschen Literatur (Schluß)". *Der Kunstwart* 12 (2), 137–140.

Bartels, Adolf, 1899b: „Warum wir uns über die Heimatkunst freuen". *Der Kunstwart* 13 (6), 220–223.

Bartels, Adolf, 1900: „Aufgaben der Heimatkunst". *Der Kunstwart* 14 (4), 131–133.

Bartels, Adolf, 1901: „Wilhelm Raabe. Zu seinem siebzigsten Geburtstage". *Der Kunstwart* 14 (23), 417–425.

Bartels, Adolf, 1970: „Heimatkunst" [1900]. In: Ruprecht, Erich/Bänsch, Dieter (Hrsg.): *Jahrhundertwende. Manifeste und Dokumente zur deutschen Literatur 1890–1910*, Metzler: Stuttgart, 333–339.

Barz, Christiane, 2015a: „Einfach. Natürlich. Leben. Lebensreform in Brandenburg 1890–1939". In: dies. (Hrsg.): *Einfach. Natürlich. Leben. Lebensreform in Brandenburg 1890–1939*. Verlag für Berlin-Brandenburg: Berlin, 14–21.

Barz, Christiane, 2015b: „Nacktheit zwischen Zeitgeist und Emanzipation. Die Zeitschriften ‚Die Schönheit' und ‚Der Eigene'". In: dies. (Hrsg.): *Einfach. Natürlich. Leben. Lebensreform in Brandenburg 1890–1939*. Verlag für Berlin-Brandenburg: Berlin, 97–101.

Braungart, Wolfgang, 2007: „‚die schönheit die schönheit die schönheit'. Ästhetischer Konservatismus und Kulturkritik um 1900". In: Andres, Jan/Braungart, Wolfgang/Kauffmann, Kai (Hrsg.): *„Nichts als die Schönheit". Ästhetischer Konservatismus um 1900*. Campus Verlag: Frankfurt/New York, 30–55.

Buchholz, Kai, 2001: „Lebensreformerisches Zeitschriftenwesen". In: ders./Latocha, Rita/Peckmann, Hilke/Wolbert, Klaus (Hrsg.): *Die Lebensreform. Entwürfe zur Neugestaltung von Leben und Kunst um 1900*, Bd. 1. Häusser: Darmstadt, 45–51.

Carstensen, Thorsten, 2016: „Auffrischungen für Leib und Seele. Der lebensreformerische Diskurs im *Kunstwart*". In: ders./Schmid, Marcel (Hrsg.): *Die Literatur der Lebensreform. Kulturkritik und Aufbruchstimmung um 1900*. Transcript: Bielefeld, 119–136.

Fritzen, Florentine, 2006: *Gesünder leben. Die Lebensreformbewegung im 20. Jahrhundert*. Franz Steiner Verlag: Stuttgart.

Gerling, Reinhold, 1906: *Der vollendete Mensch. Die Kunst, harmonische Leibesbildung, gesunden Organismus, sympathisches Aeußere und körperliche Kraft zu entwickeln und dauernd zu erhalten*. Zweite erweiterte Auflage. Bundesvorstand der Vereine für naturgemäße Lebens- und Heilweise: Berlin.

Göhler, Georg, 1901: „Musikalische Erziehung (1)". *Der Kunstwart* 14 (8), 359–363.

Hamlin, David, 2005: „Romanticism, Spectacle, and a Critique of Wilhelmine Consumer Capitalism". *Central European History* 38 (2), 250–268.

Hausegger, Friedrich von, 1889: „Die Musik als Erziehungsmittel". *Der Kunstwart* 3 (4), 49–50.

Koszinowski, Ingrid, 1985: *Von der Poesie des Kunstwerks. Zur Kunstrezeption um 1900 am Beispiel der Malereikritik der Zeitschrift „Kunstwart"*. Olms: Hildesheim/Zürich/New York.

Kratzsch, Gerhard, 1969: *Kunstwart und Dürerbund. Ein Beitrag zur Geschichte der Gebildeten im Zeitalter des Imperialismus*. Vandenhoeck & Ruprecht: Göttingen.

Kratzsch, Gerhard, 2001: „Ferdinand Avenarius und die Bewegung für eine ethische Kultur". In: Buchholz, Kai/Latocha, Rita/Peckmann, Hilke/Wolbert, Klaus (Hrsg.): *Die Lebensreform. Entwürfe zur Neugestaltung von Leben und Kunst um 1900*, Bd. 1. Häusser: Darmstadt, 97–102.

Linse, Ulrich, 1996: „Völkisch-rassische Siedlungen der Lebensreform". In: Puschner, Uwe/Schmitz, Walter/Ulbricht, Justus H. (Hrsg.): *Handbuch zur „Völkischen Bewegung" 1871–1918*. K.G. Saur: München, 397–410.

Linse, Ulrich, 1999: „Lebensreformbewegung". In: Auffarth, Christoph/Bernard, Jutta/Mohr, Hubert/Imhof, Agnes/Kurre, Silvia (Hrsg.): *Metzler Lexikon Religion*, Bd. 2: *Haar – Osho-Bewegung*. Metzler: Stuttgart, 319–321.

Linse, Ulrich, 2001: „Nietzsches Lebensphilosophie und die Lebensreform". In: Buchholz, Kai/Latocha, Rita/Peckmann, Hilke/Wolbert, Klaus (Hrsg.): *Die Lebensreform. Entwürfe zur Neugestaltung von Leben und Kunst um 1900*, Bd. 1. Häusser: Darmstadt, 165–168.

Martynkewicz, Wolfgang, 2013: *Das Zeitalter der Erschöpfung. Die Überforderung des Menschen durch die Moderne*. Aufbau: Berlin.

Petzinna, Berthold, 2000: *Erziehung zum deutschen Lebensstil. Ursprung und Entwicklung des jungkonservativen „Ring"-Kreises 1918–1933*. Akademie-Verlag: Berlin.

R., 1889: „Ludwig Anzengruber". *Der Kunstwart* 3 (6), 83–84.

Radkau, Joachim, 1998: *Das Zeitalter der Nervosität. Deutschland zwischen Bismarck und Hitler*. Carl Hanser: München/Wien.

Radkau, Joachim, 2013: „Ins Freie, ins Licht!" *Die Zeit Geschichte* 2, 16–21.

Rasch, Wolfdietrich, 1967: „Aspekte der deutschen Literatur um 1900". In: ders., *Zur deutschen Literatur seit der Jahrhundertwende. Gesammelte Aufsätze*. Metzler: Stuttgart, 1–48.

Reuter, Thomas, 2003: „Kraft und Schönheit. Körperkultur als Kulturkritik". In: Bollenbeck, Georg/Werner Köster (Hrsg.): *Kulturelle Enteignung. Die Moderne als Bedrohung*. Westdeutscher Verlag: Wiesbaden.

Rohkrämer, Thomas, 1999: *Eine andere Moderne? Zivilisationskritik, Natur und Technik in Deutschland 1880–1933*. Schöningh: Paderborn.

Rohkrämer, Thomas, 2019: „Critiques of Modernity and Visions for Change: Monte Verità within the Context of Reform Movements around 1900". In: Guerra, Gabriele (Hrsg.): *Tra ribellione e conservazione. Monte Verità e la cultura tedesca*. Istituto Italiano di Studi Germanici: Rom, 13–25.

Rossbacher, Karlheinz, 1975: *Heimatkunstbewegung und Heimatroman. Zu einer Literatursoziologie der Jahrhundertwende*. Klett: Stuttgart.

Rothschuh, Karl E., 1983: *Naturheilbewegung, Reformbewegung, Alternativbewegung*. Hippokrates Verlag: Stuttgart.

Siegfried, Detlef/Templin, David (Hrsg.), 2019: *Lebensreform um 1900 und Alternativmilieu um 1980. Kontinuitäten und Brüche in Milieus der gesellschaftlichen Selbstreflexion im frühen und späten 20. Jahrhundert*. (= *Jugendbewegung und Jugendkulturen*. Jahrbuch 15 [2019]) V&R Unipress: Göttingen.

Stapel, Wilhelm, 1915: „Was wir in die Zukunft retten müssen. Zu Raabes Todestag am 15. November". *Deutscher Wille des Kunstwarts* 29 (3), 86–89.

Traub, Gottfried, 1912: „Schülerselbstmorde". *Der Kunstwart* 25 (15), 194–196.

Ulbricht, Justus H., 2013: „Mystik und Deutschtumsmetaphysik: Martin Buber, Eugen Diederichs und die religiöse Renaissance um 1900". *Zeitschrift für Religions- und Geistesgeschichte* 65 (2), 105–127.

Voigts, Manfred, 2016: „Die ‚*Kunstwart*-Debatte' – Kontroversen um Assimilation und Kulturzionismus". In: Horch, Hans Otto (Hrsg.): *Handbuch der deutsch-jüdischen Literatur*. De Gruyter: Berlin/München/Boston, 122–134.

Wedemeyer-Kolwe, Bernd, 2004: *„Der neue Mensch". Körperkultur im Kaiserreich und in der Weimarer Republik*. Königshausen & Neumann: Würzburg.

Wedemeyer-Kolwe, Bernd, 2017: *Aufbruch. Die Lebensreform in Deutschland*. Philipp von Zabern: Darmstadt.

Wolbert, Klaus, 2001a: „Die Lebensreform – Anträge zur Debatte". In: Buchholz, Kai/Latocha, Rita/Peckmann, Hilke/ders. (Hrsg.): *Die Lebensreform. Entwürfe zur Neugestaltung von Leben und Kunst um 1900*, Bd. 1. Häusser: Darmstadt, 13–21.

Wolbert, Klaus, 2001b: „Körper. Zwischen animalischer Leiblichkeit und ästhetisierender Verklärung der Physis". In: Buchholz, Kai/Latocha, Rita/Peckmann, Hilke/ders. (Hrsg.): *Die Lebensreform. Entwürfe zur Neugestaltung von Leben und Kunst um 1900*, Bd. 2. Häusser: Darmstadt, 339–340.

O. V., 1906: „Vorbemerkung zu Aus Hermann Hesses ‚Unterm Rad'". *Der Kunstwart* 19 (16), 186–187.

O. V., 1906: „Der Wald als Erzieher". *Der Kunstwart* 20 (5), 304–306.

Thorsten Carstensen

Indiana University – Purdue University Indianapolis

E-Mail: tcarsten@iupui.edu

Rolf G. Renner

Revolution der Wahrnehmung und Ideologisierung der Massen. Zur Dialektik des Mediums Film

„Die wahre Revolution beginnt jenseits der Klassenkämpfe", im vermeintlich klassenlosen Publikum des Kinos, bemerkt der expressionistische Autor Carlo Mierendorff 1920 (Mierendorff 1920b: 12). Dieses Urteil verbindet die Phantasie von einer politischen mit dem Blick auf eine mediale Revolution. Es ist die entscheidende Wende zum bewegten Bild, die in der medienhistorischen Genealogie auf die Ablösungen der Mündlichkeit durch die Schriftlichkeit und der Schriftlichkeit durch das Bild folgt (Kittler 2003). In dieser markiert die Verkoppelung von Bild und Sprache im Tonfilm einen erneuten und entscheidenden Wendepunkt, dem zunächst psychologische Bedeutung zukommt. Es ist auffällig, dass dieser sowohl in Christian Krachts Roman *Die Toten* als auch in der neuesten Staffel der Fernsehserie *Babylon Berlin* nicht nur eine wahrnehmungstheoretische, sondern auch eine politische Lesart erfährt und eine Parallele zum Abgleiten Deutschlands in den Faschismus gezogen wird. Dass ein historisches Ereignis, diesmal eine Entwicklung auf dem Feld der Medien, im Nachhinein als ein „historisches Zeichen" gedeutet wird, korrespondiert mit der Beobachtung des Philosophen Kant anlässlich der Französischen Revolution, dass ein Ereignis zu einem Zeichen vor allem durch die Art wird, in der es wahrgenommen wird. Neben seiner Referentialität entfaltet es als „signum demonstrativum" eine doppelte Zeitstruktur. Als „signum demonstrativum" erinnert es an die Vergangenheit, als „signum prognosticon" weist es gleichzeitig in die Zukunft (Kant 1964: 357).

Was heißt das mit Blick auf die mediale Revolution, die das Kino darstellt? Zunächst einmal bezieht sich das neue Medium als signum demonstrativum auf die Strategien traditioneller Text- und Bildmedien zurück. Seine Besonderheit ist, dass es zeigen kann, was diesen nicht möglich ist. Der Soziologe Arnold Hauser benennt die Darstellung von Bewegung und Geschwindigkeit als besondere Fähigkeit des Films (Hauser 1990). Für Georg Simmel spiegelt dieser die in der Großstadt beobachtete „Steigerung des Nervenlebens" (Simmel 1984: 192–204); Walter Benjamin konstatiert, dass die für die Erfahrung der Moderne typische „rasche Zusammendrängung wechselnder Bilder" ihren Ausdruck in einer „schockförmigen Wahrnehmung" findet, wie sie der Film inszeniert (Benjamin 1974: 127). Franz Kafka beschreibt die Wirkung des Kinos als eine Überflutung des Bewusstseins durch Bilder.

> Das Kino stört [...] das Schauen [konstatiert er]. Die Raschheit der Bewegungen und der schnelle Wechsel der Bilder zwingen den Menschen zu einem ständigen Überschauen. Der Blick bemächtigt sich nicht der Bilder, sondern diese bemächtigen sich des Blickes. Sie überschwemmen das Bewußtsein. (Janouch 1961: 105)

Diese Verknüpfung des neuen Bildmediums mit unbewussten Wahrnehmungen und Reaktionen steht in auffälligem Gegensatz zur Absicht der ersten Filmemacher, die mit dem neuen Medium ästhetische Versuchsanordnungen hervorbringen wollten. Eisenstein und Pudovkin führen Lumières ästhetische Präsentationstechnik der Kadrierung fort und setzen, beeinflusst von der Malerei der Formalisten und Suprematisten, darauf, dass das neue Medium des Films durch eine strikte Organisation von Raum und Zeit nicht Emotion, sondern Reflexion erzeugt. Vor allem deshalb favorisiert Eisenstein die quadratische Leinwand, deren „dynamische Symmetrie" ihm am ehesten geeignet scheint, das Blickfeld zu dynamisieren (Eisenstein 1991: 157–176).

Es ist bemerkenswert, dass genau dies am Kern der Revolution vorbeigeht, für die der Film steht. Denn das Prinzip der Simulation, das dieser mit anderen Kunstformen teilt, ist bei ihm zunächst einmal mit technischen Mitteln hervorgebracht. Er benutzt die partielle Wahrnehmungsunfähigkeit des Auges gegenüber schnellen Bildern und setzt den körpereigenen Zeittakt der Wahrnehmung außer Kraft. Bereits 1916 formuliert eine Studie über das neue Medium: „Tiefe und Bewegung gleichen sich darin, daß sie in der Welt des Films nicht als harte Fakten, sondern als Mischung von Fakt und Symbol zu uns kommen" (Münsterberg 1916/1996: 50).

Die „konzeptionellen Schocks" des Films beruhen also auf einer technischen Manipulation der natürlichen Wahrnehmung von Raum und Zeit. Damit verbinden sich im deutschen und im russischen Film unterschiedliche, ebenfalls technisch erzeugte Darstellungsstrategien. Die deutschen Regisseure bemühen sich um eine strenge Organisation des Raums und benutzen zusätzlich das Fischaugenobjektiv und die bewegte Kamera. Die russischen entwickeln dagegen das Prinzip der Montage, das ebenfalls fast experimentell umgesetzt wird, weil es mit Beschleunigung, Parallelisierung oder elliptischer Verknüpfung operiert.

Edisons Verbindung von Kinetoskop und Phonograph, die zur technischen Grundlage des Tonfilms wird und im „Black Maria"-Studio umgesetzt wird, zielt dagegen von Anfang an auf eine Illusionierung, wie sie Eisenstein und Pudovkin unbedingt vermeiden wollten. Diese hatten in ihrem gemeinsam verfassten „Manifest zum Tonfilm" noch in völligem Gegensatz zu Edison gefordert, dass die Musik im Film auf Suggestion verzichten solle und kontrapunktisch zur Handlung eingesetzt werden müsse. Die „experimentelle Arbeit mit dem Ton" und dessen „deutliche Asynchronisation mit den visuellen Bildern" sollte die durch visuelle Techniken erzeugte Verfremdung unterstützen (Eisenstein/Pudovkin/Alexandrov 1984: 166).

Doch Edisons technische Innovation macht jetzt offenkundig, dass die mediale Revolution des Kinos von Anfang an nicht nur physische Reaktionen hervorbrachte. Im Kino der Illusion wird endgültig deutlich, dass das technische Medium schon immer und unmittelbarer als die Literatur auch psychische Prozesse nachstellte. Der Flashback kopiert den mentalen Vorgang der Erinnerung, das *close up* stellt die Aufmerksamkeitserregung nach, der filmische Schnitt erweist sich als mediale Transformation der Assoziation (Kittler 1986). Endgültig im Tonfilm entfalten dann bereits vorher entwickelte Darstellungstechniken ihre volle Wirkung. Montage, Schnitt und Kameraführung schaffen imaginäre Bereiche, welche die Grenze zwischen dem Raum der Wahrnehmung und dem wahrgenommenen Raum aufheben. Für den Zuschauer schwindet die Grenze zwischen „on screen" und „off screen" (Panofsky 1967: 346). Er hat nur physisch einen bestimmten Sitzplatz, mental aber bewegt er sich der Linse der Kamera folgend in dem Raum, den eine Leinwand simuliert, die in der Tat nichts anderes ist als ein „Feld der Visionen" (Mann 1974: 3; 441). Die Autoren des Expressionismus haben dies als den „Kinostil" beschrieben, dem sie nachfolgen wollten. Auch Musils Faszination vom Film beruht auf der Annahme, dass dieser seine Wirkung aus psychischen Konstellationen entfalte, die dem Zugriff des Einzelnen entzogen sind (cf. Musil 1925/1978: 1137–1154).

Gerade auf diese Weise entfaltet sich eine doppelte Dialektik: Im Filmbild verbinden sich einerseits bewusste und unbewusste Wahrnehmungen, andererseits aber auch individuelle und kollektive Erfahrungen. Siegfried Kracauer feiert das Kollektiv, das die tatsächlichen Produktionsbedingungen des Films spiegelt, als wahres künstlerisches Subjekt (cf. Kracauer 1979: 223–226; Deleuze 1967: II; 216, 399), die Depotenzierung des Individuellen ist für ihn eine „Errettung der äußeren Wirklichkeit" durch den Film (Kracauer 1986: 389–391).

Darüber hinaus führt dieses Moment der Psychologisierung nicht nur zu einer Desorientierung des einzelnen Subjekts. Das „optisch Unbewusste" des Films, von dem Walter Benjamin spricht, erweist sich auch als Einbruchsstelle ideologischer Manipulation. Die individuelle Erfahrung kann dabei durch die Dispositive der Macht invertiert werden (Arnheim 1988). Am Ende weicht der Traum von der kollektiv begründeten Filmästhetik dem Albtraum der repressiven Ideologien, die sich in Film und Politik nach vergleichbaren Regeln inszenieren. Antonin Artaud, der im Kino ursprünglich das Denken selbst zum Subjekt werden sieht und in seinen Filmen das Kino mit „der inneren Realität des Gehirns zu verbinden" trachtete (Artaud 1956 ff.: III, 37), wendet sich schließlich enttäuscht vom neuen Medium ab (Artaud 1956 ff.: III, 99). Er sieht sich der Einsicht Virilios konfrontiert, dass es schon von Anfang an zu einer „Verkehrung und Entfremdung" innerhalb der Massenkunst kommt, die an die Staatspropaganda und den gewöhnlichen Faschismus gebunden ist (Virilio 1989: 213). Die ins Imaginäre verfremdete Realität der Filme Riefenstahls dient ebenso der Propaganda wie die Suggestion nationalsozialistischer Produktionen. Der Film *Jud Süß* oder die filmwirksame Inszenierung von Massenaufmärschen geben dafür Beispiele. Nicht zufällig erinnert der Lichterdom der Olympiade von 1936 an Film- und Flugabwehrscheinwerfer zugleich, gerade so bestätigt sich auch die von Friedrich Kittler konstatierte Konvergenz von Medientechnik und Kriegstechnologie (Leschke 2003: 286).

Die politische Inanspruchnahme des Films zur Zeit des Nationalsozialismus ist Ausgangspunkt von Krachts Roman. Zu ihrem Zeichen wird eine ironische und metaphorische Mischung politischer mit medientechnischen Leitworten. Die beiden Protagonisten, der Schweizer Nägeli und der Japaner Amakasu, der den aufkommenden Tonfilm verachtet, wollen eine *„zelluloidene Achse"* (Kracht 2016: 30) zwischen Berlin und Tokio gegen den aggressiven amerikanischen Kulturimperialismus etablieren. Als solcher wird das Illusionskino Hollywoods charakterisiert, „dessen Ausformungen sich virengleich über das Kaiserreich der Showa-Herrschaft ausgebreitet" hätten (Kracht 2016: 29). Die Parallelität von politischer und medientechnischer Entwicklung ist damit zugleich kulturell kodiert, sie folgt der medientheoretischen Leitformel, dass das Kino auch nationale und kulturelle Stereotypen transportiert. Deutsche Regisseure sollen in Japan „mit den exzellenten Objektiven von Carl Zeiss und dem allem überlegenen Agfa-Filmverfahren" einen Film drehen (Kracht 2016: 28–29).

Zur Grundformel dieser Erzählung wird, dass Kracht die mediengeschichtlich relevante Kolonisierung der Gesellschaft durch Bilder mit der Darstellung eines geopolitischen Unternehmens allegorisiert, welche die wirkliche Geschichte als historisches Spielmaterial benutzt (Kracht 2016: 114). Konsequent wird dabei die ideologische Inanspruchnahme des Films mit seiner Fähigkeit, das Unbewusste zu mobilisieren, in Zusammenhang gebracht. Gleichzeitig stellt Krachts Erzählen die suggestive Kraft des Films im Erzählen selbst nach. „Am Ende lief es doch darauf hinaus, dass wirkliche Empfindungen sich eher um eine Fotografie oder einen Film kristallisieren als etwa um eine verbale Äußerung oder gar um einen Slogan", konstatiert der Text lapidar (Kracht 2016: 27). So werden etwa die Stadt Tokio (cf. Kracht 2016: 153–154) oder die Erinnerungen Nägelis an seinen Vater nach dem Muster von Filmbildern geschildert. Unmittelbar damit verknüpft Kracht die politische und ideologische Inanspruchnahme der neuen Bilder. Er lenkt den Blick zunächst auf ihre Macht und Rolle beim Aufstieg des Faschismus wie des Nationalsozialismus, schildert das mit Hakenkreuzen beflaggte Berlin und beschreibt den UFA-Chef Alfred Hugenberg als ein „deutsches Monster", das den Film als „Schießpulver für die Augen" und „Krieg mit anderen Mitteln" charakterisiert, als Instrument einer geopolitischen Strategie (Kracht 2016: 114). Das technisch erzeugte Bild wird Element einer faschistischen Strategie der Macht, die das einzelne Subjekt über die Generierung kollektiver Wahrnehmungen und Mythen anzusprechen versucht.

Möglich ist dies gerade deshalb, weil die filmische Präsentation auf einer Transformation des Wirklichen ins Imaginäre beruht, die in der Tat dem Gesetz des „optisch Unbewussten" folgt und jederzeit ideologisch funktionalisiert werden kann. Bereits am Ort des Films, im Dunkel des Kinosaals, verwandeln sich für den Protagonisten Erinnerungen in Traumbilder „wenn ein Film noch nicht begonnen hatte" (Kracht 2016: 79). Danach entsteht durch die Bilder auf der Leinwand ein Zeitbild, das die Zeit selbst zu durchbrechen scheint: „und einig wurden ihm farbiges Subjekt und farbiges Objekt, Betrachtete und Betrachter, als ob es ihm für wenige Sekunden vergönnt gewesen wäre, jenen Zeitschleier zu durchbrechen, der uns Sterbliche daran hindert, die Kosmologie unseres Seins zu erfassen" (Kracht 2016: 82). Gerade diese Verbindung des Bildmediums mit dem Imaginären führt Amakasu zur Ablehnung des Farbfilms. Er folgert, „dass eine Abbildung der Realität mit einem so metaphysischen Instrument (diesem außerkörperlichen Zentralorgan) wie der Filmkamera immer schwarzweiß sein müsse. Farbe – ja, diese psychotische Ludik, jenes unreife Chaos der Retina, es war sinnlos, diese zu zeigen" (Kracht 2016: 81).

Wie der Filmkritiker Kracauer deutet Kracht den Film als Signatur einer historisch entzifferbaren mentalen Konstellation. Dabei betont er vor allem die Affinität des neuen Mediums zu Themen der Gewalt. Er schildert die psychische Zurichtung des Körpers durch das Bildmedium ebenso wie die psychischen Reaktionen, die das Medium mobilisieren kann. In deutlicher Anspielung auf Kracauers Urteil über Wienes Film des *Doktor Caligari* heißt es, dass der Schauerfilm, den Nägeli drehen will, „eine Allegorie [...] des kommenden Grauens" darstellen soll (Kracht 2016: 120).

In diesem Zeitbild einer doppelten revolutionären Wende in Politik und Mediengeschichte, das einem Capriccio ähnelt, der Abbreviatur eines Epochenbildes, wie es Goya und nach ihm Ernst Jünger immer wieder entwerfen, bildet die Darstellung individueller Psychogramme eine zentrale Rolle. Das Medium des Films verändert nicht nur die Wahrnehmung des Subjekts, sondern auch sein Handeln. Zugleich reproduziert es die Gewalt, die es beschreibt, als sein eigenes inneres Gesetz. Ein Paradigma für diese Verknüpfung gibt das Eingangsbild des Textes. Es beschreibt minutiös den Gewaltakt eines Selbstmords, der sowohl vom inneren Auge des Lesers als auch von der Linse einer Kamera aufgenommen wird. Weil dies durch ein Loch in der Wand geschieht, wird die Wahrnehmung zugleich durch eine extreme Fokalisierung bestimmt: Menschliches Auge und technische Linse enthüllen ihr gemeinsames Funktionsprinzip. Gerade diese technische Fokalisierung schlägt in eine Psychologisierung um. Von Anfang an ist die Darstellung physischer Gewalt mit dieser Besonderheit des medialen Zugriffs auf menschliche Verhältnisse verbunden. Der Körper des Offiziers wird deshalb, folgt man einer Überlegung Agambens, auf doppelte Weise zugerichtet, zum einen durch den physischen Selbstmord und zum andern durch dessen Wiederholung in Blick und Bild, die den Selbstmörder zum Objekt des Mediums macht (Kracht 2016: 11–13). Später wird sich diese Parallelisierung von technischem und wirklichem Blick wiederholen, als der Protagonist erneut durch ein Loch in der Wand schaut. Jetzt ist es ein voyeuristischer Blick, der ebenfalls einen Kamerablick rekonstruiert. Er ruft Eifersucht hervor, weil er sich auf das Liebesspiel von Nägelis Verlobter mit dem Japaner Amakasu richtet. Ausdrücklich heißt es im Text, dass sich angesichts des „monströse(n) Phantasma(s) [der beiden Liebenden], die sich nackt auf dem Bett räkeln" die hellblaue Iris von Nägelis Auge in der „Erniedrigung des Schauenden" das Zimmer „fast so [beleuchte], als sei sein Blick selbst der Projektor dieser Abscheulichkeit" (Kracht 2016: 177). Ausgerechnet der Vergleich mit dem technischen Apparat einer Kameralinse setzt die Spannung zwischen Blick und Bild frei, die jede visuelle Wahrnehmung bestimmt.

Vergleichbare Verknüpfungen von technischen Effekten und physischen Reaktionen setzen sich im Text fort. Eine künstlich erzeugte Träne macht dem Regisseur Nägeli bewusst, „dass er sowohl vor als auch hinter der Kamera stand", ein Sachverhalt, der ihm einen „bestürzende[n] Schauder angesichts dieser Zerrissenheit" verursachte. Entsprechend reagiert der japanische Regisseur, als er die Filmszene betrachtet: Er ist wie „gelähmt [...] vom kinematographisch festgehaltenen, entmenschten Imago des Realen" (Kracht 2016: 23).

Das zunächst rätselhafte Attribut als „Tote", das Nägeli und Masahiko zu Wiedergängern macht, verdichtet die Verbindung von technischer und politischer Revolution zur Signatur einer Epoche, die das Individuum grundsätzlich verändert. Das gesellschaftliche Pathogramm verbindet sich mit einem individuellen Psychogramm. Als Wiedergänger sind die beiden Protagonisten ungerührt von Emotionen, sie verwandeln alle psychischen Erfahrungen in Filmbilder und verleihen ihnen dadurch Dauer. Wiedergänger sind sie aber auch, weil sie sich durch eine auffällige Gewaltbereitschaft auszeichnen. Nägeli beendet seine visuelle Erfahrung mit einem gewaltsamen Sexualakt und auch für Amakasu sind Gewalt und visuelle Wahrnehmung unmittelbar gekoppelt. Das Feuer in seiner früheren Schule, das er aus Rache für seine Erniedrigung legt, macht er zu einem medialen Ereignis, er betrachtet es von weitem, „als blicke er durch ein verkehrt herum vor das Auge gehaltenes Fernrohr" (Kracht 2016: 87).

Es ist kein Zufall, dass sich diese Koppelung von Gewalt und Bild im Zeichen Hollywoods wiederholt. Der Selbstmord der Freundin Ida vollendet sich durch ihren Sturz vom Buchstaben H des berühmten Schriftzugs über Los Angeles. Und auch er findet zuerst in Wirklichkeit und dann noch einmal im Bild statt. Ein Journalist blitzt Aufnahmen von Idas „roh zerfleischte(m) Gesicht", die er später an ein Magazin verkaufen wird, das sich auf „spektakuläre Todesfälle" spezialisiert hat (Kracht 2016: 212). Die Gewalt der Bilder wird zur Signatur für eine Epoche, die durch Politik und Medientechnologie alles daran setzt, das Subjekt auszulöschen, indem sie es zum Objekt macht. Es ist kein Zufall, dass Krachts Text inmitten des historischen Zeitbilds einer auf Gewalt und Zerstörung zielenden politischen Bewegung auch einen kritischen Blick auf unsere eigene mediale Gegenwart eröffnet, die in noch nie dagewesenem Maße von bewegten Gewaltbildern geprägt ist. Ausdrücklich heißt es: „Es gab bestimmte Dinge, die man nicht abbilden durfte, nicht vervielfältigen, es gab Geschehnisse, an denen wir uns mitschuldig machten, wenn wir deren Wiedergabe betrachteten." (Kracht 2016: 24)

In dieser zeitübergreifenden pessimistischen Perspektive kulminiert Krachts Erinnerungsbild, das zugleich eine Dystopie von Gegenwart wie Zukunft entwirft. Die doppelte Revolution hat zu nichts anderem geführt als zur Katastrophe. Alles, was von der früheren Welt bleibt, ist ein melancholisches Gegenbild. Am Ende des Textes hat der Protagonist Nägeli in einem einfachen Andenkenladen auf der Insel Asahikawa den Eindruck, „als befände er sich in einer Kammer der Erinnerung an ein altes, verschwundenes, lange vergessenes Europa" (Kracht 2016: 200).

Bibliografie

Anz, Thomas/Stark, Michael (Hrsg.), 1982: *Expressionismus. Manifeste und Dokumente zur deutschen Literatur 1910–1920.* Metzler: Stuttgart.

Arnheim, Rudolf, 1988: *Film als Kunst.* Suhrkamp: Frankfurt a. M.

Artaud, Antonin, 1956 ff.: *Oeuvres completes.* Bd. 3. Gallimard: Paris, 37.

Deleuze, Gilles, 1997: Kino. *Das Zeit-Bild.* Band II. Suhrkamp/Insel: Frankfurt a. M.

Eisenstein, Sergej, 1991: „Das dynamische Quadrat [1932]". In: ders., *Das dynamische Quadrat. Schriften zum Film.* Bulgakova, Oksana/Hochmuth, Dietmar (Hrsg.). Reclam: Leipzig, 157–176.

Eisenstein, Sergej/Pudovkin, Vsevolod/Alexandrov, Grigori, 1984: „Die Zukunft des Tonfilms". In: Schlegel, Hans Joachim (Hrsg.), *Sergej M. Eisenstein. Schriften.* Band 4. Hanser: München u. Wien, 166.

Hauser, Arnold, 1990: *Sozialgeschichte der Kunst und Literatur.* Beck: München.

Janouch, Gustav, 1961: *Gespräche mit Kafka.* Fischer: Frankfurt a. M.

Kant, Immanuel, 1964: „Der Streit der Fakultäten". In: ders., *Werke in zwölf Bänden.* Weischedel, Wilhelm (Hrsg.). Band 6: *Schriften zur Anthropologie. Geschichtsphilosophie. Politik und Pädagogik 1.* Suhrkamp: Frankfurt a. M., 261–393.

Kittler, Friedrich, 1986: *Grammophon – Film – Typewriter.* Brinkmann & Bose: Berlin.

Kittler, Friedrich, 2003: *Aufschreibesysteme 1800/1900.* Fink: München.

Kracauer, Siegfried, 1979: „Von Caligari zu Hitler. Eine psychologische Geschichte des deutschen Films". In: ders., *Schriften.* Band 2. Witte, Karsten (Hrsg.). Suhrkamp: Frankfurt a. M., 223–226.

Kracauer, Siegfried, 1986: *Theorie des Films. Die Errettung der äußeren Wirklichkeit.* Suhrkamp: Frankfurt a. M.

Kracht, Christian, 2016: *Die Toten.* Kiepenheuer & Witsch: Köln.

Leschke, Rainer, 2003: *Einführung in die Medientheorie.* Fink: München.

Mann, Thomas, 1974: *Gesammelte Werke in dreizehn Bänden.* Band 3. Fischer: Frankfurt a. M.

Mierendorff, Carlo, 1920a: „Biederkeit glotzt uns an. Gegen die Verspießerung des Films", *www.kinematographie.de/FILM1.HTM*, abgerufen am 24.1.2020.

Mierendorff, Carlo, 1920b: „Hätte ich das Kino!". In: Edschmid, Kasimir (Hrsg.),*Tribüne der Kunst und Zeit.* Reiss: Berlin, 12.

Münsterberg, Hugo, 1996: *Das Lichtspiel. Eine psychologische Studie. Und andere Schriften zum Kino [1916].* Schweinitz, Jörg (Hrsg.). Synema: Wien.

Musil, Robert, 1978: „Ansätze zu neuer Ästhetik. Bemerkungen über eine Dramaturgie des Films [1925]". In: ders., *Gesammelte Werke.* Band II. Rowohlt: Reinbek, 1137–1154.

Panofsky, Erwin, 1967: „Stil und Stoff des Films". *Filmkritik* 6; 343–355.

Simmel, Georg, 1984: „Die Großstädte und das Geistesleben". In: ders., *Das Individuum und die Freiheit.* Wagenbach: Berlin, 192–204.

Virilio, Paul, 1986: *Krieg und Kino. Logistik der Wahrnehmung*. Hanser: München.

Rolf G. Renner
Universität Freiburg
E-Mail: rolf.renner@googlemail.com

Valérie Carré

Es gibt (k)eine Revolution im Film der Weimarer Republik

1. Einleitung

Im Katalog zur 2019 von der Deutschen Kinemathek Berlin organisierten Ausstellung *Kino der Moderne* heißt es:

> Wie keine andere Kunstform rezipiert und befördert der Film den Zeitgeist der Moderne: Mode und Sport, Mobilität und urbanes Leben, Genderfragen und das Entstehen der Psychoanalyse, aber auch die gesellschaftlichen Auswirkungen des Ersten Weltkriegs spiegeln sich im Kino der Moderne. (Jaspers/Schaefer 2019: 20)

Zu den größten und wichtigsten Folgen des Ersten Weltkriegs gehört zweifellos die deutsche Revolution, die der Monarchie ein Ende setzte und zum ersten Mal in Deutschland die Entstehung einer Republik ermöglichte. Auffällig ist hierbei, dass das Thema im deutschen Film so gut wie abwesend zu sein scheint. Jörg Schöning hat kürzlich gezeigt, dass einige Filme über den Umweg der Französischen Revolution auf die deutsche Situation anspielen:

> Diese Filme kommentierten im historischen Gewand die fortschreitende Rechtsentwicklung der Weimarer Republik, gaben Auskunft über Einstellungswechsel innerhalb der Filmindustrie und im Publikum. Gräben und Brüche, die sich durch soziale Schichten und politische Lager zogen, wurden auch auf der Kinoleinwand deutlich [...]. Solch eine Funktionalisierung der Geschichtsschreibung zum Zweck der jeweils eigenen ideologischen Legitimierung und Durchsetzung ließ – vorgeblich zu Unterhaltungszwecken – Filme mit besonderen Vorlieben für spezifische Stoffe und Epochen, Protagonisten und Genres entstehen. Von Geschichte handelten die historischen Spielfilme des Weimarer Kinos freilich auch, doch spielten Gegenwartsfragen eine mal mehr, mal weniger offensichtliche Rolle. (Schöning 2018: 14)

Es wird geschätzt, dass etwa 80 % der gesamten Stummfilmproduktion verschollen sind.[1] Wenn man also aufgrund der heute erhaltenen Filme schlussfolgert, dass die deutsche Revolution nicht thematisiert wird, so muss man auch hinzufügen, dass dieser Befund womöglich unvollständig ist.

Vorreiter bei der Erforschung dieser Thematik ist der Potsdamer Filmhistoriker Philipp Stiasny, der mehrere Aufsätze zur Darstellung des Ersten Weltkriegs im Film veröffentlicht hat, wobei er auch immer wieder auf die unmittelbare Nachkriegszeit, auf den sogenannten „Bruderkrieg" eingeht. Stiasny hat schon 2003 auf etliche verschollene Filme aufmerksam gemacht und dabei auf das kurzlebige Genre der „antibolschewistischen" Filme hingewiesen (cf. Stiasny 2003). In einem 2010 veröffentlichten Aufsatz konzentriert er sich vor allem auf

1 Siehe dazu die von der Deutschen Kinemathek erstellte Internetseite *Lost Films*: *https://www.lost-films.eu/index/about.*

Joseph Delmonts Film *Die entfesselte Menschheit* aus dem Jahr 1920, der in seiner ursprünglichen Form ebenfalls verloren ist.[2] Zu Delmonts Film schreibt er: „*Die entfesselte Menschheit* is the only surviving fiction feature film that depicts the Spartacus uprising[3] in Berlin. It is both a typical example of the subgenre of anti-Bolshevist films and an exception." (Stiasny 2010: 59)

Im Folgenden möchte ich jedoch auf drei weitere Filme eingehen, die ebenfalls auf die deutsche Revolution hinweisen. Davon ist nur einer, in verstümmelter Form, erhalten: *Der Tod des Großfürsten* von Richard Eichberg (1921).[4] Die anderen beiden Filme sind verschollen.[5] Es handelt sich um *Tod aus Osten* (Martin Hartwig, 1919) und *Irrwahn* (Hans Werckmeister, 1919). Parallel dazu möchte ich zwei weitere Filme heranziehen, die heute zum Kanon des Weimarer Films gehören: *Nerven* (Robert Reinert, 1919) und *Metropolis* (Fritz Lang, 1927).

Auch wenn die Revolution hier nicht als solche gezeigt wird, fällt auf, dass immer wieder Bezug auf Ereignisse, Reden oder Bilder genommen wird, die damals dem Zuschauer präsent gewesen sein müssen. Demzufolge können diese scheinbar vom unmittelbaren historischen Kontext losgelösten Filme als indirekte Darstellung der erst kurz zurückliegenden Ereignisse gedeutet wer-

---

2 Teile von dem Film sind in *Einigkeit und Recht und Freiheit*, Delmont, 1926 erhalten. Cf. Stiasny 2003: 185.

3 Es muss hier hinzugefügt werden, dass die These vom sog. „Spartakus-Aufstand" von Januar 1919 mittlerweile widerlegt ist. Man spricht heutzutage vom Januaraufstand, da die Spartakisten bei diesem Aufstand kaum eine Rolle gespielt haben.

4 In seiner ursprünglichen Form ist der Film verschollen. Es handelte sich um einen Zweiteiler, *Der Tanz auf dem Vulkan* (Teil 1) – *Der Tod des Großfürsten* (Teil 2). Allerdings sind Teile des Films in einer amerikanischen Fassung mit dem Titel *Daughter Of The Night* gerettet worden. Die Handlung der amerikanischen Version ist völlig entstellt und weist überhaupt keine Anspielungen auf die Revolution mehr auf. Auf den Film wird weiter unten ausführlicher eingegangen.

5 Bei verschollenen Filmen kann man auf vier Hauptquellen zurückgreifen, die zumindest einen Eindruck davon vermitteln, wie der Film ausgesehen haben mag: Die wichtigsten Quellen sind die Zensurkarten. Es handelt sich um Karten, welche die allgemeinen Informationen zum Film angeben (also Titel, Länge, Darsteller, Technik ...), aber auch alle Zwischentitel auflisten. Eine weitere sehr hilfreiche Quelle sind die Zensurgutachten. Hierbei handelt es sich um Diskussionsprotokolle, die mehr oder weniger ausführlich sind, und die Information darüber geben, woran die Gutachter Anstoß nahmen. Drittens findet man für manche Filme Programmhefte, welche die Handlung ausführlich beschreiben und meistens reich bebildert sind. Viertens kann man in Fachzeitschriften und in Tageszeitungen zahlreiche Filmkritiken und -werbungen finden. Allerdings werden nicht alle Filme gleichermaßen besprochen. Hierbei merkt man, wie wichtig die finanzielle Macht einer Produktionsfirma bei der Besprechung und Bewerbung eines Films ist.

den. Um dies nachzuweisen, möchte ich im Folgenden sowohl auf Anspielungen, die auf konkrete Ereignisse verweisen, als auch auf Leitmotive eingehen.

2. *Tod aus Osten* und die Januarkämpfe

Zunächst fällt ins Auge, dass die erörterten Geschichten der drei Filme in Russland spielen, was von der damaligen Verunsicherung angesichts der revolutionären Bewegung in Deutschland und der Angst vor der „Bolschewisierung" der Verhältnisse in Deutschland zeugt. In der Begründung für das Vorführverbot[6] von *Tod aus Osten* heißt es:

> Die Kammer war der Ansicht, dass die Hersteller des Bildstreifens zweifellos bemüht gewesen wären, nachdrücklich und eindringlich die Gefahr eines bolschewistischen Einfalls zu schildern. [...] Die Kammer war aber auch der Ansicht, [...] dass die vielfachen Schilderungen des Grauens, die Darstellung von Plünderungen, der Hinrichtung von Gefangenen, von wüster und brutaler Gewaltherrschaft allzu nah und allzu deutlich an Ereignisse erinnern, die im Gedächtnis jedes Lebenden bewahrt sind, und an die zu rühren in dem staatshaltendem [sic] Sinne der öffentlichen Ordnung gefährlich und verderblich ist. (Filmprüfstelle Berlin, 25.10.1920: 4–5)

Man merkt, wie sehr einerseits darauf bestanden wird, dass es sich hier um die Darstellung bolschewistischer, sprich sowjetischer Verhältnisse handelt. Andererseits aber wird ausdrücklich darauf hingewiesen, dass die dargestellten Geschehnisse der deutschen Wirklichkeit sehr bzw. zu ähnlich sind, als dass man eine Vorführung zulassen könnte. Grund dafür ist wohl, dass in *Tod aus Osten* kaum verschleiert auf die Besetzung des Zeitungsviertels im Januar 1919 angespielt wird.[7]

Die Handlung ist etwas wirr, dreht sich aber um die Besetzung einer Zeitungsredaktion. Aufrührerische Kräfte sind dem Chefredakteur gegenüber feindlich gesinnt. Im Laufe der Handlung kristallisieren sich zwei Grundtendenzen heraus: Ein Redakteur ergreift Partei für die Aufrührerischen, ein anderer für die Chefredaktion, also gegen die Aufrührerischen. Es stellt sich heraus, dass beide Redakteure in die Tochter des Chefredakteurs verliebt sind. Die Tochter will vom aufrührerischen Redakteur, der einen Hang zu Gewalt hat, nichts wissen. Sie versucht ihre Eltern, die in den Redaktionsräumen als Geiseln festgehalten werden, befreien zu lassen. Die Revolutionäre siegen aber und Eltern, Tochter und treuer Redakteur werden zum Tode verurteilt. Der verliebte revolutionäre Redakteur versucht, die Strafe der Tochter zu mildern, diese aber wirft sich an

6 Für einen Überblick zur Filmzensurgeschichte in der Weimarer Republik siehe Ursula von Keitz: „Filme vor Gericht. Theorie und Praxis der Filmprüfung in Deutschland 1920 bis 1938", *http://www.difarchiv.deutsches-filminstitut.de/dt2jz02.htm*.

7 In den Januarkämpfen wurde die Redaktion vom *Vorwärts* von Aufständischen besetzt (cf. Niess 2017). Diese Ereignisse haben bekannterweise zur brutalen Ermordung Karl Liebknechts und Rosa Luxemburgs geführt.

den Hals des Anderen, als er erschossen wird, und wird dabei tödlich verwundet. Ihre Mutter wird ebenfalls hingerichtet. Nur der Vater überlebt und findet Asyl im deutschen Reich (!), wo er von „gutmütigen Arbeitern" und von deren großzügigem Fabrikleiter aufgenommen wird und als Lehrer arbeiten kann. Die ganze Geschichte wird im Rückblick aus seiner Perspektive erzählt.

Es lassen sich keine Bilder mehr aus dem Film finden, auch kein Programm, lediglich ein paar vereinzelte Kritiken. Gerade diese aber sind sprachlich so bilderreich, dass die Anspielung auf die Januarereignisse in Berlin noch klarer hervortritt:

> Der sorgsamen Regie Martin Hartwigs sind […] außerordentlich realistische, den erlebten Wirklichkeiten unserer Tage äußerst geschickt abgelauschte Einzelbilder gelungen. Die wilden Barrikadenkämpfe, die Schießereien aus Dachlucken [sic] und von Dächern herab, die Granatenexplosionen in den beschossenen Straßen, die Verschanzungen hinter Zeitungspapierrollen, […] und andere Darstellungen aus den Kämpfen der Bolschewistenherrschaft sind Glanzleistungen einer auf größte Filmwirksamkeit bedachten Regie. (*Kinematograph* 1919)

So erinnert die Beschreibung der Szenen unfehlbar an die Fotografien, die Willy Römer im Zeitungsviertel gemacht hatte.[8] In einer anderen Kritik heißt es:

> Daß dem Film von ganzem Herzen das Beste zum Segen des Vaterlandes zu wünschen wäre, braucht nicht besonders betont zu werden. Nach solch schwerwiegenden Erschütterungen, wie sie der deutsche Staat durchgemacht hat und noch durchmacht, wäre ihm eine Gesundung und sichere Abwehr des Bolschewismus dringend zu wünschen, und wenn der Film hierzu beiträgt, so ist sein Zweck sicherlich erfüllt. (*Der Film* 1919: 51)

Die Fachpresse begrüßt einstimmig die antibolschewistische Haltung des Films und setzt die darin geschilderten Ereignisse mit denen in Deutschland gleich. Auffällig ist aber, dass die aufrührerischen Kräfte, die sich durchsetzen und Terror und Gewalt walten lassen, mit dem Osten verbunden werden. Dies entspricht einem allgemeinen Vorurteil, das vor allem in rechten Kreisen verbreitet[9], jedoch auch bis in die Regierungskreise vorgedrungen war. So erklärte Philipp Scheidemann einen Tag nach der Ermordung von Karl Liebknecht und Rosa Luxemburg in einer Rede:

> Bei Frau Luxemburg, einer hoch begabten Russin, die pro forma einen deutschen Arbeiter geheiratet hatte, um die deutsche Staatsangehörigkeit zu erwerben und sich dadurch vor einer Ausweisung zu schützen, ist mir der Fanatismus begreiflich, nicht aber bei Liebknecht, dem Sohn Wilhelm Liebknechts, den wir alle verehrten und noch verehren. (*Vorwärts,* 17. 1. 1919: 3)

---

8 Siehe hierzu vor allem: Kerbs 1984.

9 Hierzu schreibt der Historiker Robert Gerwarth: „‚Bolschewismus' stand für die Negierung aller Werte europäisch-westlicher Kultur, für das ‚Chaos des Ostens'. Die Deutung des Bolschewismus als Ursache von Hunger, Krankheiten und Krieg wurde in Deutschland aufwendig verbreitet …" (Gerwarth 2018).

Im Gegensatz dazu wird ein durchaus positives Licht auf die Verhältnisse in Deutschland geworfen, wo Arbeiter und Arbeitgeber Hand in Hand zum Wohl aller arbeiten würden. Man erkennt hier unschwer die sozialdemokratische Vorstellung von Revolution, bei der eine funktionierende Wirtschaft gesichert werden sollte. Daraus kann man schließen, dass die Filmproduzenten zwar antibolschewistisch eingestellt waren, dass sie aber zumindest am Anfang der Weimarer Zeit regierungstragend waren.

3. *Irrwahn* und die Sozialisierungsdebatte

Abgesehen von den Januarkämpfen findet man in den Filmen Spuren der Sozialisierungsdebatte, die in der Revolutionszeit geführt wurde. Das Thema der Sozialisierung gehörte zu den Grundthemen der SPD vor der Revolution. Aus Angst vor dem Widerstand der Industriellen und Großgrundbesitzer war allerdings der Rat der Volksbeauftragten nach dem 9. November nicht darauf erpicht, dieses Thema voranzubringen. Die MSPD fürchtete, eine Sozialisierung der Wirtschaft könnte zu einem wirtschaftlichen Kollaps führen.[10] Die USPD, die ebenfalls anfangs im Rat der Volksbeauftragten tagte, drängte aber darauf, das Thema voranzubringen. So entbrannte hierzu ab Mitte November 1918 eine Debatte in der sozialdemokratischen Tagespresse, vor allem im *Vorwärts* (MSPD) und in der *Freiheit* (USPD). Anfang Dezember wurde außerdem eine Sozialisierungskommission gegründet. Diese aber konnte sich wenig Gehör bei den Reichsbehörden verschaffen.[11] Die Sozialisierungsfrage war vor allem im Bergbau Thema und führte ab Januar 1919 zu zahlreichen Streiks im ganzen Reichsgebiet. Sozialisierung gehörte zu den Grundforderungen der Industriearbeiter. So heißt es in den Richtlinien der Vollversammlung der Groß-Berliner Arbeiterräte: „Das Ziel [der Arbeiterräte] muß die schleunige Sozialisierung des Wirtschafts- und Staatslebens sein." (Ritter/Müller 1983: 265) In diesem Zusammenhang wurde ebenfalls über die Arbeitsbedingungen und die Löhne verhandelt. Am 24. Januar 1919 wurde z. B. eine Verordnung erlassen, die das Ergebnis von Tarifverhandlungen zwischen Landarbeitergebern und Landarbeitnehmer/-innen war. Dabei wurden die Arbeitsbedingungen näher bestimmt (cf. Ritter/Müller 1983: 252–253).

All diese Themen sind in die verschiedenen Filme eingegangen, vor allem aber in *Irrwahn*. Auch wenn dieser Film heute in Vergessenheit geraten ist, stellt man in der Fachpresse fest, dass er stark beworben wurde. Der Film schilderte eine apokalyptische Welt nach der Revolution: Nachdem die Bolschewisten die Macht übernommen haben, nachdem die Löhne erhöht und die Arbeitszeit auf sechs Stunden gekürzt wurden und nachdem die Betriebe alle sozialisiert wurden, steigen auf einmal die Preise, sodass die Arbeiter (ver)hungern müssen. Als sie zur Erkenntnis gelangen, dass sie einem Wahn (damit ist der Bolschewismus gemeint) gefolgt sind, fangen sie an, sich gegen die Bolschewisten

10 Siehe hierzu u. a. Flugblatt MSPD, Januar 1919.

11 Die Kommission trat aus diesem Grund im April 1919 zurück.

aufzulehnen. Letztere schießen daraufhin in die Menge. Am Ende des Films erweist sich das Ganze nur als Alptraum eines Arbeiters.[12] Der Film schließt mit dem Aufruf zu Ordnung und Arbeit, worauf weiter unten noch eingegangen wird.

Im Januar 1919 wurde *Irrwahn* der Zensurprüfung vorgeführt. Der Film ist also genau in der Zeit der Sozialisierungsdebatte entstanden. Das Schreckensszenario, das hier aufgerollt wird, entspricht den Vorstellungen, die damals in der Presse zu lesen waren, nachdem die Einberufung einer Kommission zur Vorbereitung der Sozialisierung von der Regierung angekündigt worden war:

> Dann sind Beunruhigungen und Störungen unseres Wirtschaftslebens beschlossen; und dann können auch die Folgen nicht ausbleiben. Dann muß eine panikartige Unruhe alle Zweige unserer bürgerlichen Wirtschaft ergreifen, die Desorganisation der Arbeit, Stockungen im Wirtschaftsverkehr, Elend und Hunger in ihrem Gefolge haben muß. (Müller 2017: 331)

Es entsteht der Eindruck, dass das, was sich im Alptraum des Protagonisten von *Irrwahn* abspielt, letztendlich dem Alptraum eines Teils der deutschen Bevölkerung entspricht. Insofern scheint die Handlung von *Irrwahn* ein guter psychologischer Seismograph der deutschen Gesellschaft gewesen zu sein. Im Gegensatz zu *Tod aus Osten* sind mehrere Bilder aus dem Film *Irrwahn* erhalten. Auf diesen Aufnahmen fällt auf, dass ein Einzelner gegen die Menge kämpft, wobei die Ikonographie deutlich macht, dass der Einzelne einen gerechten Kampf kämpft. Er wird oft im Familienkreis als wuchtiger, kräftiger, jedoch verzweifelter Mann gezeigt, der von Frau und Tochter getröstet wird, deren Gesichter vom Elend gezeichnet sind. Die Szene spielt am Esstisch und man kann vermuten, dass es hier darum geht, den Hunger darzustellen. Aus seiner Verzweiflung schöpft der Familienvater aber offensichtlich die Kraft, seine Leidensgenossen zum Widerstand gegen die Bolschewisten zu überreden. Ein anderes Bild zeigt, wie die Familie von einem Soldaten bedroht wird, wobei der Vater offensichtlich versucht, seine Familie zu schützen. Auch hier ist die Bildsprache deutlich: Die Frau und das Kind suchen Schutz hinter dem Mann, während dieser selber bedroht wird und mit bloßen Händen versucht, den Soldaten zu entwaffnen. Zu den Bildern gibt es einen Begleittext, der den Film bewirbt:

> Ein Werk voll kühnster Realistik, voll leidenschaftlicher Kraft, in dem der Schritt der Arbeiterbataillone durch die Straßen dröhnt. Der Kampf für Ordnung, Recht und Freiheit gegen die Zügellosigkeit der Masse getragen von der Wucht des revolutionären Geschehens. (*Lichtbildbühne* 1919: 59)

Wenn man Bilder und Text nebeneinander betrachtet, dann wird deutlich, dass die unbestimmte Massenbewegung mit unkontrollierbarer Gewalt verbunden ist (Zügellosigkeit, Wucht), während dem Individuum und der Kleinfamilie die Existenzgrundlage entrissen wird. Die Sozialisierung wird hier auf einer für jeden nachvollziehbaren Ebene verteufelt. Auf der anderen Seite wird der

12 *Alpdruck* war ja auch der Arbeitstitel des Films.

Widerstand gegen die Bolschewisten mit militärischer Disziplin verglichen und damit auch positiv dargestellt (Bataillon; Schritt). Es wird ein deutlicher Gegensatz zwischen den vernünftigen Arbeitern, die sich organisieren können, und der unkontrollierbaren „Masse" aufgestellt. Damit steht der Arbeiter auf der Seite der Ordnung und des Rechts; ein Motiv, das der MSPD-Rhetorik entspricht, wie weiter unten noch zu zeigen sein wird.

Wie *Tod aus Osten* wurde *Irrwahn* ebenfalls verboten (allerdings erst im März 1923). Das Argument für das Verbot zeigt, dass erkannt wurde, dass hier das revolutionäre Thema der Sozialisierung zentral ist:

> Der in dem Bildstreifen behandelte Gedanke der Sozialisierung bewegt breite Massen des Volks. Die Art und Weise der Darstellung dieses Gedankens mit dem Ergebnis, dass der Gedanke in die Praxis umgesetzt, Schiffbruch leidet, ohne dass auch nur der Versuch einer Beweisführung hierfür in den [sic] Bildstreifen unternommen wäre, ist meiner Ansicht nach geeignet, bei der öffentlichen Vorführung des Bildstreifens einen schweren Widerstand der Meinungen vieler über die Frage der Sozialisierung nachzurufen und zwar in so starkem Masse, dass es zu Gewalttätigkeiten und Tumulten kommt. (Filmprüfstelle, 13.3.1923: 1)

Mit diesem Argument bekam der Vorsitzende der Zensurkommission Recht und der Film wurde im ganzen Reich verboten. Dass der Kommissionsvorsitzende Anstoß daran nimmt, dass der Gedanke der Sozialisierung ohne ernstzunehmendes Argument in Grund und Boden kritisiert wird, ist ein interessanter Punkt und zeugt im Krisenjahr 1923 natürlich auch von der Angst vor einer erneuten politischen Destabilisierung, nicht nur von links, sondern auch von rechts. So wird die Furcht vor der potentiellen aufrührerischen Wirkung eines solchen Streifens deutlich.

4. Unkontrollierbare Massen

Immer wieder ist festzustellen, dass jede revolutionäre Auflehnung mit der blinden Zerstörungswut einer unkontrollierbaren Masse gleichgesetzt wird. Meistens mündet dies im Film in der Tötung von Familienmitgliedern, in der Regel sind das die Kinder, was dramaturgisch am wirksamsten ist. Dieses Motiv ist 1927 mit Fritz Langs *Metropolis* in die Filmgeschichte eingegangen: Dort werden die Arbeiter zur unkontrollierten Masse, welche die Arbeiterstadt unter Wasser setzt und dabei ihre Kinder vergisst, bis sie vom Vorarbeiter gemahnt wird. In *Der Tod des Großfürsten*[13] wird am Ende die Protagonistin, die den Großfürsten aus Solidarität mit der leidenden Bevölkerung ermordet, von der

13 Der Film erzählt die Geschichte einer jungen Frau, die elternlos aufgewachsen ist, nachdem ihre Mutter nach Sibirien verbannt wurde. Sie wird eine berühmte, erfolgreiche Sängerin, die sich für das Volk gegen die Macht des Großfürsten engagiert. Es kommt zu einer Revolte, deren Anführer der charismatische Iwan Michailkow ist. Dieser beauftragt die Sängerin, die mittlerweile die Geliebte des Großfürsten geworden ist, mit dem Mord am Großfürsten, was sie auch tut. In

ebenfalls außer Kontrolle geratenen Masse getötet. In einer zeitgenössischen Kritik kann man lesen:

> Die Saat, die Iwan Michailow [der Anführer] in die Seelen der geknechteten Bauern hineingelegt, beginnt üppig zu wuchern. Aus allen Hütten und Dörfern kommen die Aufständischen. „Rache – Rache an dem Tyrannen!!" Dieser Schrei [...] dringt bis zum Palais des Großfürsten – voran die Mutter Sybils, die gebrochen aus Sibirien zurückgekehrt ist und keine Ahnung hat, dass die Geliebte des Großfürsten ihr Kind ist. – An der Spitze der zur Bestie gewordenen Menge, die die Tore gesprengt und die wenigen Kosaken über den Haufen gerannt, stürmt sie ins Schloss – sie legt die Flinte an und schießt Sybil – ihr Kind – ins Herz. (*Erste Internationale Filmzeitung* 1920a: 30)

Revolution heißt Wahn, Revolution bedeutet, dass Menschen ihr Menschsein verlieren und bestialisch werden. Zum Film *Die entfesselte Menschheit* kann man lesen:

> Verblendete Horden wollen durch Mord und Zerstörung des Alten die Macht stürzen, um erst auf den Trümmern wieder neu zu beginnen. Zahllose Gräueltaten, irrsinniger Wahn. Unendlich viel Blut mußte erst fließen, ehe man der vertierten Menschen Herr werden konnte, und bevor man ihnen [...] klar machen konnte, [dass] allein durch Beschreiten des allerdings mühevolleren Weges zur zielsicheren Arbeit die Gesundung des Volkes und der ganzen Organisation zum sozialen Besten geschaffen werden kann. (*Erste Internationale Filmzeitung* 1920b)[14]

Interessanterweise wird in allen drei Filmen (*Metropolis, Tod des Großfürsten* und *Die entfesselte Menschheit*) suggeriert, dass die Auflehnung aufgrund der gnadenlosen Unterdrückung der Arbeiter und Bauern berechtigt ist, dass der Weg aber, den Letztere gehen, falsch ist. Revolutionäre Massen werden als unmündige Kinder dargestellt, die jemanden bräuchten, der sie führt, um ihre Forderungen mit Disziplin und Ordnung durchzusetzen. Bei aller Paradoxie entspricht dies der Strategie der MSDP. Genauso wie *Die entfesselte Menschheit* endet der Film *Irrwahn* mit dem Hinweis, „dass nur in Arbeit und Ordnung das hohe Ziel des Sozialismus verwirklicht werde." (Filmoberprüfstelle, 20.3.1923:2) Auch im ersten Teil von Robert Reinerts Film *Nerven* ruft die Hauptfigur Johannes, eine Mischung aus Martin Luther und Friedrich Ebert, auf den die Arbeiter hören, die revolutionäre Masse zu Ruhe, Ordnung und Arbeit auf:

> Menschheitsideale werden nicht durch Gewalt verwirklicht. Geht jetzt von der Straße! Geht an die Arbeit! Arbeit ist Macht! So wie ein Mensch, der nicht arbeitet, an Leib und Seele verkommt, so muß ein Volk untergehen, das nicht arbeitet.

---

der Zwischenzeit ist aber die Revolte der Bauern außer Kontrolle geraten. Am Schluss stellt, zumindest in der Originalversion, die Anführerin der Bauern fest, dass sie ihre eigene Tochter ermordet hat.

14 Mit dem Wort „Horden" findet man wieder die herabsetzende Assoziation, die weiter oben besprochen wurde: Alles Zerstörerische kommt aus dem Osten.

Dabei sind es hier Begriffe, welche die Mitglieder der MSPD immer wieder in den Mund nahmen. So endete am 9. November 1918 der neue Reichskanzler Friedrich Ebert seinen „Aufruf an die deutschen Bürger" mit den Worten: „Mitbürger! Ich bitte euch alle dringend: Verlaßt die Straßen! Sorgt für Ruhe und Ordnung!" (Ritter/Miller 1983: 80–81)

Abb. 1: *Metropolis*, Fritz Lang, 1927.
Quelle: Screenshot V.C., DVD MK2, [2:24:30].

In *Metropolis* findet sich eine ganz ähnliche Bewegung. Es siegt am Schluss der Bund christlicher Prägung zwischen Arbeitern und Joh Fredersen, dem Herrn über Metropolis. Die Einigung, die unter dem Motto „Mittler zwischen Hirn und Händen muss das Herz sein" abgeschlossen wird, wurde durch die Vermittlung von Fredersen Jr. ermöglicht. Hier dominieren die christlichen Motive (die Dreifaltigkeit, die Kathedrale), welche mit der Wiederherstellung der gesellschaftlichen Ordnung verbunden werden. Die perfekte Symmetrie im Bild, das Dreieck, welches die geordnete und endlich gezähmte Arbeiterschaft am Schluss bildet (siehe Abb. 1), ist ja auch ein Symbol für den pyramidalen Aufbau der Gesellschaft, der schließlich bejaht wird, denn es ist, so suggeriert es das Bild durch die Parallele zwischen der Anordnung der Masse und dem Tympanon der Kathedrale, eine von Gott gewollte Ordnung.

Abb. 2: *Die entfesselte Menschheit*, Joseph Delmont, 1920.
Quelle: *Illustrierter Filmkurier*, 1920/16.

5. Schluss

All den hier besprochenen Filmen gemeinsam ist die Tatsache, dass die Revolution als etwas den Deutschen Ur-Fremdes dargestellt wird. Es grenzt an Schizophrenie, wenn man bedenkt, dass z. B. in *Tod aus Osten* kaum verschleiert die Januarkämpfe dargestellt werden, und doch diese Ereignisse im Film so dargestellt werden, als würden sie sich in Russland bzw. in den Baltischen Staaten abspielen. Diese Filme verstehen sich alle als Warnung, zumindest wurden sie so aufgenommen, gegen den Bolschewismus, und das heißt ja auch gegen den Spartakismus, der überall etwas verkürzt mit dem Bolschewismus gleichgesetzt wird. Dies erklärt auch, warum immer wieder auf die Ikonografie der Dolchstoßlegende zurückgegriffen wird (siehe Abb. 2 und 3). Allerdings wäre es zu kurz gegriffen, diese Filme als nur antirevolutionär zu bezeichnen. Gerade in *Der Tod des Großfürsten* wird der Aufstand der Bauern durch die Handlung und die Grausamkeit des Großfürsten nachvollziehbar.

Abb. 3: *Tod des Großfürsten*, Richard Eichberg, 1920.
Quelle: *https://archive.org/details/DaughterOfTheNight1920_201710* [0:52:12].

Am deutlichsten belegen die Filme vielleicht, dass die deutsche Filmindustrie das Thema gerne behandelt hätte – dafür spricht z. B. die Bewerbung der Filme unter dem Oberbegriff „Der große Revolutionsfilm" – sich aber schwertat mit der direkten Darstellung dieser deutschen Revolution. Hier nahm man lieber den Umweg über die französische bzw. bolschewistische Revolution, auch wenn jedem klar war, dass die deutsche gemeint war.

Bibliografie

Gerwarth, Robert, 2018: „Welche Rolle die vermeintliche bolschewistische Bedrohung Europas beim Aufstieg des Faschismus spielte". *Neue Zürcher Zeitung*, 21. 9. 2018, *https://www.nzz.ch/international/1918-und-die-deutschen-revolutionen-ld.1421776*.

Jaspers, Kristina/Schaefer, Annika (Hrsg.), 2019: *Kino der Moderne. Film in der Weimarer Republik.* Deutsche Kinemathek: Berlin.

Kerbs, Diethart (Hrsg.), 1984: *Willy Römer. Januarkämpfe. Berlin 1919.* Verlag Dirk Nishen: Berlin.

Müller, Richard, 2017: *Eine Geschichte der Novemberrevolution.* Die Buchmacherei: Berlin.

Niess, Wolfgang, 2017: *Die Revolution von 1918/19. Der wahre Beginn unserer Demokratie.* Europa Verlag: Berlin.

Ritter, Gerhard A./Miller, Susanne, 1983: *Die Deutsche Revolution 1918–1919. Dokumente.* Fischer: Frankfurt a. M.

Schöning, Jörg, 2018: „Von Danton zu Hindenburg. Revolution und Restauration in historischen Spielfilmen des Weimarer Kinos". In: Herbst-Meßlinger, Karin / Rother, Rainer/Schaefer, Annika (Hrsg.): *Weimarer Kino neu gesehen.* Bertz + Fischer: Berlin.

Stiasny, Philipp, 2003: „‚Die Waffen ruhen – Des Krieges Stürme schweigen …‘ Revisionen des Weltkriegs im frühen Weimarer Kino“. In: Koebner, Thomas (Hrsg.): *Diesseits der ‚Dämonischen Leinwand‘. Neue Perspektiven auf das späte Weimarer Kino*. Text+kritik: München.

Stiasny, Philipp, 2010: „Humanity Unleashed: Anti-Bolshevism as Popular Culture in Early Weimar Cinema“. In: Rogowski, Christian (Hrsg.): *The Many Faces of Weimar Cinema. Rediscovering Germany's Filmic Legacy*. Camden House: New York.

Zeitungen, zeitgenössische Kritiken und Zensurgutachten

Der Kinematograph (675), 10.12.1919, ohne Seitennummerierung.

Der Film (49), 7.12.1919, *Der Tod aus Osten*, 51.

Erste Internationale Filmzeitung (10), 30, 6.3.1920. [a]

Erste Internationale Filmzeitung (44), 52, 11.12.1920. [b]

Filmprüfstelle Berlin, Kammer II., Prüfnummer 7058, 13.3.1923, 1 f.

Filmoberprüfstelle, B.V.18.23, *Irrwahn*, 20.3.1923.

Lichtbildbühne (4), 1919, 58–59.

Vorwärts (29/30), 17.1.1919, „Eine Rede Scheidemanns. Zum Tode Liebknechts und Rosa Luxemburgs“, 3.

Valérie Carré

Sorbonne Université, Paris

E-Mail: valerie.carre@sorbonne-universite.fr

Heidi Grünewald

Die Psychologisierung des Chaos. Siegfried Kracauers Blick auf die deutsche Filmkultur der frühen 1920er-Jahre

1. Einleitung

Nach Jahren des Exils, zuerst in Frankreich und ab 1941 in den USA, weiß der jüdische Film- und Kulturkritiker Siegfried Kracauer (1889–1966), dass er nicht wieder nach Deutschland zurückkehren wird. Gleich nach Ankunft in New York beginnt er in englischer Sprache zu schreiben und noch im selben Jahr bietet sich ihm die Gelegenheit, mit der Filmabteilung des New Yorker *Museum of Modern Art* zusammenzuarbeiten. Hier kann er endlich sein Buchprojekt zum deutschen Film der Weimarer Republik in Angriff nehmen und die vermeintlich Goldenen Jahre mit Hilfe ausgewählter Filmanalysen kritisch durchleuchten. Es sind genau jene Jahre, in denen sich Kracauer als Literatur- und Filmkritiker bei der *Frankfurter Zeitung* einen Namen gemacht hatte. Der Band erscheint schließlich 1947 auf Englisch unter dem Titel *From Caligari to Hitler. A Psychological History of the German Film.* 1958 veröffentlichte der Rowohlt Verlag eine erste deutsche Übersetzung mit dem ideologisch geglätteten Titel *Von Caligari bis Hitler. Ein Beitrag zur Geschichte des deutschen Films.* Eine dem Inhalt getreue deutsche Ausgabe folgte erst 1979 im Suhrkamp Verlag mit dem Titel *Von Caligari zu Hitler. Eine psychologische Geschichte des deutschen Films.*[1] Ab jetzt zeigt die Übersetzung des Titels unmissverständlich, dass die Erfahrungen mit dem Naziterror aus den Filmanalysen des Exilierten im Rückblick auf die Weimarer Filmproduktion nicht mehr auszublenden sind. Damit ist auch die zentrale Frage des Buches, nämlich „welche Ängste und Hoffnungen [...] Deutschland unmittelbar nach dem Ersten Weltkrieg [trafen]“ (Kracauer 1979: 14), nur aus dem später gewonnenen Bewusstsein hinsichtlich der nationalsozialistischen Tyrannei zu beantworten.

In der Einleitung zum Caligari-Buch macht Kracauer deutlich, dass seine Analysen einen hinter der faktischen Geschichte liegenden Bereich fokussieren, in dem sich eine andere, wie er sagt, „geheime Geschichte“ abspiele, die die weitgehend unbewussten, in den „Tiefenschichten der Kollektivmentalität“ eines Volkes verankerten „inneren Dispositionen“ offenlege (Kracauer 1979: 12). Damit beziehe er sich aber nicht auf einen feststehenden Nationalcharakter, sondern auf variable psychologische Muster oder Tendenzen, die „in einer eingegrenzten Zeit“ (Kracauer 1979: 14) Geltung fänden. Diese psychologischen Dispositionen würden vor allem im Film fassbar, meint Kracauer, denn „Filme einer Nation reflektieren ihre Mentalität unvermittelter als andere künstleri-

1 Zur kontroversen Publikationsgeschichte des Bandes cf. das Nachwort von Karsten Witte (Kracauer 1979: 605–615).

sche Medien" (Kracauer 1979: 11).[2] Wenn also der Film das geeignete Medium ist, diese psychischen Dimensionen zu erforschen, so stellt sich die Frage, welche filmischen Aspekte eine Antwort auf die kollektiven Befindlichkeiten einer bestimmten Zeit geben können. Damit wird deutlich, dass in Kracauers Untersuchungen „weniger die statistisch erfassbare Popularität von Filmen, als die Popularität ihrer bildlichen und erzählerischen Motive" im Vordergrund steht, denn, so der Kritiker, die „beharrliche Vorherrschaft dieser Motive kennzeichnet sie als äußere Projektionen innerer Bedürfnisse." (Kracauer 1979: 14) Die Aufdeckung dieser in den 1920er-Jahren dominanten inneren Dispositionen der Deutschen im Medium des deutschen Films, meint Kracauer, „könnte dazu beitragen, Hitlers Aufstieg und Machtergreifung zu verstehen." (Kracauer 1979: 18) Insofern liefert seine psychologische Geschichte des deutschen Films auch ein Narrativ des deutschen Weges in die Katastrophe. Diese in seinen Filmanalysen angelegte subtile Erinnerungsarbeit findet in der Kritik oft nur wenig Aufmerksamkeit und verblasst unter dem tragenden Argument, Kracauer wolle vor allem den Mythos Weimar kritisch verneinen und, wie Christoph Brecht betont, „die Weimarer Jahre in Form einer düsteren Geschichte verpasster Chancen und vertaner Möglichkeiten – als den Weg von Caligari zu Hitler" (Brecht 2004: 11) darstellen, wobei hinzuzufügen wäre, dass die verlorene Zukunftsutopie der Revolution als Hoffnungsträger einer humanen Gesellschaft gerade durch die Hervorhebung dieser Tragik neue Konturen gewinnt.

2. Krieg, Revolution und die Reaktion des Films

Am 9. November 1918 notiert der gerade neunzehnjährige Kracauer sehr verhalten in seinem Tagebuch: REVOLUTION! – weiter nichts. Fast dreißig Jahre später spricht er in seiner psychologischen Geschichte des deutschen Films von der „totgeborenen Revolution" und erklärt: „Die Novemberrevolution von 1918 Revolution zu nennen, hieße den Begriff missbrauchen"; denn „es gab keine Revolution in Deutschland. Was in Wirklichkeit stattfand, war die Entmachtung der Befehlshaber, die sich aus der hoffnungslosen militärischen Situation und einer Matrosenrevolte ergab, die nur Bedeutung erlangte, weil die Leute den Krieg satt hatten" (Kracauer 1979: 49). Die revolutionären Freiheitsutopien konnten in Deutschland nicht fruchtbar werden, sie wurden mit der Ermordung Rosa Luxemburgs und Karl Liebknechts im Keim erstickt und der Mythos der Novemberverbrecher wurde fortan geschürt. Man schloss die Augen vor den heftigen sozialen Unruhen und der materiellen Not; und doch, meint Kracauer, habe es eine Art „intellektuelle Erregung" gegeben zwischen Hoffnungsverlust und Freiheitslust, die den brutalen Einschlag der Umwälzungen verdeutlichte:

2 Kracauer hebt, bezugnehmend auf den russischen Regisseur Pudowkin, den Kollektivcharakter der Filmproduktion hervor: Filme seien nie das Produkt eines Einzelnen, sondern eines Kollektivs. Sie verfügten deshalb über eine erhöhte Repräsentativität.

> Für eine kurze Zeit hatte der deutsche Geist die einzigartige Gelegenheit, ererbte Gewohnheiten über Bord zu werfen und sich völlig neu zu organisieren. Er genoss die Freiheit auszuwählen und die Luft war voll von Doktrinen, die ihn einzufangen suchten und ihm eine Neuordnung innerer Haltung schmackhaft machen wollten. (Kracauer 1979: 49)

All diese offenen Möglichkeiten aber führten nach Ansicht Kracauers zu einer abgrundtiefen Orientierungslosigkeit, sodass man nach außen lebte wie zuvor, sich psychologisch aber nach innen zurückzog. Diesen „Rückzug ins Gehäuse" sieht er als Reaktion auf den Schock der politischen Freiheit, die quasi über Nacht gekommen war. Auch hätten sich die Mittelschichten stets damit zufriedengegeben, regiert zu werden, sodass sie praktisch nicht in der Lage waren, Verantwortung zu übernehmen:[3] „Der Schock, den sie erlitten, war verursacht von dem plötzlichen Anspruch auf Freiheit." (Kracauer 1979: 66)

Als Reaktion auf diese allgemeine Verunsicherung schafft der deutsche Film der frühen 1920er-Jahre vor allem Raum für Transgressionen, sowohl für Freiheitsphantasien als auch für Autoritätsneurosen und Melancholie. Bis 1924, meint Kracauer, hätten alle repräsentativen Filme Abneigung gegen den Realismus gezeigt und eine stark introvertierte Tendenz eingeschlagen, die auf „mächtige kollektive Wünsche zurückzuführen" sei (Kracauer 1979: 65). Dabei richtete sich der „Blick nach Innen" vornehmlich auf das „isolierte Individuum". Die Filme der Nachkriegszeit zwischen 1920 und 1924, erklärt Kracauer, seien deshalb „ein einzigartiger *monologue intérieur*. Sie legten Vorgänge in fast unzugänglichen Schichten des deutschen Geistes frei", aber für die Sache der Freiheit sei der Film nie eingetreten, unterstreicht der Kritiker (Kracauer 1979: 66).

3. Filmtypen der ersten Nachkriegsjahre

Viele Filme der frühen 1920er-Jahre weisen bestimmte mentale Kompensationsstrategien auf, die durch die verhandelten Transgressionsphantasien, wie z. B. Gelüste von Mord- und Machtmissbrauch, transparent werden. Während die Wahnfilme der Kriegsjahre, wie z. B. *Der Student von Prag* (1913)[4] oder *Der Golem* (1915)[5] und *Homunculus* (1916)[6], aber noch den Imaginationen von E.T.A Hoffmann und dem Zwei-Seelen-Zwiespalt des Faust-Stoffes nacheiferten, befreit sich der Film nach dem Ersten Weltkrieg weitgehend von dieser Hülle und setzt sich mit sich selbst auseinander, auch wenn die visionären Traumwelten und das Schaurige der expressionistischen Filme zwischen 1919 und 1924 noch

---

3 Nach den ersten Wochen der Republik hätten sich die alten herrschenden Klassen schnell wieder eingerichtet, erklärt Kracauer (1979: 49), während sich die Mittelschichten in einem Zustand politischer Unreife befunden hätten, die zu bekämpfen sie fürchteten, um nicht ihre ohnehin unsichere soziale Lage noch mehr in Gefahr zu bringen (1979: 39).

4 Regisseur ist Hans Heinz Ewers. Der Film gilt als erster Kunstfilm.

5 Ein Film von Paul Wegener und Heinrich Galeen.

6 Regisseur ist Otto Rippert.

an romantische Motive erinnern. Die zeitgenössische Kritik begrüßte aber gerade die expressionistische Bildsprache als Abkehr vom Naturalismus. Der Traum blieb weiterhin ein zentrales Thema im Film, allerdings wandelte sich der Traum nunmehr zu Traumwelten und Zukunftsvisionen bzw. Utopien, wie das Motiv des *neuen Menschen* verdeutlicht. Besonders in den Darstellungen des Traums setzten vor allem auch die kinematographischen Experimente ein (neuartige Lichttechniken und Trickaufnahmen). Jedoch hält Kracauer die bewegliche Kamera für die größte technische Errungenschaft.[7]

Zwei Filmtypen der Nachkriegsjahre, die Kracauer als Filme en vogue bezeichnet, verfolgen deutlich kompensatorische Ziele. Der eine bediente sich der im Vorkriegsdeutschland geförderten Sexualaufklärung und machte aus der gut gemeinten Aufklärungskultur ein einträgliches Filmgeschäft. Bekannt wurden Richard Oswalds mehrteilige Filme über Sexualhygiene mit dem Titel *Es werde Licht* (1917, 1918), die nach Abschaffung der Zensur durch die Volksräte eine lukrative Sex-Film-Mode ins Leben riefen. Nach Auffassung Kracauers weisen die Erfolge dieser Filme auf die Unwilligkeit hin, politisches Bewusstsein zu entfalten. „Es war, als fühlten sie sich in Hinblick auf die ihnen gebotene Freiheit paralysiert und zögen sich auf unproblematische fleischliche Genüsse zurück", kommentiert Kracauer und fügt hinzu: „Eine Aura von Trauer umgab die Sexfilme." (Kracauer 1979: 52)

Der zweite Filmtyp war der historische Ausstattungsfilm,[8] ein großes Sammelbecken der kolossalen Filmproduktionen der 1917 gegründeten Universum Film AG (UFA); darunter findet man auch Abenteuerfilme (1919–1920) mit gewollt exotischem Fokus, wie z. B. *Die Herrin der Welt* (1919) und *Das indische Grabmal* (1921) von Joe May oder *Die Spinnen* (1919–1920) von Fritz Lang. Diese Filme, kommentiert Kracauer,

> glichen, in ihrer Lust an exotischen Schauplätzen, dem Tagtraum eines Gefangenen. Gefängnis war, in diesem Fall, das verstümmelte und abgeschnittene Vaterland [...]. Diese raumverschlingenden Filme lassen die Verbitterung erkennen, die der Durchschnittsdeutsche gegen seine unfreiwillige Einsperrung empfand. Sie wirkten als Ersatz. Naiv befriedigten sie sein unterdrücktes Expansionsverlangen mit Hilfe von Bildern, die es seiner Einbildung erlaubten, die ganze Welt [...] erneut zu annektieren. (Kracauer 1979: 63)

---

7 Die bewegliche Kamera erlaubt Großaufnahmen auch von Vereinzeltem, Fragmentarischem (Close-up-Verfahren im Gegensatz zu der auf das Gesamtbild gerichteten Long-shot-Aufnahme).

8 Kracauer merkt an, insbesondere die Amerikaner hätten die deutschen Historienfilme dieser Zeit irrtümlich für Gipfelleistungen eines historischen Realismus gehalten. Doch die Filme sabotierten jegliches Verständnis historischer Prozesse (cf. Kracauer 1979: 58). Besonders Ernst Lubitschs Historienfilme hätten die Geschichte als sinnlos abgestempelt (ibid.: 59).

Zu dem Großfilm *Fredericus Rex* (1921–1922),[9] in dem das vorher gehasste autoritäre Preußen wieder zum Sehnsuchtsort wird, äußert sich Kracauer dezidiert negativ. Der Film sei trivial und ein reines Instrument monarchistischer Propaganda. Genauso verurteilt er Joe Mays ersten Monumentalfilm *Veritas vincit* (1918) als „gigantisches Nichts". Differenzierter geht er auf jene Historienfilme ein, in denen am deutlichsten die revolutionären Ereignisse von 1919 in die Französische Revolution umgeleitet werden. Man wollte, so Kracauer, antirevolutionäre und antidemokratische Propaganda in Spielfilme verpacken und suggerieren, Geschichte sei der „Tummelplatz blinder und wilder Triebe", das „Werk teuflischer Machenschaften, die unsere Hoffnungen auf Freiheit und Glück immer wieder vereiteln" (Kracauer 1979: 58). Insbesondere die Historienfilme *Danton* (Dimitri Buchowetzki, 1921) und *Madame Dubarry* (Ernst Lubitsch, 1919) würden einen verwerflichen Nihilismus verbreiten. Das Publikum sollte in Bildern äußerster Zerstörung schwelgen. Lubitsch habe die Massen dirigiert (ibid.: 60), das habe er von Max Reinhardts Theater gelernt, erklärt Kracauer.

Festzuhalten ist, dass Kracauer seine erste Filmrezension (Juni 1921) für die *Frankfurter Zeitung* zum Historienfilm *Danton* verfasste hatte. Im Vergleich lässt sich feststellen: 1921 spricht Kracauer von den hervorragenden schauspielerischen Leistungen der hervorstechenden Einzelmenschen mit ihren Einzelschicksalen, lenkt aber letztendlich den Fokus seiner Kritik auf die Darstellung der Volksmasse, die in seiner Beschreibung als dunkle undurchschaubare Masse in Erscheinung tritt. Die Angst vor der Masse bedingt durch Krieg und Modernisierung oder die revolutionäre Entfesselung der Massen, sowie die psychologische Massensuggestion bestimmen den Diskurs der Moderne auch nach dem Ersten Weltkrieg, genauso wie sie schon Gustave Le Bon 1895 in seiner Schrift *Psychologie der Massen* darstellte. Die Angst vor der Masse machte Le Bons Schrift nach dem Ersten Weltkrieg wieder populär. Doch während Kracauer 1921 vor allem die Unberechenbarkeit und Unheimlichkeit der Masse herausstellt, geht er bei seiner Analyse von 1947 – im Bewusstsein der Nazidiktatur – stärker auf die Manipulierbarkeit (Massensuggestion) und Funktionalisierung der Masse ein: Für die einen waren die Massen ein Alptraum, für die anderen bedeuteten sie Hoffnung. 1931 rezensiert Kracauer eine neue Fassung von *Danton* des Regisseurs Hans Behrendt. Der Spielfilm ähnele dem Film von 1921 „in seiner Gleichgültigkeit gegenüber der französischen Revolution" (Kracauer 1979: 266). Doch Kracauers Blick ist schärfer und zeitbezogener geworden: Robespierre habe präfaschistische Züge und der edle Rebell Danton stehe zwar

> auf der Seite der Demokratie gegen die Tyrannei, aber gleichzeitig sei er so patriotisch und emotional, daß er stark an jene rebellischen deutschen Idealisten erinnert, die Versailles und die Weimarer Republik haßten und dazu prädestiniert waren, Nazisympathisanten zu werden. Dieser Filmrebell ist eine

9 Regie: Arzén von Cserépy.

> paradoxe Mischung aus potentiellem Hitlergefolgsmann und demokratischen Kämpfer. Eine solche Mischung schien sich als attraktiv zu erweisen; es heißt, daß DANTON bei seiner Berliner Premiere enthusiastisch aufgenommen wurde. (Kracauer 1979: 267)

1947 stellt er schließlich den Film von 1921 in die Reihe „historischer Schinken" (Kracauer 1979: 56), die sich an das Schema hielten, das Lubitsch maßgeschneidert hatte. Der geschichtliche Nihilismus dieser Art Filme, der wie Balsam wirken sollte, verhinderte nach Auffassung Kracauers jeden denkbaren Umschwung in der Weimarer Republik.

4. Die Tyrannenfilme. Caligari

Kracauer erinnert daran, dass zahlreiche deutsche Filme zwischen 1920 und 1924 bewusst das Grundthema von Robert Wienes Film *Das Cabinet des Dr. Caligari* (1920) wieder aufnahmen, nämlich „die Seele, die der [...] Alternative zwischen Tyrannei und Chaos ausgesetzt wird." (Kracauer 1979: 84) Aus dieser Thematik entwickelte sich seines Erachtens eine große Faszination für die Figur des Tyrannen, wie Friedrich Wilhelm Murnaus *Nosferatu* von 1922 nahelegt. Man habe zu dieser Zeit noch keine Vorstellungen von den „möglichen Folgen der Tyrannei" (ibid.) gehabt, im Gegenteil, man erfreute sich daran. Damit drängt sich Kracauer aber die Frage auf, ob man diese Schreckensvisionen nicht etwa beschwor, um Gelüste auszutreiben, die man als die eigenen empfand.

Kracauer sieht *Das Cabinet des Dr. Caligari*[10] als „Archetyp aller folgenden Nachkriegsfilme" (Kracauer 1979: 9) an. Schon vor seiner Uraufführung am 26. Februar 1920 in Berlin war der Stummfilm aufgrund eines wirkungsstarken Werbeslogans der Decla Film Gesellschaft in den Köpfen der kinematophilen Bevölkerung präsent. Auf den Plakaten konnte man lesen: *„Du musst Caligari werden!"*. Dieser Aufruf geht auf einen Zwischentitel des Films zurück (siehe Abb. 1), war also vorab nicht verständlich, rätselhaft und somit attraktiv.

10 Zum Inhalt des Films: Tagsüber präsentiert Dr. Caligari den Somnambulen Cesare, der die Zukunft voraussagt, auf einem Jahrmarkt. Nachts aber schleicht dieser durch die Stadt und begeht unter dem Einfluss seines Herrn furchtbare Morde. Als eines Nachts ein junger Mann ermordet wird, dem Cesare den nahen Tod prophezeit hatte, ahnt Francis, ein Freund des Toten, dass Dr. Caligari mit der Sache zu tun hat. Als Cesare Francis' Freundin Jane entführt, wird der Verdacht zur Gewissheit. Eine aufgebrachte Menge macht sich auf die Jagd nach dem flüchtenden Doktor. In einem Irrenhaus erwischt er Caligari, muss aber feststellen, dass der wahnsinnige Caligari der Direktor der Anstalt ist. Die Rahmenhandlung schafft die Doppelbödigkeit des Films: Denn Francis, der die Geschichte von Dr. Caligari erzählte, ist selbst Insasse der Nervenheilanstalt.
Dazu Kracauer: „der Caligari-Film Wienes ist die Geschichte eines Irren, der sich einbildet, seine Braut sei im Auftrag eines unheimlichen Arztes vom Somnambulen Cesare entführt worden, eine Geschichte, in der sich Mordaffären mit Jahrmarktsbelustigungen mischen, die selber düster wie Morde sind." (Kracauer: „Wiedersehen mit alten Filmen". In: Kracauer 1979: 578).

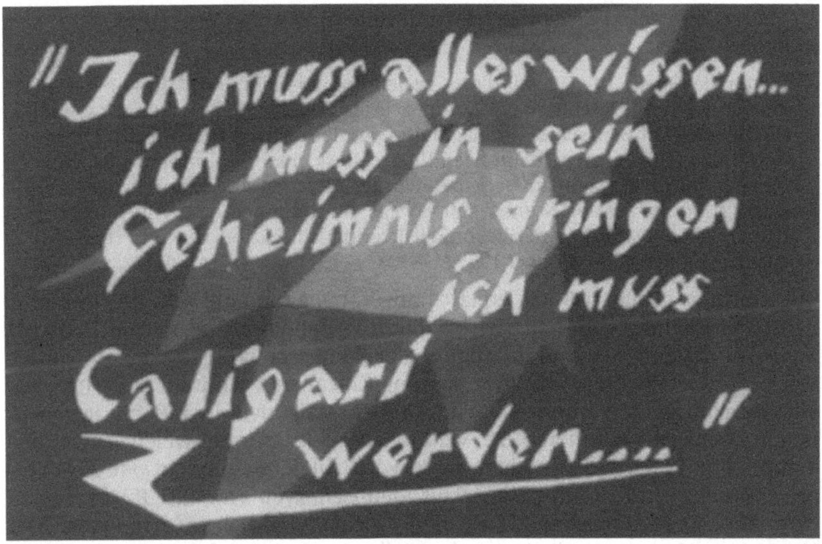

Abb. 1: *Das Cabinet des Dr. Caligari*, [1:04:29].
Quelle: *https://youtu.be/A5igU2G70Y4?t=3868*

Die Presse lobte einstimmig die ästhetische Gestaltung des Films, vor allem die expressionistische Raumgestaltung und Gebärde wurden in der Kritik aufgrund ihrer Musterhaftigkeit bald als *Caligarismus* bekannt. Begeistert schreibt Tucholsky, dieser Film „ist was ganz Neues. Der Film spielt – endlich! Endlich! – in einer völlig unwirklichen Traumwelt“. Auch die Gestaltung des Unheimlichen fasziniert ihn, so die „Amtsräume, in denen Hoffmannsche Beamte auf spitzen Stühlen sitzen und regieren“ oder die Darstellung eines Mordes „als Schattenspiel an einer grauen Wand“. Das alles zeige, meint Tucholsky, wie das Geahnte schrecklicher sei als alles Gezeigte, und folgert: „mit unserer Phantasie kann kein Kino mit.“ (Tucholsky 1920: 348) Diese noch stark im Literarischen verstrickte Kritik dürfte dem Film- und Medienkenner Kracauer keineswegs zugesagt haben.

Kracauers Kritik am Caligari-Film entfachte vor allem die Diskussion um das von Hans Janowitz und Carl Mayer verfasste Drehbuch. In der Originalfassung, so Kracauer, habe es keine Rahmenhandlung gegeben, in der ein Geistesgestörter die Caligari-Geschichte erzählt. Durch die Umdeutung vonseiten des Regisseurs und der Produzenten aber sei das ursprüngliche Konzept verloren gegangen, denn die aus der Perspektive des Irren erzählte Geschichte würde nun unglaubwürdig. Freilich habe Wienes Fassung den Deutschen damals näher gestanden als die Originalfassung, wenn es zutreffe, „dass in der Nachkriegszeit die meisten Deutschen danach drängten, sich von der harten Außenwelt ins Reich der Seele zurückzuziehen“ (Kracauer 1979: 74).

Siegbert S. Prawer kommentiert dazu in seinem Beitrag *Vom „Filmroman" zum Kinofilm*:

> Durch die scheinbare Umwandlung ‚realer' Ereignisse in die Wahnvorstellungen eines Irren fühlten sich die Autoren des Drehbuchs tief verletzt. Es schien ihnen, wie Janowitz später oft klagte und damit Siegfried Kracauers Interpretation des Films entscheidend beeinflusste, dass eine revolutionäre Fabel zu einer konformistischen umgedeutet wurde. Aber gerade dadurch, dass die Dekoration der letzten Szenen keineswegs gradlinig aus dem Alptraum der früheren hinausfährt, wird die von der Irrenhausdirektion verkörperte Autorität in Frage gestellt. (Prawer 1995: 31–32)

Mit Kracauers Caligari-Buch, erklärt Prawer, habe die politische Debatte über den Caligari-Film begonnen, der bis dahin vor allem als „großer ästhetischer Meilenstein deutscher und internationaler Filmgeschichte angesehen worden war." (Prawer 1995: 113) Nach Auffassung Kracauers vermittelt der Film „eine alles durchdringende Atmosphäre des Grauens", die nicht in äußeren Begebenheiten, sondern im Inneren der verwirrten Seele gründe, welche „zwischen Tyrannei und Chaos hin und her gezerrt wird". In der Schlussepisode des Films seien Grauen und Hoffnungslosigkeit identisch, weil eine Art Rückkehr zur Normalität projiziert werde. Doch diese Normalität spielt im Irrenhaus: „Das Normale als Irrenhaus: die Vereitelung aller Hoffnungen könnte nicht drastischer dargestellt werden", schreibt Kracauer. Dazu seien, ähnlich wie im Film *Homunculus* (1916), „Sadismus und Zerstörungslust an der Tagesordnung." (Kracauer 1979: 81) An dieser Stelle scheint es unabdingbar, dass sich die Stimme des Filmkritikers mit dem Bewusstsein des Exilanten und Ideologiekritikers vereint: „Wie die Naziwelt, insistiert er, so quillt die des Caligari von unheilvollen Vorzeichen, Terrorakten und Ausbrüchen der Panik über." (Kracauer 1979: 81) Neben der Filmanalyse führt Kracauer in seinem Caligari-Buch also auch immer wieder einen Diskurs gegen das Vergessen. In dem 1939 verfassten Artikel *Wiedersehen mit alten Filmen* (Kracauer 1979: 578–582) bekräftigt er, dass die in den Tyrannen-Filmen vergegenständlichte Angst mit Blick auf das Schockerlebnis des Krieges und der wachsenden Inflation durchaus begreiflich sei, stellt aber gleichzeitig die ernüchternde Frage: „Gibt es überhaupt noch eine Realität, mit der zu rechnen wäre?" Die Antwort reflektiert die verwirrte Seele des Caligari-Films, genauso wie Kracauers hoffnungslose Exilzeit in Frankreich: „Was uns Alltag heißt ist dahin; die festen Zäune, die früher das Dasein begrenzten, sind zerstört. Alles Äußere scheint zum Chaos geworden zu sein, zu einem bösen Traum, der wie ein Albdruck auf der Bevölkerung lastet." (Kracauer 1979: 579)

5. Der Film *Nerven* (1919)

Zwei Monate vor Wienes Caligari-Film erschien der erfolgreiche, von Kracauer aber nie rezensierte Film *Nerven*, der schon Anfang November 1918 groß angekündigt worden war.[11] Der Regisseur Robert Reinert drehte diesen Film, für den er auch das Drehbuch geschrieben und eine eigene Produktionsfirma gegründet hatte, an Originalorten in München und Umgebung. Seine Absicht war es, die Zeitstimmung von 1919 als eine Art nervösen Zündstoff zu schildern, den Krieg und Not in den Menschen erzeugt hatte.[12] Kurz nach der Uraufführung in München im Dezember 1919 schreibt die Filmzeitschrift *Der Kinematograph*, der Film zeige in „bildhafter, greifbar plastischer Deutlichkeit [...] all das Krankhafte und Verzerrte, das wir als Erbe des Krieges mit uns herumtragen."[13] Auch wenn sich der Film offensichtlich „auf die Unruhen im Zusammenhang mit der Münchner Räterepublik" bezieht, meint Stefan Drößler, so finde doch keine explizite Auseinandersetzung mit Krieg und Revolution statt (Drößler 2009: o. A.). Der Film schildert Wahnvorstellungen, die im Vorspann als expressionistische Montage experimentell gestaltet werden. Im Vordergrund steht das unbewältigte Schicksal dreier Personen, die aus unterschiedlichen sozialen Schichten kommen und sich zwischen Konservativismus, Reform und Revolution bewegen. So etwa der Fabrikbesitzer Roloff, dessen Glauben an den technischen Fortschritt zerbricht, der Lehrer Johannes, der an den Reformen verzweifelt, oder die Revolutionärin Marja, die durch ihren Tod selbst das Scheitern der Revolution verkörpert. Der Film vermittelt ein statisches Bild von Ohnmacht und Agonie, sowie der Unlösbarkeit existentieller Probleme im Hier und Jetzt. Erst der illusorische Entwurf einer Zukunftsvision vom neuen *gesunden* Menschen bzw. von der Gesundung der Menschheit, die im Nachspann des Films verkündet wird, scheint die unbewältigten Einzelschicksale in einem übergreifenden Rahmen kollektiv zu bündeln. Was der Erste Weltkrieg als Katharsis für eine kulturelle Erneuerung nicht eingelöst hatte, wird jetzt ideologisch besetzt: Utopie einer Läuterung durch Natur und Arbeit, wie der Zwischentitel im Nachspann des Films belegt: „Durstig nach Schönheit und Wahrheit in reiner Lieb sich vereinigen – Stammeltern eines neuen glücklichen Geschlechts werden – Zurück zur Natur! Arbeite! – Neue Nerven, neue Menschen!" (Nerven/DVD: 1:47–1:49)

Man könnte nun fragen, ob sich Kracauer mit der Durchleuchtung der psychischen Dispositionen der Deutschen in den Nachkriegsjahren nicht leichter getan hätte, wenn er anstatt *Caligari* den Film *Nerven* analysiert hätte. Allerdings präsentiert Reinerts pseudo-realistischer Film eine zu flache Oberfläche, die nur wenig von jener *geheimen Geschichte* offenbart, die Kracauer aufzudecken beabsichtigt, auch wenn die völkisch geprägte Zukunftsvision, die der Film im Nachspann ästhetisch gestaltet, viel Zündstoff gegeben hätte. Der Film besitzt jedoch nicht die detektivische Dynamik wie *Caligari* und verstrickt sich in einem statischen Bild der Ohnmacht und Agonie. Im Gegensatz dazu sorgt

11 Der Film fiel mehrfach der Zensur zum Opfer. Etwa ein Drittel der Uraufführungsfassung des Films gilt heute als verloren.

12 Cf. den Einführungstext im Vorspann zum Film.

13 Der Kinematograph, 877, Düsseldorf 31. 12. 1919. Zitiert nach Film Archiv Austria, abgerufen am 20. 12. 2020, *https://www.filmarchiv.at/program/film/nerven/*.

die experimentelle Ästhetik Wienes, die Kracauer insbesondere wegen der Kameraführung positiv bewertet, dafür, dass die neurotischen Zustände artikuliert werden können: Die kaputte Seele zeigt sich als krankes Hirn in ihrer ganzen bodenlosen Phantasie. Reinerts Film dagegen verfängt sich in einer völkischen Ideologie, in der die kaputte Seele blind dem Mythos vom reinen Menschen folgt. Wäre dem so, dass Kracauer diesen Film je gesehen hätte, so könnten wir annehmen, dass er, anstatt den Film zu rezensieren, eher vorgezogen hätte, jene Position einzunehmen, mit der er sich bis 1925 intellektuell identifizierte, nämlich zu warten und alle Sinne offen zu halten, wie er in seinem bekannten Aufsatz *Die Wartenden* (1922) nicht nur den Intellektuellen der jungen Republik zu verstehen gibt. Sein Caligari-Buch ist ein Aufruf zur Wachsamkeit.

6. Schluss

Kracauer liefert in seinem Buch *Von Caligari zu Hitler* eine Gesellschaftsbiographie, die die ökonomischen, politischen und sozialen Voraussetzungen des Nazi-Aufstiegs fokussiert. Die jeweiligen Filmanalysen und die Klassifizierung der zeitgenössischen Filme bilden dazu das Gerüst und erscheinen als eigenständiger Denkstrang, in dem Kracauer auch allgemeinere Überlegungen zum Medium Film einfließen lässt.[14] Wir bewegen uns also bei der Betrachtung seiner *Psychologischen Geschichte des deutschen Films* auf verschiedenen Ebenen, was die oft bemängelte Heterogenität erklärt. Einerseits spricht der renommierte Chronist und Filmkritiker der *Frankfurter Zeitung*, der selbst als Teil der herausragenden Weimarer Kultur hervortritt und sich selbst aus zeitlicher Distanz betrachtet. Andererseits ist da der Denker, der bis 1925 selbstkritisch im Diskurs der transzendentalen Obdachlosigkeit schwelgte und der Negativität des Seins nur in der Position des Wartens begegnen konnte. Doch das Buch ist sicherlich nur am Rande als Selbstverweis zu lesen, was vielmehr hervorsticht, ist der essayistische Umgang mit dem Faktischen, der oft als unsystematisches Verfahren kritisiert wird. Markus Schroer meint deshalb zurecht, Kracauer zeige einen ganz spezifischen Zugang zum Sozialen, denn es gehe ihm „um die Analyse der konkreten Dinge". In seinen Arbeiten verberge sich der „Schatz einer Soziologie des Raums und der Dinge bzw. der Sachen" (Schroer 2009: 170). Kracauers psychologische Geschichte des deutschen Films der Weimarer Jahre zeigt eine Möglichkeit der Erinnerungsarbeit, die sich nicht an einer bestimmten Methode festmachen lässt, die aber ihren Anspruch auf Geschichtlichkeit deshalb nicht einbüßt. Sein Prinzip beruht auf der Besichtigung der historischen Realität *durch* die Dinge, die ihre Unmittelbarkeit bewahrt haben. Kracauer geht es um die Entdeckung des Fremden im Vertrauten: das nicht Beachtete zu beachten, das Übersehene zu sehen. Vielleicht auch das, was hinter den vermeintlich irrealen Monstern des unterhaltsamen Stummfilms

14 Kracauer hatte, als er *Von Caligari zu Hitler* schrieb, schon seine 1960 erschienene *Theory of Film* im Blick.

entdeckt werden kann, wenn man sie mit dem realen Nachkriegsleben der Deutschen korrespondieren lässt. Die Deutschen, meint Kracauer, hatten einen ähnlichen Minderwertigkeitskomplex wie jene frustrierte Homunculus-Figur, die sich, von Hass erfüllt, zum Diktator ernennt; denn die Deutschen seien nie zu ihrer Revolution gekommen.

Bibliografie

Brecht, Christoph, 2004: „Strom der Freiheit und Strudel des Chaos. Ausblicke auf Kracauers Caligari-Buch". In: Ott, Ulrich (Hrsg.): *Im Reich der Schatten: Siegfried Kracauers „From Caligari to Hitler"*. (Marbacher Magazin, 105). Deutsche Schillergesellschaft: Marbach am Neckar, 5–54.

Drößler, Stefan, 2009: „Nerven – Rekonstruktion eines vergessenen Filmklassikers". In: *Robert Reinert Nerven*. Edition filmmuseum 41: München, *https://www.academia.edu/1572787/NERVEN_1919_Robert_Reinert_*, abgerufen am 10.12.2020.

Kracauer, Siegfried, 1979: *Schriften*. In: Karsten, Witte (Hrsg.), Bd. 2: *Von Caligari zu Hitler. Eine psychologische Geschichte des deutschen Films*, übers. von Ruth Baumgarten u. Karten Witte. Suhrkamp: Frankfurt a. M.

Nerven (1919)/DVD, 2009, Drehbuch und Regie von Robert Reinert. Filmmuseum München u. Goethe-Institut: München.

Prawer, Siegbert S., 1995: „Vom ‚Filmroman' zum Kinofilm". In: *Das Cabinet des Dr. Caligari: Drehbuch von Carl Mayer und Hans Janowitz zu Robert Wienes Film von 1919/20* (1995). Edition text+kritik: München, 11–46.

Schroer, Markus, 2009: „Unsichtbares sichtbar machen". In: Grunert, Frank/Kimmich, Dorothee (Hrsg.): *Denken durch die Dinge. Siegfried Kracauer im Kontext*. Fink: Paderborn u. München, 169–188.

Tucholsky, Kurt, 1920: „Dr. Caligari" (Filmkritik). *Die Weltbühne* (11), 347–348.

Heidi Grünewald

Universitat de Barcelona

E-Mail: grunewald@ub.edu

Brigitte E. Jirku

Vom proletarischen Theater zum Reenactment. Revolutionäres Bewusstsein auf dem Theater[1]

Wenn das proletarische Theater die Massen zur Revolution und zur Veränderung bewegen sollte, so versucht das neue Dokumentartheater (ab den 1990er Jahren) durch seine verschiedenen Formen bis hin zum Reenactment ästhetische Formen und Mittel zu finden, um zum einen die Möglichkeit eines Dialogs zwischen Opfer, Zeugenschaft, Täter:innen zu gestalten, zum anderen historisches Bewusstsein auszubilden. Es steht nicht mehr die spezifisch ästhetische Leistung des dokumentarischen Theaters der 1960er Jahre zur Diskussion, nämlich die Auswahl des Materials auf die Bühne zu bringen, sondern die auf der Bühne montierten Materialien und Medien selbst werden Teil der historisch-konkreten Wirklichkeit und Reflektion. Das auf der Bühne zur Schau Gestellte wird „erlebte Wahrheit".

1. Proletarisches Theater

Die Oktoberrevolution in Russland hatte die bürgerliche provisorische Regierung beseitigt und das bolschewistische Regime begründet. Zum ersten Mal war ein aus dem Marxismus entwickeltes theoretisches System verwirklicht worden. In Deutschland wirken neu gewonnene Freiheiten und die aufstrebende Kommunistische Partei, in Russland die siegreiche Revolution – unter dieser Konstellation brach in der Weimarer Republik die Zeit des revolutionären Arbeitertheaters an: das Theater als Instrument kommunistischer Propaganda. Erwin Piscator schuf mit seiner Konzeption eines „proletarischen Theaters" die Grundprinzipien des revolutionären Arbeitertheaters. Mit seinen Revuen feierte er große Erfolge und die Agitproptruppen waren seine Nachahmer.

Als Piscator Anfang 1920 in Königsberg sein erstes eigenes Theater eröffnete, waren Theater und Politik noch nicht ihr charakteristisches Verhältnis eingegangen; Piscator versuchte sich aber mit programmatischen Erklärungen wie mit den Inszenierungen selbst von der bürgerlichen Theaterumgebung abzusetzen.[2] Bezüglich der Darbietungen stellte er bestimmte Anforderungen. Als erstes hatten die Stücke in bestimmter Weise die Situation des Arbeiters zu behandeln. Sie sollten, insofern sie propagandistisch verwendet wurden, insbesondere von Laiendarsteller:innen gespielt und von einem proletarischen Publikum rezipiert werden und „Einfachheit im Ausdruck und Aufbau" (Piscator

---

1 Diese Arbeit entstand im Rahmen des Forschungsprojekts „Representaciones contemporáneas del perpetrador de violencias de masas: conceptos, relatos e imágenes" HAR2017-83519-P (2018–2020).

2 Das Experiment dauerte nicht lange und Piscator war bald gezwungen, das Theater zu schließen.

1973: 69) anstreben. Die Aktualität des historischen Geschehens und die politischen Zusammenhänge wurden in der Inszenierung eines Stückes durch die Projektion – damals noch auf eine Leinwand – von Fotografien, Zeitungsausschnitten, Plakaten und anderen Dokumenten aus Geschichte und Gegenwart verdeutlicht. Die Vorgänge zwischen den Personen auf der Bühne wurden erstmals in ihr konkretes soziales Umfeld eingebettet. Erwin Piscator schrieb mit seinem engagierten politischen Theater Geschichte und ebnete u. a. Bertolt Brecht den Weg. Unter seiner Intendanz der Freien Volksbühne in Berlin gelangten in den 1960er Jahren die politischen Dokumentarstücke von Heinar Kipphardt, Peter Weiss und Hans Hellmut Kirst zur Uraufführung.

2. Dokumentartheater

Das Dokumentartheater entstand als Zeichen eines revolutionären Bewusstseins, ‚Begleiter' der 68er-Bewegung, gegen eine Kultur des Vergessens, die in der Bundesrepublik der 1950er-Jahre den Ton angab. Wie Hans Edwin Friedrich schreibt: „Das ästhetische Modell des Dokumentardramas der sechziger Jahre wurde entwickelt, um eine ästhetische Aporie zu bearbeiten: die adäquate Darstellung der den Rahmen sprengenden und als nicht darstellbar geltenden Themen des atomaren Overkills und der Judenvernichtung." (Friedrich 2000: 269) Friedrich argumentiert, dass Hochhuths *Stellvertreter* die Grenzen des traditionellen Formrepertoires aufzeigt und die Schnittstelle zwischen traditioneller und moderner Ästhetik markiert, hingegen Kipphardt und Weiss sowohl den Realismus- wie den Formanspruch ihrer Stücke steigern. In *In der Sache J. Robert Oppenheimer* und *Die Ermittlung* entwickeln die Autoren ein dramaturgisches Modell der doppelten Rekonstruktion, das Faktizität des Stoffs und ästhetische Polyperspektivität als gegenseitig abhängige Variablen gestaltet, um diese in ein Verhältnis wechselseitiger Reflexivität von Form und Inhalt zu bringen. Verschiedene Wahrheitsbegriffe stehen neben- und gegeneinander und wollen sortiert werden. Entscheidend sind die Dokumente, die sich am Vorbild der Naturwissenschaften orientieren: Prüfbarkeit, Nachvollziehbarkeit, Kontrollierbarkeit stehen im Vordergrund. Die Zuschauer:in wird primär Zeug:in einer Gerichtsverhandlung bzw. einer historischen Entwicklung, zu der sie aufgerufen ist, Stellung zu beziehen.

3. Neues Dokumentartheater

Mit dem Fall der Berliner Mauer 1989 und dem Zerfall der kommunistischen Regimes im Osten entstand in den 1990er Jahren ein „neues Dokumentartheater" (cf. Gimber 2016; Jirku 2016). Ab den 1990er-Jahren artikuliert eine neue Generation von Autor:innen und Forscher:innen ein Unbehagen gegenüber der in den 1980er Jahren institutionalisierten Erinnerungskultur (cf. Assmann 2013: 142–203). Ein bedeutender Generationswechsel hatte sich vollzogen – diejenigen, die den Ton angegeben hatten, waren tot oder nicht mehr tonangebend und der Zweite Weltkrieg wird immer mehr eine Frage der *postmémoire* statt der erlebten Wirklichkeit. Einige „Revolutionen" gingen friedlich über die Bühne, aber es entstehen neue kriegerische Konflikte, wie der Balkankrieg, und Europa organisiert sich politisch und geographisch neu.[3] Die Unterscheidung von Täter:innen und Opfern, die Zuweisung von Schuld und Vergebung (oder Nichtvergebung) wird in einer globalisierten Welt im digitalen Zeitalter jedoch immer komplexer und stellt eine zusätzliche Herausforderung dar. Die Verantwortung der Vergangenheit gegenüber ist aber nicht verloschen. Dies kann als Ausgangspunkt des neuen Dokumentartheaters gelesen werden. Dieses setzt sich für eine erneute transformative Kraft der Erinnerung ein, die nicht auf Deutschland beschränkt ist: Es geht darum, das Gedenken zu nutzen, um Veränderungen einzuleiten, die Zukunft zu gestalten und vergangene Ereignisse mit der Gegenwart produktiv zu verbinden.

Auch die Ziele des Dokumentartheaters der 1960er-Jahre müssen in einem anderen Licht gesehen werden. Es geht nunmehr darum, an der Überwindung der Vergangenheit aus einer informierten Position heraus teilzunehmen, die Stimmen der Opfer zu berücksichtigen und zu zeigen, dass künstlerische und ästhetische Formen Teil der Konstruktion von Wirklichkeit sind.[4] Immer deutlicher wird die Frage nach den Repräsentationsformen, die eine höchst komplexe und wenig transparente Gegenwart widerspiegeln. Mit anderen Worten: Wie wird Geschichte auf der Bühne dargestellt und thematisiert, wie wird Wahrheit konstruiert und wahrgenommen? Es geht nicht länger um eine objektive oder subjektive Realität, sondern um Konstruktion und Wahrnehmung.

Zu stellen gilt es sich dem Begriff der Wahrheit als Variable, den Fragen, was ein Dokument ist und welche Wirklichkeit es darstellt, sowie der Tatsache, dass die theatralische Handlung und die Rezeption durch das Publikum ein performatives Ganzes bilden. Eine primäre Funktion des neuen Dokumentartheaters ist nicht die Information, sondern die affektive Wahrnehmung.[5] Dies wirft unweigerlich die Frage nach den ästhetischen Mitteln auf ebenso wie die Beziehung von Kunst und Gesellschaft. Signifikant dafür ist der vielfach zitierte Titel von Peter Laudenbachs Artikel in der *Süddeutschen Zeitung*: „Hexenküche Wirklich-

3 Seit 2001 definiert sich die Bundesrepublik Deutschland offiziell als ein Einwanderungsland mit einer Bevölkerung, die sich als heterogene Gesellschaft mit sehr unterschiedlichen und vielfältigen unmittelbaren historischen Bezügen zeigt.

4 Die Frage der Darstellung von Realität ist nicht neu. So wusste die Propagandamaschine des Dritten Reiches die ästhetischen und künstlerischen Mittel optimal zu nutzen. Verwiesen sei hier u. a. auf Leni Riefenstahls als Dokumentarfilm katalogisierten Propagandafilm *Der Triumph des Willens* (cf. Marschall 2010: 18–23).

5 Es geht hier primär um das Schaffen von Empathie. Diese entsteht aus der Wahrnehmung des anderen und der Fähigkeit, Brücken zu bauen und einen Dialog zu erzeugen, der nur aus Bewusstsein und Wissen, aus Information entsteht. Die meisten Studien konzentrieren sich auf den performativen und rezeptiven Aspekt (cf. Calero Valera 2014).

keit. Theatertreffen 2006: Das Dokumentarstück ist wieder da." (Laudenbach 2006: 11)

Der wichtigste Wegbereiter und Vertreter eines neuen Dokumentartheaters ist zweifellos das Regiekollektiv *Rimini Protokoll*, mit Helgard Haug, Stefan Kaegi und Daniel Wetzel. Markenzeichen ihrer Projekte ist zum einen die Arbeit mit sogenannten *Experten aus der Wirklichkeit* oder *Spezialisten*, Theater-Laien, die als Darsteller:innen ihrer selbst auftreten, zum anderen, dass der Text sowie der Verlauf des Theaterevents auf der Basis ihrer jeweiligen Biografien und Berufe erarbeitet wird. Neben speziellen dokumentarischen Spielarten des Sprechtheaters realisiert *Rimini Protokoll* ortsspezifische Projekte, bei denen der öffentliche Raum oder spezifisch erbaute Orte als Bühne im weitesten Sinne umgedeutet werden, wie in *Situation Rooms* – ein Stück, in dem die Zuschauer:innen, angeleitet durch ein Tablet, den Geschichten von Menschen und Institutionen folgen, die im Waffenhandel involviert sind. Vorgeführt wird eine Täter:innengesellschaft, die ein Gesellschafts- und Wirtschaftssystem aufgebaut hat, dem wir als *implicated subjects* nicht entkommen.

Ohne auf die Produktionen im Einzelnen einzugehen, sind besonders drei Ansätze festzuhalten: Es geht primär um neue ästhetische Formen von Darstellung und Wahrnehmung der Wirklichkeit, um den Einbezug von Lai:innen und Expert:innen und die damit verbundene Auflösung von Schauspieler:in-Zuschauer:in und deren Festlegung in den reproduktiven Bereich, sowie um die Spezifität des Ortes, denn das Theater wird von dem traditionellen Bühnenraum losgelöst, um größere politische und gesellschaftliche Zusammenhänge darzustellen.

Neue Ansätze der Öffentlichkeitsarbeit bieten die Dokumentarstücke rund um den NSU-Prozess. Zwischen 2012 und 2018 wurden 25 Dokumentarstücke zum und rund um den NSU in Deutschland aufgeführt und zahlreiche davon zum Berliner Theatertreffen 2016 eingeladen.[6] Anna Brod unterscheidet in ihrer Studie vier Perspektiven der Stücke: 1) jene von Angehörigen der Mordopfer und von Betroffenen der NSU Verbrechen, 2) Perspektiven auf Täter:innen(diskurse), 3) Perspektiven auf Institutionen, 4) Kombination der Perspektiven (cf. Brod 2020: 72–90). Es geht ihr dabei um Zeug:innenschaft in all ihrer Wider-

6 Der sogenannte Nationalsozialistische Untergrund (NSU) war eine neonazistische Vereinigung in Deutschland, die zwischen 2000 und 2007 auf Menschen mit Migrationshintergrund aus rassistischen und fremdenfeindlichen Motiven Anschläge verübte, für die lange Zeit andere Gruppen verantwortlich gemacht wurden. Öffentlich bekannt wurde der NSU im November 2011, als zwei ihrer Mitglieder, Uwe Mundlos und Uwe Böhnhardt, tot in ihrem Wohnwagen gefunden wurden und als einzige Beate Zschäpe verhaftet werden konnte. Wie sich während des längsten Prozesses der bundesdeutschen Terror-Geschichte (2013–2018) herausstellte, waren die drei keineswegs allein, die Zahl der an den Taten Beteiligten und ihrer lokalen, überregional vernetzten Unterstützer:innen ist allerdings nicht näher zu definieren.

sprüchlichkeit. Wenn man die Theaterstücke mit- und gegeneinander liest und sie mit der Gerichtsverhandlung kontrastiert, entsteht eine Anklage der gesellschaftlichen und juridischen Unzulänglichkeit der Ermittlung und Beurteilung der von dem NSU verübten Gräueltaten. Zu den in der Spielzeit 2013/14 und 2014/15 an den deutschsprachigen Theatern erfolgreichsten Stücken gehören *Urteile* von Christine Umpfenbach (UA 2014, Residenztheater München), *Die Lücke* von Nurian David Calis (UA 2014, Schauspiel Köln) und Elfriede Jelineks Theatertext *Das schweigende Mädchen* (UA 2014, Münchner Kammerspiele, Regie: Johan Simons). Sowohl Umpfenbach als auch Calis greifen auf dokumentarische Verfahren zurück, die die Opfer zu Wort kommen lassen. Christine Umpfenbachs Stück basiert auf 20 Interviewprotokollen der Regisseurin, die sie mit Ermittler:innen, Polizist:innen und Angehörigen der Opfer geführt hat. In *Die Lücke* kommen 2014, zehn Jahre nach dem Anschlag, diejenigen zu Wort, die in unmittelbarer Nähe einer der Tatorte, der Keupstraße in Köln, leben; Anwohner:innen und Geschäftsleute stehen gemeinsam mit Schauspieler:innen auf der Bühne und erzählen von sich selbst. In *Das schweigende Mädchen* zeigt die Bühne, als schwaches Palimpsest des NSU-Prozesses im Münchner Oberlandesgericht, ein „Jüngstes Gericht", das eine philosophisch übergeordnete Wahrheit verkündet.[7]

Die Stücke um den NSU haben ein Theatergeschehen geliefert, das Metatexte produziert, parallel zu Gerichtsprotokollen verlief und aufzeigte, was die Exekutive – seien es Polizeiermittlungen oder andere Untersuchungen seitens der Behörden – zu leisten verabsäumt hatte, was das Gericht nicht leistete und zum Teil auch nicht leisten konnte. Besonders die Stücke, die auf die Opfer fokussieren, schaffen einen Kontext, in dem alle Parteien zu Wort kommen. Das zeitgenössische Dokumentartheater, schreibt Andreas Tobler,

> bestricht gerade dadurch, dass es seine eigene Wirklichkeit, seine eigenen Ansprüche, Bedingungen und Möglichkeiten reflektiert. Und gerade mit dieser Reflexion wird die Bühne zu einem Labor der Wirklichkeit, in dem auf spezifisch ästhetische Weise soziale Fantasien zu ihrem Recht kommen. (Tobler 2014: 147)

Bislang war die spezifisch ästhetische Leistung des dokumentarischen Theaters die Auswahl und Darstellung des Materials, nunmehr sind aber auf der Bühne „montierte[ ] Materialien und Medien selbst Teil der historisch-konkreten Wirklichkeit". (Tobler 2014: 151)

7 Elfriede Jelineks Text *Das schweigende Mädchen* reflektiert über das Schweigen und die verschiedenen Formen des Zeugnisablegens während des Aufarbeitungsprozesses der Mordserie und im Zusammenhang mit dem Vorwurf des Behördenversagens (cf. Jirku 2018: 281–299).

4. Reenactment

Eine weitere Form der aktiven Wirklichkeitsgestaltung als historischen Gegenwartsprozess ist die Form des Reenactments in Bezug zu Milo Raus *International Institute of Political Murder*. Die Ursprünge dieser Praxis finden sich in der Populärkultur, etwa in Nachstellungen berühmter Schlachten durch kostümierte Laiendarsteller:innen, in Living-History-Museen und Historienumzügen. Reenactments gehen auf geistliche Spiele des 15./16. Jahrhunderts sowie britische und amerikanische Pageants und auch sowjetische Massenspiele in den ersten Jahrzehnten des 20. Jahrhunderts zurück. Ihren Ausgang nahm das Nachspielen wichtiger politischer Ereignisse – besonders revolutionärer – als eine spezifische Form kultureller Erinnerung (cf. Fischer-Lichte 2012: 14–24, Engelke 2017: 29–52). Durch ihr regelmäßiges Nachspielen werden sie ins kulturelle Gedächtnis eingebrannt und spielen eine wichtige Rolle bei der Gemeinschaftsbildung, Identitätskonstruktion und als Authentifizierungsstrategie (cf. Otto 2012: 230).

Bei Milo Raus Produktionen kann man verschiedene Formen des Reenactments unterscheiden. Mit dem Ziel, die Theorie des Reenactments neu zu formulieren, setzt Rau der Vergegenwärtigung das Nachleben als Grundstruktur des Handelns im Reenactment entgegen.[8] In *Die letzten Tage der Ceausescus* (2009/10), das den Strafprozess gegen das rumänische Diktatorenehepaar Nicolae und Elena Ceausescu 1989 nach einer Originalvideoaufnahme nachstellt, und *Breiviks Erklärung* (2012), wo der Originaltext gelesen wird, ist die „Unheimlichkeit des Gewöhnlichen", wie es Rau selbst nennt, zentral. Es ist eben dieser platte Realismus, für den Rau stark kritisiert wurde, der durch die Verdoppelung und dadurch erzeugte Distanz im Reenactment, die Abwesenheit an Dramaturgie, ins Bewusstsein dringt und die Wirkung erzeugt. Mit seinen (P)reenactment-orientierten Tribunal-Performances versprach Rau nach Walter-Jochum eine Strategie, die kritische Diskussion des Status quo zu überwinden und zum Handeln überzugehen (cf. Walter-Jochum 2019: 174). Heeg charakterisiert es als eine Zeit des „Nachlebens und Überlebens", in der sich

> Gegenwart und Vergangenheit ineinanderschieben wie Fahrzeuge, die an einem massenhaften Auffahrunfall beteiligt sind. Die raum-zeitliche Verdichtung und Verkeilung […], ist allen Formen der unbewussten Wiederkehr und der mehr oder weniger bewussten und durchdachten Wiederholung des Vergangenen in der Gegenwart geschuldet. (Heeg 2014: 159)

Emphatische und dokumentarisch belegte Wahrheiten fallen hierbei mitunter auseinander und legen die Probleme neu dar.

8 Vor allem Milo Raus *Moskauer Prozesse* (2013) und das *Kongo Tribunal* (2015) können hier als „(P)Reenactments of Justice" interpretiert werden, die unter Rahmenbedingungen umgesetzt werden und die denjenigen Gerechtigkeit vorenthalten, denen die Performances eine Stimme geben wollen.

In *Hate Radio* (2011) ist der Fokus beim Ruandischen Genozid des Jahres 1994 auf die Rolle des Radiosenders RTLM, als Stimme der Autorität, gerichtet. Mit europäischen Entwicklungsgeldern finanziert, ist RTLM Zeichen der Demokratie und freien Meinungsäußerung. Fest verortet und Fluchtraum des Geschehens ist die exakt nachgebaute Kabine des Rundfunksenders, in der die Sprecher:innen die zu einer Radiostunde durchkomponierten Texte, verdichtete, vielerorts geleistete Aussagen, senden. Ihren Ansagen stehen Videoaufnahmen von Überlebenden gegenüber, die unterschiedliche Realitäten aufrufen.

Interessant ist die physische Abwesenheit von Horrorbildern – nur die Stimmen tragen die Bilder, evozieren neue und rufen zum Genozid auf. Die Moderator:innen, besonders Bemeriki, animieren zu Mord und Totschlag: „Braut uns Bier, damit wir Spaß haben! Denn wir stehen kurz davor, diesen Krieg, den die FPR-Rebellen und die Tutsi-Kakerlaken uns aufgezwungen haben, auf spektakuläre Weise zu gewinnen." (Rau 2014: 177) Keine der Sprecher:innen hat einen Tutsi mit den eigenen Händen getötet, aber dennoch Tausende durch ihre Stimme zum Mord ermutigt und somit Tausende getötet.

Die professionellen Schauspieler:innen sind Teil des Entstehungsprozesses von *Hate Radio*. Die Vorbereitung, die Recherche, die Arbeit mit den Schauspieler:innen ist eine politische Handlung[9] ebenso wie die Suche nach ästhetischen Formen, um Täter:innen darzustellen, ohne zu moralisieren. Die Reflektionen bei der Wiederholung, die Auseinandersetzung mit den Ereignissen, die eigene Betroffenheit der Schauspieler:innen fließt ein und wird Teil des Reenactments. Das Spiel von Fakten und Fiktionen auf allen Ebenen, speziell das demokratisch argumentierte Genozid, schafft einen Raum der Vergegenwärtigung, den die Zuschauer:innen affektiv in sich aufnehmen. Zum Beispiel wird politisch unabhängige Musik in eine rassistische Massenmordsituation hineingespielt.

> DJ Joseph: Der nächste Song kommt aus den USA, und ich möchte ihn all den Kakerlaken in Uganda widmen, die nicht Französisch sprechen und vor allem dir, Bill Clinton. Es ist ein ganz neuer Song, er trägt den Titel „Rape Me". Das ist für dich, Bill! Nur für dich!
>
> *Es wird „Rape me" von Nirvana gespielt.* (Rau 2014: 191)

Musik und Wort vereinen sich zum Ausdruck einer Revolution, die für ein besseres Leben stattfand, hier aber zum Synonym eines Rache- und Hassfeldzugs wird. Die Zuschauer:in als Radiohörer:in aber auch als Publikum erfährt, wie sowohl die Distanz zwischen „aktiven Darstellern und passiven Zuschauern" als auch zwischen Vergangenheit und Gegenwart aufgehoben wird und es zu einer immersiven Erfahrung kommt, die das eigene Erleben direkt berührt.[10]

9 Walter-Jochum legt in seiner Studie den Fokus auf Empörung, welchen ich als sekundär bzw. nicht tragend ansehe (cf. Walter-Jochum 2019: 167–173).

10 Verbunden damit ist eine Absage sowohl an nicht-psychologische Darstellungsstrategien als auch an lineare Geschichtsmodelle.

Jeder Versuch zu verstehen tut weh, aber es geht nicht ohne Schmerz und das Begreifen bleibt erstmal aus.

Das Besondere ist nicht, dass Milo Rau ein Genozid aufgreift, sondern durch die Wahl der medialen Vermittlung von Revolution und Genozid ein in der Geschichte tabuisiertes Thema behandelt. In der getreuen Rekonstruktion des Radiosenders verankert und damit verknüpft sind weit über Revolution und Genozid hinausgehende Themenbereiche, ohne dem Zwang historischer Faktizität unterworfen zu sein. Der Radiosender wird zum materiellen und symbolischen Ort aller Täter:innenvarianten. Mit der Aufführung werden keine politischen Erkenntnisse geliefert, sondern Material wird bereitgestellt, auf zusätzliches Material verwiesen, um so die weitere Erforschung des Sujets anzuregen.[11] Die raum-zeitliche Distanz, die durch das Reenactment hergestellt wird, baut das Moment einer reflexiven Vergegenwärtigungslogik, eine spezifisch ästhetische Reflexionssphäre ein, die im Alltag nicht möglich ist. Sind es in *Hate Radio* die Brutalität der Aussagen, sind es die gebrauchten Euphemismen, deren Empfänger:in jederzeit austauschbar ist, so sind es bei *Breivik* die banalen, schlecht geschriebenen, zum Teil unzusammenhängenden Aussagen, die als Ideologie verkauft werden. Dennoch: in beiden Fällen sind es die Aussagen und Argumente, die eine Mehrheit provozieren.

5. Fazit

Zusammenfassend kann gesagt werden, dass bei den künstlerischen Reenactments von Milo Rau folgende Elemente von primärer Bedeutung sind:[12]

- Die Sinnlichkeit beruht auf Distanz und zugleich dem Aufheben jeglicher Distanz. Die affektive Intensität aller Beteiligten löst Reflexionsprozesse aus, wobei Analyse und Kritik primär als ein sinnlicher Prozess erlebt werden, der spezifische Wahrnehmungen und Erfahrungen stimuliert.
- Die mediale Konstruiertheit von Realität und Geschichte spielt in *Hate Radio* eine inhaltliche sowie formale Rolle. Nicht nur tabuisierte Themen werden aufgegriffen, sondern die tabuisierten Lücken werden aufgezeigt und zur Diskussion gestellt.
- Reenactments produzieren Ambivalenzen und Mehrdeutigkeiten, die vertraute Interpretationsmuster bzw. Sichtweisen auf Geschichte verrücken und Fragen neu stellen. Es geht um Vergegenwärtigung und etwas sichtbar zu

11 Jedes Land hat die Aufführung in seinen eigenen Kontext übersetzt (cf. Rau 2014: 186).

12 Ich lehne mich hier an die von Jens Roselt entworfenen Kategorien an (cf. Roselt 2012: 56).

machen, das gegen einen als gewiss verbuchten Bedeutungszusammenhang steht.[13]

Im Gegensatz zu Arns' (cf. 2007: 21) aufgestellter These, die künstlerische und ästhetische Praxis des Reenactments führe kritische Distanz zu dem Dargestellten ein, löst sich bei Rau die Distanz auf und erlaubt über das affektive Erleben und die affektive Wahrnehmung eine kritische Auseinandersetzung mit den Ereignissen. Die beim künstlerischen Reenactment lange Zeit wesentlichen Begriffe Differenz und Wiederholung, im Rekurs auf Gilles Deleuze, spielen bei Milo Raus Produktionen keine Rolle. Rau strebt keine Synthese an, sondern vielmehr die Unmöglichkeit der Synthese. Die ästhetische Form und der Kontext der Aufführungen sind politische Handlungen seitens der Schauspieler:innen sowie der Zuschauer:innen. Milo Raus Werke – ebenso wie die anderen zitierten Stücke des Neuen Dokumentartheaters – lassen sich nicht mehr sinnvoll in eine teleologische Geschichtskonstruktion einfügen. Sie konstituieren keine Epoche mehr und markieren ein Denken der Zeit, das sich von der Idee einer homogenen Geschichte innerhalb eines globalen Gefüges verabschiedet, deren Schichten abträgt und neu strukturiert. Geschichte präsentiert sich als eine Reihe zyklischer Momente oder übereinander gelagerter und vernetzter Schichten.

Bei diesem Beitrag ging es darum, darzulegen, wie das Dokumentartheater in seinen unterschiedlichen Formen revolutionäre Prozesse braucht – oder erst durch sie hervorgerufen wird –, ästhetisch umsetzt und kommentiert. Im Gegensatz zur historischen Funktion von Reenactments wird bei der ästhetisch-theatralen Verwendung diese Funktion der Einschreibung radikal denunziert und auf die Erneuerungen und Veränderungen der Prozesse hingewiesen.

Bibliografie

Arns, Inke, 2007: „History will repeat itself. Strategien des Reenactment in der zeitgenössischen (Medien-)Kunst und Performance". In: Arns, Inke/Horn, Gabriele (Hrsg.): *History will repeat itself. Strategien des Reenactment in der zeitgenössischen (Medien-)Kunst und Performance.* Medien Kunst Verein: Frankfurt a. M., 37–64.

Arns, Inke, 2018: „Schlachtfeld Historie. Künstlerische Reenactments als partizipative De-Konstruktion von Geschichte". In: Arns, Inke/Chubarov, Igor/Sasse, Sylvia (Hrsg.): *Nikolaj Evreinov: Sturm auf den Winterpalast.* Diaphanes: Zürich, 303–311.

Assmann, Aleida, 2013: *Das Unbehagen an der Erinnerungskultur.* Beck: München.

13 Wenn künstlerische Reenactments Bilder verkörpern, wenden sie sich laut Arns gegen einen als gewiss verbuchten Bedeutungszusammenhang. Häufig zielen ihre Wiederaneignungen darauf, das Unabgegoltene, Unverarbeitete, wenn nicht gar Unverstandene vergangener Ereignisse bloßzulegen (cf. Arns 2007: 37–64).

Bossart, Rolf (Hrsg.), 2013: *Die Enthüllung des Realen. Milo Rau und das International Institute of Political Murder*. Theater der Zeit: Berlin.

Brod, Anna, 2020: *Opfer – TäterInnen – Theaterpublikum. Szenarien von Zeugenschaft in Theaterstücken zum NSU*. Peter Lang: Frankfurt a. M.

Calero Valera, Ana R., 2014: *Una mirada a la escena teatral independiente en Alemania*. (Colección Teatro Siglo XXI 20). Universitat de València: Valencia.

Engelke, Heike, 2017: *Geschichte wiederholen. Strategien des Reenactment in der Gegenwartskunst – Omer Fast, Andrea Geyer und Rod Dickinson*. transcript: Bielefeld.

Fischer-Lichte, Erika, 2012: „Die Wiederholung als Ereignis". In: Roselt, Jens/Otto, Ulf (Hrsg.): *Theater als Zeitmaschine. Zur performativen Praxis des Reenactments*. transcript: Bielefeld, 13–52.

Friedrich, Hans-Edwin, 2000: „‚Datenschutt' und ‚Unsicherheitsrelation'. Die ästhetische Konstruktion von Wirklichkeit im Dokumentartheater (Hochhuth, Kipphardt, Weiss)". *Zeitschrift der Philologie digital* (2), 268–289. *https://www.zfdphdigital.de/ce/datenschutt-und-unsicherheitsrelation-die-aesthetische-konstruktion-von-wirklichkeit-im-dokumentartheater-hochhuth-kipphardt-weiss/detail.html*, abgerufen am 2.2.2019.

Gimber, Arno, 2016: „El Teatro documento de Piscator a Rimini Protokoll. Constantes y variantes de un género político en la escena alemana". *Acotaciones. Revista de investigación y creación teatral* 37, 17–34.

Heeg, Günther et al., 2014: „Geschichte Aufführen: Leipzig Überleben". In: Heeg, Günther et al. (Hrsg.): *Reenacting History: Theater & Geschichte*. Theater der Zeit: Berlin, 157–178.

Jirku, Brigitte E., 2016: „Reflexiones en torno al teatro documento posdramático: el caso de Elfriede Jelinek". *Acotaciones. Revista de investigación y creación teatral* 37, 35–49.

Jirku, Brigitte E., 2018: „Die Bühne als Zeuge. Zu Elfriede Jelineks *Das schweigende Mädchen*". In: Tholen, Toni/Cifre Wibrow, Patricia/Gimber, Arno (Hrsg.): *Fakten, Fiktionen und Fact-Fictions*. Universitätsverlag Olms: Hildesheim, 281–299.

Laudenbach, Peter, 2006: „Hexenküche Wirklichkeit. Theatertreffen 2006: Das Dokumentarstück ist wieder da". *Süddeutsche Zeitung* (117), 11.

Marschall, Brigitte, 2010: *Politisches Theater nach 1950*. Böhlau: Wien.

Otto, Ulf, 2012: „Re: Enactment. Geschichtstheater in Zeiten der Geschichtslosigkeit". In: Roselt, Jens/Otto, Ulf (Hrsg.): *Theater als Zeitmaschine. Zur performativen Praxis des Reenactments*. transcript: Bielefeld, 229–254.

Piscator, Erwin, 1973: „Über Grundlagen und Aufgaben des proletarischen Theaters". In: Hoffmann, Ludwig/Hoffmann-Ostwald, Daniel (Hrsg.): *Deutsches Arbeitertheater 1918–1933*. 2. erw. Aufl. Bd. 1. Henschelverlag: Berlin, 69–72.

Rau, Milo, 2012: „Die seltsame Kraft der Wiederholung. Zur Ästhetik des Reenactments". In: Roselt, Jens/Otto, Ulf (Hrsg.): *Theater als Zeitmaschine. Zur performativen Praxis des Reenactments*. transcript: Bielefeld, 71–78.

Rau, Milo, 2014: *Hate Radio. Materialien, Dokumente, Theorie.* Verbrecher Verlag: Berlin.

Roselt, Jens, 2012: „Geschichte wird nachgemacht. *Serie Deutschland* von Hofmann & Lindholm und *Deutschland 2* von Rimini Protokoll als künstlerische Reenactments". In: Roselt, Jens/Otto, Ulf (Hrsg.): *Theater als Zeitmaschine. Zur performativen Praxis des Reenactments.* transcript: Bielefeld, 53–70.

Tobler, Andreas, 2014: „Kontingente Evidenzen. Über Möglichkeiten dokumentarischen Theaters". In: Nikitin, Boris/Schlewitt, Carena/Brenk, Tobias (Hrsg.): *Dokument, Fälschung, Wirklichkeit.* Theater der Zeit: Berlin, 147–161.

Walter-Jochum, Robert, 2019: „(P)Reenacting Justice. Milo Raus Tribunale als Theater der Empörung". In: Czirak, Adam et al. (Hrsg.): *Performance zwischen den Zeiten. Reenactments und Preenactments in Kunst und Wissenschaft.* transcript: Bielefeld, 159–176.

Brigitte E. Jirku

Universitat de València

E-Mail: brigitte.jirku@uv.es

Juanjo Monsell Corts

Der Weg zum politischen Theater von Milo Rau[1]

Etymologisch stammt der Begriff „Theater" vom griechischen Wort θέατρον (théatron) ab, das durch die Verbindung des Instrumentalsuffixes τρον (tron) und des Substantivs θέα (théa), „Sicht", entstanden ist, sodass die ursprüngliche Bedeutung dieses Begriffs „Mittel oder Ort der Kontemplation" ist. Aus dieser Genealogie lässt sich die doppelte semantische Bedeutung ableiten, die den Begriff „Theater" markiert: Einerseits ist das Theater durch Materialität gekennzeichnet, die in der Beziehung des Begriffs zum Akt des Beobachtens und zum Raum explizit gemacht wird; andererseits hat das Theater einen zutiefst abstrakten und kognitiven Charakter, wie die semantischen Verbindungen zeigen, die zwischen dem Wort und anderen Begriffen aus dem Bereich des Intellektuellen oder des Göttlichen hergestellt werden. In der Tat hat das Theater einen spiegelnden Charakter: Theater ist das, was sieht und gleichzeitig gesehen wird. Es bildet die Realität ab und erzeugt ein Bild, das vom Zuschauer betrachtet wird. Das Theater macht also möglich, das Verborgene zu sehen. Andererseits liegt die Ähnlichkeit des Theaters mit anderen Begriffen aus dem Bereich der Kognition – wie „Theorie" und „Theorem" – gerade in der Fähigkeit, das Phänomenale auf die Ebene der Abstraktion zu übertragen. Was das Theater in diesem dreifachen Vergleich jedoch auszeichnet, ist seine praktische Seite. Während „Theorie" und „Theorem" eine unidirektionale Bewegung von der Tatsache zur Idee charakterisiert, erlaubt die Praxis, die das Theater begleitet, diese Bewegung in zwei Richtungen: vom Ereignis der Realität zur Idee und von der Idee zum Theaterereignis. Auf diese Weise hat das Theater die Fähigkeit, das Ereignis aufzugreifen, zu verarbeiten und erneut zu präsentieren, zu re-präsentieren. Diese Tatsache erlaubt dem Theater, das Ereignis in einen Realitätsraum einzufügen, um seine Gestaltung zu beeinflussen.

Nicht umsonst wird der Ursprung der westlichen Theaterpraktiken aus anthropologischer Sicht mit Ritualen und Festen in Verbindung gebracht, die als Bittgebete an die antiken Götter fungierten, die sich für die Menschen einsetzen mussten – um damit die Situation positiv zu verändern. Im Gegensatz zu rein rituellen Handlungen entwickelte sich die Rolle des Zuschauers im Theater jedoch als die eines bloßen Beobachters: Er musste nicht fasten, er musste nicht das Kykeon trinken und er musste nicht in einer Prozession mitmarschieren. Der entsakralisierte Charakter des Theaters – weshalb Aristoteles diese Art von Praxis verurteilte – hatte keinen Einfluss auf seine Rolle als sozialer Kohäsionsfaktor (cf. Brockett/Hildy 2014: 12–34). Trotz der Tatsache, dass die Zuschauer

1 Diese Arbeit entstand im Rahmen des Forschungsprojekts „Representaciones contemporáneas del perpetrador de violencias de masas: conceptos, relatos e imágenes" HAR2017-83519-P (2018–2020).

an diesen Praktiken nur durch Zusehen teilnahmen, durchlebten sie Aristoteles zufolge einen kathartischen Prozess, der ihren Status als Bürger beeinflusste (cf. Aristoteles 1997: 10–13). Dieser Einfluss des Theaters beruhte auf drei Aspekten: zum einen auf der erzieherischen Funktion, die es in der Demokratie seiner Zeit ausübte; zum anderen auf der breiten Rezeption, die Gemeinschaft zu erzeugen vermochte; schließlich auf seiner Eigenschaft als politische Literatur auf einer inhaltlichen Ebene – durch die Darstellung der Entstehung der Demokratie, ihrer Krisen und den Konfrontationen zwischen den griechischen Nationen (cf. Rodríguez Adrados 1985: 41). Das Theater wurde also als eine relevante Institution innerhalb der politischen Struktur der griechischen Polis betrachtet. Trotz der Tatsache, dass sich seine Rolle in der Gesellschaft im Laufe der Zeit wandelte und es an Relevanz verloren hat, ist die Verbindung, die es zu der Politik aufrechterhalten hat, nicht verschwunden. Das Zeigen von beispielhaftem Verhalten, die Unterhaltung der Massen, um sie zu vereinen und zu befriedigen, das Erteilen von Lektionen oder moralischen Belehrungen oder das Belehren der Arbeiter zum Bewusstseinserwerb sind politische Handlungen.

Im Laufe der Geschichte gibt es jedoch spürbare Unterschiede zwischen einer theatralischen Praxis, die als Teil einer kulturellen Hegemonie (Gramsci 1975: 1236) zu betrachten ist, und einer theatralischen Praxis, die zur Gegenkultur gehörte. Erstere zielt darauf ab, den sozialen, politischen und wirtschaftlichen Status quo als unvermeidlich, dauerhaft und vorteilhaft zu rechtfertigen. Sie ist in einem Rahmen der Realitätswahrnehmung zu verorten, der die Herrschafts- und Unterordnungsverhältnisse in einer Gesellschaft bestimmt, und ihre Aufgabe ist es, diese Strukturen aufrechtzuerhalten. Die zweite Praxis hingegen zielt darauf ab, den Status quo in Frage zu stellen und zu verändern. Sie versucht, die Realität zu hinterfragen und zu kritisieren, um eine Transformation zu erreichen.[2] Beide Theaterarten sind keine eigenständigen Einheiten, sondern stehen vielmehr in einem engen Abhängigkeits- und Widerstandsverhältnis. Theater, das als Gegenkultur betrachtet wird, operiert aus dem Inneren der dominanten Kultur heraus, da diese die Gesamtheit der Praktiken und Erwartungen der Existenz umfasst, sobald sie die Kategorie der Hegemonie erreicht hat (Williams 1977: 124–125). Die Koexistenz beider Theaterpraktiken in denselben Raum-Zeit-Koordinaten ist dadurch gerechtfertigt, dass die kulturelle Hegemonie den Untergebenen nicht unbedingt eine totalisierende Sicht aufzwingt, sondern im Gegenteil versucht, die Blicke auf ein Sichtfeld zu lenken, dessen äußere Grenzen zwar abgegrenzt erscheinen, aber nicht unüberwindbar sind (cf. Thompson 1978: 164). Auf diese Weise lassen sich in beiden Fällen gemeinsame Elemente finden, die für die eine Theaterpraxis charakteristisch

2 Zu diesen beiden genannten Kulturarten, die nach dem Theoretiker Raymond Williams (cf. 1977: 121–123) im Falle der ersteren als „dominante Kultur" und im Falle der letzteren als „emergente Kultur" bezeichnet werden, kann man eine dritte Art hinzufügen, die auf halbem Weg zwischen den beiden liegt: die „residuale Kultur". Das Residuum ist per Definition das, was sich in der Vergangenheit gebildet hat, aber im kulturellen Prozess noch aktiv ist.

sind und von der anderen angeeignet werden. Andererseits beziehen sich die Unterschiede zwischen ihnen nicht nur auf inhaltliche Fragen, sondern auch auf zahlreiche technische Verschiedenheiten. Die Art und Weise der Darstellung ist entscheidend für die politische Form des jeweiligen Stücks und beeinflusst dessen Rezeption und spätere Interpretation.[3]

1. Oktoberrevolution, Piscator, Brecht

Um in der jüngeren Geschichte den Moment größter Vereinigung – ja sogar von Unterordnung – zwischen Theater und Politik zu finden, kann man auf den Kontext Russlands unmittelbar nach der Oktoberrevolution von 1917 zurückgreifen (cf. Rudnitsky 1988: 41). Obwohl die Revolution die Theater zunächst nicht erreichte, wurden die Bühnen zu einem entscheidenden Verbindungs- und Kommunikationsmittel zwischen den politischen Führern und der Masse der Bevölkerung, die meist Analphabeten waren. Die mobilisierten Massen waren ein Symbol für den Triumph des kommunistischen Systems, und der Theaterraum war einer der geeignetsten Orte, um sie zu begeistern und die Praktiken der Agitprop anzuwenden.[4]

Eine der bestimmenden Figuren in dieser engen Verbindung zwischen Bühne und Politik war Wsewolod Meyerhold, der sogar den Begriff „Theateroktober" prägte, um die theatralische Revolution zu bezeichnen, die mit der sozialen und politischen Revolution einhergehen sollte. Diese Revolution wurde symbolisch mit der Inszenierung des in der Geschichte ersten sozialistischen Theaterstücks eingeleitet, nämlich Wladimir Majakowskis *Mysterium buffo* (cf. Déak 1973: 48). Obwohl die Thematik des Stücks das Publikum an Fragen heranführt, die mit dem historischen und politischen Kontext zusammenhängen – dem Sieg des Proletariats über das liberale Regime, das auf die Niederlage der Zaren folgte –, sind es die formale Beschaffenheit – der Stil des Stücks respektiert keine Konventionen – und die Inszenierung des Stücks, die unfehlbar den Bruch mit der Tradition und die unauflösliche Verbindung von Politik und Kunst markieren. Für die Aufführung wurde ein durch die Beteiligung von Dichtern, Regisseuren, Choreographen, Malern und Bildhauern konzipiertes Bühnenbild entworfen, das die Bühne und das Publikum durch ein System von Treppen, Brücken, Gerüsten und eine Halbkugel verband. Am Ende des Stückes fanden Schauspieler und Zuschauer auf der Bühne zusammen, was symbolisch die Überwindung der Trennung zwischen Theater und politischem Leben signalisierte (cf. Prieto López 2017).

---

3 György Lukács (2010 [1916]) stellte die These auf, dass die wahre soziale Dimension der Kunst in ihrer Form zu finden sei. Diese Prämisse zieht sich durch das 20. Jahrhundert bis zur Figur des Theatertheoretikers Hans-Thies Lehmann (2011: 31–46), der sie auf die Praxis des postdramatischen Theaters bezieht.

4 In den 1920er-Jahren entstand sowohl in Europa als auch in den Vereinigten Staaten ein politisiertes Theater, das als „Agitprop-Theater" bekannt wurde und in dem die Charaktere völlig flach waren und entweder durch perfekte Tugend oder absolutes Böses charakterisiert wurden.

Das Interesse an den politischen Implikationen von theatralischen Prozessen und Inszenierungen breitete sich bald in Europa aus. In Deutschland war dieser Verbindung von Kunst und Politik die Novemberrevolution von 1918 vorausgegangen, die dem Kaiserreich ein Ende bereitet hatte und zur Unterzeichnung der neuen Verfassung der Weimarer Republik am 11. August 1919 führte. In diesem Zusammenhang sticht die Figur von Erwin Piscator hervor, der mit dem Ziel, ein Theater für das Proletariat zu schaffen, 1920 zusammen mit Hermann Schüller „Das proletarische Theater" gründete (cf. Murray 1990: 100). Die Stücke, die in diesem Theater aufgeführt wurden, zeichneten sich durch die Verwendung einer klaren und eindeutigen Sprache aus, die jeder verstehen konnte. In seinen Inszenierungen war die Handlung auf verschiedene, durch Aufzüge verbundene Plattformen verteilt und verschiedene Lichteffekte, Standfotos und Projektionen ermöglichten die Einführung von politischen Kommentaren visueller Natur (cf. Willett 1982: 70). Das Theaterstück hörte auf, ein undurchsichtiger und undurchdringlicher Raum zu sein, und versuchte stattdessen, die Realität der Außenwelt widerzuspiegeln, wobei die parallel dazu entwickelten technischen Neuerungen integriert wurden, sodass das Stück zu einem echten Dokument wurde. Durch diese Methoden wurde die Faktualität in das Theater einbezogen, ohne dass diese fiktionalisiert werden musste. Was den Produktionsprozess betrifft, so spiegelt sich dieser politische Charakter des Theaters in drei Tatsachen wider: Erstens in der Zusammensetzung des Theaters als kollektiver Organisation; zweitens in der Tatsache, dass die in den Aufführungen eingesetzten Schauspieler keine Profis, sondern Amateure waren; drittens in der Verlagerung des Theaters in andere Arten von Räumen, wie Werkstätten, Fabriken oder Brauereien, je nach dem Publikum. Die Spielweise distanzierte sich von psychologischen Darstellungen und der Verinnerlichung der Figuren und wurde zu dem, was Piscator „objektive Spielweise" nannte (Piscator 1980: 219–228). Mit diesen theatralischen Innovationen sollten gesellschaftspolitische Umstände beeinflusst werden.

Eng verwandt mit Piscators Postulaten ist das dramaturgische und theoretische Werk von Bertolt Brecht (cf. Thöne 2005: 318). Obwohl Brecht viele der technischen Neuerungen Piscators aufgriff, versuchte der Augsburger Dramatiker sowohl das Theater zu politisieren als auch die Politik zu ästhetisieren. Die Realität ist bei Brecht also fiktionalisiert. Zudem vernachlässigte Brecht in seinen Stücken nie die Bedeutung der dramatischen Handlung und der Figuren, in denen sich die Zuschauer ständig spiegeln. Tatsächlich sind sowohl die Handlung als auch die theatralischen Figuren, die Piscator zugunsten der szenografischen Frage unbeachtet ließ, bei Brecht Gegenstand der Untersuchung und Innovation[5]. Brecht ordnete sich in die hegemoniale Theatertradition ein und versuchte, sie von innen heraus neu zu formulieren, das heißt, er versuchte, die herrschende Kultur zu überwinden, indem er sich auf ihren Kern besann. Kurzum: Brechts theatralische

5 Hans-Thies Lehmann (2006: 33) hat Brechts Werk als Erneuerung und Vervollständigung des klassischen Dramas bezeichnet, sodass Brecht nicht als revolutionärer Gegner der Tradition verstanden werden kann.

Strategien beruhen auf dem Zusammenspiel von Politik, Moral und Ästhetik, die das Publikum herausfordern sollen. Doch statt die Zuschauer zum direkten und unmittelbaren Handeln und zur Teilnahme zu bewegen, sollen Brechts Werke zum vorherigen Nachdenken anregen. Brechts Theater kommt damit dem Konzept Adornos nahe, dass die Kunst kein Abbild der Realität sein soll, sondern ein Erkenntnisobjekt, das die Vorstellung der Existenz dessen erlaubt, was noch nicht existiert (Adorno 1970). Benjamin (cf. 1991: 683–701) weist darauf hin, dass eine der von Brecht angewandten Methoden zur Erreichung seines Ziels, das Benjamin als „Umfunktionierung" definiert, der Prozess der Montage ist. Mit der Montage gelingt es, erst zu unterbrechen und dann zu fixieren: Sie bricht die etablierte Ordnung und organisiert eine neue (cf. Levin 2019: 5).

Brecht versucht, eine theatralische Montage zu schaffen, in der seine Elemente nicht verschmelzen, sondern nebeneinander gestellt erscheinen und dadurch den Effekt eines unfertigen Stückes, also im Zustand der Bearbeitung, erzeugen. Die Stücke sollten daher als Simulationen und Möglichkeiten gezeigt werden, die den Zustand der Gesellschaft als widersprüchlich und veränderlich anprangern. Dies wird durch die Verwendung verschiedener Verfremdungseffekte erreicht, die auf einem dualen Prinzip aufgebaut sind, das die Handlung und ihren Kommentar, die Emotion und ihre Rationalisierung sowie die Natürlichkeit und ihre Künstlichkeit umfasst (cf. Roselt 2008: 318).

2. Dokumentartheater und Milo Rau

Die von Brecht und Piscator in der ersten Hälfte des 20. Jahrhunderts geebneten Wege des Experimentierens und Gestaltens, zusammen mit den Erfahrungen der beiden Weltkriege, führten in den 1960er-Jahren in Deutschland zur Entwicklung dessen, was als Dokumentartheater katalogisiert wurde (cf. Blumer 1975: 1). Es zeichnet sich durch die Darstellung von historischen, sozialen oder politischen Themen und Ereignissen aus, bei der reale Dokumente wie Interviews, juristische oder historische Berichte, Zeugenaussagen oder Prozesse als konstituierendes Material der Stücke verwendet werden. Um die Aufmerksamkeit des Zuschauers nicht von den Tatsachen abzulenken, werden im Gegensatz zu den Brechtschen Werken, die als Fiktion getarnte historische Ereignisse präsentieren, die der phänomenalen Realität entnommenen Materialien minimal fiktionalisiert. Das ultimative Ziel des Dokumentartheaters ist die politische Agitation und die Konfrontation des Publikums mit der Realität, in den meisten Fällen durch die Gegenüberstellung von Figuren, die in Opfer und Täter eingeteilt werden.

Ende der 1990er-Jahre wurde diese Art der Theaterpraxis unter dem Namen ‚Neues Dokumentartheater' wiederbelebt. Die deutsche Wiedervereinigung als Folge des Zusammenbruchs des kommunistischen Blocks in den östlichen Staaten – mit ihrer symbolischen Materialisierung im Fall der Berliner Mauer – zwingt, die Frage der Erinnerung neu zu überdenken, da an diesem Punkt zwei unterschiedliche nationale Mythenkonstruktionen miteinander in Konflikt zu geraten scheinen: die der Deutschen Demokratischen Republik und die der Bundesrepublik Deutschland. In diesem Fall zählen die aus der Realität entnommenen Materialien nicht mehr so sehr wie das Zeugnis der Protagonisten bestimmter historischer Ereignisse. Die faktische Realität lässt Raum für eine kodifizierte Realität in Form der Erinnerung. Die subjektive Wirkung eines Ereignisses wird mit dem Ereignis selbst gleichgesetzt. In diesem Zusammenhang beginnen die Aussagen der Opfer, die unter den Angriffen der Geschichte gelitten haben, aber auch der Täter, die die Fähigkeit hatten, diese Geschichte zu schreiben, an Bedeutung zu gewinnen. Dieser Wille, Protagonisten und Antagonisten eine Stimme zu geben, wird durch die Unmöglichkeit erschwert, starke und definierte Identitäten in einer Gesellschaft zu finden, die sich ständig weiterentwickelt und von Heterogenität geprägt ist. Die Realität wird immer komplexer, so dass eine eindimensionale Wahrheit nicht mehr aus ihr herausgeholt werden kann (cf. Gimber 2016: 29). Das ultimative Ziel des Neuen Dokumentartheaters ist sowohl der Versuch, Verantwortlichkeiten aufzuklären, um ein Kapitel der jüngeren Geschichte zu schließen, als auch die historischen Ereignisse zu verstehen, die zur heutigen Gestaltung der Nationen geführt haben, um künftige Fehler zu vermeiden. Die Projektion der Stücke ist nicht nur auf die Vergangenheit, sondern auch auf die Zukunft gerichtet.

Der Schweizer Theaterregisseur, Dramatiker, Journalist und Essayist Milo Rau sticht in diesem Kontext hervor. Im Jahr 2007 gründete er das *International Institute of Political Murder*, ein Theater- und Filmproduktionsensemble. Das Ziel dieser Institution ist es, bedeutende weltgeschichtliche Ereignisse durch Filme, literarische Werke, Dokumentarfilme und wissenschaftliche Artikel zu dokumentieren, um daraus Theaterstücke und auch Filme zu schaffen. Rau und das IIPM konzentrieren sich auf die Aufarbeitung der jüngeren Geschichte von Ländern mit einer von politischer Gewalt und Genozid geprägten Vergangenheit. Die Aufführungen versuchen, das Publikum mit einer ausgelöschten nationalen Identität zu konfrontieren und dadurch eine Reflexion zu erzeugen. Ausgangspunkt für Raus Arbeit ist die These, dass die Gewalt nicht einfach aus der Geschichte dieser Länder verschwindet, sondern in der Realität verschiedene Formen annimmt und sich auf unterschiedliche Weise immer wieder manifestiert.

Um Gewalt auf der Bühne darzustellen, bedient er sich so unterschiedlicher Mittel wie der Einbeziehung historischer Dokumente audiovisueller Art (wie im Fall von *Die letzten Tage der Ceausescus*, 2009/2010), der Wiederaufnahme literarischer Texte, die von Gewalt geprägt sind (*Die 120 Tage von Sodom*, 2017), die Verwendung von Manifesten von Akteuren in Massakern und/oder Völkermorden (*Breiviks Statement*, 2012), die Verwendung der Technik des *Reenactments* (*Das Kongo Tribunal*, 2015), der Einsatz von Laiendarstellern (*Orestes in Mosul*, 2019) oder die Inszenierung von Körpern, die von der Norm abweichen (*Five Easy Pieces*, 2016). Die Werke von Milo Rau sind aus historischen und künstlerischen Materialien aufgebaut, die sich auf gewaltbesetzte Begebenheiten beziehen. Trotz der expliziten Intention von Raus Stücken haben viele

Institutionen, die für die Darstellung seiner Inszenierungen zuständig sind, letztlich gezögert, die Stücke aufzuführen, aus Angst, dass das, was auf der Bühne gezeigt wird, vom Publikum falsch interpretiert werden könnte. Ein Beispiel dafür ist die Absage der Aufführung von *Breiviks Statement* im Jahr 2012 am Deutschen Nationaltheater in Weimar (cf. Knittel 2019: 171). Ein weiterer Grund für die Entstehung der Kontroverse um Raus Werke liegt in der Tatsache, dass viele seiner Protagonisten gewöhnliche Menschen sind, die als Teil des Tätersystems für die Gewalttaten mitverantwortlich waren, auch wenn sie von den Behörden der verschiedenen Gewaltregime angeordnet wurden.

Raus Stücke versuchen, wie die von Brecht, das Reale in seiner Bedingtheit als künstliches soziales Konstrukt zu entlarven, und sie wollen dies, wie jene von Piscator, nicht nur durch die Behandlung sozialer Themen, sondern durch Innovation formaler Aspekte erreichen. Für Rau ist Geschichte nicht nur eine Erzählung, wie einige postmoderne Historiker zu etablieren versuchten, sondern sie besteht aus minimalen Einheiten, die vollständig in die Realität eingebettet sind: Fakten. Das bezieht sich auf die Möglichkeit der Darstellung von Geschichte in einem materialistischen Sinne und der Bezeichnung der Realität in einem baren Sinne. Mit anderen Worten, die Darstellung, auf die Rau anspielt, kann nicht aus einer – entweder dokumentarischen oder fiktiven – erzählerischen Nachbildung der Ereignisse bestehen, die in einem bestimmten Moment stattgefunden haben. Die Erzählung wird durch die lineare Ordnung der Ereignisse begrenzt, was den Verlust der Inkonsistenzen erzeugt, die ebenfalls Teil eines jeden historischen Ereignisses sind. Diese Widersprüchlichkeiten sind es, die im Detail aufgezeigt werden müssen. Bei der Darstellung der nackten Realität geht es nicht um das Ereignis selbst, sondern um das, was davon losgelöst ist: seine evokative Kraft (cf. Rau 2013: 118–121). Es ist nicht der Fakt ohne Bedeutung oder die Bedeutung ohne Fakt, sondern das, was durch die Trennung dieser beiden Elemente gezeigt wird.

Das künstlerische Verfahren, das Rau anwendet, um die gespenstige Energie zu finden und zu beseitigen, die ein historisches Ereignis überdeckt, wird als *Reenactment* definiert. Das Problem, das bei der Anwendung dieses Verfahrens auftreten kann, ist die Neigung zu einer der beiden Realitätsebenen, die bei der Rekonstruktion des Ereignisses entstehen: einerseits die Realität des faktischen Geschehens, die bis ins kleinste Detail nachgebildet werden kann – Raum-Zeit, Zeichen, Gesten, Worte, Geräusche, Licht –, andererseits die Realität, die durch den Lauf der Zeit und den Eintritt des Ereignisses in die kollektive Vorstellungswelt und deren Interpretationen geformt wird. Diese Realitäten können als faktische Realität – die Spur – und mythische Realität – die Aura – klassifiziert werden. Die einzige Möglichkeit, das Reale darzustellen, ist die Vereinigung dieser beiden Ebenen in einem einzigen Ereignis, wodurch das erzeugt wird, was Rau „Erinnerungsraum" nennt: ein hermetischer Raum, der der Vergangenheit angehört und seinen eigenen Regeln unterworfen ist. *Reenactment* ist also die paradoxe Praxis des „Vorwärts-Erinnerns", es ist Wiederholung im Kierkegaardschen Sinne des Wortes, die entgegengesetzte Geste zur Erinnerung. Auf diese Weise wird die Gegenwart zur Zukunft der Vergangenheit. Wie Derrida betont (cf. 1993: 10), ist die Wiederholung das, was das erste Mal zum letzten Mal werden lässt. Jede Wiederholung ist das Ereignis selbst.

Diese theatralische Methode zu verwenden, ist politisch. Der Begriff „Reenactment" enthierarchisiert den hegemonialen kulturellen Diskurs, da es sich um ein Verfahren handelt, das der residualen Kultur entnommen wurde, um sich der dominanten Kultur entgegenzustellen. In diesem Sinne arbeitet Rau ähnlich wie Brecht, wenn er sich den Gestus aneignet, den er in der Figur des Mei-Lan-Fang verkörpert sah. Das *Reenactment* ist unter Berücksichtigung seines historischen Ursprungs[6] eine Methode des Widerstands und der Schaffung von Gemeinschaftsethos und Identität (Fischer-Lichte 2012: 13–42). *Reenactment* erlaubt, historische Ereignisse in Mythen zu verwandeln, um die Kontinuität der Geschichte festzuhalten. Es geht nicht darum, die Vergangenheit zu aktualisieren, sondern sie neu zu beleben, um ihre Gültigkeit zu demonstrieren und sie in die Zukunft zu projizieren. Auf diese Weise setzt sich Rau mit den Thesen auseinander, die den Eintritt in ein postideologisches und posthistorisches Stadium verteidigen. Weder Geschichte noch Ideologie sind gestorben (cf. Rau 2013b). Mit seinen Darstellungen versucht er, jenen eine Stimme zu geben, die von der postmodernen Kritik ausgeschlossen wurden. Obwohl es sich um eine Dramaturgie handelt, die der emergenten Kultur angehört, artikuliert sie sich nicht als Überschreitung, sondern als Widerstand.

Obwohl einige von Raus ersten Stücken – wie *Die letzten Tage der Ceausescus* (2009/10), *Die Moskauer Prozesse* (2013), *Die Zürcher Prozesse* (2013) oder *Das Kongo Tribunal* (2015) – in Form eines Gerichtsprozesses aufgebaut sind, kann man eine Verschiebung ihrer Produktion hin zu abstrakteren Formen erkennen, teilweise sogar mit literarischen Dokumenten als konstituierender Grundlage, wie im Fall von *Die 120 Tage von Sodom* (2017). In allen wird das *Reenactment* von technischen Elementen begleitet, wie Projektionen, Fotografien oder Videokameras. Diese zeigen, dass die aktuelle Konstruktion von Realität immer durch mediale Artefakte vermittelt wird. Auf diese Weise werden medial erzeugte Realitäten in materielle Erfahrungsräume übersetzt, die Publikum und Akteure gemeinsam teilen. Letztere sind in Raus Stücken von entscheidender Bedeutung, denn wenn das *Reenactment* die Geschichte als Erfahrungsraum nutzt, ist der Körper der Ort, an dem sich diese Erfahrung materialisiert. Im 21. Jahrhundert ist der Körper durch die Verschiebung von Politik zu „Nekropolitik" das Symptom eines sozialen Traumas und nimmt daher in den heutigen Gesellschaften eine entscheidende Bedeutung bei der Erinnerung ein.

6 Das *Reenactment* muss zurückverfolgt werden zu den religiösen Darstellungen des 15. und 16. Jahrhunderts, zu den britischen und amerikanischen Paraden sowie zu den sowjetischen Massendarstellungen und schließlich zu den künstlerischen Darstellungen des beginnenden 21. Jahrhunderts. Siehe den Beitrag „Vom proletarischen Theater zum Reenactment. Revolutionäres Bewusstsein auf dem Theater" von Brigitte Jirku in diesem Band.

3. Schluss

Durch die Wiederaneignung und Verwendung von Techniken, die für das politische Theater des 20. Jahrhunderts charakteristisch sind – wie die Brechtschen Schauspielmethoden, die Einbeziehung technischer Elemente von Piscator oder die Verwendung historischer Dokumente des Dokumentartheaters –, konstruiert Rau eine Reihe von Stücken und Aufführungen, die den Status quo in Frage stellen. Raus Arbeiten sollen den Zuschauer zum Nachdenken anregen und ihn seine eigenen Schlüsse über die Zeit ziehen lassen, in der er lebt. Das Ziel dieses politischen Theaters ist es weniger, die Regeln zu überschreiten, sondern sich als eine Form des Widerstands gegen die Postulate zu konstituieren, denen zufolge die Geschichte zu Ende ist und die Ideologien tot sind.

Bibliografie

Adorno, Theodor W., 1970: „Ästhetische Theorie". In: Adorno, Gretel/Tiedemann, Rolf (Hrsg.): *Gesammelte Schriften 7*. Suhrkamp: Frankfurt a. M.

Aristoteles, 1997: *Poetik*. Reclam: Litzingen.

Benjamin, Walter, 1991: „Der Autor als Produzent: Ansprache im Institut zum Studium des Fascismus in Paris am 27. April 1934". In: Tiedemann, Rolf/Schweppenhäuser, Hermann (Hrsg.): *Gesammelte Schriften II (2)*. Suhrkamp: Frankfurt a. M., 683–701.

Blumer, Arnold, 1977: *Das dokumentarische Theater der sechziger Jahre in der Bundesrepublik Deutschland*. Anton Hain: Meisenheim am Glan.

Brockett, Oscar G./Hildy, Franklin J., 2014: *History of the Theatre*. Pearson: London.

Collins, Christopher, 2016: *Theatre and residual culture. J. M. Synge and Pre-Christian Ireland*. Palgrave: London.

Deák, František, 1973: „The AgitProp and Circus Plays of Vladimir Mayakovsky". *The Drama Review*, 17 (1), 47–52.

Derrida, Jacques, 1993: *Spectres de Marx: l'État de la dette, le travail du deuil et la nouvelle International*. Galilée: Paris.

Fischer-Lichte, Erika, 2014: „Die Wiederholung als Ereignis. Reenactment als Aneignung von Geschichte". In: Roselt, Jens/Otto, Ulf (Hrsg.): *Theater als Zeitmaschine. Zur performativen Praxis des Reenactments*. Transcript: Bielefeld, 13–52.

Gimber, Arno, 2016: „El teatro documento de Piscator a Rimini Protokoll. Constantes y variantes de un género político en la escena alemana". *Acotaciones. Revista de investigación y creación teatral*, 37, 17–34.

International Institute of Political Murder: *Porträt IIPM, http://international-institute.de/wp-content/uploads/Rolf-Bossart_Die-Enthuellung-des-Realen.pdf*, abgerufen am 4. 1. 2021.

Knittel, Susanne, 2019: „Memory and Repetition. Reenactment as an Affirmative Critical Practice". *New German Critique*, 46 (2), 171–195.

Lehmann, Hans-Thies, 2011: „'Postdramatic Theatre', a Decade Later". In: Medenica, Ivan (Hrsg.): *Dramatic and Postdramatic Theater Ten Years After: Conference Proceedings*. Faculty of Dramatic Arts: Belgrad, 31–46.

Lehmann, Hans-Thies, 2006: *Postdramatic Theatre*. Routledge: New York.

Levin, Noa, 2019: *Montage Mahagonny: Walter Benjamin and Bertolt Brecht's Theatre of Interruptions. Material und Begriff. Arbeitsverfahren und theoretische Beziehungen Walter Benjamins*. Argument: Hamburg.

Lukács, György, 2010 [1916]: *Die Theorie des Romans. Ein geschichtsphilosophischer Versuch über die Formen der grossen Epik*. Nabu Press: Charleston.

Murray, Bruce, 1990: *Film and the German Left in the Weimar Republic: From Caligari to Kuhle Wampe*. University of Texas Press: Austin.

Piscator, Erwin, 1980: „Objektive Spielweise [1949]". In: *Theater-Film-Politik*. Henschelverlag: Berlin, 219–228.

Prieto López, Juan Ignacio, 2017: „La revolución teatral soviética". *Las puertas del drama*, 48, *http://www.aat.es/elkioscoteatral/las-puertas-del-drama/drama-48/la-revolucion-teatral-sovietica*, abgerufen am 4. 1. 2021.

Rau, Milo, 2013a: „The Realm of the Real". In: Bossart, Rolf (Hrsg.): *Die Enthüllung des Realen: Milo Rau und das International Institute of Political Murder*. Theater der Zeit: Berlin, 118–121.

Rau, Milo, 2013b: *Was tun? Kritik der postmodernen Vernunft*. Kein & Aber: Zürich.

Rodríguez Adrados, Francisco, 1985: *La democracia ateniense*. Alianza: Madrid.

Roselt, Jens, 2008: *Phänomenologie des Theaters*. Wilhelm Fink: Paderborn.

Rudnitsky, Konstantin, 1988: *Russian and Soviet Theater, 1905–1932*. Harry N. Abrams Publishers: New York.

Thompson, E. P., 1978: „Eighteenth-Century English Society: Class Struggle without Class?". *Social History*, 3 (2), 133–165.

Thöne, Martina, 2005: *Zwischen Utopie und Wirklichkeit. Das dramatische Werk von Alfons Paquet*. Peter Lang: Frankfurt a. M.

Willett, John, 1982: *Erwin Piscator. Die Eröffnung des politischen Zeitalters auf dem Theater*. Suhrkamp: Frankfurt a. M.

Williams, Raymond, 1977: *Marxism and Literature*. Oxford University Press: Oxford.

Juanjo Monsell Corts

Universitat de València

E-Mail: Juan.Monsell@uv.es

Sabine Geck

Glas als Leitmotiv in Andreas Hillgers Bauhaus-Roman *gläserne zeit* (2013)

1. Hillgers Roman *gläserne zeit*

1.1 Ein neues Genre: der Bauhaus-Roman

Pünktlich zum hundertjährigen Bauhaus-Jubiläum erschienen mehrere Romane, die am Bauhaus spielen. Zu nennen sind: Theresia Enzensbergers Roman *Blaupause* (2017); Jana Revedins biografischer Roman *Jeder hier nennt mich Frau Bauhaus*, über Gropius' zweite Frau Ise Frank (2018); Tom Sallers *Wenn Martha tanzt*, über eine eher unbekannte Tanzkünstlerin des Bauhauses (2019); der Kriminalroman *Tod am Bauhaus* von Susanne Kronenberg (2019); und schließlich der hier interessierende, ausdrücklich so benannte Bauhaus-Roman *gläserne zeit* [sic] von Andreas Hillger, der bereits 2013 erschien, in zweiter Auflage 2018.

In diesem Beitrag möchte ich anhand des Begriffs GLAS, der sich als Leitmotiv durch den Roman zieht, dessen Symbolgehalt im Text aufzeigen, sowie auch seine damit konvergierende (architektur-)historische Bedeutung als Werkstoff innerhalb der im Roman beschriebenen Epoche des Bauhauses (1926–1930) herausstellen. Hilfreiche Interpretationsaspekte sind dabei mit der Romanfigur Paul Klee verbunden, nämlich sein Werk *Angelus Novus* und sein Kommentar zu E.T.A. Hoffmanns *Der goldne Topf*. Zugleich wird an den drei Hauptfiguren die gesellschaftliche Spaltung sichtbar, die sich spätestens mit Beginn der 1930er-Jahre in Deutschland vollzog.

1.2 Autor, Form und Inhalt

Andreas Hillger wuchs in Dessau auf, seine Familie lebt dort bereits in vierter Generation. Als Kind habe er seine Großmutter nach dem Gebäude des Bauhauses befragt und zur Antwort erhalten, dass dort „Mädchen mit kurzen Haaren" gewesen seien (Wilms-Adrians 2019). Der Autor recherchierte u. a. in Paul Klees Tagebüchern[1] und weist Klee auch eine recht wichtige Nebenrolle im Roman zu.

Die Romanhandlung schreibt sich ein in die Zeit des Bauhauses in Dessau (1925–1932), von der dortigen Eröffnung im neuen Gebäude (1926) bis zur Kündigung des zweiten Direktors, Hannes Meyer, und dessen Weggang in die Sowjetunion (1930).

Bevor bereits auf Seite elf Walter Gropius (von den Bauhaus-Schüler/-innen liebevoll Pius genannt), sowie die Meister Paul Klee, Wassily Kandinsky, Georg

1 Diese sind jedoch nur für die Jahre 1898 bis 1918 veröffentlicht (cf. Klee 2007).

Muche, Marcel Breuer, Josef Albers, Hinnerk Scheper und László Moholy-Nagy auftreten, werden die drei fiktiven Hauptpersonen eingeführt: der wissenschaftliche Mitarbeiter (Werkstattleiter) Lukas, repräsentiert durch das Quadrat □, der Student Carl, symbolisiert durch das Dreieck △, und die Studentin Clara als Kreis O. Es handelt sich um die bauhaustypischen geometrischen Grundformen, die sie im Spaß während einer Fahrt nach Berlin (um den Film *Metropolis* anzusehen) so unter sich verteilt hatten. Obgleich der Titel des Romans Kleinbuchstaben verwendet, folgt der Text der aktuellen Rechtschreibung (am Bauhaus wurde gern Kleinschreibung verwendet).

Die Figuren sind anfangs anonym, wie zufällig fällt dann der Vorname, später auch der Nachname. Die Handlung schreitet in kleinen, schlaglichtartig beleuchteten Szenen voran (nicht umsonst ist Hillger auch Dramaturg), die jeweils mit den genannten Symbolen überschrieben[2] sind: Lukas Hoffmann, ein Kriegsheimkehrer; Carl Engels, der einmal das väterliche Architekturbüro in Berlin übernehmen soll; Clara Cohn, Tochter aus gutem assimilierten jüdischen Haus, ebenfalls aus Berlin, die sich von einem autoritären Vater befreien möchte und sich vor allem der Fotografie widmet. Ob diese drei Studierenden historischen Bauhausmitgliedern nachempfunden sind, ist nicht auszumachen. So hat Carl Engels, der mit Hannes Meyer in die Sowjetunion gehen wird, keinerlei Gemeinsamkeiten mit den bei Muscheler (cf. 2019: 39–46) genannten und beschriebenen realen Bauhäusler/-innen, die dem entlassenen Direktor Hannes Meyer 1930 in die Sowjetunion folgten.[3] Für Lukas, der schließlich Mitglied der NSDAP wird und hauptsächlich webt – die Weberei ist eigentlich „der Hort der holden Weiblichkeit" (18)[4] –, ist ebenfalls kein historisches Vorbild zu finden, ebenso wenig für Clara, auch wenn sie als Fotografin natürlich auf die prominenteren, ebenfalls jüdischen Bauhaus-Frauen Grete Stern (die nach Argentinien ins Exil ging) und Lucia Moholy (Exil in London) verweist (cf. Müller 2019).[5]

2 Diese kleinen Symbole sind allerdings für den Leser nicht sehr klar; immer wieder muss nachgeschlagen werden, welche der beiden männlichen Figuren denn nun mit dem jeweiligen Zeichen assoziiert ist.

3 Unter diesen ist auch ein Kurt Liebknecht, der bei Poelzig in Berlin gearbeitet hatte. Hier könnte eine freie Übertragung des Namens auf einen anderen bekannten Sozialisten vorliegen (Engels statt Liebknecht). Allerdings liegen keine weiteren Gemeinsamkeiten zwischen der fiktiven und der realen Person vor (cf. Muscheler 2019: 44). Weiters werden genannt Scheffler, Urban, Weiner, Mensch und Meumann (cf. ibid.: 33).

4 Die in Klammern stehenden Nummern verweisen auf die Seitenzahlen in Hillger (2018).

5 Um eine vollständige Liste der bekannten Angehörigen des Bauhauses ist die Forschungsstelle Bauhaus Community bemüht (*https://bauhaus.community*). Zu dem Kreis um Hannes Meyer („Bauhaus-Brigade") vergleiche man auch den „Bauhaus Shortcut N° 15" auf der Webseite der Bauhaus-Community.

In der ersten Szene steht Lukas in klirrender Kälte – als Kriegsheimkehrer in Uniform, wie wir später erfahren – mit einem Koffer vor dem Bauhaus-Gebäude in Dessau, um dort seine neue Stelle anzutreten, und zündet sich eine Zigarette an (7). Carl erleben wir zeitgleich im Innern des Bauhauses – es ist die Eröffnungsfeier, die tatsächlich am 4. Dezember 1926 stattfand –, er hebt ein zusammengeknülltes Flugblatt auf, in dem in Fraktur über das undeutsche Bauhaus, den „Palast der Entartung" (8), gewettert wird. Clara ihrerseits serviert Sekt inmitten der Festversammlung auf einem Tablett, auf dem die gläsernen Sektkelche, die durch die Bewegung leicht gegeneinander stoßen, ein klirrendes Geräusch erzeugen (8).

Hier wird das Element GLAS eingeführt:

> Wie sie dieses Klirren hasste! Seit Stunden begleitete sie dieses leise Geräusch, hüllte sie ein und trennte sie vom Lärm der Menge. [...] Es blieb an ihrer Seite, wenn sie sich mit ihrer mühsam ausbalancierten Last durch die Gruppen der Gäste schob. Und es steigerte sich zum Alarm, wenn jemand beiläufig ein volles Glas Sekt aus dem Rund nahm oder achtlos einen geleerten Kelch zurückstellte. (8)

Etwas später:

> Clara trat näher an die Gruppe heran und hielt ihr Tablett den Meistern hin. Wieder war da dieses kaum hörbare Klirren, von dem sie meinte, es müsse zumindest bei diesen Hohepriestern des Angemessenen wie ein Weckruf wirken. Denn falls es noch eines Beweises für die Notwendigkeit ihrer Schule bedurft hätte, dann trug sie ihn ja hier in Händen – den denkbar schlimmsten Verstoß der Form gegen die Funktion, den zerbrechlichen Albtraum aller Statiker. Wenn es doch wenigstens schweres Kristall wäre, wie es zu Hause bei ihren Eltern auf den Tisch kam. Aber diese viel zu kleinen Glasfüße, die auf der feuchten Oberfläche des Tabletts kaum Halt fanden! (11)

Die Begriffe „Alarm" und „Weckruf" scheinen hier schon eine kommende Gefahr anzukündigen. Im Klirren der Gläser kann man auch bereits, im Hinblick auf die weiter unten zitierte Aussage von Klee, eine Anspielung auf E.T.A. Hoffmanns *Goldnen Topf* sehen, wo es in der ersten Vigilie heißt: „und es war, als ertönten die Blüten wie aufgehangene Kristallglöckchen" (Hoffmann 1967: 129); „[a]ber in dem Augenblick ertönte es über seinem Haupte wie ein Dreiklang heller Kristallglocken" (Hoffmann 1967: 130); und „aber die Kristallglocken zerbrachen im schneidenden Mißton." (Hoffmann 1967: 131)

Der heterodiegetische Erzähler lässt uns mittels wechselnder interner Fokalisierung (Genette) an den Gedanken dieser drei Hauptpersonen teilhaben. Das ganze Buch besteht aus ähnlichen Abschnitten wie dem zitierten, in denen das Geschehen jeweils aus der Perspektive einer dieser drei Personen dargestellt wird.

Beide jungen Männer sind in Clara verliebt, die versucht, sich ihre Unabhängigkeit zu bewahren. Wenn sie dem einen ihre Gunst zu schenken scheint, führt dies zu Eifersucht bei dem anderen. Trotz allem sind die drei gute Freunde, man könnte fast von einer *ménage-à-trois* sprechen.

Clara betätigt sich beim sogenannten „Lenzfest" des Bauhauses als Aktmodell im Freien und wird vorübergehend wegen Erregung öffentlichen Ärgernisses verhaftet. Dies bedeutet den definitiven Bruch mit ihrem Vater. Clara wird von Carl schwanger, ohne dass dieser davon erfährt, denn sie ist sich ihrer Gefühle zu ihm nicht mehr sicher. Sie vertraut sich Lukas an, der zu ihrer Mutter fährt, welche ihr ohne Wissen ihres Mannes das Geld für eine Abtreibung zukommen lässt, die auch vorgenommen wird.

Carl begreift die Liebe ohne Verpflichtung. Er hat gerade Bertolt Brechts neu erschienene *Hauspostille* (1927 beim Propyläen-Verlag) begeistert gelesen, auch das darin enthaltene Gedicht *Erinnerung an die Marie A.* Überhaupt werden viele zeitgeschichtliche Ereignisse mit der Handlung verwoben (Rilke stirbt am 29. 12. 1926, also zur erzählten Zeit; es gibt einen Besuch der Uraufführung der Dreigroschenoper usw.). Clara sagt sich schließlich von Carl los.

Clara und Lukas kommen sich nun bei einer gemeinsamen Reise nach Weimar näher. Lukas erzählt von der Gründungszeit des Bauhauses, bei der er schon dabei war. Angewidert von der zunehmenden Arroganz der Bauhäusler verlässt Lukas kurz darauf das Bauhaus und nimmt eine Arbeitsstelle bei Junkers[6] in der „Propaganda-Abteilung" (i. e. Werbeabteilung) an, wo er sich vor allem als Typografiker betätigt. Er erwirbt Wohnungseigentum in einer neu erbauten genossenschaftlichen Gartensiedlung in Dessau, erbaut von einem Konkurrenten von Gropius, Leopold Fischer[7], „der nun der Gegenseite als Baumeister diente" (80).

In Paul Klee findet Clara Unterstützung, Halt und eine verständnisvolle Vaterfigur. Nachdem Klee E.T.A. Hoffmanns *Goldnen Topf* gelesen hat, kommentiert[8] er die Lektüre mit Clara und zitiert im letzten Satz Hoffmann wörtlich:

> Ja, Fräulein Clara. Das ist eine dunkle Vorhersage, von der ich glaube, dass sie auch unsere Zeit meint. Wir haben die Epochen der Menschheit nach den Stoffen benannt, wir kennen die Stein-, die Eisen- und die Bronzezeit. Aber für unsere Gegenwart haben wir keinen Namen, obwohl man doch gerade am

6 Hugo Junkers (1859–1935) war ein deutscher Ingenieur und Unternehmer, der 1895 in Dessau die Firma Junkers & Co. gründete und bis 1932 Eigentümer der Junkers Motorenbau GmbH und Junkers Flugzeugwerk AG war. Die von ihm gegründete Fluggesellschaft *Junkers Luftverkehr AG* musste 1926 auf Druck der Reichsregierung mit dem *Deutschen Aero Lloyd* zur *Luft Hansa* fusionieren. Als Demokrat und Pazifist wurde er 1933 enteignet.

7 1901–1975, Schüler von Adolf Loos in Wien. Leitete von 1925 bis 1931 den Anhaltischen Siedlerverband, um für diesen bis zu dessen Konkurs im Zuge der Weltwirtschaftskrise Wohnsiedlungen in Dessau (Klein-Kühnau, Dessau-Ziebigk), Coswig, Zerbst, Köthen und Bernburg zu bauen und über dreihundert Typenhäuser nach ökologischen Bauprinzipien zu entwickeln. 1936 Auswanderung in die USA. Dort Zusammenarbeit mit Frank Lloyd Wright.

8 Leider konnte ich nicht feststellen, ob diese Äußerung Klees historisch verbürgt bzw. in den Tagebüchern, die ja die erzählte Zeit nicht behandeln, dokumentiert ist.

Bauhaus sehen kann, was ihr wichtigstes Material ist: das Glas ... ich will sie die gläserne Zeit nennen, weil sie so zerbrechlich ist und weil alles in Scherben fallen wird. *Ins Kristall bald dein Fall!*[9] [Hervorhebung durch die Verf.] (155)

Klee selbst spricht also diese Prophezeiung aus, mit großer Gewissheit, unter Benutzung des Indikativs. Später erzählt Klee von der Überraschung, die ihm die Bauhäusler zu seinem 50. Geburtstag bereitet hatten. „Sie haben mich buchstäblich bombardiert mit Geschenken." Einige Schüler hatten Geld gesammelt, um bei Junkers ein Flugzeug samt Pilot zu mieten und über dem Atelier des Meisters ihre Geschenke abzuwerfen. Die Zerbrechlichkeit des Werkstoffes Glas wird thematisiert, ein Krieg wird, ebenfalls prophetisch, als für möglich erachtet:

„Die Mappe mit den Zeichnungen und die Papierblumen sind weich gelandet. Aber einer der Steine, mit denen die bunten Bänder beschwert waren, hat das Atelierdach beschädigt." [...] „Unsere Häuser sind für Luftangriffe eben nicht geeignet", fuhr Klee fort. „Wir bauen für den Frieden, während man bei Junkers auch für den Krieg bauen kann." (199)

Clara zieht zu Lukas in die Siedlung, wo beide ein harmonisches gemeinsames Leben beginnen. Durch Zufall erfährt sie, dass Lukas Carl verraten hat, dass sie, Clara, ein Kind von ihm erwartete und abtreiben ließ. Clara ist von diesem Verrat schwer enttäuscht, verzeiht aber schließlich Lukas. Dieser wird, angeblich aufgrund der Wirtschaftskrise, in Wirklichkeit jedoch wegen innerbetrieblicher politischer Ränke, arbeitslos und tritt spontan, eher aus Verzweiflung als aus Überzeugung, in die NSDAP ein, ohne Clara etwas davon zu sagen. Als die politischen Gräben sich weiter vertiefen, kommt es bei einer Versammlung zu einer Saalschlacht zwischen Kommunisten und Nationalsozialisten, bei der Carl als Kommunist, getrieben wohl von unbewusster Rache, Lukas mit einem Messer schwer verletzt. Lukas überlebt und Carl, verzweifelt ob seiner eigenen Tat, wird klar, dass Lukas ihn deckt, als eine Art Buße dafür, dass er mit Clara nun ein Kind hat. Clara wird von Lukas' Täterschaft nie erfahren, wie ein Brief von ihr an Lukas, der mit Hannes Meyer in die Sowjetunion gegangen ist, beweist (236). Erzähler und impliziter Leser sind also Komplizen.

Der Roman ist dicht gewebt und strotzt nur so von Nebenhandlungen und Verweisen auf die gesellschaftlichen, politischen und kulturpolitischen Umstände. Auch die Aktivitäten des Bauhauses bis zur Übernahme durch Mies van der Rohe, der als Direktor auf Meyer folgt, werden detailliert reflektiert.

In der letzten Szene, als Spiegelung der ersten, steht nun Carl vor dem Bauhaus mit seinem Koffer und verabschiedet sich innerlich vom „Glashaus":

9 Es handelt sich um den Fluch des alten Marktweibes, dessen Apfelkorb der Student Anselmus versehentlich umstößt und der am Anfang der ersten Vigilie in Hoffmanns *Goldnem Topf* ausgesprochen wird (Hoffmann 1967: 126).

> Obwohl er fror, nahm er einen Umweg, um die Schule noch ein letztes Mal zu sehen. Das Glashaus lag im Dunkeln, nur die weißen Bänder der Fassade leuchteten ihm entgegen. Der Traum war ausgeträumt [...]. Seine Faust ballte sich um einen Stein, den er im Vorübergehen aufgelesen hatte. Er zögerte kurz und warf ihn zweimal in die Luft, ehe er ihn mit Wut und Wucht gegen den gläsernen Vorhang schleuderte. Das Klirren zerschnitt die Stille, als die Scheibe zerbarst. (234)

Der Traum, also die Vision des Bauhauses für die Gestaltung der Zukunft, sowohl in architektonisch-künstlerischer als auch in gesellschaftlicher Hinsicht, ist (erst einmal) gescheitert, die Zukunft ungewiss.

2. Glas als Metapher der Moderne

2.1 Glas als Werkstoff

Nach Duden (Dudenredaktion 2007) ist Glas ein „lichtdurchlässiger, meist durchsichtiger, leicht zerbrechlicher Stoff, der aus einem geschmolzenen Gemisch hergestellt wird und als Werkstoff (z.B. für Scheiben, Gläser) dient". Komposita sind *Milchglas* oder *Jenaer Glas* (das hitzebeständige Glas, das vom Bauhaus sofort u.a. für ein Teeservice eingesetzt wurde). Glas reagiert auf Temperaturunterschiede, es *springt*; es ist transparent (cf. *du bist nicht aus Glas*: ‚du versperrst mir die Sicht'). Metonymisch steht der Werkstoff für das Produkt: *Glas* als Trinkgefäß, *Fernglas, Brillenglas.* Glas ist schimmernd und glänzend, das Wort ist verwandt mit *gelb.* Faszinierend an Glas ist, dass es gleichzeitig hart und transparent ist, glatt und porenfrei, brüchig und temperaturanfällig; man vergleiche volkstümlichen Redewendungen wie *Glück und Glas, wie leicht bricht das!* Oder *Wer im Glashaus sitzt, soll nicht mit Steinen werfen.*

Im Zusammenhang mit Architektur ist bemerkenswert, dass die Herstellung großer Glastafeln erst seit der Industrialisierung möglich ist, daher wurden Fensterscheiben jahrhundertelang aus mehreren kleineren Glasstücken zusammengesetzt. Selbst heute noch birgt die Fabrikation großer Glasplatten Probleme. Ab 1890 nimmt der Anteil von Glas an der Außenfläche von Gebäuden stark zu. Der erste Bau mit einer Glasfassade ist Gropius' und Adolf Meyers Projekt des Fagus-Werks (Schuhleistenfabrik) in Alfeld an der Leine von 1911, heute UNESCO-Weltkulturerbe (zu Glas in der Architektur cf. Schittich et al. 2006).

Im Zuge des *Neuen Bauens* erlangt der Baustoff Glas große Bedeutung (cf. Schittich et al. 2006), zumal in der Vision des Bauhauses:

> So wie Wohnräume im Bauhaus geplant waren, war der Innen- ohne Außenraum nicht denkbar. Und auch nicht gestaltbar. Die Architektur im Bauhaus öffnete Fassaden, ließ Licht nach innen gleißen und leitete den Blick nach außen. Eine Grundidee des Bauhauses war die Einheit von Innenraum und äußerer Umgebung. Die Skelettbauweise aus Stahl, die monumentalen Glasfassaden ermöglichten ganz neue Blickverbindungen. (Horn 2019)

2.2 Glas als Leitmotiv im Roman

Als Leitmotiv bzw. als Symbol für die Zerbrechlichkeit sowohl der Lebensentwürfe als auch der Bauhaus-Idee zieht das GLAS sich durch den gesamten Roman. Ich habe die wichtigsten Stellen bereits im vorigen Abschnitt zitiert: das unheilverkündende Klirren der Gläser auf den ersten Seiten, vor allem, wenn man es in Beziehung zu Hoffmanns *Goldnem Topf* setzt, und Paul Klees Benennung des neuen Zeitalters der Moderne als „gläserne Zeit", sowie seine ausführliche Kommentierung der „dunklen Vorhersage" in Hoffmanns Erzählung. Einmal ist im Buch auch die Rede von der *Gläsernen Kette* (210), einem von Bruno Taut initiierten expressionistischen Architektenkreis, in welchem Taut selbst das Pseudonym *Glas* trug. Selbst einen *Kristallpalast* gibt es im Text, eine große Versammlungshalle in Dessau, wo die Nationalsozialisten ihre Versammlungen abhielten und Carl Lukas bei der Saalschlacht verletzt (224–227).[10]

Wir haben also zwei Ebenen im Roman: auf der Textebene die Glas-Motive, die metaphorisch die Zerbrechlichkeit der Weimarer Republik und der Bauhaus-Idee ausdrücken. Zum anderen die Verweise auf die (architektonische) Wirklichkeit, wenn beispielsweise, im Hinblick auf den Bau der Gewerkschaftsschule[11] in Bernau nahe Dessau, die Rede ist vom „Problem der Glasgänge, die sich je nach Wetterlage in Kältekammern oder Treibhäuser verwandelten." (170)

Der Roman beginnt mit einem Blick von Lukas in das erleuchtete, transparente Bauhaus-Gebäude hinein, in dessen Innern die Eröffnungsfeier stattfindet (der kundige Leser weiß, dass die Glasfassade leuchtet) und endet mit einem Steinwurf Carls – „das Glashaus lag im Dunkeln" (234) – in die gläserne Wand.[12] Der Symbolgehalt der Aktion ist klar: Carl hat mit dem Bauhaus, so wie es bisher bestand, gebrochen. Gebäude sowie Institution wirken nun abweisend. Er ist auf dem Weg nach Moskau, um den Sozialismus aufzubauen, während Lukas zum Nationalsozialisten geworden ist. An den beiden Freunden zeigt sich also die Spaltung der Gesellschaft. Gleichzeitig steht das Bauhaus selbst vor seinem Ende, es wird nur noch wenige Jahre unter prekären Umständen überleben; der neue Direktor Mies van der Rohe und die Umsiedlung nach Berlin werden es nicht retten können.

10 Der neoklassizistische Bau hatte jedoch keine besonders großen Fenster und ist aktuell immer noch eine der letzten Kriegsruinen Dessaus.

11 Die ehemalige Bundesschule des Allgemeinen Deutschen Gewerkschaftsbundes, erbaut von 1928 bis 1930, ist heute ebenfalls UNESCO-Weltkulturerbe.

12 Aufgrund der Konstruktion, die die Fassade in viele kleine gläserne Rechtecke mit sehr schmalen Rahmen einteilt, wissen wir, dass dabei nur eine kleine Scheibe zu Bruch gehen kann.

3. Paul Klees *Angelus Novus*

Ein weiteres wichtiges Interpretationselement ergibt sich durch das Motto des Romans, der ausführlich zitierte Kommentar von Walter Benjamin zu dem Werk *Angelus Novus* von Paul Klee, einer wichtigen Nebenperson im Roman. Das Blatt, entstanden 1920 kurz nach dem Ersten Weltkrieg, wurde bereits 1921 von Walter Benjamin erworben.[13] Dieser schreibt dazu in der neunten seiner achtzehn *Thesen zur Geschichte* im April 1940 (dem Jahr seines Freitodes), noch im Pariser Exil:

> Der Engel der Geschichte muss so aussehen. Er hat das Antlitz der Vergangenheit zugewendet. [...] Aber ein Sturm weht vom Paradiese her, der sich in seinen Flügeln verfangen hat und so stark ist, dass der Engel sie nicht mehr schließen kann. Dieser Sturm treibt ihn unaufhaltsam in die Zukunft, der er den Rücken kehrt, während der Trümmerhaufen vor ihm zum Himmel wächst. Das, was wir den Fortschritt nennen, ist dieser Sturm. (5)[14]

Benjamin sieht also den *Angelus Novus* Klees als den sich Richtung Zukunft bewegenden Geschichtsengel, die Geschichte als einen vor dem Engel anwachsenden Trümmerhaufen. Die Zukunft kann der Engel nicht sehen, da er sich rückwärts zu ihr hinbewegt. Tatsächlich befinden sich auch die Figuren des Romans in diesem Sog und steuern blind auf die Katastrophe zu. Das Glas, Symbol des Fortschritts am Bauhaus, ist zertrümmert, ein Vorbote für den kommenden Trümmerhaufen, auf den Deutschland und Europa zusteuern. Nicht umsonst fragt Clara, hellsichtig, Lukas beim Besuch des Monte Verità im Tessin, dem verwahrlosten Areal des bekannten Lebensreformprojekts vom Anfang des 20. Jahrhunderts: „Wird unser Traum auch so enden? [...] Hat man in Dessau nur die Ruinen von morgen gebaut?“ Zumindest hat Hillger wohl aus diesem Grund das Motto gewählt: um die kommende Katastrophe anzudeuten. Eberlein (1991) gibt dagegen einen wertvollen Hinweis für eine Interpretation des *Angelus Novus* im Sinne Klees. Er sieht in diesem Engel ohne Flügel, in aggressiver Gebärde mit geöffnetem Mund, möglicherweise Adolf Hitler, der genau zum Zeitpunkt der Entstehung des Werks 1920 in München, wo auch Klee wohnte, in Künstlerkreisen verkehrte und seine ersten Großveranstaltungen organisierte, angetan mit dem im Bild erkenntlichen Trenchcoat, seinem Markenzeichen (cf. auch ausführlicher Eberlein 2006, sowie Schwebel 1989, Bulthaup 1991 und Werckmeister 1996). Auch diese Interpretation ist mit Hinblick auf die sich im Roman abzeichnende politische Entwicklung schlüssig.

---

13 Klee malte und zeichnete etwa achtzig Engel, sechzig davon in den letzten Jahren seines Lebens. Mittlerweile wird das Blatt des *Angelus Novus*, nach einer abenteuerlichen Geschichte, im Israel-Museum in Jerusalem aufbewahrt und ist in fragilem Zustand (cf. Muchawsky-Schnapper 1989). Wir kennen es auch aus Wim Wenders' Spielfilm *Der Himmel über Berlin* von 1987.

14 Ich zitiere nach Hillger (2018). Ansonsten cf. Benjamin (2010).

4. Schluss: die Katastrophe und das Überleben der Bauhaus-Idee … und des Glases

Die „dunkle Vorhersage" wird sich für unsere Protagonisten bald erfüllen. Der Leser, der den Fortgang der Geschichte kennt, kann sie nicht warnen. Wir wissen, dass viele Bauhäusler, die in die Sowjetunion gingen und blieben, in den GULag [sic] kamen oder von Stalin hingerichtet wurden, so z.B. auch Hannes Meyers Lebensgefährtin; ihr gemeinsamer Sohn kam ins Waisenhaus. Meyer selbst kehrte nach zehnjährigem Exil in Mexiko wieder in seine Schweizer Heimat zurück, wo er als Architekt nicht mehr Fuß fassen konnte. Welche schwere Zukunft erwartet also Carl in der Sowjetunion? Lukas, als Nationalsozialist, wird sich 1933 vor die Entscheidung gestellt sehen, sich von seiner jüdischen Frau zu trennen und sie dem sicheren Tod auszuliefern, oder aber zu versuchen, mit ihr gemeinsam ins Exil zu gehen.

GLAS ist also durchaus tauglich als Metapher der Moderne: der Traum von der Neuen Zeit zerbricht erst einmal mit dem Ende der Weimarer Republik, nicht nur durch die politische Entwicklung, sondern auch aufgrund der Desillusionierung der beteiligten Personen, zumindest unserer Protagonisten. Dass die Bauhaus-Idee überlebt und nicht „wie Glas" zerbricht, wissen wir. Sie wird durch das Exil der Bauhäusler/-innen in alle Welt getragen, vornehmlich nach Israel und, von Walter Gropius und seiner Frau Ise, Josef und Anni Albers, Ludwig Mies van der Rohe und anderen, in die USA.[15] Nach dem Zweiten Weltkrieg bestimmt der Bauhaus-Stil die Architektur der Nachkriegsmoderne in West- und Ost-Deutschland. 2019 hat uns das Jubiläumsjahr gezeigt, wie sehr die Bauhaus-Ideen in Design und Architektur weiterhin faszinieren.

Im Roman selbst wird jedoch auch schon auf andere architektonische Möglichkeiten verwiesen, die, damals noch Zukunftsmusik, sich mittlerweile technisch bewältigen lassen. So tritt der Architekt Hermann Finsterlin, ebenfalls Mitglied der vorgenannten *Gläsernen Kette* (210), auf, welcher mit biblischem Sendungsbewusstsein die Abkehr von geometrischen Figuren fordert und sich dabei explizit auf den Werkstoff Glas bezieht: „Ich aber sage euch – die Traumhäuser, das Unbaubare, sind die passenden Gehäuse für unsere Fantasie. Casa Nova, das Neue Haus! […] Farbig und gläsern sollen eure Wände sein, nichts habt ihr dahinter zu verbergen." (210) Als Beispiele für diese „fantastische" Bauweise fallen jedem sicher viele aktuelle Beispiele ein.

Neben der gezeigten kunstvollen Verflechtung von architekturhistorischen Realien (Glas) und ihrer Verwendung als leitmotivische Symbole auf Textebene ist ein Kennzeichen und Qualitätselement des Romans die dichte literarische Aufbereitung des profunden, detailreichen Wissens des Autors über das Bauhaus, sowie das Spielen mit dem Standpunkt des aktuellen Lesers, der die

15 Übrigens blieben durchaus einige Bauhäusler/-innen im nationalsozialistischen Deutschland, so z.B. der Keramiker Theodor Bogler, der von 1938 bis 1946 Prior der Benediktiner-Abtei Maria Laach war.

Zukunft des Bauhauses kennt, mithin als idealer Leser die Leerstellen der Handlung füllen kann.

Bibliografie

Bauhaus Community. Forschungsstelle für Biografien ehemaliger Bauhaus-Angehöriger (BeBA), *https://bauhaus.community*, abgerufen am 28. 9. 2021.

Benjamin, Walter, 2010: *Über den Begriff der Geschichte. Werke und Nachlass – Kritische Gesamtausgabe*. Bd. 19. Raulet, Gérard (Hrsg.). Suhrkamp: Berlin.

Bulthaup, Peter (Hrsg.), 1975: *Materialien zu Benjamins Thesen ‚Über den Begriff der Geschichte'. Beiträge und Interpretationen*. Suhrkamp: Frankfurt a. M.

Dudenredaktion (Hrsg.), 2007: „Glas". *Duden. Deutsches Universalwörterbuch*. Mannheim: Dudenverlag, 698.

Eberlein, Johann Konrad, 1991: „Ein verhängnisvoller Engel. Paul Klees Bild Angelus Novus und Walter Benjamins Interpretation". *Frankfurter Allgemeine Zeitung* 166, *http://www.atelierleonhardt.de/ein%20verhaengnisvoller%20Engel.pdf*, abgerufen am 28. 9. 2021.

Eberlein, Johann Konrad, 2006: *„Angelus Novus". Paul Klees Bild und Walter Benjamins Deutung*. Rombach: Freiburg im Breisgau.

Enzensberger, Theresia, 2017: *Blaupause*. Hanser: München.

Hillger, Andreas, 2018 [2013]: *gläserne zeit. Ein Bauhaus-Roman*. Osburg Verlag: Hamburg.

Hoffmann, Ernst Theodor Amadeus, 1967: *E.T.A. Hoffmann Werke*. Bd. 1: *Fantasiestücke in Callots Manier. Die Elixiere des Teufels*. Insel: Frankfurt a. M.

Horn, Antje, 2019: „Der Bauhaus-Blick ins Grüne". In: Bauhaus-Kooperation Berlin Dessau Weimar: *Grand Tour der Moderne, https://www.grandtourdermoderne.de/facetten-des-bauhauses/aus-dem-magazin-von-bauhaus100de/der-bauhaus-blick-ins-gruene/*, abgerufen am 28. 9. 2021.

Klee, Paul, 2007: *Tagebücher 1898–1918 und Texte*. Klee, Felix und Alexander (Hrsg.). DuMont: Köln.

Muchawsky-Schnapper, Ester, 1989: „Paul Klee's Angelus Novus, Walter Benjamin, and Gershom Sholem". *Israel Museum Journal 8*, 47–52.

Müller, Ulrike, ^{5}2019: *Bauhaus-Frauen. Meisterinnen in Kunst, Handwerk und Design*. Unter Mitarbeit von Ingrid Radewaldt. Insel: München.

Muscheler, Ursula, ^{2}2019: *Das rote Bauhaus. Eine Geschichte von Hoffnung und Scheitern*. Berenberg: Berlin.

Revedin, Jana, 2018: *Jeder hier nennt mich Frau Bauhaus. Das Leben der Ise Frank. Ein biografischer Roman*. Dumont: Köln.

Schittich, Christian et al., ^{2}2006: *Glasbau Atlas*. Birkhäuser: Basel.

Schwebel, Horst, 1989: „Redierunt angeli – Revision des ‚Engelmythos'? Benjamins Interpretation des ‚Angelus Novus' von Paul Klee". In: Schwebel, Horst/Mertin, Andreas (Hrsg.): *Bilder und ihre Macht. Zum Verhältnis von Kunst und christlicher Religion*. Verlag Katholisches Bibelwerk: Stuttgart, 52–65.

Werckmeister, Otto Karl, 1996: „Walter Benjamin's Angel of History, or the Transfiguration of the Revolutionary into the Historian". *Critical Inquiry 22*, 239–267.

Wilms-Adrians, Angela, 2019: „Bauhaus-Lesung in der Bauhaus-Villa". *RP [Rheinische Post] Online*, 4. 7. 2019, *https://rp-online.de/nrw/staedte/viersen/bauhaus-lesung-von-andreas-hilger-in-der-bauhaus-villa-in-viersen_aid-39875127*, abgerufen am 28. 9. 2021.

Sabine Geck

Universität Valladolid

E-Mail: sabine.geck@uva.es

Isabel Gutiérrez Koester

Aussteiger der 68er-Generation: die Hippie-Utopie in Spanien

1968: ein Jahr, das zu einem universellen Schlagwort geworden ist. Wohl nie zuvor in der Geschichte hatte ein politisch-soziales Phänomen solch eine internationale Dimension erreicht, denn es stand für Revolution weltweit, auch wenn diese von jeder Nation und ihren „rebellischen Geistern" anders gehandhabt wurde.

Gemein war ihnen allen u.a. die Rebellion gegen Autoritarismus in Staat und Familie und der Anspruch auf Feminismus, Ökologie, Achtung der Minderheitenrechte, sexuelle Freiheit, Gleichberechtigung innerhalb eines demokratisierten Bildungssystems, Pazifismus und Wahrung der bürgerlichen und sozialen Freiheiten, doch waren die Studentenbewegungen in Deutschland bedeutend vehementer und politisch radikaler als anderswo. Die Unruhen der deutschen Jugend resultierten mehr als irgendwo sonst aus einer Krise des nachkriegszeitlichen sozialpsychischen Gerüsts und richteten sich nicht nur gegen die staatliche Unterdrückung, die kapitalistische Ausbeutung, die sexuelle Repression oder den Vietnam-Krieg, so wie ihre amerikanischen Altersgenossen, sondern insbesondere gegen die nationalsozialistische Vergangenheit der Elterngeneration sowie ihre Persistenz in den akademischen und politischen Institutionen. Der Umgang mit den Verbrechen des Nationalsozialismus und die Frage der begangenen oder zugelassenen Schuld der Kriegseltern belasteten die deutsche Jugend gewaltig.

Im Gegensatz zu anderen Revolutionen lag der Grund dieser Krise nicht in finanzwirtschaftlichen Missständen. Die nach 1945 Geborenen verbrachten ihre Jugend in einer durch die Konsolidierungspolitik des Sozialstaats erreichten Wohlstandsgesellschaft und waren als Generation so gut materiell versorgt wie noch nie zuvor, und trotzdem herrschte Unzufriedenheit mit den staatspolitischen Strukturen. Enzensberger brachte dieses Gefühl bereits 1964 in seinem bekannten Gedicht „Middle Class Blues" (in *blindenschrift*, Suhrkamp) zum Ausdruck. Die letzten zwei Verse, „wir können nicht klagen/worauf warten wir noch?", stellen gerade diesen Widerspruch zwischen Prosperität und persönlicher Infragestellung exemplarisch dar.

Die Antwort auf die abgelehnte Konsumgesellschaft kam aus den kontrakulturellen Bewegungen, unter ihnen die Hippies. Sie teilten zwar mit den Studentenbewegungen die gleichen Prinzipien und wollten wie sie alte Strukturen aufbrechen, suchten aber durch ihren besonderen Lebensstil eine entpolitisierte Alternative zur autoritären Staatsstruktur. Ganz neu war diese Attitüde übrigens nicht, denn bereits Ende der 1940er- und in den 1950er-Jahren hatten zuerst die Hipster und dann die Beatniks in den USA durch provokativen

Sprachgebrauch, tabufreie Sexualität, Drogenkonsum und Mystizismus für Aufsehen in der prüden amerikanischen Gesellschaft gesorgt.

Vereinfacht könnte man behaupten, dass Beatniks überzeugte Individualist/-innen waren, während die Hippies an eine solidarische, wenn auch zutiefst hedonistische Gemeinschaft glaubten. Folgende etwas prosaische Erläuterung der berühmten Sängerin Janis Joplin mag Aufschluss über den Unterschied geben: „Hippies believe the world could be a better place. Beatniks believe things aren't going to get better and say, ‚The hell with it', stay stoned and have a good time" (Kurlansky 2005: 138). Tatsache ist, dass weder die Beat-Generation noch die Hippies ein sozio-politisches Programm aufweisen konnten bzw. wollten, doch suchten diese letzteren durch passiven Widerstand und ein gemeinschaftliches Leben im Einklang mit der Natur die Verwirklichung einer alternativen harmonischen Existenz – Ideale, die den Beatniks weitgehend fremd waren.

Zu den Haupterkennungsmerkmalen der Hippies gehörte u. a. ein charakteristisches Aussehen. Nicht nur im konservativen Amerika galten Hippies als ungepflegte, langhaarige und arbeitsunwillige Gammler/-innen und Asoziale. Berühmt wurde der spöttische Ausruf des damals noch kalifornischen Gouverneurs Ronald Reagan im Jahre 1967, als er einer Demonstrantengruppe in Berkeley gegenüber behauptete, einer von ihnen „had a haircut like Tarzan, walked like Jane, and smelled like Cheetah". Als die Aktivisten von einem „bloodbath" sprachen, konterte Reagan, dass sie am besten erstmal selbst ein Bad nehmen sollten (D'Souza 1999: 71–72). Ähnlich ist in der *Spiegel*-Ausgabe vom 28. August 1967 zu lesen: „Es sind Teens und Twens mit langen, zottigen Haaren. Wie Europas Gammler verabscheuen sie Wasser, Seife und Bürgertum. Mit Vorliebe begeben sie sich auf eine Rausch-Reise in ferne und irreal schöne Welten" („Hippies. Sommer der Liebe" 1967, Web).

Tatsache war, dass die oft dürftige oder gar armselige Kleidung, die Hippies international kennzeichnete, meist nicht auf einen finanziellen Missstand der Träger/-innen hinwies – der Großteil der Hippies entsprang privilegierten Gesellschaftsschichten und besaß ein hohes Bildungs- und Kulturniveau –, sondern eher als auflehnender Gestus gegen den wohlhabenden Lebensstil des piefigen Establishments verstanden werden muss, also als ein „Kostüm der Armut". Wie der britische Soziologe der Birmingham School Stuart Hall bereits 1967 in seinem Aufsatz „The Hippies: an American ‚moment'" erläuterte, identifizierten sich die Hippies emotional mit den Armen aus zwei Gründen: erstens hatten sie die gleichen realen Schwierigkeiten bei der Suche nach Unterkunft und Verpflegung, und zweitens waren sie gleichermaßen Abweichler/-innen und Außenseiter/-innen, die aus dem akzeptablen Gesellschaftskreis ausgeschlossen waren.

> The poor are only the most obvious group in a wider circle of so-called "deviants" with whom the Hippies emotionally identify. In part, this is a matter of shared or overlapping life experiences. In their escape from middle-class suburbia, in their search for cheaper places to live and areas of the city where

> social controls are less rigidly exercised, Hippies are driven to share – often for the same reasons – those areas where other deviant groups and sections of the "disorganized" have already clustered. More important, however, is the identity which Hippies feel with all those whom "straight society" has labelled deviant, outside the norms and expectations of respectability. (Hall 2007: 149)

Weiter weist Hall auf die indianische Thematik hin, die von den Hippies sowohl im Modekontext (z.B. Fransen, Stirnbänder, Sarapes, Glöckchen, Mokassins) als auch in der spirituellen Dimension übernommen wurde. Auch hier handelt es sich wieder um eine marginalisierte Gruppe, mit denen sich besonders die amerikanischen Hippies identifizierten, und deren Mystizismus mit der orientalischen Religiosität bzw. Spiritualität weitergeführt wurde. Darüber hinaus brach auch ihre unkonventionelle Kleidung (lange Gewänder, Pumphosen, Westen, Tunikas) mit den traditionell geschlechtsspezifischen Modemerkmalen.

Naturverbundenheit und überhaupt der Begriff „Flower-Power" repräsentierten ihrerseits die Macht der Schönheit, der Schlichtheit, des Utopischen und wurden häufig durch den Rückzug in eine pastorale Umgebung fern von dem schädlichen Einfluss der Technologie und der Hektik des modernen Lebens manifest. Dieser Arkadianismus stellte einen alternativen Entwurf zur Gesellschaft dar; er strebte die Konstruktion einer Gegengesellschaft, einer kollektiven, bunten, im positiven Sinne des Wortes primitiven Gemeinschaft an, deren Lemma die Liebe sein sollte.

Das weitgreifende Verständnis dieses Liebesbegriffs führt zu einem weiteren Grundpfeiler der Hippie-Kultur: das Drängen nach sexueller Befreiung aus dem autoritären Herrschaftssystem und der konservativen bürgerlichen Familie als Autoritätskonstrukt. Im Gegensatz zur überzogenen und beklemmenden Sexualmoral der 1950er- und 1960er-Jahre, bedeutete Liebe für die Hippies nicht nur emotionale Zärtlichkeit, sondern auch sexuelle Freizügigkeit, die Aufhebung geschlechtsspezifischer Unterschiede, die Befreiung von Tabus der Gesellschaft und die sowohl körperliche als auch geistige Gemeinschaft.

> For hippies, sexual liberation meant not being preoccupied with sex. [...] "Make Love, Not War" – it was one of the key slogans of the counterculture. But it was not a rallying cry for casual sex; it was, rather, an almost sentimental plea for harmony and brotherhood. If people would only stop hating and killing one another and instead begin truly loving each other, the world would be a better place. Sex was fine, but "making love" was about far more than sex: it was about being profoundly related to another human being. As Bob Dylan advised *Playboy* readers in 1966, "Sex is a temporary thing: sex isn't love." Love was the central tenet of the counterculture – love of nature, love of life, love of oneself, love of love. Sexual intercourse was merely a way to communicate with, and express love for, another person. (Allyn 2016: 101)

Für Stuart Hall galt das Hippie-Leben allgemein als „a sort of unanxious, perpetual search for pleasure, a difiused hedonism, coupled with a militant resistance to the tyranny of work" (Hall 2007: 154). Eng mit diesem „diffusen Hedonismus" hing der extrem verbreitete Konsum von Marihuana und LSD (später auch von härteren Drogen) zusammen, was außerdem mit einem gewissen Musikstil (Acid-Rock, Psychodelischer Rock) einherging, zu dem u. a. Jimi Hendrix, The Doors, Pink Floyd, The Beach Boys oder The Beatles mit beitrugen. Der Drogenkonsum konnte theoretisch nicht nur zu Genuss einerseits und zur Selbstfindung und Bewusstseinserweiterung andererseits führen, sondern sollte auch einen deutlichen Hinweis auf die Heuchlerei der moralischen Grenzen der Gesellschaft darstellen; hatte diese doch ihre eigenen Drogen (Alkohol und Tabak), verpönte aber andere aus rein willkürlichen Gründen.

Marihuana und LSD waren für die deutsche Jugend darüber hinaus ein Flucht- und Verdrängungsmittel in Bezug auf die gesellschaftliche und familiäre Realität, gekennzeichnet durch autoritäre Umgangsformen und Generationsentfremdung. Die Bürde, als Nachkriegsgeneration für die Kriegsverantwortung und Schuld der Eltern geradezustehen, war für viele einfach zu belastend. Sie wollten die Verlogenheit der Wohlstandsgesellschaft hinter sich lassen und wurden so zu Aussteiger/-innen, die in anderen Ländern einen Lebensstil jenseits von Regeln, Pflichten und Konventionen suchten. Laetitia Barnick bemerkt dazu in ihrer Studie über die 68er, *Generation Forever Young*, folgendes:

> Die Bewegung als Weg zur Sinnfindung fand in zweierlei Hinsicht statt: Einmal geographisch als Umherziehen, um im Süden ihre Vorstellungen von neuen Gemeinschaftsformen zu leben, und einmal innerlich durch Bewusstseinserweiterung durch Drogen oder Mystizismus oder Religion. (Barnick 2017: 44)

Viele von ihnen zog es auf dieser spirituellen Suchreise in den Orient. Marokko (Essaouira), Indien (Goa) und Nepal (Katmandu) waren Hippie-Hotspots. Spanien war dabei häufig Haltestelle während oder nach der Reise und viele ließen sich hier nieder, angezogen von dem milden Klima, der Sonne, dem Meer, den niedrigen Preisen und der geographischen Nähe zum restlichen Europa. Ortschaften wie Ibiza und Formentera auf den Balearen, die kanarischen Inseln La Palma und La Gomera und etwas später auch Andalusien wurden so zu zentralen Hippie-Enklaven dieser ausgewanderten Nonkonformisten.

Die kontrakulturelle Migrationsbewegung hatte bereits Mitte der 1950er-Jahre begonnen, als vor allem amerikanische Bohémiens nach Ibiza kamen, stark beeinflusst von der Beat-Generation oder selbst Beatniks. Mit Kerouacs *On the road* in der Tasche flohen viele von ihnen nicht nur vor dem Spießbürgertum, sondern auch um der Einberufung nach Vietnam zu entgehen. Sie eröffneten damit eine Route, die nur wenig später von anderen Subkulturen junger Leute eingeschlagen werden sollte, den sogenannten Hippie-Trail. Von diesen kontrakulturellen Pionieren blieb fast keiner und sie ließen sich nur für einige Jahre auf den Inseln nieder, doch legten sie damit den Grundstein für das spätere Hippietum. Der provokante Philosoph und Universitätsprofessor Antonio Escohotado, Autor von *Historia general de las drogas* (1989), fasst seine eigene Erfahrung auf der Insel in dieser Zeit folgendermaßen zusammen:

> Se ligaba a simple vista, siempre que cumplieses las reglas de aquella comunidad: ir vestido de manera estrafalaria, con melenas y cara de freak, porque a nosotros nos llamaban freaks: lo de hippies es algo posterior. Un hippy es aquel que vende esculturitas en el mercado, cree en la cocina macrobiótica y tiene un gurú indio. En cambio, los freaks estábamos más bien en la línea de Mick Jagger o Bob Dylan. Nos interesaba especialmente el sexo, por encima de la paz mundial, y las experiencias de liberación del cuerpo y de la mente a través de las drogas. (Barba 2009: 258)

In der Tat kamen ab Ende der 1960er-Jahre besonders junge Menschen aus Deutschland und Frankreich, die genug von den zornigen 68er-Bewegungen hatten und von der angespannten politischen Lage in ihren Heimatländern (zunehmende Politisierung der Gesellschaft, Radikalisierung der Neuen Linken, Aufkommen der RAF) Abstand nehmen wollten. Diese „authentischen" Hippies waren auf einer spirituell-existentiellen Reise, träumten von Liebe, Freiheit und Friede und suchten ein Leben im Einklang mit der Natur. Sie alle hielten die Realisierung einer Utopie auf Ibiza oder Formentera für möglich. Die Inseln verkörperten das Paradies als Naturzustand schlechthin und benötigten keine soziale Konstruktion oder ein Reformprogramm, um eine alternative Gesellschaftsform zu konstruieren.

Literarische Spuren von diesen Aufenthalten sind schwer zu finden – es scheint, dass nicht viele deutsche Hippies das Bedürfnis hatten, ihre Erfahrungen in Spanien niederzuschreiben. Einer der wenigen war Heinrich („Tiny"[1]) Stricker (1949, Gundelfingen an der Donau). In einer der letzten Ausgaben der Zeitschrift *Literatur in Bayern* wird er als „fast vergessener Autor der rebellischen Hippie-Zeit und Pionier der deutschen Popliteratur aus Bayern" beschrieben (Hübner 2018). Strickers Berufsleben nach seiner Hippie-Phase zeugt außerdem von einer soliden Laufbahn als Lehrer und Schriftsteller, was wohl auch den Titel des Aufsatzes rechtfertigt: „Der seriöseste Hippie aller Zeiten". Von seinen inzwischen zehn Romanen behandeln drei seine persönlichen (Reise-) Erfahrungen während der Hippie-Bewegung: *Ein Mercedes für Täbris* (2012) beschreibt die abenteuerliche Reise 1968 von München in den Iran. *Trip Generation* (1970) ist ein literarischer Roadtrip im Stile Jack Kerouacs und erzählt Strickers Erlebnisse auf dem Hippie-Trail in den Nahen Osten nur ein Jahr später. In *Unterwegs nach Essaouira* (2017) verarbeitet er schließlich semi-fiktional seine Reiseerinnerungen auf dem Weg nach Essaouira im Jahre 1970/71 und die Gründung und Erfahrungen mit der Band *Siloah*, bei der Stricker Sänger war. Auf dem Weg nach Marokko durften Stricker und sein Freund Thom aufgrund der langen Haare nicht die Grenze von Ceuta nach Marokko überqueren und beschlossen so kurzerhand nach Ibiza und anschließend Formentera überzusetzen, wo sie einer Hippie-Kommune beitraten.

1 Der Spitzname kam auf einer Reise nach Karachi zustande: Weil die Asiaten „Heini" nur schwer aussprechen konnten, sagten sie „Tiny" zu ihm.

Auf den ersten Blick scheint es überraschend, dass so viele Hippies gerade zur Zeit der Franco-Diktatur nach Spanien kamen, aber Tatsache ist, dass besonders die Inseln eher ein isoliertes Dasein pflegten und von der starren Regierung nicht allzu großer Einfluss zu spüren war, außer während der Hochsaison, wo die *Guardia Civil* (spanische Polizeieinheit) gelegentlich Razzias durchführte, was Stricker auch wiederholt erwähnt. Nichtsdestotrotz erfolgte der wahre Hippie-Boom mit dem Tod Francos. Ibiza wurde zum Zentrum der gesamten Hippiebewegung – es war warm, paradiesisch und vor allem billig. Die niedrigen Preise verstärkten (oder ermöglichten sogar erst) das Gefühl von Freiheit, Unabhängigkeit und barrierefreiem Genuss. Sie alle waren rebellisch und wollten dem festgefahrenen Alltag entkommen, aber im Gegensatz zu den Studentenbewegungen auf dem Kontinent war es ein relativ einfacher und vor allem äußerst lustvoller Weg, sich von ihren Verpflichtungen zu befreien.

Stricker beschreibt dieses genüssliche Leben mit Detail: Freiheit, wunderliche Bekanntschaften, Drogentrips und Leben unter freiem Himmel lassen die Balearische Bucht zur bukolischen Utopie werden:

> Die willkürlich zusammengesetzte Gemeinschaft, die in Es Caló entstand, schätzten sie, weil sie von Bindungen, die sie vielleicht als aufgezwungen erachteten, befreite und offen machte für neue, ungewohnte Freundschaftsbeziehungen. Hinzu kamen die Bedürfnislosigkeit, die sich nach und nach einstellte, die geringen Ablenkungen, sodass man sich wieder dem anderen mit frisch geweckten Interesse als einem naheliegenden Objekt zuwandte. In einer Art Wechselwirkung zeigte sich dieser in seiner größtmöglichen Gelöstheit und Schönheit ... (Stricker 2017: 55)

Als das Geld knapp wird, kommt es vor allem für die Jüngsten zur Auflösung der Hippie-Idylle, die für viele mit dem Ende der Sommerferien zusammenfällt und die meisten müssen weiter bzw. zurück.

> Mehr noch als die ersten Septemberstürme verbreitete die unaufhaltsame Auflösung der Gruppe eine herbstliche Stimmung in Es Caló. Obwohl sie äußerst genügsam lebten, gingen ihnen nach und nach die Mittel aus, worüber sie aber nicht sprachen, da es ja ein Aspekt war, der für sie nicht existieren sollte. (Stricker 2017: 63)

Auch Tiny nimmt seinen Rückweg nach München, wo er sich besonders der neu gegründeten Band widmet und der zurückliegende Hippie-Sommer immer mehr ins Vergessen gerät.

Stricker spricht in seinem Bericht das Nebeneinander der Inselbewohner/-innen und der Fremden kaum an, aber die *Ibicencos* und *Formenteranos* reagierten, wie man sich vorstellen kann, nicht gerade begeistert auf die Neuankömmlinge. Sie nannten sie auf Katalanisch „*peluts*" – „die mit den vielen Haaren", und es kam selbstverständlich zu Zusammenstößen und Kulturkonflikten, doch allgemein trat die lokale Bevölkerung dem Hippie-Phänomen eher zurückhaltend und tolerant entgegen. Schließlich waren die meisten von den Deutschen, Amerikanern, Briten und Franzosen kultiviert, höflich und fröhlich und trugen nicht unerheblich zum Wachstum der lokalen Wirtschaft bei. Heftigere Reaktionen gab es auf dem Festland, vor allem aufgrund der propagierten Nacktheit, des Drogenkonsums und der wohl häufig ausschweifenden Feste während der sommerlichen Saison.

Die französische Soziologin Danielle Rozenberg verfolgte und untersuchte zwischen 1967 und 1984 die Wechselbeziehungen zwischen den Inselbewohner/-innen und den Fremden. Die Moderne der Neuankömmlinge vermischte sich mit den Traditionen und den z.T. noch rückständigen Lebensbedingungen der *Ibicencos*. Hier nur drei Beispiele dieser widersprüchlichen Wechselbeziehung (cf. Rozenberg 1990: 174ff.):

- Als sich die medizinischen Bedingungen auf der Insel besserten und die spanischen Frauen auch endlich im Krankenhaus entbinden konnten, griffen die Hippies auf Naturheilkunde zurück, verzichteten auf moderne Medikamente und bevorzugten natürliche Entbindungen zu Hause.
- Der Einbruch der Moderne erlaubte den *Ibicencos* eine Erneuerung ihrer alten Möbel und Einrichtungen. Neue Materialien und Massenproduktion ermöglichten so eine innenarchitektonische Modernisierung der traditionellen und recht rückständigen Haushalte. Dem gegenüber fanden die Hippies besonderen Gefallen an handwerklich hergestellten Truhen, Schüsseln, Mörsern, Mühlsteinen und Körben, die in ihren Augen unendlich wertvoller als alle massenproduzierten Gegenstände waren.
- Als die *Ibicencos*, von der Mode der Fremden beeinflusst, ihre altertümliche Kleidung ablegten und sich mit Shorts, Handtaschen, Stadtschuhen und Ähnlichem modernisierten, übernahmen die Hippies die lokale Kleidung und passten sie ihrem Lebensgefühl an. Das ist die Geburtsstunde der späteren Modemarke „Adlib", die Anfang der 1970er gegründet wurde, und den ibizenkischen Modestil weltweit bekannt machen wird: Strohhüte, Espartogras-Schuhe, informelle, lockere und leichte Kleidung in hellen Farben, mit Spitzen, Stickereien und fantasievollen Verzierungen besetzt (cf. Cardona 2016: 11).

Rozenberg kommt zu dem Schluss, dass es nie zu einem wirklichen *Melting-Pot* gekommen ist. Die Aneignung der lokalen Identität kann in diesem Fall nicht auf eine einfache Übernahme der Elemente einer anderen Kultur reduziert werden. Diese wurden viel mehr aus ihrem gewohnten Bezugsrahmen herausgenommen und an ein neues Interpretationsschema angepasst, so dass die Akkulturation nur ansatzweise stattfand. Mit dem Einbruch des Massentourismus ab 1972 begann sich das soziale Klima der Inseln zu ändern, sodass sich eine Revision des Hippie-Lebensstils aufdrängte:

> Lobten die Neuankömmlinge den Charme der Kerzenbeleuchtung oder die Erdwandschränke, oder gerieten sie in Ekstase über die Schönheit alter landwirtschaftlicher Gebäude, so waren die Änderungen, die sie vor ihrer definitiven Niederlassung durchführten, sehr aufschlussreich. Sie installierten schnellstens Elektrizität und führten Beleuchtung, Kühlschränke, Zisternen und sanitäre Einrichtungen ein. Sie bauten Zusatzheizungen ein, verglasten Fenster und bauten zusätzliche Räume an, legten Terrassen an und hoben

> Swimmingpools aus. Das Landleben nahm den Charakter eines bukolischen Spiels an, mit Blumen, die nicht mehr für den tatsächlichen Gebrauch angepflanzt wurden, und Tieren wie Ziegen, Hühner, Hunde und Katzen, die derart verwöhnt wurden, dass die Inselbewohner nur darüber staunen konnten.
>
> Unter den Tugenden der traditionellen Gesellschaft erwähnten die Besucher spontan die Gastfreundschaft der Inselbewohner und die Vertrauensbeziehungen, die den Gebrauch von Schlüsseln überflüssig machte. Dennoch waren es die Ausländer, die Zäune einführten und Schilder mit der Aufschrift „Privateigentum" dort anbrachten, wo sich die *Ibicencos* damit begnügten, die Grenzen ihres Landes mit einem Stein oder einem Baum zu markieren. (Rosenberg 1995: 165 f., Eigenübersetzung)

Die Fremden setzten bald den Lebensstil ihrer Herkunftsländer durch und viele passten sich den neuen Zeiten an, indem sie sich in den Arbeitsmarkt integrierten, vor allem in der Kunst- und Modeszene und in der Vergnügungs- und Unterhaltungsbranche. Andere kehrten in ihre Herkunftsländer zurück, um sich dort der Gesellschaft erneut unterzuordnen, während eine geringere Anzahl versuchte, weiterhin nach ihren Idealen zu leben, und ausharrte oder andere Destinationen suchte, z. B. die Inseln La Gomera oder La Palma, wo heute immer noch Hippies in Höhlen oder in den *barrancos*, kleinen abgelegenen Dörfern an den Rändern der Schluchten, leben, oder die Ende der 1970er-Jahre gegründete Siedlung mit dem vielsagenden Namen „Beneficio" – „Vorteil, Gewinn".

Beneficio liegt ziemlich isoliert und kaum beschildert in einem abgelegenen Tal der andalusischen Alpujarras (etwa 60 km von Granada entfernt). Dabei handelt es sich um eine Ansammlung von verschiedenartigen Unterkünften: von Zelten über Holz und Plastik-Bauten bis hin zu Steinhäusern. Manche von den drei bis vierhundert Bewohner/-innen (die Zahl schwankt ständig) haben mehr, manche weniger, andere gar nichts, aber sie alle leben hier miteinander. Unter ihnen gibt es welche, die schon seit Jahrzehnten dort sind, obwohl die Gründer alle längst in ihre Heimatländer zurückgekehrt sind; andere kommen nur kurz – es gibt keine Norm. Es scheint eine idyllische Gesellschaft, aber das Leben kann auch sehr hart in Beneficio sein: Nahrungssuche, Hunger, Kälte, Krankheiten werden oft zu einem unüberwindbaren Problem und hinterlassen ihre Spuren im Äußeren der Siedler.

Die Hippies von Beneficio – wenn man sie als solche überhaupt noch bezeichnen kann – beschimpfen die moderne Welt und die Stadt als „Babylon"; sie ist für sie eine laute, brutale und unmenschliche Gesellschaft, der sie bewusst den Rücken gekehrt haben. Sieht man sich Beneficio genauer an, so merkt man, dass das Leben seiner Bewohner kaum noch etwas mit dem ursprünglichen hedonistischen Lebensstil der Hippies zu tun hat. Hier wird Hippie quasi als synonym von arm, müde und abgelehnt verstanden und viele sind dort, weil sie nicht wissen, wohin. In einem Interview des ARD-Korrespondenten Marc Dugge mit Marco, ursprünglich aus Wiesbaden und schon seit 30 Jahren dort, wird deutlich, dass Beneficio zu einer Aussteigersiedlung geworden ist:

> Früher war das weniger Leute und ein bisschen mehr konzentriert. Da hast Du gespürt, warum die Menschen hier sind. Dass sie hier sind, weil sie es wollen. Und nicht weil sie nicht mehr anders können. Heute haben wir hier Menschen, die es sonst nicht mehr packen. (Dugge 2019)

In Beneficio herrscht keine Demokratie. Alle müssen mit den Abmachungen, die getroffen werden, einverstanden sein. Regeln gibt es keine, und wenn trotzdem jemand gegen die Abmachungen verstößt (z. B. Alkohol trinken oder harte Drogen nehmen), drohen ihm keinerlei Konsequenzen – man ist, noch ganz im hippieschen Geiste, „trotzdem willkommen und wird geliebt".

Die Präsenz des Vergangenheitsbezugs der Hippiebewegung und ihre Bedeutung für die gegenwärtige Gesellschaft wirft viele Fragen auf, deren Antworten Gegenstand nicht endender Debatten sind: Waren die Hippies wirklich Revolutionäre oder haben sie sich ihrer gesellschaftlichen Verantwortung entzogen? Was ist aus diesen Rebellen geworden? Welche Spuren haben sie hinterlassen? Haben sie überhaupt etwas Brauchbares hinterlassen oder handelte es sich dabei lediglich um einen bunt zusammengewürfelten Haufen hedonistischer Revoluzzer?

Laetitia Barnick ist davon überzeugt, dass die Hippies ihre Spuren in vielen Bereichen der Gesellschaft hinterlassen haben, was besonders an gewissen Trends zu beobachten ist, deren Beliebtheit und Verbreitung heutzutage auffällt: WGs, alternative Medizin, Bioprodukte, Vegetarismus und Veganismus, Yoga, Meditation etc. (cf. Barnick 2007: 47 ff.). Das Vermächtnis der Blumenkinder lässt sich in der Gegenwart aber auch in der besonderen Visualisierung ethnischer und gesellschaftlicher Minderheiten bzw. Randgruppen spüren, und hat mit Sicherheit soziale Bewegungen wie Feminismus, Antiglobalisierungs- oder LGBTI-Bewegungen beeinflusst.

Auch aus kulturwissenschaftlicher Perspektive haben sie laut Hall auf verschiedene (wohl unbewusste) Weise dazu beigetragen, sich kritisch mit dem politischen System auseinanderzusetzen (cf. Hall 2007: 161). Sie haben dabei nicht nur einen konkreten Stil entwickelt (sowohl in der Form als auch in der Handlungsweise), sondern haben aus diesem Stil ein politisches Prinzip gemacht. Trotz oder vielleicht gerade aufgrund ihrer diffusen und unstrukturierten Idiosynkrasie gilt das Hippietum weiterhin als eine Gegenkultur, die sich von einem individualistischen und frei denkenden humanistischen Geist nährt, der den Menschen in den Vordergrund stellt und ihn dazu bringt, sich mit den Konventionen und etablierten Normen der Gesellschaft, in der er lebt, auseinanderzusetzen. So kann das latente Wertesystem der Hippie-Gesellschaft als eine direkte dialektische Gegenüberstellung von alternativen Werten zu den Prinzipien der bürgerlichen Mittelschicht verstanden werden (cf. Hall 2007: 162), auch wenn uns die Geschichte gelehrt hat, dass es sich dabei vielleicht nur um einen kurzen Traum handelte.

Bibliografie

Allyn, David, 2016: *Make Love, Not War. The Sexual Revolution: An Unfettered History*. Routledge: New York.

Barba, David, 2009: *100 españoles y el sexo*. Plaza & Janés Editores: Barcelona.

Barnick, Laetitia, 2017: *Generation Forever Young: Eine Betrachtung über das Älterwerden der deutschen Nachkriegsjugend: 68er-Studenten, Hippiebewegung & Co*. AAVAA: Berlin.

Cardona, José Ramón, 2016: „Moda Adlib: de los hippies a los turistas". *International Journal of Scientific Management and Tourism*, 2 (4), 177–206.

D'Souza, Dinesh, 1999: *Ronald Reagan: How an Ordinary Man Became an Extraordinary Leader*. Simon and Schuster: New York.

Dugge, Marc/Neuroth, Oliver, 8.7.2019: „Aussteiger in Andalusien und auf den Kanaren. Hippie, Hippie, Yeah!". *Deutschlandfunk Kultur, https://www.deutschlandfunkkultur.de/aussteiger-in-andalusien-und-auf-den-kanaren-hippie-hippie.979.de.html?dram:article_id=418536*, abgerufen am 3.1.2020.

Escohotado, Antonio, 1989: *Historia general de las drogas*. Alianza: Madrid.

Goltz, Anna von der, 2011: „Generations of 68Ers. Age-Related Constructions of Identity and Germany's ‚1968'". *Cultural and Social History*, 8 (4), 473–491.

Hall, Stuart, 2007: „The Hippies: an American ‚moment'". In: Gray, Ann et al. (Hrsg.): *CCCS Selected Working Papers*, Bd. 2. *Routledge*: London/New York, 146–167.

„Hippies. Sommer der Liebe", 1967. *Der Spiegel* (36) 28.08.1967: 88 f., *https://magazin.spiegel.de/EpubDelivery/spiegel/pdf/46265021*, abgerufen am 3.1.2020.

Hübner, Klaus, 2018: „Der seriöseste Hippie aller Zeiten". *Literaturportal Bayern* 13.11.2018, *https://www.literaturportal-bayern.de/revolutionen-1918-1968?task=lpbblog.default&id=1790*, abgerufen am 3.1.2020.

Kurlansky, Mark, 2005 [1968]: *The Year that Rocked the World*. Vintage Books: London.

Mäder, Ueli, 2018: „Die 68er gibt es nicht". *Schweizer Monat*, 1056, 23–25.

Rozenberg, Danielle, 1990: *Ibiza, una isla para otra vida*. CIS y Siglo XXI: Madrid.

Rozenberg, Danielle, 1995: „International Tourism and Utopia: the Balearic Islands". In: Lanfant, Marie-Francoise/Allcock, John B./Bruner, Edward M. (Hrsg.): *International Tourism. Identity and Change*. Sage: London, 159–176.

Stricker, Tiny, 1971: *Trip Generation*. Rowohlt: Reinbek.

Stricker, Tiny, 2012: *Ein Mercedes für Täbris*. Maro: Augsburg.

Stricker, Tiny, 2017: *Unterwegs nach Essaouira*. p.machinery: Murnau am Staffelsee.

Usó, Juan Carlos, 2013: „Beatniks en España". *Ulises. Revista de viajes interiores*, 15, 1827.

Isabel Gutiérrez Koester

Universitat de València
E-Mail: isabel.gutierrez@uv.es

Rosa Pérez Zancas

Verbotene Musik gegen das faschistische Deutschland im heterotopischen Raum Theresienstadt

Als Adolf Hitler am 30. Januar 1933 zum Reichskanzler ernannt wurde und damit in Deutschland die Allgegenwärtigkeit der Nationalsozialisten im kulturellen Leben begann, kündigte das auch das erzwungene Verstummen der Neuen Musik an. Sowohl moderne, avantgardistische und experimentelle Töne als auch Jazz-Musik waren verpönt und wurden sukzessive verboten. Mit den im Jahr 1935 in Kraft getretenen Nürnberger Rassengesetzen galten die Klänge von jüdisch eingestuften Komponisten als verfemt. Dazu gehörten auch Werke von nicht-jüdischen Musikern, die patriotische (später besonders tschechische Musik) oder kämpferische Stimmungen bewirkten. Eine bedeutsame Epoche in der Musikgeschichte im deutschsprachigen Raum Europas, die in den ersten zwei Jahrzehnten des zwanzigsten Jahrhunderts ihre Blütezeit erlebt hatte und in den dreißiger Jahren noch weltbekannte Werke verzeichnete, konnte ihre Fortsetzung nur noch außerhalb der von den Nazis besetzten Gebieten finden.

Ein besonderes Augenmerk sei im Folgenden auf das von 1941 bis 1945 funktionierende und von der SS bewachte Konzentrationslager Theresienstadt gerichtet. Das Lager sollte von der Öffentlichkeit als Idylle wahrgenommen werden, in Wahrheit jedoch wurde ein grauenvoller Alltag kaschiert. Dort wurden Werke der deutschen Musikavantgarde repräsentiert und auch komponiert, die im Dritten Reich als entartet galten. Sie sprengten nicht nur die Grenzen der musikalischen Kategorien, für die Häftlinge waren sie eine Möglichkeit, gegen Unterdrückung, Entwürdigung und Barbarei anzukämpfen. In diesem Beitrag sollen vier Komponisten vorgestellt werden, die mit ihrem musikalischen Wirken in Theresienstadt einen Widerstand gegen das NS-Regime leisteten und an diesem Ort Werke schufen, die sonst in dieser Zeit in den besetzten Ländern weder entstanden noch gespielt oder repräsentiert worden wären.

1. Der heterotopische Raum Theresienstadt

Die Festungsstadt Theresienstadt war ein von der nationalsozialistischen Führung isolierter und überwachter Ort, der in der Geschichte der nationalsozialistischen Konzentrationslager eine gewisse Sonderrolle einnahm. Als Vorzeigelager oder, wie es Milan Kuna (1993: 165) in seiner Studie *Musik an der Grenze des Lebens* nennt, als „Potemkinsches ‚Musterdorf'", war das ab Mitte 1943 auch sogenannte jüdische Siedlungsgebiet ein nützliches Propaganda-Instrument.[1]

1 Auch bekannt als „Alters- und Familienghetto", „Prominentenghetto" oder „Vorzugslager".

Während die einstige Garnisonsstadt den Nazis zur Geheimhaltung der Morde in den Vernichtungslagern diente, wurde von der SS der Propagandafilm *Der Führer schenkt den Juden eine Stadt* gedreht und im Herbst 1944 in der *Wochenschau* präsentiert. Damit gelang es den Nazis tatsächlich, das trügerische Bild von Theresienstadt weiterhin zu stärken. Jorge Bastos da Silva (2012: 133) sieht in Theresienstadt die Ambivalenz eines real vorhandenen und eines von den Nazis erfundenen, nicht real existierenden und somit utopischen Raums:

> While Auschwitz remains the epitome of nazi concentration camps, the ultimate heterotopia, Theresienstadt is a heterotopia and a utopia at one and the same time, because it is a concentration camp deliberately conceived and organized so as to operate as an elaborate lie. It is a camp that looks like a ghetto that looks like a real, ordinary town, and as such it is denounced as a hoax in the fabric of the stories themselves.

Trotz der extremen Umstände führten die Häftlinge ein regsames, geistiges und kulturelles Leben, das sich durch die euphemistisch genannte „Jüdische Selbstverwaltung" äußerst fruchtbar entfalten konnte. Karl Braun ergänzt in seiner Studie über Theresienstadt Ruth Klügers Definition des „Stalls", „der zum Schlachthof [Auschwitz-Birkenau] gehörte" (Klüger 1992: 81):

> Ruth Klüger hat in ihrer Autobiographie *weiter leben* Theresienstadt als den Stall, der zum Schlachthof gehörte, bezeichnet. Auch die Menschen, die in einem ‚Stall' zusammengepfercht sind, werden, wenn es ihnen ermöglicht wird, das leben, was menschliches Zusammensein ausmacht: Zivilisation und Kultur. Denn die eigentliche Natur des Menschen ist Kultur. An den Werten zivilisierten Zusammenlebens festgehalten zu haben, Kultur zu schaffen und Kultur zu leben, ist das Verdienst der Juden in Theresienstadt. (Braun 2001: 132–133)

Da die SS einen Besuch vom Internationalen Komitee des Roten Kreuzes zusammen mit Vertretern der dänischen Regierung in Theresienstadt befürchtete und dieser tatsächlich am 23. Juni 1944 stattfand, wurden kulturelle Aktivitäten geduldet. Schon im Oktober 1942 wurde eine Abteilung mit den „Bereiche[n] Theater, Vortragswesen, Kabarett, Bibliothek und Sport", die sogenannte „Freizeitgestaltung" (beides Schröder-Nauenburg 1998: 53), gegründet, in dem noch bis kurz vor der Befreiung am 8. Mai 1945 durch die Rote Armee sowohl verbotene Musik gespielt wurde als auch neue Klänge ihre Vollendung fanden. Die Sängerin Hedvika Grabová erinnert sich an die Vorbereitungen für den Besuch des Komitees:

> Es scheint seltsam, daß die SS den Juden [...] Musik, Kunst, Vorträge usw. [...] gestattete, aber die Herren wußten gut, was sie machen. [...] Da sie eine Kommission erwarteten, [...] ordneten sie an, daß die Opern in tadelloser Ausstattung mit Kostümen und Perücken aufgeführt werden sollten, kurz, daß man wirkliches Theater spielen sollte. [...] Arch. Zelenka, Prof. Lederer und andere bekannte Künstler arbeiteten unausgesetzt an der Ausstattung der verschiedenen Bühnen, schließlich mußten alle für einen Theaterbetrieb notwendigen Beleuchtungsapparaturen und Glühbirnen nach Theresienstadt geliefert werden. Auf dem Platz wurde ein Pavillon errichtet, wo die Stadtkapelle

> aufspielen mußte, lauter vorzügliche Musikanten, jeder einzelne ein Virtuose. Und im Kaffeehaus spielte ein Trio, und es wurden Kabaretts veranstaltet [...] und im Sommer wurden Vorstellungen unter freiem Himmel auf den Höfen gegeben. So erschien Theresienstadt eigentlich im Sommer 1944 als vollkommenes Eldorado in Europa, wo keine Anflüge waren, kein Kriegsschauplatz, nichts als Zeitvertreib, scheinbar drohte keine Gefahr. Und die löbliche Kommission kam und staunte sichtlich. (zit. n. Migdal 1986: 13; cf. auch Benz 2013: 118–119)

Diese durch Isolation und Entzeitlichung „lokalisierbare Utopie" kommt der Foucaultschen Heterotopie sehr nahe, da dieser „auf der Karte zu findend[e] Ort" in einer „genau bestimmbare[n] Zeit" nicht dem utopisch imaginären entspricht, insofern sich Heterotopien „von den herkömmlichen Orten" unterscheiden, da sie „sich allen anderen widersetzen und sie in gewisser Weise sogar auslöschen, ersetzen, neutralisieren oder reinigen sollen". (Foucault 2013: 9–10) Der in Theresienstadt entstandene interkulturelle Austausch dieser heterogenen „Zwangsgemeinschaft", die gewaltsam aus ihren Lebensräumen herausgerissen wurde, bildete eine einschneidende und hoch produktive Grundlage.

2. Viktor Ullmann (Teschen 1898 – Auschwitz-Birkenau 1944): *Der Kaiser von Atlantis oder die Tod-Verweigerung* (1943/1944)

Um zu verdeutlichen, wie sich das Kämpferische und die Verteidigung von Kultur schon in der Einstellung der Künstler bemerkbar macht, soll mit einem Zitat begonnen werden. Als im Sommer 1944 die Nachricht der Rückzüge und Verluste der deutschen Truppen Theresienstadt erreichte, notierte der Komponist Viktor Ullmann in seinem Essay „Goethe und Ghetto" unter der Zuversichtlichkeit eines nahenden Endes der Naziherrschaft:

> Theresienstadt war und ist für mich Schule der Form. [...] Hier, wo man auch im täglichen Leben den Stoff durch die Form zu überwinden hat, wo alles Musische in vollem Gegensatz zur Umwelt steht: Hier ist die wahre Meisterschule [...]. Ich habe in Theresienstadt ziemlich viel neue Musik geschrieben, meist um den Bedürfnissen [...] der Freizeitgestaltung des Ghettos zu genügen. [...] Zu betonen ist nur, dass ich in meiner musikalischen Arbeit durch Theresienstadt g e f ö r d e r t und nicht etwa gehemmt worden bin, dass wir keineswegs bloss klagend an Babylons Flüssen sassen und dass unser Kulturwille unserem Lebenswillen adäquat war; und ich bin überzeugt davon, dass alle, die bestrebt waren, in Leben und Kunst die Form dem widerstrebenden Stoffe abzuringen, mir Recht geben werden. (Ullmann 2011a: 111)

Die Handlung dieser Kammeroper lässt sich schnell zusammenfassen: Kaiser Overall proklamiert auf Atlantis den Krieg „aller gegen alle", doch der personifizierte Tod weigert sich, die Menschen sterben zu lassen. Als der Kaiser die Nachricht von der Unsterblichkeit der Menschen erhält, lässt er die Bewohner von Atlantis wissen, dass er das Geheimmittel zum ewigen Leben gefunden habe, um seine Macht und Glaubhaftigkeit nicht zu verlieren. In der Konfrontation zwischen Tod und Kaiser fordert der Tod sein Leben als erstes Opfer, um seine Arbeit wieder aufzunehmen. Der Tod befreit schließlich die Menschen vom Tyrannen Overall, der sein Angebot akzeptiert, und von ihrem Leiden.

Auch wenn die Idee, „[d]en obersten Massenmörder auf einer Theresienstädter Bühne sterben [zu] lassen" (Braun 1997: 45), nicht umgesetzt werden konnte, da es in Theresienstadt nie zu einer Aufführung kam, unterstreicht Ullmann mit seiner in der unmittelbaren Gegenwart spielenden Oper, wie sich Kunst dem Machtmissbrauch und der Barbarei entzieht. Diese Ablehnung spiegelte sich in der Realität von Theresienstadt wider, insofern sie den Häftlingen eine verschlüsselte Botschaft von der Überwindung des Bösen übertrug. Ullmann unterschrieb somit seine persönliche musikalische Rebellion, die als Hoffnungsträger gegen Gewalt und Zerstörung ein baldiges Ende ankündigen sollte.

Der Prolog stellt durch ein vorangestelltes Trompetensignal, das leitmotivisch durch das ganze Werk klingt und in der Tradition der modernen Liedertheater der zwanziger Jahre „mit den Mitteln des erzählenden, epischen Theaters" (Radeke 1997: 74) steht, einen klaren Wink an die exilierten Künstler dar. Ein personifizierter Radio-Lautsprecher stellt die Oper als Hörspiel vor: „Hallo, Hallo! Sie hören jetzt: Der Kaiser von Atlantis – eine Art Oper in vier Bildern." (Ullmann 2015: 34) Mit dem Trompetensignal richtet sich Ullmann besonders an die tschechischen Gefangenen: es beinhaltet eine Hommage an die Sinfonie (1905/1906) *Asrael* des Prager Komponisten Joseph Suk (1874–1935), der mit diesem Requiem seines verstorbenen Schwiegervaters Antonín Dvořák und seiner verstorbenen Frau Ottilie gedenken wollte. Bei Ullmann vertritt dieses Signal auch eine verdeckte Abwehrstellung, mit dem die Tschechen ihres 1937 verstorbenen Präsidenten und Hitlerfeinds Masaryk gedachten und das gleichzeitig identitätsstiftend wirken sollte. Mit der Chiffrierung seiner Oper, die u. a. klare musikalische Referenzen auf die deutsche Nationalhymne, auf Gustav Mahlers fünften Satz aus seinem *Lied von der Erde* in der „Mond"-Arie oder auf Luthers *Ein feste Burg*-Choral offenbart, teilt uns Ullmann auch mit, dass er sein Publikum für kultivierter hielt als die SS-Aufseher.

Die Aktualität dieser Kammeroper, die Krieg und Massensterben sowie die absolute Kontrolle durch Bewachung und Verbot des Tyrannen in den Vordergrund stellt und bereits durch die Wahl des Handlungsortes Atlantis eine Referenz auf die Faszination der Nazis für die Legende des untergegangenen Kontinenten und deren „Urheimat" andeutet (cf. Zschaetzsch 1922), offenbart die Möglichkeit, auch im engsten und dunkelsten Raum dieser Zeit geistigen Widerstand zu leisten und zugleich Hoffnungsträger der Menschheit zu sein. Somit bietet *Der Kaiser von Atlantis* auch ein Gegenbild zum Musterlager Theresienstadt, wo auf der Bühne gespielt wird, was für die Öffentlichkeit unsichtbar bleibt.

Am 16. Dezember 1975 wurde *Der Kaiser von Atlantis* im Bellevue-Theater Amsterdam unter der Leitung von Kerry Woodward uraufgeführt. Unter der Regie von Winfried Radeke entstand 1989 die erste originalgetreue Uraufführung in der Neuköllner Oper (Berlin).

3. Hans Krása (1899–1944) und seine Kinderoper *Brundibár*

Hans Krásas Idee, eine Kinderoper zu komponieren, entstand schon 1938, als er sich mit dem Avantgardekünstler Adolf Hoffmeister in Verbindung setzte, um sie für einen Wettbewerb des Schul- und Kulturwesens einzureichen. An den Grundgedanken erinnert sich Krása später noch genau:

> Das schwierigste Problem beim Plan dieser Kinderoper war selbstverständlich das Libretto. Denn die üblichen dramatischen Konflikte, wie erotische, politische und solche materieller Art, mußten natürlich entfallen. Märchenstoffe lagen weder dem Textdichter noch mir vor. Trotzdem gelang es dem Autor, ein Buch zu schreiben, das kindlich heiter ist und einen Vorgang aus dem realen Leben bringt, in dem unaufdringlich dargestellt wird, daß man gegen das Böse zusammenhalten muß. Im Falle der Kinderoper ist es ein Sängerkrieg zwischen allen Kindern und dem Leierkastenmann. (Krása zit. n. Kuna 1993: 207)

Die Preisvergabe wurde jedoch durch die deutsche Okkupation verhindert. Die Partitur des *Brundibár* ging in den Wirren des kurz danach ausgebrochenen Krieges verloren und tauchte erst über 40 Jahre später wieder auf. (Cf. Kuna 1993: 205) Trotzdem sollte *Brundibár*, von dem nur ein Klavierauszug vorlag, noch zweimal in einem jüdischen Kinderheim in Prag zum 50. Geburtstag des Direktors Moritz Freudenfeld heimlich mit der Hilfe von Rafael Schächter, später, als dieser Ende 1941 deportiert wurde, von seinem Sohn Rudolf, sowie Gideon Klein, Erik Saudek oder František Zelenka (Kostüme und Bühnenbild) aufgeführt werden. Hans Krása konnte die Uraufführung im Herbst 1942 jedoch nicht mehr miterleben, da er zu diesem Zeitpunkt bereits in Theresienstadt war (Cf. Kuna 1993: 206). Doch als die aus Prag stammenden jüdischen Waisenkinder Mitte 1943 in Theresienstadt ankamen, setzten Freudenfeld und Schächter gemeinsam mit Krása, der zu diesem Zeitpunkt bereits zum Leiter der Musikabteilung ernannt worden war, die Arbeit am *Brundibár* fort und konnten dort am 23. September 1943 in der „Magdeburger Kaserne" seine Premiere feiern. (Cf. Kuna 1993: 210) Das Libretto schrieb Adolf Hoffmeister (1902–1973).

Kuna erkennt in dieser Kinderoper

> eine verdeckte, aber spürbare Botschaft, die Verse hatten einen satirischen Zeitbezug [...]. Der Kampf von Gut und Böse wird als Kampf zweier Welten dargestellt, die aufeinanderprallen und gegeneinander arbeiten. Das leuchtete den Kindern unmittelbar ein, das kannten sie aus eigener Erfahrung. [...] Die Musik sollte modern sein, innovativ und mit wechselnden Rhythmen [...]. (Kuna 1993: 207)

Dass dies für die Kinder eine einzigartige Gelegenheit war, für einige Stunden ihre Not und Einsamkeit zu vergessen und sogar in der gemeinsamen Tätigkeit untereinander ein familiäres Verhältnis entstand, war Grund genug, den *Brundibár* über 55 Mal in Theresienstadt aufzuführen. Der auf der Bühne gespielte Sieg gegen das Böse übertrug sich auf das eigene Leben in Theresienstadt. Die Harmonie der verschiedenen Melodien, wenn auch eine „strenge melodische Ordnung" herrscht, ist zum einen „wie ein Volkslied tonal fest verankert", zum anderen „greifen sie auf dissonante, harmonische Besonderheiten zurück." (Kuna 1993: 208)

Der große Erfolg dieser Kinderoper brachte Krása dazu, sie neu zu instrumentalisieren. Bis heute ist es eins der meist gespieltesten von den Nazis verbotenen Werke aus dieser Zeit.

4. Pavel Haas (1899–1944): *Al s'fod*

Eine weitere bedeutende Figur im Theresienstädter Musikleben war der ehemalige Janáček-Schüler Pavel Haas aus dem tschechischen Brno. Paul Kling, der als Fünfzehnjähriger nach Theresienstadt verschleppt wurde, schrieb später über ihn:

> Pavel Haas war ein guter Lehrer. Soweit ich mich erinnern kann, haben wir in seinem Theorieunterricht die Schönbergsche Harmonielehre verwendet und den Louis-Thuille. Amüsiert haben wir uns über die Masse von Anmerkungen bei Schönberg. [...] Das Schönberg-Buch war im Besitz von Haas; er ließ uns Notizen machen und die Aufgaben abschreiben. Dieser Unterricht hatte in Brünn schon begonnen. So erschien mir der Wiederbeginn in Theresienstadt fast wie eine Fortsetzung des ‚normalen' Lebens. (Kling zit. n. Schultz 2011: 85)

Haas zählt heute zu den großen Erneuerern des 20. Jahrhunderts und zu den wichtigsten Opernkomponisten. In seinen Kompositionen schwelgen Jazz und mährische Volksmusik mit, auch Einflüsse von Strawinsky lassen sich heraushören. Ab 1939, nach der Invasion Deutschlands in die Tschechoslowakei, wurde seine Musik von den Nazis als „entartet" eingestuft und verboten. Als er im Dezember 1941 in Theresienstadt eintraf, begegnete er dort seinen Musikkollegen Krása, Ullmann, Gideon Klein und vielen anderen Musikern. Lediglich drei von sieben Partituren sind aus seiner Gefangenschaft in Theresienstadt erhalten: sein erstes Werk *Al s'fod* (November 1942), die *Studie für Streichorchester* (1943) und die *Vier Lieder nach chinesischen Dichtungen* (Februar bis April 1944). Zu den *Vier Liedern* verteidigt Ullmann in einer Kritik zur Uraufführung am 13. September 1944 die dringende Notwendigkeit, „neue Musik" zu komponieren:

> Viele mögen fragen: Wozu neue Musik? Gibt es nicht genug alte Meisterwerke zur Ergötzung der Musikliebhaber? Doch ein geheimes Gesetz zwingt den produktiven Menschen, zu schaffen: „in keinem Fall darf es ruhn", das wundervolle Gewebe der abendländischen Musik-Entwicklung. Die kommenden Generationen wollen auch ihre Musik haben – ihre, nicht unsere. ‚Der Appell an die Nachwelt entspringt aus dem reinen, lebendigen Gefühl, dass es ein Unvergängliches gäbe ... das zuletzt des Beifalls der Majorität sich werde zu erfreuen haben' (Goethe). (Ullmann 2011b: 83–84)

Pavel Haas' *Al s'fod* ist ein Chorwerk für vier Männerstimmen (zwei Tenöre und zwei Bässe), das einen chiffrierten Appell zum Widerstand durch Arbeit, um den extremen Lebensumständen entgegenzuwirken, zur Botschaft trägt. Auf dem Deckblatt des Manuskripts lässt Haas bereits den Wunsch auf ein baldiges Ende der Gefangenschaft anklingen. Mit hebräischen Buchstaben, die jedoch als Musiknoten chiffriert sind, um einer Zensur zu entgehen, schreibt er: „In Erinnerung an den ersten und hoffentlich letzten Jahrestag der Verbannung in Theresienstadt."[2]

Der Text liegt dem gleichnamigen Gedicht des hebräischen Dichters weißrussischer Abstammung David Shimoni (1886–1956) zugrunde, das er während der Unruhen zwischen 1926 und 1929 in Palästina schrieb, um gegen die arabische Invasion jüdischer Besiedlungen zu protestieren. (Cf. Čurda 2020) Pavel Haas wählte für sein Werk den gleichnamigen Titel des Gedichts, das übersetzt lautet: „Klage nicht, weine nicht: Arbeite, arbeite!" (Karas 1985: 81) Wie später auch Ullmanns Reflexion die Überwindung von einer extremen Situation durch Arbeit beinhaltete, um nicht „klagend an Babylons Flüssen" zu sitzen, erkennt auch Haas einen gewissen Eskapismus aus der Gefangenschaft durch Arbeit.

Zur Harmonik im *Al s'fod* schreibt Boris Fernbacher (2018: 131): „Haas hat *Al s'fod* harmonisch sehr komplex und auch modern gestaltet. Nach traditionellen Regeln unübliche Akkordfortschreitungen lösen sich überraschend in klare Dreiklänge auf." Migdal konstatiert:

> Charakteristische Wendungen, die an die Synagogalmelodik wie auch an den tschechischen Sankt-Wenzel-Choral erinnern, reihen dieses Chorwerk in die Gruppe der Kompositionen ein, die den Geist des Widerstands gegen die Gewalt beschwören. (2009: 356)

Erwähnenswert ist in diesem Zusammenhang auch, dass Haas nicht religiös war, kein Hebräisch sprach und sich primär als Tscheche fühlte. Sein Aufruf zur Arbeit in hebräischer Sprache als Widerstand gegen die Unterdrückung beinhaltet eine verschlüsselte Nachricht an sein jüdisches Publikum, mit dem er sein Schicksal teilte, in dieser schwierigen Zeit durchzuhalten. (Cf. Strimple 2005: 110)

Dieses kämpferische Werk war lediglich der Anfang einer von schweren Lebensbedingungen gekennzeichneten arbeitsreichen Zeit. Es vertont und verarbeitet somit seine Klage und seinen nach der Ankunft in Theresienstadt ein Jahr anhaltenden Schockzustand, aus dem ihm die Musik und das Komponieren hinaushalfen. Gleichzeitig war es jedoch auch ein Weg, über die kollektive Identität des Judentums eine Hoffnungsbotschaft gegen „Trauer und Heimweh"

2 Das Manuskript kann auf der Seite des Jüdischen Museums in Prag, Sbírka Terezín, (inv.č.319a) abgerufen werden: *https://collections.jewishmuseum.cz/index.php/Detail/Object/Show/object_id/1891*, letzter Abruf am 2. 1. 2021; cf. auch Paul Haas: „Pavel Haas", in: Claudia Maurer Zenck, Peter Petersen, Sophie Fetthauer (Hrsg.), 2014, *Lexikon verfolgter Musiker und Musikerinnen der NS-Zeit*, Hamburg: Universität Hamburg (*https://www.lexm.uni-hamburg.de/object/lexm_lexmperson_00002584*, letzter Abruf: 2. 1. 2021).

an die Gefangenen zu senden, durch Arbeit der Unterdrückung und Barbarei furchtlos gegenüberzustehen:

> Klage nicht!/Klage nicht, weine nicht, wenn es dir schlecht ergeht,/lass den Kopf nicht hängen, arbeite! Die Freiheit naht auf beschwerlichem Pfad, und das Blut schreit nach der Seele der Menschen. Erwache und arbeite, erlöse dich und werde erlöst! (Übers. v. U. Migdal 2009, 355–356)

5. Gideon Kleins Vertonungen

Eine wichtige und äußerst engagierte Figur, die als Komponist, Pianist und Konzertorganisator wirkte, war der 1919 im mährischen Přerov geborene Gideon Klein, der mit den ersten Transporten, im Dezember 1941, nach Theresienstadt deportiert worden war. Als knapp Zehnjähriger hatte er bereits (unter dem Einfluss von Schönberg, Suk oder Janáček) seine ersten Kompositionen geschrieben, von denen leider keine einzige erhalten geblieben ist. (Cf. Karas 1985: 71) Ullmann schrieb über ihn: „Gideon Klein ist zweifellos ein sehr bedeutendes Talent. Sein Stil ist der kühle, sachliche der neuen Jugend; man darf sich über diese merkwürdig frühe, stilsichere Abklärung wundern." (Ullmann 2011: 67) Er kam sehr schnell mit dem Dirigenten Rafael Schächter in Kontakt und harmonisierte für ihn tschechische und schlesische Volkslieder, von denen lediglich das am 3. Dezember 1942 entstandene hebräische *Bachuri Le'an Tisa* („Mein Junge, wo gehst du hin? [*weiter*: Mein Schatz, es ist alles vorbei.]") für einen dreistimmigen Frauenchor erhalten geblieben ist. (Cf. Kuna 1993: 329) Sieht man von der ersten Interpretationsmöglichkeit – das Ende einer Liebesgeschichte – ab, trägt die Botschaft dieser Vertonung an einem Ort wie das Theresienstadt von 1942 eine Ungewissheit über die Zukunft eines jungen Lebens durch das ersehnte Ende des Krieges mit sich, das Klein an einigen Stellen musikalisch verdeutlicht.

Klein schrieb auch Chorwerke, in denen der Ausweglosigkeit im Konzentrationslager durch die sehnsuchtsvolle Stimmung der Verse Ausdruck gegeben wird. Doch scheint die wahre Stärke des „spiritus agens des ganzen Theresienstädter Musiklebens", wie ihn Paul Kling (zit. n. Schultz 2011: 67) einmal nannte, in der Kammermusik gelegen zu haben. In Theresienstadt schrieb er vier Stücke, von denen nur drei erhalten geblieben sind: *Phantasie und Fuge für Streichorchester*, eine *Sonate für Klavier*, an der besonders Schönbergs Einfluss herauszuhören ist, und das *Trio für Geige, Bratsche und Cello*, in das er noch folkloristische Motive von mährischen Volksliedern (im zweiten Satz) mit einfließen ließ und die zwischen Dezember 1942 und September 1944 entstanden. (Cf. Kuna 1993: 331–33)

Ein Augenmerk sei abschließend noch auf Kleins vierte Vertonung, *Die Pest*, zu legen, die bisher als verschollen gilt. Der gleichaltrige deutsch-tschechische Dichter und Künstler Peter Kien (1919–1944) hatte mit dem Gedichtzyklus *Die*

Peststadt[3] ein Sprachbild seiner trostlos grauen Umgebung geschaffen, ein Klagelied, dem Klein eine Melodie schenkte. Die „Vier Lieder für eine Altstimme und Klavier" wurden vermutlich von Zdenek Lederer und Gideon Klein ins Tschechische (*Mor*, auch verschollen) übersetzt und erstmals von Hilde Aronson-Lindt gesungen. Sie eröffneten das Zweite Konzertprogramm des „Studios für neue Musik" im Winter 1943.[4]

6. Musik als stiller Widerstand

Die hier präsentierten Werke werden bis in unsere Tage auf der ganzen Welt gespielt und inszeniert. Ihre internationale Anerkennung konnten ihre Schöpfer jedoch nicht mehr erfahren. Viktor Ullmann, Peter Kien, Pavel Haas und Hans Krása wurden gemeinsam nach Auschwitz-Birkenau verschleppt und dort zwischen dem 17. und 18. Oktober ermordet; Gideon Klein wurde zwar mit ihnen deportiert, ermordet wurde er von den deutschen Machthabern vermutlich im KZ Fürstengrube.

Musik fungierte in Theresienstadt als effektive Strategie zur Auflehnung gegen Tyrannei, Chaos, Unterdrückung und Terror. Durch das Zusammenleben des heterogenen Kollektivs und seinem interkulturellen Austausch lässt sich in Theresienstadt trotz der extremen Lebensbedingungen eine produktive Auswirkung während der Gefangenschaft nachvollziehen. Entgegen der Annahme, Kultur hätte sich in einem durch die Nazis gebildeten heterotopischen Raum wie dem Konzentrationslager Theresienstadt nur bedingt entwickeln können, soll hiermit belegt werden, dass sich dort für diese Komponisten ein fruchtbarer Nährboden bot, wo die Grenzen der Musik transgrediert werden konnten. Durch vielschichtige politisch und geistlich gestimmte intertextuelle Impulse wurde auch der begrenzte Raum des KZs durchbrochen, der allein von seinen Mithäftlingen in dualer Form (Musik und Lyrik) dechiffriert werden konnte. Den ordnenden Maßstab für die strenge Wiedergabe der herrschenden Gewalt und Trostlosigkeit der Umgebung fanden sie in der Wahl der Musikgattung. Trotz Tyrannei, Hunger und Zwangsarbeit entstand jeden Tag ein ausgiebiges Kulturprogramm, das nur an diesem heterotopischen Ort möglich war.

Die in Theresienstadt entstandenen Kompositionen vermitteln jedoch auch ihren Zeitgeist und die Stimmung, die in der Gefangenschaft herrschte. Mit den Worten von Karel Berman (zit. n. Benz 2013: 115), einer der aktivsten Sänger in Theresienstadt, die die Kraft verdeutlichen, die von der Musik an die Gemeinschaft weitergegeben wurde, soll dieser Beitrag schließen:

---

3 1958 erstmals veröffentlicht von H. G. Adler in seinem Werk *Die verheimlichte Wahrheit* im Verlag Mohr, 255–56. Cf. auch Heukäufer 2009: 173 ff.

4 Das Konzert fand vermutlich im Winter 1943/44 statt (nicht vor Oktober 1943). (Cf. Schultz 2011: 20; Karas 1985: 73).

Wie oft haben wir unseren Trotz und Widerstandwillen hinausgesungen und den Menschen Kraft zum Aushalten gegeben! Wir riskierten wirklich Kopf und Kragen, wenn wir im Konzentrationslager mit unserem Chor ‚Unsere Stunde hat geschlagen, die Tore stehen offen!' aus Smetanas ‚Die Brandenburger in Böhmen' oder auf tschechisch die Oper ‚Im Brunnen' sangen, obgleich es strengstens verboten war, in der Öffentlichkeit tschechisch zu sprechen oder zu singen.

Bibliografie

Bastos da Silva, Jorge, 2012: „Formal Doubleness and Moral Duplicity: The Holocaust on the Page and Screen." In: Carvalho Homem, Rui (Hrsg.): *Relational Designs in Literature and the Arts: Page and Stage, Canvas and Screen.* Rodopi: Amsterdam/New York, 121–36.

Benz, Wolfgang, 2013: *Theresienstadt. Eine Geschichte von Täuschung und Vernichtung.* Beck: München.

Braun, Karl, 2001: „Das Ghetto Theresienstadt 1941–1945." In: Koschmal, Walter et al. (Hrsg.): *Deutsche und Tschechen. Geschichte – Kultur – Politik.* Beck: München, 124–133.

Braun, Karl, 1997: „Peter Kien – Annäherung an Werk und Leben." In: Klein, Hans-Günter (Hrsg.): *‚… es wird der Tod zum Dichter.' Die Referate des Kolloquiums zur Oper ‚Der Kaiser von Atlantis' von Viktor Ullmann in Berlin am 4./5. November 1995.* von Bockel: Hamburg, 39–58.

Čurda, Martin, 2020: *The Music of Pavel Haas: Analytical and Hermeneutical Studies. Ashgate studies in theory and analysis of music after 1900.* Routledge: New York.

Fernbacher, Boris, 2018: *Vom Jerusalemer Tempel nach New York: 3.000 Jahre jüdische Musikgeschichte.* BoD-Books: Norderstedt.

Foucault, Michel, Bischoff, Michael (Übers.), 2013: *Die Heterotopien. Der utopische Körper. Zwei Radiovorträge.* Suhrkamp: Frankfurt a. M.

Haas, Paul, 2014: „Pavel Haas." In: Maurer Zenck, Claudia, et al. (Hrsg.): *Lexikon verfolgter Musiker und Musikerinnen der NS-Zeit.* Universität Hamburg: Hamburg, *https://www.lexm.uni-hamburg.de/object/lexm_lexmperson_00002584*, abgerufen am 30.12.2020.

Heukäufer, Margarethe, 2009: *Und es gibt so wenig Menschen. Das kurze Leben des Künstlers Peter Kien.* Oswald: Prag.

Karas, Joža, 1985: *Music in Terezin. 1941–1945.* Beaufort Books: New York.

Kien, Peter, 1958: „Die Peststadt." In: Adler, H. G. (Hrsg.): *Die verheimlichte Wahrheit. Theresienstädter Dokumente.* Mohr Siebeck: Tübingen, 255–56.

Klüger, Ruth, 1992: *weiter leben. Eine Jugend.* Wallstein: Göttingen.

Kuna, Milan, 2013: *Musik an der Grenze des Lebens.* Zweitausendeins: Frankfurt a. M.

Migdal, Ulrike, 1986: „‚Freizeitgestaltung' in Theresienstadt." In: id. (Hrsg.): *Und die Musik spielt dazu. Chansons und Satiren aus dem KZ Theresienstadt.* Piper: München, 11–55.

Migdal, Ulrike, 2009: „‚Jüdische Musik' im KZ Theresienstadt." In Borchard, Beatrix (Hrsg.): *Musikwelten – Lebenswelten – Jüdische Identitätssuche in der deutschen Musikkultur*. Böhlau: Köln.

Radeke, Winfried, 1997: „Das Fragmentarische im ‚Kaiser von Atlantis' und ‚Der Sturz des Antichrist'." In: Klein, Hans-Günter (Hrsg.): *‚... es wird der Tod zum Dichter.' Die Referate des Kolloquiums zur Oper ‚Der Kaiser von Atlantis von Viktor Ullmann in Berlin am 4./5. November 1995*. von Bockel: Hamburg, 59–76.

Schröder-Nauenburg, Beate, 1998: „Theresienstadt – Kunst im Vorhof der Hölle?" In: Internationale Bachakademie Stuttgart (Hrsg.): *Viktor Ullmann. Beiträge, Programme, Dokumente, Materialien*. Band 9, Bärenreiter: Kassel, 46–61.

Schultz, Ingo, 2008: *Viktor Ullmann. Leben und Werk*. Bärenreiter: Kassel/Metzler: Stuttgart.

Schultz, Ingo (Hrsg.), 2011: *26 Kritiken über musikalische Veranstaltungen in Theresienstadt*. von Bockel: Hamburg.

Strimple, Nick, 2005: *Choral Music in the Twentieth Century*. Amadeus Press: New Jersey.

Ullmann, Viktor, 1994: *Der Kaiser von Atlantis. Hölderlin Lieder*. Gewandhausorchester Leipzig. Musik-CD mit Beiheft. Decca: London.

Ullmann, Viktor, 2011a: „Goethe und Ghetto." In: Schultz, Ingo (Hrsg.): *26 Kritiken über musikalische Veranstaltungen in Theresienstadt*. von Bockel: Hamburg, 110–112.

Ullmann, Viktor, 2011b: „14. II. Konzert des Ančerl-Orchesters, 13. September 1944, Bühnensaal." In: Schultz, Ingo (Hrsg.): *26 Kritiken über musikalische Veranstaltungen in Theresienstadt*. von Bockel: Hamburg, 83–84.

Ullmann, Viktor, 2015: *Der Kaiser von Atlantis oder Die Todverweigerung, op. 49b* (1943) [Partitur]. Libretto: Peter Kien. Herausgegeben von Pedro Halffter, Henning Brauel und Andreas Krause. Schott: Mainz.

Zschaetzsch, Karl Georg, 1920: *Atlantis, die Urheimat der Arier*. Arier-Verlag: Nikolassee bei Berlin.

Zschaetzsch, Karl Georg, 1922: *Die Herkunft und Geschichte des arischen Stammes*. Arier-Verlag: Nikolassee bei Berlin.

Rosa Pérez Zancas

Universitat de Barcelona

E-Mail: rosaperezz@ub.edu

Paloma Ortiz-de-Urbina

Revolution *versus* Evolution: Arnold Schönbergs Zwölftontechnik

1. Einleitung

Arnold Schönberg ist zweifellos der Komponist, der die Musik des 20. Jahrhunderts am meisten *revolutioniert* hat. Geboren am 13. September 1874 in Wien, erhielt er seine musikalische Ausbildung in der österreichischen Hauptstadt, dem kulturellen Zentrum Europas, umgeben von einem außergewöhnlichen künstlerischen Umfeld, aus dem für die westliche Kultur so bedeutende Persönlichkeiten wie Gustav Mahler, Gustav Klimt, Oskar Kokoschka, Wassily Kandinsky und Sigmund Freud hervorgingen. Seine musikalische Reife erreichte er in den ersten Jahren des 20. Jahrhunderts, als er die Chromatik des späten 19. Jahrhunderts zu ihren letzten Konsequenzen führte und die Musikszene veränderte, indem er die tonalen und harmonischen Prinzipien aufgab, auf denen die westliche Musikkomposition 200 Jahre lang basiert hatte, die Wiener Schule[1] ins Leben rief und eine neue Methode der musikalischen Komposition – die Zwölftontechnik oder den Dodekaphonismus – einführte, die eine neue und bis heute andauernde Etappe in der Geschichte der Musik einleiten sollte.

2. Auf der Suche nach einer neuen Musiksprache:

Tonalität – Atonalität

Zu Beginn des 20. Jahrhunderts geriet der Kanon der klassischen Musik in eine tiefe Krise, da die Komponisten mit einer mehr als 300 Jahre alten Tradition *brachen* und begannen, sich von der Sprache zu entfernen, mit der in Europa seit Mitte des 16. Jahrhunderts komponiert worden war. Dafür verzichteten sie auf die sogenannte *Tonalität.*

1 Der Begriff *Zweite Wiener Schule* wird oft für die große Gruppe der Schüler Arnold Schönbergs verwendet. Wie Hartmut Krones (cf. 2005: 11) erklärt, ist dieser Begriff jedoch nicht korrekt. Der Beiname „Zweite" bezieht sich auf die Erste Wiener Schule, ein von Guido Adler zu Beginn des 20. Jahrhunderts geprägter Begriff, der sich vor allem auf die Musiker Joseph Haydn, Wolfgang Amadeus Mozart und Ludwig van Beethoven bezieht. Der Name ist falsch, denn erstens bildet diese Gruppe von Komponisten keine Schule als solche und zweitens stammt keiner von ihnen aus Wien. Im Falle der Wiener Schule, die von Arnold Schönberg und seinen Schülern Anton Webern und Alban Berg gebildet wurde, ist diese Definition jedoch perfekt, denn 1.) handelt es sich um eine Schule und 2.) stammen alle drei aus Wien. Es wäre daher richtig, die erste Gruppe ‚Wiener Klassik' und die von Schönbergs Schülern gebildete Gruppe einfach ‚Wiener Schule' zu nennen.

Der Übergang von der Tonalität zur *Atonalität* hatte Ende des 19. Jahrhunderts bei Komponisten wie Richard Wagner, konkret im Vorspiel zu *Tristan und Isolde* (1865)[2], begonnen, da das Experimentieren mit Modalität und Tonalität erschöpft schien, sie wurde aber erst mit Arnold Schönberg endgültig aufgegeben. Vor dem Ersten Weltkrieg war der österreichische Komponist der Ansicht, dass die Tonalität bereits erschöpft wäre und ein Element darstellte, das seine kreativen Möglichkeiten stark einschränkte. Deshalb gab er die Modalität oder die Dur/Moll-Tonalität auf und begann mit der Technik der *freien Atonalität* zu komponieren.

Obwohl Schönbergs frühe Werke einen deutlichen Einfluss der Romantik und Postromantik, insbesondere von Johannes Brahms und Richard Wagner, aufweisen (z. B. *Verklärte Nacht* von 1899), begann Schönberg zwischen 1907 und 1909, sich mit einer Reihe von Kompositionen zu befassen, die den Verlauf der Musikgeschichte grundlegend beeinflussen sollten und damit eine Fortbewegung von der Tonalität weg in den Bereich der freien Chromatik bedeuteten: *Zweites Quartett (fis-Moll) für zwei Violinen, Viola, Violoncello und eine Sopranstimme* op. 10 (1907–1908), *Drei Klavierstücke* op. 11 (1909), *Zwei Lieder für Gesang und Klavier* op. 14 (1907–1908), der Liedzyklus *Das Buch der Hängenden Gärten,* op. 15 (1908–09), *Fünf Orchesterstücke* op. 16 (1909) und das Monodram in einem Akt *Erwartung* op. 19 mit Text von Marie Pappenheim (1909). In ihnen verschwindet die Tonalität als zentraler Bezugspunkt.

Es gibt zwei grundlegende Aspekte bei Schönbergs Bruch mit der Tonalität. Wie Morgan (1994) erklärt, betrifft der erste davon die Bedeutung der nicht harmonischen Töne, die sich in der Tendenz zur tonalen Auflösung niederschlägt. Schönberg definierte diesen Aspekt als „das Gesetz der Emanzipation der Dissonanz". Die Dissonanz wird frei sein mit einer eigenen harmonischen Einheit. Der zweite Aspekt, der eng mit dem ersten zusammenhängt, ist der Verzicht auf tonale Funktionen. Somit fungiert eine einzelne Note oder der auf dieser Note aufgebaute Dur- oder Molldreiklang nicht mehr als konstante funktionale Referenz für den Rest der Töne (cf. Morgan 1994: 84–85).

3. Das Watschenkonzert (1913)

Wie war die Rezeption dieser expressionistischen und revolutionären Musik? Um ihre Auswirkungen auf die damalige Gesellschaft zu veranschaulichen, ist es wichtig, an einen der berühmtesten künstlerischen Skandale in der Musikgeschichte des 20. Jahrhunderts zu erinnern: das *Skandalkonzert,* auch *Watschen-*

2 Das Wagnersche Musikdrama *Tristan und Isolde* wurde am 10. Juni 1865 im Königlichen Hof- und Nationaltheater München uraufgeführt. Richard Wagner verwendet hier zum ersten Mal leitmotivisch den nachher sogenannten *Tristan-Akkord,* der im zweiten Takt des Vorspiels in den Celli und Holzbläsern erklingt. Die musikhistorische Bedeutung dieses dissonanten Akkords ist enorm, vor allem nach den theoretischen Interpretationen des Musikwissenschaftlers Ernst Kurth (1920).

konzert genannt, das am 31. März 1913 im Wiener Musikvereinssaal stattfand (Bild 1). Dieses Konzert wurde von Arnold Schönberg dirigiert und vom Akademischen Verband für Literatur und Musik in Wien organisiert. Dieser 1908 von jungen Schriftstellern und Musikern gegründete Verein hatte Vorträge von Autoren wie Frank Wedekind, Karl Kraus, Oskar Kokoschka, Adolf Loos, Stefan Zweig, Jakob Wassermann oder Hugo von Hofmannsthal veranstaltet. Unter der Leitung von Erhard Buschbeck veranstaltete die Institution seit dem 24. November 1912 dieses Konzert mit dem Ziel, die Neue Musik der Wiener Komponisten, insbesondere die Musik der Wiener Schule, zu fördern.

Unter Schönbergs Leitung führte der Wiener Konzertverein (Vorläufer der Wiener Symphoniker) ein innovatives Programm auf. Obwohl zunächst geplant war, „Der Tod der Isolde" aus Wagners *Tristan und Isolde* zusammen mit anderen Stücken der Wiener Schule aufzuführen, entschied sich Schönberg schließlich für ein gewagteres Programm, ermutigt durch den Erfolg, den er gerade einen Monat zuvor mit seinen *Gurreliedern* in einer noch tonalen Sprache hatte. Auf dem Programm standen folgende Werke: Anton von Webern: *Sechs Stücke für Orchester*, op. 6; Alban Berg: *Zwei Orchesterlieder nach Ansichtskartentexten von Peter Altenberg*, op. 4; Alexander von Zemlinsky: *Vier Orchesterlieder nach Gedichten von Maeterlinck*; Arnold Schönberg: *Kammersymphonie*, op. 9[3] und schließlich die *Kindertotenlieder* von Gustav Mahler.

Schönberg selbst erklärt, was ihn motivierte, dieses *riskante* Repertoire zu wählen:

> Die drei ersten Programmnummern sind relativ gefährlich. Webern am gefährlichsten, die Kammersymphonie relativ am ungefährlichsten. Deswegen ist es gut, wenn das Publikum, das im Anfang noch unermüdet und geduldig ist, Webern zuerst hinunterschlucken muss: die bitterste Pille in diesem Konzert. Berg wird milder wirken, die Kammersymphonie wird wohl kaum Erfolg haben, aber man wird aus Respekt sich anständig verhalten. Zemlinsky dürfte sehr wirken und die Kindertotenlieder sind ja todsicher. (Krones 2013: 1)

Das Ergebnis war jedoch nicht ganz so wie erwartet. Kaum war das erste Webern-Stück zu Ende gespielt, ertönten auch schon die ersten Pfiffe. Nach Bergs zweitem Stück ging „ein Lachsturm durch den Saal" (Krones 2013: 2). Zemlinskys Stück lockerte die Atmosphäre ein wenig auf, aber nach Schönbergs eigenem Werk war der Skandal enorm, das Publikum wurde handgreiflich. Die Presse spiegelt es so wider:

> Nach dem Opus 9 von Schönberg mischten sich leider in das wütende Zischen und Klatschen auch die schrillen Töne von Hausschlüsseln und Pfeifchen, und auf der Zweiten Galerie kam es zur achten Prügelei des Abends […]. (Krones 2013: 2–3)

---

3 Diese Sinfonie war bereits 1907 uraufgeführt worden und hatte ebenfalls einen Skandal ausgelöst; für die Aufführung 1913 vergrößerte Schönberg das Orchester um weitere Streicher und Bläser.

Abb. 1: *Watschenkonzert*. Karikatur in *Die Zeit*, Wien, 6. April 1913.
Quelle: Wikimedia Commons, *https://commons.wikimedia.org/wiki/File:Watschenkonzert_Karikatur_in_Die_Zeit_vom_6._April_1913.jpg*.

Das Konzert war der bekannteste Skandal in der Geschichte Wiens, über den die damalige Presse detailliert berichtete. Das Publikum konnte die expressionistische und experimentelle Musik der Wiener Schule, die dort gespielt wurde, nicht ertragen. Es gab nicht nur Buhrufe und Pfiffe, sondern es wurden sogar Ohrfeigen verteilt, sodass das Konzert vor Mahlers Musik unterbrochen und die Polizei herbeigerufen werden musste; der Konzertveranstalter wurde strafrechtlich verfolgt. Mit anderen Worten: Das Publikum reagierte mit Empörung auf die expressionistische Neue Musik und verursachte einen enormen Aufruhr im Saal. Auslöser dieser historischen Schlägerei war ein Streit zwischen dem Konzertveranstalter Erhard Buschbeck und dem gegen die Neue Musik eingestellten Musiker und Operettenkomponisten Oscar Straus[4]. Straus selbst habe in der anschließenden Gerichtsverhandlung, auf die Frage, ob er die Ohrfeige gehört habe, laut Erich Alban Berg geantwortet: „Sicher [...], ich habe sie auch vernommen, denn sie war das weitaus Klangvollste des ganzen Abends!" (Krones 2013: 3)

4 Oscar Straus (1870–1954) ist ein Wiener Operettenkomponist, der nicht mit dem Wiener Johann Strauss (1825–1899) oder Johann Strauss' Vater (1804–1845), Autor des berühmten Radetzky-Marsches (1848), verwechselt werden sollte.

4. Die Revolution der musikalischen Sprache: Zwölftontechnik

Schönberg experimentierte weiter mit der freien Atonalität, bis er in den Jahren um 1920 zu einer Technik kam, die er selber „Methode der Komposition mit zwölf nur aufeinander bezogenen Tönen" nannte (Krones 2005: 127). Damit schuf Schönberg seine Methode der dodekaphonischen Komposition, mit deren Hilfe der Musiker glaubte, eine theoretische Binnenstruktur für jedes Werk vorschlagen zu können, und vollendete 1923 mit den *Fünf Klavierstücken* op. 23 (1920) sein erstes dodekaphonisches Werk. Wie das Wort *Dodekaphonismus* oder *Zwölftontechnik* selbst andeutet, handelt es sich um eine Methode der „Komposition mit zwölf nur aufeinander bezogenen Tönen", die die Verwendung der zwölf Töne der chromatischen Tonleiter durch die westliche Musik vorschlägt und, im Gegensatz zum Dur-Moll-System der Tonalität, keine Hierarchie zwischen den Tönen aufstellt. In tonaler Musik gibt es immer eine Grundnote, um die ein Werk gravitiert (diese Note gibt die Tonalität an, z. B. C-Dur oder a-Moll). Außerdem werden diese Töne oder Hinweise wiederholt, was beim Hörer eine *lohnende* Entspannung erzeugt. In der Zwölftontechnik kann jedoch keine der zwölf Noten wiederholt werden, bevor die restlichen Noten verwendet wurden. Es gibt also keine zentralen Töne, um die die Komposition gravitiert, sondern eher eine Art *musikalischer Demokratie*. Die *Klaviersuite* op. 25 von 1924 ist das erste Werk, das vollständig dem vom Komponisten erdachten dodekaphonischen System folgt.

5. „Ich bin kein Revolutionär"

Wie wir oben angedeutet haben, war Arnold Schönbergs neue kompositorische Sprache eine echte Revolution im europäischen Musikpanorama. Allerdings lehnten sowohl die Schüler des Meisters als auch er selbst den Begriff ‚Revolution' zur Bezeichnung der neuen Sprache ausdrücklich ab.

Sein Schüler Hanns Eisler konstatierte 1924, dass Schönbergs Werke „eine tiefe musikalische Struktur" besäßen, „die sich mit unseren heutigen theoretischen Kenntnissen sehr gut erklären und verstehen läßt", weil dieser hier wieder auf Themenbildungen, Gliederungen, Formen, wie sie die Klassiker geschrieben haben, zurückgreife, ja es gäbe sogar „Wiederholungen, worüber ein richtiger Revolutionär entsetzt sein müsste" (Eisler 1924: 312–313). Eisler erklärt diese Tatsache damit, dass Schönberg „in seinen ‚radikalsten' Werken selbst kein Künstler, kein Schriftsteller, sondern nur ein Musiker war", und zitiert zum Beweis einen Satz aus seiner *Harmonielehre*: „Wenn ich sehen soll, wie ein Schönberg das Werk unserer Kunst so vollständig sichtbar machen kann, wie es ein Tischler immer kann, dann bin ich zufrieden" (ibid.). Und er endet mit der Feststellung:

> Die musikalische Welt muß umlernen und Schönberg nicht mehr als einen Zerstörer und Umstürzler, sondern als Meister betrachten. Heute ist es uns klar: Er schuf sich ein neues Material, um in der Fülle und Geschlossenheit der Klassiker zu musizieren. Er ist der wahre Konservative: er schuf sich sogar eine Revolution, um Reaktionär sein zu können. (ibid.)

Sehr interessant ist auch die Meinung des einzigen spanischen Schülers, den Schönberg hatte, des Katalanen Roberto Gerhard. Dieser ging zwischen 1923 und 1928 zunächst in Wien und dann in Berlin beim Meister in die Schule (Ortiz-de-Urbina 2019). Nach seiner Rückkehr aus Berlin erklärte Gerhard bei mehreren Gelegenheiten in der katalanischen Presse, dass das, was er bei dem Wiener Meister suchte, letztlich eine Art „Garantie" war, die von einer langen Liste großer Komponisten gestützt wurde, die bis zu Bach zurückreicht und bei Schönberg selbst endet. Diese Garantie war die Hauptachse, um die sich die Legitimationsstrategien der atonalen Musik der Wiener Schule drehten. Im Interview für die Zeitschrift *La Publicitat* (1929) antwortet Gerhard auf die Frage, was passiert wäre, wenn er nicht bei Schönberg studiert hätte. Er nennt die Gründe, die ihn dazu brachten, 1923 einen Brief an Arnold Schönberg zu schreiben und ihn zu bitten, sein Schüler werden zu dürfen, anstatt sich anderen inländischen oder ausländischen Komponisten zuzuwenden, wie etwa den französischen Impressionisten, dem üblichen Vorbild für die spanischen Komponisten jener Zeit. Die deutsche Schule, verkörpert durch Schönberg, repräsentierte für ihn die soliden, auf Tradition beruhenden Werte, denn er glaubte, je innovativer eine Kunst sein solle, desto notwendiger sei diese Kunst tief in der Vergangenheit verwurzelt:

> La música que se hacía en Europa daba la impresión de una inquietud experimentadora sin leyes ni normas, cosa que parecía que tenía que llevar a un subjetivismo a ultranza. Para salir de este estado de experimentación y encontrar nuevos caminos viables había que buscar la conexión con algo muy sólido, con una tradición que conservara los valores eternos, pues cuanto más innovador haya de ser un arte, más necesidad tiene de anclar profundamente unas raíces en el pasado.[5] (Girasol 1929)

Der Interviewer fragt ihn, ob das Wichtigste die Evolution sei und nicht die sogenannten „Revolutionen", was Gerhard bejaht, denn er meint, je weiter die Innovation voranschreite, desto stärker sei ihre Verbindung mit dem Unveränderlichen in der Vergangenheit:

5 „Die Musik, die in Europa gemacht wurde, vermittelte den Eindruck einer experimentellen Unruhe ohne Gesetze und Regeln, die zu einem extremen Subjektivismus führen zu müssen schien. Um aus diesem Zustand des Experimentierens herauszukommen und neue gangbare Wege zu finden, war es notwendig, eine Verbindung mit etwas sehr Festem zu suchen, mit einer Tradition, die die ewigen Werte bewahrte, denn je innovativer eine Kunst sein muss, desto mehr muss sie ihre Wurzeln tief in der Vergangenheit verankern." (Eigene Übersetzung).

> La necesidad de innovación nos es impuesta con más fuerza en unas épocas que en otras, pero siempre encontraremos una ecuación constante: cuanto más lejos va la innovación, más fuerte es su ligazón con lo que tiene de inmutable el pasado.[6] (Girasol 1929)

Abschließend erinnert Gerhard daran, dass er gerade deshalb bei Schönberg studieren wollte, weil der österreichische Komponist für ihn die Wahrung der Tradition garantiere: „[Schönberg] representaba la más firme garantía, en este aspecto de respetar y conservar lo que tiene la tradición de valores eternos."[7] (Girasol 1929)

Andererseits bezeichnete Willi Reich, Alban Bergs Schüler und Schönbergs erster Biograph, den Wiener Musiker im Titel seines Buches als „konservativen Revolutionär" (Reich 1974). Damit meinte er, dass Schönbergs Zwölfton-Methode der Komposition auf seinem analytischen und ästhetischen Denken der abendländischen Musiktradition beruhte. Dies bezieht sich auf die periodische „sprachliche" Struktur seiner Melodien, auf Schönbergs immerwährende Affinität zur Tonalität, auf das Prinzip der motorisch-thematischen Arbeit und schließlich auf die expressionistische Gestik von Schönbergs musikalischer Sprache, die trotz der komplexen Technik immer von emotionalen Inhalten getragen war.

In diesem Sinne bringt Anton Webern auch die Relevanz zum Ausdruck, dass für Schönberg und seine Schüler, ihn selbst eingeschlossen, *klassische* Formen Teil der neuen Kompositionssprache sind: „Auch das wollen wir festhalten: über die Formen der Klassiker sind wir nicht hinaus. Was später gekommen ist, war nur Veränderung, Erweiterung, Verkürzung – aber die Formen sind geblieben – auch bei Schönberg!" (Webern 1960: 37)

Schließlich erklärt Schönberg selbst, warum er sich nicht als Revolutionär sieht, weil er nicht alle Fortschritte der vergangenen Jahre gefährden will:

> Nichts stürzt so gründlich um, als das Erneuern durch schlichtes Wachsen. Trotz der Tatsache, dass alle Revolutionen sind wieder einmal nur die reaktionären Kräfte und lang anhaltende Wachstum in der Lage sind, zu erfassen. Ich war nie Revolutionär! (Bungardt/Urbanek, 5.3.1.35)

Der Wiener Meister ist der Meinung, dass seine neue Sprache, die auf der alten basiert, nichts Wesentliches verändert:

---

6 „Das Bedürfnis nach Innovation wird uns in manchen Epochen stärker auferlegt als in anderen, aber wir werden immer eine konstante Gleichung finden: Je weiter die Innovation geht, desto stärker ist ihre Verbindung mit dem Unveränderlichen in der Vergangenheit." (Eigene Übersetzung).

7 „[Schönberg] repräsentierte die stärkste Garantie, in diesem Aspekt, das zu respektieren und zu bewahren, was die Tradition an ewigen Werten hat." (Eigene Übersetzung).

> Man wird allmählich die Anwendung des erweiterten Tonmaterials auf die alten Formen versuchen. Dabei ergeben sich gewiss anfangs und wohl auch später gewisse Modifikationen. Aber ich bin überglücklich und habe die Gewissheit, dass sich nichts Westliches ändert! Neue Musik. (ibid.)

Schönberg selbst fasste diese Idee 1923, also kurz vor der Entwicklung seiner neuen dodekaphonischen Methode, wie folgt zusammen: „Ich lege nicht so sehr Gewicht darauf ein musikalischer Bauernschreck zu sein, als vielmehr ein natürlicher Fortsetzer richtig verstandener, guter, alter Tradition!" (Schönberg an Werner Reinhart, 9. 7. 1923)

Wie er 1937 in einem Brief an Nicolas Slonimsky erklärt, wollte Schönberg nicht als „revolutionärer" Komponist definiert werden, da er sich als Glied der Musikgeschichte, als Erbe der europäischen und deutschen Musiktradition sah und seine neue Kompositionstechnik nicht als Provokation, sondern als „Notwendigkeit" definierte:

> Dear Mr. Slonimsky,
>
> I am too busy to write you an exact statement about the "Method of composing with twelve tones." [...] I personally hate to be called a revolutionist, which I am not. What I did was neither revolution nor anarchy. I possessed from my very first start a thoroughly developed sense of form and a strong aversion for exaggeration. There is no falling into order, because there was never disorder. There is no falling at all, but on the contrary, there is an ascending to higher and better order.[8] (Schönberg 1937)

6. Schlussfolgerungen

Wegen seiner Abweichung von der Norm, gleichermaßen bewundert und abgelehnt, ist Arnold Schönberg als der große Revolutionär der musikalischen Sprache des 20. Jahrhunderts in die Geschichte eingegangen. Kein Komponist hat einen größeren Einfluss auf die Entwicklung der Tonkunst gehabt, und niemand hat wie er die Kompositionssprache der westlichen Musik bis heute so stark geprägt. Die Abkehr von der Tonalität vor dem Ersten Weltkrieg und die dodekaphonische Revolution nach dessen Ende ermöglichten eine außerordentliche Befreiung der Welt der Komposition, die eine Tür neuer und unendlicher Möglichkeiten öffnete und die Komponisten dazu drängte, bis dahin unbekannte Bereiche zu erforschen. Die „Technik der zwölf Töne" wird sich als revolutionär in der Welt der traditionellen klassischen Musik erweisen: Obwohl

8 „Sehr geehrter Herr Slonimsky, Ich bin zu beschäftigt, um Ihnen eine genaue Aussage über die Methode des Komponierens mit zwölf Tönen zu schreiben. [...] Ich persönlich hasse es, ein Revolutionär genannt zu werden, was ich nicht bin. Was ich tat, war weder Revolution noch Anarchie. Ich besaß von Anfang an einen ausgeprägten Formsinn und eine starke Abneigung gegen Übertreibungen. Es gibt keinen Sturz in die Ordnung, weil es nie Unordnung gab. Es gibt überhaupt kein Fallen, sondern im Gegenteil ein Aufsteigen zu einer höheren und besseren Ordnung." (Eigene Übersetzung).

sie von vielen traditionellen Sektoren gleichermaßen kritisiert und als *entartete* Musik im Nationalsozialismus verboten wurde, eröffnete sie viele unerforschte Wege in der Musik, die bis heute nicht aufgehört haben, sich weiterzuentwickeln. Nach dem Zweiten Weltkrieg wurde der Dodekaphonismus nicht nur von seinen ersten Schülern (Alban Berg und Anton Webern), sondern auch von Komponisten wie Roberto Gerhard Luciano Berio, Pierre Boulez, Luigi Dallapiccola, Juan Carlos Paz und nach Schönbergs Tod auch von Komponisten wie Igor Strawinsky verbreitet. Einige dieser Komponisten (wie z. B. Gerhard) erweiterten die dodekaphonische Technik, um nicht nur die Tonhöhe, sondern auch andere Aspekte wie Dauer, Artikulation usw. kontrollieren zu können, wodurch serielle Musik oder Serialismus entstand. Andere bezogen alle Elemente der Musik in den seriellen Prozess ein, was als integraler Serialismus bekannt wurde. So ist die Bedeutung von Arnold Schönbergs innovativer Methode unbestreitbar und wird bis heute von der überwiegenden Mehrheit der Komponisten genutzt.

Als „Revolutionär" hat sich Schönberg allerdings nie verstanden, denn er hasste Übertreibung, Anarchismus, Manierismus; der Wiener Meister strebte nach Ordnung, Harmonie und System. Darüber hinaus waren sich seine Schüler und Anhänger darin einig, Schönberg als Erben der europäischen und deutschen Musiktradition, als Schöpfer einer klaren und präzisen Sprache, als Entdecker einer neuen Kompositionstechnik zu definieren, die nicht als Provokation, sondern aus Notwendigkeit entstanden war. Der Wiener Komponist sah sich als Bindeglied in der Musikgeschichte, als Fortsetzer der alten Tradition mit tiefen musikalischen Wurzeln, die auf Bach zurückgehen, der die ewigen Werte respektierte und bewahrte; kurz, in den Worten von Hanns Eisler, der „provozierende Konservative [...], der sogar eine Revolution erfand, um ein Reaktionär zu sein." (Eisler 1924: 312–313)

Bibliografie

Bungardt, Julia/Urbanek, Nikolaus, 2011: „Topographie des Gedankens. Ein systematisches Verzeichnis der Schriften Arnold Schönbergs" [Arnold-Schönberg-Schriften-Verzeichnis, ASSV]. In: Hartmut Krones (Hrsg.): *Arnold Schönberg in seinen Schriften. Verzeichnis – Fragen – Editorisches* (= Schriften des Wissenschaftszentrums Arnold Schönberg, Band 3). Böhlau: Wien/Köln/Weimar, 331–568.

Eisler, Hanns, 1924: „Arnold Schönberg zum 50. Geburtstage". In: *Sonderheft der Musikblätter des Anbruch*, 13. September 1924, 6. Jg., August-September-Heft, Universal Edition: Wien, 312–313, *https://www.schoenberg.at/index.php/de/1924-hanns-eisler-arnold-schoenberg-der-musikalische-reaktionaer*, abgerufen am 10. 1. 2021.

Girasol, 1929: „Una conversa amb Robert Gerhard". *La Publicitat*, 3. und 4. Dezember: Barcelona.

Krones, Hartmut, 2005: *Arnold Schönberg. Werk und Leben. Neue Musikportraits.* Band 1. Edition Steinbauer: Wien.

Krones, Hartmut (Hrsg.), 2011: *Arnold Schönberg in seinen Schriften. Verzeichnis – Fragen – Editorisches* (= Schriften des Wissenschaftszentrums Arnold Schönberg, Band 3). Böhlau: Wien/Köln/Weimar.

Krones, Hartmut, 2013, „31. März 1913: Wiens größter ‚Skandalkonzert'". *Magazin der Gesellschaft der Musikfreunde in Wien.* April: Wien, 1–3, *https://www.musikverein.at/CustomResources/pdf/Magazin/2013/Apr/9b638f24-7e13-42b2-bcc7-d65bd170e46b.pdf,* abgerufen am 10. 1. 2021.

Kurth, Ernst, 1920, *Romantische Harmonik und ihre Krise in Wagners „Tristan".* Paul Haupt: Bern et al.

Morgan, Robert P., 1994, *La música del siglo XX. Una historia del estilo musical en la Europa y América modernas.* Akal: Madrid.

Ortiz-de-Urbina, Paloma, 2019: *Arnold Schönberg und Roberto Gerhard: Briefwechsel. Kritische Ausgabe.* Peter Lang: Frankfurt a. M. et al.

Reich, Willi, 1974, *Schönberg oder der konservative Revolutionär.* dtv: München.

Schönberg, Arnold, Brief an Nicolas Slonimsky, 3. Juni 1937, ID: 2892. Wien: Arnold Schönberg Center, *http://archive.schoenberg.at/letters/search_ show_ letter.php?ID_Number=2892,* abgerufen am 25. 1. 2021.

Schönberg, Arnold, Brief an Werner Reinhart, 9. Juli 1923, ID: 900. Wien: Arnold Schönberg Center, *http://archive.schoenberg.at/letters/search _show_ letter.php?ID_Number=900,* abgerufen am 25. 1. 2021.

Webern, Anton, 1960, *Wege zur neuen Musik.* Hrsg. von Willi Reich. Universal Edition: Wien.

Paloma Ortiz-de-Urbina

Universidad de Alcalá

E-Mail: paloma.urbina@uah.es

Josenia Hervás y Heras

Revolution der Bauhaus-Frauen

1. Prolog

Als Franz Hessel in *Spazieren in Berlin* die Kirche zum Gedenken an Kaiser Wilhelm beschrieb – mit ihren Mosaiken, die unter anderen den Politiker Otto von Bismarck und den Feldmarschall Helmuth von Moltke zeigen –, warnte er uns bereits davor, dass es sich nicht um eine echte antike Kirche handele, und äußerte den Wunsch (Hessel [1929] 2011: 133–134): „Aber wenn diese Kathedrale mit dem langen Namen wenigstens ein bißchen altern und zerfallen wollte." Diese Vorahnung Hessels aus dem Jahr 1929 hat sich bekanntlich bewahrheitet, und jeder Passant, der heute im Bereich des Zoologischen Gartens und des Kurfürstendamms spazieren geht, kommt nicht umhin, mit dieser gewaltigen Ruine konfrontiert zu werden, die man als Zeuge des Grauens der Bombenangriffe und der Niederlage eines Kontinents erhalten wollte.

Es war nicht nur die Kaiser-Wilhelm-Kirche, die zu neu war. In Hessels Berlin schien alles ganz neu zu sein, weil alles mit anderen Augen gesehen wurde. In eigener Person beschrieb er uns den wilden Autoverkehr und die Menschenmassen, die sich in den Cafés und Kinos mit ihren Leuchtreklamen aus Hunderten von OSRAM-Lampen drängten. Hessel selbst zitierte Wilhelm Speyer (ibid.: 144–145) und lobte die kosmopolitische und demokratische Freude, die dessen Roman *Charlott etwas verrückt* durchdrang:

> In den Gliedern dieser einst so ungelenken Stadt, dieser Stadt voll protestantischer Staats- und Militärphilosophie, zuckte ein anglimmendes Feuer. Ein Wille zum Leichtsein, zumal in den Frühlings- und Sommermonaten, begann dem Leib der Metropole die ersten, nicht mehr ganz unbeholfenen Bewegungen mitzuteilen. Sogar die Polizeibeamten hatten gelernt, zuweilen zu lachen, wenn es Verwirrung gab. Sie brüllten nicht mehr mit gesträubten Schnurrbarthaaren auf umgestülpter Lippe. Es waren großgewachsene, mit den Gebärden ihrer deutenden Arme hochaufgereckte, disziplinierte und dennoch im alten Sinne unmilitärische Gestalten. Die froh und frei bewegte täglich zunehmende Schönheit der Frauen und Kinder aller Stände stand außer Zweifel. So also zerstörte die große Stadt die Schönheit nicht, sondern sie erweckte sie, sie förderte sie und ließ sie strahlend gedeihen. In den Straßen wurde nicht mehr der sauere Bürger mit der allzu abgebürsteten Kleidung und der allzu gründlich gesteiften Wäsche sichtbar. Der Kleidungssinn war weniger dramatisch, war demokratischer und daher eleganter geworden.

Während das Berlin der 1920er Jahre vibrierte, führten Hunderte von Männern und beherzten Frauen in verschiedenen Teilen Deutschlands ein viel entbehrungsreicheres, aber den neuen Zeiten angemessenes Leben. Alle hatten das Gefühl, dass dieses Land das Recht und die Pflicht hatte, die Dinge anders zu gestalten, dass ein Krieg dazu gedient hatte, mit der Vergangenheit aufzuräumen und dass diese ‚Halb-Revolution', die danach gekommen war, genutzt werden musste. Die Bauhaus-Schule war ein außergewöhnlicher Zeuge dieser offenen Möglichkeiten und wusste die Mechanismen zu nutzen, die die Republik ihr zur Verfügung stellte. Das Bauhaus und die Weimarer Republik durchliefen ihre Entstehung, Entwicklung und das Ende ihres Werdegangs zeitgleich.

2. Weimar

Berlin war nach der Niederlage von 1918 keine sichere Stadt, und so kam es, dass in einer kleinen Stadt in Mitteldeutschland, in Weimar, die Nationalversammlung zusammentrat, um eine neue Verfassung zu verabschieden. Die Gedenktafel, zur Erinnerung an dieses Ereignis, das am 11. August 1919 im Nationaltheater stattfand, wurde von Architekt Walter Gropius, dem Leiter der neu gegründeten Bauhaus-Schule, entworfen. Monate zuvor, im April desselben Jahres, appellierte Gropius an die Jugend, sich einer Schule anzuschließen, in der die Hierarchie zwischen Handwerker und Künstler aufgelöst werden sollte. Mit dem Zusammenschluss zweier ehemaliger Kunstzentren in Weimar begann sein aufregendstes Projekt.

Die neue Regierung machte es sich zur Aufgabe, bei der Verbreitung des Manifests in allen Teilen Deutschlands behilflich zu sein. Die Verbindung von Kunst und Handwerk kam sowohl Männern wie auch Frauen, zu Ohren, wobei letztere sich zu Beginn in größerer Zahl anmeldeten. Die Studentin Ré Soupault (geboren als Erna Niemeyer) erinnerte sich lebhaft daran (cf. Rössler/Otto 2019: 52):

> In der Hoffnungslosigkeit dieses Kriegsendes war alles grau; nirgends ein Lichtblick. Da zeigte mir Fräulein Wimmer, meine Zeichenlehrerin – die einzig vernünftige Person an der Schule – das Manifest von Gropius. Das Bauhaus. Da war eine Idee, mehr noch, ein Ideal: keinen Unterschied mehr zwischen Handwerkern und Künstlern. Alle zusammen, in einer neuen Gemeinschaft, sollten wir die ›Kathedrale‹ der Zukunft bauen. Da wollte ich mitmachen.

Junge Leute wie Lydia Driesch-Foucar (cf. Droste/Friedewald 2019: 89–90) wurden ungeduldig angesichts der mangelnden Perspektive, die die Fachschulen und Kunstgewerbeschulen zu bieten hatten. Folgendermaßen hatte sie es in Erinnerung:

> Vom Bauhaus hörte ich zum ersten Mal, als ich im Winter 1919/20 an der Münchener Kunstgewerbeschule für eine Selber Porzellanfabrik Modelle machte. Ich hatte die Keramische Fachschule in Höhr absolviert und wollte mich nun in München im Künstlerischen weiterbilden. Die Kalamität war damals die, dass in den Fachschulen wenig Wert auf gute, künstlerische Gestaltung gelegt wurde, in den „Kunstgewerbe"-Schulen dagegen das fachliche und handwerkliche Können völlig vernachlässigt wurde. Da hörte ich von der damaligen Devise des Weimarer Bauhauses: »Kunst und Handwerk, eine neue Einheit«. Endlich das, was ich mit vielen anderen schon lange suchte. Im Frühjahr 1920 siedelte ich an das Bauhaus nach Weimar über.

Laut einem Brief von 1919 (Bayer 1968: 313) war das erste Weihnachtstreffen „[e]in Fest der Liebe". Gropius las die Weihnachtsgeschichte, Emmy Heim sang, und alle Schüler erhielten ein persönliches Geschenk von ihrem Schulleiter. Inmitten politischer Wirren und wirtschaftlicher Not beschlossen die Studierenden eine *Dada*-Bude auf dem traditionellen Weimarer Weihnachtsmarkt aufzustellen, um zusätzliche Einkünfte zu erzielen. Alle fingen an, Stofftiere aus Lumpen, Puppen, Papierspiele oder Holzarbeiten herzustellen. In ihrem Gedächtnis prägten sich als besonders reizvoll die aus Wurzelholz gefertigten, grob mit einem Messer bearbeiteten und bunt bemalten Tiere ein; selbst von der Töpferei in Dornburg wurde Geschirr für die Puppenstuben gebracht. Dieser erste öffentliche Auftritt der Bauhaus-Studierenden wurde ein voller Erfolg; ihnen gingen die Bestände aus. Besonders begeistert waren die Kinder, „denen wir zum schluß noch unsere baskenmützen schenkten, weil wir nichts mehr zu verkaufen hatten" (ibid.).[1]

Besondere Begeisterung zeigten auch die Studentinnen. Dieses neue politische System ermöglichte ihnen nicht nur die Wahl von Politikern – zum ersten Mal konnten sie von ihrem Wahlrecht Gebrauch machen –, sondern auch des Bildungszentrums, in dem sie ausgebildet werden wollten.

Um am Bauhaus zugelassen zu werden, war kein Hochschulstudium erforderlich; es genügte, künstlerische Fähigkeiten zu besitzen und keine Vorstrafen zu haben. Daher ist es nicht verwunderlich, dass sich in den Anfängen der Schule 84 Frauen – gegenüber 79 Männern – einschrieben. Diese Feminisierung, ein weibliches Bauhaus!, wurde von seinen Lehrern als anormal empfunden, weswegen sie schnell beschlossen, dass nur außerordentlich begabte Frauen ihre Klassenräume betreten sollten (cf. Müller 2009: 84):

> Das Zahlenverhältnis der Studierenden männlichen und weiblichen Geschlechts ist ein derartiges, das ohne Zweifel mit der Aufnahme von Damen zurückgehalten werden muss ... Ich schlage daher vor, bei den Aufnahmen für absehbare Zeit Damen nur mit ganz ausserordentlicher Begabung aufnehmen zu wollen.[2]

Hingegen lautete die Botschaft, die der Schulleiter in seiner Eröffnungsrede an die gesamte Schülerschaft übermittelte, dass es keine besondere Berücksichtigung von Frauen gebe: Völlige Gleichstellung, aber auch völlig gleiche Verpflichtungen. Bei der Arbeit: alle Handwerker.

Der Lehrerrat entschied ebenfalls, dass die Textilwerkstatt einen ausgesprochen weiblichen Charakter habe, um auf diese Weise eine starke Ausbreitung der Frauen auf die übrigen Werkstätten zu vermeiden. Der Rat wollte sie auf den zweidimensionalen und den Textil-Bereich beschränken. Was aber dann wirklich geschah, war, dass sich die Studentinnen im Laufe der Zeit immer mehr für

1 Aus den Erinnerungen von Gunta Stölzl, Erich Brendel, Vincent Weber, Gertrud Arndt und Alfred Arndt.

2 Brief von Gropius an den Lehrerrat, 2.9.1920.

die anderen Berufszweige interessierten, ohne ihre eigene zugewiesene Werkstatt zu vernachlässigen.

Das Haus Sommerfeld war das erste architektonische Projekt der Schule, das zwischen 1920–21 unter Beteiligung aller Werkstätten gebaut wurde. Kaum ein weiblicher Name taucht in diesem Gemeinschaftsprojekt auf, obwohl eine Abbildung, die Vorhänge mit geometrischen Figuren zeigt, angefertigt von Studentin Dörte Helm, bis zu uns gelangt ist.

Eine bessere Gelegenheit, ihre Kompetenz zu beweisen, fanden die Studentinnen bei der von der Schule organisierten Ausstellung im Jahr 1923. Alle Werkstätten nahmen erneut aktiv teil am Bau des Musterhauses *Haus am Horn*. Die Studentin Benita Otte konnte nicht nur in der ihr zugewiesenen Werkstatt, der Weberei, mitarbeiten, sondern auch in der Tischlerei, bei der Gestaltung der Küche, zusammen mit ihrem Kommilitonen Ernst Gebhardt. Alma Buscher hatte ihre Ausbildung 1922 in der Weberei begonnen, doch 1923 gelang es ihr zu der Werkstatt zu wechseln, die ihr wirklich gefiel: die Tischlerei. Von dieser Werkstatt und der Metallwerkstatt aus gelang es ihr, das Kinderzimmer des Hauses komplett zu gestalten. Ihre modularen Möbel wurden patentiert und stießen auf großen Erfolg. Heutzutage finden wir, mit geringen Abweichungen, das gleiche Design in den Räumen von Millionen von Kinderzimmern auf der ganzen Welt vor. Fünf Frauen aus der Textilwerkstatt waren für die Gestaltung der Teppiche für die verschiedenen Räume des Hauses zuständig: Lis Deinhardt, Martha Erps, Benita Otte, Agnes Roghé und Gunta Stölzl, die spätere Lehrerin der Werkstatt.[3]

Ihre Anerkennung war so groß, dass auf einer der 1923 anlässlich der Ausstellung herausgegebenen Postkarten, gestaltet von Student Kurt Schmidt, auf der ein Stadtplan mit den Namen von bedeutenden Persönlichkeiten und Gebäuden abgebildet war, der Künstler die Namen von vielen der Studentinnen in den Park, nahe der Gegend am Horn, setzte. Der Ausstellungskatalog selbst (Das Staatliche Bauhaus/Nierendorf 1923) enthielt zahlreiche Seiten, die den Arbeiten der Studentinnen gewidmet waren, vor allem den Textilarbeiten, aber auch vielen Zeichnungen aus dem Grundkurs *Formlehre* und aus *Freie Arbeiten*. Gezeigt wurden Arbeiten von 12 Studentinnen, von denen einige mehrmals vertreten waren: Werke von Margit Téry-Adler, Arbeiten von Friedl Dicker, Ida Kerkovius und Benita Otte und Werke von Maria Rasch und Gunta Stölzl. In dem der Architektur gewidmeten Kapitel, genannt *Der Raum*, steuerte nur eine Studentin einen Beitrag bei: eine komplette Seite in Farbe für Benita Otte, die anhand von Farbschichten eine großartige Perspektive der Struktur des Hauses

3 Band 3 der Bauhausbücher ist ausschließlich dem Bau des Hauses am Horn gewidmet, mit Baudetails und Fotografien sowie Informationen zur Urheberschaft der einzelnen Arbeiten.

am Horn gezeichnet hatte. Diese Isometrie ist bereits fester Bestandteil der Grafikgeschichte des Bauhauses (siehe Abb. 1).[4]

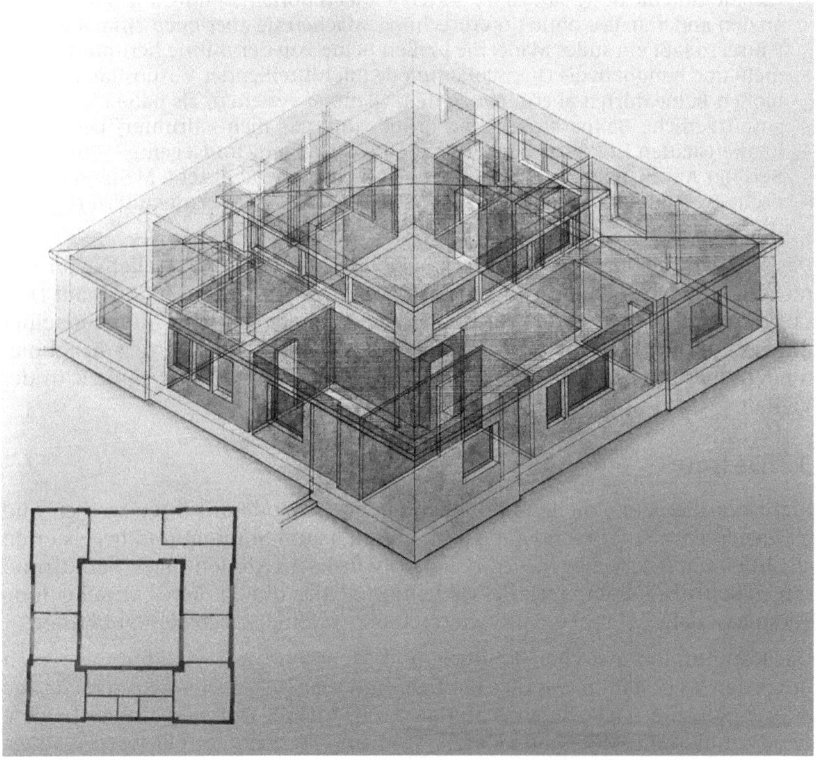

Abb. 1: Perspektive der Struktur des *Haus am Horn* von Benita Otte.

Quelle: Das Staatliche Bauhaus/Nierendorf, Karl (Hrsg.), 1923: *Staatliches Bauhaus Weimar, 1919–1923*. Bauhausverlag: Weimar-München-Köln, 165. (Ausstellungskatalog).

Diese beherzten und fleißigen Frauen, von denen außerordentliches Talent verlangt wurde, stießen zusammen mit ihren Kommilitonen – die nur ihr gewöhnliches Talent zeigen mussten – auf Ablehnung und Unverständnis zahlreicher Weimarer Bürger. Letztere betrachteten sie als seltsame und provokative Menschen; ein Bild, das dem eines erfahrenen Berliner Journalisten – Kole Kokk –, anlässlich einer Feier im kleinen Schloss an der Ilm, widerspricht (Wingler 2002: 98–99):

4 Neben den Arbeiten der 12 Studentinnen wurde auch ein Artikel der zu dieser Zeit einzigen Lehrerin Gertrud Grunow aufgenommen: „Der Aufbau der lebendigen Form durch Farbe, Form, Ton."

> […] Es ist alles primitiv, es gibt nicht das mindeste Raffinement, aber es gibt auch weder jene Blasiertheit, die auf unseren Maskenbällen hörbar gähnt […] Es wird alles von den Bauhäuslern selbst gemacht. Da ist zunächst die Kapelle. […] Sie sind die beste Jazzband, die ich je toben hörte […] Ein Tanz reiht sich an den anderen, fast ohne Unterbrechung. Machen sie aber doch einmal eine Pause, so läßt ein süßes Mädel die bloßen Beine von der Bühne herunterbaumeln und handhabt die Quetschkommode mit hinreißender Virtuosität. Diese bloßen Beine dürfen aber nicht zu dem Glauben verleiten, als habe man die gutbürgerliche Ballparole: „Wenig drüber und gar nichts drunter" bei den Bauhausleuten in künstlerischer Freiheit übersteigert. Im Gegenteil: Für ein Berliner Auge ist die ganze Angelegenheit überraschend dezent. Meine statistische Begabung ließ mich im ganzen zwei entblößte Frauenschultern registrieren. […]

Das Bauhaus sieht sich durch starken politischen Druck, vor allem von den rechten Parteien, dazu gezwungen, Weimar zu verlassen und in die Stadt Dessau umzuziehen. Hier wird ein Gebäude entstehen, das vom Moment seiner Einweihung an ein weltweiter Wallfahrtsort wird. Auch hier werden die Studierenden abermals dem neuen Motto ihres Leiters Form geben: Einheit in der Vielfalt.

3. Dessau

Nicht nur die neuen, hellen und leuchtenden Gebäude mit ihren weißen und gläsernen Fassaden brachten die Studierenden zum Staunen und begeisterten sie. In einem Interview (Meyer 1928: 18) wurde ein Student nach dem Grund seines Beitritts gefragt, nach dem Wichtigsten, das ihn zu dieser Entscheidung veranlasst habe, worauf er antwortete: „Das Zusammenleben der Bauhäusler."

Die Kommunion zwischen Räumen und Menschen war vollkommen. Auch unter den Werkstätten war dies der Fall. Nun machte es keinen Sinn mehr, die Arbeitsbereiche nach einem Material (Stoff, Metall, Holz) zu unterscheiden. Jetzt konnten die Möbel aus Metall, Stoff und Holz hergestellt werden. Werbung, Theater, Fotografie waren neue Fachgebiete, die in die neuen Lehrpläne aufgenommen wurden. Auch die Architektur kam dazu; ein angestrebtes Ziel, das mit der Einstellung des Schweizer Architekten Hannes Meyer endlich mit einer eigenen Abteilung verwirklicht werden konnte.

Bevor die Studentinnen ins Bauhaus aufgenommen wurden, waren sie Verbraucherinnen und Empfängerinnen von Alltagsgegenständen aller Art gewesen. Dank ihrer Arbeit an der Schule wurden sie nun zu Herstellerinnen ebendieser Dinge: von Küchenutensilien, Lampen und Vorhängen bis hin zu Möbeln. Sie nahmen sogar an der Werkstatt für Bau teil, wo sie neue Formen des Wohnens entwarfen und ihre Diplome als Architektinnen erhielten. So gelangten sie von der Zweidimensionalität zur vollständigen Räumlichkeit.

Ihre Anwesenheit machte sich nicht nur auf den Titelseiten der Zeitschrift *bauhaus* (1928: Nr. 4; 1931: Nr. 2) bemerkbar, sondern auch in den gezeigten Entwürfen auf den Innenseiten vieler ihrer Ausgaben: eine Kinderschaukel von

Lotte Gerson (siehe Abb. 2), ein Eierkochtopf und verschiedene Lampen von Marianne Brandt, Webearbeiten von Ruth Hollos, Gunta Stölzl und Lis Beyer, ein Tisch von Wera Meyer-Waldeck. Desgleichen wurde sogar das Foto einer Studentin abgebildet, die an einer Fräsmaschine arbeitet, oder es wurden die Worte der Politikerin Clara Zetkin in der Zeitschrift zitiert. Ein weiteres Foto, das mehrere weibliche und männliche Hände zeigt, die gemeinsam auf einer Fläche zeichnen, sollte die von der Schule geförderte Zusammenarbeit der Geschlechter verdeutlichen.

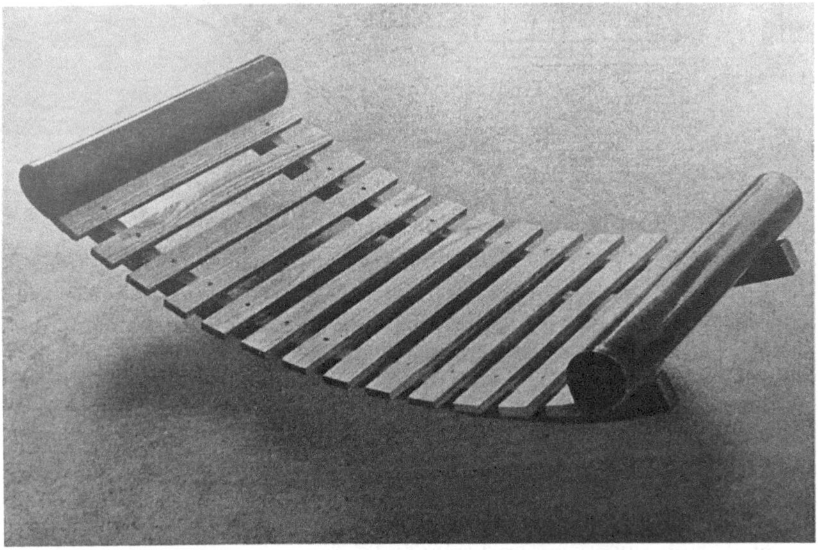

Abb. 2: Lotte Gerson, ti 234, Kinderschaukel.

Quelle: Meyer, Hannes (Hrsg.), 1929: *bauhaus.* Zeitschrift für Gestaltung. Nr. 2. Bauhaus: Dessau, 20.

Nachdem Gropius die Schulleitung verlassen hatte, brachte die Nachfolge von Hannes Meyer einen Anstieg der Immatrikulationen und einen Aufruf an zukünftige Studentinnen mit sich. In seiner Werbebroschüre von 1929 ermutigte Meyer sie zur Teilnahme: *Suchst du als studierende wahre gleichberechtigung? Komm ans Bauhaus.*

Viele glaubten ihm, aber in Meyers Organigramm von 1930 (siehe Abb. 3) etablierte er eine Dualität zwischen den seiner Meinung nach zwei gegensätzlichen Bereichen, Kunst und Wissenschaft. Für ihn galt: Die Kunst begleitete das Herz und die Intuition. Die Wissenschaft steht für Intelligenz und Gehirn.

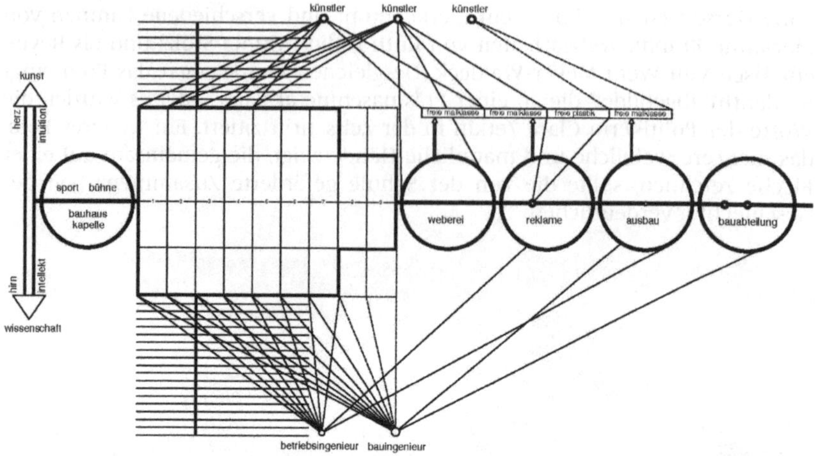

Abb. 3: Vereinfachtes Schema, basierend auf Hannes Meyers Original von 1930.

Quelle: Eigene Darstellung, entworfen von Herrero Cantalapiedra, Esteban/Hervás y Heras, Josenia.

Kein Pfeil kennzeichnete die Verbindung der Werkstatt für Bau mit den Künstlern. Auch negierte Meyer den Bezug der Textilwerkstatt zur Wissenschaft, trotz der Erforschung neuer Textilien und ihrer Beziehung zur Industrie: Das Diagramm blieb ebenfalls ohne Pfeil zwischen der Textilwerkstatt und den Produktionsingenieuren.

Einer Werkstatt, die hauptsächlich weiblich besetzt war, wie im Fall der Weberei, wurde ungerechterweise die Intuition und das Herz zugeordnet, während die übrigen Werkstätten, mit einer größeren Anzahl an Männern als an Frauen, den Platz von Intelligenz und Gehirn einnahmen.

Erst mit dem Antritt des letzten Direktors, Mies van der Rohe, der die Werkstätten für Bau und Ausbau vereinte, gelang es den Studentinnen, ihr Diplom als Architektinnen zu erhalten (Maria Müller, Hilde Reiss, Wera Meyer-Waldeck, Annemarie Wilke).

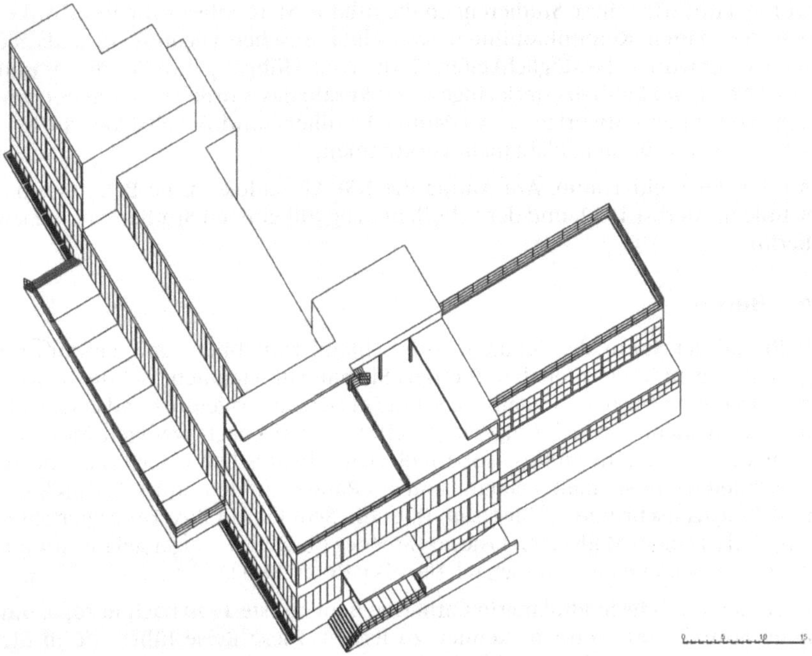

Abb. 4: Axonometrische Darstellung nach den Plänen von Wera Meyer-Waldeck für das Projekt einer Schule, genannt „8-klassige volksschule".

Quelle: Eigene Darstellung, entworfen von Herrero Cantalapiedra, Esteban/Hervás y Heras, Josenia.

Besonders hervorzuheben ist die gemeinsame Arbeit der Studentinnen Wera Meyer-Waldeck und Hilde Reiss, zusammen mit vier Kollegen,[5] für den Kurs von Professor Hilberseimer (cf. Droste 2019: 342). Sie planten ein hypothetisches Viertel für die Arbeiter der Firma Junckers, in dem den Bewohnern kleine Wohnungen und den Frauen mit Kindern eine Vielzahl an Säuglingsheimen und Kindergärten zur Verfügung standen. Desgleichen: eine zentrale Heiz- und Waschanlage, große Sportanlagen („Sportpisten") mit Tennisplätzen, Schwimmhallen und Freibädern, Freizeitbereiche („Festwiesen") mit Versammlungssälen, Klubhäuser, Sportkaffee, Kino und Theater, zahlreiche Schulgebäude (siehe Abb. 4) mit Wohnhäusern für Lehrer und Internaten für Schüler, sogar ein Krankenhaus. Die Revolution hatte endlich Einzug in die weiblichen Haushalte gehalten! Indem sie sich jene utopische sozialistische Welt vorstellten, in der es kein Privateigentum geben und die Arbeit gerecht verteilt

5 Bei den vier Kollegen handelte es sich um Waldemar Alder, Wilhelm Jakob Hess, Cornelius van der Linden und Selman Selmanagic.

würde, entwarfen diese Studierenden die urbane Materialisierung ihrer Anliegen. Sie hatten Kommilitoninnen wie Alma Buscher gekannt, die, als sie schwanger wurde, die Möglichkeiten für die Weiterführung ihres Studiums und ihrer Arbeit am Bauhaus stark eingeschränkt sah; das würde an einem Ort, wie dem von ihnen entworfenen, wo Mütter Familien- und Arbeitsleben in Einklang bringen könnten, nicht mehr vorkommen.

All dies blieb ein Traum. Auf Antrag der NSDAP schlossen die Behörden die Schule im Herbst 1932, und der Schulleiter zog mit einigen Studierenden nach Berlin.

4. Berlin

Während der Status der Schule in Deutschland allmählich sank, gewann sie gleichzeitig an internationalem Prestige. Sie hatte als staatliche Schule in Weimar begonnen, wurde als staatliche Schule in Dessau fortgeführt und endete als private Akademie in der Umgebung Berlins, wo sie nach wenigen Monaten schließen musste. Ihr Einfluss außerhalb Deutschlands ließ jedoch nicht nach; einschließlich in Spanien – einem Land am Rande – in dem indes Architektur- und Kunstzeitschriften aufmerksam über die Schule und ihre Leiter berichteten, und es einem Madrider – Ernesto Giménez Caballero – sogar gelang, für die Zeitschrift *bauhaus* zu schreiben (cf. Hervás y Heras 2021).

Die amerikanische Stadtplanerin Catherine Bauer reiste 1930 nach Europa, um neue Formen des Wohnens kennen zu lernen. Diese Reise führte sie in die Siedlung Siemensstadt in Berlin, in die Seniorenresidenz H.E. Bude-Heim in Frankfurt[6] (siehe Abb. 5), zu den unter der sozialistischen Regierung errichteten Wiener Häusern mit Kinderschwimmbecken, Turnhalle, Kindergarten und großen Gartenanlagen; zu den Genossenschaftswohnungen in Zürich und zur Bauhaus-Schule in Dessau (siehe Abb. 6). Zweifelsohne fand sie in Europa eine andere Auffassung von Wohnen und der Umgebung, in der diese neuen Wohnungen entstehen sollten, vor. Ihr Buch *Modern Housing* (Bauer 1935) bestätigt dies.[7] Ebenfalls darf wohl getrost gesagt werden, dass das von Wera Meyer-Waldeck (WMW) und ihren Kommilitonen gestaltete Viertel nichts Befremdliches und Unangebrachtes hatte. Es hätte durchaus eines der Beispiele in Bauers Buch sein können. Das Viertel für die Arbeiter von Junckers stellte einen revolutionären Ansatz von Wohnen dar, nicht nur wegen der neuen Architektur, die

---

6 Das Gebäude verfügte über großzügige Räume, alle ausgestattet mit Terrassen, die sich zu einem großen Garten hin öffneten, sowie große Säle für die aktive Teilnahme am Gemeinschaftsleben. Unter den vier Architekten, die es bauten, befand sich auch eine Frau. Die Zeitschrift *bauhaus* 4 (1928: 24) berichtete, dass das Projekt von Mart Stam zusammen mit Ferdinand Kramer, Werner Max Moser und Erika Habermann den ersten Preis im Wettbewerb für seine Durchführung gewonnen hatte.

7 In diesem Buch machte sie geltend, dass das Bauhaus die vorrangige Quelle des Modernismus war.

Le Corbusier, Gropius und viele andere Architekten gepredigt hatten, sondern aus weit wichtigerem Grund: dem Gefühl einer Gesellschaft, die über einen gewissen Komfort in ihrem und ihrer Kinder Leben verfügen wollte, und wo Frauen den Wunsch hatten, auf der gleichen Ebene wie Männer involviert zu sein.

WMW und Bauer lernten sich 1953 auf einer USA-Reise der deutschen Architektin persönlich kennen (cf. Meyer-Waldeck 1954: 6). Diesmal war es der deutsche Geist, der sich vom amerikanischen Volk inspirieren lassen wollte.

Der Regierungsantritt Hitlers 1933 und infolgedessen das Verschwinden der Bauhaus-Schule aus Berlin kennzeichnete den Anfang vom Ende einer Ära. Hessels Vorahnung erfüllte sich, und nach den Bombenangriffen des Krieges wurde die Berliner Kirche zum Gedenken an den Kaiser im Volksmund in „Gedächtniskirche" umbenannt. Eine Erinnerung nicht nur an die Zerstörung einer Stadt, sondern auch an das für alle Zeiten beschnittene gemeinsame und gemeinschaftliche Leben der Menschen am Bauhaus und in Deutschland.

5. Eine neue Welt

Nicht nur in Deutschland, in vielen Ländern, einschließlich Spanien, kam die Zeit zwischen den Kriegen einer echten Revolution gleich. Dabei handelte es sich nicht um Volksmassen auf den Straßen oder um Aufstände, sondern dies

Abb. 5: Seniorenresidenz Henry und Emma Bude-Heim. Fotografie von C. Bauer.

Quelle: Catherine Bauer Wurster Collection, Environmental Design Archives. University of California, Berkeley.

Abb. 6 . Bauhaussiedlung Dessau-Törten (1926–28) von Walter Gropius. Fotografie von C. Bauer.

Quelle: Catherine Bauer Wurster Collection, Environmental Design Archives. University of California, Berkeley.

bezog sich auf eine wesentliche Veränderung in der Art und Weise, wie Frauen dachten, fühlten, handelten und sich kleideten. Es gab eine Zeit der aufrichtigen Freundschaft zwischen Männern und Frauen, der Freude und des Handelns. Es gab eine Zeit, in der die Bauhaus-Studentinnen glaubten, dass ihre Arbeit dazu beitragen würde, soziale Hierarchien und Machtmissbrauch zu verändern, und es gab eine Zeit, in der sie glaubten, wie jeder andere behandelt zu werden.

In Spanien empfand sich die Malerin Maruja Mayo (RTVE: *A fondo*) auch wie „jeder andere" neben Federico García Lorca, Salvador Dalí, Rafael Alberti und weiteren brüderlichen Weggefährten: „Wir waren die heldenhafte Avantgarde", antwortete sie ohne Zögern. Sie erinnerte sich an die Zusammenkünfte in Madrid, wo „Frankreich, Deutschland und Russland zusammensaßen, d. h. Le Corbusier, Graf Keyserling und Strawinsky. Damals war Madrid, Spanien, Europa." Mayo betrachtete sich immer als Teil „der Jungen", die eine neue Welt mitbrachten: Freundschaft, Jugend, Humanismus-Kunst-Wissenschaft.

Sie alle, zusammen mit Tausenden junger Menschen in Europa – darunter auch die Bauhaus-Studierenden – suchten über Kunst, Wissenschaft und Technik nach einer besseren Welt.

Der Spanische Bürgerkrieg Mitte der 1930er Jahre und der darauffolgende Weltkrieg vernichteten eine ganze Generation. Zahlreiche Gruppen von Freunden wurden für immer getrennt: Maruja Mayo und Rafael Alberti konnten ins Exil gehen; die Ermordung von Federico García Lorca und der Tod im Gefängnis von Miguel Hernández sind nur zwei Beispiele für unzählige ähnliche Fälle. In Deutschland war die Lage nicht besser: Die Studentin Friedl Dicker wurde in Auschwitz ermordet, Alma Buscher durch einen Bombenanschlag bei Frankfurt getötet.

Die Frauen, die überlebten, fanden bei ihrer Rückkehr die ihnen bekannte Welt nicht mehr vor. Das Bild von Hunderten von Frauen, die Deutschland vom Schutt befreien, ist zum Symbol geworden; für sie wurde sogar ein eigener Name gefunden: die Trümmerfrauen. Unter den Pflastersteinen tat sich das Paradies nicht auf: Nach dem Abtragen Tausender Tonnen lebloser Steine und dem Wiederaufbau eines Landes, setzten sich dort die alten Hierarchien weiterhin fort.

6. Epilog

Der Mai 1968 brachte neue Versprechen für eine gleichberechtigte Zukunft. Wieder glaubten viele Frauen daran. Das Bauhaus kam wieder in Mode.

1968 wurde in Stuttgart eine internationale Ausstellung zum fünfzigsten Jahrestag der Gründung der Bauhaus-Schule eröffnet. Diese Wanderausstellung endete 1971 in Tokio; bis dahin hatte sie in London, Paris, Toronto oder Pasadena Station gemacht. Keine spanische Stadt wusste eine solche Meisterleistung zu würdigen (nur eine kleine Ausstellung bereiste Barcelona, Madrid und Sevilla), wenngleich dank Argentiniens, wo sie in Buenos Aires zu sehen war, die spanische Sprache neben Englisch und dem deutschen Original in allen drei Katalogtypen auftaucht.

Auf den letzten Seiten dieser Veröffentlichungen wurde eine Kurzbiographie der bemerkenswertesten Personen, die an der Lehre am Bauhaus beteiligt waren, angegeben. Im deutschen Originalkatalog waren unter den 99 erwähnenswerten Personen nur elf Frauen, 11 % – weniger als der durchschnittliche Frauenanteil an der Schule (etwa 32 %); auch wurde in diesen Biographien weder eine der diplomierten Architektinnen noch eine Studentin aus der Werkstatt für Bau genannt.[8] In der englischen Fassung von 1969 treten 108 Personen auf, davon zwölf Frauen (Friedl Dicker wurde hinzugefügt). In der spanischen Version von 1970 kommt eine weitere Person hinzu: Benita (Koch) Otte, wobei sich bei insgesamt 109 Personen eine Quote der Frauen von 12 % ergibt.

8 In der deutschen Erstausgabe werden Anni Albers, Otti Berger, Marianne Brandt, Monica Bella Broner, Elisabeth Kadow, Ida Kerkovius, Margaret Leiteritz, Lilly Reich, Gunta (Stadler) Stölzl und Marguerite Friedlaender-Wildenhain aufgeführt; in einem Anhang wird Ilse Fehling hinzugefügt.

Zu nichts führte es, dass WMW ihr Land mit einer Installation im Deutschen Pavillon auf der Weltausstellung 1958 in Brüssel vertrat. Auch ihr Beitrag als Architektin auf der Interbau, die 1957 in Berlin stattfand und deren Motto lautete: *Die Stadt von Morgen*, schien niemanden zu interessieren. Mit dem Ziel der Integration engagierte sie sich abermals, neue Formen des Wohnens zu finden. Auch reichten ihre Verdienste nicht aus, 1962 ein Wohnhaus für Frauen mit Hochschulabschluss, die im eigenen Wagen anreisen würden (siehe Abb. 7), zu entwerfen. Vier Jahre nach ihrem Tod wurde im Bauhaus-Katalog von 1968 an einige ihrer Weggefährten erinnert, deren Biografie z. B. so lautete (cf. Bayer 1968: 349): „Metallarbeiter von 1935–1945, lebt seit 1945 in seiner rheinländischen Heimat und widmet sich der Kunst." Zweifellos ein interessantes Unterfangen, aber ohne die Bedeutung, am Aufbau eines Landes in der Nachkriegszeit beteiligt gewesen zu sein.

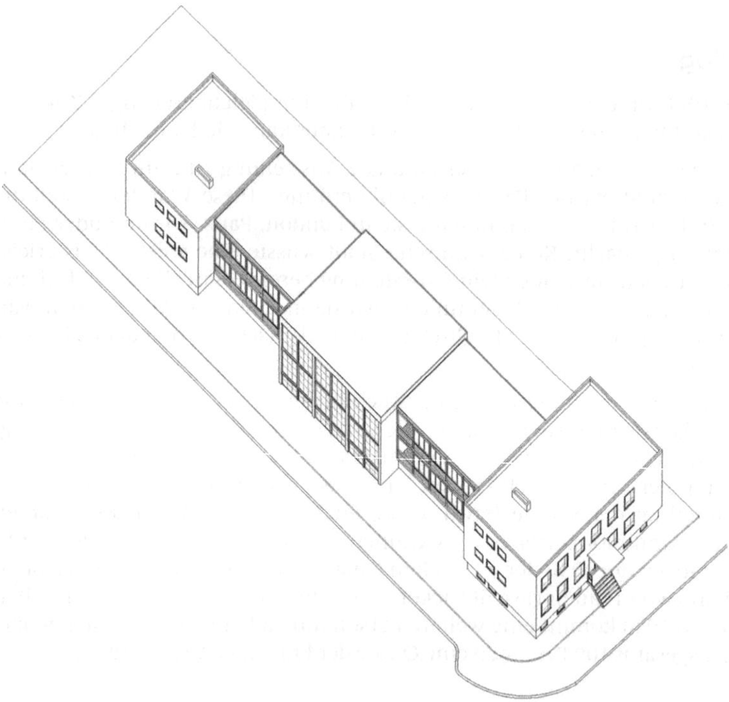

Abb. 7: Axonometrische Darstellung nach den Plänen von Wera Meyer-Waldeck für das Projekt eines Studentinnenwohnheims in Bonn-Friesdorf, 1964.

Quelle: Eigene Darstellung, entworfen von Herrero Cantalapiedra, Esteban/Hervás y Heras, Josenia.

Bereits Ende des 19. Jahrhunderts wies der deutsche Sozialist August Bebel (1892: 7), ein Metallarbeiter, darauf hin, dass er aufgrund der hierarchischen Geschlechterverhältnisse immer einen höheren Rang als eine Frau einnehmen würde, selbst wenn sie Architektin wäre:

> Die Frau und der Arbeiter haben seit alter Zeit gemein, Unterdrückte zu sein, und wie immer diese Unterdrückung in den Formen sich änderte, die Unterdrückung selbst blieb. Die Frau wie der Arbeiter sind im Laufe der Geschichte erst in der Neuzeit zum klaren Bewußtsein ihrer Knechtschaftsstellung gekommen, aber die Frau weniger als der Arbeiter, weil sie in der Regel in Bezug auf Einsicht in das Wesen der Dinge noch tiefer steht als dieser, und von ihm selbst als unterbürtig angesehen und behandelt wird. [...] So nimmt auch heute noch die Frau ihre untergeordnete Stellung als etwas Selbstverständliches hin, und es kostet nicht wenig Mühe, ihr zu beweisen, daß diese eine unwürdige ist, daß sie dahin streben muß, ein dem Manne gleichberechtigtes, in jeder Beziehung ebenbürtiges Mitglied der Gesellschaft zu werden.

Klar ist, dass jener revolutionäre Mai 1968 für die Bauhaus-Frauen keiner war.

Bibliografie

Bauer, Catherine, 1935: *Modern Housing*. Allen George/Unwin, Stanley: London, Abb. 27.

Bayer, Herbert (Hrsg.), 1968: *50 jahre bauhaus*. Württembergischer Kunstverein: Stuttgart.

Bebel, August, 1892: *Die Frau und der Sozialismus*. Dietz: Stuttgart.

Das Staatliche Bauhaus/Nierendorf, Karl (Hrsg.), 1923: *Staatliches Bauhaus Weimar, 1919–1923*. Bauhausverlag: Weimar/München/Köln.

Driesch-Foucar, Lydia, 2019: „Erinnerungen an die Anfänge der Dornburger Töpferwerkstatt des Staatlichen Bauhauses Weimar 1920–1923". In: Droste, Magdalena/Friedewald, Boris (Hrsg.): *Unser Bauhaus. Bauhäusler und Freunde erinnern sich*. Prestel: München, 89–90.

Droste, Magdalena, 2019: *Bauhaus 1919–1933*. Taschen: Köln.

Hervás y Heras, Josenia, 2021: „Un madrileño en la revista bauhaus. Los carteles de Gecé". *Archivo Español de Arte* 373, 69–84.

Hessel, Franz, [1929] 2011: „Spazieren in Berlin". In: Moses-Krause, Peter (Hrsg.): *Franz Hessel. Ein Flaneur in Berlin*. Das Arsenal: Berlin Charlottenburg.

Meyer, Adolf (Hrsg.), 1925: *Ein Versuchshaus des Bauhauses in Weimar*. Bauhausbücher Bd. 3. Bauhausverlag: München.

Meyer, Hannes, et al., 1928: *bauhaus. Zeitschrift für Gestaltung* 4, 18–24.

Meyer-Waldeck, Wera, 1954: „Kleine Visite in Harvard und Berkley [sic]". *Werk und Zeit* 3 (6), 6.

Müller, Ulrike, 2009: *Bauhaus-Frauen. Meisterinnen in Kunst, Handwerk und Design*. Elisabeth Sandmann: München.

Radio Televisión Española (RTVE): *A fondo, https://www.rtve.es/alacarta/videos/a-fondo/fondo-maruja-mallo/4995675/*, abgerufen am 19. 12. 2020,

Rössler, Patrick/Otto, Elizabeth, 2019: *Frauen am Bauhaus*. Knesebeck: München.

Wingler, Hans M., 2002: *Das Bauhaus, Weimar Dessau, Berlin 1919–1933*. Dumont: Köln.

Josenia Hervás y Heras
Universidad de Alcalá UAH
E-Mail: jhervasheras@colaboradorst.es

Philosophie und Denken

Bernd F.W. Springer

Nationaler Sozialismus *versus* Nationalsozialismus. Der Revolutionär Ernst Niekisch: Jenseits von ‚links' und ‚rechts'?

1. Das Thema

Ernst Niekisch war 1918 einer der führenden Revolutionäre der bayrischen Räterepublik, aber in der Endphase der Weimarer Republik fand er sich am extremen rechten Rand des politischen Spektrums wieder.

1932 schrieb er ein radikales Anti-Hitler-Buch mit dem Titel *Hitler – ein deutsches Verhängnis*, das im Mittelpunkt des vorliegenden Artikels steht. Darin kritisiert er Hitler vernichtend, allerdings von der Position eines nationalen Sozialismus bzw. Bolschewismus aus, die noch weit radikaler war als der Nationalsozialismus. Für Niekisch war Hitler zu lau, zu weich, zu bürgerlich, zu wenig revolutionär.

Dieser Niekisch trat nach 1945 in der sowjetischen Besatzungszone erst in die KPD, dann in die SED ein und wurde 1949 Abgeordneter in der Volkskammer der DDR. Bei ihm wiesen Nationalismus, Sozialismus und Bolschewismus offensichtlich eine große Schnittmenge auf. Daraus resultiert die folgende Frage: Wenn Leute wie Niekisch den extremen linken und den extremen rechten Rand des politischen Spektrums zu einem gemeinsamen Gedankengut vereinen können, ist es dann möglich, dass wir uns diese beiden Extrempunkte – bildlich gesprochen – nicht, wie auf einer Linie, weit voneinander entfernt vorstellen müssen, sondern wie auf einer Kugel, auf der zwei Leute in die entgegengesetzte Richtung auseinanderlaufen und im Rücken der Kugel wieder aufeinandertreffen?

Wenn das so wäre, dann würde die politische Links-Rechts-Unterscheidung an Orientierungskraft verlieren.

Genau das legt Niekischs Denken nahe. Daher kommt es wohl auch, dass er in Deutschland sowohl von der Linken nach 1968 als auch von der Neuen Rechten seit den 1980er Jahren als revolutionärer Denker positiv rezipiert wurde. Darauf spielt die Frage im Untertitel dieses Artikels an: „Jenseits von links und rechts?"

2. Zur Biografie bis 1932

Ernst Niekisch wurde 1889 in Trebnitz in Schlesien geboren. Als Schlesier war er zugleich gebürtiger Preuße und als solcher entwickelte er später ein dezidiert preußisches Bewusstsein, aber nicht aufgrund eines erlebten Heimatgefühls, sondern als Antihaltung gegen bayrischen Separatismus. Seine Familie war nämlich, als er zwei Jahre alt war, ins bayrische Nördlingen übergesiedelt. Dort sollte er immer ein Fremder bleiben und identifizierte sich irgendwann mit dem bayrischen Feindbild des Preußen.

In Niekischs Bild des Preußentums stellte dieses eine Art charakterliche Elite dar, als Verkörperung von Staatsräson und Protestantismus – bei Niekisch ein Kultur-Protestantismus ohne Gott.

Staatsräson war für Niekisch die Durchsetzung des unbedingten Willens zum Staat gegen den Trieb des Einzelnen zu persönlicher Besonderheit. Zu diesem Preußenbild kam später noch ein weiteres Element hinzu, nämlich das Soldatische.

1917, als Niekisch seine ersten Reflexionen über die Unvermeidlichkeit der staatlichen Verfasstheit moderner Existenzen notierte, kam zu dem Schlüsselerlebnis Krieg ein weiteres hinzu: die Oktoberrevolution in Russland. Dort sah Niekisch eine proletarische Revolution am Werk, die entgegen aller Marxschen Theorie nicht die Beseitigung des Staates zur Folge hatte, sondern ihn noch wesentlich ausbaute. Dieser totalitäre Staat mit seinen Gestaltungsmöglichkeiten faszinierte ihn.

Damit stand Niekischs Weltbild bereits auf fünf unverrückbaren Säulen: Preußentum, Soldatentum, Protestantismus, Staatlichkeit und Orientierung am bolschewistischen Osten.

Dieses gedankliche Grundgerüst entwickelte Niekisch auf seinem Weg vom SPD-Mitglied und Revolutionär, der am 8. November 1918 die Revolution in Augsburg organisierte, am 7. April 1919 die Ausrufung der Räterepublik in Bayern unterzeichnete und anschließend in Haft ging, über seine Mitgliedschaft in der USPD und Rückkehr (nach Auflösung der USPD) in die SPD als Reichstagsabgeordneter bis zu seiner Tätigkeit als Publizist in den 1930er-Jahren.

Im Reichstag sprach er, gegen das internationalistische Credo einiger Fraktionskollegen, davon, dass ein Nationalismus im Sinne einer „reifen, selbstverständlich wirkenden Hingabe an die Volksgemeinschaft“ sehr wohl eine „gewisse Berechtigung“ (zit. nach Rätsch-Langejürgen 1997: 73) habe, was auch eine Reaktion auf bayrische und rheinische separatistische Tendenzen war. Diese nationale Einstellung wurde 1923 durch die französische Ruhrbesetzung noch bestärkt, die zum ersten Mal seit Ende des Krieges wieder nationale Gefühle hochkochen ließ.

Zu Ostern 1923 trafen sich daher rund 100 junge SPD-Mitglieder, um über das gespannte Verhältnis ihrer Partei zu Republik und Nation zu diskutieren. Dieses Treffen mündete in ein sehr emotionales Bekenntnis zu Staat und Nation. Daraus entstand der sogenannte Hofgeismarkreis, der sich gegen die Klassenkampflehre und den Internationalismus des Marxismus wandte. Plakativ formuliert: Sozialismus ja, Marxismus nein. Und es sollte ein nationaler Sozialismus sein.

Ab Dezember 1924 gehörte ihm auch Niekisch als einer der führenden Theoretiker an. Der Kontakt zu anderen radikalen Ideologen, die Überwindung des

Marxismus und die Idee eines Sozialismus mit nationaler Orientierung wurde zu einem weiteren essentiellen Meilenstein für seinen Denkweg hin zum Nationalbolschewismus.

1925 publizierte Niekisch die Broschüre „Der Weg der deutschen Arbeiterschaft zum Staat", in der er die Sozialdemokratie zur Abkehr vom Klassenkampf aufforderte. Er schrieb nun Artikel für den *Politischen Rundbrief* des Hofgeismarer Kreises, doch schon Ende des Jahres kam es zum Bruch.

Niekisch lehnte die Locarno-Verträge vom Oktober 1925 ab, in denen Deutschland den Verlust Elsass-Lothringens und Eupen-Malmedys akzeptierte. Das brachte ihm den Vorwurf des Revanchismus ein, im Juli 1926 kam es zum Parteiaustritt.

Er gab nun die Zeitschrift *Widerstand* heraus, die acht Jahre lang bis zu ihrem Verbot 1934 monatlich in Berlin erschien, ab 1928 mit dem Untertitel *Zeitschrift für nationalrevolutionäre Politik*. Zu den Mitarbeitern gehörten der Grafiker Andreas Paul Weber, die Brüder Ernst und Friedrich Georg Jünger, Ernst von Salomon und Gustav Sondermann, einst Funktionär des Alldeutschen Verbandes. Damit war Niekisch nun endgültig bei den Autoren des soldatischen Nationalismus angekommen.

Gleichzeitig aber blieb er seinen sozialistischen Überzeugungen treu und engagierte sich in der Alten Sozialdemokratischen Partei Sachsens (ASPS), einer Abspaltung ehemaliger, gemäßigter SPD-Mitglieder. Niekisch war hier Chefredakteur der Parteizeitung *Der Volksstaat*. Eine seiner Leitideen wurde die Versöhnung von Arbeiterklasse, Staat und nationaler Schicksalsgemeinschaft. Auch andere Autoren aus dem Umkreis der ‚Konservativen Revolution' wie Ernst Jünger arbeiteten zu jener Zeit an Synthesen von Nationalismus, Staat und Arbeiterklasse.

Auf der politischen Bühne hatte Niekisch allerdings wenig Erfolg. Das Wahlergebnis bei den Reichstagswahlen 1928 fiel katastrophal aus und er verließ die Partei wieder. Nun, von aller parteitaktischen Rücksichtnahme befreit, konnte er sich ganz seiner Zeitschrift *Widerstand* widmen.

Bereits 1919 hatte Niekisch dem kapitalistischen Westen kritisch gegenübergestanden und sich am russischen Modell ausgerichtet. Diese Orientierung am Bolschewismus trieb er jetzt in seiner Zeitschrift weiter voran. Was ihm früher schon an Preußen vorbildlich erschienen war, nämlich der Primat des Staates, erfuhr nun sogar noch eine Steigerung: der totalitäre Charakter des sowjetischen Bolschewismus, der die Räte-Demokratie in die Diktatur Stalins überführt hatte, erschien Niekisch keineswegs, wie vielen seiner Zeitgenossen, als abschreckendes Beispiel, sondern, unter Hinzufügung einer betont nationalistischen Ausrichtung, geradezu als vorbildlich.

Dieser Nationalbolschewismus, also die Verbindung von Nationalismus, Sozialismus und totalitärem Staat, bestimmte damals in verschiedenen Varianten das Denken vieler Theoretiker der radikalen Rechten. 1932 fasst Niekisch den

Stand seiner theoretischen Analysen in der Broschüre „Hitler – ein deutsches Verhängnis" zusammen.

3. „Hitler – ein deutsches Verhängnis"

Aus heutiger Sicht klingt dieser Titel wie eine hellsichtige Prophezeiung und Warnung. In Wirklichkeit handelt es sich um eine grobe Verkennung der Absichten Hitlers, seiner Entschlossenheit, seines Machtwillens und seiner Radikalität. Als er ein Jahr später an die Macht kam, war Niekisch völlig überrascht und glaubte, wie so viele andere auch, dass der Spuk nicht lange dauern würde.

Das Buch ist in drei Teile gegliedert. Im ersten analysiert Niekisch die Grundlagen deutscher Politik, den Nationalsozialismus und den Aufstieg Hitlers.

Deutsche Politik müsse aufgrund der geographischen Mittellage Deutschlands immer Machtpolitik und Selbstbehauptung gegen andere Mächte sein – vor allem gegen „welsche", also romanische Kräfte. Da alle welschen Einflüsse – der Katholizismus, das Papsttum und Frankreich – Fremdbestimmung bedeuteten, bestehe die originär deutsche Interessenvertretung im Protestantismus und im Preußentum. Habsburg und München seien dagegen seit Jahrhunderten das Einfallstor aller römischen und gegenreformatorischen Strömungen gewesen:

> Wenn deutsche Politik gemacht wird, befinden sich Deutschlands romanisierte Gebiete, Bayern und auch das Rheinland, gewöhnlich im separatistischen Aufruhr; deutsche Politik setzt sich nicht mit ihnen, sondern gegen sie durch. (Niekisch 1932: 10)

Südlich des Mains und am Rhein habe man seit Jahrhunderten gelernt, dass Rom ewig sei, und man nehme den Staat daher nicht so ernst, wie die Protestanten es täten. Während für die Katholiken „das Volk als natürliche Gegebenheit" die entscheidende „politische Grundtatsache" darstelle, sei dies für Protestanten und Preußen „der Staat als sittliche Leistung", der gegen die Neigungen und Ansprüche des Volkes auf individuelles Glück ein „Höchstmaß an Zwang, an ‚Kaserne', an ‚Selbstverzicht'" durchsetzen müsse (ibid.).

Der Vertreter deutscher nationaler Interessen war für Niekisch nach dem Krieg Ludendorff. Dessen Zusammenarbeit mit Hitler Anfang der 1920er-Jahre deutet Niekisch so, dass man den Demagogen „in preußische Zucht" habe nehmen wollen und Hitler die Rolle des Trommlers beschieden gewesen sei, während „Ludendorff die Massen, die zusammengelaufen waren, in Reih und Glied befahl" (ibid.: 8). Nach seiner Haft habe sich Hitler aber von Ludendorff getrennt und sich den italienischen Faschismus zum Vorbild genommen, womit die „römische Überfremdung" begonnen habe:

> Die römisch-faschistische Grußform wurde verbindlich; an die Stelle deutscher Fahnen [...] trat die strenge tote Form prangender Standarten von jener Art, wie sie bisher römischen Legionären, italienischen Faschisten, katholischen Prozessionen vorangeleuchtet hatten. (ibid.)

Nach 1923 sei München für Hitler zur Heimat geworden, denn er sei ein „romanisierter Deutscher; gegenreformatorische Instinkte halb wittelsbacher, halb habsburger Färbung trägt er in seinem Blute" (ibid.: 9). Münchens geschichtliche Berufung sei es stets gewesen, „es äußerlich mit dem Reiche, im verborgenen jedoch mit Welschland zu halten", von München aus lasse sich „das Reich nicht erneuern", denn: „Die Faschisierung des Nationalsozialismus war seine Vermünchnerung, faschistischer deutscher Nationalismus ist so lauter und echt, wie bayrische Reichstreue mit dem eigenstaatlichen Vorbehalt es ist." (ibid.) Für Niekisch ist Bayerns Partikularismus ein Ausdruck nationalen Verrates, aus einer deutsch-nationalen Perspektive heraus urteilt er anti-romanisch und als ungläubiger Protestant anti-katholisch. Daher bestimmt er den faschisierten Nationalsozialismus als eine Erscheinung, die „dem romanischen Zivilisationskreis angehört". Die Fähigkeit, die Stimmung der Massen „zu steigern und auszuwerten", sei eine Kunst, auf die sich „die katholische Kirche seit jeher [...] versteht", und die NS-Aufmärsche erinnern Niekisch an katholische Prozessionen (ibid.: 10). Der Nationalsozialismus sei weniger eine politische Möglichkeit als eine religiöse Hoffnung, eine „Form von nationalem Messianismus" mit Hitler als Messias (ibid.). Damit gleiche er dem Cäsarismus, und dieser sei „immer römisch. Das Papsttum, diese Frucht jüdisch-römischer Kreuzung, vereinigt das messianische Element mit dem cäsarischen. Der faschistische Führer ist ein Papst auf der nationalpolitischen Ebene" (ibid.: 13). Es ist klar, dass jemand mit dieser Ideologie „für Preußen und den Protestantismus verloren" ist (ibid.). Hitler ist für Niekisch ein Vertreter des römisch-katholisch-abendländischen und faschistischen Geistes, der „gegen den deutschen Norden vordrang", gegen das Erbe Luthers und Bismarcks, und „eine lang verhaltene Rache für Königgrätz" genommen habe (ibid.: 31).

Das wiederum sei nur möglich gewesen als Schlusspunkt in einer Geschichte des deutschen Niedergangs, der 1890 mit dem Sturz Bismarcks begonnen habe. Nach dem Zusammenbruch 1918 sei dann die Zeit der „politische[n] Propheten" angebrochen. Hitler sei ein Verführer, dessen Weg geradewegs in die „Katastrophe" (ibid.: 36) führe – aber damit ist nicht jene Katastrophe gemeint, an die man heute denkt, sondern Niekisch meint damit die Bestätigung der Versailler Ordnung.

Eine Revision der Kräfteverhältnisse nach 1918 sei nur durch einen engen Schulterschluss mit der Sowjetunion möglich, und zwar auf doppelter Ebene: außenpolitisch gegen die westlichen Siegermächte, gesellschaftspolitisch durch eine revolutionäre Zerstörung der bürgerlich-kapitalistischen Welt, für die die Russische Revolution das Vorbild abgab.

Was Niekisch Hitler nun vorwirft, ist, dass er nicht das gleiche zerstörerische Potenzial habe wie Stalin und sich stattdessen in die Legalität stürze.

Diesem „Verrat" ist der zweite Teil der Broschüre gewidmet. Hier führt Niekisch aus, dass Hitler mit seiner Hinwendung zu den faschistischen Mächten die Versailler Ordnung endgültig stabilisiere, denn Italien gehöre zu den Nutznießern des Versailler Vertrages und wolle eine Revision dieses Vertrages nur insoweit, „als es sich noch einen größeren Beuteanspruch sicherstellen" könne. Der schon im Voraus zugestandene Verzicht auf Südtirol sei mit dem Verzicht auf Elsass-Lothringen in den Locarno-Verträgen zu vergleichen: „Hitler gehört zu Stresemann; was diesem Frankreich war, ist jenem Italien, dieser schenkte Elsaß-Lothringen fort, jener Südtirol" (ibid.: 14).

Den einzigen wirklichen Gegenspieler gegen die Versailler Ordnung und das kapitalistische Abendland sieht Niekisch im Bolschewismus. Sich zu dieser Revolution zu bekennen, heiße zugleich, die Werte des Abendlandes aufzugeben: „Wer an den geistigen Werten, den zivilisatorischen Gütern des Abendlandes hängt, gehört zu Versailles; er gibt Deutschland preis, um diese Werte nicht zu gefährden" (ibid.: 16).

Genau das, was August Winkler im Jahr 2000 als Deutschlands „lange(n) Weg nach Westen" feierte, ist für Niekisch das „Verhängnis", das seinem Buch den Titel gibt. Es bestehe in Hitlers letztlicher Rückbindung an abendländische Werte, repräsentiert durch die katholische Tradition, die demokratischen Traditionen Frankreichs und Englands, den Kapitalismus Englands und die Französische Revolution. Hitler, so sein Vorwurf, denke weder außenpolitisch national – andernfalls müsse er sich mit dem Bolschewismus gegen die Versailler Ordnung verbünden – noch denke er sozialistisch, denn dann müsse er sich ebenfalls mit dem Bolschewismus gegen den abendländischen Kapitalismus verbünden. Damit steht für Niekisch fest: Hitler ist der „Gendarm des Abendlandes gegen den ‚Bolschewismus'" (ibid.: 16).

In Niekischs Sicht wird Hitler sogar zum Retter der bürgerlichen Gesellschaft, da er die wirklich revolutionären Potenziale narkotisiert habe. Er bediene die soziale Erlösungs- und die politische Befreiungssehnsucht „kleine[r] verkümmerte[r] Menschen", sei aber nie ein Revolutionär gewesen, sondern „nur laut, nie kriegerisch" (ibid.: 17). Die Jubelstürme, die er auslöste, hätten genau die seelischen Spannungen gelöst, die sich andernfalls „in Stürmen gegen die Bastionen der bürgerlichen Gesellschaft Luft gemacht hätten" (ibid.: 18).

Die politisch geschulte Arbeiterschaft habe das frühzeitig durchschaut, die Angestellten dagegen, das ‚Stehkragenproletariat', das Kleinbürgertum seien ihm auf den Leim gegangen:

> Sie waren voll Bitterkeit [...]. Missgünstig blickten sie auf den sozial Höherstehenden, der den Unbilden der Zeit noch nicht erlegen war; es nagte an ihrem Herzen, dass irgendwo noch Wohlstand zur Schau getragen werden konnte, während sie ihrer kleinen Geborgenheit verlustig gegangen waren. Auf den Arbeiter blickten sie mit Neid; die Sozialversicherung griff ihm unter die Arme, und sein Lohn war tariflich geschützt [...]. (ibid.)

Gemäß ihrem Selbstgefühl sei ihr nationaler Sozialismus eine „vornehmere Art von Sozialismus" gewesen, in dem „der Patriotismus der Veteranen- und Kriegervereine, der Kaisergeburtstagsfeiern" nachgeklungen habe und auch gegenüber den anderen Sozialisten habe man so einen höheren Rang bekleidet: „als

‚nationaler' Sozialist war man AUSLESE, als internationaler Sozialist hingegen war man UNTERMENSCH" (ibid.).

Aber genauso wenig, wie der Kleinbürger im Ernst die Gesellschaft zerschlagen wolle, auf die er mit Neid blicke, genauso wenig wolle es Hitler. Sein „Marxistenhass" zeige vielmehr, wie sehr er „das proletarische Sein" verabscheue (ibid.). Dies durchschauend benutze die bürgerliche Gesellschaft Hitler, damit er die Empörung der untergehenden Kleinbürger von den „wirklichen Urhebern ihres Elends" ablenke:

> Solch verwirrter Widersinn ist Hitlers Leistung: daß verblendete Kleinbürger, denen die Wirtschaftspolitik der bürgerlichen Gesellschaft alles nahm, danach gieren, ihre Rache im Blute armer, von der gleichen Gesellschaft schamlos ausgeplünderter Arbeiter zu kühlen. (ibid.)

Während Niekischs Schrift bis hier von blankem Hass auf den Volksverführer geprägt ist, auf den er intellektuell herabblickt und der doch so viel erfolgreicher ist als er selbst, klingt seine folgende Deutung der deutschen Nachkriegsjugend und der „Tragödie" ihrer Verführung durch Hitler zutiefst resigniert.

Deren prägendes Grunderlebnis sei ein „Deutschland der Ohnmacht". Politische „Bitternis, soziales Elend, wirtschaftlicher Verfall" seien für sie selbstverständliche „Bestandteile ihrer Erfahrungswelt" gewesen und das Vorkriegsdeutschland nicht viel mehr als „eine geschichtliche Erinnerung", so wie etwa das Reich Ottos I. oder Friedrich Barbarossas. Und wenn man sie deswegen tadelte, dann habe sie

> mit grausamen Fragen geantwortet [...]. [...] Habt nicht gerade ihr dieses Reich verspielt? [...] Wie lange noch habt ihr die Stirn, euch von dem Unheil, das ihr angerichtet habt, nicht bedrückt zu fühlen? Habt ihr nicht den Krieg schlecht vorbereitet, unzulänglich geführt und schließlich verloren? Wagtet ihr nicht nach dem Kriege, mittels einer hochstaplerischen Finanz- und Anleihepolitik auch noch die Zukunft des deutschen Volkes zu verschleudern? (ibid.: 22)

Aus dieser Erfahrung heraus sei die Haltung der Nachkriegsgeneration sowohl gegenüber der Kriegsgeneration als auch gegenüber den älteren Generationen eine der „Ehrfurchtslosigkeit" gewesen, die keinen „Anspruch auf Würde und Autorität" mehr respektiert habe. Diese „jungen Männer aller Volksschichten, junge Juristen, Lehrer, Angestellte, Arbeiter" hätten „ihre Zukunft verbaut" gesehen (ibid.). Von den dafür verantwortlichen Greisen regiert und mit dem Lebensgefühl ausgestattet, „dass man ihrer nicht bedarf", dass sie als überflüssige Generation „fortgeworfen seien, bevor sie überhaupt erprobt wurden", habe sich in ihnen ein „Vaterhass unheimlichen Ausmaßes" aufgespeichert. Eine unüberbrückbare Kluft habe zwischen den älteren Generationen und dem Nachkriegsgeschlecht bestanden. Unsicherheit der Existenz und Besitzlosigkeit sei das Los der Nachkriegsjugend gewesen. Damit einher ginge der „Verwesungsgeruch der Besitzbürgerideale", mit denen diese Generation nichts mehr gemein habe. Das Resultat sei eine „Haltung der Voraussetzungslosigkeit und

Bindungslosigkeit" gewesen, die der älteren Generation Schrecken eingeflößt habe (ibid.: 23).

Indem diese Jugend quasi schicksalhaft zum Aufstand gegen die alte Welt geboren worden sei, habe das ‚Dritte Reich' für sie zum Inbegriff der neuen Welt und der Nationalsozialismus zu ‚ihrer' Bewegung werden müssen, dazu berufen, „die alte Welt zertrümmern und die neue Welt aufbauen" zu müssen (ibid.).

Da Hitlers revolutionäres Pathos aber bloß äußerliche Gebärde gewesen sei, ging ihm, so Niekisch, „der revolutionäre Atem aus: er schnappte nach der Luft der Legalität" (ibid.: 26). Seine Legalitätsbeteuerungen seien die „Kapitulationserklärung des Nationalsozialismus" gewesen (ibid.). Dieser Verrat an der Nachkriegsjugend, die „kämpfen, sterben und siegen" wollte, sei eine der „erschütterndsten deutschen Tragödien", denn die nationalsozialistische Jugend habe die „Legalität als eine Kriegslist" missverstanden und bejubelt (ibid.: 27).

Soweit Niekischs Analyse aus dem Jahr 1932.

Am Ende, so wissen wir heute, irrte nicht die deutsche Jugend, sondern Niekisch. Die eigentliche Tragödie bestand darin, dass Hitler die deutsche Jugend gerade nicht um die Gelegenheit brachte, zu kämpfen und zu sterben.

Wenn Niekisch Hitler also vorwarf, dass er die Welt nicht radikal genug in Brand setze und zu weit hinter dem russischen Vorbild mitsamt den stalinistischen Schauprozessen, Säuberungsaktionen und Gulags der 1920er-Jahre zurückbleibe, dann wird deutlich, welchen Blutzoll dieser Mann einforderte. Sein ‚Widerstand' richtete sich also nicht – wie er später glauben machte – gegen einen Diktator, der seine Gegner ermorden ließ, andere Länder überfallen wollte und einen Völkermord plante, sondern gegen die Skrupel, die er Hitler noch zu haben unterstellte.

Niekischs Anti-Hitler-Buch enthält Prophezeiungen, die eher wie Hoffnungen als wie Warnungen klingen. Es sei, so schreibt er, als enträtsele der Nationalsozialismus

> die dunkelsten Geheimnisse deutschen Blutes, dessen Urgründe aufgewühlter sind, als es seit Jahrhunderten geschah. Diese Aufgewühltheit ist eine Tatsache von unermeßlicher Tragweite; der Bestand Europas, des abendländischen Zivilisationskreises überhaupt, ist von ihr bedroht. Sie ist der unheimliche Schoß, der plötzlich die deutsche Gefahr, von der Frankreich heute noch ebenso erzittert wie ehedem, entbinden kann. Die deutsche Gefahr steigt auf, sobald Deutschland die Ketten seiner Wesensüberfremdung zerbricht. Elementare Ursprünglichkeit gegen wesenszerstörende Überfremdung: das ist hier die Frage. (Ibid.: 29)

Niekisch identifizierte sich voll und ganz mit Rosenberg, in welchem er das Schicksal „des gegenwärtigen nationalen deutschen Menschen überhaupt" auf perfekte Weise gespiegelt sah, und damit auch sein eigenes:

> Durch die nationalsozialistische Bewegung fühlt er sich zu sich selbst zurückgeführt; indem er sich ihr jedoch vertrauensvoll hingibt, entdeckt er plötzlich, wie er nichtsahnend wieder den alten Überfremdungsmächten zum Opfer gefallen ist und sich selbst abermals im Stiche gelassen hat. (Ibid.: 29 f.)

Die Angst vor Überfremdung ist ein Leitmotiv seiner politischen und geschichtlichen Reflexionen. Er sympathisierte voll und ganz mit der frühen nationalsozialistischen Bewegung und der begeisterten Jugend, die ihr Träger war. Er war nicht gegen den Nationalsozialismus, nicht gegen Rosenberg oder Strasser, nicht gegen Gewalt und nicht gegen Rassismus. Der Intellektuelle Niekisch hasste im Volksverführer Hitler vor allem den erfolgreicheren Rivalen.

Es waren dann, paradoxerweise, sein Anti-Hitler-Buch und seine Haft ab 1937, die es ihm erlaubten, sich nach dem Krieg als Widerstandskämpfer und Opfer zu inszenieren.

4. Niekischs Erbe

Nach der Niederschlagung des Aufstandes vom 17. Juni 1953 in der DDR legte Niekisch alle politischen Ämter nieder, trat Anfang 1955 aus der SED aus und übersiedelte 1963 endgültig nach Wilmersdorf in West-Berlin. Bereits 1962 war er der Förderer-Gesellschaft des Sozialistischen Deutschen Studentenbundes in Berlin beigetreten und hatte für deren Kuratorium kandidiert. Der Einfluss seines Denkens auf den SDS und die Neue Linke steht außer Frage, vor allem auch in Bezug auf eine Konzeption der nationalen Wiedergeburt aus einer linksrevolutionären Tradition heraus. Gleichzeitig beziehen sich aber bis heute neurechte und nationalrevolutionäre Theoretiker auf ihn. Das Denken und Wirken von Ernst Niekisch zeigt, dass in Zeiten zunehmender Orientierungslosigkeit die Grenze zwischen rechtem und linkem Gedankengut durchlässiger wird. In diesem Grenzgebiet liegt das geistige Niemandsland, in dem rechtsradikale und neofaschistische Ideen erneut mit einer Querfront-Strategie die Deutungshoheit erobern wollen.

1994 publizierte ein großer Denker, der Turiner Politikwissenschaftler Norberto Bobbio (1909–2004) ein Buch, das rasch zum Standardwerk über dieses Thema avancierte: *Rechts und Links. Gründe und Bedeutungen einer politischen Unterscheidung*. Drei Jahre nach dem Ende des Kalten Krieges, zwei Jahre nachdem Francis Fukuyama das „Ende der Geschichte" verkündet hatte und angesichts wachsender Kritik, das Links-Rechts-Schema vermöge die Realitäten von zunehmend komplexeren Gesellschaften nicht mehr zu erfassen, versuchte Bobbio darzulegen, warum diese Unterscheidung nach wie vor sinnvoll sei, und zwar *funktional* sinnvoll, als Orientierungsmuster. Sie gehöre zu den großen Dichotomien, entlang derer menschliches Wissen organisiert sei.

Bobbio kam nach der Auswertung verschiedener Arbeiten über die Austauschbarkeit und Unschärfe anderer Dichotomien wie Autoritarismus – Libertarismus, Individualismus – Anti-Individualismus oder Wohlstand – Einschränkung u. a. zu dem Resultat, dass es sich bei diesen Alternativen nur um Variationen ein und derselben Grund-Dyade handele, nämlich der von Gleichheit *versus* Ungleichheit. Hier liege die konstante Grundbedeutung der Unterscheidung von Links und Rechts.

Nun gelte es aber zu unterscheiden zwischen sozialer und natürlicher Ungleichheit. Wer dafür eintritt, dass die Freiheit Einzelner nicht die Chancengleichheit und Freiheit aller beseitigen darf, steht politisch links. Wer soziale Ungleichheit als unvermeidbare Konsequenz natürlicher Ungleichheit versteht und für das Recht des Einzelnen auf Freiheit auch zu Lasten anderer kämpft, steht politisch rechts. Das ist im Kern die These Bobbios.

Im politischen Wettstreit geht es also um die permanente Ausbalancierung der Ansprüche auf soziale Gleichheit einerseits und individuelle Freiheit andererseits. Entscheidend ist, ob dieser Wettstreit mit demokratischen und rechtsstaatlichen Mitteln geführt wird oder durch eine Diktatur des Proletariats bzw. einen autoritären Führerstaat entschieden wird.

Das Denken von Ernst Niekisch lässt sich so zusammenfassen, dass er für einen revolutionären, gewaltbereiten, anti-bürgerlichen, anti-kapitalistischen, antiliberalen, autoritären, rassistischen, imperialistischen, nationalistischen Sozialismus eintritt.

Zwar vertritt das Substantiv dieser Charakterisierung, nämlich Sozialismus, ein Gleichheitsideal, ist also auf den ersten Blick politisch links einzuordnen. Doch ist diese Gleichheit um den Preis erheblicher Ungleichheiten erkauft und bezieht sich nur auf wenige Menschen, nämlich auf die Angehörigen der eigenen Nation und der eigenen Rasse. Über diese Einschränkungen hinaus muss noch die innergesellschaftliche völkische Gleichheit einer „Volksgemeinschaft" mit revolutionärer Gewalt gegen ihre Gegner und gegen die sozial höher Stehenden durchgesetzt werden.

Hat das wirklich noch etwas mit „politisch links" zu tun, mit sozialer Chancengleichheit, Freiheit von Knechtschaft und Ausbeutung, Solidarität und Hilfsbereitschaft für die Schwachen in der Gesellschaft, wenn so wenig soziale Inklusion – hauptsächlich geht es um die ethnisch deutsche Arbeiterschaft – mit so viel Exklusion erkauft wird?

Weder revolutionärer, nationaler Sozialismus noch Nationalsozialismus stehen wirklich politisch links, weil die Inklusion ihrer sogenannten Volksgemeinschaft über zu viele Exklusionen nach innen und außen hin erkauft wird, als dass der Gleichheitsgedanke noch das Fundament abgäbe, auf dem alles andere aufbaut. Ernst Niekisch stand nicht jenseits von links und rechts, er stand spätestens seit Ende der 1920er-Jahre politisch am rechtsradikalen Rand.

Bibliografie

Bobbio, Norberto, 1994: *Rechts und Links. Gründe und Bedeutungen einer politischen Unterscheidung*. Wagenbach: Berlin.

Breuer, Stefan, 1995: *Anatomie der konservativen Revolution*. WBG: Darmstadt.

Breuer, Stefan, 2010: *Die radikale Rechte in Deutschland 1871–1945. Eine politische Ideengeschichte.* Reclam: Stuttgart.

Buchheim, Hans, 1957: „Ernst Niekischs Ideologie des Widerstands." *Vierteljahreshefte für Zeitgeschichte*, 5 (4), 334–361.

Eley, Geoff, 2015: „The German Right from Weimar to Hitler: Fragmentation and Coalescence." *Central European History*, 48, 100–113.

Jones, Larry Eugene, 2014: *The German Right in the Weimar Republic: Studies in the History of German Conservatism, Nationalism, and Antisemitism.* Berghahn Books: New York.

Niekisch, Ernst, 1925: *Der Weg der deutschen Arbeiterschaft zum Staat. Verlag der Neuen Gesellschaft*: Berlin.

Niekisch, Ernst, 1925: *Grundfragen deutscher Außenpolitik.* Verlag der Neuen Gesellschaft: Berlin.

Niekisch, Ernst, 1932: *Hitler – ein deutsches Verhängnis.* Widerstandsverlag: Berlin.

Niekisch, Ernst, 1953: *Das Reich der niederen Dämonen.* Rowohlt: Hamburg.

Rätsch-Langejürgen, Birgit, 1997: *Das Prinzip Widerstand. Leben und Wirken von Ernst Niekisch.* Bouvier: Bonn.

Sieferle, Rolf Peter, 1992: „Die konservative Revolution und das ‚Dritte Reich'." In: Harth, Dietrich/Assman, Jan (Hrsg.): *Revolution und Mythos.* Fischer: Frankfurt a. M., 178–205.

Bernd F.W. Springer

Universitat Autònoma de Barcelona

E-Mail: bernd.springer@uab.cat

Miguel Oliva Rioboó

Die friedliche Revolution in der Weimarer Republik aus der Sicht der Geschichtsphilosophie Schelers

1. Historischer Hintergrund und Fragestellung

„Frieden, Freiheit und Brot", riefen die Massen am 9. November 1918 in den Straßen von Berlin (cf. Wette 2011:135). Der Erste Weltkrieg hatte die Bevölkerung an die Grenzen ihrer physischen, psychischen und moralischen Kräfte gebracht. Nur die Hoffnung auf den Sieg gegen die Alliierten hatte die Bevölkerung zum Durchhalten im Kampf ermutigt. Mitte August hatte sich bereits die Niederlage abgezeichnet. Sie wurde aber erst am 29. September bekannt gegeben. Die Träume, an die fast alle lange fest geglaubt hatten, platzten. Die politische Macht des Kaisers war während des Krieges geschwächt worden, was 1918 in seinem Sturz und seiner Flucht nach Spa (Belgien) gipfelte. Die Oberste Heeresleitung, die Wilhelm II. oblag, wurde im Laufe des Krieges von Feldmarschall Paul von Hindenburg und General Erich Ludendorff übernommen. Damit war eine vollständige Militarisierung der deutschen Politik erfolgt, und die Dystopie, die viele Pazifisten Jahrzehnte zuvor ängstlich vorausgesagt hatten, war eingetreten: Deutschland war zu einer „ungeheuren Kaserne"[1] geworden.

Als der Krieg endete, verließen auch Hindenburg und Ludendorff, wie vorher der Kaiser, die politische Bühne. So vermieden sie es, die Verantwortung für die harten Konsequenzen zu tragen, die für das deutsche Volk nach der Unterzeichnung des Friedensvertrages folgten. Dieser politische Sachverhalt löste die Revolution und die Demokratisierung des zweiten Deutschen Reiches aus. Man kann sagen, dass der Wunsch des Volkes nach Freiheit zu diesem Zeitpunkt in einem Machtvakuum die Gelegenheit fand, sich erst zu manifestieren und schließlich zu verwirklichen.

Die Entstehung der Weimarer Republik war im Grunde nichts anderes als eine glückliche Fügung der Umstände. Die Fortentwicklung der Republik hingegen wurde durch zahlreiche Schwierigkeiten behindert. Die bekanntesten Probleme waren: erstens das Fortbestehen einer institutionellen und militärischen Abhängigkeit von dem alten kaiserlichen Regime; zweitens die durch die Entschädigungen des Krieges erzwungenen harten Lebensbedingungen; drittens die versteckten, aber effektiven Wiederaufrüstungsversuche der Militärkaste und bestimmter Teile des rechten Flügels, was schließlich zu einer Revanche führen sollte, dem sogenannten „Großen Plan" 1925 (Wette 2011: 151). Zudem sollte man die internen Kämpfe unter den linken Parteien nicht vergessen, die

1 Das war schon 1876 die Vision Pachtlers für ganz Europa in seinem Buch *Der europäische Militarismus*. Cf. Wette 2011: 86–87.

ihre jeweilige Vorstellung von der Republik durchzusetzen versuchten. Die Währungsreformen und die erneut ausgehandelten Bedingungen des Versailler Vertrages sowie der Dawes-Plan (1924) konnten den Hunger der Bevölkerung weitgehend lindern und einen wirtschaftlichen Aufschwung in den 1920er-Jahren herbeiführen (cf. Peukert 2016: 67 ff. und 196). Die Ansprüche auf Frieden und Freiheit blieben jedoch nach wie vor unbefriedigt.

Die neue Weimarer Regierung hatte angesichts der eben erwähnten politischen und sozialen Spannungen keine andere Wahl als:

> [...] erstmal das zu praktizieren, was Kaiser Wilhelm II. mehrfach angedroht, aber nie realisiert hatte, nämlich das Militär im Innern, gegen die eigenen Landsleute, in den Kampf zu schicken. Legitimiert wurden diese Militäreinsätze im Innern damit, dass es um die Wiederherstellung von „Ruhe und Ordnung" gehe sowie um die „Abwehr des Bolschewismus". (Wette 2011: 138)

Angesichts der repressiven Gewalt und der Unfähigkeit der Regierung, die Proteste zu neutralisieren, fehlt es nicht an jenen, die eine gewisse logische Kontinuität zwischen der Weimarer Republik und dem Aufstieg des Nationalsozialismus andeuten, welche sich als Ausweg aus der sozialen, politischen und institutionellen Krise nach dem Ersten Weltkrieg erwies (cf. Nipperdey 1986: 44–59).

Es stellt sich also die Frage, wie die Weimarer Republik, die von so erhabenen Idealen beseelt war, so schlimme Folgen haben konnte und warum sie kraft der Logik der historischen Ereignisse in eine so konträre Politik münden konnte, wie sie der Nationalsozialismus vertrat.

Diese zwei Fragen bilden den roten Faden im vorliegenden Aufsatz. Um sie ansatzweise zu beantworten, werde ich die Überlegungen von Max Scheler heranziehen.

Max Scheler (1874–1928) war einer der prominentesten Philosophen Anfang des 20. Jahrhunderts. Kein Geringerer als Heidegger hielt ihn nicht zuletzt für den allerwichtigsten Philosophen seiner Zeit. Er stand zunächst unter dem Zeichen des Neukantismus, bis er mit den neuesten Ideen der Phänomenologie Husserls in Kontakt kam. Dadurch konnte Scheler die Mängel des Kantismus überwinden und wiederum sein eigenes Denken herausarbeiten, das sich als Wertphilosophie kristallisiert, nach der die Gefühle den Menschen Zugang zum „Reich der Werte" verschaffen sollen. Obwohl seine Figur heutzutage nicht mehr so bekannt wie die Heideggers ist, hat seine Philosophie neuerdings einen bemerkbaren Aufschwung erfahren.

2. Schelers Konzept des deutschen Wesens und zwei unterschiedliche Einstellungen zu Frieden und Krieg

Um den soeben skizzierten historischen Rahmen zu vervollständigen, soll Schelers Auffassung des deutschen Volkes genauer untersucht werden. Der Blick auf Schelers Position verdeutlicht, warum Deutschland trotz seines pazifistischen

Willens während der Weimarer Republik so reagierte und warum es danach dem Nationalsozialismus so leichtfiel, durch seine Militärideologie das Land zu beherrschen (cf. Peukert 2016: 236 ff.).

Scheler definiert die Identität eines Volkes als Ethos, das mit konkreten Zielen und Handlungen verbunden ist. Darunter versteht Scheler die urtümliche Art und Weise, wie das Volk den Geschichtsereignissen gegenübersteht. Diese allgemeine Disposition zeigte sich im Laufe der Geschichte durch die ‚Ausdrücklichkeit' des Volkes, so Scheler, welche wiederum in unterschiedlichen konkreten Handlungen sichtbar werde. Ein Volk etwa, dessen Ethos kaufmännisch ist, kann sich in seinen einzelnen Handlungen entweder als pazifistisch zeigen, wenn es glaubt, dass entsprechende Handlungen unter den gegebenen Umständen für die Geschäfte am besten sind, oder sich als militaristisch zeigen, wenn es glaubt, dass die Eroberung benachbarter oder entfernter Länder ihm Rohstoffe, Enklaven oder günstige Arbeitskräfte verschaffen kann, mit denen es seine Wettbewerbsfähigkeit auf dem Markt ausbauen und sein Handelsnetz erweitern kann. Die sichtbaren Handlungen des Volkes sähen also sehr unterschiedlich aus. Die unterschiedlichen Phänomene wären jedoch, so Scheler, auf die grundlegend kommerzielle und merkantilistische Disposition des Volkes bzw. auf sein Ethos zurückzuführen. Scheler behauptet gleichermaßen, dass der Militarismus eines der bestimmenden Merkmale der deutschen Identität sei:

> Das Ausland hat denn auch darin völlig recht, wenn es Deutschland in einem Sinne ein Militärvolk und einem Militärstaat nennt, in dem das Gleiche auch dann nicht von England, Frankreich oder Russland gesagt werden könnte, wenn seine Heere relativ zu Bevölkerungszahl und Reichtum der Länder gleich groß oder selbst beliebig größer wären. Das preußisch-deutsche militaristische *Ethos* bliebe Preußen-Deutschland auch dann eigentümlich. (Scheler 1963: 188)

Dieses Ethos hat also das Leben der deutschen Gesellschaft in all ihren Facetten unaufhaltsam durchdrungen. Es fand seinen Ausdruck auch in den langen Phasen, in denen Deutschland keinen Krieg geführt hat. Scheler untermauert seine Beobachtungen mit einigen Beispielen. So seien das soziale Phänomen des Prestiges und der Vorbildcharakter der Militärkaste für die übrigen Berufsklassen und für die Gesellschaft im Allgemeinen maßgebend. Er spricht von der hohen Wertschätzung des Ehrbegriffs unter den Deutschen, der durch die Vorstellung von der militärischen Ehre geprägt sei. Zudem sei die Struktur der Gesellschaft der Hierarchie in der Armee nachgebildet. Scheler beobachtet auch, dass die deutschen Frauen bei der Partnerwahl Armeeoffizieren den Vorzug gäben (cf. ibid.: 191). Diese Phänomene, so Scheler, beweisen die unübersehbare militärische Gesinnung des deutschen Volkes.

An dieser Stelle muss Schelers Begriff des Militarismus genauer betrachtet werden. Militarismus ist laut Scheler keine negative Geisteshaltung. Er bezeichnet damit ausdrücklich nicht die Lust am Tod des Feindes und an der Gewalt. Es stimme zwar, dass der militaristische Charakter solche Handlungen im Extremfall nicht ausschließt, aber er definiert sich nicht durch diese. Scheler beschreibt mit dem Begriff vielmehr die Art und Weise, wie die Präferenzen des Volkes organisiert werden. Das heißt, die militaristische Disposition räumt dem Edlen einen besonderen Wert gegenüber dem Nützlichen ein und zieht dem bloßen sinnlichen Vergnügen die vitalen Triebe vor, und zwar sowohl auf dem Schlachtfeld als auch bei sportlichen Wettkämpfen oder auch im alltäglichen Leben. Der von diesem militaristischen Geist beherrschte deutsche Mensch zieht einer flüchtigen Gelegenheit, sich z. B. Gewinn zu verschaffen, die Erfüllung seiner Pflicht und die Bewahrung seines Ansehens vor, er zieht der Ausnutzung des Zufalls die Ideale seiner Gemeinschaft vor. Er bevorzugt das alles in allen Situationen und auch um den Preis großer körperlicher Opfer und in Zeiten des Krieges. Schelers Begriff „militaristisch" kennzeichnet folglich den Kern des deutschen Lebens. Dieser Kern wird durch Werte repräsentiert, die idealerweise in der militärischen Disziplin, den Rangunterschieden und dem Ehrgefühl zum Ausdruck kommen und nicht unmittelbar mit sinnloser Gewalt gleichzusetzen sind (cf. ibid.: 193).

Schelers Art und Weise, die deutsche Identität zu beschreiben, stieß scheinbar auf Widerspruch. In der Weimarer Republik, so könnte man denken, gab es in bestimmten Kreisen großen Zuspruch für den Pazifismus. Die Möglichkeit eines Gesinnungspazifismus, der im Gegensatz zu dem soeben erläuterten Gesinnungsmilitarismus zu verstehen ist, räumt er in der Tat auch als grundsätzliche Ausrichtung aller Handlungen eines Volkes auf den Frieden ein. Diese Einstellung hat Scheler aber dem deutschen Volk abgesprochen.

Es besteht zwar kein Zweifel daran, dass die Gesellschaft weltweit und besonders in der Weimarer Republik nach dem Ende des Krieges glaubte, die Zeit des Friedens sei gekommen. Viele Menschen forderten die endgültige Abrüstung der internationalen Mächte und einen, wenn nicht ewigen, so doch dauerhaften und stabilen Frieden. Es darf aber nicht vergessen werden, dass der Aufruf zum Pazifismus in der Weimarer Republik von heftigen gesellschaftlichen Kämpfen begleitet wurde, die einem Bürgerkrieg ähnelten und auch innerhalb von Parteien ausgetragen wurden, die sich auf den Frieden als oberstes Ziel beriefen, obgleich sie jeweils von sehr unterschiedlichen politischen Projekten inspiriert waren. Diese brudermörderischen Kämpfe unterstützen Schelers militaristische Einordnung der deutschen Gesellschaft.[2]

> Dieser kriegerische Sinn, für sich genommen, ist in allen Zeiten der deutschen Geschichte der tiefste Grund für die *Uneinheit* Deutschlands, für die endlosen Kämpfe von Germanen wider Germanen gewesen. [...] So wenig eben beruht der Kern des deutschen Militarismus auf dem Zwange der Not, auf Zweckmäßigkeit und der Notwendigkeit eines starken Heeres als Werkzeug „gegen die Feinde Deutschlands", dass vielmehr leider gilt, dass die Deutschen schließlich immerdar *miteinander* kämpften, wenn sie gegen äußere Feinde nichts zu kämpfen hatten. (Ibid.: 190–191)

2 Cf. auch Bergien 2012.

Scheler geht aber über die benannte Dichotomie hinaus, nach der Gesellschaften so eingeteilt werden, dass sie einen Gesinnungsmilitarismus und einen Gesinnungspazifismus, d. h. Militarismus und Pazifismus als Grundeinstellung bzw. fundamentale Disposition bei der Bewältigung von Problemen und Konfliktsituationen annehmen. Diese beiden Dispositionen erweitert Scheler nun, wie im letzten Zitat schon angedeutet, um zwei weitere Haltungen, in denen sich Militarismus und Pazifismus als Mittel für andere Ziele erweisen; diese Haltungen nennt Scheler dann Zweckmilitarismus und Zweckpazifismus.

Der Zweckmilitarismus im Schelerschen Sinne lässt sich mit dem anfangs angeführten Beispiel vom Geschäftsmann erläutern. Der Geschäftsmann, getrieben von seinem kaufmännischen Geist, zögert nicht, den expansiven Krieg zu unterstützen, weil er sich bewusst ist, dass die Besetzung oder Kontrolle neuer Schlüsselterritorien für den Markt, in dem er Geschäfte macht, ihm hohe Gewinne verschaffen kann, die in seiner Berechnung alle Verluste, die ein Krieg mit sich bringt, ausgleichen würden. Der Geschäftsmann ist also ein Vertreter des Zweckmilitarismus. Ein Zweckmilitarist muss nicht immer einen Krieg als Mittel zum Zweck sehen. Er kann auch von seiner geschäftlichen Veranlagung woanders hingeleitet werden und beispielsweise glauben, dass es für den wirtschaftlichen Wohlstand unerlässlich ist, dass die Sicherheit des Staates gegen etwaige Angriffe von außen und gegen innere Unruhen gewährleistet ist und dass sein Land eine Armee besitzen muss, die für die nationale Sicherheit sorgt. Dieser Mensch würde in beiden Fällen für den Militarismus eintreten. Auf jeden Fall würden die soeben erwähnten Menschen weder im ersten noch im letzten Fall einen Gesinnungsmilitarismus pflegen, sondern sie würden nur dann den Militarismus befürworten, wenn er ein wirksames Mittel darstellt, um die Erfüllung der Ziele zu ermöglichen, zu denen ihre grundlegende kaufmännische Disposition sie führt.

Parallel zu diesem Instrumental- bzw. Zweckmilitarismus entwirft Scheler auch einen Instrumental- oder Zweckpazifismus, in dem der Friede lediglich ein Mittel zum Zweck ist. In der Tat kann jemand Frieden beanspruchen, entweder weil er der Meinung ist, dass dieser am besten zum Glück der Menschheit führt, oder weil er glaubt, dass das Recht auf Leben aller Individuen, die die Menschengattung ausmachen, auf diese Weise respektiert wird, oder auch aus sonst anderen Gründen. Die vollständige Klassifizierung möglicher Einstellungen zur militärischen Macht, zur Kriegsmacht und letztlich zum Krieg präsentiert also vier Optionen: einen Gesinnungsmilitarismus, einen Zweckmilitarismus, einen Gesinnungspazifismus und einen Zweckpazifismus.

Die Handlungen weisen scheinbar keinen nennenswerten Unterschied auf. Man kann folglich aufgrund der Handlungen allein nicht wissen, welche Einstellung jemand hat. Als Phänomenologe ging Scheler jedoch davon aus, dass eine längere bzw. sorgfältige Beobachtung der Phänomene dabei helfen kann, die eigentliche Gesinnung zu erkennen. Scheler war davon überzeugt, dass man an den Handlungen eines Subjekts, gleichgültig ob eines Individuums oder eines Kollektivs, die tatsächliche Gesinnung erkennen kann.

Bei der phänomenologischen Unterscheidung ist zu beachten, dass die Zweckvarianten der Gesinnungen einige Besonderheiten aufweisen. Eine davon besteht darin, dass sich der Zweckmilitarist bzw. der Zweckpazifist den sich verändernden Umständen anpasst. Militarismus und Pazifismus sind dann keine Prinzipien mehr, sondern lediglich Strategien, die sie opportunistisch annehmen, um die jeweiligen ökonomischen, politischen, biologischen Ziele, die irgendeine andere Disposition vorgibt, zu erreichen.

3. Das Pazifismus-Paradox

Für Scheler haben Gesellschaften, wie bereits gesagt, ein Ethos, das sie leitet und ihren Charakter definiert. Das Ethos reicht allerdings nicht aus, damit sich dieser ursprüngliche Charakter durchsetzt. Es kann vorkommen, dass sich Slogans und Ideen, durchgesetzt von charismatischen Führern, gegen die Natur der Gesellschaft richten und diese unterjochen. Das bedeutet, dass sich einer Gesellschaft, die ihrem Wesen nach militaristisch ist, zuweilen eine pazifistische Stimmung aufdrängen kann, die nicht zu ihr passt, die es aber aufgrund einer irreführenden Kraft der Männer und Frauen, die sie unterstützen, schafft, sich fälschlich im kollektiven Bewusstsein eines Volkes festzusetzen und die Überzeugungen der betreffenden Gesellschaft zu dominieren. Aus dem militaristischen Ethos, das Scheler dem deutschen Volk zuschreibt, lässt sich leicht ableiten, dass der Pazifismus während der Weimarer Republik für ihn ein bloß aufgesetzter Pazifismus war, der anderen Interessen diente, die von ebenjenen Pazifisten nicht offen deklariert und erkannt wurden.

Dieser Pazifismus gilt natürlich nicht nur für das damalige Deutschland, er war vielmehr Ausdruck einer damals weit verbreiteten Sehnsucht. Es sollte nicht vergessen werden, dass 1899 und 1907 die Haager Friedenskonferenzen stattfanden. Dort wurde das internationale Kriegsrecht verabschiedet, das zur friedlichen und diplomatischen Lösung von Konflikten aufrief. Es ist paradox, dass nur sieben Jahre später ein noch grausamerer Krieg ausbrach. Dieser Krieg lässt die guten Absichten, die man den paktierenden Regierungen unterstellen könnte, und die damals weltweit vorherrschende Echtheit der pazifistischen Gesinnung anzweifeln.

Man muss aber vorsichtig sein. Die Vertreter des Pazifismus waren keinesfalls Schwindler, die sich daran erfreuten, andere mit ihren Worten und Taten zu täuschen, indem sie sie das glauben ließen, was sie selbst nicht glaubten. Für Scheler hat diese Täuschung tiefere Wurzeln und wird nicht immer denjenigen, die täuschen, offensichtlich. Der Täuschung liegt also eine Selbsttäuschung zugrunde. Die Ursache für diese Selbsttäuschung liegt im Innersten des Menschen, in der Rangordnung der Werte, die als Quintessenz seines Wesens den Sinn seiner Handlungen und Entscheidungen bestimmt.

Scheler erkannte in den Meinungen seiner Zeit individualistische Züge, die zusammen mit dem Positivismus und einer ‚Biologisierung' und ‚Entsakralisierung' des geistigen Lebens dazu geführt haben, den Pazifismus zu einem funktionalen Verhalten im Dienste anderer, nicht so edler biologischer bzw. gesellschaftlicher Ziele zu machen. Ihm zufolge lebten die Menschen in diesen Jahren zu sehr in sich selbst, ohne ein transzendentes, über die eigene Person (bzw. Gesamtperson) hinausgehendes Streben. Dieser Mangel an Spiritualität, an übersinnlichem Hunger, machte seine Zeitgenossen blind für Werte der Heimat, der Gemeinschaft, der Bräuche, der Traditionen und der Sitten der kollektiven Identitäten, die in einem Krieg, so Scheler, ins Spiel gebracht werden.

Scheler geht noch darüber hinaus und behauptet, dass diese fehlende Weitsicht den Krieg noch blutiger als sonst machte, weil der Mensch sich nicht mehr an transzendente Instanzen oder an irgendeinen Ehrenkodex gebunden fühlte, der seinen Instinkt und seinen Wunsch zu überleben zügeln konnte. Das veranlasst Scheler zu folgenden Aussagen:

> Je mehr der Krieg als solcher dem *herrschenden* Ethos widerstreitet, desto ungeordneter, irrationalistischer und, vom Standort eines kriegerischen Ethos gesehen, widersittlicher muss sich die Kriegführung gestalten. Je mehr der Krieg als solcher schon mit dem Makel des Verbrechens, der Sünde, des „Massenmordes" belegt wird, desto weniger wird man geneigt sein, sittliche Wesensunterschiede in der äußeren und inneren *Gestaltung* der Kriegführung zu machen. Ein Krieg zwischen Pazifisten – er wäre der Idee nach der unritterlichste, furchtbarste, der hasserfüllteste und grausamste Krieg, der sich denken lässt. (Scheler 1963: 198)

Übertragen auf die verschiedenen Haltungen, die zuvor erläutert wurden, kann festgehalten werden, dass der Zweckpazifist unter keinen Umständen seine biologische und individuelle Existenz aufs Spiel setzen will, und wenn er an einem unerbittlichen Krieg teilnimmt, auf noch rücksichtslosere Weise tötet, weil er, um sein Ziel zu erreichen, keine andere Norm respektieren wird als diejenige, die sein eigenes Überleben sichert.

Es mag sein, dass man gegenwärtig die von Scheler angesprochenen Werte des Militarismus nicht mehr nachvollziehen kann, dass sie uns sogar durchaus befremdlich vorkommen. Dies wäre für Scheler nichts anderes als eine Folge der zunehmenden Tendenz, die die Weimarer Politik und Gesellschaft bestimmt hat und die in den letzten Jahrhunderten unablässig gestiegen ist, nämlich die, die dazu führt, die Werte des Krieges zu ignorieren oder sogar zu verkennen. Diese Art antimilitaristischer Prägung würde uns, so könnte man sagen, heute noch über die Jahre hinweg mit der Weimarer Republik verbinden.

4. Fazit

Die deutsche Bevölkerung verlangte nach Frieden und Freiheit. Aber um ihre Ziele zu erreichen und ihre eigenen Friedensprojekte für die Nation durchzusetzen, zögerte sie nicht, gewaltsam gegen die gegnerischen Parteien vorzugehen. Diese Konfrontation führte zu Hunderten von Toten bei Schlägereien und Straßenkämpfen mit den Ordnungskräften (cf. Schumann 2010: 239 ff.).

Derartige Gewaltausbrüche hatte es zu Zeiten Kaiser Wilhelms II. nicht gegeben, wie das obige Zitat von Wolfram Wette bezeugt. Ein ähnlicher Widerspruch gilt für die guten Absichten der Haager Friedenskonferenzen, die den Großen Krieg danach nicht vermeiden konnten. Scheler würde meinen, dass beide trotz aller guten Absichten zu hoch gegriffen hätten und durch die Überschätzung des damaligen Friedenspotenzials letztlich noch blutigere Konflikte verursacht hätten. Dieses soziale Chaos würde sich im Zusammenbruch der linken Politik widerspiegeln und den Aufstieg des Militärs an die Macht begünstigen. Ausgerechnet Hindenburg, der die letzten Schlachten des Ersten Weltkriegs an der Ostfront führte, übernahm 1925 als Reichspräsident die Reichsregierung und unternahm schrittweise die Aushöhlung des parlamentarischen Systems,[3] bis er fast die vollständige Kontrolle über die Abläufe hatte. Dies ermöglichte ihm bekanntermaßen, Adolf Hitler am 30. Januar 1933 zum Reichskanzler zu ernennen. Schelers kritische Betrachtung des Pazifismus in der Weimarer Republik darf allerdings nicht missverstanden werden. Scheler war kein überzeugter Militarist. Im Gegenteil. Zwölf Jahre nach dem Aufsatz *Über Gesinnungs- und Zweckmilitarismus* von 1916 sprach er anlässlich einer Konferenz noch einmal dieses Thema an und erklärte, er sei ein entschiedener Pazifist. Diese Worte sind uns in den überarbeiteten Manuskripten des Vortrags erhalten geblieben. Dort heißt es: „Meine These: der ewige Frieden ist ein unbedingter positiver Wert, und darum auch ‚soll' er idealiter sein. Der Krieg und die kriegerische und die militärischen Lebensformen liegen keineswegs ‚im Wesen der Menschennatur'. Ewiger Frieden ist überhaupt in der Menschengeschichte möglich." (Scheler 1990: 83)

Er lässt sich dennoch die Gelegenheit nicht entgehen, einen gemäßigten und defensiven Militarismus zu empfehlen, der ohne romantische Idealisierungen einen andauernden wirklichen Fortschritt zum ewigen Frieden sichern kann:

> Wir müssen resolut brechen mit romantischen Kriegsideologien [...]. Zu solch falscher, des Wirklichkeitsernstes ermangelnder Romantik rechne ich es auch, wenn ein so großer Teil unserer Jugend bloß verbittert dem neuen Staat gegenübersteht und in der bloßen Wiederholung der Gedanken und Gesinnungen der deutschen Befreiungskriege und im Revanchegedanken [...] das Heil sucht, gar nicht beachtend die grundsätzlich neue Lage Gesamteuropas in der Welt. [...]
>
> Aber ebenso energisch müssen wir jenen das eigene Volk und seine gesamte geistige Tradition ruchlos preisgebenden, oft geradezu dienerhaften Pazifismus aus den Reihen der neuen Jugend zu verbannen suchen, sei es, dass er beruhe aus nervenzerrüttenden, erschütternden Einzelerlebnissen des schrecklichen Krieges [...], sei es auf dem bloßen Depressionsgefühl eines geschlagenen Volkes, das eine Sache [...] schon darum rein affektiv verurteilt

3 Gemäß Artikel 48, dem sogenannten Diktaturparagrafen des Grundgesetzes von 1919, der es dem Reichspräsidenten erlaubte, in Ausnahmezuständen ohne parlamentarische Kontrolle Entscheidungen zu treffen. Cf. Peukert 2016: 50 und 211.

> und kindhaft von sich schiebt, weil sein letzter Krieg kein siegreicher und ein so schmerzbringender war; sei es, dass er beruhe aus utopischen Theorien des Pazifismus, die vor der kritischen Vernunft nicht standhalten.
>
> [...]
>
> Aus dem Gesagtem geht hervor: wir müssen die alten Formen des Militarismus ebenso verwerfen wie alle Arten des eigentlichen instrumentalen Pazifismus. Gesinnungspazifismus und Instrumentalmilitarismus, dazu Förderung aller Bestrebungen auf ewigen Frieden hin, ist unsere Forderung. (Ibid.: 120 ff.)

Diese Worte bringen die Essenz der Philosophie Schelers auf den Punkt. Sie ist durch die ständige Suche gekennzeichnet, in der Konfrontation mit der Realität falsche Ideale zu entmystifizieren und einen mühsamen, aber letztlich lohnenden Weg der Unterscheidung vorzuschlagen, der uns zu einem besseren und auch authentischeren Leben führen soll.

Vielleicht sind diese Worte Schelers in dem Sinne für uns immer noch eine Mahnung, wie wir vorgehen sollten, um weiter auf jenen echten Frieden zuzugehen, den wir uns alle wünschen und der heute noch immer sehr bedroht ist.

5. Nachwort

Als ich im Februar 2020 diese Worte schrieb, konnte ich nicht ahnen, dass die Warnungen Schelers sich so schnell als wirkliche Gefahren erweisen sollten. Heute, Ende 2022, droht der Krieg ganz Europa und alle Länder, die jahrzehntelang von einem naiven Gesinnungspazifismus getrieben ihre Armeen vernachlässigt haben, sind auf dem Weg der Wiederaufrüstung. Denn der Krieg in der Ukraine, der die Stabilität der Märkte und somit die unserer Wohlfahrt und unseres Lebens überhaupt erschüttert hat, könnte sich in einer absehbaren Zeit europa-, ja weltweit ausbreiten. Die Realität meldet sich dadurch gegen jegliche eingebildete und eitle Menschenvorstellung zurück und zeigt schließlich, dass angesichts der verdorbenen Menschennatur ein Zweckmilitarismus nach wie vor vonnöten ist, damit wir allmählich, aber festen Schrittes dem Endziel des ewigen Friedens näherkommen können.

Bibliografie

Bergien, Rüdiger, 2012: *Die bellizistische Republik. Wehrkonsens und „Wehrhaftmachung" in Deutschland 1918–1933.* De Gruyter: München.

Canning, Kathleen/Brandt, Kerstin/McGuire, Kristin (Hrsg.), 2010: *Weimar Publics/Weimar Subjects. Rethinking the Political Culture of Germany in the 1920s.* Berghahn Books: New York/Oxford.

Hürten, Heinz (Hrsg.), 1995: *Deutsche Geschichte in Quellen und Darstellung 1918–1945.* Bd. 9. Reclam: Stuttgart.

Nipperdey, Thomas, 1986: *Nachdenken über die deutsche Geschichte. Essays.* Beck: München.

Peukert, Detlev J.K., 2016: *Die Weimarer Republik.* Suhrkamp: Frankfurt a. M.

Scheler, Max, 1963: „Über Gesinnungs- und Zweckmilitarismus". In: *Gesammelte Werke.* Bd. 6. Francke: Bern/München, 187–203.

Scheler, Max, 1990: „Zur Idee des ewigen Friedens und des Pazifismus". In: *Gesammelte Werke.* Bd. 13. Francke: Bern/München, 77–121.

Wette, Wolfgang, 2011: *Militarismus in Deutschland.* Fischer: Frankfurt a. M.

Miguel Oliva Rioboó

Universidad Complutense de Madrid

E-Mail: miguelolivarioboo@ucm.es

Yasmin Afshar

„Dazu ist die Gefahr des Neonazismus in Deutschland viel zu akut". Adorno, 1968 und die unterlassene Kritik am Godesberger Programm

1968 wird gewöhnlich mit der Geburt einer neuen Linken in Europa und weltweit in Verbindung gebracht. Oft überschattet diese Darstellung jedoch ein parallel stattfindendes Phänomen: die Reorganisierung der konservativen Kräfte und das Erstarken autoritärer Tendenzen. Die Verabschiedung der Notstandsgesetze am 30. Mai 1968 durch die große Koalition ist nur ein Beispiel für diesen allgemeinen Trend. Dagegen bildete sich, zum ersten Mal in der deutschen Geschichte, eine von Studierenden dominierte mächtige Opposition. Auch Theodor W. Adorno empfand, obwohl er nicht direkt in den politischen Kampf verwickelt war, die junge deutsche Demokratie als etwas Zerbrechliches, vor allem, als sich die Wirtschaft verlangsamte und das sogenannte „Wirtschaftswunder" endete. Trotzdem zögerte Adorno zeitweise, die Studentenbewegung zu unterstützen. Dieses Zögern wird normalerweise entweder mit der Idee vom Philosophen, der den Elfenbeinturm nicht verlassen konnte, erklärt, oder mit der Idee, dass die von ihm verteidigte Trennung zwischen Theorie und Praxis eine völlig paralysierte Praxis zur Folge hatte.

Adorno stellte ein sehr enges Verhältnis zu der Studentenbewegung her – auch wenn er einige Formen der „direkten Aktion" nachdrücklich als „Pseudo-Aktivität" bezeichnete. Einige Kommentatoren argumentieren dazu, dass es keinen Widerspruch zwischen Adornos Theorie und politischer Praxis gäbe (cf. Freyenhagen 2014; Cook 2004). In diesem Artikel gehe ich von dem Paradoxon zwischen einigen radikalen Positionen, die sich in Adornos späten kritischen Texten finden, und seinem gemäßigten Verhalten in der politischen Praxis aus. Zu diesem Zweck werde ich mich auf Texte und Briefe Adornos zwischen 1966 und 1968 berufen, die im Gegensatz zu den von Adorno veröffentlichten Texten klarer seine Stellung zu heiklen und umstrittenen Ereignissen verstehen lassen, wie etwa zum Godesberger Programm der Sozialdemokratischen Partei Deutschlands (SPD) von 1959 und zur Entstehung der Nationaldemokratischen Partei Deutschlands (NPD) 1964[1]. Dadurch werden die politischen Sackgassen, mit denen sich Adorno auseinandersetzte, sowie seine ambivalente Beziehung zu der Studentenbewegung seiner Zeit in einem anderen Licht erscheinen.

---

1 Wilding (2009) und Freyenhagen (2014) analysieren zwar die Debatte zwischen Adorno und den Studenten über die faschistischen Tendenzen innerhalb der Demokratie, gehen aber nicht auf die Frage ein, wie sich das Aufkommen der NPD oder das Godesberger Programm auf Adornos Position auswirkten.

1. Rechtsradikalismus

Laut Adorno bestehen die gesellschaftlichen Voraussetzungen des Faschismus 20 Jahre nach Ende des Krieges fort. Die militärische Niederlage des Nazi-Faschismus habe nicht der Erschöpfung des Faschismus entsprochen, und deshalb sei die Notwendigkeit, die Elemente dieses Phänomens zu erkennen, immer noch Aufgabe der kritischen Theorie. Aus diesem Grund beabsichtigte Adorno, als er nach seinem Exil nach Deutschland zurückkehrte, die Anwendung der F-Skala, die in *Authoritarian Personality* erarbeitet wurde, in diesem Land zu replizieren. Einige Forschungen des Instituts für Sozialforschung (IfS) vom Ende der 1960er-Jahre zeugen von dieser Absicht.[2] Sie setzten die traditionelle Autoritarismusforschung des Instituts fort, die auf die Studie von Erich Fromm *German Workers 1929 – A Survey, its Methods and Results* zurückgeht und die mit der *Studie über Autorität und Familie* konsolidiert wurde. Das Problem der Rezeption und das Festhalten der Arbeiterklasse an der Ideologie der extremen Rechten war deshalb ständig präsent im IfS, aber erhielt im Vortrag über Rechtsextremismus, den Adorno 1967 in Wien hielt (Adorno 2019a), eine neue Modulation.

Bis dahin war der Forschungsgegenstand die mehr oder weniger latente Bereitschaft der Arbeitnehmer, sich dem Autoritarismus anzuschließen. Seitdem die offen Nazi-inspirierte NPD[3] im November 1964 gegründet worden war und ihr bereits bei den Wahlen 1965 und 1966 der Einzug in sechs Landesparlamente gelingen konnte, wurde die Tendenz gleichsam *manifest*. In Hessen, dem Bundesland, in dem das IfS seinen Sitz hatte und das von einer sozialdemokratischen Mehrheit regiert wurde, erhielt die NPD bei der Wahl 1966 8 % der

2 Dies ist der Fall der Forschung von Michaella Freyhold, *Autoritarismus und politische Apathie. Analyse einer Skala zur Ermittlung autoritätsgebundener Verhaltensweisen* (1971), und Ursula Jaerisch, *Sind Arbeiter autoritär?* (1975). Jaerisch wiederum ist Mitautorin von dem in der Festschrift zu Wolfgang Abendroths 60. Geburtstag veröffentlichen Artikel *Anmerkungen zum sozialen Konflikt heute*, der u. a. die aktuellen Erscheinungsformen des sozialen Antagonismus und die Aktualität des Konzepts des Klassenkampfes diskutiert. Die Autoren zeigen, wie die Tendenzen zur Desintegration der Gesellschaft in zunächst unbedeutenden Phänomenen wahrgenommen werden.

3 Die meisten Teilnehmer der Gründungsversammlung, ein Großteil der Parteiführung und der Anhänger kamen aus der Deutschen Reichspartei (DRP), die 1965 aufgelöst wurde. Die DRP wiederum war die Nachfolgerin der 1952 vom Bundesverfassungsgericht als neonazistisch verbotenen Sozialistischen Reichspartei (SRP). Die NPD knüpfte also an eine Tradition rechtsextremer Parteien und Splittergruppen an, die letztlich an die NSDAP anknüpfte (Borowsky 1983: 38). Im ersten Parteiprogramm vom November 1967 stand: „Nationale [?] Forderungen wie Ablehnung der ‚Kollektivschuldlüge', Wiederherstellung der deutschen Einheit, Kampf gegen Kommunismus und ‚Amerikanismus' wurden verbunden mit Angriffen auf den ‚Monopolanspruch' der ‚Bonner Parteien' und ihre ‚Verzichtpolitik'" (ibid.).

Stimmen und besetzte damals 8 der 96 Sitze im Landesparlament. Aus diesem Grund gewannen die Studien zum Autoritarismus im IfS in dieser Zeit besonderes Gewicht, mit dem Ziel, zu verstehen, wie die NPD nur 20 Jahre nach Kriegsende eine solche Unterstützung erhalten konnte.

Für Adorno war der Aufstieg der NPD nicht Ausdruck einer Irrationalität, die der von der liberalen Demokratie etablierten Ordnung fremd sei. Im Gegenteil, das Festhalten an der extremen Rechten würde etwas über die funktionale Struktur der Gesellschaft verraten. Vom „Gefühl der Katastrophe" ergriffen, würden die Menschen in der extremen Rechten einen Ausdruck ihrer Verzweiflung finden. Selbst eine relativ lange Zeit von *affluency* vermeide nicht die Angst vor Verarmung und die Virtualität des Überflusses; die Individuen würden die Krise ahnen. Schon 1959 hatte Adorno geschrieben:

> Noch inmitten der Prosperität, selbst während des temporären Mangels an Arbeitskräften fühlt insgeheim wahrscheinlich die Mehrheit der Menschen sich als potentielle Arbeitslose, Empfänger von Wohltaten und eben damit erst recht als Objekte, nicht als Subjekte der Gesellschaft: das ist der überaus legitime und vernünftige Grund ihres Missbehagens. (Adorno 2003b: 565)

Die Frage der ‚technologischen Arbeitslosigkeit' wurde auch auf der Konferenz *Aspekte des neuen Rechtsradikalismus* als eine der Ursachen für den Aufstieg der Rechten angesprochen:

> ... das Gespenst der technologischen Arbeitslosigkeit [geht] nach wie vor in einem solchen Maß [um], dass im Zeitalter der Automatisierung, [...] auch die Menschen, die im Produktionsprozess drinstehen, sich bereits als potentiell überflüssig [...], als potentielle Arbeitslose eigentlich fühlen. (Adorno 2019a: 12)

Eines der Symptome der Arbeitskrise, die durch die Automatisierung entsteht, würde sich demnach im Festhalten an rechtsextremen Reden ausdrücken. Da das Individuum seine Ausgrenzung wittert, versucht es verzweifelt, in der kollektiven Integration seine Vollständigkeit zu finden. In diesem Zusammenhang wird der Nationalismus als politische Alternative reaktiviert. Die rechtsextremistischen Parteien ahnen die Krise und bieten eine (fiktive) Integrationsalternative für eine zerfallende Welt an. Ihre Angst wird dann zur Wut auf diejenigen, die dem System kritisch gegenüberstehen, und vor allem auf diejenigen, die ohnehin am Rande stehen und deshalb als ‚verletzlich' wahrgenommen werden.

> Diese Konzentrationstendenz bedeutet nach wie vor auf der anderen Seite die Möglichkeit der permanenten Deklassierung von Schichten, die ihrem subjektiven Klassenbewusstsein nach durchaus bürgerlich waren, die ihre Privilegien, ihren sozialen Status festhalten möchten und womöglich ihn verstärken. Diese Gruppen tendieren nach wie vor zu einem Hass auf den Sozialismus, oder was sie Sozialismus nennen. (Ibid.: 10)

Aber warum lehnen die Opfer der sozialen Unsicherheit die sozialistische Alternative ab, anstatt sie zu unterstützen? Bei der Analyse der Ursachen für die wachsende Anhänglichkeit an die extreme Rechte geht es Adorno auch darum, die Distanzierung der Massen von der Linken zu verstehen, insbesondere im deutschen Fall. Diese Trennung habe zahlreiche Gründe. In erster Linie würden die sozialistischen Parteien in Europa sich seit langem mit dem Keynesianismus identifizieren und auf eine radikale Umwälzung der Gesellschaft verzichten. Laut Wolfgang Abendroth war die SPD seit dem Ende des Krieges immer mehr nach rechts gerückt und die Gewerkschaften „fügten sich praktisch der Stabilisierung der alten Gesellschaftsordnung und akzeptierten die Rolle, die ihnen die christliche Soziallehre und, später, die Wirtschaftstheoretiker der SPD zuschrieben: nicht Klassengegner, sondern ‚Sozialpartner' des Kapitals zu sein" (Abendroth 1968: 180). Es ist weit bekannt, dass dieser Prozess in der endgültigen Form zum Zeitpunkt der Verabschiedung ihres neuen Programms auf dem Kongress in Bad Godesberg 1959 zum Ausdruck kommen würde; darauf werde ich in Abschnitt 2 eingehen.

Für die Mehrheit der Bevölkerung gab es also, noch laut Adorno, keine Kraft der Opposition und des Widerstands gegen die herrschende Ordnung. Der Klassenkompromiss der Nachkriegszeit, der in der „Sozialpartnerschaft" mündete, führe in seinem ideologischen, aber auch konkreten Inhalt zur Entleerung der politischen Auseinandersetzung und damit zur Entpolitisierung: „der antifeudale, durchaus bürgerliche Nationalsozialismus hat durch Politisierung der Massen, gegen seinen Willen, der Demokratisierung in gewissem Sinn sogar vorgearbeitet" (Adorno 2003b: 559). In diesem Sinne ist der vermeintliche *„lunatic fringe"* einer jeden Demokratie darauf zurückzuführen, dass „die Demokratie eben bis heute nirgends wirklich und ganz sich konkretisiert hat, sondern formal geblieben ist" (Adorno 2019a: 18). Auch wenn es schwer zu erkennen ist, bleibe das gemeinsame Verständnis bestehen, dass „Demokratie", „Faschismus" und „Monarchie" lediglich verschiedene Arten von Regimen sind (cf. Adorno 2003b: 559).

Dass die Jahre des sogenannten Wirtschaftswunders zu einer substanziellen Verbesserung der Lebensbedingungen beigetragen hatten, zumindest in der Bundesrepublik, war unbestreitbar. Aber der Keynesianismus vom Wohlfahrtsstaat hatte schon seine Grenzen aufgezeigt und die Krise zeichnete sich ab; selbst wer eine Arbeitsstelle hatte, fühlte sich womöglich bereits virtuell arbeitslos. Adorno zufolge konnte die NPD, da sie nicht die Voraussetzungen dieser Krise ändern wollte, ihre Ideen nur durch Propaganda – d. h. die rationale Manipulation des Irrationalen – verbreiten. Rechtsextremismus will nicht die sozialen Strukturen verwandeln, deshalb kann er nur Zerstörung vorschlagen. Dieser Zerstörungswunsch kann sich auf verschiedene Art und Weise äußern, zum Beispiel im Angriff auf bestimmte Gruppen, wie die Intellektuellen, die Studierenden, die Sozialisten, die Frauen oder die Ausländer.

> Ein Schema, das in der Geschichte aller Verfolgungen sich bestätigt hat, ist, dass die Wut gegen die Schwachen sich richtet, vor allem gegen die, welche man als gesellschaftlich schwach und zugleich – mit Recht oder Unrecht – als glücklich empfindet. (Adorno 2003a: 677)

Die drohende Verarmung und Katastrophe verwandeln sich in den Wunsch nach Vernichtung – ohne dass man die Vernichtung von sich und dem anderen unterscheiden kann.

2. Godesberger Programm

Parallel zum Aufstieg der NPD machte die SPD schrittweise Zugeständnisse und näherte sich den von der Adenauer-Regierung vertretenen Positionen an, z. B. durch die Zustimmung zu den für die deutsche Wiederbewaffnung notwendigen Verfassungsänderungen im Jahr 1956 (cf. Abendroth 1968: 182). Zwei Jahre später bedeutete die Zustimmung zum Godesberger Programm also keine Abweichung, sondern Teil des Prozesses der Rechtswendung der SPD, die zur Bildung der großen Koalition und zur Verabschiedung der Notstandsgesetze führen würde.[4] Habermas notierte im November 1967:

> Die Sozialdemokratische Partei hat daraus Ende der 50er Jahre die Konsequenz gezogen. Sie hat nach und nach auf die Rolle der Oppositionspartei verzichtet und die Strategie verfolgt, an der bestehenden Regierung teilzunehmen, statt sie abzulösen. Dieses Ziel hat sie vor einem Jahr erreicht. (Habermas 2008: 168)

Das neue Programm löste eine interne Krise in der SPD aus, die in einem Bruch mit der Studentenfraktion der Partei, dem Sozialistischen Deutschen Studentenbund (SDS), resultierte, der sich gegen die neue offizielle Ausrichtung positionierte.[5] Die gesamte Debatte um das Programm kann hier nicht im Detail dargestellt werden. Verkürzt gesagt wurde das Programm vor allem deswegen kritisiert, weil die Partei zum ersten Mal erklärte, die politische Vertretung der Arbeiterklasse aufzugeben: „Die Sozialdemokratische Partei ist aus einer Partei der Arbeiterklasse zu einer Partei des Volkes geworden." (Vorstand der Sozialdemokratischen Partei Deutschlands, 1959: 26) Das bedeutete, dass die SPD eine Vielzahl der politischen Interessen aller sozialen Schichten zu integrieren suchte. „‚Miteinander – nicht gegeneinander' und ‚Mehr Gerechtigkeit für alle' sind die Formeln, die ein solches Verhalten zu decken suchen." (Grebing 1970: 245) Das Gesellschaftsbild, das im Programm zum Ausdruck kommt, ist der

4 Abendroth veröffentlichte einen alternativen Programmentwurf, „Aufgaben und Ziele der deutschen Sozialdemokratie" (1959), der sich vor allem auf ökonomische Fragen konzentrierte, aber er fand selbst innerhalb der linken Kreise kaum Unterstützung (Grebing 2005: 448).

5 Nach dem Ausschluss des SDS aus der Partei unternahm Abendroth noch einen letzten Versuch, eine Trennung zwischen den beiden Gruppen zu vermeiden. Dazu rief er Intellektuelle auf, an der „Förderergemeinschaft des Sozialistischen Deutschen Studentenbundes" teilzunehmen, darunter Adorno und Horkheimer. In einem Brief an Abendroth vom 18. 12. 1961 weigert sich Adorno, das Manifest zu unterschreiben, weil er nicht Mitglied der Partei war und deshalb meinte, dass seine Unterschrift die Forderung schwächen könnte (Theodor W. Adorno Archiv, Br 01/32).

„Pluralismus", in dem alle Bereiche der Gesellschaft auf dem Markt um die Durchsetzung ihrer unterschiedlichen Interessen streiten.

Wie einige seiner Texte aus den späten 1960er-Jahren zeigen, stand Adorno diesem Gesellschaftsbegriff kritisch gegenüber. „Durch das Wort Pluralismus wird die Utopie supponiert, als wäre sie schon da; es dient der Beschwichtigung" (Adorno 1972: 356). Der von Befürwortern des Modells der sozialen Marktwirtschaft propagierte Begriff des Pluralismus würde den noch immer in der Gesellschaft bestehenden Widerspruch mystifizieren, um die soziale Versöhnung vorzutäuschen. Für Adorno bedeutet diese Pazifizierung jedoch nicht das Ende des Antagonismus der sozialen Klassen – wie es das Godesberger Programm glauben machen wollte.

> Ich würde Ihnen also [...] gegen den Begriff des Pluralismus, mit dem so an allen Ecken und Enden, ähnlich wie mit den „Sozialpartnern", heute aufgewartet wird, die allergrößte Skepsis anempfehlen. Es fügt sich das der allgemeinen ideologischen Tendenz ein, die Momente der Diskontinuität oder die Momente der sozialen Antagonismen auf die Weise zu verklären, zu ideologisieren – wie es für unsere Epoche überhaupt sehr charakteristisch ist, dass man gerade das, worin in Wirklichkeit das Ganze in die Luft zu gehen droht, so darstellt, als ob es ein friedliches Miteinander der Menschen wäre, die sich darin versöhnt hätten und der Kämpfe überhaupt nicht mehr bedürften; eine Tendenz, unter der sich fast versteckt, dass die Menschheit an der Lösbarkeit dieser Konflikte zu verzweifeln beginnt. (Adorno 2006: 139)

Die Konzeption einer sozialdemokratischen Gesellschaft ist „pluralistisch", gerade weil sie den Klassenstandpunkt aufgegeben hat. Einerseits erkennt Adorno an, dass die Arbeiterklasse im traditionellen Sinne nicht mehr existiert: Nachdem sie als Produzent und Konsument in die kapitalistische Ordnung integriert wurde, hörte sie auf, ein störendes Element der Ordnung zu sein, und auch ihre Selbstdarstellung als solche verschwand. Andererseits bedeute das nicht, dass der Klassenantagonismus verschwunden sei (Adorno 1972: 184). 1965 schrieb Adorno an Hans Magnus Enzensberger, dass er bereit sei, eine Kritik im *Kursbuch* zu veröffentlichen, vielleicht im Kollektiv – er erwähnte die Möglichkeit, u. a. Marcuse für diese Aufgabe zu gewinnen (16. 9. 1965, Theodor W. Adorno Archiv, Br 361/16) – und dass er bereits eine Grundlage für den Text aus seinen Programmheften habe. In Adornos Notizen lässt sich feststellen, dass er das Fehlen einer entschiedenen Kapitalismuskritik im Programm bemängelt: Die Widersprüche werden einer abstrakten „Menschheit" zugeschrieben – „Der Rückfall auf ‚den' Menschen!", notiert Adorno – und die Verteilung des Reichtums solle ohne „die Vergesellschaftung der Produktionsmittel" möglich sein, was Adorno in seiner Notiz als unmöglich darstellt. Die letzte Bemerkung des Philosophen bezieht sich auf den Satz „Diese neue und bessere Ordnung erstrebt der demokratische Sozialismus" und fragt ironisch: „innerhalb des bestehenden Demos?" (Adorno zit. nach Bentz 1998: 37)

Später würde Adorno seine Empörung in seiner Korrespondenz zum Ausdruck bringen:

> Das Godesberger Programm stellt wohl das einzigartige Beispiel eines Dokuments dar, in dem eine Partei allen, aber auch wirklich allen theoretischen Gedanken abschwört, die sie einmal inspiriert hatten. Es war meine Absicht, eine Kritik dieses Programms zu schreiben, und sie wäre wohl nicht ohne Wirkung geblieben. (Tiedemann 1992: 80)

Die Idee der Veröffentlichung einer Kritik wurde von Karl Marx' *Kritik des Gothaer Programms* inspiriert, wie Adorno in einem Brief vom 23.09.1965 an Enzensberger erklärt (Theodor W. Adorno Archiv, Br 361/22). Mit dem Vergleich weist Adorno nicht nur auf das Ausmaß hin, das eine solche Kritik erreichen sollte, sondern räumt auch eine Entsprechung in der Methode ein. In Marx' Marginalien werden die Meinungsverschiedenheiten mit der Sozialdemokratischen Arbeiterpartei (SDAP) aus der vollzogenen Analyse ausgewählter Punkte des Programms extrahiert und nicht auf einem abstrakten Niveau dargestellt. Deswegen reiche es Adorno nicht aus, eine Kritik im trivialen Sinne zu üben, sondern unbedingt im Sinne einer immanenten Kritik: „Denn was hier gefordert ist, wäre, im Geist von Dialektik, nicht nur, es zu kritisieren – was weiß Gott mit der äußersten Schärfe geschehen muss –, sondern das Schlechte und Falsche abzuleiten." (Ibid.)

Aber Adornos Zögern, eine solche Aufgabe zu übernehmen, war nicht nur in ihrer Schwierigkeit begründet. Sie beruhte vor allem auf der Einschätzung, dass die damaligen Angriffe auf die SPD zu einem Erstarken der extremen Rechten führen würden. So sagt es Adorno ausdrücklich, in einem anderen Brief an Enzensberger:

> Es kommt aber etwas anderes hinzu, was mich zögern macht. Schließlich ist jener Plan ein *Politicum*, und dazu gehört, dass man auch die politische Wirkung mitreflektiert. Ich weiß aber nicht, ob gerade jetzt der beste Zeitpunkt zu einer Abrechnung mit dem SPD-Kurs ist. Dazu ist die Gefahr des Neonazismus in Deutschland viel zu akut; und nach den jüngsten Auseinandersetzungen innerhalb der SPD könnte mein Plan überdies leicht so wirken, als ob ich mich an eine bereits losgelassene Diskussion anhängen wollte. Wichtiger jedoch scheint mir, im Augenblick alles zu vermeiden was, sei's noch so indirekt, zu einer Stärkung des Rechtsradikalismus beitragen könnte. (18.4.1966, Theodor W. Adorno Archiv, Br 26/7)

Das Tempo des Wirtschaftswachstums verlangsamte sich, was Mitte 1966 zu einer Stagnation führte. Aus diesem Grund verglichen einige Theoretiker jener Zeit diese Situation mit den 1930er-Jahren, die dem Aufstieg der Nationalsozialistischen Partei vorausgingen. Es wurde allgemein festgestellt, dass das Land zunehmend zwischen den Extremen der Linken und der Rechten polarisiert wurde. Im gleichen Sinn befürchtete Adorno, dass die Linke eine ähnliche Rolle wie die der radikalen Linken in den letzten Jahren der Weimarer Republik einnehmen könnte, indem sie durch den Begriff des „Sozialfaschismus", zur „Gleichsetzung von Sozialdemokratie und Faschismus ohne Vermittlung" beitrug. Kein Wasser „auf die Mühlen all derer, die an der schwer erschütterten

Demokratie rütteln zu liefern", war für ihn ein ausreichender Grund, um seine Kritik bezüglich des SPD-Kurses nicht zu veröffentlichen.[6]

Hier liegt also eine erste paradoxe Situation vor: einerseits hatte Adorno vollkommene Klarheit über die autoritären Tendenzen der formalen Demokratie, d. h. die Demokratie, die sich nicht realisiert hat; andererseits ist Adorno überraschenderweise vorsichtig bezüglich einer entschiedenen Opposition gegen das bestehende restaurative System. Er fand nämlich die Gefahr des Rechtsextremismus zu akut dafür. In einem Versuch, Adorno zu überzeugen, stellt Enzensberger vielleicht mit mehr Grund in einem Brief fest, dass „ja die deutsche Sozialdemokratie […] überhaupt nur überleben [kann], wenn sie, statt des Notstandes, eine solche Kritik akzeptiert" (18.5.1966, Theodor W. Adorno Archiv, Br 361/29).

3. Studentenbewegung

Adornos Kritik an der SPD brachte ihn in die Nähe des Frankfurter SDS, dem ehemaligen studentischen Flügel der Partei, der nach dem Bad Godesberger Kongress isoliert und faktisch aus der Partei ausgeschlossen wurde. Der SDS wurde 1966 zu dem Kern der außerparlamentarischen Opposition (APO), als die SPD die große Koalition mit der Christlichen Demokratischen Union Deutschlands (CDU) unter Bundeskanzler Kurt Georg Kiesinger bildete. Das Godesberger Programm drückte einen Rechtsruck der Partei aus, der bereits im Gange war und der die 1968 verabschiedeten Notstandsgesetze als eine seiner bekanntesten Folgen hatte. Diese würden der großen Koalition „im Notfall" freie Hand lassen, um die Presse zu zensieren, Streiks zu verbieten, die Überwachung von Dissidenten zu verstärken und die Armee zur Auflösung von Demonstrationen aufzurufen.[7]

Nach vielen Protesten, Streiks und Diskussionen wurden die Notstandsgesetze am 30. Mai 1968 verabschiedet.[8] Adorno äußerte seinerseits auch große Sorge

6 Adorno schrieb am 18.4.1966 an Enzensberger: „Während ich nach wie vor der Überzeugung bin, dass die Auseinandersetzung mit und in der SPD geführt werden muss, würde ich dringend dafür optieren, sie zumindest zurückzustellen, bis die Landtagswahlen stattgefunden haben, in denen sich ja das neofaschistische Potential deklarieren wird. Ich hoffe, dass Sie darin nicht den Ausdruck von Opportunismus sehen, sondern den des einfachsten Verantwortungsgefühls." (Theodor W. Adorno Archiv, Br 261/27).

7 Diese Gesetze, die schon 1960 ihren ersten Entwurf hatten, würden eine ähnliche Funktion erfüllen wie der Artikel 48 der Verfassung der Weimarer Republik (cf. Borowsky 1983: 93), der dem Reichspräsidenten Möglichkeiten zur Regierung im Ausnahmezustand gab und der Ende des Krieges abgeschafft wurde – da Hitler seit dem Reichstagsbrand am 28. Februar 1933 die Notverordnung als normative Grundlage der NS-Diktatur benutzt hatte.

8 Am 11. Mai 1968 kam es in Bonn, Hannover, Berlin, Frankfurt, München, Göttingen, Hamburg und Freiburg zu großen Demonstrationen von Studenten und Gewerkschaftern gegen die Notstandsgesetze. Insgesamt sollen an diesem

um diese Maßnahme (cf. Adorno 2019b). Die Jugend und manche progressive Intellektuelle sahen in dieser Maßnahme ein deutliches Zeichen für die autoritäre Tendenz des *Establishments*. In diesem Zusammenhang wies Adorno immer wieder auf die restaurativen Tendenzen der Zeit und die immanenten Tendenzen der „Renazifizierung" hin. Als er sich beispielsweise im Mai 1968 gegen die Notstandsgesetze äußerte, erklärte er, dass „die restaurativen Tendenzen, oder wie immer man sie nennen will, nicht schwächer, sondern stärker geworden sind". Und doch: „Das Englische kennt eine Wendung, die von Prophezeiungen redet, welche von sich aus zu ihrer eigenen Erfüllung treiben. So steht es mit dem Notstand." (Adorno 2019b: 397)

Für den SDS bedeuteten sowohl Polizeigewalt[9] als auch Notstandsgesetze nicht eine „Renazifizierung", da die Nazis nie aus dem Staatsapparat beseitigt worden seien (cf. Bentz 1998: 43). Diese Feststellung per se reichte als Aktionsaufruf für die Studierenden und für die linke Radikalisierung. Allerdings äußerte Adorno an diesem Punkt eine leichte Meinungsverschiedenheit während einer Debatte mit Hans-Jürgen Krahl und den Studierenden im Jahr 1967.[10] Obwohl Adorno dem zustimmte, dass die Verabschiedung der Notstandsgesetze auf faschistische Tendenzen hinwies, die der bürgerlichen Demokratie immanent waren, widersprach er Krahls These, „dass die NPD heute in der Tat eine mehr oder weniger bedeutungslose Randgruppe" (Tiedemann 1992: 165) sei. „Zur Frage der Gefahr des Rechtsradikalismus und des faschistischen Potentials kann ich jetzt nur noch sagen: ich denke darüber anders. Ich betrachte diese Gefahr als sehr viel ernster" (ibid.: 166). Es sei daher dringend notwendig, die Gefahr des „wirklichen" Faschismus zu bekämpfen. Aufgrund dieser Einschätzung weigerte sich Adorno, die damals regierende SPD mit dem Faschismus gleichzuset-

---

Tag 150.000 Menschen demonstriert haben. In der darauffolgenden Woche kam es zu einem Generalstreik der deutschen Gewerkschaften aus Protest gegen das gleiche Gesetz (cf. Borowsky 1983: 98). Trotzdem bekommt das Parlament am 30. Mai die Zweidrittelmehrheit, um es zu verabschieden.

9 Adorno seinerseits kritisierte auch sehr stark die Gewalt der Polizei gegen die Studierenden. Nachdem der Obermeister Kurras vom Tod Ohnesorgs freigesprochen wurde, zeigte Adorno seine Empörung vor einer Vorlesung im November 1967. Kurras hatte erklärt: „Es tut mir Leid, dass ein Student sein Leben verloren hat". Dazu sagte Adorno: „Herr Kurras war nicht in der Lage, einfach zu sagen: ‚Ich bin traurig, dass ich einen Unschuldigen getötet habe.'" (Adorno 1994: 147) Laut Adorno erinnere der Ausdruck „ein Student" in Kurras' Erklärung an den Gebrauch des Worts „Jude" in der Nazi-Zeit und auch während der Auschwitz-Prozesse, insoweit als diese Ausdrücke die menschliche Würde dieser Personen auf diese eine Eigenschaft reduzieren.

10 Es geht um die Diskussion im Rahmen des Kollegs Ästhetik II über Adornos Antwort zu der Umfrage der Frankfurter Allgemeinen Zeitung unter Hochschullehrern, „Wohin steuern unsere Universitäten?," auf Einladung von SDS und dem Allgemeinen Studierendenausschuss (AStA) der Frankfurter Universität am 5. 12. 1967.

zen, auf die Gefahr hin, in den Fehler zu verfallen, den Kommunisten vor 1933 mit dem Begriff des „Sozialfaschismus“ begingen (ibid.: 167).

Hier kommen wir zum zweiten Paradox: Für Adorno war der Verzicht der Linken auf den revolutionären Kampf ein Grund dafür, dass sie nicht als glaubhafte Alternative zum Faschismus wahrgenommen wurde. Andererseits erkannte Adorno, dass diese Abweichung strukturell durch die Schwächung des Klassenbewusstseins der Arbeiter erklärt wurde; eine Schwächung, die eine objektive Dimension hatte – die drohende Obsoleszenz durch die technologische Arbeitslosigkeit – und eine subjektive – der Glaube an die mögliche Integration durch den Konsum, sowie an die „pluralistische Gesellschaft“, der durch die Kulturindustrie weithin verbreitet ist.

Adorno erkannte wie Marcuse die Gerechtigkeit des Protests an, befürchtete aber, dass die seiner Meinung nach gewaltsamen Methoden und die Isolierung der Studentenschaft von anderen Segmenten der deutschen Gesellschaft (u. a. den Gewerkschaften) die konservativen Tendenzen und den Repressionsapparat verstärken könnten. Marcuse bemerkte später, dass Adorno Aktionen ohne soziale Basis „nicht für Ausdruck von Hoffnung, sondern für Ausdruck von Verzweiflung“ hielt und dass sie aus diesem Grund „sehr leicht den Feind begünstigen könnten“ (Marcuse 1971: 50). Diese Bewertung hinderte Adorno daran, die Studenten nachdrücklich zu unterstützen, und scheint analog zu Adornos Einschätzung der Auswirkungen zu sein, die eine Kritik am Godesberger Programm haben würden. Mit der Einsicht, dass „die Gefahr des Neonazismus in Deutschland viel zu akut“ war, um sich zu radikalisieren, und gleichzeitig, dass der Neonazismus gerade durch das Fehlen einer emanzipatorischen Alternative gestärkt wurde, fand sich Adorno in einer praktischen Sackgasse, der nur schwer zu entkommen war.

Bibliografie

Abendroth, Wolfgang, 1968: *Sozialgeschichte der europäischen Arbeiterbewegung*. Suhrkamp: Frankfurt a. M.

Adorno, Theodor W., 1972: „Spätkapitalismus oder Industriegesellschaft?“, Band 8. In: *Soziologische Schriften I. Gesammelte Schriften*. Suhrkamp: Frankfurt a. M., 354–370.

Adorno, Theodor W., 1994a: „Über die Berliner Vorgänge“. In: Theodor W. Adorno Archiv (Hrsg.): *Frankfurter Adorno Blätter* III. Edition text + kritik: München, 145.

Adorno, Theodor W., 1994b: „Zum Freispruch des Polizeiobermeisters Kurras. Vor der Vorlesung am 23. November 1967“. In: Theodor W. Adorno Archiv (Hrsg.): *Frankfurter Adorno Blätter* III. Edition text + kritik: München, 146–147.

Adorno, Theodor W., 2003a: „Erziehung nach Auschwitz“, Band 10.2. In: *Adorno. Gesammelte Schriften*. Suhrkamp: Frankfurt a. M., 674–690.

Adorno, Theodor W., 2003b: „Was bedeutet: Aufarbeitung der Vergangenheit?", Band 10.2. In: *Adorno. Gesammelte Schriften*. Suhrkamp: Frankfurt a. M., 355–372.

Adorno, Theodor W., 2006: *Zur Lehre von Geschichte und Freiheit* (1964–65). Band 13. *Nachgelassene Schriften*. Suhrkamp: Frankfurt a. M.

Adorno, Theodor W., 2019a: *Aspekte des neuen Rechtsradikalismus. Ein Vortrag*. Suhrkamp: Berlin.

Adorno, Theodor W., 2019b: „Gegen die Notstandgesetze", Band 20.1. In: *Vermischte Schriften I. Gesammelte Schriften*. Suhrkamp: Frankfurt a. M., 396–397.

Adorno, Theodor W./Jaerisch, Ursula, 1972: „Anmerkungen zum sozialen Konflikt heute", Band 8. In: *Soziologische Schriften I. Gesammelte Schriften*. Suhrkamp: Frankfurt a. M.: 177–195.

Bentz, Ralf et al. (Hrsg.), 1998: „Protest! Literatur um I968". In: *Marbacher Kataloge Band 51*.

Borowsky, Peter, 1983: *Deutschland 1963–1969*. Fackelträger: Hannover.

Freyenhagen, Fabian, 2014: „Adorno's Politics: Theory and Praxis in Germany's 1960s". *Philosophy & Social Criticism* 40 (9).

Grebing, Helga, 1970: *Geschichte der deutschen Arbeiterbewegung. Ein Überblick*. dtv: München.

Marcuse, Herbert, 1971: „Reflexion zu Theodor W. Adorno. Aus einem Gespräch mit Michaela Seiffe". In: Schweppenhäuser, Hermann (Hrsg.). *Theodor W. Adorno Zum Gedächtnis. Eine Sammlung*. Suhrkamp: Frankfurt a. M., 47–51.

Theodor W. Adorno Archiv (Hrsg.), *Privatkorrespondenz*. Frankfurt a. M.

Tiedemann, Rolf (Hrsg.), 1992: *Frankfurter Adorno Blätter VI*. Edition text + kritik: München.

Vorstand der Sozialdemokratischen Partei Deutschlands, 1959: *Grundsatzprogramm der Sozialdemokratischen Partei Deutschlands*. Bonn.

Wilding, Adrian, 2009: „Pied Pipers and Polymaths: Adorno's Critique of Praxisism". In: Holloway, John et al. (Hrsg.). *Negativity and Revolution. Adorno and political activism*. Pluto Press: London, 18–38.

Yasmin Afshar

Humboldt-Universität zu Berlin

E-Mail: yasmin.afshar@cmb.hu-berlin.de

